JEAN ROCHEFORT
prince sans rire

DU MÊME AUTEUR

Bernard Blier, un homme façon puzzle, Robert Laffont, 2009.

Jacques Tati, collection « Folio Biographies », Gallimard, 2007.

James Dean, collection « Folio Biographies », Gallimard, 2005.

Cyril Collard, la passion, avec Martine Moriconi, Ramsay, 1993.

Woody Allen, Rivages, 1989, nouvelle édition revue et mise à jour, Rivages-Cinéma, 1995.

JEAN-PHILIPPE GUERAND

JEAN ROCHEFORT
prince sans rire

Robert Laffont

ISBN 978-2-221-11475-9
Dépôt légal : novembre 2017

*À Emmanuel, qui n'a précédé Jean Rochefort
que de quarante-cinq jours et mérite
plus que quiconque de se voir dédier ce livre...*

« Il vaut mieux réussir sa vie que sa popularité. »

« Quand on devient un vrai adulte, l'angoisse
d'ennuyer les autres est très intense. »

Jean Rochefort

Avant-propos

À cheval sur sa vie

« On trouve tout ce qu'on cherche dans les annuaires. À condition de savoir les consulter. »

Patrick Modiano, *Quartier perdu*

Où se situe la vérité d'un homme ? Question initiale qu'on devrait toujours se poser avant d'embrasser une destinée. Il ne suffit pas de se contenter du principe selon lequel la vie est un roman pour accepter les propos des uns et des autres comme argent comptant. Au fil de son existence, Jean Rochefort a beaucoup pris la parole. Il s'est souvent répété, parfois contredit, sinon renié. Il a su rester discret sur certains sujets et s'épancher plus volontiers sur d'autres, reconnaître certaines erreurs, réviser quelques jugements et nier d'autres évidences. C'est le propre de chaque homme et il est hors de question de l'en blâmer. Ses partenaires, ses metteurs en scène, ses amis et ses relations ont saisi de multiples aspects de sa personnalité. De cette conjonction de regards et d'impressions est né ce livre qui donne abondamment la parole à son cher sujet, tant, si l'on en croit Freud, « les comédiens sont conditionnés de l'intérieur par leur propre destinée[1] ».

Acteur populaire mais tourmenté, Rochefort a toujours manifesté sa réprobation envers ceux de ses pairs qui livraient leur vie en pâture, et par ricochet des bribes éparses de la sienne, car, comme l'a judicieusement noté Jean Carmet, « on est toujours le biographe de ses amis. L'incantation rejoint le réel, l'anecdote prend le pas sur l'événement, on se crée sa vérité[2] ». Je me suis donc efforcé de le lire, de l'écouter et de le regarder. Au point de le laisser à l'écart de cette entreprise dont il a été avisé, mais qu'il jugeait de peu d'intérêt avant d'égrener à son tour quelques souvenirs épars dans *Ce genre de choses*[3], essai d'autofiction nourri de faits authentiques, mais patiné d'une couche plus ou moins épaisse de licence poétique, comme la confrontation aux faits permet de le vérifier. Reste la seule vérité qui vaille : contribuer à dissiper le mystère de la création chez un homme en quête de ses « émotions de petit enfant[4] » et qui affirmera plus tard : « Je crois beaucoup aux adolescents coincés pour faire des acteurs : ils amènent généralement des visions intéressantes[5]. »

Frédéric Mitterrand a écrit un jour : « Jean Rochefort est le type le plus gentil du cinéma français et d'ailleurs, le public s'en est bien rendu compte puisqu'il l'adore sans même connaître les détails[6]. » La volonté d'aller au-delà de cette apparence trompeuse est à l'origine de cette biographie mûrement réfléchie pendant huit ans. Pour tenter de cerner et d'apprécier les motivations profondes d'un contemporain du cinéma parlant qui a grandi avec Buster Keaton, Charlie Chaplin et le clown Grock, s'est retrouvé ensuite dans le duo formé par Pierre Dac et Francis Blanche comme dans le surréalisme des premiers sketches du tandem Poiret-Serrault ou la folie absurde d'*Hellzapoppin* de H.C. Potter, et déclarait en guise de profession de foi : « Les surréalistes m'ont impressionné au moins autant que les Marx Brothers[7]. » Mais attention, *Aguirre la colère de Dieu* (1974) de Werner Herzog, *Manhattan* (1979) de Woody Allen et *In the Mood for Love* (2000) de Wong Kar-wai figurent également parmi le panthéon de cet amateur de western averti qui place *Jeremiah Johnson* (1972) de Sydney Pollack plus haut que tout et a avoué : « J'aime tellement le cinéma et les chevaux que *Reflets dans un œil d'or [réalisé par John Huston en 1967]* fait partie de mes films préférés, même si le cheval n'est pas le centre du scénario[8]. » Comme une synthèse miraculeuse.

« Devenir un autre quand on est un peu fatigué de soi, c'est tout de même pas mal[9]. » Ainsi Jean Rochefort circonscrit-il ses motivations à se lancer dans un métier bien peu conforme aux aspirations familiales, lui qui a su ensuite concilier les feux de la rampe avec le cercle très fermé des éleveurs de chevaux et des adeptes du concours complet. Quitte à mener une double vie en envisageant très sérieusement de se recycler : «Je préférais la réalité en selle à la fiction sur grand écran[10]; ma profession artistique d'acteur et d'homme de spectacle en a pâti énormément[11] », lui qui a abrité plus d'une trentaine de chevaux dans ses écuries. « Si je n'avais été que fiction, je crois que j'aurais plongé dans des abysses douloureuses : l'insomnie, la pharmacopée, l'alcool, les dames de petite vertu, tout, tandis que le cheval m'a rééquilibré[12]. » D'où l'image de gentleman farmer qui ne déplaisait pas fondamentalement à cet homme persuadé que « les artistes sont de gauche et ils s'arrangent toujours pour que ça se sache[13] ». Lui bottait en touche : «Je ne suis pas d'un bord précis, je ne suis pas un homme de groupe, je suis profondément individualiste, mais avec une profonde tendresse pour mon espèce qui me fait beaucoup de peine et de plus en plus de peine[14]. » Un véritable déchirement pour cet adolescent réservé à qui la Libération a inoculé « un pessimisme effroyable, une terreur totale des adultes et une méfiance qui perdure, quand je vois que ça bouge sur notre globe où il y a sept milliards et demi d'habitants, alors qu'il n'y en avait que deux milliards et demi quand je suis né[15] ».

1

Une enfance en pointillés

Quatorze générations et à peine trente-cinq kilomètres séparent Jean Rochefort, qui a grandi à Dinan, de son lointain aïeul Meheust, déjà prénommé Jean, sieur de la ville Billy né à la fin du seizième siècle, qui résidait à Maroué, une paroisse du diocèse de Saint-Brieuc. Derrière cette dynastie originaire de Plénée-Jugon se profile un solide ancrage dans le terroir breton qui a laissé des traces et façonné des traditions. L'une d'elles a d'ailleurs joué un rôle déterminant au moment de l'apparition de notre futur héros.

En cette seconde moitié d'avril 1930, alors que la crise économique consécutive au Krach de Wall Street commence à propager ses effets dévastateurs sur le Vieux Continent en préparant le lit des dictatures, les époux Rochefort accomplissent un pèlerinage dans le vingtième arrondissement de Paris où a grandi Fernande Henriette Guillot, née en 1902 dans l'appartement familial de la rue Soleillet. C'est dans la mairie de cet arrondissement qu'ils ont convolé avant de s'installer rue des Couronnes. Lors de leur union, en décembre 1923, Célestin et Fernande ont eu pour témoins deux gendarmes décorés de la médaille militaire : Alphonse et Jean Chas, les oncles de la mariée. Ce jour-là, *Le Petit Parisien*, qui revendique « le plus fort tirage des journaux du monde entier », titre sur la proclamation de la République rhénane à Aix-la-Chapelle et l'arrestation de « l'assassin de la femme coupée en morceaux ». Paris ne compte alors que sept salles de cinéma dont le Max Linder, qui programme le succès du moment : *Arènes sanglantes* avec Rudolph Valentino en toréador. Pour profiter de cet engouement, à Budapest, la TSF va jusqu'à diffuser à l'antenne un film sonore depuis un cinéma. Six ans et demi plus tard, c'est le parlant et chantant *Sous les toits de Paris* de René Clair qui fait courir les foules.

Pour l'heure, le terme de sa grossesse étant dépassé, Fernande est chaperonnée par la seconde épouse de son père, aussi bienveillante que dévote, qui respecte à la lettre une coutume ancestrale consistant à accomplir la tournée des églises à pied afin de déclencher l'accouchement, ce chemin de croix à la mode de Bretagne entraînant (bio)logiquement la perte des eaux, surtout en cette fin avril où la fin des vacances de Pâques coïncide avec une véritable canicule. Juste retour des choses pour un garçon conçu au cours de l'été précédent dans l'intimité d'un petit hôtel de Saint-Cast-Le Guildo. « Je ne suis pas né à neuf mois, mais à neuf mois et demi, précise Jean Rochefort, ce qui prouve mon manque d'enthousiasme. Et, au bout de quatre ou cinq églises, ma mère a finalement accouché[1]. » Il aura toutefois fallu attendre la veille de son vingt-huitième anniversaire pour que la parturiente donne enfin le jour à son deuxième fils, le jour même où un encart publicitaire pour la Blédine Jacquemaire paru dans *L'Intransigeant* incite les jeunes mamans à présenter leur bébé à son concours annuel doté de cent mille francs. Mais ce n'est pas la préoccupation des époux Rochefort. Né le 29 avril 1930 sous le signe du Taureau, ascendant Vierge, Jean Raoul Robert, bientôt dit « Jeannot » pour les intimes, se réjouira a posteriori de sa bonne fortune : « Je suis infiniment reconnaissant à mes parents de m'avoir donné ce prénom concis et masculin[2]. »

Chez les Rochefort, comme dans beaucoup de familles, le prénom constitue un signe traditionnel de reconnaissance. Le père de Jean perpétue ainsi celui de son propre paternel, Célestin. Ce grand-père paternel, Jean ne le connaîtra d'ailleurs jamais que de réputation... car il est décédé un an et demi avant sa naissance, lui léguant pour seul héritage une réputation enviable : « Il avait trois, quatre petites calèches avec trois ou quatre cochers. Il allait chercher les clients à la gare et faisait le tourisme de la ville de Dinan entre 1890 et la naissance de mon père en 1902[3]. » Aboutissement professionnel prestigieux pour cet homme qui a débuté sa carrière comme cocher-voiturier et possédait une ferme près de Saint-Coulomb, non loin de Cancale, dans un lieu-dit qui n'en comptait que trois ou quatre, parmi lesquelles celle des aïeux français du sinistre général chilien Augusto Pinochet. Jean gardera toujours « le souvenir de cette ferme *[au sol]* en terre battue, de cette grosse table de fermiers, cette odeur de bouse de vache persistante et c'était mon Chanel. Dès l'enfance, je humais cela avec un bonheur extraordinaire[4] ». Il se remémore aussi les effluves de colle humés dans l'atelier de cordonnerie de son oncle et parrain, Charles Gaïton.

Le gamin passe sa prime enfance dans la cité médiévale de Dinan d'où est lui-même originaire son père, « une espèce de cocon protecteur, l'intérieur douillet des maisons, derrière les colombages, mais aussi les moustiques de la Rance qui nous avaient filé, à mon frère et à moi, une furonculose abominable, à la suite d'une baignade près du vieux pont[5] ». Il en garde surtout le souvenir des virées au bord de la mer, située à une trentaine de kilomètres de là. Une photo de l'album familial le montre à l'âge de trois ans, short et chemisette claire, dans les jupes de sa mère, Fernande. Il fixe l'objectif de son père, tandis que sa grand-mère, toute de noir vêtue, veuvage oblige, pointe un doigt sévère en direction du photographe amateur. Sous ses dehors austères, Augustine Victorine Marie Adèle née Chas possède un indéniable talent de cordon bleu qui contribue au bonheur de son entourage, quand elle se met aux fourneaux pour mitonner les repas familiaux, elle qui a longtemps exercé le métier de cuisinière. Du côté de Fernande, comme sa mère d'origine anglaise, Bernardine Justine Wilms, est morte pendant son enfance, elle a été élevée par la seconde épouse de son sellier de père, Fernand Achille Léon Hippolyte Guillot... laquelle se trouve être également la tante de son mari ! Un double lien familial qui fait dire à Jean que « dans la famille, en Bretagne, on trouvait cela un peu étrange et on abordait difficilement ce sujet[6] ». « Jeannot » conserve une image lointaine mais nette de cette personnalité « qui craignait le diable[7] », en précisant que « c'était l'autorité incarnée. Malgré son handicap – elle était aveugle – c'était une femme d'intrigues. Mon père, lui, prétendait qu'elle voyait, même très bien. Quant à mes tantes, elles m'effrayaient[8] ».

Jean n'a que trois ans lorsque son père emmène sa famille à la capitale. Certes, sa belle-famille réside dans le vingtième arrondissement, mais Célestin Rochefort obéit surtout là à son ambition professionnelle, la compagnie pétrolière qui l'emploie ayant assujetti sa mutation à une promotion. Après avoir débuté à l'âge de seize ans comme garçon de bureau à la Banque de France, le jeune homme a profité de la nouvelle ruée vers l'or, noir celui-là, une ressource naturelle alors en pleine expansion dans laquelle « il y avait des possibilités pour les jeunes gens courageux d'avoir une situation[9] ». Entré à la Shell six ans plus tard, il y gravira tous les échelons, « à force d'hypocrisie, d'intrigue et de courage[10] », selon Jean. Marié et père de deux garçons, il a envie que sa famille vive confortablement, à une époque de grande incertitude où la crise économique précipite sur le pavé des centaines de milliers de chômeurs. Il s'agit aussi d'une revanche personnelle pour cet ancien élève du collège des Cordeliers de Dinan, naguère reçu premier du département au certificat d'études et issu d'« un milieu de bourgeois volontaires, têtus et pas feignants[11] »... qui signaient toutefois d'une croix. « Mon papa était un autodidacte assez brillant qui vivait avec beaucoup d'émotion[12] », résumera Jean. Dominé puis carrément écrasé par la stature de son frère aîné, prénommé Pierre Fernand Paul, dont il paraît condamné à demeurer pour toujours l'éternel second aux yeux du *Pater Familias*, Jeannot se décrit volontiers comme un enfant sensible et timoré. Au point d'avouer : « Je me sentais très mal devant les grandes personnes qui s'adressaient à moitié à moi en disant *Comment va-t-il*[13] ? »

À Rouen, où ils partent s'installer en 1934, suite à une nouvelle promotion de Célestin, la petite famille emménage dans une bâtisse de deux étages en brique rouge à pignons, rue Achille-Flaubert, artère bourgeoise et arborée qui compte moins d'une vingtaine d'habitations. Les parents Rochefort ambitionnent de faire prodiguer à leurs fils les bases de ce qu'on appelle alors une éducation bourgeoise et dont le piano est une composante incontournable. Là encore, le petit Jean vit une expérience singulière dont il feint de plaisanter, mais qui semble l'avoir profondément marqué : « Mon professeur qui m'apprenait les bases du solfège tombait en larmes au bout de dix minutes. J'avais une heure par semaine et elle s'écroulait sur le clavier : elle avait des problèmes personnels[14]. » Une autre explication plus rationnelle finira par s'imposer : « Plusieurs années après, j'ai réalisé que ça devait être la maîtresse de mon père et qu'en me voyant, moi qui étais le mur, c'est-à-dire l'empêcheur du bonheur de cette dame, elle pleurait en me voyant. Et ma vocation de pianiste ou d'homme de musique s'est arrêtée[15]. » Au grand dam de son mélomane de père qui rêve du meilleur pour ses deux fils, mais assume sa préférence pour Pierre, fort en thème qu'il ne cesse de citer en modèle à son cadet, nettement plus timoré.

Assumant son nouveau statut de notable, Célestin envoie quérir ses fils à la sortie de l'école par Jules, son chauffeur à casquette. Mais ce qui constitue une fierté à ses yeux représente aussi pour Jean « le cabotinage de l'autodidacte qui a réussi[16] » et une barrière sociale inutile qui risque de l'isoler de certains de ses camarades, à un âge de la vie où il n'est pas évident de s'imposer, surtout quand on est timide et nouveau venu dans une ville. Face à ce monde qui l'effraie, Jeannot se réfugie dans son jardin secret et se perd dans la contemplation de la nature qui l'entoure et notamment des chevaux de trait qu'affectionne encore cette France majoritairement rurale. « En voiture, quand on passait avec mon père, il y en avait dans les champs et je les regardais toujours brouter, et je les trouvais très beaux[17]. » Pendant des vacances d'été à Dinan, le gamin vit une expérience qui restera marquée à jamais dans sa mémoire : «Je rentre dans les stalles et je me souviens d'un grand-père bourru qui me les présente comme des monstres antédiluviens. J'ai très peur[18]. » Une vision qu'il interprétera ainsi par la suite : « Ce sont les premières émotions, devant ces géants, d'un petit enfant d'à peine six ans. Ce sont les odeurs, ce bien-être prodigieux en entrant dans l'écurie, la paille, le foin[19]... » Mais cette ivresse n'est que passagère : « On nous avait terrorisés en nous disant qu'ils risquaient de nous donner des coups de sabot. À l'époque, les rapports homme-cheval étaient bien différents[20]. »

Une autre scène vient pourtant se superposer à cette image d'Épinal : dans le quartier cossu de Rouen où habite la famille Rochefort, une nouvelle maison se construit face à la leur. « De la fenêtre, se souvient Jean, je voyais chaque jour un bon gros cheval, genre percheron, traîner une charrette de matériel. Puis un jour, il a eu un accident et il a fallu l'abattre[21]. » Spectacle saisissant qui se prolonge pour ressembler à un détail d'un tableau de Goya. La dépouille de l'alezan est abandonnée sur un tas de pierres pendant quelques heures, bête inerte livrée au regard des passants qui incommode peu à peu les habitants du quartier, en raison des relents pestilentiels qu'exhale sa carcasse en voie de décomposition. Un écœurement qui tourne à l'ivresse pour le petit garçon. «Je me délectai de cette odeur baudelairienne[22] », avouera-t-il par la suite, en déclarant s'être senti « en même temps ému et fasciné[23] » par le plaisir de se « remplir les narines de cette odeur de mort[24] » qu'il trouve sucrée. Confession d'un trouble qui l'incitera dans une réaction épidermique à se tenir à distance de ces bêtes étranges, malgré les encouragements de son entourage. « Mon père m'avait incité à monter, mais je voulais courir à côté d'un cheval, pas lui monter sur le dos[25]. » À cette réserve, il avance une explication : « Je trouvais cela humiliant, avilissant pour la bête d'être dessus. L'animal me bouleversait par sa féminité, son élégance[26]. » À la veille de la guerre, la famille Rochefort profite des vacances pour aller visiter le cirque de Gavarnie, dans les Hautes-Pyrénées, où, dans le cadre de ses œuvres sociales, la compagnie pétrolière qui emploie Célestin gère un centre de colonie de vacances réservé aux jeunes garçons à partir de dix ans. « Il y avait des promenades à poney, se souvient Jean. On jucha mon frère sur l'un d'eux[27]. » Mais le cadet se montre plus rétif : « Quand est venu mon tour, je me suis débattu, refusant, moi si laid, d'enfourcher un si bel animal[28]. »

Comme beaucoup d'enfants mal à l'aise dans ce monde, le petit Jean se réfugie dans des univers imaginaires qui le rassurent. « Je me suis beaucoup complu dans des imitations qui mettaient ma mère dans des états d'exacerbation épouvantables, puisque je voyais tout en bande dessinée : *Tarzan, La famille Illico*[29]. » Cette série américaine de George McManus a été publiée dans plusieurs quotidiens français, ainsi qu'en première page de *Robinson*, « l'hebdomadaire des jeunes de tous les âges », à partir de 1936, puis de *Robinson et Hop-Là !* réunis jusqu'en 1941. « Un peu plus âgé, j'avais lu dans un journal sportif que tel coureur cycliste était originaire du Poitou et à chaque fois que ma mère me parlait de quelqu'un, je lui demandais s'il était du Poitou et elle en pleurait de rage[30]. »

Dans ces années trente où la France émerge groggy de la Grande Dépression, en assistant à l'avènement des dictatures à ses frontières, le gamin raffole aussi des dessins animés. Au point de s'identifier à certains de leurs héros, notamment la souris Mickey et son chien Pluto, qu'il se déplace dans les couloirs de sa maison, ouvre une porte en rasant les murs ou marche à quatre pattes. Quand il s'agit de parler, il s'exprime volontiers par onomatopées, un langage codé auquel n'ont pas accès les adultes, même ceux nourris à la prose ô combien plus innocente de *Bécassine* ou de

Bicot. Pendant l'Occupation, « pour échapper à cette réalité[31] », Jean Rochefort ira même parfois jusqu'à se réfugier dans la niche de son chien. En d'autres circonstances, « je pouvais rêver d'être déguisé en chat et de recevoir trente-huit étages sur ma queue, puisque je serais un chat, et couiner immédiatement de douleur[32] ». Substituer à la réalité cette « vie en caoutchouc[33] » lui permet de se mettre à l'abri jusqu'à l'orée de l'adolescence, quand il découvre qu'on peut « se faire très mal en se prenant une porte en pleine figure[34] ».

Jean Rochefort n'intègre l'école primaire qu'à l'âge de sept ans, sa mère, comptable de formation, lui ayant inculqué elle-même des rudiments d'enseignement personnalisé, ainsi qu'il était d'usage dans la bourgeoisie où les femmes se trouvaient assignées au foyer. Une complicité qui lui permet aussi de trouver son premier public en la personne de cette « mère introvertie (...) qui jouait de la mandoline avec mélancolie[35] », « une femme discrète, pudique et élégante qui avait un boudoir où elle s'enfermait pour lire. Et ce boudoir était pour moi une sorte de paradis olfactif. Ça sentait le parfum de femme. Il y avait une grande machine à coudre Singer à pédale dont je voulais faire un cheval ou un vélo[36] ». D'un tempérament plutôt joyeux, le gamin a envie de partager sa bonne humeur, premier signe de ce qu'on pourrait qualifier de vocation : « J'aimais faire rire autour de moi, dira-t-il, j'en tirais une satisfaction extraordinaire, sans savoir que c'était là le goût de la représentation[37]. »

Jeannot fréquente les salles obscures relativement tôt, bien que certaines affiches suscitent chez cet inconditionnel de *La ruée vers l'or* une étonnante réaction de méfiance sinon de rejet : « J'étais un spectateur tout à fait angoissé et inquiet, parce que ma génération avait peur du méchant des films de Chaplin[38] », Henry Bergman. Autre exemple qu'il cite, « je suis resté une semaine à quatorze heures devant la séance du cinéma qui projetait *Le chien des Baskerville.* J'avais treize ans et je n'ai jamais osé entrer pour assister à la projection[39] ». Pour un petit provincial impressionnable, cette aventure de Sherlock Holmes au titre évocateur a quelque chose d'effrayant qui ne cadre pas avec son propre imaginaire, lui qui vibre aux exploits héroïques de Clark Gable, Errol Flynn, Johnny Weissmuller et admire sans réserve Charles Laughton, Raimu et Fernandel. Il se remémore aussi ce jour où son père lui a dit « Jean, habille-toi, on va au cinématographe » et l'a emmené voir *Tout va très bien, madame la marquise*, avec Ray Ventura et son orchestre. En l'occurrence, la rengaine homonyme de cette comédie d'Henry Wulschleger, sortie en décembre 1936, l'a autant marqué que le cabotinage éhonté de Noël-Noël dans le rôle de Yonnick Le Ploumanech. Ce « séparatiste » breton venu à Paris afin de représenter sa région dans un radio-crochet qui goûte à la vie parisienne et à... la Soupe Populaire, alors que sa sœur a réussi comme mannequin et demi-mondaine, à l'insu de sa famille qui la croit « rangée ». Difficile de ne pas penser que ce film moralisateur a désigné chez Jeannot le petit Breton la capitale comme eldorado et lieu de perdition.

L'élève Rochefort est considéré par ses camarades comme « un bon copain[40] » voire un boute-en-train, ce qui suffit amplement à combler ses modestes ambitions de potache. Il lui arrive même de se donner en spectacle pendant la récréation : « Quand je leur racontais les films que j'avais vus, comme *Jim la Houlette* avec Fernandel, ils s'arrêtaient de jouer au ballon pour m'écouter[41]. » Ses instituteurs se montrent nettement plus circonspects à l'égard de cet élève qui ne brille pas par l'excellence de ses carnets de notes. Selon lui, « en classe, les professeurs pensaient que j'étais attentif. Mes mauvais résultats, ils les mettaient sur le compte d'une étourderie passagère ! En fait, j'avais toujours l'esprit ailleurs[42] ». À sa décharge, le gamin doit en permanence s'intégrer parmi de nouvelles communautés qui l'accueillent comme le « petit nouveau », sa scolarité chaotique s'avérant tributaire des mutations de son père : « Nous partions tous les deux ans pour une autre ville, et pour moi qui avais un sens de l'amitié et de la camaraderie très développé, ça m'était très douloureux[43] » car « il fallait faire des ruptures sans arrêt, quitter son lycée, quitter ses classes, quitter ses camarades[44] ». Jean Rochefort emploie à ce propos une formule qui traduit l'ampleur de son désarroi : « Je m'y laissais chaque fois mûrir comme dans une serre[45]. » Las, explique-t-il, « j'argumentais auprès de mon père pour justifier mes résultats médiocres par ces changements de lycée permanents. Hélas, mon frère faisait la démonstration contraire par des études brillantes[46] ». Pierre poursuit en effet une scolarité exemplaire. « Il a sauté sa première, commente son cadet. Il s'est présenté à Centrale, HEC, Polytechnique et Navale, et il a été reçu à tout. Il a fait Polytechnique puis Génie maritime[47]... »

Sous la rancœur affleure une sincère détresse chez Jean : « Mes mauvais résultats scolaires étaient une souffrance, parce que je n'étais pas un enfant dissipé, j'étais concentré, cherchant à comprendre, mais je ne comprenais rien. J'étais donc angoissé pour mon avenir[48]. » Il compense cette peur panique du tableau noir et de la page blanche par une foi indéfectible en la bonne camaraderie. «J'ai aimé beaucoup les copains de classe. L'amitié au sein de l'école était en tout cas un moteur pour me lever le matin et aller au collège. Heureusement qu'il y avait ça[49] ! » Pourtant, précise-t-il, «j'étais un enfant très introverti, très timide. Je me suis rendu compte assez vite, et ça m'a sauvé la vie, je crois, d'un désespoir profond, qu'il m'arrivait de faire rire mes copains de classe. Ça a été une thérapie très forte. Nous allions souvent au cinéma avec mes parents le dimanche, et le lundi, ils me demandaient de raconter le film[50] ». Au fil des ans, Jean affinera sa verve dramatique en gagnant la sympathie de ses camarades. «Je me suis aperçu que grâce à quelques mimiques et à un don d'imitation, j'avais un pouvoir ; et ça a été une révélation extraordinaire pour moi. Parce que savoir faire rire et sourire, je crois que ça fait partie de l'inné ; ça ne s'enseigne pas. Avoir le mouvement du corps, juste, l'intonation qui provoque le rire de ses contemporains, c'est une chance énorme[51]. » Grâce à ce pouvoir qui lui procure une ivresse magique, il les amuse en devenant un autre : « En imitant, j'étais tranquille : ce n'était pas moi[52]. » Du coup, explique-t-il, « la fiction m'est apparue comme la porte de secours, et très vite j'ai eu la sensation merveilleuse du pouvoir que j'avais de faire rire mes camarades d'école, par des imitations, des clowneries. C'est devenu ma raison d'être : j'étais le clown raconteur, mais le reste du temps, j'étais mélancolique[53] ». Il en tire toutefois un enseignement durable : « Faire rire une salle de classe, une salle de copains, ce sont peut-être les plus grandes émotions de ma vie[54]. »

Au lieu de s'épanouir et de s'ouvrir au monde, Jeannot s'étiole face aux ambitions écrasantes que ses parents placent en lui. « Ça ne rigolait pas à la maison. Mon père était très sévère, mais il m'a appris à travailler, à respecter les gens qui sont socialement inférieurs[55]. » Il relate à ce propos un souvenir marquant : « À quinze ans, mon frère aîné avait giflé la petite jeune fille qui s'occupait du ménage chez nous. Mon père lui a fichu une volée extraordinaire pour lui apprendre le respect[56]. » Célestin Rochefort réprouve d'autant plus ce type de comportement qu'il n'oublie pas d'où il vient et ne se prive pas de rappeler à ses fils ce temps pas si lointain où il a « débuté comme simple balayeur dans les bureaux de la Shell[57] », compagnie pétrolière au sein de laquelle il a poursuivi une belle carrière, grâce à son sérieux et son opiniâtreté certes, mais aussi « avec du tonus et de la moelle[58] », comme aime à le souligner Jean qui ne cache pas l'admiration qu'il voue à ce séducteur brillant, mais austère et autoritaire, décrit par son copain Jean-Pierre Marielle comme « assez spectaculaire. Il avait un côté comme ça, une apparence d'acteur... cette "rondeur" de la Comédie-Française[59] ». Passionné par l'écriture, Célestin a transmis à son fils son goût du verbe. Cet homme ambitieux peut aussi se révéler facétieux quand l'occasion s'en présente. « Je me souviens d'un déjeuner où il avait embrassé des hommes, souligne son fils. À la fin, je lui ai demandé : *Mais pourquoi est-ce que vous vous embrassez ?* Il m'a répondu : *Ce sont des francs-maçons.* Alors je lui ai dit : *Mais tu es franc-maçon ?* Il me dit : *Non, mais ils ne le savent pas*[60]. »

Parmi les expériences que se remémore Jean, il y a ce souvenir plutôt flou de « l'exposition coloniale de 1936 à Vincennes où on allait voir les Noirs comme on allait au zoo[61] ». Et puis, ces visites régulières aux animaux qu'il ne se lasse pas d'observer derrière les barreaux de leur cage pour mieux les imiter, mais aussi des expériences nettement moins agréables. « Mon père me traînait voir des corridas à Bordeaux, il adorait ça. Je m'évanouissais systématiquement. Il me ramassait par le col tout en continuant à regarder, et me rasseyait[62]. » Autre événement, le 14 juin 1938, lorsque Jeannot assiste à la revanche du quart de finale de la troisième Coupe du monde de football qui oppose le Brésil (dont le voyage en Europe a été financé par une tombola) à la Tchécoslovaquie (dont le capitaine est une ex-star du stade rennais). Un premier match s'est déroulé deux jours plus tôt, à l'occasion de l'inauguration du stade municipal de Bordeaux, devant plus de vingt-cinq mille spectateurs et dans une confusion totale. Selon un témoin, « quand on a entendu le coup de sifflet de l'arbitre signifiant le coup d'envoi du match, quelqu'un a crié : *On rentre gratuitement !* Aussitôt, beaucoup de gens ont sauté par-dessus les grillages[63] ». Sur le terrain, les deux équipes se livrent à un anti-jeu systématique en rivalisant de violence, sous les yeux d'un arbitre hongrois passif qui expulse tout de même deux Brésiliens en première période.

Au cours de la seconde, trois joueurs sont évacués sur blessures dont les vedettes tchèques Planicka et Nejedly qui doivent être hospitalisées, le score étant d'un à un à l'issue des prolongations. D'où l'organisation d'un match d'appui. Autorisé exceptionnellement à faire l'école buissonnière, Jean prend fait et cause pour les Tchèques. « Ils étaient dominés par les Brésiliens, mais ils ont résisté, résisté... jusqu'à la défaite et j'ai eu un sentiment de tristesse incommensurable. Je me plais à croire que, bizarrement, comme seuls les petits enfants peuvent le faire, j'ai pressenti des malheurs qui commençaient ce jour-là devant moi[64]. » Et le véritable éveil d'une conscience politique chez Jeannot, car, « dans la croissance, c'est là qu'on remplit les valises de l'existence à venir[65] ».

De Rouen, où il poursuit ses études primaires tandis que la guerre éclate, Jean garde surtout de sa deuxième année de cours moyen l'image de ce tablier qu'il revêt dès le chemin de l'école, dérisoire camouflage de passe-muraille destiné à déjouer les éventuels bombardements aériens qui auraient menacé de le prendre pour cible mouvante dans ses pires cauchemars. Il est par la suite admis en sixième, puis en cinquième au prestigieux lycée Pierre Corneille, partiellement occupé par l'armée allemande, qui sera même bombardé très sérieusement en septembre 1942, réduisant à néant les dossiers scolaires de ses élèves dont celui de Jean... qui ne s'en chagrinera pas outre mesure. Devenu une vedette, il se verra contacté par l'administration de l'établissement désireuse d'honorer son passage en baptisant une salle de classe de son nom, mais déclinera l'invitation, indifférent à cet honneur le renvoyant à une période de sa vie qui ne lui inspire que bien peu de nostalgie.

2

La guerre à neuf ans

« Hic labor, hic requies Musarum pendet ab horis » (littéralement « Des muses, en ce lieu, le travail, le repos sont suspendus au cours des heures ») : la maxime du lycée Pierre Corneille de Rouen laisse perplexe l'élève Rochefort qui trouve surtout le temps long entre ses murs et « garde de cette période des souvenirs très précis de sueur, d'angoisse et d'espoir[1] ». À la menace sourde que représente la guerre, s'ajoutent les tracas scolaires habituels. Alors, l'enfant « étourdi, timide, pas brillant et mal adapté à la vie[2] » surmonte ses complexes et son introversion naturelle en s'évadant. En effet, explique-t-il « j'ai toujours eu du mal à m'adapter à la réalité. Pendant ma scolarité, j'étais incapable de me concentrer sur des sujets qui ne m'intéressaient pas, de mémoriser des choses qui ne faisaient pas partie de *l'ailleurs*[3] ». Et ce n'est pas à la maison qu'il a l'occasion de pavoiser. Son frère et lui sont soumis à la férule d'un père autoritaire qui s'est juré de leur inculquer le sens de la vie, quitte à les punir ou à leur botter le derrière, mais qui ne supporte pas l'injustice et prône des « valeurs saines ».

La famille Rochefort prend ses quartiers d'été à Dinan où Célestin a conservé de solides attaches et aime à se ressourcer. « Nous retournions dans le coin en vacances voir ses copains qui étaient restés des fermiers, raconte Jean. J'ai le souvenir de ces tables rugueuses, de cette odeur de cidre et d'humidité. Un jour, on arrive chez un copain de mon père. (...) Il lui dit : *Ton hiver s'est bien passé, bon Dieu, comment ça t'y été ?* L'autre répond : *Ils ont tué mon veau et ont gonflé ma fille*[4] *!* » Lapidaire raccourci de l'existence. Côté culture et loisirs, en revanche, c'est la portion congrue, à l'exception notable d'« une tournée d'opérette qui passait le samedi[5] » pour le plus grand plaisir de Fernande qui y entraîne son cadet. Mais lorsque la guerre éclate, en septembre 1939, cette routine existentielle vole en éclats comme la ligne Maginot.

Quand l'invasion allemande de juin 1940 jette une partie de la France sur les routes, la famille Rochefort suit quant à elle Célestin vers La Baule où se sont retirés les pétroliers. « C'était comme une aventure qui nous sortait du traintrain et de l'ordinaire. Et j'ai le souvenir d'avoir dormi sur deux fauteuils avec une grosse couverture kaki dans une arrière-salle de café et c'était tout à fait exaltant[6]. » Mais les hôtels de La Baule affichent complet et la tribu doit continuer son périple jusqu'à Pornichet où règne la débâcle. « Il y avait des camps anglais et ils ont pris la mer à une vitesse folle, se remémore Jean. Et les bateaux anglais partent et se font bombarder, et les Anglais nous reviennent cadavres sur le bord de l'eau[7]. » Le 17 juin, dans le cadre de l'opération d'évacuation Ariel du corps expéditionnaire britannique dont quarante mille hommes se sont regroupés à Saint-Nazaire, le HMT Lancastria, grand paquebot de la Cunard, se positionne dès l'aube au large de l'embouchure de la Loire et jette l'ancre à quatre kilomètres de la côte où il attend un autre navire de la compagnie, l'Oronsay, afin de rapatrier plus de six mille réfugiés vers l'Angleterre : soldats et civils britanniques, canadiens, australiens, néo-zélandais, polonais et belges. La capacité normale de ce paquebot de cent soixante-huit mètres de long est de trois mille personnes, mais les canots de sauvetage ne disposent que de deux mille deux cents gilets de survie. Deux officiers de la Marine royale montent à bord du Lancastria et ordonnent au capitaine Sharp de charger autant de passagers que possible « sans tenir compte des limites fixées par la loi internationale ». Environ neuf mille soldats montent à bord, mais peu avant seize heures, le bateau est pris pour cible par une flotte de bombardiers allemands Junkers dont l'un se dirige en rase-mottes vers sa poupe et largue quatre bombes. Le naufrage du Lancastria se solde par quatre mille victimes. De nombreux Nazairiens s'associent aux sauveteurs et infirmiers débordés, mais les cadavres continueront à échouer vers la rive pendant des semaines : « J'ai pas envie de descendre à marée basse pour voir les corps[8] », s'écriera Jean, durablement traumatisé par cette tragédie.

Pour l'heure, la vie doit reprendre son cours et les enfants poursuivre leur scolarité coûte que coûte, mais le provisoire menace de devenir définitif. « Nous sommes très mal reçus par l'école communale de Pornichet, relate Jean : les enfants étaient extrêmement agressifs avec nous. Notre nom à mon frère et à moi s'y prêtait : Rochefort... Roquefort... Ça pue... Et puis, le Parisien... (...) Je garde un souvenir terrifiant des cours de récré : c'était la bagarre en permanence. (...) Nous habitions dans une villa typique de bord de mer, en plein hiver, avec l'odeur des pins, et nous passions là des moments hors normes, donc tout à fait exaltants[9]. » Au bout de quelques mois, Célestin rejoint sa nouvelle affectation professionnelle et la famille Rochefort part s'installer à Cusset, chef-lieu de canton de moins de dix mille âmes situé à trois kilomètres au nord-est de Vichy. Jean y est inscrit au collège municipal qu'il fréquentera de la sixième à la quatrième. L'établissement a vu son effectif s'envoler de deux cent cinquante à douze cents élèves, en raison de l'afflux massif des enfants de réfugiés, de ministres et de fonctionnaires qui ont suivi le maréchal Pétain, au cours de l'année scolaire 1940-1941. « On était quarante à cinquante élèves par classe, se souvient une ancienne élève, mais même si les classes étaient chargées, il y avait très peu de chahut. Les réfugiés étaient essentiellement des membres du gouvernement, il y avait donc un réel mélange social au sein de l'école[10]. »

Le collège de Cusset est dirigé d'une main de fer depuis dix-sept ans par le principal Abel Boisselier, un professeur de philosophie à la pédagogie novatrice qui maîtrise parfaitement le latin et le grec anciens, et qui a pris dès 1926 une initiative audacieuse... à sa façon : « Il avait introduit les premières filles au collège de garçons, il y avait un inspecteur d'académie qui était venu, il avait caché les filles dans le placard, parce qu'il ne fallait pas montrer la mixité[11]. » Sa carrure imposante et son autorité naturelle lui valent d'être surnommé *le Prince* ou *le Patron* par les élèves et les enseignants, avec un respect mêlé d'affection. Vêtu d'une capeline et volontiers coiffé d'un chapeau, Boisselier est réputé pour son humour, son humanité et ses colères. Il possède un clavecin dans son bureau dont il force les enfants à jouer lorsqu'ils sont punis. Ce personnage a inspiré les lignes suivantes à l'écrivain René Barjavel (élève en 1925) qui prépara son bac à Cusset : « ... Cet extraordinaire principal allait faire régner une permanente allégresse, dégeler la discipline, enchanter professeurs et élèves et même réussir à transformer à son image le terrible surveillant général, Libelle[12]... » Selon un autre élève, ces deux hommes composent « un tandem extraordinaire : un grand et un petit, un rigoureux et un romantique[13] ». Chargé de faire respecter la discipline, Eugène Libelle, dans la place depuis un quart de siècle, s'est vu gratifier de multiples sobriquets (*Bitume, Rase-bitume, l'Âme des couloirs, Poisson-chat...*) de la part d'élèves particulièrement frondeurs.

Les enseignants ont beau appeler les élèves par leur nom de famille et les vouvoyer, « le collège de Cusset, c'était le *lycée Papillon*, explique une condisciple de Jean, parce que c'était à qui se moquerait des professeurs. On leur donnait d'ailleurs des surnoms à tous. Il y avait un professeur de dessin qui s'appelait Fraisse dont le nom était devenu *Fesse*, puis qu'on avait surnommé *Cucu*. Certains de ses élèves avaient même réussi à inventer un élève qui n'existait pas, mais qui répondait à l'appel et à la place duquel un autre faisait un dessin[14] ». Parmi les enseignants figure notamment Maurice Constantin-Weyer, journaliste et écrivain, lauréat du prix Goncourt 1926 pour *Un homme se penche sur son passé*, chargé d'enseigner l'anglais dans plusieurs classes du collège, pour pallier la pénurie d'enseignants consécutive à la mobilisation.

À son entrée en sixième, les parents de Jean l'ont inscrit en section classique où il étudie le latin et le grec. Sa première langue vivante est l'anglais. Les élèves d'allemand ont quant à eux pour professeur monsieur Remlinger, un enseignant féru de théâtre et de grande musique qui monte une troupe et propose à ses élèves de jouer *Cendrillon, Le petit chaperon rouge* et d'autres spectacles. Jeannot n'y participe pas. En revanche, il chante dans une chorale que dirige le professeur de piano, mais se fond dans la masse lorsqu'arrive le rituel de la photo de classe, alors même que sa mère a pris soin de lui choisir des vêtements dignes de l'événement. « Il aimait être bien habillé et faisait attention à ses tenues, confirme un de ses camarades. Nous, on portait généralement une blouse grise, alors que lui était toujours vêtu d'un veston et d'une cravate[15]. » Ce à quoi renchérit une autre, « il avait toujours l'élégance d'un gentleman et portait beau[16] ». Chacun des élèves essaie de se montrer sous son jour le plus flatteur face à l'objectif. Comme pour tranquilliser les parents qui ignorent une bonne partie de la vie quotidienne de leurs enfants, et notamment ceux de la trentaine de pensionnaires, trop éloignés de leur domicile pour accomplir quotidiennement le trajet, mais très libres de leurs mouvements. Leurs seules obligations consistent à effectuer leurs devoirs à l'étude, passer leurs nuits au dortoir situé au dernier étage et prendre leurs repas à la cantine, ce qui n'est pas toujours une sinécure, en cette période de rationnement où règne la purée de pois cassés.

La proximité immédiate du collège avec la nature incite à « des sorties scolaires dans la campagne cussétoise, raconte Josiane, une de ses camarades. Pendant les cours de gymnastique, il arrivait qu'on aille prendre l'air dans les champs : on emportait notre goûter et on passait le temps comme ça[17] ». Selon Paul, le voisin de pupitre de Jean, « il y a des petites collines au-dessus de Cusset dans lesquelles on allait souvent se balader et où l'on montait dans les arbres[18] ». Rares sont toutefois les camarades de classe qui se fréquentent en dehors du collège, car « les gens avaient des réticences à inviter, parce que c'était la guerre et qu'on ne trouvait pas grand-chose[19] ». Il arrive cependant parfois aux collégiens d'aller « jouer près de la maison de Jean, à côté d'une source, sur la route de Vichy[20] ». Cette bâtisse où vit la famille Rochefort est attenante au siège local de la Société des Pétroles Shell dont Célestin est le directeur. Jean rentre y déjeuner tous les midis et accomplit à bicyclette le kilomètre et demi qui le sépare de l'école.

Sur la trentaine d'élèves que compte sa classe, les garçons dominent en nombre, mais la cohabitation est plutôt harmonieuse. Lui-même a le béguin pour Marguerite, la fille du concierge du collège et du marché situé en dessous, sur la place duquel les élèves se retrouvent pour s'amuser. « Les garçons prenaient soin des filles, explique une camarade, mais il n'y avait jamais d'histoires glauques : on était comme des frères et sœurs[21]. » En règle générale, les collégiennes travaillent bien, mais plusieurs des garçons sont des cancres. « On avait un professeur de latin, monsieur Vertet, témoigne Josiane, qui avait un bras en moins et lançait les cartables par la fenêtre quand il n'était pas content. Il était coléreux et les élèves essayaient de le pousser à bout[22]. » Autre figure marquante, « un professeur de philosophie qui nous racontait surtout ce qui s'était passé avant Jésus-Christ[23] ». Et puis, « c'était une aubaine de pouvoir accompagner Monsieur Chamayou, qui avait de grosses lunettes rondes, jusqu'à l'autobus : c'était une sorte de cours, et quand il y avait deux, trois élèves autour de lui, eh bien, il était content de bavarder avec eux[24] ». Le point d'orgue de l'année scolaire se situe le 28 janvier, date de la Saint-Charlemagne. « Ce jour-là, raconte un camarade de Jean, on allait assister à un spectacle au théâtre de Vichy et les plus anciens se lançaient dans la critique des professeurs en mimant leurs défauts. C'était ce qu'ils appelaient eux-mêmes les saturnales[25]. » Autre événement marquant, « à la fin de l'année scolaire, il y avait un spectacle de théâtre, des danses, des récitations, un récital de piano et ensuite tout le monde se retrouvait à la taverne Louis XI de Cusset où l'on descendait dans les sous-sols avant de remonter ensuite dans la salle principale pour boire du vin blanc, tout enfants qu'on était[26] ».

De son côté, Jean fait partie des privilégiés et son père savoure son statut de notable. C'est ainsi que le soir de la Saint-Sylvestre 1941, alors que les États-Unis viennent d'entrer en guerre, il emmène femme et enfants assister à un match opposant le boxeur Marcel Cerdan, vingt-cinq ans, au Suisse Robert Seidel, vingt-trois ans. Le combat est organisé au Casino municipal de Vichy, au profit des prisonniers de guerre détenus en Allemagne. En vue de ce match, le champion français s'est entraîné pendant un mois au Centre national de moniteurs et athlètes d'Antibes qui forme les sportifs de haut niveau, « dans une ambiance de bonne camaraderie en compagnie de boxeurs effectuant un stage sous la direction du professeur Vianey[27] ». Au cours de cette période, un directeur du service de la Propagande active en profite pour obtenir de son manager l'autorisation de tourner un documentaire intitulé *Une journée avec Marcel Cerdan*, théoriquement destiné à l'édification des écoliers et des sportifs, mais en fait exploité commercialement après la guerre à l'insu du champion.

Le soir du match, le directeur des services de la propagande sportive de Vichy se lance dans un discours qui lui vaut la vindicte d'une partie du public, au point qu'« il avait tellement exaspéré les spectateurs des gradins qu'il lui fut impossible de retraverser la scène sur laquelle se déroulaient les combats[28] ». Jean garde quant à lui un tout autre souvenir de cette soirée : « Mon père nous paie des fauteuils de ring et je crois bien que, d'un uppercut, Cerdan a fait passer Seidel par-dessus les cordes du ring. Réaction de mon père : *Oh, ben merde, on ne m'y reprendra plus !* On s'était assis neuf minutes[29]... » En fait, « au troisième round, sur un crochet droit de

Marcel, Seidel traversa les cordes et allait tomber du ring, lorsque (...) Marcel tira immédiatement les pieds du Suisse, qui s'écroula dans la fosse. Voyant son adversaire affalé, Marcel sauta du ring pendant que l'arbitre continuait à compter et déclarait Seidel *Out*, mais personne ne s'en aperçut tant la pagaille était à son comble[30] ». Heureusement, car « Marcel ayant quitté le ring avant la décision, aurait été disqualifié[31] ».

Derrière cette confusion se cache une vérité qui frise l'escroquerie, aux yeux de l'entourage de Cerdan. « Nous ne connûmes pas la recette de cette soirée et ne sûmes jamais ce que les prisonniers avaient touché ; par contre, nous savions que la majeure partie de la salle était envahie par les fonctionnaires[32]. » Bénéfice immédiat, « Cerdan se vit promettre par le commissaire aux sports une autorisation de se rendre aux États-Unis en récompense de son geste[33] ». Pourtant, malgré ce blanc-seing accordé par « le Basque bondissant » Jean Borotra, son projet de départ se heurte au veto du conseil de la Fédération nationale de boxe en zone occupée présidé par Albert Bourdariat. Il ira à la place au Grand Palais rencontrer sa bête noire, le boxeur nordiste Gustave Humery qu'il mettra K.O. et enverra trois quarts d'heure dans le coma, au bout de seulement vingt-trois secondes ! Quant à Cerdan, il lui faudra attendre 1948 pour aller enfin aux États-Unis et il trouvera la mort dix mois plus tard en y retournant, à bord du vol Paris-New York.

Dans l'œil du cyclone de la France pétainiste, les traitements de faveur sont légion et Vichy constitue leur épicentre. C'est ainsi que s'y dérouleront des courses hippiques de 1941 à 1943 et que ses salles de cinéma passeront de trois à sept entre 1943 et la Libération afin de pouvoir répondre à la demande. Un succès à peine atténué par l'arrêté du préfet régional en date du 4 avril 1944 qui interdit l'admission au cinéma des enfants de moins de seize ans non accompagnés de leurs parents ou d'un adulte. Bien au contraire. L'ABC, le Lux, le Paris, le Ciné-Presse, le Royal et le Vichy-Ciné programment souvent en exclusivité les derniers films, avant même leur sortie à Paris. Mais le cinéma préféré de Jean est le Tivoli Palace, une salle construite dans les années 30 qui compte alors près de quatre cents places et alimente ses fantasmes d'adolescent. À chaque séance, témoignera-t-il, « tout était mystère. On ne savait pas du tout ce qui allait se passer. S'asseoir dans la salle procurait une émotion inouïe[34] ».

Forfaits Femme

Pour le bien-être de vos cheveux, j'utilise des produits professionnels de qualité

Fauvert
PROFESSIONNEL
MADE IN FRANCE

	Court	Mi-long	Long
Coupes			
Shampoing + brushing	18€	22€	26€
Shampoing + coupe + brushing	25€	29€	33€
Coloration			
Coloration d'oxydation	21€	25€	29€
Coloration sans oxydant	24€	28€	32€
Mèches			
Mèche	31€	35€	39€
Flash	22€	26€	30€
Permanente			
Permanente	29€	33€	37€
Shampoing Spécifique	3€		
Soin	6€		

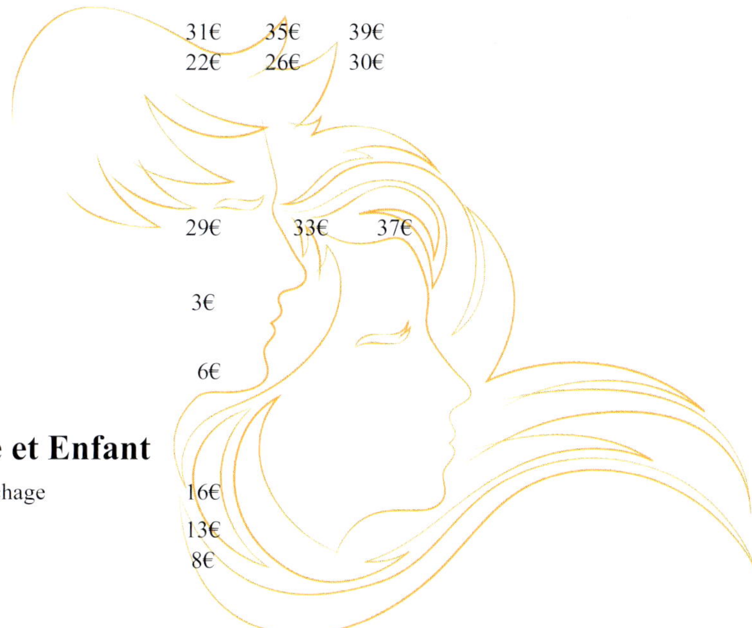

Forfaits Homme et Enfant

Shampoing + Coupe+ Séchage	16€
Coupe enfant -12 ans	13€
Coupe enfant – 6 ans	8€

Forfaits Mariage

Coiffure de mariée (avec un essai) 110 € (avec 2 essais) 150€

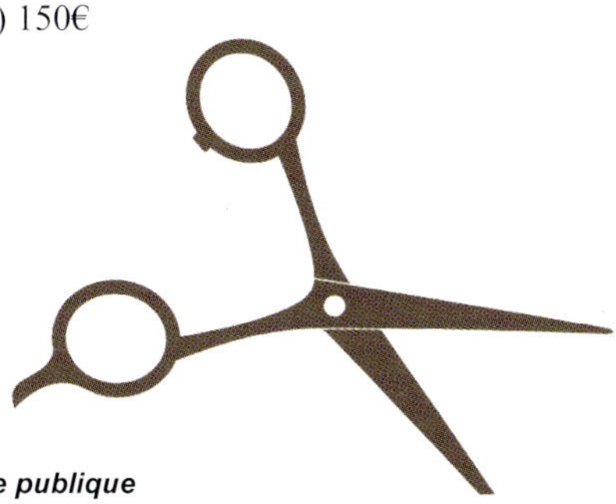

Offre Groupe: 10% offert à partir de 3 personnes

Ne pas jeter sur la voie publique
RC en cours

NOUVEAU:

A PARTIR DE JANVIER 2018

Un Brin d'Hair

Coiffure mixte à domicile

10% pour la 1ère prestation

Accordez-vous un moment de détente et de beauté sans perte de temps, sans vous déplacer.
Diplômée du Brevet de maîtrise, je suis à votre écoute pour des prestations de qualité.

Val de Sibourg & alentours(Lançon-Provence, La Fare les Oliviers, Coudoux)
jusqu'à 10 kms frais de déplacement **offerts**, au delà 0.50€ par km supplémentaire

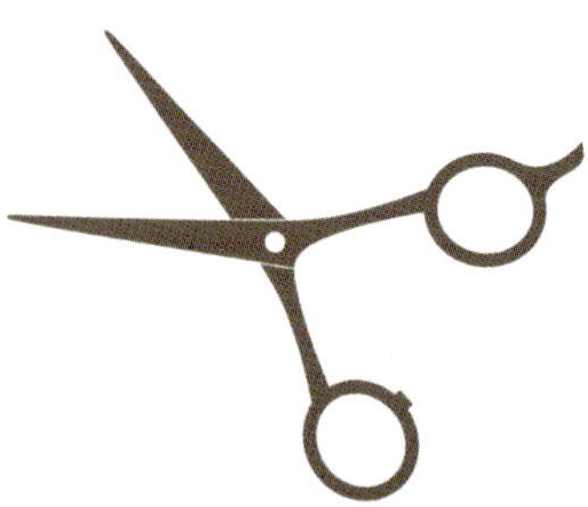

Frédérique

06 62 82 95 67

www.unbrindhair.com

unbrindhair13@gmail.com

facebook.com/unbrindhair13

Parmi les établissements les plus courus de Vichy en cette période de disette, bijoux et visons s'exhibent avec insolence dans le restaurant à la mode, le Chantecler, que concurrence modestement un établissement végétarien situé à proximité de l'Hôtel du Parc, le quartier général de Pétain. Jean Rochefort conserve personnellement un souvenir fugace du maréchal lui passant la main dans les cheveux, puis grommelant quelque chose en s'écartant... Fantasme ou réalité? Dans une version alternative, il raconte : « Le maréchal Pétain me pince raisonnablement un lobe d'oreille. Je joue trop près de lui avec une balle en mousse de couleur rouille[35]. » Jean évoque aussi en ces termes la position politique de Célestin : « Beaucoup de Français étaient pétainistes avec un enthousiasme énorme, parce qu'il était la victoire de 14-18, dont mon père, d'ailleurs, avec passion[36]. » En outre, précise une camarade, « à l'école, on s'habillait quelquefois en bleu, blanc, rouge et on allait autour des monuments aux morts pour le rencontrer. Pour nous, c'était des distractions à une époque où l'on n'en avait aucune. Pétain avait fait distribuer des verres de lait dans les écoles et nous avait donné un petit dépliant[37] ».

Le 19 novembre 1942, Vichy figure officiellement dans la Zone occupée que la Gestapo et la police allemande tiennent en coupe serrée. Jusqu'alors les événements semblaient avoir soudé enfants et professeurs, face à une conjoncture qui les atteignait parfois dans leur propre chair : « Certains des élèves étaient juifs et se cachaient mais continuaient à aller à l'école. Malheureusement, certains disparaissaient du jour au lendemain[38]. » Pourtant, « on s'entendait sans se préoccuper de la religion des autres[39] », modère Josiane. Jean se souvient que « l'étoile juive nous a bouleversés dans les premiers jours[40] », quand son port a été rendu obligatoire par la huitième ordonnance allemande. « Et, au bout de deux ou trois mois, l'habitude s'est installée et ensuite un regard gêné par rapport aux plus fragiles d'entre nous, aux plus faibles, ceux qui étaient montrés du doigt par cette étoile jaune[41]. » Ici revient à Jean un souvenir peu glorieux : « Je détestais un de mes camarades parce qu'il avait un stylo magnifique et qu'en plus il avait été opéré d'une mastoïdite qui lui avait laissé une cicatrice derrière l'oreille et qui me répugnait. Et j'entendais toujours : *Sale juif! Sale juif!* Jusqu'au jour où je l'ai traité à mon tour de *sale juif*[42] *!* » La réaction ne se fait pas attendre : « Le lendemain, sa mère est venue à la sortie de l'école et m'a foutu une claque. Et je lui en ai été reconnaissant après, parce qu'elle m'a appris à vivre[43]. »

Ironie de l'histoire, au même âge que Rochefort, le futur réalisateur Jean-Luc Godard a lui aussi passé trois mois chez des amis qui habitaient Vichy : « La dame chez qui j'étais était une fana de cinéma de l'époque et j'allais avec elle tous les jours au cinéma, a-t-il confié. De là a commencé mon éducation cinématographique[44]. » Les salles vichyssoises passent souvent en exclusivité des films qui y créent l'événement. C'est ainsi qu'au cours de l'automne 1943, la sortie de *L'éternel retour* de Jean Delannoy au cinéma Royal incite les jeunes filles du cru, comme celles de toutes les villes qui projetteront le film, à adopter la frange empruntée par Madeleine Sologne à la star américaine Veronica Lake.

Face à la grisaille quotidienne, le cinéma compte parmi les plaisirs favoris de Jean qui se réfugie dans ses histoires. Largement encouragé par les deux autres mâles de sa famille, il éprouve un attrait particulier pour le prestige de l'uniforme et se verrait bien « saint-cyrien, à cause du chapeau à plumes. Je ne savais pas qu'il y avait des maths[45] ». Mieux : « Les vêtements des saint-cyriens, les vêtements des jockeys me donnaient le désir de la fiction, que rien ne soit comme tout le monde[46]. » Une vocation contrariée qu'alimente la découverte de *Trois de Saint-Cyr* de Jean-Paul Paulin, avec Roland Toutain, Jean Mercanton et Jean Chevrier, sorti en février 1939, pâle réplique va-t-en-guerre des *Trois lanciers du Bengale* (1935) d'Henry Hathaway, geste hollywoodienne dont l'un des interprètes le fascine par sa prestance et sa belle gueule d'amour : « On voyait Gary Cooper avec ses petites bottes et on prenait un billet, sans trop savoir ce qu'on allait voir... C'est ça qui était magique[47]. » Pour le gamin, l'obscurité des salles de cinéma devient une oasis et lorsque les lumières se rallument, il a d'autant plus de mal à quitter ce cocon rassurant qu'il en est désormais persuadé, « c'est là-bas qu'il faut habiter. Derrière l'écran[48]... », et « je me disais : *C'est pas ça qui arriverait à Gary Cooper*[49] » car « la seule existence possible, c'était d'ÊTRE Gary Cooper[50] ». Mais le cinéma américain est banni des écrans français et il faudra quelques années à Jean pour renouer avec le fringant héros de son enfance. Alors, le gamin se plonge dans la lecture, avec une prédilection pour « les histoires d'ours de James Oliver Curwood[51] », l'écrivain qui inspirera quatre décennies plus tard l'un de ses plus grands succès à Jean-Jacques Annaud. La presse enfantine de bande dessinée étant soumise au contrôle de l'occupant depuis la débâcle de juin 1940, de nouveaux titres ont vu le jour parmi lesquels le magazine *Siroco*, édité à Clermont-Ferrand de 1942 à 1944 et présenté comme le *Vrai journal de la jeunesse de France*, qui doit son nom à un torpilleur de la Royale coulé en 1940 à Dunkerque et met en exergue des héros dans tous les domaines à travers un graphisme que Jean décrit lui-même comme « très virilo-sportivo-fasciste[52] ».

Préservée des fracas de la guerre par son statut de capitale de l'État français, Vichy doit endurer la colère automnale de l'Allier qui sort de son lit et dévaste tout sur son passage. « L'eau grise, boueuse, a envahi les rives, dans des tourbillons, raconte un témoin, elle s'engouffre au ras du tablier du pont, pour retomber, telles des draperies trop lourdes, dans un bruit lugubre. Meubles, objets, animaux morts, cages, treillis avec piquets, literies, des choses les plus inattendues passent sous nos yeux effrayés. Au loin, sur ce qui était la rive gauche, à Hauterive, des gens grimpés sur les toits crient au secours. Impossible de mettre des barques à l'eau, le courant est trop fort[53]. » La vie quotidienne à Cusset se complique. « Au cours de l'année scolaire 1943-1944, témoigne un camarade de Jean, les Allemands ont réquisitionné le collège où il n'est plus resté que le dortoir et le réfectoire réservés aux pensionnaires. Toutes les salles de classe ont été disséminées dans différents lieux que la mairie avait réussi à trouver pour les accueillir. Du coup, on devait se déplacer d'un endroit à l'autre individuellement et on avait distribué à tous les pensionnaires des Ausweis *[laissez-passer]* qui nous permettaient d'entrer et de sortir et il y avait en permanence à la porte du collège un soldat allemand de garde qui nous demandait de présenter ce document[54]. »

L'adolescence de Jean est également marquée par un phénomène de société dont il est spectateur avant d'en devenir acteur, mais qui le marque profondément par la violence des réactions que suscitent parmi les gardiens de l'ordre moral ces « zazous qui traînaient dans la rue principale avec un orgueil prodigieux[55] » et qui se reconnaissent entre eux à leurs pantalons de golf. Des amateurs de swing, surnommés « les petits swings » avant de devenir les zazous, qui défient le Maréchal jusqu'à sa porte, un club ayant ouvert à proximité de l'Hôtel du Parc. Leur roi sans couronne se nomme Johnny Hess. Il est l'auteur de *Je suis swing* et *Ils sont zazous*, deux hymnes à la désobéissance qui auraient pu passer pour plutôt inoffensifs si l'époque n'avait été aussi sombre. Ses émules idolâtrent la comédienne Viviane Romance pour sa sensualité provocante et *Pension Jonas* (1942) de Pierre Caron, film interdit par la censure française pour « imbécillité », dont les auteurs, Pierre Véry et Roger Ferdinand, ont demandé que leur nom soit retiré du générique. Le clochard Barnabé Tignol incarné par Pierre Larquey s'y réfugie dans la carcasse d'une baleine empaillée du Museum d'histoire naturelle.

Pour Rochefort, « être zazou, c'était une forme de contestation, un désir de non-conformisme, la tristesse de n'avoir aucun contact avec ce qui se faisait outre-Atlantique. On avait de petits nœuds de cravate, les cheveux croisés sur la nuque, des crans à la gomina. (...) Privés de ce qu'on ne connaissait pas, on tâchait de se créer un style dont, avant la guerre, Charles Trenet avait été l'avant-coureur. On le disait "fou chantant", et nous, les jeunes gens, voulions être fous plutôt que d'un bord ou d'un autre[56] ». Parolier de Trenet, Johnny Hess prétend avoir propagé le mouvement un peu malgré lui et minimise son rôle : « Les zazous, c'est venu de nulle part. J'ai dû dire le mot un jour en scène... Les zazous, le swing, c'étaient des réactions spontanées, une manière d'emmerder l'occupant. Je portais les cheveux un peu longs, des lunettes noires. La presse collabo nous insultait. Cela nous amusait[57]... » Les zazous se caractérisent aussi par l'usage immodéré qu'ils font de la débrouillardise afin de satisfaire leurs excentricités voyantes (leurs ennemis les accusent d'ailleurs de se fournir au marché noir) et affichent leur hostilité de principe au rationnement. Un débat à leur sujet est même organisé au Théâtre des Ambassadeurs, à Paris, le 3 mars 1942. Dans un cours donné à l'École nationale des cadres sous le titre « La déchéance physique de la jeunesse française », le docteur Étienne Berthet stigmatise lui aussi leur influence néfaste, sans toutefois les citer nommément, texte reproduit dans la revue mensuelle *Jeunesse... France* qui soutient la « Rénovation nationale » prônée par l'État pétainiste.

Apparus spontanément au cours de l'été 1941 dans les villes, les zazous bravent les interdits et notamment la réglementation d'avril 1942 qui prohibe « les dos à soufflets, à plis creux, à empiècements, à martingales ; les poches à soufflets ou à plis creux sauf pour les vêtements militaires ; les pattes pour poches plaquées ; de même, le port de gilets croisés sauf pour les cérémonies[58] ». Ce phénomène de mode qui tranche avec le vert-de-gris ambiant ne tarde pas à rallier en son sein des rebelles, parmi lesquels des personnalités comme Jean Marais, le jeune Yves Montand et surtout l'écrivain et musicien Boris Vian qui en esquisse le portrait dans son premier roman, *Vercoquin et le plancton*, à travers la chronique d'une surboum de banlieue. En juillet de la même année, un rapport des Renseignements Généraux note que les habitants de Vichy « se plaignent qu'il y a trop de "zazous" et de police dans les rues[59] ».

Au quotidien, Jean s'impose des contraintes très rigoureuses pour se faire accepter de ses aînés âgés de dix-huit à vingt-cinq ans, là où lui n'en a que treize. « J'occupais la salle de bains pendant des heures à me passer de la gomina dans les cheveux pour me faire des crans[60]. » Son père préconise quant à lui de détruire le mal à sa racine... fût-elle capillaire, et même d'interner Trenet dont Jean affirme qu'il « continuait à faire des chansons swing qui annonçaient les variétés américaines. Et ses paroles, ses textes étaient abracadabrants[61] ». Pire, « il avait ce parfum américain qui était notre hantise quand l'Allemagne était installée chez nous (...) et une contemporanéité phénoménale. (...) Il nous bouleversait. Il était par rapport aux adultes notre étendard, notre révolte[62] ». Les autorités considèrent d'un fort mauvais œil ce phénomène générationnel spontané. « À quatorze ans, se souvient Jean, j'étais habillé en zazou et je m'étais fait courser dans les rues de Vichy par des garçons qui étaient plus âgés que moi, puisqu'ils étaient militaires, et qui voulaient me foutre une branlée parce que j'avais un vêtement qui ne leur plaisait pas[63]. » Il en est quitte pour plus de peur que de mal. « On énervait la milice. Pétain et les zazous, c'était incompatible ! On avait fait un choix pas absurde, mais qui n'était pas une vraie option politique[64] », car « les zazous étaient des jeunes gens révoltés mais fragiles[65] ». Portrait robot : « Le zazou a les cheveux frisés et gonflés à l'avant, longs dans le cou. Sa compagne les porte longs sur les épaules – jamais attachés – et très souvent blond platine à la façon des stars hollywoodiennes[66]. » En d'autres termes, selon l'un de ceux qui prétendent le stigmatiser publiquement, « il est de ces petits lampions de fantaisie qui s'allument toujours dans les époques graves, soucieuses[67] ».

La presse collaborationniste stigmatise les zazous sans détour. À l'instar de ce portrait à charge dans la lignée de la fameuse exposition antisémite « Le Juif et la France » organisée au Palais Berlitz à Paris en septembre 1941 : « Cheveux en brosse haute ; front bas ; œil vague ; petite moustache fine ; lèvres débordantes et humides ; bras étirés ; épaules tombantes ; taille mince ; jambes longues ; démarche souple à grands pas, buste en avant. Voilà pour le physique. Chapeau mou, marron et minuscule, col de chemise à rayures dépassant d'une bonne distance celui de la veste. Cravate voyante au nœud ultra serré disposée de façon à sortir copieusement du gilet en formant une courbe ; veste longue couvrant largement le postérieur ; pantalon court, étroit du bas, flottant aux genoux, revers assez haut ; chaussettes blanches ; chaussures en daim à quadruples semelles ; parapluie roulé avec un long manche ; gants ajourés. Voilà pour le "vestimentaire". Si l'homme descend encore du singe, les prochaines générations descendront, elles, du swing, ce qui n'est guère plus reluisant[68]. » S'ensuit une démolition en règle : « Le snobisme swing ne risque que de faire une génération d'abrutis. Être swing : ne prendre aucune chose au sérieux, ne rien faire comme les autres, ne rien faire en général, fréquenter les bars assidûment, être ignare, tenir des propos plats ou dénués de tout sens, être immoral, être incapable de fixer la ligne de séparation entre ce que l'on peut faire et ce que l'on ne doit pas faire, n'avoir aucun respect pour la famille, nier l'amour, n'aimer que l'argent, surtout paraître désabusé et, avec tout cela, essayer de passer pour un type intelligent. Ce qui semble alors bien compliqué. Les gens swing ne font pas de différence entre la fiction et la réalité. On pourra alors penser qu'ils relèvent directement du médecin psychiatre. Ce serait leur faire grand honneur. Allez donc dire à un jeune homme swing qu'il est fou, il en sera ravi[69]. »

Face à la menace, la stigmatisation s'organise et la propagande enfonce le clou : « Ils lustrent à l'huile de salade, faute de matières grasses, leurs cheveux un peu trop longs, qui descendent à la rencontre d'un col souple maintenu sur le devant par une épingle transversale. Cette tenue est presque toujours complétée par une canadienne dont ils ne se séparent qu'à regret et qu'ils gardent volontiers mouillée. Car ils ne sont vraiment eux-mêmes que sous la pluie : obéissant en cela à l'un des rites qui leur sont chers, ils traînent avec délice leurs pieds dans l'eau, crottent leur pantalon, exposent aux averses leurs cheveux touffus et gras[70]. » Quant au coup de grâce, il recourt à des termes dépourvus de toute ambiguïté : « Dans une jungle née de la défaite, ces petits *fauves* sournois, ces boutefeux en pantalons courts et en vestes longues, ces *incroyables* en langage *slang* ne sont dangereux qu'à la manière des poux. Ils démangent, ils exaspèrent[71]. »

Aux mots succèdent évidemment parfois aussi des actes tout aussi ignominieux. Jean Rochefort lui-même en est témoin : « Nous étions un petit groupe zazou. Nous avions le dieu des zazous de Vichy qui ressemblait à Trenet. La dernière image que j'ai de lui : il s'était fait tabasser par des miliciens, il était enchaîné dans son costume zazou, la tête en sang, menotté, il est passé devant la brasserie à la mode de Vichy, le Gambrinus, ce fut un choc[72]. » Ce qu'ignore l'adolescent, c'est que ce café-restaurant baptisé du nom d'une divinité supposée avoir inventé la bière est fréquenté par Hugo Geissler, le chef de la Gestapo pour les quatre départements d'Auvergne, et que son propriétaire lui sert d'indicateur. Il arrive aussi couramment que des partis collaborationnistes complices de l'occupant organisent des battues anti-zazous : ils rasent alors leur prisonnier et le brutalisent. Jusqu'à l'institution du Service du Travail Obligatoire (STO), le 16 février 1943, à la suite duquel « certains zazous partiront pour l'Allemagne, d'autres entreront dans la Résistance, la plupart se feront plus discrets[73] ». Réapparus spontanément à la Libération, ils fourniront le noyau dur des existentialistes qui s'approprieront certains de leurs rites et de leurs lieux de prédilection. À Paris, l'un des repaires germanopratins des zazous est le Capoulade, en haut du boulevard Saint-Michel, à l'angle de la rue Soufflot, un café que Rochefort fréquentera plus tard avec ses camarades du Conservatoire.

Depuis le Débarquement, les heures de l'État français sont comptées, mais deux semaines après le jour J, Jean Zay, ancien ministre de l'Éducation nationale, est assassiné à Cusset et il faut attendre encore deux mois pour que Vichy soit libérée. Le 29 août 1944, une permanence du Comité d'épuration est créée à la Justice de Paix, installée dans la mairie, qui accueille tous les après-midi « les témoignages susceptibles de faire relâcher les personnes injustement arrêtées et ceux concernant les personnes ayant travaillé contre la France et pour lesquelles aucune sanction n'a encore été prise[74] ». Tandis que les bals sont formellement interdits et que le vol de bicyclettes fait désormais figure de sport national, les corbeaux et les vautours se déchaînent et s'entretuent.

La Libération de Cusset est marquée par des exécutions sommaires de collaborateurs, notamment auprès de l'ancien lavoir, mitoyen de l'hôpital, qui sera d'ailleurs rebaptisé « le lavoir des miliciens ». Du haut de sa puberté, Jean est témoin de certaines exactions qui laisseront en lui une marque indélébile, « des règlements de comptes bouleversants pour l'enfant que j'étais, dira-t-il. Et je crois que j'ai eu là une inquiétude très très grande vis-à-vis des hommes en groupes, des hommes prenant parti et risquant de perdre objectivité, tendresse et lucidité[75] ». Une image terrifiante viendra hanter ses cauchemars pendant des mois, « le souvenir d'une femme nue, entièrement rasée, un gros homme avec une culotte de cheval, des brodequins, tenant dans sa main gauche un petit bébé de deux-trois semaines que cette femme avait eu, sans doute avec un soldat allemand[76] ». La scène se précise : « C'était dans la poste de Vichy. J'ai cru et j'ai craint qu'il aille fracasser la tête du nourrisson sur le mur. J'avais quatorze ans et je me suis dit *il faut que j'aille chercher ce bébé et que je fasse quelque chose,* mais lâchement je ne l'ai pas fait[77]. » Au-delà de ce spectacle traumatisant, le choc du réel est d'autant plus violent pour l'adolescent préservé par son cocon bourgeois que, comme, il le précise, « la première femme nue que j'ai vue était enchaînée, couverte de croix gammées et de crachats, et la foule hurlait contre elle[78] ». Cet acte de barbarie, pourtant confirmé par aucun historien, agit sur lui comme une sorte de dépucelage psychologique et sonne le glas d'une innocence écorchée. Une photo publiée par Thierry Wirth dans son ouvrage *Hier à Vichy 1940-1944*[79] montre toutefois une douzaine de femmes tondues mais habillées qu'on promène à travers la ville, une croix gammée dessinée au sommet du crâne. «J'ai vu des voisins lapider des femmes et uriner sur leurs cadavres, maintient pour sa part Jean Rochefort. Les mêmes s'apitoyaient sur un chien, la veille. On est comme ça : on décide qui est l'ennemi et on massacre. En plus, on raisonne pour justifier ses instincts de haine[80]. » Le traumatisme est profond : «J'ai vu des choses qui m'ont choqué pour la vie. D'où une haine de l'adulte[81] » qui lui fera dire : «J'étais trop jeune pour voir ce que j'ai vu pendant ces années noires. C'est probablement ce déchirement qui a provoqué mon désir de fiction. La vraie vie m'affolait[82] ». Conclusion : «Je me suis fait une idée terrifiante de l'espèce à laquelle j'appartenais[83] » et « ça m'a rendu un peu agoraphobe, ce qui est embêtant pour un acteur. Du coup, je me réjouissais souvent au théâtre quand il n'y avait personne dans la salle[84] ».

Confronté à ce spectacle bestial, le gamin perd une part importante de ses illusions, ces femmes rasées l'étant « souvent par des collabos qui achetaient ainsi leur carte de la Résistance[85] ». Rien de vraiment étonnant, aux dires des historiens qui ont recensé officiellement entre 2148 et 4449 femmes tondues. Quant à leurs bourreaux, précise un spécialiste, « communément surnommés "les résistants de la dernière heure", ils ne libérèrent en fait que leurs pulsions et instincts les plus refoulés[86] ». La presse locale confirme cette impression et ne tarde pas à rappeler les autorités à leur devoir : « Dans les premiers jours d'enthousiasme, les groupements de libération ont accepté, dans leurs rangs, un peu à la légère, des gens qui, n'ayant plus rien à craindre, avaient tout à gagner[87]. » Rochefort constatera plus tard à propos du film *Monsieur Batignole* de Gérard Jugnot qui traite de cette période troublée : « Après la guerre, les Français se sont tous arrangés pour être des héros en huit jours, mais il n'est pas né de ça un regard lucide[88]. »

Un matin, en se rendant au collège, Jean Rochefort passe devant une foule qui scande « Vive le Maréchal ! » Quelques heures plus tard, quand il rentre pour déjeuner, les badauds crient cette fois « Vive de Gaulle ! » Pour l'adolescent, le choc en retour s'avère dévastateur : « J'ai vu les adultes changer d'opinion en dix minutes, retourner leur veste. J'ai vu dans leur regard toutes les trahisons, toutes les peurs[89]. » Conséquence, « ces choses-là vous marquent, surtout quand vous avez été élevé dans le respect des grandes personnes[90] », car, « pour l'enfant, l'adulte était vraiment déifié. On lui devait un respect total et une soumission totale. Et ces circonstances dramatiques m'ont permis, hélas, de découvrir trop tôt nos lâchetés, nos ignominies et les horreurs dont l'homo sapiens sapiens était capable[91] ». Aussi pathétique soit-il, ce spectacle ouvre les yeux de Jean Rochefort qui dit avoir « mis des années à reprendre confiance en nous[92] » et affirme « ce que j'ai vu entre dix et quinze ans m'a intimé l'ordre d'ouvrir une autre porte[93] ».

Nommé maire de Vichy en tant que représentant du parti socialiste au comité local de Libération, Jean Barbier, directeur du collège technique de la ville, déclare face à cette confusion que « des arrestations, faites parfois à la légère et sans mandat régulier, ont provoqué l'internement de très nombreuses personnes où se trouvent mêlés des criminels et des traîtres qui méritent un châtiment impitoyable régulièrement infligé, de simples suspects dont la situation doit être examinée le plus rapidement possible et, peut-être aussi, des innocents qui doivent être rendus sans délai à ceux des leurs qui vivent dans l'angoisse[94] ». Un entrefilet paru dans la presse locale précise que « le Comité d'épuration de Vichy, composé d'hommes désintéressés et courageux, et qui, depuis un mois, travaillent tout le jour, et souvent la nuit, pour une tâche aride et ingrate, serait reconnaissant à tous ceux qui peuvent l'aider dans son œuvre[95] ». Simultanément, le Comité des Femmes de France de Vichy s'interroge : « Peut-on compter sur ces bourreaux d'hier pour une épuration efficace, celle qu'on attend vraiment, celle qui doit venger nos martyrs, nos héros[96] ? » Au-delà du Bien et du Mal, le jeune Rochefort commence à discerner un monde infiniment plus complexe que ne l'atteste ce spectacle manichéen des choses de la vie : « Depuis que j'ai vu des coupables jugés à la Libération, châtiés, humiliés, j'ai compris qu'il devait y avoir, derrière ces persécutés, un diamant interdit bien plus intéressant que la perle des honnêtes gens. Je m'intéresse davantage à l'ivraie qu'au bon grain[97]. »

3

Les trois coups

En cette rentrée de 1945, la Shell a rappelé Célestin à Paris où la société doit procéder à sa réorganisation dans le cadre de la reconstruction. La famille Rochefort s'installe donc avenue du Général-de-Gaulle à Vincennes. Tandis que Pierre achève de brillantes études supérieures dans la capitale (il fera partie de la promotion 1946 de l'École polytechnique, dans la catégorie Génie maritime) et n'apporte que des satisfactions à son père, Jean, lui, effectue un passage éclair à l'institut Marigny, « une seconde absolument idyllique dans un cours privé absolument lamentable[1] » situé derrière l'hôtel de ville de Vincennes « où, soulignera-t-il, un élève qui avait obtenu le bac avait sa photo dans le hall[2] ». Pour complaire à la volonté paternelle, il poursuit ses études secondaires sur les bancs du lycée Marcelin-Berthelot de Saint-Maur-des-Fossés où Léopold Sédar Senghor a enseigné comme professeur de lettres classiques pendant la guerre. Cet établissement moderne accueille alors plus de mille trois cents élèves. Il se caractérise par son architecture imposante et la hauteur de ses plafonds. Premier lycée de France à avoir été mixte dès son ouverture, il a été inauguré lors de la rentrée 1938 et dispose d'un stade depuis un an. Pour les élèves parisiens, un ramassage scolaire est assuré par le tortillard de la Bastille et quatre lignes d'autobus à gazogène.

Pour se faire de l'argent de poche, les frères Rochefort pratiquent ensemble la livraison de meubles avec une charrette à bras. Jean, lui, manifeste des velléités de se mettre au vert : « Avec trois copains du lycée, on est allés au Crédit Agricole ou au Crédit Lyonnais et on a demandé à voir le directeur en lui disant qu'on avait besoin d'argent pour s'installer dans une ferme et devenir agriculteurs. Il a souri et nous a conduits à la porte très gentiment[3]. » À défaut de réaliser ce rêve prémonitoire, Jean prend son mal en patience et profite des plaisirs de la vie entre potaches. À la belle saison, il se rend avec ses camarades à la baignade Bérétrot, ainsi nommée en hommage au célèbre speaker des Six Jours Cyclistes dont la voix retentissait au Vél'd'Hiv avant guerre (*Allô, allô, tous à l'eau chez Bérétrot*). Cet établissement de bains situé près du pont de Joinville, en bordure de la Marne, se caractérise par son thermomètre géant. C'est aussi une guinguette dans laquelle les Parisiens vont en train depuis la gare de la Bastille. En 1949, le magazine *V* consacrera d'ailleurs un reportage à *l'Île d'amour* de Chennevières-sur-Marne, où se retrouvent les jeunes gens tous les week-ends, pour se baigner, faire de la barque, danser et surtout flirter. Jean, lui, fait partie de ces « pauvres garçons aux slips tricotés par nos mères attendries, slips dont les mailles s'écartèlent au contact de l'eau, s'écartèlent sous nos pulsions infantiles[4] » à qui une fille en bikini fait prendre conscience qu'il devient un homme sous le ponton de Bérétrot. Mais là, rien n'est simple. « Ma génération a connu dans le plaisir sexuel des acrobaties mentales et gymniques effroyables pour uniquement se consacrer au plaisir. Quand nous étions des jeunes gens et des jeunes femmes et que nous voulions nous accoupler, il fallait faire ceci et cela et ensuite nous vivions dans la terreur d'avoir à avouer à nos parents que, peut-être, nous allions être papa à dix-sept ans et demi, ce qui était très difficile[5]. » Affleure toutefois une bouffée de nostalgie : « L'initiation sexuelle dans des toilettes de lycée, c'est des moments merveilleux[6]. »

Un esprit sain dans un corps sain : cette vieille maxime sied à l'adolescent qui dissimule derrière sa silhouette efflanquée une authentique appétence pour l'effort physique. Il excelle dans la natation de compétition, une discipline rigoureuse à laquelle son installation définitive dans la capitale le contraindra à renoncer à l'âge de dix-neuf ans, non sans regret. « Je suis allé dans une piscine, tout à fait par hasard. Je me défendais bien et je gagnais des épreuves, alors que j'étais asthmatique et que je ne pouvais pas pratiquer d'autre sport[7]. » Mais son activité de prédilection, c'est le ping-pong, depuis qu'à l'âge de douze ans, sur une plage bretonne, le gamin a attiré l'attention d'une Anglaise « coiffée à la garçonne et aux mœurs douteuses[8] ». Cette estivante originale se présente comme Sophie Bettling, championne du monde de double mixte de ping-pong ! Sur le plan administratif, interdite fin 1940, la Fédération française de tennis de table a été absorbée l'année suivante par la Fédération française de tennis, le régime de Vichy voyant dans ce sport pratiqué dans les cafés l'occasion de rassemblements intempestifs qui risquent d'inoculer l'esprit de rébellion parmi la jeunesse et de la détourner du droit chemin fixé par Pétain. Au cours de la saison 1942-1943, on dénombre cinq cent soixante-treize clubs français qui regroupent plus de six mille cinq cents licenciés, soit moins que le tennis, mais davantage que la natation. Quant aux championnats de France individuels de ping-pong de 1943, ils se déroulent à... Vichy.

Mais Jean n'a cure de ces considérations : celle qui l'initie affiche une personnalité et une autorité naturelle qui l'ont aidée à s'imposer dans une discipline sportive où les femmes ne représentent que vingt pour cent des effectifs. « Elle m'a pris sous son aile, m'entraînant trois heures par jour au grand dam de mon père, persuadée que j'étais doué pour son sport[9]. » Le gamin docile se découvre une véritable passion, tout en restant lucide : « Elle a opéré un transfert sur moi. C'était un personnage fantasque, la clope éternellement au bec. Je ne l'ai jamais revue. Mais je n'étais pas fait pour la compétition. Je ne suis pas assez teigneux et je sacrifie trop au spectaculaire[10]. » De cet apprentissage, il saura pourtant tirer profit quelques années plus tard, autant sur le plan sportif que sous la forme d'un gagne-pain agréable.

Le jeune homme adhère à la section de tennis de table du Club Olympique vincennois : « J'étais classé, mais très modestement. Je me rappelle, malgré tout, avoir reçu quelques petits salaires, moi l'amateur, pour donner des leçons à des débutants[11] », notamment « des dames qui s'ennuyaient un peu[12] ». Un rôle de nature à flatter son ego de petit provincial incompris, « ce qui désolait mon père qui aurait préféré champion de tennis, tout court[13] ». Le ping-pong n'étant encore que peu pratiqué en France, il ne dispose pas à proprement parler d'infrastructures aménagées à cet effet. Du coup, les compétitions se déroulent dans l'atmosphère enfumée et parfois glauque des arrière-salles de bistrots. Les tables elles-mêmes sont installées sur celles des billards, autour desquelles s'attroupent les clients qui parient sur le vainqueur et donnent de la voix pour encourager leur favori. Quant à l'orthodoxie sportive, elle n'est pas vraiment de mise, les pongistes en profitant pour se désaltérer sinon s'enivrer. « Au cours d'une rencontre, l'un de mes adversaires, excellent joueur breton, disposait même de sa bouteille de muscadet à portée de main[14]. »

Le lycéen continue à se rendre « en classe par habitude et obligation... J'essayais de me faire remarquer le moins possible par mes professeurs parce que je ne comprenais rien aux cours[15] », avoue-t-il. « J'avais donc une place dans la salle de classe dans la catégorie du dominé : j'étais au fond. Je n'existais pas socialement, et scolairement encore moins[16]. » Jusqu'alors, explique-t-il, « c'est mon frère, le "matheux", qui participait aux spectacles de collège. Pour me décider à paraître en scène, il m'aura fallu ce déguisement que sont les imitations de comédiens célèbres. J'avais mis au point, en amateur, un numéro qui allait des traditionnels Carette, Tissier, Michel Simon à Tino Rossi, Guétary et Bourvil, diversité dont je n'étais pas peu fier[17] ! » Petit à petit, encouragé par ses camarades, il devient populaire à leurs yeux et en tire un enseignement personnel : « Je crois beaucoup aux adolescents coincés pour faire des acteurs : ils amènent généralement des visions intéressantes[18]. »

Si vocation il y a, c'est en plein cœur de cette existence d'une monotonie décourageante et de ces études pour le moins poussives qu'elle frappe l'élève Rochefort, par un bel après-midi d'été : « C'est mon prof de français qui m'a dit, alors que je venais de réciter avec émotion *Le lac* de Lamartine : *Tu devrais être comédien*[19]. » Réaction spontanée de Jean : « C'était une chose absolument inavouable à l'époque, mais ça a déclenché en moi une illumination[20]. » Dès lors, Jean se sent pousser des ailes et se met à considérer le lycée comme un véritable théâtre où s'orchestre une mue qui l'incitera plus tard à écrire systématiquement dans un coin des scénarios qui lui plaisent « 2e M », en mémoire de cette seconde moderne. C'« est la classe où j'ai le plus rigolé, et où j'ai pris conscience du petit pouvoir que j'avais sur mes camarades[21] ». Mais l'essentiel est ailleurs : « Je me suis dit qu'il y avait peut-être là un débouché[22] ».

En cet après-guerre, les cinémas ont cinq ans de production hollywoodienne à écouler et ils programment enfin tous ces classiques dont l'Occupation a privé le public français, « avec cet esprit de fête et de Cornexquis à l'entracte[23] ». Un dimanche après-midi pluvieux de la Toussaint 1945 au Palace de Joinville-le-Pont, l'adolescent découvre ainsi le film de Frank Capra *Monsieur Smith au Sénat* brièvement sorti une première fois en janvier 1940, mais retiré de l'affiche par les autorités allemandes. « Que demander de plus à la vie[24] ? » s'exclame-t-il, enthousiaste. Et puis, une fois toutes ces merveilles épuisées, vient l'âge d'or de ces séries B en noir et blanc souvent estampillées du sigle de la RKO qui l'entraînent le temps d'une séance dans « un univers aussi dépaysant que familier[25] ». Il goûte avec délectation chacune des étapes de ce rituel immuable, jusqu'à garder au plus profond de lui « la nostalgie des courts métrages qui passaient en première partie au Palace de Joinville où l'on voyait un petit sujet policier, un petit sujet d'espionnage, des petites aventures avec des acteurs qu'on ne connaissait pas très bien, mais c'était toujours des sujets très concis, très simples, très courts, comme les nouvelles en littérature[26] ».

Désireux de profiter de sa bonne fortune et du boom de l'immobilier, Célestin Rochefort a décidé de devenir propriétaire en Bretagne dans la station balnéaire de Saint-Lunaire. L'affaire est conclue le 26 novembre 1945. La famille passe ses premiers congés l'été suivant dans sa maison baptisée Sainte Guérec, rue Saint-Eugène. Alors que le ministre de la Reconstruction effectue une halte à Saint-Malo, à quelques kilomètres de là, Jean lie connaissance avec d'autres jeunes gens. « On revenait pour la première fois à Saint-Lunaire où ma mère avait une maison, relate l'un d'eux, Jacques Citroën. Le soir, quelqu'un a dit qu'un petit groupe était parti se baigner à poil sur la plage de Longchamp et qu'on allait faucher leurs affaires. Le hasard a voulu que je pique le paquet d'affaires qui appartenait à Jean Rochefort[27]... » La suite est encore plus étonnante : « Nous étions un groupe d'amis parisiens qui participions à un concours de forts de sable, malgré nos dix-sept ans. Il y avait deux équipes de Parisiens et une de Rennais. C'était le fort le plus haut et celui qui résistait le plus longtemps à la mer qui gagnait. Ça commençait le matin de bonne heure et ça finissait à marée haute, vers cinq-six heures du soir. On était équipés de brouettes, de pelles de terrassier et de planches pour grimper en haut. Et on a recruté Rochefort comme appoint, parce qu'il était costaud. À la suite de cette rencontre, Jean est devenu le pilier de notre petit groupe qui comprenait une douzaine de garçons et de filles[28]. » Il épate rapidement ses nouveaux camarades par ses prouesses sportives : « Jean était très bon au ping-pong.

Il y avait deux tables installées dans un bistrot de Saint-Lunaire situé près du yacht-club où il jouait régulièrement[29]. »

« Nos parents ne se fréquentaient pas, précise Alain Mensier, un autre garçon de la bande, mais ma mère connaissait madame Rochefort chez qui elle a même débarqué un jour à cinq heures du matin pour demander à Jean s'il savait où j'étais, car je n'étais pas rentré à la maison... À cette époque, il y avait deux bandes rivales à Saint-Lunaire[30]. » Or, « dans notre groupe, poursuit Jacques Citroën, il y avait des filles dont Marie-Claire qui était amoureuse du chef de l'autre groupe et que ses parents lui interdisaient de voir[31] ». Dans ce climat évocateur de *Roméo et Juliette*, Jean Rochefort goûte quant à lui à la saveur particulière de cet été : « On recevait enfin la récompense de quatre ans d'horreur. Alors on pensait que tout allait être merveilleux[32]. » Mais, confesse-t-il aussi, « j'étais un amoureux maladroit, impressionné et extrêmement timide[33] ».

Pour l'heure, à la rentrée, le pays se remettant doucement en ordre de marche, la famille Rochefort déménage une nouvelle fois. Du moins, Jean et ses parents. En effet, Célestin est affecté cette fois à Nantes, ville de deux cent trente mille habitants, en tant que directeur de la région Ouest qui englobe douze départements dont les cinq bretons. Les bureaux nantais de la Shell française ont migré d'un simple appartement de la rue Camille-Berruyer à un hôtel particulier de vingt-deux pièces sis place Eugène-Livet dont la salle à manger est devenue le bureau du patron, lequel fête simultanément cette année-là ses vingt-cinq ans de bons et loyaux services au service de la société pétrolière. Il y supervise notamment la réunion de tous les directeurs régionaux au siège social, la première quinzaine de novembre, même si, à en croire Jacques Citroën, « il avait beaucoup d'allant, mais n'était pas très raffiné[34] ». Dans la grisaille quotidienne, Jean sait heureusement pouvoir compter sur une complice précieuse : sa mère, une « dame excessivement discrète, charmante et exquise[35] », mais aussi douce et soumise à son mari, comme l'exige la société d'alors. Elle est la seule de la tribu à déceler chez son fils cadet une fantaisie hors du commun. La province de l'immédiat après-guerre ne s'avère pas particulièrement propice à l'épanouissement d'une génération qui a enduré couvre-feu, restrictions et tickets de rationnement.

La Libération a entraîné une liberté qui a enivré toute une génération et l'avènement d'autres modes et de nouvelles vedettes venues d'ailleurs. « Quand le jazz nous est arrivé, c'était une denrée interdite[36] », se souvient Rochefort qui apprécie tout particulièrement Georges Ulmer et sa chanson *Hip hip hourra* : « En raison de son léger accent bizarre et du fait qu'il était danois, nous avons identifié ce crooner aux Américains qui arrivaient, qui nous libéraient[37]. » Quand il s'agit de fuir et de s'évader, Jean entrouvre avec sa maman une fenêtre sur le monde : la TSF. « Ma mère était la langueur et le romanesque dans le couple que formaient mes parents. Elle avait dans le regard un air évanescent et lourd de regrets d'une autre vie qu'elle aurait souhaité sans doute plus près de Paris, des choses de l'art. C'est elle qui m'a donné au départ le goût de la lecture et de la radio dont elle était fort friande[38]. » Il faut dire que « ce besoin de fiction répondait à mon désir de sortir de l'emprisonnement provincial[39] », et cette communion passe par un rituel immuable. « Certains soirs, elle fermait religieusement les volets, éteignait la lumière, et nous écoutions en silence, assis dans le noir, d'impressionnantes retransmissions théâtrales. On y entendait le pas des acteurs sur les planches vermoulues de la scène; on s'imaginait avec eux, sur le plateau... C'était magnifique, mystérieux[40]. » Tout est dans la suggestion car « l'imaginaire à la radio fonctionne magnifiquement. Là, j'ai entendu quelques pièces dont deux américaines qui m'ont particulièrement bouleversé : *Des souris et des hommes* de Steinbeck et une autre intitulée *Winterset*[41] » de Maxwell Anderson, inspirée de l'affaire Sacco et Vanzetti. « De quoi vous donner la vocation de comédien, bien mieux que la vision de n'importe quel spectacle[42]. »

« La non-culture m'a amené la culture[43] », constate Rochefort, sur la foi d'une expérience intense qui lui prouve combien le vide culturel déprimant n'est pas une fatalité. « Il faut se resituer dans cette province de l'époque, d'un ennui prodigieux, avec, pour seule distraction, le théâtre, le samedi et le dimanche, où se jouaient des opérettes[44]. » Encore ces spectacles laissent-ils bien peu libre cours aux fantasmes. Comme dans *Le grand Mogol*, opéra-bouffe où il découvre « des grosses dames qui chantaient avec des rajas très maigres qui arrivaient près de l'oreille et qui disaient : *Si j'étais un petit serpent, je sifflerais à ton oreille.* Et la chanteuse était une Castafiore immense, énorme[45] ! » Bref, aucune alternative possible. Pourtant, « ma mère, un jour, vient dans ma chambre et me dit : *Jean, dans trois semaines, il y a une tournée théâtrale qui passe avec "Le Misanthrope" de Molière. J'ai pris des billets.* Une émotion énorme ! Nous nous préparions, ma mère et moi, à cet événement. Nous arrivons au Théâtre Graslin, aux trois quarts vide. C'était en matinée[46]. » L'expérience de Jean en ce domaine se résume alors à une représentation donnée par l'école libre à la mairie de Cusset des *Cloches de Corneville*, opéra-comique poussiéreux de Robert Planquette qui contribue à la fortune des salles de patronage depuis 1877. Loin, très loin de Molière. « Il faut imaginer la joie et l'émotion pour nous deux de voir pour la première fois une pièce sérieuse, souligne Jean. Les trois coups, le rideau se lève, mon cœur bat et Alceste entre en scène avec Philinte... (...) Et tout à coup, Alceste se retourne vers la coulisse et dit : *Non mais, c'est fini ce bordel en coulisse !* D'un coup, nous sommes tombés de notre paradis, ma mère et moi[47]. » Conclusion du spectateur novice : « Le surnaturel a pris du plomb dans l'aile[48]. »

Dès lors, pas étonnant qu'il lui paraisse aussi difficile d'émerger de son rêve pour affronter cette nuit d'automne qui tombe si tôt. « Le rêve, à Nantes, le dimanche après-midi, c'était d'aller au cinéma. (...) On ne savait pas tellement ce qu'on allait voir : il y avait Gary Cooper et ça se passait aux Indes, alors on y allait[49]. » « S'asseoir dans la salle procurait une émotion inouïe[50] ». Et puis, « quand le mot *Fin* apparaissait sur l'écran, je me levais, je quittais la salle et pendant les trente mètres entre le fauteuil et la rue principale de Nantes, j'étais Gary Cooper. Et dans la rue principale de Nantes, sous le crachin, je comprenais vite que je m'étais trompé[51] ». Le principe de réalité ne tarde pas à déchirer le voile des illusions : « Nous étions au mois de novembre et il fallait que je retourne au lycée le lundi (parce que ça se passait toujours le dimanche), j'avais un coup de bourdon phénoménal. Je me disais : *C'est pas ça qui arriverait à Gary Cooper*[52]. » Conclusion logique : « C'est là-bas qu'il faut habiter. Derrière l'écran[53]... »

Adolescent plutôt solitaire, Jean se réfugie dans un imaginaire particulièrement fertile : « Ce fut dur d'avoir passé tout seul ces trois hivers à Nantes, de sortir le dimanche du cinéma, qui passait *Tarzan trouve un fils [sorti en janvier 1945, avec six ans de retard !]*, de tomber dans ce crépuscule glauque de l'hiver, avec le désespoir de chercher une jungle et de ne trouver que ces Nantais tellement nantais, sans jamais une Cheetah, sans jamais une Jane, sans jamais un Tarzan pour me passer son bras sur l'épaule[54]. » Comment évacuer ce trop-plein de fiction pour éviter qu'il ne le submerge ? « Après la séance de cinéma, j'allais me promener seul sur les quais... C'était à mourir de neurasthénie[55] ! » Selon les jours, « les sirènes des navires donnaient ou l'envie de partir ou l'envie de la fiction. Comme je ne savais pas si j'avais le pied marin, j'ai choisi la fiction pour échapper à la crainte du quotidien[56] », parce que « la vie me semblait quelque chose d'insurmontable et d'impraticable[57] », et aussi que « je voulais partir vers l'intérieur, pas prendre la mer[58] ». « Pour un jeune homme qui avait quelques ambitions, qui avait envie de s'évader, la nostalgie, l'ennui, les quais de Nantes l'hiver, c'était un merveilleux bouillon. Je m'y suis effroyablement ennuyé, mais je dois à cet ennui mon envie de fuir[59]. » Il va même jusqu'à admettre que « l'ennui est enrichissant[60] » et qu'il « a développé mon besoin de me raconter des histoires pour survivre et d'en devenir, bien sûr, l'acteur principal[61]... » Du haut de ses dix-sept ans, le jeune homme affiche moins de certitudes que de doutes et déclare à ce propos : « J'ai voulu être comédien parce que je me sentais absolument incapable de faire quoi que ce fût... sans grande confiance en moi, non plus. Il n'y a pas que des battants dans ce métier, Moi, j'étais fait pour être un homme de l'ombre, quelqu'un qui rasait les murs en toutes circonstances[62]. »

Les grandes vacances de 1947 sont marquées par une grève des cheminots qui exerce des incidences fâcheuses sur le tourisme, mais Jean retrouve ses amis de Saint-Lunaire avec lesquels il partage une expérience mémorable. « On avait un ami passionné de cinéma, le fils de Jean Disle *[le patron de Banania]*, qui voulait écrire des scénarios et réaliser des films, relate Jacques Citroën. Or, il se trouvait que je disposais d'une caméra huit millimètres Kodak que mon père avait achetée en 1935. Et comme à l'époque les vacances d'été duraient trois mois et que Rochefort faisait tout le temps le pitre, on s'est dit qu'on tenait là un acteur. C'est comme ça qu'on a décidé de tourner des films improvisés entre nous[63]. » Jean n'a pas à se faire prier, car, souligne-t-il, « ma timidité en a été brisée, parce que je ne me voyais pas vivre ailleurs que dans la fiction[64] ».

« Il s'était tout de suite fabriqué un personnage, raconte Citroën : un vieillard un peu bizarre qu'il jouait sur tous les registres. Il se grimait, se mettait une moustache et de la poudre sur les cheveux[65]. » Côté accessoires, poursuit-il, « mon père adorait la technologie et avait trouvé une bicyclette fabriquée par

Caminade en aluminium. Et comme elle pouvait aller dans l'eau, elle nous a donné l'idée d'un petit film dans lequel on voit Jean sortir de la mer[66] ». Sur les images qui en subsistent, Jean Rochefort arbore un panama et fume une cigarette en émergeant des eaux et en remontant vers la plage. Sa partenaire est une jolie blonde aux cheveux longs. «Je sortais de la mer en vélo avec un panier plein de légumes, commente l'intéressé, et je venais retrouver la femme que j'aimais et qui avait été enlevée. C'était un petit scénario que j'avais écrit. Et rêvant d'être un acteur, j'ai fait ça si mal que quand nous avons vu nos rushes en huit millimètres noir et blanc, avec mes copains, je me suis dit à ce moment-là que je n'étais vraiment pas doué[67]. » Mais la vie réelle se charge de le consoler. « On tombait amoureux comme des fous sur cette plage : une jeune fille passait, on rentrait chez les parents, on dînait en s'ennuyant parce qu'on rêvait d'elle. On se disait : *Pourvu qu'elle revienne sur cette plage demain*[68]... »

Rayon fantasmes, Jean s'est trouvé réduit jusque-là à la portion congrue concédée à sa génération. « Petit garçon, j'allais plus que de nécessaire chez ma coiffeuse. C'est un endroit où l'on se perd. Un véritable lupanar[69] » qu'il n'hésite pas à décrire comme « l'antichambre du stupre et de la luxure, un endroit où l'on s'occupait de son corps, ce qu'on faisait toujours à cette époque avec une mauvaise conscience. On avait l'impression de perdre son temps... (...) J'ai appris des choses sur la sexualité dans un salon de coiffure que, bien sûr, je ne soupçonnais pas et que je redoutais terriblement[70] ». Le gamin possède déjà une imagination fertile qui l'incite à s'avouer « très impressionné par les coiffeuses. À cette époque reculée, elles passaient pour des femmes de mauvaise vie[71] ». Il lui suffit de fermer les yeux pour s'imaginer ailleurs et trouver qu'« aux bonnes odeurs d'antan, il se mêlait aussi de mauvaises odeurs qui, pour la sexualité, étaient une chose extrêmement importante[72] ».

Pressé par ses camarades, Jean s'enhardit à monter sur scène pour se livrer à des imitations de Bourvil et de Luis Mariano au casino de Saint-Lunaire, en lever de rideau du grand orchestre d'Olga d'Alevi. « Quelle sensation formidable[73] ! » jubile-t-il. Pourtant, « les trois jours précédents, je n'arrivais rien à avaler. Ma mère me disait : *Si ça te met dans des états pareils, c'est que tu n'es pas fait pour cela*[74] ». Mais il terrasse ses vieux démons. Outre cette détermination à toute épreuve, il dispose pour cela du soutien sans failles de sa joyeuse bande, jamais à court d'imagination lorsqu'il s'agit de se faire remarquer. Comme ce jour où elle perturbe le concours du plus beau bébé en installant Rochefort dans un landau, ou quand elle transforme l'élection du plus bel apollon « en... érection, en décollant une lettre et en la recollant[75] », au grand dam de la station balnéaire. Bridé par son éducation stricte, Jean n'en retient que « des moments délicieux, une adolescence magnifique[76] ».

Quand la routine reprend ses droits, Célestin joue les trouble-fête en usant de son autorité naturelle. « Mon père était un homme autoritaire et sensuel. Il avait une soif de vie. Il avait des yeux bleus dont il usait auprès de l'autre sexe. Mon père était un conquérant comme d'autres hommes politiques exacerbés par le pouvoir[77]. » Il arrivera même au fils de l'évoquer plus tard avec une étonnante nostalgie : « Je pense avec tendresse aux coups de pied au derrière que mon père m'a flanqués[78] ! » Dès que le maître des lieux est présent, un certain charme s'évanouit. « Les samedis et dimanches, généralement, mon père était là et il y avait une discipline plus stricte. Alors, j'aimais beaucoup mon père, mais j'aurais préféré qu'il fût ailleurs, dès que je commençais à avoir des petits flirts et à rentrer le soir un peu plus tard. (...) L'autre mâle revenait dans la maison et prenait le pouvoir qui lui était dû. (...) Lorsqu'on avait seize-dix-sept ans, on avait envie de crier *cocorico*[79]. »

4

Naissance d'une passion

Jean est las des spectacles proposés par les tournées Baret qui, « dans ces villes où l'imaginaire était refuge, sentaient encore la friponnerie et le soufre[1] », mais satisfont de moins en moins une exigence personnelle qui s'est élevée au fil de ses lectures et de son ouverture à la culture sous toutes ses formes. Il dispose heureusement d'un soutien sans faille en la personne de sa mère pour qui la vocation de comédien de son fils cadet constitue « une soupape à son romantisme provincial[2] ». Aussi, il ne se fait pas prier le jour où elle lui propose de l'emmener à Paris voir une pièce à la Comédie-Française. Le prétexte invoqué est des plus nobles. Fernande Rochefort souhaite rendre visite à son filleul de guerre, un certain Pierre Labzan qui tient une librairie et à qui elle a envoyé des colis du temps où il était prisonnier, mais qu'elle n'a pu qu'entrevoir depuis son retour de captivité, lorsqu'il est venu passer quelques jours au cours des grandes vacances de 1945 : « Il avait apporté tout un monde avec lui, se souvient Jean, parce qu'il aimait le théâtre, il aimait la littérature et c'était un monde dont nous étions frustrés, nous les provinciaux de cette époque[3] ». Pour avoir entretenu une correspondance suivie avec lui, sa mère sait aussi combien cet enfant de la DDASS est « un passionné de lecture, un autodidacte, et de théâtre et de cinéma[4] » et que c'est pour Jean « une féerie de rencontrer cet homme[5] » qui maîtrise les moindres nuances du raffinement. « À la fin de la guerre, témoigne le comédien Roger Carel, il y avait cinquante-deux théâtres à Paris et ils tournaient tous. Après avoir vécu cinq ans de privations et dans la peur, d'un seul coup, tout semblait permis[6]. » Pas question pour autant de céder à la facilité. « Quand j'entends certains parler de frivolité à propos de l'essor du théâtre sous l'Occupation, cela me met en colère, décrétera plus tard Jean Rochefort. C'est lui, au contraire, qui a permis aux Français de tenir, d'entendre les choses les plus audacieuses[7]. »

Ce dimanche 1er février 1948 en matinée, Fernande et Jean assistent dans la salle du Luxembourg, au théâtre de l'Odéon, à une représentation donnée par la troupe de la Comédie-Française du *Gendre de monsieur Poirier*, une pièce en quatre actes en prose d'Émile Augier et Jules Sandeau précédée de la comédie en un acte de Georges Courteline *Un client sérieux*. Malgré l'interprétation de Le Marchand, qui joue dans les deux spectacles, Denis d'Inès, Chambreuil, Jean Martinelli et Gisèle Casadesus, en dépit de la solennité du lieu, du faste de l'apparat et de trois rappels nourris d'applaudissements polis, Jean en sort « un petit peu triste, un peu déçu[8] ». Quand il confie sa désillusion à Pierre Labzan à l'heure du thé (« Je m'étais ennuyé. Ça ne m'avait pas beaucoup intéressé, je n'avais pas trouvé ça extraordinaire[9]. »), celui-ci s'exclame « que ce n'est pas ça qu'il faut aller voir, ce n'est pas très passionnant pour un jeune homme[10] » et que « le théâtre, ce n'est pas là. C'est rue de la Gaîté, sur la rive gauche, à la Gaîté-Montparnasse[11] ». Aussitôt dit, aussitôt fait, leur hôte réserve pour vingt et une heures dans la salle que dirige la comédienne Agnès Capri. « Déjà le quartier me bouleverse[12] », se souvient Jean Rochefort. « Pour nous, Montparnasse, c'était aussi fou que la banlieue de Chicago[13] ! » Le jeune provincial n'a qu'à ouvrir les yeux pour voir battre le cœur de la capitale et même si les surréalistes ont déserté les lieux et que les premiers existentialistes croisent à quelque distance de là, les grandes brasseries du boulevard incarnent autant la vie parisienne que les filles de joie qui arpentent le trottoir de la rue de la Gaîté et aguichent badauds et touristes en goguette.

« Au troisième ou au quatrième rang, j'étais assis et je vois tout à coup un spectacle d'une compagnie qui s'appelait Grenier-Hussenot. Ça s'appelait *Liliom*. Il y avait une fête foraine : la fête foraine, c'était une petite scène de cinq mètres sur trois où il y avait quatre acteurs[14]. » L'illusion est saisissante : « J'avais l'impression de voir dix mille personnes y participer[15]. » Parmi la distribution : Rosy Varte, Yves Robert, Jean-Pierre Grenier, Olivier Hussenot et un chœur céleste interprété depuis les coulisses par le quatuor des

Frères Jacques, un simple disque soixante-dix-huit tours suffisant à créer l'ambiance musicale. La critique a justement détecté « un talent rare. Excellents décors de Jean-Denis Malclès, robes à la Manet ravissamment exécutées, notamment par Aliette Samazeuilh. De vingt-cinq artistes émergent un grand escogriffe, Liliom anarchisant (Yves Robert) et une ingénue un peu cruche mais si drôle (Nicole Ionesco)[16] ». Certes on est loin des ors de la Comédie-Française, mais confronté à ce « théâtre où l'on inventait tout avec des bouts de ficelle, explique Jean, je suis sorti de là ébloui et j'ai trouvé qu'Yves Robert était mon héros absolu[17] ». Labzan a eu le nez fin. Cette pièce en sept tableaux de Ferenc Molnar portée à l'écran par Fritz Lang en 1934, et montée sans succès avant la guerre par les Pitoëff, restera à l'affiche pendant une saison et demie, grâce au bouche-à-oreille et à une presse qui n'a qu'un mot d'ordre : « Allez vite applaudir cette parfaite mise en scène[18]. » Ce triomphe consacre le renom de la compagnie Grenier-Hussenot amorcé l'année précédente par le succès critique du mélodrame lyrique de Jean-Pierre Grenier et Maurice Fombeure *Orion le tueur.*

Esprit de corps et système D, « on faisait, sans le savoir, de la mise en scène collective, explique Yves Robert : chacun donnait son avis, chacun disait quelque chose, chacun aidait l'autre à jouer et comme j'étais assez adroit de mes mains, je construisais les décors avec *[Jean-Denis]* Malclès. (...) Il avait fait un décor magnifique pour représenter le paradis, mais on n'avait pas d'argent pour payer ce décor. Et alors il m'a dit : *Peut-être que si l'on achète des draps et on va coudre ces draps et on fera des grands pamprions blancs.* Alors, on est allés acheter des draps aux puces qu'on a bien lavés, qu'on a frottés, on en a fait un décor avec des draps pendus et un porte-manteau : un perroquet noir avec un chapeau melon et un parapluie, puisque ça représentait le bureau des flics, et une table et un banc : c'est tout[19] ! ». Pour le jeune Rochefort, *Liliom* fait figure de « théâtre participatif. Je ne savais pas que ça existait. À chacun son Venise, à nous de l'imaginer[20] ». Au-delà du pur émerveillement, cette expérience le conforte dans une profonde conviction : « Le théâtre est un art d'imagination, pour moi. Il n'a pas besoin de moyens exorbitants. Il y a le cinéma pour cela[21]. » Au cours de ce week-end pour le moins contrasté, Jean vient de basculer dans une autre dimension et d'avoir la confirmation du sourd pressentiment qui l'agite depuis quelque temps : « Quand le rideau s'est baissé, je me suis levé et j'ai pris de ma main droite le dossier du siège de devant, en me relevant. J'avais la gorge serrée car il fallait retourner dans la vie et je n'étais pas content du tout[22]. » Cette fois, le doute n'est plus permis : « Je savais en sortant du théâtre que je serais comédien[23]. » Pourtant, « c'était un peu "fripounou" de vouloir être acteur. C'était quelque chose qui, socialement, n'était pas très admis[24] ». Les seuls échos qu'il a de ce monde émanent des magazines dans lesquels il lui arrive de se plonger et où le rêve se substitue souvent à la réalité : « C'est la lecture de *Cinémonde* qui m'a incité à être acteur. Je pensais qu'on faisait des repas magnifiques : caviar avant *moteur*[25] ! »

Ce bref séjour parisien a ouvert à l'adolescent de nouvelles perspectives qu'il assimile à « une déflagration extraordinaire[26] ». En ces temps reculés, se rappelle Rochefort, « celui qui voulait s'évader, fuir le quotidien, lisait et lisait encore. J'ai lu, beaucoup[27] ». L'adolescent puise inlassablement dans la vaste bibliothèque de son père, lequel aime à réciter du Victor Hugo en se rasant. Jean tombe ainsi sur un exemplaire de *Tropique du Capricorne* d'Henry Miller, qu'un ami de Célestin lui a adressé en cochant les passages pornographiques. Ce qu'il ignore, c'est que cet auteur sulfureux voue lui aussi une passion au ping-pong dont il a décrété un jour : « L'importance de ce divertissement tient à ce qu'il interdit les discussions intellectuelles[28]. » Pour le jeune homme qu'il est en train de devenir, le « désespoir tonique[29] » de ce roman répond à des questions qu'un garçon d'alors n'aurait jamais osé poser à son père. L'ouvrage manifeste « une extraordinaire permissivité[30] » qui frise la sidération : « Mes rêves de latrines pouvaient être imprimés[31]. » En cette époque où certains sujets sont tabous, l'éducation sexuelle reste une utopie. « Ne pas avoir de sœur, explique Jean, c'était penser que les filles appartenaient à une autre espèce. Elles m'intimidaient énormément et je ne pensais pas qu'elles puissent avoir la moindre réaction psychologique[32] », ni surtout « la même constitution et les mêmes aberrations que les mâles[33] », jusqu'à imaginer « que les femmes ne déféquaient pas[34] ». Du coup, conclut-il, « je les respectais comme des êtres absolument inabordables[35] ».

Pierre Labzan va guider Jean dans ses lectures, mieux qu'aucun de ses enseignants n'y est parvenu. « C'était un charmant petit bonhomme, délicieusement homosexuel (c'était extrêmement tabou à l'époque), une encyclopédie vivante de la littérature française. Il m'a ouvert au monde de l'humour, et c'est grâce à lui que j'ai découvert *Voyage au bout de la nuit* de Céline[36] », parce que « c'était un homme qui appartenait à un tout autre univers que le mien[37] ». Jean goûte autant à la sainte trinité américaine formée de Faulkner, Fitzgerald et Hemingway qu'à la modernité de Maupassant, parce qu'il « est dans la graisse humaine, il est très moderne[38] » et « raconte les autres avec un regard et une précision sur notre face noire[39] ». Or, « pour un jeune homme de dix-huit ans, c'est vraiment passionnant[40] ». Comme *Les jeunes filles* d'Henry de Montherlant, « un portrait très cruel des femmes, qui m'a donné du courage[41] ». Et il en faut pour voir percer un rayon de soleil à travers cet épais brouillard nantais dans lequel s'étiole sa jeunesse.

Avec l'arrivée de l'été, revient la parenthèse enchantée de Saint-Lunaire et son lot de frasques et de fantaisie. Jean s'enhardit avec la complicité de ses camarades et incarne un roi d'Espagne déchu dans la pièce de Michel de Ghelderode, *L'Escurial*, jouée lors d'une unique représentation au cinéma paroissial. « On l'a tous trouvé extraordinaire, résume Jacques Citroën. C'était un autre de nos amis, Alain Mensier, qui avait peint les décors avec Pierre Besson[42]. » Ce dernier, plus âgé que les membres de la bande, est un natif de Saint-Lunaire où sa mère, mercière de renom, tient un magasin de souvenirs joliment baptisé *Au petit bonheur*. Du fond de sa petite boutique de brocante, Pierre rêve lui aussi à une carrière artistique qui peine à se concrétiser.

À l'automne 1948, Célestin annonce à son fils cadet sa décision de l'envoyer étudier dans un cours de comptabilité que dirige un de ses amis, au 78 rue de Richelieu, à Paris... « J'ai pris le train, un peu paniqué, raconte Jean, et, arrivé sur place, j'ai cherché le 78... entre le 77 et le 79, que je n'ai pas trouvé et je suis rentré à Nantes[43]. » Avec le recul, le doute n'est plus permis, « c'est un acte manqué car je ne voulais pas être comptable[44] ». Reste maintenant au jeune homme à imposer sa propre volonté, ce qui n'est pas évident. « Quand j'ai annoncé : *Papa, je veux devenir acteur*, j'imagine combien cette idée a dû lui paraître incongrue. Et il l'a rejetée de manière impulsive avec ces mots : *La guerre arrangera tout ça*. Il s'agissait de la Guerre froide qui commençait. Un espoir atomique pour mon père[45]. » Funeste réaction du paternel absorbé par la dégustation d'une entrecôte haricots verts : « Il préférait un cataclysme mondial plutôt que de voir son fils sur une scène de théâtre[46] », même s'il se targuait d'être amateur d'opéra. « Mon père aurait rêvé que je chante Tristan ou que je sois Pelléas[47] », déclare Jean, qui concède « c'était très surprenant pour des provinciaux de cacher en leur sein un futur acteur[48] ». Mais, pour l'heure, « j'aurais annoncé que j'étais homosexuel et pédophile, il n'aurait pas réagi autrement. (...) Mon frère aussi a rejeté mon choix[49] ».

Conscient qu'il est vain de s'opposer à la volonté de ce jeune insoumis qui cherche « une soupape à son romantisme provincial[50] », Célestin adresse alors à Jean une mise en garde en forme de baroud d'honneur dérisoire : « D'accord pour le théâtre, mais n'entrez pas dans le cinéma[51]. » Là, le jeune homme ne peut qu'abonder dans son sens et considère ce milieu comme « une eau trouble[52] ». Des propos à remettre dans leur contexte : « L'idée de jouer au cinéma avait pour nous provinciaux un côté aussi cochon que les graffitis dans les toilettes[53]. » Aveu : « J'avais la sensation, vis-à-vis de mes parents, que le théâtre était plus noble[54] » et que « notre génération recherchait aussi dans le fait d'être acteur une marginalité[55] ». Mais, Jean en est conscient, « la fosse commune n'était pas loin[56] » et « j'ai eu l'impression de prononcer un gros mot[57] ». Une question taraude toutefois le jeune homme : « Pourquoi ai-je voulu faire un métier que je ne connaissais absolument pas[58] ? »

Au lendemain d'une classe de première sans éclat et en attendant de partir à la conquête de Paris, Jean s'est fait admettre au conservatoire de Nantes. Ce changement de vie implique désormais pour le jeune homme de fréquents trajets, car, entre-temps, en guise de pénitence, « son père lui a ordonné de rester seul dans leur maison de vacances de Saint-Lunaire pour réfléchir à son avenir[59] ». Mais l'adolescent se sent dans une impasse : « Je n'avais pas fini mes études. J'avais mon premier bac mais je n'ai pas passé le second. Et je me suis retrouvé avec ma mère dans la maison de Saint-Lunaire à passer l'hiver en tête à tête. Pour moi, c'était un enterrement effroyable[60]. » Cette punition possède en fait une autre explication plus prosaïque : « Célestin, en froid avec Fernande, les astreint à résidence, lui et sa mère[61]. » Jusqu'alors, les apparences sociales étaient sauves, même si, se rappelle Jean, « mon père rentrait souvent très tard la nuit et ma mère en souffrait[62] ». Comme dans un mauvais mélo ou une comédie boulevardière glauque, monsieur le directeur Célestin Rochefort trompe son épouse avec sa secrétaire, ce qui ne contribue qu'à accroître la rancœur que lui voue son fils cadet, son brillant aîné vivant désormais loin des siens.

Pour rallier Nantes depuis Saint-Lunaire, Jean doit changer d'autocar à Rennes. Histoire d'amortir ce périple qu'il accomplit une fois par semaine pour se rendre au conservatoire, il trouve un emploi de représentant en oignons de glaïeuls. Mais le commerce, même itinérant, ne s'improvise pas et c'est « une catastrophe ! Je rentrais chez les fleuristes, je disais *Vous voulez des oignons de glaïeuls ?* Ils disaient *non* et je ressortais[63] ». Résultat, dit Jean, après avoir ouvert et refermé maintes fois la valise dans laquelle est soigneusement disposée sa collection, comme s'il s'agissait de pierres précieuses, le constat est sans appel : « J'ai dû en vendre huit en six mois[64]. » Ce nouvel échec accentue son sentiment de ne posséder aucun don pour les affaires. Mais là n'est pas l'essentiel.

Fondé en novembre 1844, le Conservatoire de Nantes fut d'abord consacré intégralement à la musique. Quand Jean Rochefort y est admis, l'établissement est dirigé par René Audoui, un « homme discret occupant une chambre monastique munie d'un lit de camp, et un bureau rempli d'un grand piano[65] ». Le parolier André Alléhaut dirige pour sa part la classe d'art dramatique, créée en 1897, du Conservatoire national de musique et de déclamation. Il arrive à ses élèves de se produire dans des spectacles pas toujours d'une haute élévation intellectuelle, mais « il y avait beaucoup de jeunes gens et de jeunes filles qui étaient simplement là pour faire des progrès en diction et pour s'occuper avant une entrée dans la carrière plus sérieuse[66] ». Un décalage criant avec l'idéalisme naïf de Jean qui commence à déchanter le jour où, dans le mélodrame de Charles Méré, *Carnaval de l'amour*, il donne « la réplique à une dame qui n'était plus très jeune et dont la beauté était très relative[67] ». Ladite partenaire « était très maquillée pour la représentation devant le public avec une grande robe et énormément de bracelets. Et à la répétition, je la prends par les poignets, je la secoue et la serre et je lui dis : *Rends-moi mon enfant, rends-moi mon enfant !* J'étais en queue de pie, j'avais dix-sept ans, je l'ai vue grimacer et je lui ai dit : *Demain on recommence, mets moins de bracelets, je me suis rendu compte que je te faisais mal*, et elle m'a répondu : *Imbécile, c'est exprès*[68] *!* » Malgré cela, relève le jeune homme, « nous arrivions à faire pleurer toute la salle. Qu'est-ce qu'on était tragiques[69] ! »

Jean réalise assez vite que ce lieu n'est pas le plus favorable à son épanouissement. Sa désillusion est d'autant plus cruelle lorsque les choses sérieuses commencent : « Nous fûmes une quinzaine à concourir devant un jury local. Tous furent reçus, sauf moi. Avanie d'autant plus cinglante que j'avais été le seul à exprimer mon intention de devenir comédien professionnel[70] ! » À croire que son passé scolaire médiocre continue à le poursuivre et qu'il n'est décidément pas doué pour les examens, quels qu'ils soient. Maigre consolation, il a tout de même décroché une première mention au concours de diction. En revanche, rien aux épreuves de tragédie et de comédie. Mais cette fois, la blessure est bien réelle et il entrevoit la fin du rêve avant même d'y avoir goûté. «J'ai envisagé le suicide... J'étais complètement désespéré parce que conscient d'être incapable de ne rien pouvoir faire d'autre[71]. » Il est temps pour Rochefort de prendre son destin en main et de fuir cette province assoupie. Paradoxalement, l'occasion lui en est fournie par cet échec qui l'a tant affecté. « Quelle humiliation à dix-huit ans ! Je décidais quand même d'aller à Paris tenter ma chance, avec une jeune fille qui, elle, avait obtenu le premier prix. Je la suivais dans les rues, à distance, elle ne voulait pas que je marche à côté d'elle. Pensez, un type qui n'avait même pas été admis à concourir ! Et nous voilà tous les deux devant Jean Debucourt, qui nous recevait parce que notre professeur de Nantes était un de ses amis. Le premier prix passe. Debucourt a l'air assez pressé, mais je suis là et mon professeur ne peut pas m'abandonner. *Si vous avez cinq minutes, il y a aussi ce petit jeune homme...* On m'écoute, l'air agacé. Puis Debucourt se lève et dit : *Vous, la demoiselle premier prix, vous retournez à Nantes, vous le petit jeune homme, vous rentrez au Conservatoire*[72] *!*» Cet encouragement n'impressionne pas le père de Jean qui persiste à voir en lui un cancre indécrottable et lui tient ce discours : « Ne soyons pas ridicule ! Si déjà, à Nantes, en Loire-Inférieure, tu n'y arrives pas, alors à Paris[73]... »

Cet hiver dans la station balnéaire désertée de Saint-Lunaire où l'ennui semble palpable s'est avéré rien moins que sinistre. D'abord parce que Jean a été chargé de réconforter sa maman injustement répudiée, sous la menace d'un divorce qui implique alors déchéance et infamie pour les femmes dont personne ne prend la condition en considération et qui n'ont obtenu le droit de vote qu'en avril 1944. Ensuite parce qu'il sait que c'est à lui qu'incombe de prendre les bonnes décisions et qu'il trouve un allié inattendu en Pierre Besson. Celui-ci a déjà effectué plusieurs séjours à Paris, mais en est toujours revenu. Un peu plus maigre et découragé. Pionnier du char à voile, ce dessinateur et peintre plein d'humour qui a étudié à l'école des beaux-arts achève de convaincre le jeune homme que sa vraie vie est ailleurs. Cet aîné, adepte d'une certaine vie de bohème, Jean le décrit « comme une sorte de Céline catholique, qui m'a bouleversé. Il m'a raconté l'art, alors que je vivais complètement en dehors de tout ça[74] ». La fascination du disciple pour son maître est d'autant plus étrange que leurs personnalités sont très différentes, mais que leur objectif commun les soude. « Je lui ai confié que je voulais être dans la fiction, monter à Paris, se souvient Jean. Et je me suis nourri extraordinairement de cet homme qui a été très, très important pour moi[75]. » L'idée fait son chemin. « Nous marchions des heures et des heures sur la plage et on disait : *On va aller à Paris, on va faire des choses merveilleuses. Je serai un grand peintre.*

— *Et moi je serai un grand acteur*[76]. »

Devenus désormais inséparables, les deux amis décident de partir tenter leur chance dans la capitale, convaincus qu'ils seront plus forts en se serrant les coudes.

5

Les mystères de Paris

«Je n'étais pas un battant. Il fallait déjà que je prenne sur moi pour monter dans le train et arriver dans cette gare Montparnasse minuscule et délicieuse entourée de marchands de galettes bretonnes[1].» Pourtant, confesse Rochefort à propos de ce jour de février 1949 où il débarque de son compartiment de troisième classe, «j'étais affolé et angoissé en me demandant comment j'allais vivre. Je suis entré dans un bistrot, j'ai commandé un sandwich gruyère et la serveuse, avec cet accent parisien étonnant, m'a dit : *Moi, mon petit, dans le gruyère, j'aime que les trous.* Ça m'a détendu[2] !» Muni en tout et pour tout des quelques effets personnels qu'il a jetés précipitamment dans une petite valise de carton bouilli, il passe sa première nuit parisienne dans un hôtel du quartier en compagnie de Pierre Besson, ce mentor qu'il considère désormais comme un véritable frère et dont le soutien s'avère précieux, au moment où Jean plonge dans l'inconnu. «Partir avec lui m'a donné du courage, parce que j'étais effectivement assez paniqué à l'idée de venir seul à Paris[3].» En attendant de percer comme artiste peintre, Besson accepte des commandes d'illustrateur plus flatteuses pour l'ego que pour le portefeuille. Heureusement, quand leur ami commun Alain Mensier vient s'installer à son tour à Paris, il fait profiter ses camarades de son sens inné de la débrouillardise et du bricolage. «On allait ensemble aux Puces une fois par semaine. On savait ce qui se revendait bien, on l'achetait, on le retapait un peu et on allait le revendre dans l'après-midi aux antiquaires de Saint-Germain-des-Prés, notamment des pieds de lampe qui partaient facilement[4].»

En attendant d'accéder au Conservatoire, dont l'année scolaire ne débute qu'à l'automne, Jean fourbit ses armes. Après un bref passage par un cours privé au nom ronflant, le Théâtre mondain, où professe « une femme qui avait une grande robe noire avec d'énormes étoiles : on aurait dit un rideau[5] », il s'inscrit prudemment au Centre d'apprentissage d'art dramatique de la rue Blanche où ses désillusions nantaises s'effacent, lui-même qualifiant ce nouvel apprentissage « d'absolument merveilleux. Une rencontre avec des gens, des professeurs. Je ne savais rien du théâtre, de son univers, de son climat et j'ai découvert là, en huit mois, tout un monde qui m'a enthousiasmé[6] ». Ouverte le 15 avril 1941, cette école renommée est installée dans un hôtel particulier de la rue Blanche, dans le neuvième arrondissement. Les plafonds sont hauts, les pièces nombreuses.

Dirigé depuis la Libération par Jean Meyer, qui prône la sélection et préconise de prendre les jeunes à l'essai pendant trois mois, l'établissement compte parmi son conseil d'administration le décorateur Jean-Denis Malclès et le metteur en scène Gaston Baty qui milite pour que l'école accueille autant de comédiens que de techniciens, au point que leur nombre atteindra trente élèves sur un effectif de quatre-vingts en 1950. Le corps professoral se compose de Maurice Donneaud, Robert Manuel et surtout Pierre Renoir, « une rencontre magnifique[7] » qui fera dire à Jean qu'il lui doit « les bases d'une culture théâtrale[8] », tant il savait parler merveilleusement de cet art à ses élèves. Avec lui, « il s'est passé quelque chose : il m'a vraiment encouragé[9] » et « j'ai eu des affinités énormes avec cet homme. J'avais l'impression qu'il avait beaucoup d'affection pour moi[10] ». Les cours de diction et de poésie sont assurés par Jean Le Goff, le professeur de la classe d'ensemble étant René Dupuy et le maître d'escrime André Gardère. Rochefort a pour camarades Annie Girardot, Claude Rich et Jean Rougerie, lequel « passe une fable de La Fontaine, zozote effroyablement et le professeur dit : *Ne vous inquiétez pas, ça peut passer. Il suffit de travailler*[11] ». Les stagiaires sont dégrossis par Teddy Bilis dont la personnalité marquera durablement Jean Rochefort, tant « son esprit, sa compréhension, sa vitalité, sa gaieté correspondaient à ce que je cherchais plus ou moins consciemment[12] ».

« Rue Blanche, j'ai découvert tout, confiera Rochefort : des copains et des filles. C'était mixte. C'était inouï ! Une activité sexuelle débordante, la joie des contacts immédiats, et puis tous ces acteurs tellement drôles, charmants, cette joie de vivre que la province ne connaissait pas. Quand c'était Galabru qui vous donnait un conseil sur un trottoir ou Robert Hirsch qui vous disait : *Mon petit gars, articule!* Il y avait tellement de drôlerie, de cocasserie, de joie que ça a été pour moi un paradis. (...) Ma réserve provinciale faisait que j'étais timide et extrêmement respectueux des hiérarchies. Un élève du Conservatoire était un dieu, donc j'avais vis-à-vis de lui une réserve et une pudeur très grandes, mais j'étais très admiratif, alors j'écoutais et je puisais beaucoup. (...) Ça a été la découverte du rire, du plaisir et de la joie, d'autant plus fort que tout ça était resté à l'état larvaire et sous-jacent dans mes brumes nantaises[13]. » Avant d'apprendre à jouer, Jean doit découvrir la vie, la vraie, même si son caractère ne lui facilite pas la tâche. «Je n'entrais pas dans le jeu, confesse-t-il, j'en ai beaucoup souffert, et puis c'est venu petit à petit[14]... », y compris « cette joie de découvrir le sexe opposé[15] ! »

Le 27 juin 1949, Jean Rochefort est convoqué à neuf heures et demie du matin pour passer le concours de fin d'année du Centre d'apprentissage d'art dramatique, sur la scène du Théâtre de l'Œuvre. Premier candidat à passer, l'élève de la classe de Pierre Renoir interprète le rôle de Jacques le Mélancolique dans *Comme il vous plaira* de William Shakespeare. Parmi ses condisiples auditionnés ce jour-là : Paul Préboist et Charles Bensoussan, de la classe de Robert Manuel. Cette période de formation correspond aussi pour Jean, que ses camarades filles surnomment *le philosophe*, en raison de son « attitude austère et rentrée[16] », à l'apprentissage d'une vie de bohème, certes moins pittoresque que celle décrite par Henry Murger dans son roman, mais guère plus reluisante. Le jeune provincial partage avec son ami Besson l'ancienne classe d'un cours privé transformée en studio, avenue des Ternes, dans le dix-septième arrondissement, où ils se nourrissent frugalement de riz et de yaourt. « Nous n'avions littéralement pas le rond et nous ne sortions jamais. L'un de nous descendait tous les deux jours acheter des patates cuites[17]. »

À défaut de toujours manger à leur faim, les deux amis brûlent des calories et se réconfortent en crapotant. « Comme il fumait beaucoup, confie Rochefort, je n'avais que deux solutions : fumer aussi, pour ne pas être incommodé, ou déménager. Or les chambres étaient difficiles à trouver : j'ai donc préféré fumer[18]. » La cigarette incarne toutefois aussi pour Jean une assurance qui lui fait encore cruellement défaut au quotidien, car, selon lui, « face à un garçon de dix-huit ou dix-neuf ans qui ne fumait pas, on se posait des questions[19]... » Bien que Pierre Besson connaisse mieux la capitale que Jean, il n'y séjourne jamais que de façon sporadique. En effet, « lui venait tous les ans à Paris, en général en février, puis il rentrait en Bretagne parce qu'il était affamé et qu'il n'avait pas trouvé l'exposition ou le marchand de tableaux qui achèterait ses œuvres[20] ». Une fois son ami reparti pour Saint-Lunaire, sa solitude forcée contraint Rochefort à trouver de quoi assurer sa subsistance. Il est évidemment hors de question de solliciter ses parents que sa situation inquiète déjà assez comme ça et qui, de toute façon, ne croient pas vraiment en ses chances de percer dans ce métier de saltimbanque...

Le jour où Jean décide d'aller s'inscrire au concours d'entrée du Conservatoire, comme tétanisé, il reste posté sur le trottoir d'en face, sans franchir les quelques mètres qui le séparent de la vénérable institution. Et puis, « à dix-huit heures cinq, sentant que l'employée préposée à la réception allait partir, je prends mon courage à deux mains. Je traverse. J'arrive devant la dame, lui dis que je veux m'inscrire. C'est alors qu'elle me dit que je ne suis pas au Conservatoire d'art dramatique, mais au Conservatoire de musique[21] ! » Cette méprise traduit sa candeur déroutante : « On ne savait pas, alors, comment il fallait faire pour être acteur ! On avait besoin d'encouragements[22]... » Il s'impose en outre une difficulté imprévue en auditionnant dans une scène de *L'Avare*, la pièce de Molière qui lui a donné envie de devenir comédien : « Je jouais à la fois Harpagon et Valère, sourit-il, car je n'avais pas soupçonné qu'on puisse avoir une réplique[23] ! » Il n'est toutefois pas encore au bout de ses peines. Les postulants doivent être âgés de seize à vingt-quatre ans (vingt et un pour les filles), la majorité légale étant alors fixée à vingt-deux ans. Le concours se déroule en deux étapes : à l'épreuve d'admissibilité, où les élèves doivent présenter une scène classique, succède l'épreuve d'admission qui comporte une scène au choix du candidat, une scène classique imposée sept jours avant le concours, une lecture à vue d'un morceau tiré au sort et la réponse à un questionnaire rédigé par le jury, ou à une ou deux questions tirées au sort.

Jean ne croit pas vraiment en sa chance d'intégrer le Conservatoire. «J'avais un mauvais souvenir de Nantes, et je ne m'étais pas très bien préparé[24].» Il répète toutefois l'épreuve avec le soutien bienveillant de Pierre Renoir : «Je donnais en plus Basile *[du «Barbier de Séville»]*, morceau imposé[25]», explique-t-il. Ce que le jeune homme ignore alors, c'est que ce concours redoutable se déroule en... trois tours. Du coup, après avoir passé les deux premiers, l'inspiration vient à lui manquer quant à une dernière scène à présenter. La chance veut qu'il aille s'asseoir dans un bistrot où est déjà installée Béatrix Dussane. Attendrie par ce charmant jeune homme qu'elle se souvient avoir vu auditionner, la grande comédienne lui prodigue ce conseil avisé : «Toi, dans huit jours, passe *Knock*!» Il ne se fait pas prier et présente une scène de la pièce de Jules Romains, par pure admiration pour l'interprétation mémorable de Louis Jouvet, qu'il n'a pourtant vu dans ce rôle que dans le film que l'acteur a réalisé en 1933 avec Roger Goupillières.

Jean n'est pas tiré d'affaire pour autant. Son père a beau avoir cédé à ce qu'il persiste à prendre pour un caprice, il lui a plus ou moins coupé les vivres. À lui de se débrouiller pour trouver sa subsistance et payer son loyer, même si celui-ci est particulièrement modeste, compte tenu de l'espace dont il dispose. «Nous avions une salle de bains et des lieux confortables qui ne coûtaient que dix pour cent de ce que je gagnais mensuellement[26].» Souvenir d'«un réveillon à regarder une vitrine de charcuterie : les tranches de veau, la gélatine et les bûches[27]». Mais, en cette période de l'après-guerre, il y a du labeur pour quiconque est prêt à relever ses manches. Le conflit ayant empêché pas mal de jeunes d'achever leurs études, le marché de l'emploi s'adapte à la main-d'œuvre disponible. Grâce à son camarade Alain Mensier, qui étudie aux Arts-Déco, Jean Rochefort déniche un filon : «Pour calculer les loyers en surface corrigée, on avait lâché des hordes de glandeurs des Beaux-Arts, du Conservatoire, etc., incompétents mais royalement payés par l'État. Nous en avons bien vécu[28].» Au terme de la loi du 1er septembre 1948, «un décret, pris sur le rapport du ministre chargé de la Reconstruction et de l'Urbanisme, doit déterminer les conditions dans lesquelles sera obtenue la surface corrigée en affectant la superficie des pièces habitables et celle des autres parties du logement, de correctifs dont il donnera le taux pour qu'il soit tenu compte, notamment de la hauteur du plafond, de l'éclairement, de l'ensoleillement, et des vues de chacune des pièces habitables, ainsi que des caractéristiques particulières des autres parties du local[29] ». Tout cela avant le 1er janvier 1949. La mise en place de cette loi nécessite en conséquence le métrage d'une quantité astronomique d'appartements et l'établissement de leur surface corrigée, de façon à pouvoir les revaloriser en conséquence. Un labeur précaire rémunéré cent cinquante francs de l'heure que Rochefort résume ainsi : « Je posais une boussole sur la table et je décrétais : *Le Nord est là*[30]. » Explication technique d'Alain Mensier : « On faisait ça à la règle à calcul et, à la fin, on prenait le premier et le dernier et on faisait la moyenne dans le bistro à côté[31]. » Mais Jean n'est pas dupe : « Tout était à refaire après mon passage[32]. »

Immergé dans ce Paris de l'après-guerre dont Jacques Becker immortalise les grandes espérances dans *Rendez-vous de juillet* (1949), l'oiseau de nuit découvre le Quartier latin et multiplie les rencontres : « Les premiers mois ont été terribles, confesse-t-il. Je me sentais affreusement gauche, mon provincialisme suintait par tous mes pores. Je lorgnais avec envie Daniel Gélin ou Maurice Ronet, archétypes germanopratins. J'étudiais les manières et les codes[33]. » Cet apprentissage de la vie parisienne passe par une fréquentation assidue des bistrots où croisent d'autres habitués, parfois célèbres, avec lesquels il s'enhardit : « Les frères Prévert discutaient jusqu'à l'aube avec nous, ou Antoine Blondin nous apprenait à boire[34]. » Rochefort découvre les plaisirs de la vie, y compris ceux qui lui ont été interdits jusqu'alors. « On pouvait passer des nuits entières autour d'un café crème à discuter de ce qu'on allait faire, de l'art dramatique, du théâtre et du cinéma dans les années à venir[35]. » Il lui faut toutefois éviter ce qu'on appelle alors *les mauvaises fréquentations.* Comme les peintres de Montparnasse et les écrivains de la Génération perdue, Rochefort est convaincu que les vapeurs d'alcool stimulent l'inspiration. « Passer des heures au bistrot, c'est s'imbiber des autres. Un jour, il faut déglutir ces émotions. Il faut regarder tous les milieux, toutes les vies. C'est fait de chair, de souvenirs, de sudations, d'efforts et de mémoire[36]. »

L'oiseau de nuit trouve une autre source de revenus en travaillant dans le ventre de Paris cher à Zola, en tant que manutentionnaire, contre quelques pièces et un en-cas : « Période merveilleuse de la débrouillardise du provincial à Paris. (...) Pénétrer dans d'autres univers que celui qui allait être le mien était très enrichissant[37].» Avec parfois une candeur enivrante : «Manger des sandwiches en écoutant des blagues quand l'aube se lève sur Paris : le monde est à vous[38] !» Parmi la faune nocturne, émergent aussi des animaux étranges. «Aux Halles, je déchargeais des cageots pour gagner de l'argent de poche, mais je mangeais dans un petit troquet à la même table que Bernard Buffet et César[39].»

Avec l'été, revient le temps éphémère de l'insouciance. Jean invite Claude Rich à venir passer quelques jours en Bretagne où il le présente à sa bande de copains de Saint-Lunaire. Un jour, se souvient Jacques Citroën, «en remontant de la plage, ils ont vu deux filles attablées au café-tabac et ils les ont draguées : l'une était Madith, dont les parents avaient une maison à Saint-Lunaire et y avaient invité en vacances une amie américaine, Helen Rhinelander, qui venait de rompre avec un fils de famille new-yorkais après s'être rendu compte qu'il était homosexuel. Elle était donc libre et a eu une liaison avec Rich qui devait avoir deux ans de moins qu'elle[40]». L'ami évoque un autre souvenir de ce séjour : «Un soir, je rentrais chez moi, j'avais fait l'imbécile et lui était sorti de son côté, et tout d'un coup, devant chez lui, j'ai entendu : *Je t'aime, je t'aime, je t'aime...* Alors j'ai quand même jeté un coup d'œil et c'était Jean qui, en me voyant passer, a lâché sa jeune partenaire et m'a dit : *J'ai une bonne voix ce soir*[41]...»

C'est en octobre 1949 que les deux camarades sont intronisés au Conservatoire d'art dramatique de Paris dont le règlement intérieur est particulièrement strict. Le titre premier de son article 2 est à ce titre dépourvu de toute ambiguïté. L'établissement «n'est pas une faculté où les étudiants sont libres de suivre ou non les cours, pourvu qu'ils satisfassent à un examen final, mais une école où, quel que soit leur âge ou leur acquis préalable, ils ont le devoir de fournir une assiduité totale, de se soumettre à un enseignement avant tout individuel et d'acquérir une formation artistique complète qui les prépare au rôle qu'ils auront plus tard à tenir dans la Nation. Ils doivent donc au Conservatoire et à leur travail personnel la totalité de leur temps. (...) Il leur est absolument interdit de se livrer hors du Conservatoire à l'activité professionnelle pour laquelle ils sont élèves[42]». La vénérable maison est alors présidée par Paul Abram et compte parmi ses professeurs le prestigieux Philippe Van Tieghem qui enseigne la littérature, ainsi qu'il le fait à l'Institut des Hautes Études Cinématographiques (Idhec), l'école de réalisation fondée fin 1943 par Marcel Lherbier.

Rochefort est admis dans la classe de Georges Le Roy, qui se glorifie d'avoir été l'élève de Sarah Bernhardt et de Mounet-Sully, puis le professeur de Gérard Philipe. Outre Claude Rich, le jeune homme y a pour condisciples Jean-François Rémi, Gisèle Ripert, Yvette Lehmann, Isomet Raafat, ainsi que quatre auditeurs libres : Jacques Amiryan, Charles Mac Moy, Micheline Nazzar et Hélène Psoutseff. Parmi leurs aînés : Robert Willard, Geneviève Lemainque, Michèle Marquais, Magali de Vendeuil et Huguette Forge. Il doit également endurer la morgue et le mépris d'un élève particulièrement arrogant qui se targue d'être le maître des élégances : Georges Descrières se moque volontiers de sa mise de provincial et ne perd pas une occasion de le dénigrer : « *Tu ne réussiras jamais, tu t'habilles trop mal.* De ce jour, j'ai décidé de ne jamais porter de costume trois-pièces[43] », décrètera Rochefort, passablement échaudé, concluant : « Ils étaient méchants, les futurs sociétaires de la Comédie-Française[44]. »

Chacune des huit classes principales comprend un maximum de dix élèves, auxquels peuvent venir s'ajouter jusqu'à quatre auditeurs libres et deux auditeurs de nationalité étrangère :

– six classes de formation individuelle, dont une de tragédie (trois fois par semaine pendant trois heures) ;

– une classe de coordination et d'orientation (deux sessions hebdomadaires de deux heures réservées aux deuxièmes et troisièmes années) ;

– une classe d'histoire et de littérature dramatique (deux heures hebdomadaires pour les élèves de première et de deuxième année).

Parmi les diverses disciplines qu'on y enseigne : la préparation aux exercices publics (au moins trois fois par semaine, plus une par mois en costumes, de novembre à mai), la mimique, l'expression corporelle, la danse, l'escrime, la culture physique et le sport (deux heures par semaine à la Cité universitaire). Les élèves suivent également un cycle de conférences, à raison de deux heures par semaine. La scolarité dure quatre ans, mais est sanctionnée par des examens trimestriels à la suite desquels certains élèves peuvent être exclus. Ceux de première année ont une épreuve supplémentaire de rédaction et de lecture à haute voix.

Les cours de Georges Le Roy se déroulent les mercredi, vendredi et samedi. Il fait notamment travailler à Jean Rochefort *Tartuffe, Le barbier de Séville* et *Knock,* réalisant ainsi la prophétie de Béatrix Dussane. Cavalier émérite, il monte le samedi au bois de Boulogne et ne cesse de répéter à son élève : « Rochefort, tenez votre cheval », ce que celui-ci interprétera comme : « Ne surjouez pas trop, n'en faites pas trop[45] » ou « gardez de la réserve, de la distance, exprimez le minimum pour que le maximum soit reçu par les autres[46] ». Il saura se souvenir de ce sage précepte minimaliste qui l'incite à « être efficace dans la sobriété, dans la vérité des choses[47] ». Le Roy cantonne toutefois Rochefort dans un registre peu propice à accroître son assurance. « Un jour, il m'a dit : *M'sieur Rochefort, vous travaillerez M'sieur Purgon dans "Le malade imaginaire"*[48]. » Loin de se réjouir de cette perspective, Jean broie du noir : « J'avais envie de plaire, de séduire et d'être séduit[49] », alors que « jouer les cassures quand on a vingt ans, c'est affreux[50] ». Les relations de l'élève avec son professeur atteignent une sorte de point de non-retour le jour où celui-ci rassemble ses camarades autour de lui et leur tient le langage suivant : « Observons-le un petit peu, vous verrez que sa paupière inférieure se rabat sur sa supérieure comme les crocodiles. Je lui conseillerais donc une carrière de chansonnier[51]... » L'épreuve est rude pour le jeune homme qui se cherche encore et sera vengé le jour où le sexagénaire offre un bouquet de violettes à l'une de ses élèves, de quarante ans sa cadette, en lui faisant cette déclaration stupéfiante devant toute la classe : « Mademoiselle, je ne peux plus continuer à être votre professeur parce que je suis tombé amoureux de vous. »

En qualité d'élève de première année, Jean Rochefort est autorisé à assister en auditeur libre à la classe d'ensemble facultative qu'anime Louis Jouvet, un homme qu'il vénère tout particulièrement. Alors, toutes les semaines, il se présente invariablement devant sa salle de cours, collant même parfois son oreille contre la porte munie d'un judas, sans pourtant jamais oser y entrer, ce dont il s'en voudra toute sa vie, Louis Jouvet mourant brutalement le 16 août 1951.

La tradition veut que chaque fois qu'un nouveau spectacle est représenté dans la grande salle du Conservatoire, un tableau mentionne les noms des élèves conviés à y participer. Le jour où Georges Le Roy annonce à Rochefort qu'il va monter *Il ne faut jurer de rien*, celui-ci s'imagine déjà en Valentin, «cet homme jeune, séduisant, oisif, ruinant son oncle par ses incartades et ses frasques[52]». Quelle n'est pas sa déconvenue lorsqu'il découvre que son rôle est celui de «l'oncle Van Buck, un homme de soixante ans avec faux ventre et favoris[53]». Certes, il y a là matière à composition, mais c'est de séduire que rêve Rochefort, pas d'étonner. Par ailleurs, son manque d'assurance le handicape. Du coup, confie-t-il, «passer une scène devant mes camarades de cours me paralysait. Parce qu'ils savaient d'avance tout mon texte[54]». Quelques mois plus tard, dans *Le joueur*, comédie de Jean-François Regnard représentée un samedi en matinée, Jean se voit attribuer cette fois le rôle de Monsieur Toutabas (un maître de tric-trac!), au lieu de Valère, le séduisant héros de la pièce.

Il y a décidément quelque chose de pourri au Conservatoire, l'institution se complaisant à ignorer son époque, sinon à la snober voire parfois à la mépriser. Comment expliquer autrement qu'au cours d'une séance de poèmes déclamés sur la scène du Conservatoire le samedi 29 avril 1950, pour lire *Chasse à l'enfant* de Jacques Prévert, Jean Rochefort soit prié d'adresser préalablement par écrit une demande d'autorisation spéciale au directeur, sous prétexte que l'auteur de *Drôle de drame* est considéré à l'époque comme «un poète maudit, mal intentionné politiquement[55]»? La censure est là qui veille au conformisme et au bon ordre moral, entretenant le Conservatoire dans son... conservatisme.

En qualité d'élève de la Rue Blanche, puis du Conservatoire, Rochefort passe bon nombre de ses soirées au théâtre où il va applaudir ses maîtres, sans rien débourser lorsqu'il s'agit d'établissements subventionnés. Il profite aussi d'une autre faveur dont bénéficient ses pairs en jouant les figurants à la Comédie-Française, ce qui lui procure quelques subsides, à défaut de propulser son nom en haut de l'affiche. Cette scène mythique conserve toute sa magie à ses yeux et il y noue peu à peu des relations. «J'aime beaucoup les contacts avec les gens, et un acteur apprend sa profession aussi par les gens qu'il fréquente et qu'il voit[56].» Mais ces relations sociales restent corsetées par des rituels d'un autre âge. « À la Comédie-Française, on ne s'engageait pas dans un escalier quand un sociétaire en descendait. On attendait qu'il soit en bas pour commencer à monter[57]. »

La très modeste carrière de Rochefort y débute le mardi 30 novembre 1948 en soirée au théâtre du Luxembourg. La pièce à l'affiche est *La reine morte* d'Henry de Montherlant, mise en scène par Pierre Dux, avec dans les rôles principaux Jean Yonnel et Mony Dalmès, mais aussi Le Marchand, que Jean a découvert dans *Le gendre de monsieur Poirier*. Le nom de Rochefort n'est pas mentionné sur le registre de la représentation parmi les trois élèves du Conservatoire requis à cette occasion, car il y remplace au dernier moment un camarade qui s'est fait porter pâle... Qu'importe qu'il se contente de déplacements limités et n'ouvre pas la bouche. L'essentiel, c'est que cette représentation, suivie d'une autre, lui rapporte la somme, pour lui mirifique, de quatre cent quatre-vingt huit francs (net), les cachets étant versés chaque quinzaine, comme le précise le livre de comptes soigneusement conservé dans la cave de la bibliothèque de la Comédie-Française.

Il lui faudra toutefois patienter dix mois pour que l'opportunité se répète, quand *La reine morte* est programmé en remplacement d'*Asmodée* au Luxembourg. Mais ce n'est qu'un début car fin 1949, le petit soldat de Montherlant cumule neuf cachets représentant mille neuf cent dix-huit francs. Rochefort participe par ailleurs aux répétitions de *L'homme de cendres*, une pièce d'André Obey mise en scène par l'incontournable Pierre Dux dans la salle Luxembourg. Ce n'est que le 13 janvier 1950 que le nom de Rochefort est mentionné une première fois dans le registre, tenu ce jour-là par le semainier Denis d'Inès. Encore l'acteur ne se voit-il convoqué que deux heures avant la représentation en matinée, salle Richelieu, de *La reine morte* afin de remplacer Jean-Louis Le Goff, un autre de ses professeurs du Conservatoire. « Chaque soir, se rappelle son élève attendri, il avançait énigmatiquement vers l'avant-scène. Un jour, on lui a demandé pourquoi. Eh bien, il interrogeait sa femme, assise au premier rang, pour savoir s'il avait bien dit ses deux alexandrins. Elle hochait la tête et il reculait, rassuré[58]. » Au cours des jours suivants, Rochefort prend part aux répétitions de *L'homme de cendres* où il apparaît enfin officiellement le soir du 19 janvier, à l'occasion de la seizième représentation. Quatre jours plus tard, cependant, tout est à refaire car Georges Chamarat reprend son rôle à Le Goff, quant à lui rétrogradé dans celui de l'homme échu à Rochefort.

Qu'importe l'orgueil, *La reine morte* et *L'homme de cendres* assurent désormais tous les quinze jours au jeune élève du Conservatoire des cachets qui lui permettent de joindre les deux bouts. En dépit d'une grève des machinistes et des techniciens qui perturbe le fonctionnement des théâtres nationaux du 3 mars au 8 avril, il enchaîne désormais répétitions (payées) et représentations à un rythme très soutenu. En mai, Rochefort figure officiellement parmi le contingent d'élèves du Conservatoire mobilisé pour la reprise de *La belle aventure*, une comédie en trois actes de Robert de Flers, Gaston Arman de Caillavet et Étienne Rey, mise en scène par Jean Debucourt et programmée au Luxembourg jusqu'à début juillet. Entre-temps, le 21 juin, Rochefort se voit promu pour la première fois au rang d'officier chez Montherlant. Dérisoire montée en grade qui lui inspirera cette réflexion un rien désabusée : «J'ai fait ma première apparition au Français dans *La reine morte.* Je jouais un des gardes et j'aurais bien aimé sortir du rang. Deux ans plus tard, j'étais capitaine des gardes[59] ! »

Fort de l'expérience acquise lors de son passage par la Rue Blanche, Jean a transgressé le règlement du Conservatoire qui prévoit que ce n'est qu'au terme de la deuxième année, à la suite d'un concours composé de deux épreuves, qu'un jury désigne à huis clos un maximum de dix élèves aptes à être stagiaires à la Comédie-Française, honneur dont ils jouissent pendant deux ans. Dès lors, ils suivent leurs cours le matin et sont à la disposition du Théâtre-Français en matinée et en soirée. En restant cantonné à des emplois insignifiants, Rochefort réussira à se soustraire à cette contrainte qui ne lui a pas vraiment donné envie d'intégrer la maison de Molière. «J'en avais très peur parce qu'il fallait payer un dédit, au cas où la Comédie-Française nous réclamerait et que je n'en avais pas les moyens, mais heureusement je n'avais pas le talent pour être sollicité. Je n'aurais pas pu être un homme de troupe officielle[60]. » Cette éventualité le contraindra cependant à solliciter de son père ladite somme, quitte à la lui rembourser ensuite sur ses futurs cachets. Mais il n'en aura pas besoin.

Outre cette participation obligée aux spectacles de la Comédie-Française, il est strictement interdit aux élèves de se produire sur une autre scène. Du coup, ceux qui s'avèrent incapables de résister à la tentation se dissimulent derrière un nom de scène pour passer inaperçu. C'est ainsi sous les pseudonymes de Jean-Pierre Belmon(d), pour faire de la figuration à la Huchette, et de Jean-Marie Pierel, que Jean-Paul Belmondo et Jean-Pierre Marielle s'infiltreront dans des pièces de boulevard, tandis qu'Annie Girardot chantera au cabaret La Rose Rouge et déclamera de la poésie au Lapin Agile sous le nom d'Annie Girard. En décembre 1949, Rochefort adopte le pseudonyme de Rocherot afin de participer à la création de *Saint-Parapin d'Malakoff* d'Albert Vidalie dans le cadre des Mardis de l'Œuvre. Cette initiative instituée l'année précédente se déroule le jour de relâche du théâtre. Elle a pour but d'aider de jeunes compagnies et des comédiens débutants à se faire connaître, sous la houlette de Charles Bensoussan, ex-condisciple de Rochefort rue Blanche qui s'imposera plus tard sous le pseudonyme de Philippe Clair. Le musicien Jean Wiener et le décorateur Eugene Klementieff apportent aussi leur contribution à ce spectacle qui n'a rien d'amateur et attire un public curieux et assidu en cette période des fêtes.

Si Jean a incontestablement trouvé sa voie, il ne se sent toutefois pas à son aise au Conservatoire : « La promotion de 1949 était, à mes yeux, peu intéressante car pré-révolutionnaire donc complètement conventionnelle[61]. » Chaque année, se déroule un concours public qui comporte une scène classique (antérieure à 1853) et une autre au choix du candidat, interprétées en costumes. Des premiers et deuxièmes prix et accessits sont décernés. Les élèves n'ayant obtenu aucune de ces récompenses au cours des première et deuxième années sont renvoyés purement et simplement. Le palmarès du concours organisé du 3 au 5 juillet 1949 salle Luxembourg (celle du Conservatoire ayant été jugée dangereuse par la préfecture de police) trahit un indéniable malaise au sein de l'institution. Il débute, dès neuf heures et demie du matin, par l'épreuve de tragédie qui ne réunit en tout et pour tout que cinq filles et quatre garçons. Mais aucun premier prix n'est décerné, ce qui entraîne une désertion en masse des candidats, les lauréats boycottant la suite du palmarès pour aller se rafraîchir au bistrot, alors que le thermomètre indique trente-cinq degrés ! Cet incident incite Paul Abram à décréter à propos des épreuves à venir qu'« ils attendront les journaux de mercredi pour avoir les résultats ». Dix-huit hommes et quinze femmes concourent quant à eux en comédie. Parmi les lauréats : Jean Le Poulain (premier prix de comédie, après avoir été premier accessit en 1948), Michel Galabru (premier accessit de comédie, orthographié « Calabru » dans le *Bulletin du Conservatoire* !), élève méritant qui place des polices d'assurance pour payer ses études, ex-æquo avec Jean-Paul Roussillon. Louis Velle décroche un premier accessit et sa future épouse Frédérique Hébrard un deuxième accessit. L'après-midi du 5 juillet, Jean Rochefort monte quant à lui sur scène en compagnie de Claude Rich, en qualité de réplique d'une élève de troisième année, Francine Allard. Cette candidate « à la gentille frimousse et au jeu éveillé[62] » qui « ne manqua ni de charme ni de drôlerie[63] » dans la scène des *Deux écoles* de Flers et Caillavet qu'elle interprète dans le cadre du concours féminin de comédie moderne, obtiendra finalement un second prix et se verra qualifiée de « piquante ingénue comique[64] ».

Au terme de ces trois journées de controverse et de confusion, la critique dénonce un jury coupable d'avoir « récompensé les *conservateurs*[65] » qui se cramponnent « à la tradition la plus établie, à reproduire, en écho affaibli, hélas ! les Mounet-Sully, elle nous met à deux doigts du pompier[66] ». Est-ce dû au décret en date du 21 février précédent qui a modifié la composition des jurys d'admission ? Ils comprennent désormais l'administrateur et tous les membres du comité de la Comédie-Française (contre deux auparavant), le directeur et les professeurs du Conservatoire, ainsi que trois personnalités désignées chaque année par le ministre de l'Éducation nationale. Pour l'élève Rochefort, le bilan est sans appel : « Cette première année au Conservatoire a été un petit peu douloureuse. Mon professeur ne m'aimait pas beaucoup, mes collègues, cette génération avec laquelle j'étais rentré, étaient comme un peu indifférents à mon sort. Je n'avais pas d'amis. Je n'avais pas de copains[67]. »

6

Le prestige de l'uniforme

Au début de l'été 1950, le constat de Jean Rochefort est amer : « Pendant ma première année de Conservatoire, je m'emmerdais, j'étais nul[1]. » Alors, « je me suis assis sur une petite chaise dans un couloir du Conservatoire pendant une demi-heure et j'ai décidé de partir au service militaire[2]... » C'est donc avec l'énergie du désespoir qu'il renonce au fameux sursis que sollicitent la plupart des étudiants. « On faisait dix-huit mois à l'époque, ce qui représentait deux ans de scolarité perdus, mais ça a été une très bonne chose[3]. » Le contexte international ne prête pourtant pas vraiment à l'euphorie. Ramené à un an en 1946, le service militaire vient en effet d'être rallongé de six mois, afin de pouvoir suppléer à la mobilisation des soldats de métier qu'implique la guerre d'Indochine. En juin, le début de la guerre de Corée conjugué avec l'établissement du régime maoïste en Chine accroît encore la tension. La psychose d'une Troisième Guerre mondiale commence même à se profiler sérieusement, comme le montrera a posteriori le film d'André Cayatte *Avant le déluge* (1954).

Avant de partir sous les drapeaux, Jean Rochefort doit encore accomplir un ultime devoir professionnel, et non des moindres... Ce dimanche 16 juillet, le jeune homme fait partie de la délégation de la Comédie-Française qui interprète sur le parvis de la cathédrale de Mende *La lépreuse*, un sombre drame en trois actes d'Henri Baud, auteur connu localement pour avoir été secrétaire général de la préfecture de la Lozère. Sa pièce inspirée du *Mystère de Sainte Énimie* évoque le miracle de la vierge lépreuse du même nom, survenu aux alentours de l'an 615. Malgré les nombreux prétendants que lui vaut sa beauté sans pareille, cette princesse mérovingienne, sœur du bon roi Dagobert, préfère vouer son âme à Dieu, au grand dam de son monarque de père, Clotaire II... La mise en scène est assurée par un acteur de renom, Henri Rollan, qui tient également le rôle d'une sorte de clochard céleste. De ce professeur qu'Annie Girardot décrit comme un « homme magnifique, merveilleux professeur, toujours positif et constructif[4] », et dont Rochefort rapporte que « quand une jeune femme voulait jouer Giraudoux, il demandait que je sois son partenaire, alors que j'étais dans une autre classe[5] », Jean affirme aussi que c'était un « grand maître et un homme admirable[6] » qui « disait : *Tu vois, Rochefort, Giraudoux c'est comme le Tintoret. Tu regardes un œil de Tintoret. Tu as un brouillamini de peinture et derrière tout ça, il y a un regard*[7]. » Sorti du Conservatoire avec un prix d'excellence de comédie obtenu à l'unanimité en 1906 (le seul décerné en un demi-siècle !), Rollan a effectué un bref passage par la Comédie-Française en 1917, avant d'y revenir comme sociétaire trente ans plus tard, en tant qu'interprète de prédilection du dramaturge Henry de Montherlant. Au cinéma, il a aussi été l'un des partenaires favoris de Gaby Morlay.

En prévision de cet événement culturel de la plus haute importance, Henri Rollan a assisté mi-juin à la réunion préparatoire du cinquantenaire de la chambre de commerce locale. L'homme de l'art en a profité pour procéder à des repérages scénographiques et exposer son projet en ces termes : « Devant la façade gothique de la cathédrale de Mende qui constituera le fond du décor, nous réaliserons les scènes du Moyen Âge d'où est issu le théâtre. Le thème choisi, *La lépreuse*, sera donc l'œuvre complète, littéraire et musicale par excellence, à laquelle collaboreront tous les arts auparavant isolés de notre petite cité[8]. » La région tout entière se mobilise autour de ce projet ambitieux auquel elle entend donner le plus grand retentissement possible. La ville manquant de chambres, les habitants sont sollicités pour accueillir visiteurs et touristes. Pour l'occasion, la SNCF affrète des trains spéciaux, habitants et commerçants pavoisant immeubles et vitrines dans le cadre d'un concours doté d'un premier prix de mille cinq cents francs.

Jusqu'au matin même de la représentation, les rumeurs les plus folles vont bon train. « Tous les spectateurs qui le désirent pourront prendre place sur des sièges installés sur la place Urbain-V, annonce la gazette locale. Pour donner le plus de relief à ce spectacle de haute valeur, les services de la Radiodiffusion française enregistreront les diverses phases des manifestations. Nous croyons savoir qu'une firme cinématographique se réserve notamment de produire sur l'écran le déroulement de la journée[9]. » Pour les lecteurs, l'affaire est entendue : le temps d'une soirée, Mende deviendra la capitale de la France sinon du monde. Point d'orgue d'une journée de liesse marquée par une grand-messe pontificale célébrée en plein air devant plus de cinquante mille fidèles, le spectacle débute à la tombée de la nuit. L'adaptation musicale de Jean Bioulès est interprétée par les chœurs de son octuor vocal et de l'Union musicale du Gévaudan. Le prix des deux mille places s'échelonne de cent à mille francs et comporte six catégories. À événement exceptionnel, invités de marque : les cérémonies initiées par le préfet Christian Laigret se déroulent en présence de son altesse royale la princesse Yukanthor Ping Peang, vice-présidente en exercice de l'assemblée de l'Union Française pour le Cambodge.

La Lozère nouvelle déroule le tapis rouge : « Bien servie par une excellente sonorisation, la voix des acteurs parvenait sans peine jusqu'aux derniers rangs ; sous la lumière des projecteurs, les personnages évoluaient en des gestes harmonieux ou pathétiques. Monsieur Henri Rollan peut être content de sa troupe qui a su rendre, avec les nuances voulues, les sentiments qu'inspirait un tel sujet. Comment ne pas le féliciter lui-même, spécialement, de sa belle diction, de son jeu grave et inspiré ; une mention particulière est due, aussi, à mademoiselle *[Lucienne]* Letondal, qui fut une Sainte Énimie remarquable de grâce, de dignité et d'élan religieux. À plusieurs reprises, des applaudissements jaillirent, spontanés[10]. » Le spectacle s'achève par un embrasement spectaculaire de la cathédrale qui ravit le public. Conclusion : « Nous étions allés voir un mystère, nous avons vu un spectacle miraculeux[11]. »

De cette expérience formatrice, Jean Rochefort, qui a joué le double rôle du pape, mais aussi d'un photographe au premier acte, conserve un souvenir d'autant plus ému qu'il doit se porter à la rescousse d'Henri Rollan dont la presse locale souligne qu'« il peut être fier de ses élèves et attendre d'eux les plus belles réalisations[12] ». Absorbé par sa mise en scène, celui-ci n'a pas eu le temps d'apprendre son rôle. Et lorsque surgit le trou de mémoire tant redouté, en plein milieu de la phrase « Trop de hâte, rien ne sert de se hâter quand la justice de Dieu est en marche », il appelle son disciple à la rescousse en ces termes : « Envoie-moi le texte, Rochefort ! » En élève studieux, celui-ci connaît aussi bien les répliques de son partenaire que les siennes et n'a donc aucun mal à les lui souffler, même si c'est « avec le cœur qui battait à six cents pulsations[13] ». L'occasion de mesurer pour la première fois concrètement combien l'enseignement de la Rue Blanche et du Conservatoire l'a aguerri : « Mes amis et moi avons été obligés de jouer souvent en plein air et, grâce à notre formation classique, nous avions des voix solides, capables d'être entendues par deux mille personnes[14]. » Il énoncera même une curieuse explication : « Le verbe nous sauvait d'un physique ingrat. (...) Nous étions des adolescents loupés. Alors il a fallu que nos organes vocaux en remplacent d'autres[15]... »

Au lendemain de ce premier saut dans le vide qui l'a rassuré à la fois sur la légitimité de ses aspirations et sur sa capacité à affronter un vaste public dans des conditions extrêmes, Jean est bien décidé à profiter de ses dernières vacances pour emmagasiner les réserves indispensables à sa conscription. Parmi la bande de Saint-Lunaire dont les membres se sont égaillés au fil de leurs études, de leur entrée dans la vie active ou de leur situation familiale, il entreprend de flirter avec Élisabeth Bardin, dite Babeth, une jeune fille d'un an sa cadette dont il fréquente déjà la sœur aînée, Marie-Edith dite Madith, depuis quelques années. « J'ai été élevée par une mère catholique très pratiquante, et je dois dire admirable, confie Babeth. Ça signifie que j'étais assez *serrée, bouclée.* J'ai rencontré Jean à la Civette. Il était assis sur une banquette avec des tas de copains et quand je suis entrée pour acheter un paquet de cigarettes, je l'ai vu et je me suis dit : *Lui sera mon mari.* J'ai vraiment eu un coup de foudre et un mois après cette première rencontre, nous avons décidé de nous marier. Nous avons été fiancés pendant deux ans, parce qu'entre-temps il a effectué son service militaire. Tout ça dans la pureté la plus totale[16]... » Pas question de « fauter » avant le mariage dans ce milieu plutôt traditionaliste. « Quand mon père est mort dans un accident de voiture au Luxembourg, j'avais sept ans et on est allées s'installer à Reims, chez ma grand-mère[17] », explique Babeth qui a grandi dans un véritable gynécée et a été élevée selon des principes moraux plutôt stricts.

Jean Rochefort a envisagé dès l'origine sa période de conscription comme une simple parenthèse. À l'excitation et aux frustrations succèdent non seulement la routine et un ennui certain, mais surtout « dix-huit mois douloureux, pénibles, atroces[18]... » Et le contexte international y est pour beaucoup. «J'ai failli partir en Indochine. J'ai été consigné quarante-huit heures dans mes quartiers. Et là, j'ai senti combien la vie pouvait être absurde et basculer... À la chambre, il y avait une grande discussion : *Est-ce qu'on envoie des appelés se faire trouer la gueule là-bas*[19] ?» Affecté dans la région de Saumur, « il était chargé de nettoyer les chars après les manœuvres avec d'autres appelés parmi lesquels un curé et des analphabètes. Ils se lavaient dans un bac installé au milieu de la cour[20] ». Logé et nourri par l'armée française, le jeune homme lutte contre la déprime mais dépérit à vue d'œil. Jusqu'au jour où il rentre de permission tellement amaigri que son père décide de le pistonner en jouant de ses relations pour le faire rapatrier au ministère de l'Air, place Balard, dans le quinzième arrondissement de Paris. « Après avoir pensé que ça lui ferait du bien, son père a pris peur[21] », ironise Jacques Citroën. Connaissant la sévérité de Célestin, il faut vraiment que la condition physique de son fils cadet se soit dégradée de façon spectaculaire pour qu'il se résolve à prendre une décision aussi contradictoire avec ses propres principes. De l'anorexie à la boulimie, il n'y a qu'un pas que franchit Jean qui se remplume bientôt de façon assez spectaculaire, comme il l'admet lui-même : «J'étais tellement annihilé par cet uniforme que je suis rentré à soixante et un kilos et sorti à quatre-vingt-six. C'est étrange. Je me suis jeté sur la nourriture par désespoir, je crois[22]. » S'ajoute à ce régime la frustration que constituent les permissions dont il bénéficie. « Pendant la période où nous étions fiancés, se souvient Babeth, j'habitais Orléans où je faisais le Conservatoire de musique et où vivait ma famille, mais j'allais régulièrement voir Jean à Paris[23]. » En d'autres circonstances, c'est lui qui va passer une journée en sa compagnie chez sa future belle-mère, mais le temps paraît toujours trop court aux tourtereaux, et cela bien que leurs rapports physiques se trouvent réduits aux convenances les plus strictes. Audace suprême, ils vont tout de même jusqu'à braver l'interdit en s'offrant une brève escapade à l'invitation de leur camarade Jacques Citroën. « Quand j'ai eu mon permis, raconte celui-ci, je suis allé avec la deux-chevaux de ma mère à Autrans, au-dessus de Grenoble, pour voir une amie qui était danseuse dans les ballets de l'opéra-comique, avec Rochefort et Babeth, qui n'étaient pas encore mariés. On a passé la journée à l'Alpe d'Huez et on est rentrés à Paris[24]. » Bref, il y a là davantage d'insouciance que d'audace.

Une fois cantonné à Paris, dès qu'il en a le loisir, Jean se remet à fréquenter les théâtres et à cultiver ses relations. Son aîné Michel Galabru peut en témoigner, qui l'a naguère côtoyé dans *La reine morte* : « Rochefort, je l'ai croisé en uniforme de l'armée de l'air, devant l'entrée des artistes de la Comédie-Française, face à la statue de Musset, alors qu'il effectuait son service militaire. Je l'avais remarqué, comme Cremer et Belmondo : ils erraient mais ils riaient, ils s'ennuyaient et je les plaignais[25]. » Un jour de permission, Rochefort va assister à un exercice d'élève jugé par les professeurs du centre d'art dramatique de la rue Blanche. Dans cette version de *Britannicus*, c'est un certain Jean-Pierre Marielle qui tient le rôle de l'empereur Néron, vêtu d'une mini-jupe de cuir à la romaine... « Je l'ai trouvé tellement bon que je suis allé le féliciter après[26] », raconte Rochefort. « Monsieur, c'est vraiment très bien, ce que vous faites » : ces simples mots d'encouragement touchent d'autant plus Marielle que le compliment émane d'un jeune homme en uniforme qui s'est présenté à lui comme élève du Conservatoire, c'est-à-dire du saint des saints. Et quand il relate cette rencontre à son père, celui-ci lui répond par ces mots définitifs : « Ça, c'est très bien. » Selon Rochefort, l'explication est prosaïque : « J'étais à l'armée, j'étais entré au Conservatoire, lui pas encore. J'étais donc une vedette[27]... » Au terme de cette année et demie passée sous les drapeaux, Jean sera finalement démobilisé avec le grade de sergent-chef dans l'armée de l'air.

7

Les enfants terribles

À la rentrée de 1952, enfin dégagé de ses obligations militaires, Jean Rochefort réintègre le Conservatoire national d'art dramatique dans la classe de Pierre Dux, administrateur de la Comédie-Française. Tout juste nommé par le secrétaire d'État aux Beaux-Arts, celui-ci succède là à Pierre Renoir, lui-même chargé de remplacer Georges Le Roy qui a repris la classe d'ensemble à la mort de Louis Jouvet. Une arrivée saluée en ces termes par Armand Salacrou, de l'académie Goncourt : «J'envie les jeunes élèves de la classe du *maître* Pierre Dux. Car ils vont avoir un professeur qui a encore la jeunesse de ses élèves – avec, jusque dans sa chair, la connaissance des grandes traditions et qui, devenu professeur, se souviendra encore des angoisses de ses premières auditions devant son premier professeur[1].» En guise de bizutage, Dux hérite en fait de tous les élèves dont ses collègues n'ont pas voulu...

Confronté à une nouvelle génération, Jean Rochefort perçoit des signes d'espoir. «J'ai trouvé une promotion d'élèves qui était très intéressante[2].» Parmi eux : Jean-Paul Belmondo et Jean-Pierre Marielle, qui se sont rencontrés en 1951 au Capoulade, un restaurant du boulevard Saint-Michel, Bruno Cremer, Pierre Vernier (surnommé *Pilou* par ses camarades), Michel Beaune (qui s'orthographie encore Bosne), Henri Poirier, Annie Girardot et Françoise Fabian. «Quand je les ai vus, poursuit Rochefort, je me suis dit : *Qu'est-ce qu'on va se marrer*[3] *!*» Conséquence immédiate, «ça m'a donné confiance en moi et je me suis aperçu que si j'avais un talent, c'est de sentir les autres[4]». Ce que partagent ces jeunes gens, c'est d'abord une franche euphorie : «Il y avait dans ce groupe une sorte de tourisme, une sensation très délicate, insiste Jean : le simple fait d'exister, de faire du théâtre, ce qui correspondait à nos rêves d'adolescent, crée une espèce de joie de vivre, de bonheur d'exister, de se retrouver entre copains, loin de tout carriérisme[5]. » Pour eux, en effet, « la distinction et l'élégance sans la trivialité, c'est incorrect, c'est quelque chose de grossier[6] », alors que « le luxe de la sottise est une merveille[7] ».

Il émane de ces jeunes gens un souffle mêlant audace et insolence, qui passe par un usage immodéré des contrepèteries (répétées inlassablement pendant six à huit mois) ou le fait qu'ils vont au cinéma ensemble et se nourrissent de films noirs hollywoodiens. Autre référence commune : *Les J3*, représenté depuis 1944 au Théâtre des Bouffes-Parisiens, une comédie de lycée bourrée de références au marché noir dont le titre désigne les bénéficiaires de la carte d'alimentation réservée alors aux moins de vingt et un ans. « Ça a été un énorme succès jusque dans les années 1950, explique Rochefort. La pièce était jouée par des zazous, l'underground de l'époque. On disait : *Je suis un J3.* C'était le début des amours[8]... » Le jeune acteur peut aussi se targuer d'avoir vu pas moins d'une dizaine de fois *Les branquignols* au cours des trois années où ce spectacle a fait salle comble au petit Théâtre La Bruyère : « Nous aimions que le comique que nous voulions pratiquer flirte avec le surréalisme, et qu'il y rentre une part de fantastique, d'absurde. Robert Dhéry est un frère de cette famille[9]. » Quant au chef incontestable de cette belle équipe de joyeux drilles, c'est Jean-Paul Belmondo, toujours prompt à perturber le Conservatoire par ses blagues de sale gosse. Selon Rochefort, il « était dans la bande le débile qu'on admire, alors on le suivait, il était plus costaud, il courait plus vite que nous et quand c'était le moment de sortir son argent au bistro, il ne payait jamais[10] ». Et Jean de renchérir : « Si je suis devenu une sorte de jeune premier avec le label "séducteur" alors que j'avais un physique largement aussi ingrat que le sien, c'est à lui que je le dois[11]... »

« En 50, être acteur, ça fleurait bon le "romano", ça mettait en marge, avec la sensation d'être asocial, un peu anar même. J'ai toujours eu de la tendresse pour cette forme de nihilisme qui consiste à ne pas agir, à refaire le monde dans les bistrots[12] », dit Rochefort qui retrouve régulièrement ses nouveaux camarades du Conservatoire au café d'en face, le France Bar. Mais quand ils arrivent en retard, le surveillant leur donne des lignes à copier. Jusqu'au jour où il lui colle cent vers de *L'avare* de Molière et où Rochefort lui répond « c'est en prose... » et en récolte le double. L'école et ceux qui l'animent luttent contre ces trublions qui ébranlent ses murs, même si ceux-ci sont lépreux. « Un jour, se remémore Françoise Fabian, Belmondo s'accrocha aux rideaux de scène en poussant le cri de Tarzan. La vénérable étoffe dégringola, libérant ainsi la poussière accumulée depuis des années[13]. » Tout un symbole ! Pour Rochefort, aucun doute : « J'avais trouvé mes copains et mes copains m'avaient trouvé[14]. »

Il existe au sein de cette « bande de sceptico-ricaneurs[15] », en qui il reconnaît « des voyous, de grands mous glandeurs[16] », un étonnant esprit de fraternité dont prennent conscience certains de leurs enseignants, comme le rapporte Claude Rich : « Notre professeur, Georges Le Roy, nous envoyait chez le pharmacien ensemble en nous disant : *Vous avez mauvaise mine tous les deux. Allez prendre votre tension*[17]. » Parisien de fraîche date, Jean est l'un des seuls élèves du Conservatoire à avoir quitté le domicile familial. Il partage une chambre avec un copain comédien au deuxième étage d'un immeuble de la rue de la Sourdière, qui donne sur l'avenue de l'Opéra et dont sa fiancée garde un souvenir pittoresque : « La concierge était une sorcière et quand il allait jouer les utilités à la Comédie-Française, elle lui demandait : *Où allez-vous, monsieur Rochefort ?* Il lui répondait : *Je vais au Français, madame !* Et elle s'exclamait : *Ah, les petites femmes*[18] *!* » Au cours de cette période de vaches maigres, il arrive aussi au jeune provincial de rendre visite à des parents installés à proximité, davantage par nécessité que par esprit de famille. « J'avais très faim, mais j'avais des cousins qui n'habitaient pas loin de la Comédie-Française et qui, de temps en temps, m'offraient à dîner, mais ils étaient sûrs que j'étais homosexuel, parce que si l'on était figurant ou acteur à la Comédie-Française, on ne pouvait qu'être homosexuel[19]. » Il lui arrivera d'y retourner, une fois marié, comme pour leur prouver qu'ils se sont mépris sur son compte. Cette fois, c'est Babeth qui raconte : « Un jour, Jean m'a emmenée chez des cousins de son père qui étaient plombiers et qui habitaient rue du Faubourg-Saint-Honoré. Seule la femme était présente et elle a regardé ma bague, dont Jean n'avait payé que la monture car il était sans le sou, et elle me l'a rendue, en disant : *Elle est belle*[20] *!* »

L'indépendance de Jean suscite de la part de ses condisciples un mélange d'admiration et de compassion. «J'étais dans une petite piaule et eux, chez leurs parents. Il a fallu que je me fasse admettre[21]. » Il se remémore ainsi des repas chez Claude Rich dont la mère, Élisabeth, qui est veuve, brille davantage par sa chaleureuse hospitalité que par ses talents culinaires. Mais là n'est pas le plus important à ses yeux, car il en retient « une atmosphère merveilleuse. C'était boulevard Saint-Michel et pour le provincial que j'étais, j'avais vraiment l'impression de vivre à Paris. Quand sa mère me donnait un plat de nouilles froides et un vieux yaourt, je me disais : *Ça y est, je suis dans le monde des artistes*[22] ». Ce qui n'empêchera pas Claude Rich de remarquer que « chaque fois qu'il sortait de la maison, il se précipitait dans un café manger un sandwich[23] », en mettant cette boulimie effrénée sur le compte des privations subies pendant la guerre et son service militaire...

Au Conservatoire, se souvient Jean-Pierre Marielle, « nous étions trois amis et nous avions envie de travailler des scènes à trois personnages, Belmondo, Rochefort et moi[24] ». De leur côté, Pierre Vernier, Bruno Cremer et Jean-Claude Brialy prennent l'habitude de se retrouver le soir, après les cours, dans deux boîtes de nuit du Quartier latin, le Club Saint-Germain et l'Échaudé, où ils vont écouter du jazz, boire un verre et mater les danseuses de be-bop. Inconditionnel de son ami Belmondo, Rochefort va l'admirer sur le ring avec ses camarades et rapporte qu'« à l'époque, il y avait des grosses vedettes qui venaient du monde entier boxer à Paris et ça nous plaisait beaucoup. C'est le public aussi qui nous amusait tellement, cette faune[25] ». Avec Marielle, raconte Rochefort, « nous avons fait toutes les folies que deux jeunes garçons en liberté à travers une ville comme Paris peuvent faire. Nous avons coursé les mêmes jupons, mangé dans la même assiette, partagé la même chambre, l'un sur le sommier, l'autre sur le matelas par terre[26] ».

« Tout se passait encore à Saint-Germain. On rencontrait encore des génies par hasard[27]. » Surtout parmi les oiseaux de nuit. À l'instar de ce « très bon copain de bistrot, un certain Alberto, avec qui pendant des mois j'ai bu un whisky tous les soirs au Montana, rue Saint-Benoît[28] », « un homme qui était plus âgé que moi mais qui avait un charme extraordinaire. J'étais heureux comme tout et on parlait de choses et d'autres. On s'était un peu reniflés, comme quand on est de la même famille. Et puis le temps a passé et un jour, dans une revue d'art, j'ai vu que c'était Giacometti[29] »... quinze ans plus tard ! Une frondeuse insouciance que l'acteur résumera encore en ces termes : « Le fric venait, repartait. Ce n'était pas grave. On a eu une chance folle[30]. »

Jean Rochefort continue à jouer les ombres et les silhouettes sur la scène du Français, sans jamais s'y faire repérer, Pas même quand il déclame trois vers du *Misanthrope* pour pallier une défection de dernière minute. En revanche, il se trouve aux premières loges pour contempler ses glorieux aînés. Comme ce soir du 14 mai 1952 où il joue les utilités dans *Œdipe roi* de Sophocle, mis en scène par Julien Bertheau. « Claude Rich et moi faisons partie du chœur et sommes en petite jupette derrière des rochers en carton. *[Jean]* Yonnel, qui jouait beaucoup de tragédies de Racine, arrive sur un rocher plus élevé, les yeux crevés, un bâton de berger à la main, tenant sa petite Antigone et s'exclame : *Je rayonnais dans Rome... merde... dans Thèbes*[31] *!* » Réaction spontanée de Rochefort : « On en aurait bouffé les radiateurs ! Comment tenir le coup ? Comment ne pas rire devant un grand sociétaire de la Comédie-Française ? C'était une torture épouvantable. On a tenu le coup, mais ça a été tragique. Le public n'a pas réagi. C'était des acteurs absolument épatants qui psalmodiaient, c'était presque musical, donc c'était juste une note de plus[32]. » En d'autres circonstances, se remémore le comédien, « un acteur est en train de jouer *Dom Juan.* Je suis en coulisse à côté de lui, prêt à rentrer. Il se retourne vers le chef de plateau et lui dit : *On fait combien ce soir ?* L'autre lui répond : *Maître, on fait vingt-huit mille francs.* Il s'exclame : *Merde.* Tous mes rêves s'écroulaient[33] ».

Cette année-là, le concours du Conservatoire comprend pour la première fois trois catégories réparties en autant de journées à la salle Luxembourg. Par trente-cinq degrés à l'ombre, cinq garçons et quatre filles se présentent en tragédie, interprétant sept scènes de Racine et deux de Corneille, dix-huit filles et quatorze garçons à l'épreuve de comédie, celle-ci étant subdivisée en deux sections, dites *classique* (dix Musset, sept Hugo, cinq Shakespeare et deux Molière) et *moderne* (trois Claudel), au sein desquelles sont jouées trente-deux scènes d'une durée maximum de dix minutes. Le jury comprend une vingtaine de membres. À vingt-deux ans et huit mois, élève en deuxième année, Bruno Cremer interprète Auguste dans *Cinna* : « Il fut le seul tragédien de ce concours.

Il n'eut qu'un premier accessit. Il méritait mieux[34] », note une observatrice. Cremer se présente le lendemain dans le rôle titre de *Richard II*, en comédie classique, puis le surlendemain en Wilfrid du *Profanateur*, en comédie moderne. Autre élève remarquée : Annie Girardot qui obtient un deuxième prix de comédie classique, ex æquo avec Françoise Seigner, dans le rôle de Cleanthis de *L'île des esclaves*, et présente *La comédie de la femme muette* en comédie moderne. Jean Rochefort, lui, a d'autres préoccupations en tête...

Le 9 juillet 1952 devrait être le plus beau jour de sa vie. C'est en tout cas celui où il convole enfin avec la future pianiste Élisabeth Marguerite Marie Camille Bardin à Saint-Lunaire. Mais la cérémonie est entachée d'absences. Alors que la mariée n'a plus son père pour la mener à l'autel, celui de Jean s'est fait porter pâle à cette union qu'il réprouve, de même que son frère Pierre et l'épouse de celui-ci. Ce sont donc ses copains de Saint-Lunaire qui assurent l'ambiance et entourent Fernande, la mère de Jean, laquelle vit désormais à l'année dans la petite station balnéaire. « La réception s'est déroulée dans la villa de ma famille[35] », rapporte Babeth. Jacques Citroën n'est pas présent pour l'événement, mais Alain Mensier s'y rend accompagné de Pierre Besson, au volant de sa petite voiture à laquelle est accroché un spider dans lequel ont pris place deux filles abritées de la pluie battante par une capote rudimentaire.

Parmi les invités du marié figurent plusieurs de ses camarades du Conservatoire dont Jean-Pierre Marielle que Jean a convié pour quelques jours de vacances et qui en garde un souvenir mitigé d'où émerge le spectre de ses nuits sous une tente américaine, parfois dans les dunes, d'autres dans le jardin de la maison. « Effrayé par le paysage, un décor de film fantastique, où semblaient se tapir partout des créatures monstrueuses ou des tueurs aux méthodes raffinées, je planquais un poignard sous mon oreiller, ce qui me permettait de dormir quelques heures. Assurément les vacances les moins reposantes de mon existence[36]. » Jean donne quant à lui une version toute personnelle de son séjour : « Un jour, nous tentions de monter sa tente depuis trois heures. Le vent s'est levé. La tente gonflait. Il a soudain tout replié dans sa Dauphine et déclaré : *Je fous le camp !* Et il est parti, me laissant avec mon piquet entre les mains. Il est revenu deux jours après[37]. » Au fil des étés,

Saint-Lunaire verra aussi passer Belmondo, Rich, Girardot, leurs amours et leurs amants, ainsi que des relations plus épisodiques. « C'est l'époque où on allait dans une villa à la pointe du Décollé de Saint-Lunaire, se remémore Alain Mensier. On y avait aménagé une cave qu'on appelait l'Araignée où l'on se retrouvait tous les soirs. On dansait avec un phono à manivelle, mais Rochefort ne dansait jamais[38]. » Sous le signe de l'insouciance et de la convivialité, les jeunes mariés logent de préférence dans la villa familiale qu'a fait construire jadis le père de Babeth. « La maison était toujours pleine, raconte celle-ci. On allait à la plage, on jouait au mini-golf et au ping-pong. Et évidemment, on rendait visite à ma belle-mère, mais son mari n'était jamais là. Célestin, on l'avait surnommé *Céléchien*, à cause de ses chiens[39]. »

« Une fois mariés, poursuit Babeth, nous sommes partis nous installer à Paris dans un atelier situé au fond de la cité Chaptal, près du théâtre du Grand-Guignol. Il y avait un jardin planté de deux grands chênes où deux bâtiments se faisaient face. Nous avons donc loué le plus vieux, qui se trouvait dans un état atroce[40]. » Le jeune couple n'a malheureusement pas les moyens d'entreprendre les travaux nécessaires. Alors, c'est son entourage qui met la main à la pâte, à l'instar du toujours providentiel Alain Mensier, le Géo Trouvetout de la bande, qui remet en état l'électricité et résout les problèmes les plus urgents. Selon Babeth, « notre atelier était surmonté d'une grande surface vitrée dont les lézardes avaient été réparées avec du goudron et notre parquet était jonché de trous béants dans lesquels vivaient des rats dont certains marchaient aussi sur le toit. On entendait régulièrement des bagarres dans un placard qu'on a fini par faire boucher. Jusqu'au jour où il y en a eu un dans la cuisine. J'étais terrorisée, mais Jean m'a dit : *Ce n'est rien du tout.* Un jour, je suis rentrée avec mes partitions sous le bras et j'ai vu Belmondo dans la loggia avec un fusil qui attendait que le rat sorte ! Par la suite, j'ai fait venir le service de dératisation[41] ». À cette cohabitation avec les rongeurs, Jean aime à associer le souvenir de Germaine Montero chantant « Un rat est entré dans ma chambre... » dans la pièce radiophonique *La fille de Londres* de Pierre Mac Orlan et Armand Lanoux.

Pianiste classique de formation, Babeth est entrée à dix-sept ans au Conservatoire national supérieur de musique de Paris, qui se trouvait à l'époque rue de Madrid, dans le huitième arrondissement (celui-là même que Jean avait confondu à son arrivée avec le Conservatoire d'art dramatique), d'où elle est sortie avec un premier prix, trois ans plus tard. Elle y est l'élève d'Yves Nat, un spécialiste de musique romantique qui devient son mentor et va jusqu'à s'immiscer dans sa vie privée pour lui prodiguer des conseils. Selon Babeth, « il était fou de rage que je me marie, car il disait que les comédiens ne faisaient rien et ne pensaient qu'à s'amuser... Il était furieux et m'avait avertie : *Tu verras, tu vas habiter un quartier affreux, tu laveras les chaussettes et tu sortiras les poubelles !* Et tout était vrai[42]... »

Au quotidien, la vie du couple est bercée par les visites incessantes des camarades de promo de Jean, mais aussi d'amis d'amis voire de relations plus ou moins vagues qui apprécient le pittoresque et la convivialité des lieux. « Tous les jours, raconte Babeth, les copains venaient à l'atelier : Belmondo, Marielle, *[Roger]* Carel, de temps en temps Annie Girardot. Je les voyais tous en train de rigoler pendant des journées entières et je trouvais ça d'autant plus inquiétant qu'ils n'avaient pas l'air stressés. Ils étaient adorables et ils rigolaient comme des fous, mais ils ne faisaient absolument rien, pendant que moi, je ne pensais qu'au piano et je passais les concours internationaux[43]. » Madame porte la culotte et subvient aux besoins du ménage. « Comme je possédais un immeuble en indivision avec ma sœur, à Orléans, qui nous venait de notre père, explique-t-elle, j'avais contracté un emprunt très important, parce qu'à l'époque le pas-de-porte était très cher et qu'on a vécu de mes rentes[44]. » Selon Jacques Citroën, « c'est Babeth qui faisait vivre le ménage et payait le loyer en donnant des leçons de piano[45] ». Jean, lui, poursuit son apprentissage, tout en courant le cachet à la Comédie-Française dans des emplois qui ne ressemblent toujours pas à de véritables rôles. Alors quand, en septembre 1952, le semainier Georges Chamarat note sur le registre de la salle Richelieu « figuration en fonction du public », on mesure la précarité de sa situation.

Au Conservatoire, la journée débute traditionnellement par les classes de formation individuelle, puis se poursuit par les autres cours l'après-midi. La pause déjeuner est l'occasion de se rendre en groupe « à la cantine de l'opéra Garnier qui présente au moins deux avantages : repas peu chers et bonne compagnie, grâce à la présence de juvéniles danseuses[46] ». Cette joyeuse troupe discute, refait le monde, évoque ses aspirations, parle « métier » et trouble régulièrement l'assemblée par son chahut, y compris sur le chemin, en prenant des passants à témoin et en leur jouant des tours parfois pendables. « Nous étions dans une école classique mais nous voulions nous démarquer de l'ordre établi, explique Jean-Pierre Marielle. Quand on faisait les cons dans les rues, c'était à chaque fois une improvisation qui faisait aussi partie de notre apprentissage[47]... » Le monde est pour ces apprentis comédiens un théâtre à ciel ouvert où tout est permis. « On préférait souvent sécher un cours pour aller dans un music-hall crasseux voir des femmes nues[48] », confesse Rochefort. Un jour, les copains investissent la salle de délibération du jury après avoir guetté le départ du directeur, Paul Abram, et s'y réunissent après avoir pris soin de coller sur la porte un petit carton, prétendument signé par ses soins, sur lequel est écrit : « Messieurs Belmondo, Cremer, Rochefort et Marielle sont en conférence. Prière de ne pas déranger. »

Le 23 octobre, Jean Rochefort est à l'affiche de *Délivrez-nous du bien*, une pièce de Jean Prieur mise en scène par Daniel Leveugle, un ancien de la Rue Blanche qui officie comme chef de troupe et a obtenu le premier prix des jeunes compagnies. Cette création au Studio des Champs-Élysées en première partie de soirée demeurera malheureusement sans lendemain. « Le lendemain, comme tous les jeunes comédiens, je me précipite sur les journaux pour lire les critiques. Je tombe sur celle de Max Favalelli dans *Paris-Presse*, qui écrit : *À un moment donné, un jeune homme, déguisé en pape, posant la main sur l'épaule d'un jeune premier, lui dit : "Viens, ne restons pas ici"; j'en ai profité pour sortir*[49]. » Cruelle désillusion : « Quand on lit ça, qu'on est jeune homme et qu'on rêve de plein de choses, on se dit que ça commence mal[50]... » *Le Figaro littéraire* n'est guère plus charitable quand il pointe « un décalage entre ce que disent les acteurs et la façon qu'ils ont de le dire, pénible jusqu'à en être insupportable[51] ».

Jean ne prend que rarement part aux exercices d'élèves. Comme s'il n'arrivait toujours pas à trouver ses marques dans ce temple de l'art dramatique, pourtant agité par une nouvelle génération dont il se sent proche. Le 21 mars 1953, il participe tout de même à l'exercice public donné par les élèves du Conservatoire. Celui-ci est placé sous le signe d'un spectacle Musset composé de deux pièces : *La coupe et les lèvres* et *Il ne faut jurer de rien*. Parmi les interprètes, figurent ses camarades Marielle et Belmondo. Cinq semaines plus tard, dans le cadre d'un examen, Rochefort incarne le personnage de Floche dans *Le commissaire est bon enfant* de Georges Courteline, aux côtés de Belmondo et Christian Asse : « La scène fait beaucoup rire. Plus les élèves que les professeurs[52]. » Verdict, il récolte la note *passable*, l'avant-dernière devant *médiocre*. Belmondo écope de la même peine.

Du 29 juin au 1er juillet 1953, se déroule le concours annuel du Conservatoire. Alors que tous ses copains attendent leur tour dans l'escalier, l'élève Rochefort, lui, ne se présente pas, il n'en a pas eu le droit. Au grand dam de ses condisciples et notamment de Marielle : « Jean, tout le monde savait que c'était un acteur personnel, qui avait des qualités exceptionnelles d'invention, de drôlerie. Et quand il n'a pas été admis à concourir, ça a été une petite "bombe"[53] ! » D'autant plus que ces épreuves publiques sont jugées sévèrement par les observateurs, ce que confirme l'absence de premier prix en tragédie et en comédie classique. Dans cette catégorie, qui comprend dix-huit hommes et quinze femmes, Claude Rich se fait toutefois remarquer en Dubois des *Fausses confidences*, avant d'obtenir un deuxième prix ex-æquo (il n'y en a pas de premier) en comédie moderne pour *Faisons un rêve* de Sacha Guitry. Annie Girardot s'impose de son côté en Toinette du *Malade imaginaire*, avant d'obtenir un deuxième prix en Clarisse de *Mais n'te promène donc pas toute nue* de Georges Feydeau, dans lequel elle a pour partenaire... Jean Rochefort qui apprécie l'expérience : « J'ai peut-être pris ce jour-là, en lui donnant la réplique devant le public, plus de leçons qu'au cours de ma scolarité[54]. » En effet, « elle avait un tel impact comique, une telle drôlerie, une telle vérité, une telle spontanéité, que j'ai entendu la salle hurler de rire[55] ». Et puis, ce qui ne gâte rien, « elle était très belle, balançait très fort ses hormones[56] ».

Entre les épreuves, la chaleur caniculaire et le manque d'aération incitent certains candidats à aller déguster un cornet de glace sur le trottoir dans leur costume de scène. Plusieurs élèves de Pierre Dux figurent au palmarès. Paul Guers obtient un premier accessit en tragédie et en comédie moderne et un second prix en comédie classique, comme Christian Asse; Claude Rich reçoit un second prix en comédie moderne et Jean-François Rémi un premier accessit en comédie moderne. Dux établit toutefois un bilan mitigé de cette promotion : « Certains élèves dont je voyais s'affirmer les qualités : Rochefort, Paul Guers, *[Pierre]* Vernier, Périmony, Françoise Brion, Catherine Samie, m'ont donné de grandes satisfactions, mais d'autres m'ont causé certaines déceptions, l'avouerai-je, d'ordre sentimental. J'avais rêvé, un peu bêtement, d'être aimé de tous mes élèves, et l'affection de certains d'entre eux ne me dédommageait pas de l'indifférence de quelques autres que j'estimais[57]. » Son constat est amer : « Avec mon goût du travail poussé, ma préférence pour les scènes classiques, mon exigence du respect de leur texte, j'étais "vieux jeu" pour certains d'entre eux, malgré mes quarante-quatre ans[58]. »

De la déception à la démission, il n'y a qu'un pas que le maître franchit sans beaucoup hésiter, inspirant à Rochefort cette réflexion : « Quand il a vu où on en était, Belmondo, Marielle et moi, Pierre Dux a eu un choc, il a décidé d'abandonner l'enseignement[59]. » L'élève fait toutefois amende honorable : « J'étais trop timide, trop provincial peut-être. Cela devait se sentir dans mon jeu[60] », parce que « ma formation théâtrale m'avait davantage préparé à l'excès qu'à la nuance[61] ». Conclusion : « J'attache beaucoup d'importance à la technique que j'ai acquise au Conservatoire, mais je n'étais sans doute pas assez mûr pour me former davantage, pour aller plus avant dans la compréhension des personnages[62]. » Certes, « j'avais quelques ambitions artistiques, mais j'étais un acteur clown et comme mes profs du Conservatoire ne trouvaient pas mon registre, je ne jouais que des vieillards, ce qui n'est pas très gratifiant pour un adolescent ayant un désir d'aimer et d'être aimé. Ce n'est que beaucoup plus tard que je suis devenu *contemporain*[63] ». Il fait toutefois amende honorable : « C'était délirant de nous voir jouer. Nous faisions tant de grimaces que nous étions à la limite de la névralgie faciale. Nous jouions les valets de comédie d'une manière surréaliste, c'était presque de la science-fiction[64]. » Et ce ne sont pas les artifices qui manquent : « On nous masquait toujours derrière des perruques, des moustaches et des barbes[65] », déplore-t-il. Résultat, « il a fallu passer pour des autodidactes quand nous sommes sortis du Conservatoire parce que la mode n'était pas à ça. Il fallait tomber dans un naturalisme qui avait ses qualités et ses vertus, mais il a fallu apprendre à dire *passe-moi le sel* de façon quotidienne, alors qu'on avait appris avec Jouvet, *[Pierre]* Renoir, à jouer tout autrement. Ça a été un recyclage difficile[66] ».

Jean s'est pourtant produit dans des registres variés : «Je m'essayais dans les valets, les tragédiens, les docteurs de Molière et je faisais quelques incursions dans la poésie. Mais ne pas être catalogué, au pays du cartésianisme, cela ne paye pas. C'est un peu comme les athlètes du décathlon : on dit d'eux qu'ils font tout pas mal mais rien très bien[67].» Ce goût de la métaphore sportive, il l'a peut-être puisé dans sa lecture assidue de *L'Équipe*, qu'il partage avec son camarade Belmondo, y compris pendant les cours ! Mais là n'est pas l'essentiel à ses yeux, car, de son point de vue, «la plus grande raison d'être des écoles d'art dramatique, c'est de créer des rencontres, de faire se connaître des gens qui vont faire ensemble leur chemin professionnel. (...) C'est très important les amis qui se suivent, s'influencent, se jugent, se conseillent[68]...» Ça peut aussi susciter des réactions épidermiques. «Il y avait dans notre promotion une fille qui, très curieusement, téléphonait à nos parents anonymement, en leur disant, par exemple : *Allô, ici la morgue, votre fils vient de se faire écraser. Pouvez-vous venir reconnaître le corps ?* On a réussi à savoir qui était cette personne et, dans la salle de délibération, en l'absence de tout professeur et de tout adulte, on lui a administré la plus belle fessée qu'elle ait reçue de toute sa vie[69].»

Les rapports entre filles et garçons sont encore assez rudimentaires à l'époque, ces nouveaux messieurs recourant à des techniques de séduction parfois grossières. «J'allais voir des films d'horreur et d'épouvante, explique Rochefort. Alors, avec mes propres compétences et des petits accessoires, j'essayais d'imiter des monstres pour séduire les filles du Conservatoire qui étaient littéralement terrorisées et partaient en hurlant[70].» Le comédien ne lésine pas sur les moyens pour parvenir à ses fins : «J'avais effectivement un petit matériel sur moi, avec des fausses dents et des petites bouteilles de sang, et je savais très bien imiter le chimpanzé ainsi que le gibbon et le gorille, ce qui était une erreur pour charmer ces demoiselles[71].» Cette difficulté à séduire apparaît aussi comme une constante au sein de sa génération. Ce qui lui fera reconnaître plus tard : «On était très en marge. On avait peut-être un style, une façon d'être et de jouer qui n'étaient pas valables au moment où nous étions au Conservatoire, alors on était des cancres. On attendait, parce qu'on savait qu'un jour notre façon de jouer et de concevoir les choses intéresserait les gens. On l'espérait, en tout cas[72]. » Avec ce corollaire cruel : « Nous avons été extrêmement frustrés affectivement, et sexuellement aussi[73]. » Du coup, « nous nous sommes résolus à trouver des amitiés sexuello-artisanales auprès des professionnelles qui nous ont donné beaucoup de joie et cette tendresse maternelle dont nous avions besoin[74] ». D'où cette constatation : « Ma génération a connu dans le plaisir sexuel des acrobaties mentales hégémoniques effroyables pour uniquement se consacrer au plaisir[75]. » Jean avoue ainsi avoir fréquenté des péripatéticiennes du quartier de la Madeleine : « Nous étions des fans de la sexualité vénale, c'est ce qui nous a sauvés. On donnait un peu de sous pour avoir un peu de bonheur physiologique[76]. » Et parfois davantage, car, souligne-t-il, « on était en plein exotisme quand le jeune Parisien faisait l'amour avec une jeune femme de Rennes, par exemple. Là, on avait l'impression de voyager[77] ». Et Rochefort de citer cet échange mémorable : « *Viens, je t'emmène au pays des merveilles.*

— *Pourquoi au pays des merveilles ?*

Et elle me répond qu'elle s'appelle Alice. Je l'ai fréquentée six mois[78]. »

8

En bonne compagnie

Babeth et Jean cohabitent sous le même toit, mais chacun mène sa vie et un fossé béant s'est creusé entre eux. La fausse insouciance de son époux pèse sur la jeune femme qui souffre de cette situation sans issue. Au fond de lui-même, Jean est pourtant tenaillé par l'angoisse, car son départ du Conservatoire légitime à ses yeux les avertissements de son père. Il lui faut maintenant partir à la conquête des rôles auxquels ses années d'apprentissage l'ont préparé. Au quotidien, il lit dans le regard de Babeth qu'il n'est pas à la hauteur de son engagement conjugal et que l'entretien du ménage lui échoit à elle, et à elle seule, l'atelier absorbant inéluctablement son (modeste) héritage. Jean ne peut compter quant à lui que sur la solidarité de ses camarades et leurs « bons tuyaux » éventuels pour « rebondir ».

Comme beaucoup de ses camarades, le comédien se lève et se couche tard. En tant que riverain immédiat du Grand-Guignol, il y a ses entrées et en savoure les outrances. Au Tabou, rue de Seine, il croise Jean-Paul Sartre. Ailleurs, il aperçoit Henry Miller, l'une de ses idoles littéraires, dont il dit : « Je m'identifiais tellement à cet auteur que je m'habillais comme lui[1]. » Dans les cafés enfumés de Saint-Germain-des-Prés, il lui arrive de côtoyer les poètes Antoine Blondin, Albert Vidalie et les frères Prévert : « On se retrouvait autour d'un ballon de côtes-du-rhône, parfois jusqu'à l'aube. C'était douloureux[2]. » D'autant plus que son spleen l'incite à envisager sérieusement un repli en Bretagne. « Je suis resté couché quinze jours ou trois semaines[3] », confesse-t-il. Il traverse alors une période de profonde dépression, en s'abîmant dans le sommeil, le beaujolais et le ping-pong. Au point d'ignorer la minuscule lumière qui scintille au loin. Recommandé par Albert Vidalie, qu'il fait beaucoup rire, mais dont personne ne veut éditer le deuxième roman, *Les bijoutiers du clair de lune*, Jean est convié à se présenter devant Jean-Pierre Grenier et Olivier Hussenot qui recrutent pour leur troupe. « Arrive le jour de l'audition. Je ne veux pas m'y rendre. Envie de rien. J'étais tellement dépressif... J'avais pris les kilos du désespoir. Vingt-trois ans, pas de boulot, ah, le spleen[4] ! »

En cet après-midi d'octobre 1953, aux alentours de quatorze heures, Marielle rend visite à Rochefort dans son atelier et le trouve « en pyjama, écœuré, sous une glace de Venise, sur un petit divan[5] ». C'est lui qui poursuit : « Je suis couché, je ne veux pas y aller, je suis anéanti, je suis broyé, et Jean-Pierre débarque et me donne des arguments et décide de me donner la réplique, mais je ne veux pas. La discussion dure deux heures[6]. » En désespoir de cause, raconte Marielle, « je l'ai décidé en lui disant : *Le 95 est direct de la place Clichy à Saint-Germain-des-Prés*[7] ». C'est le déclic : « Quand on est en dépression, le moindre petit détail peut donner du courage[8] », relève Rochefort. « Le bus direct, ça aplanit tous les problèmes. Il suffit de s'habiller, de sortir et de se mettre sur la plateforme en plein air du bus[9]. » Rien de tel pour reprendre ses esprits. En effet, la Fontaine des Quatre Saisons se trouve au 59, rue de Grenelle et accueille des *Soirées existentialistes*. C'est Jean-Denis Malclès, le créateur des fameux maillots et collants des Frères Jacques, qui a aménagé la salle dans ce qui n'était qu'« un simple hangar au fond d'une cour[10] » dont les murs sont en pierres apparentes et les pavés couverts de mousse. Le lieu doit son nom à la fontaine qui jouxte le portail d'entrée : une sculpture de Bouchardon en l'honneur de Louis XV dont Voltaire a raillé le gigantisme.

Ce cabaret-théâtre rive gauche et avant-gardiste animé par Pierre Prévert ambitionne de concurrencer La Rose Rouge du futur cinéaste Nico Papatakis. Il a été construit en lieu et place d'un entrepôt dans lequel un épicier stockait ses denrées et où Alfred de Musset a vécu de 1824 à 1840. Dina Verny, ex-modèle du sculpteur Aristide Maillol, et l'écrivain Julien Gracq s'y rendent en voisins. La presse s'ébaubit d'« une installation ultramoderne grâce à laquelle (on aura le droit de fumer) l'air sera aussi pur que celui du bois de Boulogne : l'ensemble promet d'être accueillant, confortable, point triste, agréable pour le spectateur et pratique pour les acteurs qui disposent d'une scène aux dimensions convenables : quatre mètres sur cinq[11] ». « À droite, s'élevait le bar devant lequel furent réservés quelques mètres carrés de parquet peint en rouge vif, constituant la piste de danse, et on badigeonna le plafond dans le même ton écarlate. Les petites tables et chaises destinées aux spectateurs étaient recouvertes d'un laqué noir[12]. » Selon le comédien Roger Carel, « tout le personnel était composé de gens de cinéma : le premier assistant d'Alexandre Trauner créait les décors et la caissière était script-girl[13] ». Quant à la compagnie Grenier-Hussenot, c'est après avoir quitté le cabaret Chez Gilles qu'elle a décidé d'investir ce lieu en vogue inauguré le 18 juin 1951. La soirée de gala a été interrompue par une panne d'électricité, alors même que siégeaient à la table d'honneur Yves Montand et Simone Signoret, Annabella, Paul Meurisse, Henri Crolla, Paul-Émile Victor et Henri-Georges Clouzot. Plus loin : Simone Renant, Jacques Becker et Serge Reggiani. La garde rapprochée des Prévert et les équipes du *Salaire de la peur* et de *Casque d'Or*.

En passant sa scène d'*Azouk*, Rochefort est d'autant plus à l'aise que c'est Marielle qui lui donne la réplique. Il est intronisé officiellement par Jean-Pierre Grenier et Olivier Hussenot qui se sont rencontrés avant la guerre dans la troupe des Comédiens Routiers et dont Jean Anouilh considère qu'« ils sont restés des petits garçons », parce que, selon Jean Cocteau, ils « désophistiquent l'atmosphère et piétinent les planches avec des pieds jeunes et courageux[14] ». En effet, « pour eux, la dure besogne, c'est affaire de coulisses et de répétitions. La scène, cette magnifique nasse de lumières et de couleurs, c'est le jeu. Et il faut faire ressentir au spectateur le plaisir physique de jouer[15] ». Avec, aux dires de Grenier, « un objectif précis : le rejet, la destruction de fausses valeurs d'avant-guerre[16] » qui trouve un écho particulier chez Rochefort lorsqu'il déclare : « c'était une chance folle d'être appelé vers ce que j'aimais viscéralement, l'action corporelle, la drôlerie absurde, une manière délicieuse d'être professionnel en restant amateur[17] ».

D'un coup, renaît pour le jeune comédien l'espoir de jours meilleurs : « J'ai cru que c'était arrivé ! Je jouais la comédie et je gagnais ma vie[18] ! » Son baptême du feu est fixé au 22 décembre sur la scène du Théâtre Fontaine. Ce soir-là, aux alentours de vingt et une heures, après six semaines de répétitions, il tient un double rôle dans *Azouk*, une comédie en dix tableaux d'Alexandre Rivemale (inspirée de sa dramatique radiophonique *L'éléphant dans la maison*) mise en scène par Jean-Pierre Grenier qui évoque « une sorte de Babar échoué au pays des cigales[19] » ou, selon Roger Carel, « l'histoire d'un grand-père qui s'endort et de ses rêves. L'éléphant était en tissu-éponge et bougeait les yeux. Rochefort était habillé en zouave et dès qu'il avait fini une scène, il passait derrière le décor et il prenait le micro pour faire parler l'éléphant[20] ». Variation de l'intéressé : « J'étais dans un gros éléphant en carton-pâte. J'avais des pédales, des freins et des manettes pour agiter les oreilles et les pieds, et les yeux de l'éléphant qui étaient d'ailleurs représentés par des boutons d'imperméable. C'était une pièce très délicieuse et je suis resté enfermé un an dans cette machine en faisant la voix et le barrissement de l'éléphant. (...) J'y étais en slip, tellement il faisait chaud[21] ». Et Rochefort de préciser : « J'animais la trompe et faisais la voix de l'animal avec l'accent de Marseille. Dans d'autres scènes, j'étais le jeune premier[22]. » C'est paradoxalement ce petit spahi qui lui procure sa plus grande fierté, car, explique-t-il, « avec celui-ci, j'ai éprouvé, pour la première fois, le plaisir de jouer à visage découvert, sans grimage[23] ».

Rochefort n'a aucun mal à s'intégrer parmi cette joyeuse troupe qui agrégera au fil du temps des futures vedettes comme Mouloudji, Patachou, Robert Lamoureux, Philippe Clay, Marcel Amont, Catherine Sauvage, Eddie Constantine et Maurice Béjart. Il va même jusqu'à solliciter son copain de Saint-Lunaire, Alain Mensier, pour qu'il collabore bénévolement au décor d'*Azouk*. « J'ai contribué à fabriquer l'éléphant en éponge, se rappelle celui-ci. J'ai imaginé aussi un système pour faire bouger les yeux. Il mettait le bras dans sa trompe[24]. » Le succès d'*Azouk* est tel qu'il se prolonge jusqu'en juin suivant et donne lieu à plus de cent cinquante représentations. En première partie du spectacle est présenté *L'huître et la perle*, une pièce en un acte de William Saroyan mise en scène par Jean-Pierre Grenier, avec ce dernier, Patrick Maurin (qui ne s'appelle pas encore Dewaere) et une participation de Rochefort. Entre-temps, dès le mois de novembre, ce dernier effectue aussi une apparition dans *Les images d'Épinal* d'Albert Vidalie qui se joue en fin de soirée à la Fontaine des Quatre Saisons : « Je jouais Tristou de Marvejols, je chantais et on me fusillait[25]... »

Ce spectacle comprend cinq sketches aux titres parfois pittoresques : *Fanfan la Tulipe, Jean-François Coquambo, qui découvrit le Sénégal, Geneviève de Brabant, Tristou Bernadac, conscrit du Languedoc* et *L'auberge du Bon Pasteur*, le tout dans des décors de Jean-Denis Malclès qui remet au goût du jour la lanterne magique. « Jouer des spectacles dans des bruits de verres et de fourchettes, décrète Rochefort, cela vous apprend l'humilité[26]... »

« Je n'arrivais qu'à une heure du matin pour jouer dans le spectacle du cabaret. On jouait notre truc, la salle se vidait et on allait au bar[27]. » Soir après soir, le même rituel se répète : « La patronne, Guénia *[Richez]*, qui était une femme d'origine polonaise, nous glissait vingt-cinq balles : c'était notre cachet[28]. » Coquetterie de débutant, « j'éprouvais presque une petite gêne... J'avais tellement rigolé pendant une heure que ça me faisait drôle d'être, en plus, payé pour ça[29] ! » Avant les répétitions et après les représentations, la fine équipe se retrouve dans un établissement de vins et charbons de la rue de Grenelle situé en face du cabaret. Des rendez-vous de minuit qui s'achèvent à l'aube. Pour Roger Carel, « c'était une véritable famille dans laquelle on se voyait parfois de neuf heures du matin à deux heures du matin[30] » et, renchérit Rochefort, « cela transparaissait sur scène. Nous étions heureux d'être ensemble, complices, frères en art dramatique. Cela donnait à nos représentations un ton, un je ne sais quoi d'impalpable, d'immédiat, de chaleureux[31] ».

Jean enchaîne les compositions à un rythme effréné. On le voit en naïade blonde aux cheveux interminables, telle Ondine sortant du bain, gifler un ministre de la Culture un peu trop curieux ; en cycliste mimant une course jusqu'au Rideau de Fer à l'aide d'un guidon de vélo équipé de boissons, en employé des postes ou encore en plongeur sous-marin en proie à l'ivresse des profondeurs. « On démarrait un sketch de vingt minutes, et on l'attaquait avec sept costumes les uns sur les autres. On finissait tout maigres[32]. » Mais ses camarades et lui se voient récompensés de leurs efforts. « Aucun comédien de la troupe n'était connu du public, note-t-il encore, et, pourtant, chaque soirée voyait une salle bourrée où les gens payaient même pour réserver une marche[33] !... », parfois aussi « pour être debout sur des chaises dans le vestiaire[34] ».

Les images d'Épinal connaît un véritable triomphe. Selon Rochefort, « Montand passait le soir, ouvrait la porte de notre loge commune où l'on était huit et disait : *C'est drôlement chouette, les gars !* Il disait toujours la même phrase et ça nous remontait le moral : même quand on avait des doutes, on repartait plus fort. Brasseur et Dalio passaient aussi[35] ». En d'autres occasions, ce sont Gene Tierney et Ali Khan ou Charlie Chaplin et son épouse Oona qui honorent de leur présence la Fontaine des Quatre Saisons. Mais, alors que le public applaudit, la critique considère que « le texte d'Albert Vidalie manque de *pep*, mais quelles trouvailles de mise en scène, de décors et de costumes[36] ». Il convient de se méfier des apparences et notamment d'« une mise en scène parfaite qui fait oublier, souvent, que le texte n'existe pas. Car c'est par là où pèche ces *Images d'Épinal* ; elles sont sans légende[37] ». Un autre salue « une réussite de bon goût et d'esprit[38] », tandis que les comédiens attirent les louanges : « Par sa vivacité et sa drôlerie, Annie Noël se détache d'un lot où Olivier Hussenot, René Havard, Jean Rochefort, Coralie rivalisent pourtant de talent et d'esprit[39]. » L'engouement du public pour la troupe Grenier-Hussenot reflète l'enthousiasme de ses membres chez qui l'irrespect est considéré comme un des beaux-arts. C'est d'ailleurs l'esprit qui préside à la version très personnelle des *Petites filles modèles,* qu'a écrit Albert Vidalie sur une idée de Prévert avec le concours de Louis Sapin. Cette comédie polissonne inspirée des livres de la Comtesse de Ségur a pour vedette Roger Carel dans le rôle de... la romancière née Rostopchine, déguisé pour l'occasion « en vieille dame avec mantille[40] ». Pour Rochefort, qui n'y tient qu'un petit rôle, c'est l'occasion de gagner vingt francs par soirée et une certaine assurance.

Sollicitée de toutes parts, la compagnie Grenier-Hussenot contamine désormais plusieurs scènes de ses folies et remplit les salles, quelle que soit leur jauge. Mais Paris n'a pas l'apanage de ses délires. C'est ainsi que Jean Rochefort est invité à partir en tournée en Suisse et en Belgique avec quelques camarades pour y camper un juge et un inspecteur dans *Philippe et Jonas.* Cette pièce d'Irwin Shaw représentée avec succès au Théâtre de la Gaîté-Montparnasse réunit ses « patrons », Olivier Hussenot et Jean-Pierre Grenier, ainsi que l'épouse de ce dernier, Annie Noël, l'indispensable Roger Carel et Jean-Marc Tennberg, un acteur jugé prometteur avec lequel Rochefort partagera brièvement un appartement et dont Michel Droit écrira : « Je ne crois pas qu'il y ait actuellement, parmi ceux de sa génération, un comédien réunissant à la fois une personnalité plus marquée, une gamme plus étendue et une maîtrise technique de son art plus éprouvée. Il est dans la lignée exacte des Simon et des Brasseur[41]. »

C'est également avec *Philippe et Jonas* que Rochefort accomplit ses débuts à la télévision, le 5 mai 1954. À cette occasion, il peut vérifier la validité d'une prophétie familiale qui l'a impressionné alors qu'il n'avait guère plus de huit ans : « Nous sommes à table. Mon père dit : *Un jour, il y aura ici un appareil, et on verra des images.* Je me suis dit : *le futur est un nirvana absolu*[42] *!* » Et c'est cet avenir qui se conjugue désormais au présent sous ses yeux. En ce soir de relâche, la chaîne unique diffuse en effet en direct la pièce dans une réalisation de René Lucot, le décorateur Jacques Lys ayant reconstitué pour l'occasion dans les studios des Buttes-Chaumont... le port de New York ! « Nous sommes entrés à la télévision sans le vouloir, commentera Rochefort. Les comédiens connus ne voulaient pas jouer en direct pour des cachets assez maigres. (...) Nous avons accepté. À l'époque, personne ne savait qui nous étions[43]. »

En décembre 1951, le département production de la Radiodiffusion Télévision Française (RTF) a racheté l'ancienne Cité Elgé édifiée en 1905 par Léon Gaumont et vantée par la publicité comme *le plus grand studio du monde.* Les tournages se déroulent sur les plateaux des Buttes-Chaumont, d'ex-hangars situés au sud du parc homonyme, où sont organisées les « répétitions des émissions qui se déroulent rue Cognacq-Jay, en attendant d'être détruits. Un énorme poêle en fonte d'un mètre cube chauffe mal chacune des immenses baraques complètement vides[44] ». Selon Roger Carel, « quand on a tourné la pièce *Philippe et Jonas* en direct pour la télévision, comme il était d'usage, nous avons répété pendant deux ou trois semaines dans ces très vieux studios de cinéma entièrement en bois. Comme c'était l'hiver et qu'il ne faisait pas très chaud, on disposait d'un poêle au milieu des studios qu'on alimentait avec tout le bois qui traînait dans le coin. Hussenot nous avait dit : *En partant, le dernier con éteint le poêle.* Mais, un soir, on a oublié et le lendemain matin, j'ai appris que tous les studios des Buttes-Chaumont avaient brûlé au cours de la nuit... Comme il n'y avait même pas de gardien de nuit, on a mis ça sur le compte du poêle défectueux. Du coup, on est allé répéter *Philippe et Jonas* ailleurs et on l'a tourné à Cognacq-Jay[45] ». C'est cet incendie survenu en février 1953 qui a décalé de plus d'un an la diffusion de *Philippe et Jonas* et permis à Rochefort de débuter à la télévision.

La mise en scène de cette pièce séduit un autre jeune homme doté de grandes ambitions, Robert Hossein, vingt-six ans, qui vient d'achever l'écriture d'un drame intitulé *Responsabilité limitée* et s'empresse de la soumettre à la compagnie Grenier-Hussenot : « J'avais très envie que cette pièce soit jouée un jour, explique-t-il, mais il me fallait d'abord me faire une idée de sa valeur. Un seul moyen : la lire à des gens de métier, sans m'exposer au ridicule pour autant[46]. » Il leur joue lui-même les deux premiers actes, écrits pendant son séjour sous les drapeaux, mais les attribue à un ami musulman trop timide pour venir les présenter lui-même et désireux de garder l'anonymat, avant d'avouer en être l'unique auteur : « Je tenais tout particulièrement à cette pièce qui traitait du racisme, dans la mesure où je suis né d'une mère russe et d'un père iranien né à Samarcande, lui-même de parents azeris[47]. » Ses interlocuteurs conquis lui accordent un mois pour écrire le troisième acte. « Pour être certains que je ne faillirais pas, ils me séquestrèrent, raconte Hossein. Ils m'ont enfermé dans le théâtre. Je me prêtais au jeu et me mis au travail. D'autant plus facilement que je connaissais bien le chemin des toits et des différents accès[48]. » Il assure en effet simultanément la mise en scène d'un spectacle au Grand-Guignol où il se rend en catimini à l'insu de ses geôliers.

Les représentations de *Responsabilité limitée*, mis en scène par Jean-Pierre Grenier, débutent le 18 octobre 1954 au Théâtre Fontaine. Face à Lila Kedrova et à Jean-Louis Trintignant, qui tient là son premier rôle principal sur une scène parisienne, Jean Rochefort incarne un marin débonnaire et rigolard, en tandem avec son vieux complice Roger Carel, et s'attire les louanges de l'auteur qui assiste aux répétitions, parfois accompagné de sa mère avec qui il entretient des rapports passionnels. Hossein perçoit en Rochefort « un acteur remarquable, très fin, intelligent... presque intello[49] » et note qu'il « jouait de manière tout à fait détendue et décontractée. Il mettait en toute chose son humour et son sourire. Très perspicace sous des apparences légères, il faisait passer la moindre nuance du texte. Il était vraiment parfait[50] ». Tout serait donc idéal dans le meilleur des mondes si le personnage principal de la pièce n'était pas... un juif antisémite ! Du coup, raconte

Jean-Pierre Grenier, « l'accueil fut mitigé, des lettres de menace ne tardèrent pas à arriver, bientôt suivies de bris de vitrines du théâtre, et nous fûmes obligés de jouer sous la protection de la police. Dans la salle, les flics en civil finirent par être plus nombreux que les spectateurs[51] ! » La belle aventure tourne donc court, mais il en faudrait davantage pour décourager Grenier et Hussenot.

Constamment à l'affût de nouveaux textes à monter et à interpréter, les deux compères ont découvert en Belgique *L'amour des quatre colonels*, une pièce de Peter Ustinov, drôle mais mal traduite, qu'il a été question de monter à Paris avec une pléiade de vedettes. Jusqu'à ce que ce projet capote et que Marc-Gilbert Sauvajon en signe une nouvelle adaptation. Ils décident alors d'en livrer leur propre version et se mettent au travail. « Tout baignait, assure Grenier, quand, au quinzième jour de répétitions *[sur vingt-trois !]*, apparut l'Auteur[52]. » Selon Roger Carel, Ustinov « arriva, en effet, courtois, souriant, puis, après quelques formules de politesse, prit place en silence dans la salle. Après avoir assisté à la répétition sans s'être permis la moindre intervention, il se leva et déclara d'une voix lente et douce, devant toute la troupe, muette :

— *Je crois que vous n'avez pas bien saisi le style de cette pièce... Oui..., vous faites des choses... Écoutez, pour vous montrer comment je l'ai jouée, à Londres, je vous apporterai demain des documents.*

Le lendemain il nous montra, en effet, avec beaucoup de gravité, tout un jeu de photos. On le voyait accomplir dans le rôle du Diable un horrible festival de grimaces. Puis, sur un gros éclat de rire, il nous rassura définitivement. Il lui arriva ensuite d'interrompre parfois nos répétitions par d'insolites et bruyants gloussements de basse-cour[53] ».

Décrit par Rochefort comme « russe avec un snobisme anglo-saxon extraordinaire[54] », Peter Ustinov ayant finalement accordé son imprimatur au metteur en scène, les représentations de *L'amour des quatre colonels* débutent le 19 décembre 1954. L'argument de la pièce est simple mais efficace, comme le note Rochefort : « Chacun essayait de séduire la femme idéale, jouée par Magali Noël, dans sa propre culture. Le Russe faisait un sketch de Tchekhov, Shakespeare pour l'Anglais, Marivaux pour le Français[55] », tandis que la belle se livre à un numéro de femme fatale à la Cyd Charisse. Le succès est immédiat : « Le grand critique de l'époque, Jean-Jacques Gautier, écrit dans *Le Figaro* : *Théâtre Fontaine, vingt-et-une heures, courez-y*[56]... » En revanche, la situation est un peu compliquée pour Rochefort qui s'y avère méconnaissable, dans le rôle du bourgmestre allemand d'Hergozenburg. « Après la générale triomphale de la pièce, dans laquelle je jouais un vieux maire de village, alors que je n'avais que vingt-quatre ans, j'ai croisé des gens enthousiastes dans les coulisses... qui m'ont demandé si j'avais vu la pièce, alors que je jouais dedans ! C'était un mélange de tristesse et de sécurité car j'étais abrité derrière des perruques, des cils[57]... » Le Théâtre Fontaine ne désemplissant pas, Grenier a pitié de Rochefort. Engagé pour camper « un personnage assez curieux, qui est très âgé, à cheval entre la réalité et le rêve[58] », il lui propose donc de reprendre son propre rôle, le diable, alias le professeur Diabolikov, quatre mois après la création de la pièce dont il incarnera à peu près tous les protagonistes masculins au fil des quatre années pendant lesquelles elle tiendra l'affiche : « Dès que ça allait mal, on changeait de personnage[59] », « sinon, je serais devenu dingue[60] ».

L'inconvénient du succès, c'est qu'il vous enferme inéluctablement dans une prison dorée. La troupe doit donc trouver des dérivatifs à la routine et se serre les coudes, au point que, souligne Roger Carel, « on vivait quasiment ensemble et on n'ignorait rien les uns des autres[61] ». Selon ce dernier, qui incarne quant à lui le colonel soviétique Alexandre Ikonenko, en adoptant un accent rocailleux, « avec Jean, une véritable complicité s'était établie. À un moment, il réunissait les quatre colonels autour de Magali Noël, qui jouait la Belle au bois dormant, et devait dire un monologue d'une page et demie dans ce château inhabité où ils étaient entrés. Un soir, avec Louis Velle, Jess Hahn et Olivier Hussenot, on avait choisi un mot de son monologue après lequel on disait *pardon ?* Or il y avait déjà une centaine de fois qu'il le jouait sans un bruit et quand il a entendu plusieurs voix s'exclamer en chœur *pardon ?* il s'est retourné vers nous en se demandant s'il n'avait pas dit une bêtise. Aucun de nous n'a répondu, ce qui a provoqué un trou en plein milieu de son monologue. Il ne faut jamais faire ça à un comédien. Quand on joue depuis longtemps, on envoie le texte par habitude, car on connaît les effets et l'on sait où sont les rires[62] ». Certes, précise Rochefort, « le théâtre rend humble[63] », mais « ces essoufflements marathoniens m'ont miné[64]... », quitte à manifester un regret : « J'aurais dû avoir le courage de m'en aller, mais j'avais peur des suites que ça aurait pu donner et de procès éventuels[65]. » En effet, « j'avais signé pour la durée de la pièce, sans prévoir qu'elle durerait si longtemps. J'y ai perdu mes plus belles années[66] ». Malheureusement, constate-t-il, « les gens de mon métier viennent aux cent premières représentations d'une pièce, mettez cent cinquante. Donc, au bout de trois ans, nul de *ceux qui comptaient* ne venait plus depuis longtemps et j'étais tout à fait oublié[67] ». Parmi les spectateurs figurera tout de même un soir le père de Jean, Célestin, qui admettra du bout des lèvres avoir ri de bon cœur.

Jean Rochefort n'a d'autre solution que de prendre son mal en patience. « Pour me distraire, je calculais avec mon ami Carel, pendant tout le premier acte, le montant de mes impôts[68]... » Jean n'appelle plus Roger que *Gégers*, lui-même ayant hérité du surnom de *Nono* qu'il n'apprécie qu'assez modérément. Pourtant, se remémore Carel, « il était chahuteur et n'arrêtait pas de faire des blagues[69] ». Ce qui ne l'empêchera pas de déclarer plus tard : « À la suite de ce travail, j'ai vraiment envisagé d'abandonner la profession d'acteur[70]. »

À une période de vaches maigres a donc succédé un triomphe contraignant. Jean et Babeth ne font plus guère que se croiser dans l'atelier d'artiste de la cité Chaptal. Alors, lasse de cette existence absurde, et aussi de ces coups de canif dont ils ont lacéré l'un et l'autre leur contrat de mariage, elle somme son époux fantôme de quitter le domicile conjugal. « C'est moi qui lui ai dit que ça ne pouvait plus durer, explique Babeth, et quand on s'est séparés, j'ai demandé à ma sœur aînée, Madith, de l'héberger chez elle, rue de La Tour, dans le seizième arrondissement[71]. » Par la suite, Jean louera une chambre dans un modeste établissement situé à proximité des Folies-Bergère qui lui fera dire que « c'est là où mon cervelet a fonctionné le mieux. À l'hôtel, il y a une vacuité totale : on peut lire, on peut réfléchir, on peut écouter les choses[72] ». En guise de vacances, Roger Carel, Jess Hahn et Jean Rochefort partent jouer *L'amour des quatre colonels* au cours d'une tournée d'été dans les casinos. Les deux Français jouent des tours pendables à leur partenaire américain, notamment en le faisant réveiller par la réception de l'hôtel tous les matins à cinq heures, ce que ce dernier prend pour une coutume locale, sans jamais se douter qu'il est victime d'une mauvaise blague à répétition.

Pour animer cette vie rythmée par le théâtre, Jean a besoin d'autres aventures artistiques. C'est ainsi avec ses camarades de la Compagnie Grenier-Hussenot qu'il accomplit ses débuts radiophoniques en interprétant *Rivière précieuse*, une pièce de théâtre traditionnelle chinoise présentée à l'antenne de la RTF par Michel Polac et Olivier Hussenot, le 8 octobre 1955. Une aventure reconduite au printemps suivant avec *Le massacre des innocents* de William Saroyan, version radiophonique d'un spectacle présenté au cours de la saison précédente au Théâtre Fontaine, dans lequel ne jouait pas Rochefort. Plus tard, dans le cadre des Soirées de Paris, la joyeuse troupe enregistre *Le guignol au gourdin*, une farce radiophonique pour marionnettes de Federico García Lorca mise en musique par Maurice Ohana. Parmi sa distribution, figurent notamment Charles Denner, Jean-Roger Caussimon et un nouveau venu, Henri Virlojeux, que Jean-Pierre Grenier a auditionné en présence de Roger Carel et Jean Rochefort.

À la fin de l'automne 1955, Rochefort décroche son premier rôle au cinéma, dans *Rencontre à Paris* de Georges Lampin. « On ne passait pas d'auditions à l'époque, explique-t-il. On était contacté éventuellement pour jouer un petit rôle, on était reçu par le metteur en scène et on nous disait dans les quarante-huit heures si c'était nous ou pas, sans passer d'épreuve ou de lecture du rôle[73]. » L'intrigue de cette comédie romantique, qui réunit Charles Spaak et Christian Matras, le scénariste et le chef opérateur de *La grande illusion* de Jean Renoir, évoque celle de *Vacances romaines* de William Wyler, sorti un an et demi plus tôt. Betsy Blair y campe une riche fille de famille américaine incognito qui se laisse séduire par l'écrivain démuni chargé de la surveiller que joue Robert Lamoureux. Parmi les autres interprètes de cette comédie sentimentale, figure aussi Pierre Dux, mais Rochefort ne croise pas davantage son ex-professeur du Conservatoire que Claude Brasseur, lequel accomplit également ses premiers pas au cinéma dans le rôle fugitif d'un étudiant, parce qu'il est tombé sur le tournage près de la Sorbonne où il passait avec son copain Sady Rebbot et qu'il y a croisé un ami d'enfance, le futur monteur Sébastien Pigaut, alors assistant, qui lui a proposé de faire de la figuration.

Le souvenir que garde Rochefort de cette première aventure sous les sunlights est mitigé : « Pour notre génération, la caméra était vraiment une bestiole qui foutait la trouille. On n'en voyait pas tous les jours. On ne savait pas ce que c'était que cet énorme animal de métal que les machinistes portaient à trois ou quatre pour la poser sur un pied[74]. » Du coup, « j'ai longtemps considéré le cinéma comme un terrain mouvant[75] ». Dans *Rencontre à Paris*, Rochefort tient le rôle d'un jeune médecin qui débarque dans l'appartement où a été transporté Robert Lamoureux après une chute, en demandant « où est le blessé ? ». « Je plongeais les mains dans ma serviette pour en sortir un stéthoscope, précise Jean. Le chef opérateur, une star inimaginable qui mettait deux heures – durant lesquelles on attendait – pour éclairer mes mains, me lança : *Avec les mains que tu as, tu ne te feras jamais un nom !* J'étais anéanti, toujours prêt à croire ce qu'on me disait[76]. » Résultat, « moi qui prends tout au sérieux, j'ai vécu six mois d'angoisse en regardant mes mains[77] ». La grande désillusion, en quelque sorte. Pourtant, quand le film sort enfin, en mai 1956, ce ne sont pas ses « mains un peu rustiques[78] » qui frappent le plus Jean. « Ce fut une sensation complètement ridicule de jeune homme qui se croit comestible et à qui l'image dit brusquement que pas du tout[79] ! » Le choc est terrible : « Je crois avoir été frappé par ma maigreur et par l'étrangeté de mon physique, mais ça ne m'a pas plongé dans des abysses de désespoir. Je me suis juste dit : *J'ai une tête vraiment bizarre comme garçon*[80]. » Quant aux *Cahiers du Cinéma*, dans un surprenant élan de magnanimité (anonyme), ils détectent « beaucoup de gentillesse dans cette tranche de vie[81] ».

Comme Rochefort n'entend pas rester cantonné *ad vitam æternam* à *L'amour des quatre colonels*, sitôt la représentation terminée, il traverse Paris au volant du petit cabriolet MG noir TF1500 décapotable avec un pare-brise très épais, intérieur cuir vert et capote beige qu'il s'est offert, et que son ami Alain Mensier lui a appris à conduire (ils ont même disputé des rallyes à son bord, en Bretagne). Il se rend ainsi au Théâtre des Trois Baudets où se joue *La réalité dépasse la fiction* de Jacqueline Franck et Albert Aycard, mis en scène par Olivier Hussenot, lequel dispose « d'une scène tournante, manœuvrée comme au temps de la marine à voile, qui me permet de réaliser sur le mini-plateau des Trois Baudets une mise en scène grandiose[82] ». Ce spectacle s'inspire d'un best-seller dans lequel les auteurs ont collationné des articles saugrenus publiés dans la presse, victimes de coquilles, fautes de frappe et autres maladresses. Guy Béart, Catherine Sauvage, Raymond Devos et Jacques Brel assurent la première partie du spectacle. Rochefort partage ainsi ponctuellement l'intimité de ce dernier. « Il chantait trois chansons. Quand il rejoignait notre loge enfumée, parce qu'on fumait beaucoup tous les deux à l'époque, les gens applaudissaient et tapaient des pieds. Et un jour, je lui dis : *Écoute, fais un effort. Réécris d'autres chansons, ton répertoire est trop court.* Il m'a répondu : *Non, moi, ça m'est égal. Je veux devenir journaliste à la télévision*[83]. » En effet, « la télévision, nous en avons rêvé, car à l'époque nous pensions qu'elle changerait le monde car tous les peuples se connaissant, il n'y aurait plus de guerres ni d'agressions[84] ».

Pour l'heure, c'est surtout la radio qui sollicite Rochefort et lui assure des compléments de revenus non négligeables. Il devient ainsi un pilier de l'émission *Théâtre de minuit* dans le cadre de laquelle il interprète la pièce *Périclès* de William Shakespeare avec la Compagnie René Dupuy. L'occasion pour lui de retrouver ses amis Claude Rich, Jean-Pierre Marielle et Roger Carel, mais aussi de jouer avec des futures vedettes telles que Jacqueline Maillan, Tania Balachova, Emmanuelle Riva, Judith Magre, Michel Galabru et Pierre Tornade. Rochefort figure aussi au générique de *Madame Maxence a disparu*, une dramatique policière télévisée tournée un jour de relâche, comme *Les fiancés du paradis* ou *L'extravagant capitaine Smith*, diffusé en direct, sur le plateau duquel il croise son ex-mentor Teddy Bilis, pour avoir remplacé au pied levé son copain Marielle « qui se mariait et n'arrivait pas à apprendre son texte, troublé par son convolage[85] » : « Onze cent lignes en dix jours ! Quelle horreur, quelle leçon[86] ! »

Au moment où les activités professionnelles de Rochefort commencent à se diversifier, se produit un événement lourd de conséquences. À l'automne 1957, suite à un différend entre le couple Jean-Louis Barrault-Madeleine Renaud et le Théâtre Marigny, où ils se sont installés onze ans plus tôt, la Compagnie Grenier-Hussenot accepte de reprendre la direction artistique de ce haut lieu de la Rive droite que dirige d'une poigne de fer Simonne Volterra, surnommée par Marcel Pagnol *la patronne.* La joyeuse troupe s'étoffe alors de nouvelles recrues : Jean-Pierre Marielle, Christian Marin, Henri Labussière, Jacques Morel, Micheline Dax, Anne Doat et même le futur Patrick Dewaere et le reste de la tribu Maurin. Mais la greffe ne prend pas, comme l'explique Rochefort : « On s'est cassé la gueule parce qu'on amenait quelque chose de plus populaire. Il y avait comme un remugle de rigolade, un peu amateur potache. Autant dans nos petits théâtres de la Rive gauche on fonctionnait bien, là, théâtre plus cher, grande mise en scène[87]. » Mal à l'aise dans ce lieu qui ne correspond pas à son goût pour la recherche, Olivier Hussenot rompt avec Jean-Pierre Grenier. Ce dernier poursuit donc seul l'aventure et confie aux duettistes Jean Rochefort et Roger Carel les rôles principaux de la nouvelle pièce de Peter Ustinov, *Romanoff et Juliette*, transposition du classique de William Shakespeare sur fond de Guerre froide, à une époque où Paris vit au rythme des alertes à la bombe liées à la guerre d'Algérie. Le plateau est composé de deux décors qui pivotent dans l'obscurité. L'un représente l'ambassade soviétique, l'autre celle des États-Unis. Il arrive que Jean Rochefort remplace au pied levé Jean-Pierre Marielle dans le rôle de l'ambassadeur américain, alors qu'il incarne déjà « avec beaucoup de drôlerie un espion dostoïevskien échappé du KGB[88] ». L'explication en est simple : « À l'époque, Marielle était soldat et faisait le mur pour sortir. Certains soirs, il était bloqué à la caserne et c'est moi qui reprenais son rôle. Je me donnais trois fois plus de mal que lui pour un résultat très inférieur[89]. »

Leur migration dans les beaux quartiers n'a pas assagi l'imagination des farceurs. Roger Carel joue ainsi un tour pendable à Jean-Pierre Marielle en dissimulant un réveil sonore dans le décor. Dès lors, c'est l'escalade. « Un jour, raconte Carel, pendant que je tournais un film, j'avais demandé aux artificiers de me confier un petit fumigène. Rochefort et Marielle occupaient la loge à côté de la mienne et pendant qu'il étaient en scène, j'ai allumé le fumigène que j'ai jeté dans leur loge. On a failli évacuer le théâtre, car une fumée noire a commencé à sortir de la loge et à se répandre dans les couloirs, au point que Madame Volterra qui recevait des invités est sortie affolée. À l'époque, comme on pouvait jouer pendant plusieurs années dans le même théâtre, on aménageait sa loge à cet effet. Dans la mienne, j'avais de très belles affiches et même un aquarium avec des poissons. Un soir, à la fin du spectacle, alors qu'on se préparait à partir, Rochefort, Marielle et Christian Marin ont décroché la lance à incendie qui se trouvait dans le couloir, ils ont frappé à ma porte en se faisant passer pour des admirateurs, je leur ai ouvert, mais la puissance du jet qu'ils ne maîtrisaient pas a tout balayé et l'eau a dévasté ma loge, y compris mon habilleuse qui était complètement trempée[90]. »

La dissolution de la Compagnie Grenier-Hussenot fait l'effet d'une douche froide pour ses membres qui cultivent ce « comique d'avant-garde avec plein d'invention, de richesse dans les idées[91] ». Mais l'esprit n'y est plus. Alors qu'il y a peu encore Rochefort pestait contre le succès de *L'amour des quatre colonels*, l'échec de *Romanoff et Juliette* le laisse comme orphelin. « J'avais ma loge, dit-il, j'avais ma place, j'avais mon Lechner *[matériel de maquillage]*, j'avais mes petits produits et l'idée que tout ça s'arrête a été un véritable désespoir pour moi[92]. » Le constat est sans appel : « J'y ai appris à jouer tous les soirs pendant sept ans, hormis trois semaines de vacances en été. C'était plein tous les soirs et il fallait être à la hauteur de l'attente du public[93]. » Par ailleurs, « nous étions très fiers de ce que nous faisions. C'était une compagnie qu'on pourrait qualifier d'avant-garde comique. On y jouait un répertoire en général drôle avec des inventions scéniques permanentes[94]. » Et puis, surtout, « c'était des professionnels qui revendiquaient un statut d'amateur[95] ». Alors, « le jour où la troupe s'est dissoute, je fus à nouveau désespéré[96] ». En effet, explique-t-il avec une certaine innocence, « ma vie était tracée. Je comptais y rester jusqu'à ma retraite[97] ».

9

En direct des Buttes-Chaumont

« À une époque, on pensait que les artistes sauraient rassembler toutes les classes sociales – et Dieu sait qu'il y en a qui souffrent – et les inclure dans leurs joies artistiques pour que nous puissions tous vivre ensemble[1]. » Tel est l'état d'esprit de Jean Rochefort et de bon nombre de ses camarades au cœur des années 50, au moment où les « étranges lucarnes » chères au général de Gaulle commencent à s'introduire dans les foyers, comme autant d'yeux ouverts sur le monde. Aux États-Unis, le grand écran a dû prendre des mesures pour résister aux assauts du petit et Hollywood pratique la surenchère permanente, à grand renfort d'innovations technologiques. La couleur, le Cinémascope et le relief deviennent des atouts majeurs qui attirent dans les salles les familles envoûtées par les Soap Operas, les jeux et autres émissions de divertissement.

Il faudra attendre le couronnement de la reine Elizabeth II en Angleterre pour que l'Eurovision donne un coup de fouet à la télévision sur le Vieux Continent. Alors que la population française dispose de trente mille téléviseurs en 1952, ce chiffre a plus que sextuplé trois ans plus tard et l'on dénombre une centaine de dramatiques mises en chantier par Bernard Hecht et tournées dans deux studios. En 1956, la Radio Télévision Française (RTF) diffuse une cinquantaine d'heures d'émissions par semaine et l'année suivante, sept cent mille récepteurs captivent deux millions de téléspectateurs. Jean d'Arcy, directeur des programmes depuis 1952, nourrit de grandes ambitions : « Nous avons évidemment à apporter à domicile le rêve et le rire, l'évasion, déclare-t-il, mais nous avons aussi à fournir un aliment de l'esprit, dont les hommes, à travers le monde, ont un besoin sans cesse accru[2]. » Selon le réalisateur Marcel Bluwal, « d'Arcy a compris que c'était la fiction qui attirait les téléspectateurs et que le public appréciait par-dessus tout les émissions en direct[3] ». Du coup, ajoute-t-il, « on avait le sentiment d'être au cirque, car on n'avait pas le droit de se tromper. On exécutait un triple saut périlleux, mais il ne s'agissait pas de se casser la gueule. Car outre la qualité esthétique de ce qu'on faisait, c'était ça le plus important[4] ». Là encore, tout est bon pour prendre d'assaut la citadelle cinématographique lézardée par cette qualité française que contestent les *Cahiers du cinéma*, en célébrant la fameuse théorie des auteurs. Selon Bluwal, « toute la politique de d'Arcy a consisté à faire *comme si*, *comme si* nous étions riches, *comme si* c'était du film, et à nous faire partager ce point de vue[5] ».

Les réalisateurs de télévision ne sont qu'une trentaine en 1956 et « leur nombre progresse lentement, par homologations successives, à quatre-vingt-dix environ en 1961, et cent cinquante-trois en 1965[6] ». Au sein de cette génération spontanée, Claude Barma a fait des études d'ingénieur électricien et Claude Santelli, licencié ès lettres, est passé par le théâtre. Ce qui fera dire à Jean d'Arcy que « l'expression *école des Buttes-Chaumont* est une systématisation, au bout de sept ou huit années, de tous les efforts faits pour la création d'un art d'expression authentique pour la télévision. Il s'agissait de dégager des lois de l'expression télévisuelles qui soient différentes de celles du théâtre, où il y a un public, et de celle du cinéma, où il y a une grande audience collective. Nous nous adressons à un individu seul chez lui[7] ». Avec, très vite, un souci d'audience : « Pour mesurer le succès d'une émission de télévision, on avait plusieurs sources, explique Marcel Bluwal. D'abord, l'accueil critique qui était alors capital, car il n'y avait pas encore de sondages. Ensuite, le courrier des téléspectateurs qui était à cette époque-là énorme. Dans les premiers temps, il y avait aussi ce qu'on appelait des fiches d'écoute. La télévision avait distribué à une trentaine de personnes à travers Paris des récepteurs qu'ils étaient supposés regarder tous les soirs avant de renvoyer des notes, un peu comme un livret scolaire. Ce n'était pas encore la ménagère de moins de cinquante ans, c'était le mineur d'Anzin et on prêtait à ces gens un quotient intellectuel suffisant pour pouvoir comprendre Shakespeare ou Proust. De propos tacite et délibéré entre nous, l'idée était de hisser le niveau. On a d'ailleurs appelé cette première génération de metteurs en scène *les hussards noirs de la télévision*, en référence aux instituteurs de l'époque de Jules Ferry[8]. »

Sur le plan technique, l'école des Buttes-Chaumont offre des opportunités qui valent mieux que tous les cours théoriques. « Nous faisions des dramatiques en direct, insiste Bluwal, c'est-à-dire un ballet furtif de quatre caméras, en disposant de répétitions qui duraient trois semaines. On répétait comme au théâtre dans la continuité, on faisait des filages, mais en même temps que cette opération avait lieu, moi je partageais avec ma scripte les emplacements de caméras qui donneraient les plans. La volonté, c'était d'abord de reconstituer une grammaire cinématographique[9]. » Cet art nouveau apparaît comme une aubaine pour la génération montante. En effet, explique le réalisateur René Lucot, « les vedettes du cinéma ne veulent pas, pour un seul soir et pour un salaire médiocre, répéter un texte pendant trois semaines. Où trouver des comédiens de qualité, si ce n'est en allant à leur découverte dans les théâtres[10] ? » Comme le souligne Louis Merlin, « la télévision faisait connaître tous ceux qui allaient devenir les têtes d'affiche des théâtres et du cinéma français[11] ». Ce que confirme Bluwal : « Il y avait incontestablement une troupe de télévision de cent cinquante à deux cents acteurs qui aimaient le risque et qui aimaient faire ça[12]. » Du côté des plus jeunes, l'enthousiasme est de mise : « À l'époque, confie Rochefort, quand on donnait une pièce de Beaumarchais à la télé, le lendemain, on se faisait engueuler par les patrons de ciné sur les Champs-Élysées : *Dites donc, les gars, on n'a pas marché fort, hier*[13] ! » Un nouveau rituel s'instaure peu à peu au sein duquel le public devient roi. « La *dramatique* du mardi soir était un événement, explique Rochefort, à tel point qu'on faisait même attention de ne pas organiser certaines soirées de théâtre ou de music-hall ce jour-là, car on était certains que les gens resteraient devant leur poste[14]. »

Les vedettes en herbe désireuses de se frotter au direct se pressent comme un seul homme à ce portillon providentiel snobé par leurs aînés. « Notre liberté totale de choisir nos comédiens leur laissait la liberté totale de nous rencontrer, se souvient René Lucot. Aux Buttes-Chaumont, nous travaillions dans un immeuble aux portes grandes ouvertes, où les émissions et les films en préparation étaient affichés[15]. » Les comédiens surnomment le corridor bordé de bureaux de production *le couloir de la honte,* car ils y côtoient dans une atmosphère chaotique les figurants qui courent le cachet. « Il y avait beaucoup de chats que ces dames qui faisaient le ménage élevaient, se remémore Rochefort. On a même eu des chats qui traversaient souvent l'écran pendant les émissions[16]. » Un plateau de télévision déborde alors de stratagèmes ingénieux. « Il y avait des souffleurs cachés derrière chaque meuble. C'était une angoisse épouvantable, horrible quant à l'effort que cela représentait, une trouille terrible du direct, une peur à vomir dans l'escalier qui menait au studio quand on entendait le *5-4-3-2-1-top !* Mais je trouvais cela tout à fait exaltant et le plaisir était grand quand c'était réussi[17]. » La récompense est d'autant plus belle que l'effort qui l'a précédée s'est avéré intense. « C'était comme le théâtre, insiste Roger Carel, les risques d'incidents techniques en plus. Tous les déplacements étaient marqués au sol et chaque acteur avait une couleur qu'il devait respecter. Mais il arrivait parfois que le cameraman chargé de vous suivre vous adresse des signes désespérés pour vous annoncer que la caméra était morte ! Du coup, un autre cadreur devait prendre le relais et l'on se retrouvait de dos à l'image et il fallait s'adapter[18]. » Selon le réalisateur Stellio Lorenzi, « les soirs des dramatiques en direct, techniciens, réalisateurs et comédiens se livraient à de véritables prouesses. En quelques secondes, les décors s'escamotaient, les caméras voltigeaient, les câbles défilaient. Le direct exigeait de chacun une tension et une concentration totale qui donnaient à l'œuvre, si elle était réussie, une qualité indéniable[19] ».

Le perfectionnisme est le maître mot. « Rien de plus déprimant que les heures qui suivent la fin d'une dramatique en direct, rapporte René Lucot. Il n'en reste que le souvenir, dès la disparition de la dernière image, avec une fatigue proche de l'épuisement[20]. » Du coup, raconte Rochefort, « à la fin de l'émission, on se retrouvait à dix ou douze au Télé-Foot, en face des studios des Buttes-Chaumont, dans ce bistrot de quartier, autour du petit zinc et d'un baby-foot. On commentait ce que les gens venaient de voir dans leur appartement. Comme si la télévision avait été un petit théâtre underground de la rive gauche[21] ». Toutes les occasions sont bonnes pour se montrer et même se faire entendre. En cette seconde moitié des années 50, travailler pour la télévision, c'est aussi se serrer les coudes en s'amusant. Le petit écran fédère à lui seul des comédiens venus de tous les horizons auxquels il offre des opportunités rares de brûler les étapes, selon Rochefort : « On se retrouvait avec des rôles merveilleux qu'aucun directeur de théâtre ou de producteur de cinéma ne nous donnait[22]. »

La vie de Jean Rochefort est alors rythmée comme du papier à musique. Son succès de longue haleine au théâtre lui permet de bénéficier d'un train de vie tout à fait correct, son seul signe extérieur de richesse étant la fameuse voiture dans laquelle il sillonne la capitale. Mais avant ce rendez-vous nocturne quotidien, il est libre comme l'air et en profite pour diversifier ses activités. C'est ainsi qu'il donne de la voix dans l'émission radiophonique *Le Grand Prix de Paris* diffusée sur la Chaîne Parisienne où il retrouve ses complices Roger Carel, Pierre Vernier et Judith Magre... Et une fois que le rideau est tombé au Théâtre Marigny, deux soirs par semaine, il se précipite dans un cabaret de la Rive gauche où se produit la chanteuse dont parle tout Paris, Barbara, quai des Grands-Augustins, entre la Rôtisserie périgourdine et Louisette la Basquaise. L'Écluse a été relancée par quatre jeunes artistes parmi lesquels Marc Chevalier, un musicien et comédien issu de la compagnie Grenier-Hussenot. La topographie des lieux est pittoresque et son confort spartiate. On y accède par « un long couloir de douze mètres de long sur trois mètres de large. (...) Au fond de la salle, une bâche verte ornée d'une bouée blanche et d'un filet de pêche campe le décor de la scène[23] », laquelle ne mesure qu'un mètre quatre-vingts sur un mètre quarante. « Une banquette de moleskine, pointillée de clous de cuivre, fait le tour de la salle, de petits tabourets dans le même style entourent les tables rondes au plateau de marbre[24]. » Quant aux coulisses, Philippe Noiret les comparera à un « placard dans lequel on se préparait[25] ».

Quand, en janvier 1958, Barbara revient pour six semaines à l'Écluse, elle arrive systématiquement vers vingt et une heures... alors même qu'elle n'entre en scène qu'à minuit, « vêtue d'une jupe noire et d'un pull-over[26] ». Elle gagne dix francs par soir, mais interprète jusqu'à dix chansons (pas encore les siennes, mais celles des autres) pour une audience de soixante à soixante-dix personnes. En première partie de programme, Philippe Noiret et Jean-Pierre Darras incarnent des versions très personnelles de

Louis XIV et Racine. Mais ils ne sont pas à un paradoxe près, car, comme le souligne lui-même Noiret, « nous conservions devant le public restreint de l'Écluse le ton des grands classiques que nous interprétions au TNP[27] ». Il existe en effet à l'époque une hiérarchie au sein du théâtre dont l'élite se répartit entre la Comédie-Française et le Théâtre National Populaire de Jean Vilar. C'est à cette école qu'appartiennent les deux compères, qui se sont rencontrés naguère au Centre dramatique de l'Ouest.

« On n'était pas de la même troupe, mais on se saluait à distance et on écoutait Barbara pour qui on avait un vrai béguin. On était envoûtés par sa voix et par ce qu'elle apportait[28] », raconte Rochefort qui garde ses distances avec Noiret : « On ne se parlait pas. C'était des rapports très étranges, très pudiques. Nous étions un peu rivaux. On avait quelques espoirs avec Barbara[29]. » À l'occasion, il leur arrive en effet de s'enhardir et de raccompagner la chanteuse jusque chez elle, rue de Seine. « Comme j'étais là deux à trois fois par semaine, confie Rochefort, elle a fini par s'intéresser à moi. Mais elle était trop noire. Extraordinairement désespérée. Moi, spleenesque, je me suis dit que si on restait ensemble, on allait plonger tous les deux, alors que j'avais un profond désir de rigolade. Ça a duré trois mois[30]. » Barbara évoquera quant à elle « les belles nuits, les beaux dîners, les paellas à la Tour de Nesle, ou, pour les plus argentés, au restaurant de l'Échaudé fréquenté par des comédiens déjà chevronnés : Hubert Deschamps, Jean Rochefort, Jean-Marie Amato, Bernard Noël[31]... » Entraîné par ces « compagnons de la nuit[32] », Noiret décrit pour sa part la naissance d'une certaine complicité entre ses deux admirateurs : « Après notre numéro, il *[Rochefort]* venait terminer la soirée avec nous, ailleurs dans Saint-Germain. Nous buvions un petit scotch au Nuage, nous cassions une graine à l'Échaudé[33]. »

Sur le plan professionnel, c'est la télévision qui offre alors ses rôles les plus intéressants à Rochefort, avec cette magie du direct qui fabrique parfois des vedettes en l'espace d'une soirée. « Les metteurs en scène de télévision m'ont enlevé mes barbes et mes perruques. Ils m'ont fait jouer des personnages que j'appelle tout nus et qui me faisaient très peur au début[34]. » Le 4 mars 1958 est diffusé *Monsieur de Saint-Germain*, une dramatique de Philippe Ducrest dont le rôle titre est interprété par Paul Guers. Jean y campe un inspecteur, face à Teddy Bilis et Michel Galabru.

Six semaines plus tard, il apparaît dans *La dame de pique* de Stellio Lorenzi, d'après la nouvelle d'Alexandre Pouchkine, dans le rôle de Tomsky qu'a refusé... Gérard Philipe Son copain Roger Carel y effectue également une apparition. Le 13 mai, il est de *L'affaire Fualdès* de Claude Barma, une dramatique de la collection *En votre âme et conscience* écrite et présentée par Pierre Dumayet. En passant ainsi trois fois à l'antenne en un peu plus de deux mois, Rochefort s'est fait remarquer, sinon du grand public qui n'a pas toujours l'œil vissé sur les noms qui défilent aux génériques, au moins par les professionnels en quête de nouveaux visages.

Rochefort décroche ainsi son deuxième rôle au cinéma dans *Une balle dans le canon* qui se tourne en juin aux Studios de Billancourt et sur un terrain vague avoisinant. Aux commandes de ce projet, Charles Gérard réalise à l'époque des documentaires sur les tournages et rencontre ainsi Michel Deville qui est pour sa part assistant. Lorsque le Centre National de la Cinématographie refuse de délivrer à Gérard sa carte de réalisateur, celui-ci embauche donc Deville comme conseiller technique sur ce polar tiré d'une série noire réécrite intégralement par Albert Simonin. C'est « l'histoire de deux anciens d'Indochine qui, au lieu de rendre à leur propriétaire les vingt millions passés en fraude, achètent une boîte à Montmartre[35] », résume Charles Gérard qui s'autoproclame « chercheur de têtes[36] » et décide de faire appel à des talents encore inconnus parmi lesquels Michel Lonsdale, dont c'est la deuxième apparition à l'écran, et Jean Rochefort. Michel Deville, lui, admet avoir « mis en scène le film sans que ce soit un film à moi[37] », et explique qu'« il s'agit d'un sujet que je n'ai pas choisi avec des acteurs que je n'ai pas choisis non plus[38] ».

Jean Rochefort met tout son cœur dans son rôle épisodique de barman d'*Une balle dans le canon.* Le comédien n'a que quelques répliques pour manifester son talent et conjurer sa timidité naturelle. « Deux ou trois jours de tournage, l'émotion, le trac énorme, parce que la caméra, à l'époque, c'était quand même un être monstrueux, inquiétant, résume-t-il. Le tournage fonctionnait selon un vrai protocole avec des hiérarchies très fortes : il y avait les vedettes, le chef opérateur était un dieu, le metteur en scène était souvent inaccessible, donc il y avait de l'hyper-tension[39]. » Résultat : « Je ne m'y sentais pas vraiment à l'aise. Je trouvais la machine trop lourde, les hiérarchies pesantes, les techniciens tyranniques, le cérémonial compassé[40].» Et puis, il l'admet, «le cinéma, c'était aussi pour moi devenir enfin diurne, ce que je n'avais pas été en tant qu'acteur de théâtre[41]». Une véritable révolution copernicienne est en marche dont les conséquences ne tarderont pas... «Je lui avais donné un petit truc, confesse Charles Gérard. Il en a fait quelque chose. Il avait peut-être tourné un mauvais film, de son rôle il a fait un tremplin[42].» La preuve, explique Rochefort, «j'ai reçu alors une avalanche de propositions – que j'ai refusées[43]».

En attendant la sortie d'*Une balle dans le canon*, qui n'est prévue qu'en novembre 1958, le comédien accepte d'incarner Chauveau-Lagarde, l'avocat de la reine, dans *La mort de Marie Antoinette* que réalise pour le petit écran Stellio Lorenzi, dans le cadre de *La caméra explore le temps*. Diffusée en direct, cette émission bénéficie toutefois d'un enregistrement au kinescope qui permettra à la postérité d'en conserver une précieuse trace. Créée en 1956 sous le titre *Les énigmes de l'histoire*, elle respecte un rituel immuable : «Une fois le sujet défini entre nous, raconte Lorenzi, je travaillais le scénario en alternance avec Alain Decaux ou André Castelot, jamais avec les deux. Dans un premier temps, nous discutions ensemble de la forme générale à donner, puis l'un des auteurs écrivait le premier jet. Ensuite, je le reprenais. À l'arrivée, ce qui passait à l'antenne était bien souvent la cinquième version du projet initial, l'épreuve finale étant les répétitions avec les comédiens où il m'est arrivé de tout changer à nouveau[44].» Le défi s'avère donc redoutable pour les acteurs qui forment bientôt une véritable troupe de deux cents personnes rompues à ce périlleux exercice. Selon Lorenzi, «Les répétitions duraient environ douze jours, deux grandes semaines, puisqu'il n'y avait pas de samedi férié en ce temps-là. L'entrée en studio se faisait le lundi matin. Pour la première fois, nous nous trouvions dans les décors. Nous avions alors deux jours pour tout mettre au point avant notre passage à l'antenne, le mardi soir. La journée du lundi était consacrée à la mise en place, plan par plan. C'était un travail considérable. Il fallait tout marquer au sol, y compris la place exacte des comédiens. (...) Ensuite venait ce qu'on appelait le "filage" : le réalisateur montait en régie, les cameramen prenaient le casque et on faisait le premier bout à bout, ce qui demandait environ cinq heures. Vers quatre heures de l'après-midi, nous étions prêts pour la *générale* : l'ultime répétition dans les conditions mêmes de l'émission. On terminait dans la précipitation vers sept heures pour prendre l'antenne à huit heures trente[45] ». En l'occurrence, le 19 octobre 1958, tout se passe au mieux. « *La mort de Marie Antoinette,* ça m'évoque le direct, la rue Carducci quand on était épuisé à minuit et qu'on allait boire un demi panaché au Télébar. Une sensation artisanale. Je me vois à cette époque comme un chercheur de pépites de la Conquête de l'Ouest[46]. »

Habitué à avoir plusieurs fers au feu, Jean Rochefort prépare sa rentrée théâtrale prévue une semaine après la diffusion de *La mort de Marie Antoinette.* Aux côtés de ses camarades Jean-Pierre Marielle et Roger Carel, il incarne un valet de chambre dans *Tessa, la nymphe au cœur fidèle,* pièce-roman en cinq tableaux de Jean Giraudoux mise en scène par Jean-Pierre Grenier au Théâtre Marigny. Son rôle est presque muet, mais il lui vaut une attention particulière de la critique. Quant à la fameuse Tessa du titre, elle est incarnée par Marie Versini, engagée en 1957 à la Comédie-Française, dont elle a été à dix-sept ans la plus jeune pensionnaire de tous les temps et qui entrera ensuite dans les ordres. Malgré leur succès, les représentations de Giraudoux s'interrompent mi-décembre pour céder la place à *L'étonnant Pennypacker* de Liam O'Brien, mis en scène à nouveau par l'infatigable Grenier. L'adaptation française de cette pièce située dans l'État américain du Delaware aux alentours de 1890 est signée par Roger-Ferdinand, l'influent directeur en titre du Conservatoire et par ailleurs auteur des *J 3,* dont Roger Carel témoigne qu'il « était légèrement dur d'oreille et très économe. Nous lui suggérions donc de s'installer dans les premiers rangs. Un jour, pourtant, il resta dans le fond de la salle, apparemment très satisfait. Au bout d'une heure de répétition, il s'avança vers nous pour nous exprimer son enthousiasme : son allégresse était motivée par un petit appareil acoustique, fixé contre son oreille.

— *Regardez ça : cet appareil américain ! C'est fantastique. J'entends tout, du fond de la salle ! C'est merveilleux ! Extraordinaire ! Je revis...*

Nous ne pouvions, à notre tour, que le féliciter de s'être procuré une prothèse aussi efficace. Mais, dix jours plus tard, notre auteur se retrouvait au second rang, l'oreille tendue, sans appareil. Notre *patronne,* madame Volterra, s'en étonna. Il expliqua alors, furieux :

— *J'avais reçu ce machin des États-Unis avec un petit mot. Je croyais que c'était un cadeau. On m'a expédié la note. Quand j'ai vu cette note, j'ai tout renvoyé*[47] ».

La distribution comprend notamment Henri Virlojeux en shérif et Jacques Morel en bigame, père de dix-sept enfants répartis entre ses deux foyers. Roger Carel, trente et un ans, incarne le grand-père du jeune pasteur épiscopalien Jean Rochefort, vingt-huit ans, Jean-Pierre Marielle, vingt-six ans, son révérend paternel. « Il était furieux parce qu'il était plus jeune que moi et jouait le père[48] », rapporte Rochefort, mais son camarade, bien obligé d'en prendre son parti, se fait une raison : « Nous n'avons pas été utilisés pour nos qualités immédiates[49]. » Cependant, tempère Rochefort, « le soir de la générale, on entre en scène. On portait de petites tuniques qui nous arrivaient aux genoux et des chapeaux noirs. On avait à peu près la même silhouette. En nous voyant, le public a éclaté de rire. Et nous ? Ben, on s'est arrêté de jouer et on a ri avec eux. On s'est fait engueuler, bien sûr, mais mollement[50] ». La critique, elle, ne tarit pas d'éloges. « Sur scène, on s'indigne, on sanglote, on trépigne, note l'une. De l'orchestre au balcon, la gaîté cède la place à l'attendrissement suscité par ce grand étalage de bons sentiments[51]. » Un autre affirme que « Jean Rochefort, candide Wilbur, est le digne pendant de Jean-Pierre Marielle[52] », tandis qu'un troisième loue « un duo de clergymen irrésistible[53] ». Et puis, surtout, souligne un observateur attentif, « il y a le petit pasteur ingénu qu'enivrent à la fois les vapeurs de l'alcool et le charme de sa fiancée, Anne Doat ; Jean Rochefort, dans ce rôle en demi-teinte, se révèle un comédien sensible et fin[54] ». 1958 est décidément une année à marquer d'une pierre blanche dans cette carrière qui s'est épanouie sur tous les fronts.

Le carnet de bal de Jean Rochefort s'allonge de semaine en semaine. Début janvier 1959, il est à nouveau à la télévision, cette fois dans la pièce d'André Roussin *Une grande fille toute simple* filmée par Philippe Ducrest. Il en tient même le rôle principal masculin et prévient sa mère pour qu'elle le regarde. « Afin qu'elle ne soit pas surprise, je lui avais dit que je porterais mon pantalon préféré, celui en velours jaune. Quelques jours plus tard, j'ai reçu une lettre d'elle dans laquelle elle parlait de choses et d'autres[55]. » Sans même mentionner l'essentiel : sa prestation. « Elle m'a mis en post-scriptum : *J'ai été rassurée de voir que ton pantalon était rentré de chez le teinturier.* Ce fut son seul commentaire sur cette entreprise[56]. » Un mois plus tard, Rochefort décroche son premier rôle en vedette à la scène dans le vaudeville de Georges Feydeau et Maurice Desvallières *Champignol malgré lui* mis en scène par Jean-Pierre Grenier au Théâtre Marigny. Il y retrouve Roger Carel et Jean-Pierre Marielle, mais aussi Anne Doat, Henri Virlojeux et Pierre Vernier. Bref, il ne boude pas son plaisir et se réjouit que « la folie crée le désarroi et l'inquiétude : ce comique-là, je l'adore ! Se prendre les pieds dans les tapis, rater des portes, rentrer dans une salle à manger où votre épouse se fait étreindre : tout ça, je l'adore[57] ». Par manque de confiance en lui, Rochefort se réfrène encore, malgré le burlesque de la situation : « Je faisais mon service militaire, se rappelle-t-il, et j'apprenais que le type avec lequel j'allais monter la garde toute la nuit était le mari de ma maîtresse. Et j'avais commencé avec le fusil à l'époque à faire toute une gestuelle et des onomatopées pour m'occuper face à cette angoisse qui montait en moi. Et le metteur en scène m'a dit : *Jean, c'est complètement imbécile, il ne faut pas faire une chose pareille.* Je l'ai écouté et je crois que je suis passé ce jour-là à côté de moi-même[58]. »

La réalité en vient à faire écho à la fiction : « On entendait des explosions et des attentats pendant les représentations, explique Rochefort. Cette pièce n'a pas eu de succès, mais elle est sortie à un très mauvais moment, parce qu'il y avait une satire sur l'armée française et nous étions en pleine guerre d'Algérie dans les mouvements OAS[59]. » Il arrive aussi que la vie amoureuse du comédien perturbe ses soirées et qu'il mette alors la remarquable vélocité de sa MG décapotable au service de sa jalousie. « À l'entracte, je fonçais en costume à travers Paris pour voir cette femme infidèle qui jouait dans un autre théâtre[60]. » Une authentique performance : « Habillé en jeune premier de Feydeau, je suis allé du Marigny à la Butte Montmartre parce que j'espérais pouvoir surprendre la traîtresse pendant les quinze minutes d'entracte qui m'étaient allouées. Mais il n'y avait personne et je suis revenu à toute vitesse dans cette voiture pour rentrer en scène au deuxième acte[61]. » Après une interruption, *Champignol malgré lui* sera repris au Théâtre Marigny en décembre 1959.

Toujours aussi actif, Jean Rochefort est régulièrement sollicité à la radio. Il lui suffit ainsi de deux journées pour enregistrer les trente épisodes du feuilleton *Trois amours de Thérésa, reine de la*

République, auquel participe également Roger Carel. Il lui arrive aussi d'enregistrer à Radio Luxembourg deux disques inspirés de la bande dessinée popularisée par *Le journal de Tintin* qui a révélé le tandem Goscinny-Uderzo : *Oumpah-Pah le Peau Rouge* (Grand Prix de l'Académie du Disque français 1959) et *Oumpah-Pah sur le chantier de la guerre* dont le rôle titre, un Indien facétieux, est incarné par l'acteur de doublage Georges Aminel. Jean Rochefort y joue à la fois le sorcier Y-Pleuh et le comte, avec pour partenaires Roger Carel, Henri Virlojeux et Maurice Chevit, ce dernier évoquant « une journée de délire, de fou rire permanent pendant l'enregistrement[62] ».

10

Salade russe

Au gré de la scène et des plateaux de télévision, Jean Rochefort a considérablement étoffé ses relations. Entre ses copains du Conservatoire, ses camarades de la troupe Grenier-Hussenot et ses innombrables partenaires, ce sont autant de relais pour être au fait du maximum de projets possible. Reste juste à séparer le bon grain de l'ivraie... ce qui n'est pas toujours aisé. Rochefort va le vérifier le jour où « quelques saligauds de copains metteurs en scène de télévision... de gauche – il y avait beaucoup de communistes aux Buttes-Chaumont –, on leur a demandé qui pourrait partir en Russie faire un film franco-russe à la gloire des tracteurs, des usines et des futurs Tchernobyl, et ils ont dit : *Mais Rochefort ferait ça très bien*[1] *!* » Le comédien se dit d'abord flatté qu'on ait pensé à lui, car, « à l'époque, dans notre milieu, il était de bon ton d'être au minimum maoïste. Stalinien, c'était déjà l'extrême droite[2] ! » Effet pervers de la méthode Coué : « Avec ce cautionnement, j'y suis allé[3]. » L'affaire semble en effet prometteuse. « On me convoque dans un bureau de production, et on me dit : *Petit, on va faire un film de trois Français qui visitent l'URSS. Il y a Belmondo et Daniel Ivernel. Ça dure deux mois.* Je signe. Je me suis retrouvé avec Léon Zitrone et Jean Gaven[4]. » Précision utile, « à ce moment, je ne connaissais rien du scénario ni de mon rôle et pas davantage le temps que j'allais passer en URSS[5] », mais « j'ai accepté ce film par orgueil. J'étais flatté d'en être l'un des personnages principaux[6] ». Et le comédien de confesser : « Mon ego était tellement turgescent que je n'ai pas jugé bon de lire le scénario. Je suis parti pour dix semaines, j'y suis resté onze mois[7]. » Du coup, la rémunération qui pouvait paraître alléchante en deviendra presque accessoire : quarante mille francs, « c'est pas ça qui rend communiste[8] », déclare-t-il narquois, tout en évacuant la caution idéologique : « L'amitié avec l'URSS n'était pas du tout mon genre[9]. »

Sur le papier, le projet ne manque pourtant pas de panache. Il s'agit de la deuxième coproduction franco-soviétique après *Normandie-Niémen*, en cours de réalisation depuis mars 1959, sous la direction conjointe de Jean Dréville et Damir Vyatich-Berezhnykh. En mai, profitant du festival de Cannes, une délégation soviétique est passée par Paris pour promouvoir les cent neuf films qui doivent être entrepris cette année-là, mais aussi appuyer cette coopération artistique née sous de si bons auspices qui pourrait donner un sérieux coup de fouet à l'exportation de la production française, déjà très appréciée là-bas. L'URSS constitue un réservoir vertigineux. La fréquentation y a culminé à trois milliards deux cents millions de spectateurs l'année précédente où ont pu y être distribués trente-trois films français, le plus gros succès hexagonal, *Fanfan la Tulipe* (1952) de Christian-Jaque, ayant attiré à lui seul plus de trente-trois millions de personnes, soit tout de même cinq fois plus qu'en France. Quant aux deux plus grands triomphes locaux, *Quand passent les cigognes* de Mikhaïl Kalatozov et *Le Don paisible* de Sergueï Guerassimov, ils ont totalisé chacun... cinquante-neuf millions d'entrées ! On mesure donc l'enjeu de cet accord et ses retombées commerciales potentielles, chaque film bénéficiant de six cents à deux mille copies lors de sa sortie sur cet immense territoire.

Le projet présenté à Jean Rochefort est un *documentaire romancé* qui permettra au public de visiter la place Rouge, le métro de Moscou et ses cathédrales englouties, les kolkhozes et les stations hydro-électriques de la toute-puissante URSS, bref, une sorte de dépliant touristique sur grand écran qui doit assurer la gloire éternelle et surtout internationale de ses interprètes. Définition contre laquelle s'élèvera plus tard le journaliste Michel Cournot qui en rédige le scénario : « Ce n'est pas un documentaire romancé, mais un document vrai sur la vie vraie des Soviétiques et ce n'est presque pas romancé, parce qu'on s'est servi uniquement de choses que nous avons vécues, nous, au moment où nous nous préparions à écrire l'histoire[10]. » Deux doubles pages de publicité publiées dans *Le Film français* du

12 juin 1959 annoncent la couleur : « La France a le privilège de présenter Tatiana Samoïlova dans une grandiose réalisation en couleurs d'une portée mondiale. » Au plus fort de la Guerre froide, cette œuvre de propagande se positionne comme « un film pas comme les autres, qui répondra à cette question souvent posée : *À l'Est quoi de nouveau ?...* ». C'est d'ailleurs le titre alors retenu pour ce panégyrique qui s'appellera finalement *Vingt mille lieues sur la terre.* Une autre page de pub évoque « une aventure inattendue à travers l'URSS, le plus grand pays du monde ». Le réalisateur en est Marcello Pagliero, un acteur italien célèbre pour avoir tenu le rôle principal de l'ouvrier résistant de *Rome ville ouverte* (1945) de Roberto Rossellini, puis écrit l'un des épisodes de *Païsa* (1946). Ce militant communiste convaincu s'est installé en 1947 en France où il a été le partenaire de Micheline Presle dans *Les jeux sont faits* (1947), puis de Simone Signoret dans *Dédée d'Anvers* (1948). Simultanément, il a réalisé plusieurs films parmi lesquels *La nuit porte conseil* (1946), *Un homme marche dans la ville* (1949), *La rose rouge* (1950) et *Les amants de Bras-Mort* (1951).

Le début du tournage est prévu le 14 juillet. La vedette doit en être un enfant du pays, Léon Zitrone, visage emblématique de la télévision française, dans le rôle « d'un reporter que la fantaisie prenait de parcourir l'URSS à la recherche d'un ami, qu'il avait connu pendant la guerre dans un camp de prisonniers[11] ». Lui aussi a hésité avant d'accepter cette proposition, car il n'a pas mis les pieds sur la terre de ses ancêtres depuis l'âge de trois ans et en réprouve viscéralement le régime. En outre, celui qui aime à se définir comme « un journaliste amateur d'improvisation[12] » vient de tenir son propre rôle dans *Rue des Prairies* de Denys de La Patellière, mais n'a guère goûté ce baptême du feu. Il ne se rend d'ailleurs au cinéma que quand son épouse le lui demande et a accueilli la proposition de Pagliero avec circonspection, avant de lui imposer ses conditions. Le tournage étant réparti dans une vingtaine de villes fort éloignées les unes des autres que l'équipe doit rallier en avion, Zitrone invoque son mal de l'air pour effectuer ses sept à huit mille kilomètres en train. Sur place, il est régulièrement sollicité comme interprète, alors que son rôle de journaliste de radio français stipule qu'il ne parle pas le russe... sa langue maternelle ! Ce n'est que le 7 août que le journaliste débarque à Moscou à bord d'un Tupolev de l'Aeroflot pour y incarner... ce fameux reporter dont la quête va devenir « un prétexte habile pour montrer le pays[13] ». Zitrone, qui a obtenu un congé exceptionnel de trois mois de la RTF, déclare : « L'idée de quitter mon poste ne me plaît qu'à moitié[14]... », tout en posant cette question : « Qu'irais-je faire dans les steppes de l'Asie centrale ? Pourtant les émoluments sont intéressants : cinquante mille nouveaux francs. J'hésite et, finalement, je signe[15]. »

En ce même mois d'août, une délégation d'artistes français se rend au festival de Moscou. Parmi celle-ci, figurent la comédienne Emmanuelle Riva (pour *Hiroshima mon amour*) et l'équipe de *La sentence* (en compétition) : Marina Vlady, Robert Hossein, Roger Hanin, le réalisateur Jean Valère (assistant sur le premier film de Rochefort, *Rencontre à Paris*), les producteurs Christine-Gouze-Rénal et Raoul Lévy. Le tournage tardant à débuter, Rochefort, lunettes de soleil et cravate rayée, Zitrone et Gaven se montrent également au festival. Une projection de *Babette s'en va-t-en guerre* est même organisée au Kremlin avec distribution de stylos à bille et lâcher de parachutes. Léon Zitrone met à profit ce rythme délétère pour tourner un reportage télévisé dans les rues de Moscou, filmant notamment en voiture et par la fenêtre de sa chambre de l'Ukraïna, l'hôtel le plus haut d'Europe, un gratte-ciel stalinien édifié en 1955 qui fait partie du groupe de bâtiments des « Sept sœurs ». Il interviewe également des Russes place Pouchkine sur le voyage officiel que doit effectuer Nikita Khrouchtchev en France au printemps suivant. Son reportage ne sera jamais diffusé, mais il tirera de cette expérience *Léon Zitrone vous parle de l'URSS*, un best-seller vendu à plus de cent mille exemplaires dans lequel il déclare laconiquement à propos du film : « Ce travail m'a déplu[16]. »

« Au bout de dix jours, nous nous sommes rendu compte que nous étions dans un piège[17] », reconnaît rétrospectivement Jean Rochefort, qui évoque d'innombrables tracasseries administratives, enchaîne rhumes et bronchites, et se revoit « en train de faire la queue dans la rue pour une visite médicale, parce que je souffrais de la molaire gauche : ça durait des heures, on remplissait cinquante bordereaux[18] ». Les autorisations de tournage sont accordées puis retirées, ce qui oblige Michel Cournot à réécrire le script et à improviser les dialogues « presque au fur et à mesure[19] », selon Jean Gaven. Le poids bureaucratique de la coproduction devient rapidement son plus lourd handicap, car, comme le rapporte Rochefort, « les techniciens russes touchaient moins de primes quand le film allait vite, donc saoulaient Pagliero dans l'heure pour qu'il ne travaille plus[20]... » Peu amène, Léon Zitrone en conclut que « les techniciens soviétiques du cinéma se fichent complètement des heures qui s'écoulent[21] », tandis que Rochefort affirme que « toute l'équipe française était constituée de cocos convaincus[22] ». Dans ce contexte, « chaque prise était prétexte à une discussion de trois semaines de la coproduction franco-soviétique[23] ». Le différend est aussi d'ordre esthétique entre le réalisateur et son directeur de la photo, Grigori Garibian, un membre influent du parti communiste chargé de sublimer la réalité et de glorifier le régime. « L'opérateur voulait faire poser les Russes, explique Rochefort. Pagliero, en bon élève de Rossellini, voulait les prendre sur le vif. Il n'a pas pu mettre dans son film une charrette tirée par des chevaux[24]. » Et pour cause : « Je ne sais plus quel plan quinquennal obligeait à ne filmer que les tracteurs[25]... » Chacun gère à sa façon ce cauchemar qui semble ne jamais devoir s'achever. Léon Zitrone écrit deux fois par jour à son épouse, Laura, et ne cache pas son agacement : « Ce pays m'insupporte. Le film marche avec une affreuse lenteur. La nourriture est mauvaise. Les femmes sentent l'oignon[26]. » Et bien que le journaliste touche le quadruple de son salaire habituel, il tente à plusieurs reprises de dénoncer son contrat. En vain. Sauvé par le gong, il peut enfin réintégrer son poste à la RTF mi-novembre.

Jean Rochefort, lui, a la tête ailleurs depuis qu'une merveilleuse rencontre a égayé sa vie : « On tournait dans le parc Gorki de Moscou une séquence sur d'énormes balançoires, le public s'amassait[27]. » Simultanément, « une exposition polonaise s'ouvrait. Je m'y rendis avec mes camarades. C'est là que je rencontrai Aleksandra Moskwa, "public relations" de l'exposition. Vingt et un ans, des cheveux blonds, des yeux verts, un ravissant sourire et, ô chance ! elle parlait un peu le français. J'invitai Aleksandra à assister aux prises de vues. Puis, nous sortîmes ensemble pendant une quinzaine de jours. L'exposition terminée, elle s'en revint chez elle, à Varsovie. Sur l'aire de l'aérodrome, je lui criai : *À très bientôt !* J'étais amoureux fou. Chaque fois que je ne tournais pas, je filais à Varsovie. Je fis ainsi cinq fois le trajet Moscou-Varsovie et retour, c'est-à-dire cinq fois trois mille kilomètres[28] ! »

Un incident vient toutefois assombrir cette idylle, lorsque l'équipe doit rallier Stalingrad à Moscou. Ce soir-là, rapporte Rochefort, «j'ai eu des sueurs froides épouvantables quand mes copains français montaient dans l'avion et qu'un Russe en uniforme m'a dit *Niet!* et qu'on m'a enfermé dans la salle d'attente toute la nuit sur une chaise[29]». Panique! «J'ai eu la trouille de ma vie. C'était sous Khrouchtchev, je pensais déjà au goulag, à la Sibérie. Le lendemain, sans explication, on m'a laissé partir[30].» Sans comprendre, «seul dans un Ilyouchine 18, je rejoignais Moscou. Je n'ai jamais rien compris à cette affaire[31]». L'explication est sans doute liée à l'identité de sa bien-aimée, car Aleksandra n'est autre que la fille aînée de Zygmunt Moskwa, ministre polonais des Postes et Télécommunications depuis 1958. Un personnage important de la Nomenklatura dont Roger Carel confirme qu'il «a failli avoir des ennuis à cause de ça[32]». Quand Jean Rochefort réussit à son tour à revenir à Paris, quelques semaines plus tard, il est plutôt réconforté par la douceur du climat. Par ailleurs, il a bien l'intention de profiter de ce répit pour régler certaines affaires. «À son retour, raconte Babeth Bardin, il est venu me voir à l'atelier et il m'a raconté qu'il avait rencontré une Polonaise avec qui il voulait refaire sa vie. Du coup, on a divorcé à l'amiable, sans aucun problème[33].» L'affaire est définitivement réglée le 9 février 1960.

Pendant son séjour parisien, le comédien doit aussi répondre à divers engagements conclus avant son départ pour l'Union soviétique. À une semaine d'intervalle, les téléspectateurs le découvrent dans *Le sire de Vergy*, une dramatique tirée de l'opéra-bouffe de Flers et Caillavet réalisée par Claude Loursais, puis, déguisé en loup dans l'émission que consacre à cet animal la série *L'arche de Noé* de Pierre Cardinal. Il figure enfin parmi la distribution d'*Arden de Faversham* sous la direction de Marcel Bluwal, un drame élisabéthain anonyme présenté par Nicole Védrès «dont on dit qu'il a été écrit par William Shakespeare, précise le réalisateur, et dont la particularité est d'être la première présentation d'un fait divers contemporain sous forme d'une tragédie théâtrale en vers. C'était l'histoire d'un adultère dans lequel l'amant assassinait le mari avec l'aide de quelques voyous de Londres[34]». Jean Rochefort retrouve à cette occasion Jean-Pierre Marielle et y tient le rôle d'un seigneur, Lord Cheivey. Au direct sont mêlées des images filmées «en seize millimètres inversible un mois avant la diffusion, sur le grand plateau du Studio Francœur. Les images enregistrées, qu'on appelait des inserts, étaient mélangées en régie avec les séquences filmées en direct aux Buttes-Chaumont. Avant le début de l'émission, on faisait la queue aux toilettes, car tout le monde avait peur de ce qui pouvait arriver, mais c'était excitant. À l'issue de la diffusion, si tout s'était bien passé, on ressentait un soulagement immense, la fatigue et le trac s'évacuaient, et on allait se restaurer au Wepler avec la tristesse de se quitter vers trois heures du matin car il ne restait rien de cette expérience, sinon la critique qui était écrite dans la nuit et qui tombait le lendemain matin, comme au théâtre. Quant à tous ces théâtreux, ils se retrouvaient dans les bistrots de la rue Saint-Benoît[35] ». Parfois même, se souvient-il, « avec Jean-Pierre Marielle, quand on avait eu une émission la veille, on allait jauger notre cote sur les Champs-Élysées. Si on ne nous regardait pas, c'était mauvais, un test[36] ».

Cette montée d'adrénaline donne un coup de fouet à Rochefort qui doit repartir en Sibérie où le tournage du film de Marcello Pagliero se poursuit sous un froid polaire. Sur place, rapporte l'acteur, « on faisait deux heures et demie d'autocar à cause de la neige[37] ». Tout ça pour que le chef opérateur sorte son viseur, scrute le bleu du ciel, décrète *Les nuages ne me plaisent pas...* et donne le signal du retour. L'équipe subit une température comprise entre moins trente-cinq et moins soixante degrés à Bratsk, un barrage hydro-électrique situé sur le lac Baïkal. « Moi, confie Rochefort, à partir de moins vingt degrés, j'ai dit *niet, niet* au producteur russe, et je suis allé me coucher[38]. » Mais, sans mauvais jeu de mots, le sommeil n'est pas non plus de tout repos... « Nous avons vécu un moment très pénible dans un dortoir en Sibérie[39] », se remémore Zitrone. Faute de s'endormir, Rochefort passe ses nuits à se retourner dans son lit et s'attire ainsi les injures de son compagnon de chambrée qui souffre quant à lui du mal du pays et lui confie ses états d'âme. Et quand, à force d'épuisement, il finit par s'assoupir, les murs de la pièce exiguë résonnent de ses ronflements. Pour couronner le tout, raconte Zitrone, Jean Rochefort « supporte mal la température et fait parfois des crises de tremblote[40] ». Il trouve tout de même en lui du réconfort et déclare : « N'étaient la bonne humeur et l'équilibre de Rochefort, nous serions tous devenus un peu cinglés. Mais c'est lui qui nous faisait garder les pieds sur terre, c'est lui qui adoucissait nos crises, c'est lui qui, par son calme olympien, réussissait à nous faire retrouver un peu du nôtre[41]. »

Indisposé par les températures extrêmes, Jean Rochefort précise qu'« à moins quarante-neuf, il y avait une sirène qui nous disait qu'il fallait cesser nos mimiques parce qu'on pouvait rester tendus pendant une scène de rires[42] ». Les Français trouvent toutefois une alliée inespérée, quand Tatiana Samoïlova débarque enfin sur le plateau dont elle est restée éloignée, officiellement en raison d'une longue maladie, officieusement parce que les Russes la « haïssaient à cause de son début d'"occidentalisation"[43] ». Pourtant « nous ne l'attendions presque plus, explique Léon Zitrone. Depuis des mois l'on nous disait qu'elle viendrait tourner, mais chaque fois quelque chose la retardait[44] ». Lauréats de la Victoire du Cinéma français, ancêtre des César, la vedette de *Quand passent les cigognes* et son réalisateur Mikhaïl Kalatozov ont reçu leurs récompenses lors d'une cérémonie donnée dans les salons de l'ambassade de France à Moscou, en présence des producteurs et réalisateur de *Vingt mille lieues sur la terre*, du cinéaste soviétique Serguei Youtkevitch, mais aussi d'une partie de l'équipe de *La vie de Marco Polo*, alors en repérages.

Dans la rigueur sibérienne, la comédienne russe déjà primée quelques mois plus tôt à Cannes conseille à ses amis français d'avaler de grands verres d'une vodka dans laquelle ont macéré des piments rouges et une gousse d'ail, en leur précisant que « si l'on arrive à boire cette mixture, on est assuré de ne pas avoir la moindre sensation de froid pendant une journée[45] ». En revanche, l'haleine fétide est garantie. Jean Rochefort noie volontiers son spleen dans ce breuvage explosif. Parfois jusqu'à l'ivresse. Fragile du foie, il est soumis à rude épreuve tant la nourriture qu'on lui propose est grasse. « Un jour que j'allais à la cuisine, j'aperçus de magnifiques quartiers de viande rouge. Par le truchement de l'interprète qui nous accompagnait, j'expliquai à la cuisinière que, chez nous, en France, on appréciait particulièrement les grillades et que, pour ma part, j'aurais beaucoup de plaisir à manger un steak saignant : *Manger de la viande crue*, s'indigna la cuisinière, *mais vous êtes des sauvages !* Sur quoi, elle détacha un beau morceau et se mit en devoir de le faire mijoter dans la graisse. Une heure plus tard, elle posait le ragoût sur la table. Moi, j'étais complètement dégoûté[46]... »

Par la suite, toute l'équipe met le cap sur la Géorgie dont, note Rochefort, les autochtones « ont l'hospitalité plutôt agressive. Ils vous obligent à boire jusqu'à rouler sous la table. Alors seulement ils sont contents. C'est que vous avez honoré leur invitation[47]... » à grandes rasades d'« un gros rouge, très épais, très mauvais, et qu'ils ont pompeusement baptisé *bourgogne*[48]. » C'est là aussi qu'« un jour où ça ne tournait pas rond, où j'avais le cafard, je m'écriai : *Toujours des usines, des barrages, des universités, moi, j'en ai marre ! Les jours où l'on ne tourne pas, ne pourrait-on pas aller au bord de la mer ?*

— *Tovaritch !* me répondit le producteur russe, *ne vous énervez pas. On va vous y conduire au bord de la mer... Un petit tour en Ukraine, ça vous irait ?* »

« Sur cette promesse inespérée, j'allais me coucher le cœur léger. Cette nuit-là, je rêvai que j'étais allongé sur une plage bretonne, humant à pleins poumons l'air du large et contemplant le grandiose spectacle des lames mugissantes se brisant sur les rochers. Au petit matin, je mis dans ma valise des shorts, un maillot, des lunettes de soleil, une casquette marine. J'étais content comme un môme. On allait à Stanov, un bled formidable, assurait-on, pour voir la mer d'Azov. Pour un bled, Stanov, c'est était un ! Et que dire de la mer promise ? Une mer sans vagues, sans marée, triste à pleurer[49]. » Du coup, le retour à Moscou est vécu par le comédien comme un soulagement. D'autant plus que toute l'équipe y retrouve Léon Zitrone, pendant trois semaines du printemps 1960, afin de tourner les intérieurs aux Studios Maxime Gorki.

« J'ai quand même pleuré de bonheur en arrivant à Orly[50] », avoue Rochefort, mais « quand je suis rentré en France et que j'ai essayé de convaincre la rive gauche et le café de Flore que l'Union soviétique, c'était l'enfer, personne ne m'a cru. C'était aller contre les idéaux d'une certaine intelligentsia française[51] ». Or, note-t-il, « dans notre milieu du spectacle, croire en l'URSS, en son paradis, était la base même[52] ». Du coup, « j'ai été chaudement accueilli par mes camarades acteurs de l'époque qui, chez Lipp ou dans les grands restaurants, s'enthousiasmaient pour Mao et pour Khrouchtchev[53] ». En revanche, il trouve bien peu d'oreilles compatissantes pour prêter attention à ses propos qui dérangent : « Seuls mes copains proches m'écoutaient, pas les autres[54] ». A posteriori, il se rappelle alors avoir entendu raconter dans sa famille que son « parrain, qui avait connu Moscou en 1937, en était revenu détruit[55] ». Et puis, ajoute-t-il, comme pour entériner sa conviction, « j'ai vu un ancien copain de classe qui sortait de vingt ans de goulag. Il était arménien et Staline avait dit, après la guerre : *Rentrez, mes enfants, on vous accueillera à bras ouverts.* Il y était allé et un soir, bourré, avait improvisé une petite chanson anti-Staline, et s'était retrouvé au goulag. J'ai alors réalisé l'horreur du système[56] ». Rochefort tirera de cette expérience une conviction profonde : « J'ai le cœur à gauche, mais je ne peux être de gauche : en Russie, j'ai été étouffé de peur et de rire par cette bureaucratie, cette planification absurde. Qui m'a marqué à jamais[57]. »

À la veille des grandes vacances, un nouvel encart promotionnel est annoncé en une du *Film français*, l'hebdomadaire corporatif présentant « Vingt mille lieues pour une femme ! » en ces termes amphigouriques : « Les caméras de Marcel Pagliero partout (Paris, Moscou, Sibérie, Géorgie), et Tatiana Samoïlova lance une chanson d'amour; c'est le plus grand film d'aventures gaies en couleurs. » Avec ce slogan sibyllin : « Pour une femme[58]... » Le 21 juillet, une réception est organisée au Pré Catelan pour célébrer la fin du tournage du film définitivement intitulé *Vingt mille lieues sur la terre* une semaine plus tôt. L'envoyé spécial du *Film français* rapporte que « les journalistes et les invités du Tout-cinéma et du Tout-Paris artistique fêtèrent chaleureusement le retour de l'équipe et l'achèvement d'une œuvre que l'on dit remarquable et qui sera l'une des sensations de la saison prochaine[59] ».

Dès la rentrée, un entrefilet rassurant précise que le film est en plein montage et « sera présenté au public parisien pendant les fêtes de fin d'année[60] ». L'accueil de la critique et des exploitants aura toutefois raison de cette prophétie, le film étant décalé à la mi-janvier 1961, période moins propice à la fréquentation, dans cette zone grise qui sépare la trêve des confiseurs du premier tiers provisionnel et incite davantage à l'économie qu'à la dépense. Le 12 janvier, c'est-à-dire la veille de l'avant-première mondiale du film, rebaptisé en Union soviétique *Léon Garos cherche son ami,* à l'Oudarnik, l'un des plus grands cinémas moscovites, Tatiana Samoïlova est déjà à Paris. Au cours d'un cocktail donné par la production dans les salons de l'hôtel Royal Monceau, elle a le bonheur de constater qu'elle est désormais plus célèbre en France que dans son pays natal. Bon nombre de sympathisants communistes et de personnalités d'origine russe se pressent pour admirer la star couvée par l'ambassadeur d'URSS. On remarque ainsi Jacques Prévert, les réalisateurs Georges Franju, Robert Bresson, Joris Ivens, Paul Grimault, Léonide Moguy, Max de Vaucorbeil, le compositeur Georges Auric, ainsi que les comédiennes Emmanuelle Riva et Simone Signoret. Cinq jours plus tard, cette dernière accueille l'équipe sur la scène du Berlitz, la salle parisienne où se déroule une présentation de gala à guichets fermés, en présence de Jean Rochefort, Jean Gaven et Léon Zitrone, lesquels montent sur scène avec leur partenaire russe. On remarque également Michel Cournot, Gabriele Ferzetti et Marcello Pagliero, Micheline Presle et Maurice Ronet. Une porte en verre est même brisée par la foule venue reluquer les vedettes, les spectateurs n'ayant pas trouvé de place étant aiguillés vers le Pathé Wepler qui projette aussi le film. Le souper qui suit se déroule à l'Élysées-Club, en présence de l'équipe et de ses invités, parmi lesquels on reconnaît les starlettes Dominique Wilms et Béatrice Altariba...

Alors qu'en Union soviétique, *Léon Garos cherche un ami* attire plus de vingt millions de spectateurs, en France, *Vingt mille lieues sur la terre* endure un échec retentissant et dépasse tout juste les cinquante mille entrées à Paris en quatre semaines, après avoir vainement changé de titre au bout de quelques jours pour celui, jugé plus accrocheur, de... *Durand chez Popov*, faisant dire à Rochefort que « ça n'a rien changé, c'était toujours aussi nul[61] » voire que « c'est une des hontes de ma vie[62] » et même : « J'ai failli ne plus faire de film après, tellement j'étais dégoûté par le cinéma[63]. »

11

Le pied à l'étrier

Le 29 avril 1960, Jean Rochefort a trente ans. Le temps est venu pour lui d'établir un premier bilan. En apparence, tout va bien : il a enfin rencontré la femme de sa vie en la personne d'Aleksandra et, sur le plan professionnel, il possède déjà une réputation enviable, même si le petit écran l'a davantage gâté que le grand et qu'il a vécu comme un calvaire son long séjour en Union soviétique sans en retirer aucun des bénéfices escomptés. Ni la fortune, ni la gloire, ni même la notoriété. Pire : loin des yeux, loin du cœur, en son absence, de nouveaux visages sont apparus et le cinéma français s'est mis à vibrer au rythme des premiers succès fracassants de la Nouvelle Vague dont son copain Jean-Paul Belmondo est devenu l'un des hérauts malgré lui, sous la houlette de Jean-Luc Godard et de Claude Chabrol. Pour Rochefort, cette révélation équivaut à un choc tellurique : « J'ai vu coup sur coup *À bout de souffle* et *Shadows* de Cassavetes, et j'ai vécu pendant une semaine à dix centimètres au-dessus du sol en me disant : *Là est mon avenir.* En voyant cela, j'ai eu très envie du cinéma, mais je suis resté au bord de la plage parce que je ne me suis pas intégré à ce groupe qui commençait à inventer un nouveau cinéma[1]. » Rochefort qualifie d'« archange révolutionnaire » son ami Belmondo à qui il va jusqu'à envoyer une missive enflammée pour lui dire toute son admiration et l'assimile à James Dean, Paul Newman et l'acteur polonais Zbigniew Cybulski, l'interprète fétiche d'Andrzej Wajda : « Ils étaient ce qu'une époque attend. C'est une question de talent, mais aussi de conjoncture[2]. »

« Les gens de la Nouvelle Vague ont dû me trouver déjà trop vieux, trop installé[3] », hasarde Rochefort. « À la différence de Belmondo ou Brialy, je n'ai pas inspiré ces jeunes réalisateurs. Et ça m'a fait de la peine[4]. » Cruelle désillusion : « Comme tous les gens trompés, je me sentis frustré[5]. » C'est d'autant plus dommage qu'« on a cru que, puisque nous pensions comme eux, nous allions travailler avec eux. Mais cela ne s'est pas du tout présenté de cette façon[6]... » et « j'ai senti dans le courant de cette génération quelque chose qui, je pense, m'aurait donné vite le goût du cinéma[7] ». Par ailleurs, précise-t-il, « j'étais déjà trop un homme de théâtre, j'avais un professionnalisme qui était un défaut par rapport à la Nouvelle Vague[8] ». C'est bien simple, insiste-t-il, « avant, dès lors qu'un film était français, nous n'allions pas le voir[9] ». À ceci près, déclare-t-il tout de même à propos de cette génération montante dont ses camarades et lui reconnaissent l'audace, que « le metteur en scène se préoccupe trop souvent de *son œuvre*, de *sa* mise en scène et les acteurs n'ont pas plus d'importance que des marionnettes[10] ». Sur le plan physique, Jean Rochefort se sent mal dans sa peau : « Ayant oublié que j'avais un corps sans pour autant oublier de m'en servir, j'étais devenu une ruine[11]. » Un constat impitoyable qu'il justifie ainsi : « Je me sentais inachevé. Je n'étais qu'une ébauche. J'étais ricaneur, lâche[12]. » En fait, il impute sa frustration professionnelle à son physique, en avançant que « les comédiens comme Noiret, Marielle ou moi avions l'air vraiment flous. Et on jouait la comédie de façon excessive, extérieure[13] ».

Le 15 juin 1960, Jean Rochefort épouse à l'ambassade de France de Varsovie Aleksandra Ewa Moskwa, vingt-deux ans, qu'il aura du mal à faire sortir de son pays en raison du contexte politique, se vantant de s'être battu « pour arracher une fille de ministre au communisme[14] », tout en reconnaissant bien volontiers que c'« était une aberration, parce que la Nomenklatura vivait infiniment plus confortablement sous le communisme que Rochefort qui débutait dans le métier[15] ». De retour à Paris, le jeune couple s'installe dans un appartement que lui a déniché un ami : un deux-pièces, cuisine et salle de bains, avec une minuscule terrasse, rue Daguerre, dans le quatorzième arrondissement : « Au mur, les rayons d'une bibliothèque attendent le coup de pinceau, les fauteuils d'être recouverts; la terrasse, un alignement de pots de fleurs. Dans une belle cage d'osier, quatre perruches jacassent dans un grand bruissement d'ailes[16]. » Reste l'obstacle de la langue, car Jean ne pratique pas le polonais et Aleksandra ne balbutie encore que quelques mots d'un français assez rudimentaire. « Au début, comme on ne se comprenait pas, évidemment on ne se disait pas grand-chose[17] », admet Rochefort. « Nous nous exprimions en quelques mots d'anglais et de russe et je ne me suis aperçu que six mois plus tard qu'elle était très bavarde, quand elle a appris notre langue[18]. » Qui plus est, « quand nous nous sommes mariés, nous nous connaissions à peine[19] », explique le comédien dont ses copains constatent qu'il est « amoureux fou[20] » de sa jeune épouse. Et celle-ci le lui rend bien en devenant la plus fervente de ses admiratrices : « Les premiers temps, quand elle allait me voir dans une pièce ou dans un film, elle ne comprenait pas la moitié de ce qu'on disait, raconte Rochefort. Elle applaudissait par amour, de confiance[21]. » Par la suite, elle lui fera répéter ses rôles en lui donnant la réplique, suscitant cette réflexion de l'acteur : « Elle a appris le français en lisant tous les romans de la Série Noire et elle s'est découvert de très grandes dispositions pour la langue verte[22]. »

En cet été 1960, Jean Rochefort prépare sa rentrée. Mi-août, il reçoit une lettre d'un collaborateur de Jacques Tati, Bernard Maurice, dans laquelle celui-ci lui écrit : « Devant procéder prochainement à un enregistrement de la version anglaise du film *Les vacances de Monsieur Hulot*, nous serions très heureux de pouvoir vous rencontrer en vue de procéder à un essai de voix. » Une proposition sans lendemain parmi d'autres... Mais un autre projet accapare le comédien : la création de *Genousie*, la première pièce de René de Obaldia, programmée à partir du 30 septembre dans la salle Récamier du TNP. L'auteur en a écrit une ébauche dix ans plus tôt en s'inspirant des entretiens de Royaumont auxquels il a assisté et où il a « été frappé par l'incommunicabilité entre les êtres, surtout les gens arrivés[23] ». Une version raccourcie de ce texte a été diffusée à la radio en 1957 et c'est Roger Mollien, l'inoubliable Hohenzollern du *Prince de Hombourg*, face à Gérard Philipe, qui a convaincu Jean Vilar de la monter, au cours d'une lecture spectacle interprétée par la troupe du TNP. La Genousie est une contrée imaginaire, « très loin, plus loin que la Perse[24] ». Selon Mollien, qui assume aussi les fonctions de régisseur, « il ne fallait pas que les acteurs aient à composer, mais qu'au contraire, ils entrent naturellement dans leur rôle. J'ai eu la chance de trouver des comédiens qui correspondaient exactement aux personnages les plus typés, par exemple Zanie Campan, Georges Audoubert, Jean Rochefort[25] » dont le critique Jean-Jacques Gautier juge qu'il « donne à Philippe Hassingor, par un flegme et dans la drôlerie, la présence inatteignable des personnages de rêve[26] ».

Lorsque le rideau tombe définitivement sur ce spectacle, le 26 novembre, Rochefort s'avoue satisfait du travail accompli : « C'était très joli à jouer[27] ». Il faut dire que, comme se plaît à le souligner le comédien, « le rêve de théâtre populaire de Vilar a été celui de notre génération[28] », tant « il se voulait ouvert, accessible au plus grand nombre[29] ». Avec un seul mot d'ordre, « l'excellence pour tous, et dans le plaisir[30] », que Rochefort reprend bien volontiers à son compte quand il enchaîne, moins d'une semaine plus tard, avec la création d'une pièce d'un tout autre style, *Le comportement des époux Bredburry* au Théâtre des Mathurins. Cette comédie dramatique a été inspirée à François Billetdoux par un fait divers survenu aux États-Unis que Rochefort décrit comme « l'histoire farfelue d'un homme paresseux, mais qui avait beaucoup de charme. Sa femme le mettait aux enchères publiques, et il était acheté par une fermière[31] ». L'audace du sujet suscite un accueil plutôt houleux que l'acteur résume avec ironie : « C'était beau, mais on se faisait siffler[32]. » Rompu désormais à toutes les situations, le comédien est à nouveau à l'antenne pour les fêtes de fin d'année dans *Lazarillo* de Claude Loursais, avec Joël Flateau dans le rôle titre. Dans cette dramatique du *Théâtre de la jeunesse* produite par Claude Santelli, Rochefort campe un écuyer... ce qui était déjà le cas dans *Arden de Faversham.*

Les projets s'enchaînant, les échecs, aussi promptement oubliés que les succès, ne durent pas assez longtemps pour contrarier le comédien, comme c'était le cas dans la troupe Grenier-Hussenot. Rochefort accepte donc un nouveau rôle dans *Le capitaine Fracasse* de Pierre Gaspard-Huit, la troisième version cinématographique du roman de Théophile Gautier, après celles d'Alberto Cavalcanti, en 1929, et Abel Gance, en 1942. Le tournage de cette coproduction franco-italienne n'est pas vraiment une sinécure. « Nous étions transis de froid, de malnutrition et de manque de sommeil. Jean Marais, qui nous avait repérés, nous invitait dans sa roulotte où il régnait, à notre avis, un luxe exubérant ! Il nous servait un café chaud et demandait à son habilleuse de nous filer des sandwichs et des gâteaux. De plus, entre les prises, il nous donnait le droit d'aller nous réchauffer et de somnoler dans sa caravane[33]. » Philippe Noiret note quant à lui qu'en qualité de vedette incontestée d'un cinéma de cape et d'épée français alors très en vogue, « Jean Marais était le seul à être traité à peu près normalement par la production[34] ». Son amour sincère des chevaux l'incite en outre à faire cesser une pratique qu'il réprouve. Quand un cheval doit effectuer une chute en plein galop, il est d'usage d'actionner un filin attaché à ses postérieurs. Résultat tragique de ce stratagème, raconte Noiret, « au bout de quinze jours, quatre chevaux étaient bons à abattre. Alors on a fait venir un dresseur qui avait été formé aux États-Unis pour le tournage de la course de chars de *Ben Hur*, et qui savait apprendre aux chevaux à se coucher sur une rêne d'ouverture un petit peu forte. Du coup, nous les débutants, il fallait qu'on fasse attention à nos actions de main si on ne voulait pas se retrouver couchés par terre[35]... »

Pour ces jeunes comédiens en quête de reconnaissance, le cinéma s'avère nettement plus rémunérateur que la télévision et le théâtre. Jeune papa, mais pas encore marié, Philippe Noiret le vérifie sur le tournage de *Lauzun*, le premier sketch des *Amours célèbres* qu'il tourne au printemps 1961 sous la direction de Michel Boisrond. Alors qu'il gagne chaque mois le double du salaire minimum interprofessionnel garanti (Smig), depuis son départ du TNP, l'année précédente, il est payé la même somme... mais chaque jour, pour incarner Louis XIV. Du coup, il convie Rochefort à célébrer l'événement : « Champagne et caviar à la maison la semaine prochaine ! Je viens de signer un contrat à mille francs par jour[36] ! »

Alors qu'il convoite le rôle titre de *Liliom*, Rochefort doit déchanter : « Lorsqu'on me préféra Félix Marten, à la reprise de la pièce à l'Ambigu, quelle ne fut pas ma tristesse[37] ! » En guise de consolation, il vit une nouvelle aventure avec la troupe du TNP. Le 14 mars 1961 est en effet créé au Palais de Chaillot *Loin de Rueil*, « une comédie musicale sur le cinéma et ses pouvoirs[38] » tirée du roman homonyme écrit en 1944 par Raymond Queneau, sur une musique de Roger Pillaudin et Maurice Jarre. Le premier, homme de radio réputé, a lu le roman une dizaine d'années plus tôt et, en l'espace de deux jours, en a ébauché une adaptation d'une quarantaine de pages qu'il a soumise au second des années plus tard. Directeur de la musique au TNP, Jarre affirme quant à lui avoir lu l'intégralité de l'œuvre de Queneau « pour m'imprégner de la poésie des faubourgs dans laquelle elle baigne, et pour saisir l'humour de son langage[39] », car, selon lui, « il faut que les paroles aient un sens et que le chanteur soit à même de le faire entendre clairement et distinctement[40] ». Aux dires de Rochefort, malgré son perfectionnisme, le compositeur travaille dans l'urgence : « C'est huit ou dix jours avant la première qu'il nous a amené l'orchestre et son orchestration, et j'étais stupéfait de la richesse harmonique[41]. » Vilar admettra quant à lui que « Maurice Jarre, je n'aurais jamais cru ça de lui, a pris la tête du commando[42] ».

La chorégraphie de *Loin de Rueil* est réglée par Dirk Sanders, la mise en scène par Vilar en personne qui envisage alors de monter une comédie musicale par saison au TNP. Pour lui, ce spectacle « est plus une grande image d'Épinal gracieuse qu'un *show* américain ou un ballet moderne et violent. C'est là où nous avons essayé de trouver un style et un sens à la comédie musicale française[43] ». Banlieusard ordinaire, Jacques l'Aumône s'évade du Rueil-Palace et se retrouve propulsé star de cinéma sous le pseudonyme de Jack Charity. Queneau décrit ce personnage à facettes campé par Rochefort comme « un garçon imaginatif qui se voit boxeur, ingénieur, pape... Il quitte Rueil par désespoir d'amour et rejoint les fantasmes de son imagination en devenant vedette à Hollywood[44] ». Pillaudin explique de son côté que « Jacques I, incarné par Jean Rochefort, a en face de lui Jacques II, personnifié par Laurent Brancaz. (...) Le décalage est obtenu par le fait que Jacques I, le vrai, parle son texte, tandis que son double chante le sien[45] ». Le tout avec une audace verbale qui a parfois de quoi choquer le bourgeois, comme le constate Rochefort à ses dépens. « J'arrivais avec une valise, je m'asseyais dessus et je chantais, texte de Queneau, tout de même : *J'connaîtrai jamais le bonheur sur la terre. Je suis bien trop con...* Scandale[46] ! » Conséquence immédiate : « Vilar le lendemain me dit : *On ne peut pas dire ça*. Parce qu'il y avait eu des récriminations sur le mot *con* et je l'ai remplacé le soir même par *pon*... qui ne voulait rien dire, mais qui rimait[47]. »

Certaines chansons sont inédites, d'autres puisent dans les recueils poétiques de Queneau dont *Chêne et chien*. Prenant prudemment ses distances avec ce spectacle, l'écrivain déclarera en substance dans un reportage fantaisiste que Michel Cournot (le scénariste de *Vingt mille lieues sur la terre* redevenu journaliste) consacre aux répétitions : «Un blouson noir, qui prétend s'appeler Pillaudin, a mitonné un libretto de caractère semi-léger : il a piqué à gauche, à droite tout ce qui lui semblait plaisant dans mes autres ouvrages[48]...» Des coulisses, Cournot émet la remarque suivante : «Jean Rochefort, un grand malade en liberté, qui tient le rôle de Jacques l'Aumône, n'a rien trouvé de mieux à faire que de fouetter jusqu'au sang de malheureuses figurantes[49].» Ce dernier déclare quant à lui de son personnage qu'il «ressemblait un peu à celui joué par Danny Kaye dans *La vie secrète de Walter Mitty*, c'est-à-dire qui se rêvait en grand savant ou en champion du monde de boxe. C'était une belle chose, un grand enthousiasme[50]» et «un travail qui avait été passionnant[51]»... mais un four mémorable qu'il impute à un certain laisser-aller : «Je me suis senti dans mes petits souliers. (...) On me faisait chanter douze chansons, à moi qui n'avais appris la technique vocale que pour la circonstance. Quant à la mise en scène, personne ne l'avait vraiment faite. Voilà comme l'on escamote les grandes qualités d'une œuvre[52].» L'expérience de ce «truc improbable[53]» laisse néanmoins à Rochefort un souvenir plutôt heureux. «Ce fut une de mes plus grandes joies de comédien. J'ai beaucoup sacrifié pour créer cette comédie musicale; j'y croyais dur comme fer. Hélas! Ça n'a pas marché, je crois que j'étais le seul à avoir la foi[54].» Il rencontre aussi sur le plateau de ce «flop monumental[55]» un second rôle illustre du cinéma français, Armand Bernard, personnage digne et pince-sans-rire qui lui prodigue un conseil fondé sur sa propre expérience : «Avec la tête que tu as, petit, refuse les gilets rayés. Moi j'ai accepté une fois et j'en ai mis toute ma vie.» Une mise en garde avisée qui ne tombe pas dans l'oreille d'un sourd.

Liée par un engagement, la joyeuse troupe part présenter *Loin de Rueil* début mai au festival de Bruxelles où Rochefort est témoin d'une scène saisissante : «Je revois Vilar auprès d'une panière à costumes. Il avait un petit carnet en toile cirée noire, un crayon sur l'oreille et il pointait le nombre de chaussures qu'on remettait dans la panière. Alors je me suis dit que c'était un homme tout de même assez limité, parce que pour faire une chose pareille quand on dirige un théâtre et qu'on met en scène, il faut vraiment être un homme assez moyen[56].» Avec le temps et l'expérience, le comédien révisera son jugement et considérera au contraire «ce moment admirable» comme «une grande leçon d'artisanat, de professionnalisme et de sens des responsabilités des deniers de l'État[57] », de la part d'un créateur dont la simplicité se résume à « des rideaux noirs, quelques petits accessoires, et puis le texte et les acteurs[58] ».

Ce printemps-là, Jean Rochefort est de retour sur le petit écran dans *Les templiers* de Stellio Lorenzi, une émission de *La caméra explore le temps*, dont le tournage en noir et blanc aux studios des Buttes-Chaumont mêle des images en prise directe et des parties filmées en extérieur, notamment à la Conciergerie de Paris. Au sein d'une distribution exclusivement masculine, Jean-Pierre Marielle incarne le roi Philippe le Bel, Teddy Bilis le frère Hugues de Pairaud, Maurice Chevit le pape Clément V et Jean Rochefort le légiste royal Guillaume de Plaisians. Aux dires mêmes de ses présentateurs, André Castelot et Alain Decaux, « l'émission entend poser le problème de la culpabilité ou de l'innocence des templiers, à travers les diverses étapes du procès, mais aussi en donnant la parole aux téléspectateurs, à la suite de la diffusion[59] ». Un luxe de précautions justifié par le fait qu'il s'agit là d'« un sujet tabou que la télévision et le cinéma ont pris soin de ne pas aborder et qui a été évité comme la peste, tant le rôle de l'Église et du Saint-Siège y est embarrassant[60] ». Conscient de sa responsabilité, Stellio Lorenzi affirme qu'« à la veille même de la diffusion des *Templiers*, j'ai complètement modifié l'ordre des interventions de l'inquisiteur dans la séquence du procès[61] ». Vêtus de cottes de mailles pour l'occasion, les cameramen circulent sur le plateau et se glissent ainsi dans le champ sans se faire remarquer. Mais Rochefort apprécie la pression inhérente à ces artifices et affirme que « le direct nous apportait le sentiment de l'artisanat, avec ce corollaire : on passait par tous les emplois. Au fond, le climat était le même que celui d'une *générale* de théâtre. Il fallait, à chaque instant, éviter des gaffes. C'était bougrement excitant pour nous, les acteurs[62] ».

L'été suivant, Rochefort vit une nouvelle expérience télévisuelle marquante qui suscite une avancée significative dans sa carrière. Il incarne le comte Almaviva dans *Le mariage de Figaro ou la folle journée* mis en scène par Marcel Bluwal, face à Jean-Pierre Cassel dans le rôle titre. Bénéficiant d'un luxe de moyens exceptionnel, la pièce de Beaumarchais (dont le réalisateur a adapté *Le barbier de Séville* en 1954) est l'une des premières à être filmée en décors naturels, en seize millimètres noir et blanc, notamment au château de Courances, pendant dix jours (pour le quatrième acte), et au Pavillon de l'Aurore du parc de Sceaux (pour le cinquième), pendant huit nuits consécutives. Les intérieurs sont reconstitués en studio et le générique est filmé au moyen d'un hélicoptère. Les trois premiers actes sont tournés sur le plateau voisin de celui où Jean Prat réalise *Les Perses*, autre œuvre marquante de l'époque. « Du coup, se souvient Marcel Bluwal, se croisaient à la cantine du studio Francœur des copains de toujours, comme Jean-Pierre Cassel, Charles Denner, Maria Meriko, les uns costumés en Grecs du temps d'Eschyle, les autres en dix-huitième. Ces deux dramatiques sont les premiers exemples de l'abandon de la vidéo, même magnétoscopée, initiée par la politique d'Albert Olivier, au profit du film que nous considérions comme le véhicule normal de la fiction, à cause de sa souplesse qui nous empêchait d'interrompre le direct et donnait aux patrons de la télévision la possibilité de diffuser quand ils voulaient[63]. » Bluwal exulte : « Ce film était le sentiment d'une libération, d'un bondissement. Enfin nous étions dehors, il y avait des extérieurs, le ciel sur nos têtes, les feuilles des arbres bougeaient dans le vent, les sources coulaient dans les vasques, un vrai feu d'artifice illuminait la vraie façade d'un vrai château. J'avais transposé tout ce que je pouvais de l'action en extérieurs, gardant le minimum en studio, et la pièce s'en accommodait fort bien[64]. »

Le réalisateur intime à ses interprètes « de jouer sérieusement car c'est de la situation que devait naître le comique, mais pas d'eux[65] ». Jean Rochefort répète son rôle avec Aleksandra qui lui donne tant bien que mal la réplique, alors qu'elle ne maîtrise encore qu'à peine le français. Bluwal lui distille par ailleurs sans cesse des consignes. Comme ce soir où ils vont boire un verre à Milly-la-Forêt et où il déclare à Rochefort, en présence de Jean-Pierre Cassel et de Françoise Dorléac, qui vient chercher celui-ci tous les soirs dans une petite voiture de sport rouge : « Toi, tu es le moteur, le pignon qui fait tourner la machine et il est bien entendu que quand tu dis ton monologue de la fin, *Femmes, femmes, femmes...*, tu souffres vraiment. Mais auparavant, tu manœuvres tout le monde, tu fais ce que tu veux. » Une révolution est en train de s'opérer chez l'acteur : « Ça m'a transformé. De comédien un peu léger, quelquefois cocasse, je changeais, et j'avais là une ouverture sur de nouveaux emplois[66]. » À cela, il avance une explication :

« Les réalisateurs de la télévision m'ont donné l'occasion d'incarner des rôles de mon âge et d'emplois variés[67]. » D'où sa réticence d'alors à tourner pour le cinéma : « Je lisais les scénarios dans lesquels on me proposait des seconds rôles avec pas mal d'indifférence. Je ne me sentais pas réellement concerné[68]. » Jean-Pierre Marielle avance une autre explication à cette attitude : « Nous sommes quelques-uns à avoir été complètement ignorés par les metteurs en scène de notre génération. Il n'y a que Philippe de Broca avec qui nous avons plus ou moins travaillé[69]. » Or, c'est précisément ce dernier qui va ouvrir de nouvelles perspectives à Rochefort au printemps 1961.

Un an plus tôt, un encart publicitaire paru dans *Le Film français* annonçait sous le titre *Cartouche ou le brigand amoureux* « le premier film de Roger Planchon. Folles chevauchées, duels, attaques de diligences, mais aussi, toutes les élégances de l'amour au siècle de Marivaux[70] ». Le tournage était prévu l'été suivant, sans la moindre mention des interprètes pressentis. Las, Planchon ne passera finalement à la réalisation avec *Dandin* que... vingt-sept ans plus tard ! Entre-temps, un projet concurrent est annoncé pour juin 1961 : une coproduction franco-italienne avec Jean-Paul Belmondo en tête d'affiche et Philippe de Broca à la mise en scène. Soutenu par son copain du Conservatoire, qui tente maladroitement de prendre par les sentiments le producteur Alexandre Mnouchkine en invoquant l'expérience de *Vingt mille lieues sur la terre*, Jean Rochefort postule au remplacement de Jean-Pierre Marielle, initialement pressenti pour incarner La Taupe, confident et ami du héros, car « au dernier moment, il a été choisi pour un rôle dans *Climats* mis en scène par Lorenzi[71] ». Il a par ailleurs déjà signé son contrat et ne peut se dédire que s'il trouve lui-même une solution de remplacement acceptable. Reste donc à convaincre le producteur... Rochefort décrit la scène : « Il me demande : *Qu'est-ce que vous avez joué dans le film russe ?* Je réponds : *Un garagiste.* Et il me dit : *Et je vous offre un rôle de seigneur[72] !* »

Cartouche ne ressemble pas du tout aux productions dans lesquelles Rochefort a joué jusqu'à présent. Pas même à cet autre film de cape et d'épée qu'était *Le capitaine Fracasse*, même si Jean-Paul Belmondo fait concurrence à Jean Marais dans ce registre. Quant à de Broca, il n'aura aucun mal à démoder le modeste Pierre Gaspard-Huit. « *Cartouche* était un film incroyable sur lequel on était tous déchaînés, précise de son côté Claudia Cardinale, la star féminine montante. Ni Jean-Paul *[Belmondo]* ni moi n'étions jamais doublés[73]. » Rochefort ne boude pas davantage son plaisir lorsqu'il évoque sa composition : « C'est un assez petit rôle, mais les répliques de Daniel Boulanger, le scénariste, étaient très percutantes[74]. » Il doit pourtant donner de sa personne pour se montrer à la hauteur de ses partenaires et des exigences du réalisateur dans ce qu'il qualifie lui-même d'« excellent numéro comique[75] ». Astreint à trois semaines de préparation, le comédien se heurte à son impuissance : « Après huit jours d'entraînement, je parvins à me hisser sur ma monture. Elle ne m'accepta pas docilement. J'étais plus souvent à terre que sur ma selle[76] ! » Ou plus exactement, « j'ai mis huit jours en fait pour arriver à *faire semblant* de savoir monter à cheval[77] ».

Rochefort paie alors son relâchement physique et le constat est sans appel : « J'avais trente et un ans et dix ans passés dans les bistrots toutes les nuits[78]. » Résultat : « J'étais devenu une loque humaine, incapable de courir ou de grimper à un mur[79]. » Confronté à la réalité, Rochefort assume ses responsabilités : « Mon délabrement physique me fit peur. D'autant qu'on ne put, à la longue, que me filmer en gros plan, mon pied droit étant dans le plâtre et mon torse bandé[80]. » D'où cette rumeur malicieuse que propage Belmondo selon laquelle il s'agit là d'un stratagème pour être cadré en plan serré. L'explication de Rochefort est toutefois plus prosaïque : « J'étais impossible à photographier marchant, car je boitais et que j'avais une côte fêlée, donc on ne filmait plus que mon visage[81]. » La thérapie s'avère d'autant plus radicale qu'elle va contribuer à donner un nouveau sens à la vie de l'acteur. « La nuit, quand j'avais à monter le lendemain, je ne dormais pas en me disant : *Je vais me casser la gueule, mais j'aime trop ça*[82]. » Subtil mélange « d'appréhension et d'impatience[83] ». Et les chutes succèdent aux gadins, mais Rochefort remonte inlassablement sur sa monture. Sans jamais se plaindre. « Je suis tombé au moins cent fois en cours de tournage[84]. » Outre les courbatures incessantes, il endure aussi des « moments de trouille intense[85] », mais prend son mal en patience et en donne même une interprétation toute personnelle : « J'étais ému bien sûr, parce qu'il y avait un contact avec le cheval, mais c'était aussi très douloureux sur le plan morphologique[86]. » En d'autres termes, « je me cassais la figure sans arrêt.

Mais je suis aussi tombé amoureux. Et comme tout bon amoureux, je suis resté longtemps maladroit[87] ».

Il arrive aussi à certains témoins facétieux de profiter de la situation. « Les cascadeurs me faisaient des blagues, se souvient Rochefort, sachant que je n'y connaissais rien : j'ai le souvenir aigu d'avoir eu à foncer sur un cheval qui devait partir au galop aussitôt que j'avais le pied à l'étrier, et ils m'avaient complètement dessanglé. Je me suis cassé le métatarse[88]. » Les montures elles-mêmes s'en mêlent et contraignent les humains à imaginer des parades : « Quand, au bout de trois semaines, nous attaquions toujours avec les mêmes chevaux et qu'ils entendaient *Moteur !* ils foutaient le camp et il nous fallait battre la campagne pour les retrouver[89]. » De ce calvaire, le comédien tire toutefois une leçon : « J'ai compris alors qu'il valait mieux être bon cavalier pour s'entendre avec un cheval[90]. »

À la suite de cette aventure intense qui l'a épuisé physiquement, mais a déclenché chez lui une soif de rédemption, Jean Rochefort décide de s'accorder trois ou quatre mois de repos. Mais il doit d'abord remplir une promesse faite à son ami Jean-Pierre Marielle. Il est en effet prévu qu'il apparaisse à ses côtés dans la première adaptation d'un roman d'André Maurois, *Climats*, dont son ami tient le rôle principal sous la houlette d'un des réalisateurs vedettes de la télévision française, Stellio Lorenzi, qui les a déjà dirigés l'un et l'autre. Marielle y campe son premier emploi de séducteur, avec pour partenaires féminines Emmanuelle Riva, Marina Vlady et Alexandra Stewart. Avant même le début du tournage, raconte Rochefort, « Belmondo et moi l'avons suivi partout pour essayer les costumes qu'il choisissait pour le rôle. Et les chapeaux[91] ». Lorsque le film sortira, au printemps suivant, la désillusion s'avérera à la mesure des espoirs que Marielle a misés sur ce projet ambitieux : « *Climats* avait été lancé avec de gros moyens et fut un gros échec[92] », se souviendra-t-il. Selon son ami Rochefort, que la presse vient de qualifier de « révélation », de « grand acteur » et dont elle loue « l'intelligence, la délicatesse, la sagesse[93] » dans son rôle « flegmatique et taciturne[94] » de *Cartouche*, il « lit la première critique chez moi : *Quant à Jean-Pierre Marielle, ce cow-boy de Bougival*... Il ferme le journal et il dit : *Nous n'en parlerons plus jamais*. Pendant trente ans, on a tous eu les jetons de prononcer le mot *climat* devant lui[95] ».

Il reste encore un engagement que doit honorer Rochefort dont le nom figure en haut de l'affiche du *Soleil dans l'œil* de Jacques Bourdon, après ceux d'Anna Karina et Jacques Perrin. Ce premier film est l'adaptation d'un roman de Michèle Perrein situé pour l'essentiel sur l'île de Beauté, mais l'emploi du temps de Rochefort l'empêche d'assister au cocktail organisé par l'équipe une semaine avant le début du tournage à l'ambassade touristique de Corse, à Paris, en présence d'un âne local répondant au nom de Mandarine et... de Georges Descrières, pour lequel il éprouve assez peu de considération. De plus en plus sollicité, le comédien a désormais la possibilité de choisir ses rôles et il ne s'en prive pas, comme l'atteste cette confession : « On vient de me proposer deux films. Dans l'un, le rôle d'un gendarme comique; dans l'autre, celui d'un jeune premier. Je ne sais lequel choisir[96]... »

De retour de Corse, Rochefort doit participer à la reprise de *Loin de Rueil* à Chaillot, en alternance avec *La résistible ascension d'Arturo Ui* de Bertolt Brecht pendant les fêtes de fin d'année. Il retrouve à cette occasion un Jean Vilar, quelque peu échaudé par l'échec du spectacle lors de sa création, qui met à profit les ultimes répétitions pour prodiguer certaines consignes à sa troupe : « Les rôles principaux qui sont de toute la pièce et mènent ou subissent l'intrigue doivent éprouver les sentiments qu'ils expriment[97]. » Le patron du TNP s'adresse plus particulièrement à Rochefort qui ne chante là que pour la deuxième fois de sa carrière, après *Le sire de Vergy* : « Tout de ton rôle est basé sur l'Illusion, la faim vorace de l'Illusion, de l'Imaginaire, de l'Imagination. Tu rêves donc du début jusqu'à la fin. C'est un sentimental. Musset moderne, pas loin. Imaginatif, plein d'illusion, tu reçois un coup au foie à chaque tableau[98]. » Au cours de la même période, il est également prévu que Claude Barma réalise une captation télévisée de *Loin de Rueil* programmée dix jours après sa reprise.

Le rythme professionnel de Jean Rochefort est désormais plus intense que jamais. Il est une voix autant qu'un visage, comme le prouvent les sollicitations de plus en plus nombreuses qui émanent de la radio. Il lui suffit parfois d'une journée de travail pour enregistrer des textes répartis ensuite au fil de plusieurs émissions qui entretiennent son omniprésence sur les ondes et le comblent : « C'était un bonheur absolu et une expérience très formatrice pour les acteurs[99] ». Sa passion va d'ailleurs bien au-delà des rôles qu'il y interprète et doit beaucoup au rite solennel institué naguère par sa mère, car, comme il le déclare lui-même : «Je suis un passionné de radio et un auditeur assidu[100].» Un phénomène qui suscite parfois des réactions inattendues, comme cette anecdote révélatrice liée au feuilleton *42, rue Courte*, diffusé de 1959 à 1963 en début d'après-midi : «Le héros, c'était Jean Négroni, une voix magnifique, un mètre quarante. Quand, dans l'histoire, il partait en Algérie, j'ai vu le hall de Radio Luxembourg plein de colis envoyés par les auditeurs. C'est pour dire à quel point la radio a un impact considérable[101].»

De 1960 à 1965, Europe 1 diffuse tous les jours à l'heure du déjeuner un feuilleton intitulé *Hélène et son destin* qui s'attache aux «affres amoureuses d'une hôtesse de l'air[102]». Rochefort y a pour partenaire Gisèle Pascal dans le rôle titre. «Il s'agissait d'histoires tragiques : la pauvre fille ne baisait plus entre Bangkok et Singapour... Il fallait trouver une solution le plus vite possible : et l'actrice pleurait réellement, elle y croyait dur comme fer[103]...», raconte son partenaire. «Nous formions une équipe, les amants en fait de chaque escale : il y avait là Pierre Mondy, Michel Piccoli, Maurice Biraud... un groupe de fameux rigolards[104] !» Résultat, poursuit-il, «ils faisaient de telles folies pendant l'enregistrement en direct que j'étais un jeune acteur et que j'avais tellement peur de rire que je ne dormais plus d'angoisse[105]». Un jour, «pendant une prise en direct, Maurice Biraud rote extrêmement violemment – ce qui, évidemment, m'ébranle – et me dit avec un sérieux immuable : *Fameuse la gueuze !* J'ai failli me foutre par la fenêtre : j'ai tellement ri en direct[106] !»

«Si je fais une carrière, déclare Rochefort à la veille de l'été 1962, je le devrai à la diversité de mes emplois. Mais en France, cette faculté est presque un défaut[107].» Ce ne sont pourtant pas les propositions qui manquent pour ce comédien ambitieux et prêt à tout : «Me mettre dans la peau des personnages ? Ça vient quand j'ai le costume[108].» Pour l'heure, il doit revêtir celui du bandit Lastreaumont, dans l'adaptation par le vétéran Henri Decoin du *Masque de fer* revu et corrigé par Cecil Saint-Laurent, mais s'étonne du manque d'imagination dont témoignent les cinéastes à son égard. «Chacun me voit dans un personnage différent qui ressemble au dernier dans lequel il m'a vu. Quand on m'a engagé dans *Le masque de fer*, on m'a dit : *Surtout faites la même chose que dans*

Cartouche[109]. » Résultat, à la sortie, on pourra lire dans la presse cette phrase assassine : « Une direction d'acteurs nulle laisse à chacun le soin d'improviser, ce qui provoque parfois des effets inattendus, comme de voir dans une même scène un acteur *charger* son personnage pendant que son vis-à-vis se drape dans une dignité mélodramatique[110]. »

Il arrive aussi à la vie réelle de s'immiscer au sein de la fiction, comme ce fameux jour où Rochefort tourne une séquence du *Masque de fer* au cours de laquelle il est supposé se faire « écarteler par des chevaux (c'était truqué, bien évidemment) attaché aux mains et aux pieds. Et quand j'ai eu fini cette scène, on m'a annoncé que ma femme venait d'accoucher. J'avais, en même temps qu'elle, exactement la position de l'accouchement[111]... » En cet automne, Aleksandra vient en effet de donner naissance à leur premier enfant, une fille prénommée Marie, ce qui incite le couple à déménager en banlieue, à l'Étang-la-Ville, « un joli coin de campagne encore faiblement habité à ce moment-là[112] », afin d'y disposer de davantage d'espace et de pouvoir assouvir sa passion commune pour l'équitation. « Le cheval fut une prise de conscience : j'étais plus un homme des campagnes que de la ville[113]. » Dès lors, sa décision est prise : « Parce que je n'arrive plus à vivre en ville, je me suis astreint à faire cent kilomètres aller-retour tous les jours[114]. » Quant à la petite Marie, choyée comme une princesse, elle se déplace dans un landau qu'ont offert aux jeunes parents Nadine et Jean-Louis Trintignant et dans lequel ils ont eux-mêmes promené leur propre fille, née en janvier précédent, et elle aussi prénommée Marie, que Jean Rochefort aura pour partenaire à l'écran... trente ans plus tard. Mais ceci est une autre histoire.

12

Une femme et des enfants d'abord

En cette année 1962, le couple Rochefort est devenu une tribu et le chef de famille conscient de ses responsabilités a décidé d'aller se mettre au vert dans une maison entourée d'un grand jardin, à deux pas de la forêt de Marly. Il aime s'occuper de sa fille Marie, de ses pigeons, de son colley écossais Mufti, avec lequel il effectue une heure de marche quotidienne, et met un point d'honneur à pratiquer diverses activités de plein air pour se maintenir en forme. Il lui faut toutefois se donner les moyens de cette nouvelle vie. C'est ce qui l'incite à se montrer un peu moins regardant sur certaines offres qu'on lui soumet et à accepter parfois des films qui ne le méritent pas vraiment. Tel est le cas quand le producteur du légendaire *Salaire de la peur,* Raymond Borderie, lui propose de participer au premier long métrage français de fiction à évoquer la guerre d'Indochine, un film immatriculé au CNC en avril 1958 dont le sujet a été considéré comme tabou jusqu'à la fin des « événements » d'Algérie. C'est l'écrivain Jean Lartéguy qui a signé l'adaptation et les dialogues de ce scénario intitulé à l'origine *Le diable parle toutes les langues* et crédité de « scénario original de » Georges Kessel (le plus jeune frère de Joseph). « Là, j'avais une excuse, se défend Rochefort : Aleksandra et moi avions fait nos comptes. C'était *Fort du Fou* ou la catastrophe[1]. »

Décalé à de multiples reprises, le tournage se déroule à l'automne en Camargue, et aux Studios Éclair d'Épinay. Rochefort est présent quant à lui sur le plateau pendant vingt-six des quarante-huit jours prévus. Rémunéré au forfait, il gagne quinze mille francs auxquels s'ajoute la commission de dix pour cent de son impresario.

Le seul à toucher davantage est la vedette du film, Jacques Harden, rémunéré quant à lui vingt mille francs. Des cachets à relativiser par rapport au budget total de cette coproduction franco-italienne réalisée par Léo Joannon qui s'élève tout de même à deux millions et demi de francs. Mais au vu de l'étendue du désastre qui s'annonce, Rochefort use d'un stratagème original que rapporte son ami Bertrand Tavernier : « Il allait voir le réalisateur en lui disant : *Je ne pense pas que ma présence soit nécessaire dans cette scène*; et se retirait des séquences les unes après les autres et ainsi, petit à petit, sortait du film[2]. » Le comédien fera d'ailleurs lui-même amende honorable de façon assez savoureuse : « Gros plan de moi : *Attention, bande de lâches, les Viets nous attaquent.* Plan général : trois malheureux paysans camarguais déguisés en Vietcongs derrière deux rizières. Si moi je sue vraiment, si je crois beaucoup à la situation et si je dis *Attention, les Viets nous attaquent,* quand le plan général viendra, je vais être très mauvais et ridicule. (...) Un acteur peut, lâchement, jouer contre un film... surtout si le metteur en scène peut ne pas s'en apercevoir et l'acteur s'en sort... C'est-à-dire qu'il a joué contre ou à côté[3]. » Rochefort se tire indemne de ce pétrin et passe entre les gouttes de la critique qui qualifie à sa sortie, début 1963, *Fort du Fou* de « film de la bonne conscience raciste et colonialiste[4] » et relativise le désastre en soulignant que « les caractères du roman ne sont pas trahis par une interprétation trop personnelle d'une grande vedette à renommée mondiale[5] ». Certaines phrases mettent même du baume au cœur de l'acteur : « Jean Rochefort mérite la croix avec citation[6]. » L'un juge qu'il « est amusant dans le rôle d'un sous-officier qui sait prendre ses distances avec la discipline[7] », une autre qu'il « campe un sergent, intellectuel, curieux et désabusé, comme la guerre d'Indochine en connut beaucoup[8] ». Son honneur est sauf.

Entre-temps, Rochefort a repris espoir en tournant pour la télévision *La lettre dans un taxi* sous la direction de François Chatel, un petit bijou dialogué par Antoine Blondin, d'après l'œuvre de Louise de Vilmorin. Le comédien y tient son « premier rôle de jeune premier avec Micheline Presle[9] ». Au vu du résultat, il a bien fait d'attendre son heure. Mais il est déjà sur la scène du Théâtre de l'Atelier où André Barsacq met en scène *Frank V*, pièce du dramaturge suisse Friedrich Dürrenmatt sous-titrée *Comédie d'une banque privée* où il a pour partenaires principaux Jean-Roger Caussimon et Michael Lonsdale. Le verdict s'avère implacable : « Soixante représentations dans des salles vides, mais c'était une belle pièce[10] », résume Rochefort dont les soucis matériels ne s'arrangent pas vraiment. « C'était excitant. Bien sûr, j'avais des problèmes d'argent, mais jamais je n'ai joué une pièce que je n'estimais pas. Tout cela, c'était du bon théâtre[11]. » Pour preuve, souligne le comédien, « Rex Harrison est venu me voir trois fois... Alors, j'ai repris confiance et je me suis dit qu'après tout, moi aussi je pouvais séduire[12] ».

Certes, la troupe joue tous les soirs devant un auditoire clairsemé, mais à Noël, Jean Rochefort est à nouveau à la télévision dans *La nuit des rois* de Claude Barma, une adaptation de la pièce de William Shakespeare à la distribution de rêve où apparaissent notamment Geneviève Page, François Chaumette, Jacques Fabbri, Robert Hirsch, Martine Sarcey et l'indispensable Jean-Pierre Marielle. Depuis leurs débuts, les deux copains manifestent une solidarité à toute épreuve et l'on ne compte plus les rôles destinés à l'un que l'autre a tenus. Au point de brouiller parfois leur image personnelle et de les rendre un peu trop interchangeables. Mais ils n'en ont cure et continuent à bénéficier des retombées de la gloire de leur fidèle bienfaiteur Jean-Paul Belmondo qui les impose régulièrement sur ses tournages comme des comparses indispensables. Le réalisateur Marcel Ophuls rapporte à ce propos une anecdote qui en dit long sur leurs relations en ce début des années 60. Le fils du grand Max démarre alors comme réalisateur par une comédie intitulée *Peau de banane* dont Belmondo a accepté de tenir le rôle principal et se voit proposer par sa vedette de « choisir entre deux acteurs qui faisaient partie de ses meilleurs copains : Jean-Pierre Marielle et Jean Rochefort. J'ai choisi Marielle, et je me demande encore si Rochefort n'aurait pas été meilleur dans le rôle du méchant escroc[13] ».

Toujours aussi actif à la radio, Rochefort incarne simultanément le maître chanteur Ovide Soliveau dans la cinquième adaptation cinématographique de *La porteuse de pain* de Xavier de Montépin dont le réalisateur Maurice Cloche a déjà tourné lui-même une version en 1949. Et Rochefort boude d'autant moins le plaisir que lui procure ce mélodrame qu'il retrouve sur le plateau une vieille connaissance en la personne de Philippe Noiret. « Je me déguisais en vieux monsieur et emmenais une jeune femme dîner chez Maxim's. Et en montant l'escalier pendant la répétition, je lui disais en faisant le mouvement de la brasse coulée : *Vous prendrez bien quelques écrevisses à la nage.* Et Noiret m'a dit : *Vous n'allez pas jouer comme ça ?* Je lui ai dit : *Si, Monsieur Noiret*; et il m'a répondu : *Ah bon*[14]... » Mystérieuse alchimie qui réunit ces deux hommes et incitera Noiret à s'interroger : « Pourquoi sommes-nous devenus amis ? C'est difficile à dire. Cela tient au regard, au sourire, à la distance, à l'humour, au goût du jeu, de la vie aussi. À un appétit doublé d'une mélancolie, d'une nostalgie de je ne sais quoi et de je ne sais qui. Même jeunes, avec Jean, nous avions ce point en commun[15]. »

« Avec Suzanne Flon et Jean Rochefort, nous nous sommes vraiment régalés, dira Noiret de *La porteuse de pain*; nous ne jouions pas du tout un pastiche. Je me souviens de ce film comme d'un réel plaisir de comédien[16]. » Tout aussi enthousiaste, son nouvel ami évoque quant à lui « un film alimentaire qui nous enchantait[17] » dont l'opérateur Alain Douarinou loue la « distribution de grande qualité[18] ». En outre, ils partagent les mêmes inimitiés. « Deux jeunes comédiens de la distribution *[Michel Bardinet, l'une des vedettes de la série* Janique Aimée, *et Marie-France Mignal]* avaient fait partie des premières vedettes de feuilleton à la télévision, raconte Noiret. Lorsque nous tournions en extérieur, il n'y avait qu'à eux que l'on venait demander des autographes[19]. » Les deux compères qui envisagent leur métier comme un sacerdoce considèrent d'un mauvais œil tout dilettantisme dans ce domaine. Or, les temps sont en train de changer. À la sortie du film, la critique relève que Jean Rochefort prend « un plaisir évident à tenir le rôle très ampoulé du maître chanteur[20] » et le juge « d'une très grande drôlerie en mauvais garçon sympathique[21] » dans « un personnage superbe et insolite[22] ». Il ne lui en faut guère davantage.

Leur coup de foudre réciproque incite les nouveaux amis à rattraper le temps perdu. L'occasion leur en est donnée quand Philippe Noiret, qui a prévu de partir en famille aux sports d'hiver pour les vacances de Pâques, doit renoncer à ce projet, faute d'avoir réussi à réserver une chambre d'hôtel. « *Moi, je vais en Camargue, parce que j'essaie de faire des progrès en équitation,* lui annonce Rochefort en conservant un vouvoiement poli. *Si vous le désirez, je vous emmène*[23]. » Handicapés par l'inexpérience équestre dont Rochefort a pâti sur *Cartouche* et Noiret sur *Le capitaine Fracasse,* le premier n'a pas grand mal à convaincre le second de l'accompagner. Pendant le tournage de *Fort du Fou,* « Jean avait fait la connaissance d'un groupe de femmes, dont l'une était une des bonnes cavalières de l'époque, et qui dirigeaient un petit centre équestre, rapporte Noiret. Elles possédaient une petite manade qui comptait de très beaux chevaux, des camarguais, des croisements d'andalous et de portugais[24]. » Les deux comédiens partent donc en famille chez ces « dames délicieuses[25] » dont Rochefort précise qu'elles « entretenaient leurs chevaux magnifiquement! Ce qui était loin d'être le cas en Camargue à l'époque, où on ne dessellait pas les chevaux de la saison; l'odeur qu'ils dégageaient à cause de leurs blessures était atroce, et si vous protestiez, on vous répondait : *Ils vont à la boucherie en octobre*[26] ».

« Là, nous avons véritablement passé huit heures par jour à cheval, témoigne Noiret. Nous montions quatre heures le matin, quatre heures l'après-midi[27]. » Sur le plan physique, l'expérience s'avère plus éprouvante que prévu, car, témoigne Rochefort, « le deuxième jour, après avoir fait huit heures de cheval la veille, je ne pouvais plus bouger du tout! Mais plus du tout[28]! » Ce n'est qu'après l'épreuve qu'arrivera le plaisir pour les deux comédiens, comme insiste Noiret : « Le soir nous étions exténués, hagards, et le lendemain matin il fallait me tirer du lit mais cela nous a fait beaucoup de bien. Nous étions en confiance. Les chevaux étaient agréables et nous ont permis de nous mettre en scène[29]. » Un chapitre important de leur vie vient de s'ouvrir. « De retour à Paris, poursuit Noiret, nous avons quelque peu erré dans les centres équestres de l'ouest de l'Île-de-France, fréquentant un peu au hasard des endroits plus ou moins recommandables[30]. » Rochefort renchérit : « On a lu ensemble des traités d'équitation, au début, *L'équitation académique*, *Les grands maîtres de l'école française* et là, notre profession d'acteur et l'humour que nous croyions avoir reprenaient le dessus[31]... » Alors, « on répétait les citations qu'on lisait : *La main doit être ferme et moelleuse*, et on rigolait[32] ». Le salut ne vient pas davantage des moniteurs désarçonnés par l'inexpérience de ces trentenaires qui finissent par décider d'aller suivre des cours à Maisons-Laffite. Un jour, avec Noiret, raconte Rochefort, « on se tape reprise sur reprise avec des enfants de douze ans. Nous, nous allons vers le moniteur, et je ne sais plus lequel s'est armé de courage pour demander : *Comment fait-on un appuyer ?* Et le jeune moniteur de nous regarder des pieds à la tête, avec des yeux sombres, et de nous dire : *Mes pauvres amis !* Nous sommes rentrés, tête baissée, écrasés par notre incompétence[33] ». Mais ils endurent parfois bien pire, « les invectives style militaire : *bande de connards !*, etc... L'horreur[34] ! »

Malgré son implication dans cette nouvelle passion, « au moment où je ne trouvais plus les succès que j'espérais dans les autres sports, en l'occurrence la natation et le tennis de table[35] », Rochefort y perçoit « une activité sportive importante pour rééquilibrer mon existence[36] », mais n'en perd pas de vue pour autant ses obligations professionnelles. Bien au contraire. Il y gagne une nouvelle assurance, assortie d'un constat encourageant : « Dès que j'ai appris à monter, j'ai fait d'énormes progrès sur scène et à l'écran. J'ai acquis une sobriété. Il ne faut effrayer ni le cheval ni le public[37]. » Il peut le vérifier en incarnant un gangster dans « un policier sans police[38] » tiré par José Giovanni et Claude Sautet d'un roman d'Alain Reynaud-Fourton dont le titre, *Les mystifiés*, sera modifié par le distributeur un mois avant sa sortie, en raison du succès remporté alors par *Mélodie en sous-sol* d'Henri Verneuil.

Symphonie pour un massacre est le troisième long métrage de Jacques Deray qui s'est battu pour confier à Jean Rochefort son « premier grand rôle au cinéma, mais aussi pour la première fois un rôle dramatique, un rôle qui n'était pas un rôle comique, ni même un rôle de clown[39] ». En effet, explique le réalisateur, « le producteur *[Julien Derode, le directeur des Studios de Boulogne]* pense qu'il serait trop à contre-emploi. Il n'a pas tort. Je parviens pourtant à l'imposer : je veux que l'histoire soit traitée à la manière d'un film anglais, avec suspense, rebondissements et meurtres en série, je sais que Rochefort fera une éblouissante démonstration d'humour noir[40] ». Cet acteur encore peu coté au cinéma, le cinéaste l'a remarqué il y a déjà quelques années « au milieu de la troupe Grenier-Hussenot et depuis très longtemps je me suis dit que j'aimerais faire un film avec lui. (...) Pour Jean Rochefort, c'était la possibilité de montrer ses capacités et de tenir un film de A jusqu'à Z[41] ». Il a par ailleurs affaire à forte partie, mais ne s'en laisse pas conter et saisit sa chance dans ce « rôle extrêmement dramatique de tueur qui, par amour pour une femme, tuait Charles Vanel, Claude Dauphin et Michel Auclair qui étaient ses meilleurs amis dans l'histoire. Moi, jeune comédien respectueux et hiérarchisé, j'avais un mal fou à assassiner Charles Vanel qui était un gamin de soixante-dix ans, à l'époque, et je devais lui mettre un coup de couteau truqué dans le ventre, mais même truqué, j'y allais tellement timidement que Vanel m'engueulait[42] ». Rochefort fait d'autant plus volontiers le dos rond qu'il est conscient de l'enjeu que représente ce défi pour son avenir. « Ça m'a changé énormément dans mes emplois et ça m'a fait beaucoup de bien en tant que comédien, explique-t-il au moment de la sortie. Et j'ai été absolument enchanté, non seulement de travailler avec Jacques Deray, mais d'aborder ce nouveau registre qui demande des conceptions totalement différentes de l'emploi de comédien comique. Il faut beaucoup plus de précision, beaucoup plus de calme et de lucidité, je crois, pour jouer des rôles dramatiques, surtout dans le mécanisme de Deray qui reste toujours froid et précis[43]. »

L'acharnement du réalisateur s'avère payant, puisqu'on peut lire quelques années plus tard à propos du comédien : « Son meilleur rôle, c'est peut-être celui que Jacques Deray lui confiait (...) dans son très estimable *Symphonie pour un massacre* : un malfaiteur glacial et rusé qui *double* ses complices et en meurt, mais par erreur. Rochefort était saisissant, servi par son regard clair qui peut être implacable[44]. » Il ne garde toutefois pas que des souvenirs agréables de ce tournage. Coproduction franco-italienne oblige, « c'est avec Daniela Rocca que j'ai tourné ma première scène de lit dans un film. Elle s'est mise entièrement nue, mais elle avait un physique assez ingrat et quand les photographes sont entrés, elle a fait sauter les draps, ce qui était complètement scandaleux[45] ». Avide de publicité, cette starlette rendue célèbre grâce à *Divorce à l'italienne* de Pietro Germi, Prix de la meilleure comédie au Festival de Cannes 1962, ne se montre pas particulièrement coopérative vis-à-vis de son partenaire. « Je devais l'embrasser sur la bouche, mais j'étais affreusement intimidé car je n'avais pas l'habitude de faire ça et elle n'y mettait aucune bonne grâce et disait : *Il n'a qu'à se débrouiller et s'il y arrive tant mieux, mais s'il n'y arrive pas, tant pis.* Ça me tétanisait littéralement[46]. » Le comédien plaide toutefois les circonstances atténuantes. « J'ai essayé une première fois, et, bien sûr, j'ai loupé, et elle s'est relevée furieuse et elle a dit : *Je voudrais une douzaine de belons.* On s'est arrêté et un assistant enthousiaste est parti chercher une douzaine de belons. Il les a ramenés et elle les a mangés avec une serviette-éponge au coin du lit, alors que j'attendais mort d'angoisse. Après, elle a demandé deux whiskies qu'on est allé chercher et enfin le metteur en scène a dit : *Moteur !*

Mais il a dit tout à coup *Coupez!* et s'est rapproché de sa vedette féminine en lui demandant ce qu'elle avait et elle lui a répondu : *Ah, toujours un peu d'urticaire après les huîtres*[47]. »

Propulsé en haut de l'affiche, Jean Rochefort doit répondre à de nouvelles obligations lors de la sortie et d'une tournée à l'étranger. « En Italie, le film a fait un malheur... Si bien que maintenant ils me considèrent là-bas comme une sorte de Belmondo[48]. » Le comédien affirme même s'être vu proposer de tourner un épisode des aventures du héros de péplums Maciste et conclut : « Naturellement, j'ai refusé avec dignité[49]. » L'équipe pousse jusqu'à Stockholm, en Suède, où une photo de la délégation française montre Lino Ventura encadré par Michèle Mercier et Jean Rochefort, aux côtés de Michel Audiard. Les campus américains commençant à vibrer au rythme de la Nouvelle Vague, le film de Jacques Deray sort aux États-Unis où la redoutable Judith Crist écrit que *Symphony for a Massacre* est « une brillante étude d'un crime, nette et sans faille[50]... » Le réalisateur se voit distingué quant à lui par un Prix spécial Edgar Allan Poe que lui décerne la prestigieuse Mystery Writers of America.

En France, non seulement le succès est au rendez-vous, mais Rochefort y est directement associé pour la première fois de sa carrière. Comme dans cette critique où l'on peut lire : « Campant un traître de belle qualité, il révélait une noirceur talentueuse[51]... » Il faut dire que sa composition tranche avec le monolithisme qu'implique souvent le polar et que « le pâté de merles n'intéresse pas Rochefort, l'assassin au masque fermé qui presse sur la gâchette, sans qu'un trait de son visage ne trahisse une quelconque émotion[52] ». Cela ne fait que le conforter dans sa conviction : « Si je fais une carrière, je le devrai à la diversité de mes emplois[53]. » Dans la foulée du tournage de *Symphonie pour un massacre, Le Film français* annonce Jean Rochefort en tête du générique de *Judex* que Georges Franju projette pour l'été suivant, alors que son nom ne figure pas sur l'affiche publiée dans le numéro *Spécial Cannes...* la semaine suivante, où il est remplacé par celui du chanteur grec Théo Sarapo, le jeune mari d'Édith Piaf avec lequel il ne partage guère plus qu'une silhouette filiforme. En attendant une nouvelle opportunité, les tâches alimentaires reprennent. Rochefort donne ainsi de la voix dans *Les noces de papier*, un court métrage documentaire de Jacques Letellier consacré à... l'artisanat et à l'industrie du papier peint.

Jean Rochefort embarque alors pour une nouvelle aventure télévisuelle : *Le scieur de long*, une adaptation de la pièce de Marcel Moussy à l'occasion de laquelle il retrouve Marcel Bluwal, de retour au petit écran après une escapade vers le grand. « Tout était original dans ce texte, rapporte le réalisateur, récit comme langage des personnages, et surtout nouveauté réelle du regard porté sur les choses[54]. » Depuis *Le mariage de Figaro*, deux ans plus tôt, les deux hommes ont indéniablement mûri sur le plan professionnel. Ce qui incite Bluwal à déclarer à Rochefort : « Tu as une veine dramatique qu'il faut que j'exploite[55]... » L'opportunité lui en est donnée par cette « histoire d'un ouvrier anar un peu soûlard, campé par Georges Géret, qui tuait sa femme, jouée par Clotilde Joano, parce qu'elle était trop catho pour lui et qu'elle était tombée amoureuse du fils de son patron qu'incarnait Rochefort[56] ». L'acteur dit quant à lui de son rôle que « c'est le dandy, (...) le type même du jeune homme comblé qui traîne son ennui à travers une existence vide[57] ». Pourtant, précise Bluwal, « j'ai demandé à Jean de jouer un personnage poétique avec grâce, précisément parce que je ne voulais pas que ce soit un méchant capitaliste, et il l'a interprété admirablement[58] ». Détail troublant que souligne le réalisateur, « je lui ai collé des moustaches et il a accepté. Il y a même un plan où elle est collée de travers[59] ! » Certains y verraient un présage... Bluwal, lui, n'est pas dupe car il a appris à connaître son interprète qui « présentait une personnalité un peu fuyante, parce qu'il ne voulait pas se commettre, il ne voulait pas s'abandonner. Il parlait de son épouse polonaise et de sa passion pour les chevaux, mais dès qu'il s'agissait d'atteindre des domaines personnels, il se claquemurait et il transformait ça en humour, dissimulant ainsi énormément de fragilité réelle[60] ».

Rochefort a beau claironner « plutôt une bonne télévision mal payée qu'un mauvais film bien payé[61] », il accepte tout de même un petit rôle dans *La foire aux cancres (Chronique d'une année scolaire)*, une adaptation du recueil de mots d'enfants de Jean-Charles scénarisée et dialoguée par Pierre Tchernia. Le succès de *La guerre des boutons* ayant donné des idées aux producteurs, le film est confié à Louis Daquin, militant communiste convaincu qui a réalisé vingt ans plus tôt *Nous les gosses*. Au cours du casting, le cinéaste auditionne six mille enfants parmi lesquels il en retient « quarante, qui servent de base à la figuration. Les cent vingt autres sont des Francs et Franches Camarades de la Ligue de l'Enseignement, qui viennent, certains jours, avec leurs moniteurs[62] ». Comme le veut l'usage pour les films mettant en scène des enfants, le tournage se déroule pendant la période des congés scolaires. Ce qui n'empêche pas pour autant Rochefort de profiter de ses vacances pour retourner en Camargue afin d'y améliorer sa monte et d'en revenir avec un petit cheval barbe à la robe grise qui voyage en train jusqu'à Paris et qu'il va réceptionner lui-même à la gare des Batignolles, « avec autant de battements de cœur que pour mes rendez-vous d'amour[63] ». Dans un premier temps, il confie sa monture à un centre équestre situé à proximité de chez lui où Philippe Noiret ne tarde pas à le suivre, littéralement laminé par sa force de conviction parfois teintée d'une bonne dose de mauvaise foi : « Jean aime bien organiser la vie des autres, écrit-il. Parfois, il faut s'en méfier. S'il a le goût d'une race de chien, par exemple, il n'aura de cesse de vous en acheter un, quitte à vous soutenir un peu plus tard que c'est une race insupportable[64]. »

Qu'il pleuve ou qu'il vente, Jean Rochefort pratique désormais une heure d'équitation tous les matins. À l'automne 1964, il se glisse dans la peau du *Naïf amoureux* de Paul Guth dans une dramatique réalisée par Philippe Ducrest, « un type de trente-cinq ans qui a huit ans d'âge mental. Un poète[65] » ! On peut en revanche légitimement s'interroger sur les motivations profondes qui l'incitent à accepter la proposition de Jacques Poitrenaud d'incarner un inspecteur de police dans *Les veuves*, qui deviendra pour la sortie *Du grabuge chez les veuves*. Le comédien a d'ailleurs visiblement un peu de mal à cacher sa désillusion et s'en ouvre à sa partenaire féminine, Dany Carrel, au cours d'un petit déjeuner. « Elle me demande ce que je pense du film. Je lui réponds à peu près ceci : *Le metteur en scène est un con ; le scénario nul ; on est en train de faire une connerie.* Arrive ledit metteur en scène qui l'embrasse sur la bouche : *Tu as passé une bonne nuit, mon amour ?* Il restait huit semaines de tournage[66]... » On imagine l'ambiance. Il s'en tire avec les honneurs à la sortie, la critique le jugeant « remarquable, comme toujours, dans le rôle de l'inspecteur[67] », « très savoureux[68] » et louant sa « séduction nonchalante[69] ».

Rien de tel que le théâtre ou la télévision pour effacer un mauvais souvenir de cinéma. Cet hiver-là, au studio des Buttes-Chaumont, Rochefort tourne pour le petit écran *Genousie* de René de Obaldia devant la caméra de Claude Loursais. Il est d'ailleurs le seul interprète à reprendre son rôle originel et retrouve Henri Virlojeux, tandis que Roger Mollien est remplacé par Sami Frey avec qui sympathise Rochefort et qui dira de lui : «Je l'appréciais en tant qu'acteur pour sa façon de manier le non-dit qui m'intéresse en lui en tant que personne. Je ne crois pas que ce soit quelqu'un d'hypocrite, parce que s'il savait à quel point ce qu'il pense se voit, il ne se qualifierait pas comme ça[70]. »

Pendant ce temps, à deux pas du pont Mirabeau, le général de Gaulle inaugure la Maison de la Radio qui, comme son nom ne l'indique pas, abrite aussi de nouveaux studios de télévision. Rochefort devient rapidement un habitué des lieux où il vient enregistrer à cette époque le feuilleton radiophonique *Lola Montès*, en compagnie de ses camarades Jean-Pierre Marielle, Philippe Noiret, Jean-Roger Caussimon, Pierre Vernier et Michel Galabru. Il retrouve en outre ce dernier au printemps pour un projet intitulé *Les Pieds Nickelés* que Philippe de Broca est censé superviser, alors qu'il ne se rend sur le plateau que pour y tenir le rôle fugitif d'un chauffeur de taxi. Le metteur en scène, Jean-Claude Chambon, est un ex-assistant de trente-deux ans qui a coréalisé deux courts métrages et déclare avoir discuté de la légitimité de porter à l'écran la bande dessinée de Forton avec Chabrol et Truffaut, signe du magistère occulte qu'exerce la Nouvelle Vague à l'époque. « C'est l'amoralité des Pieds Nickelés qui me ravit[71] », explique le réalisateur qui se réclame en vrac des Marx Brothers, de Jerry Lewis, de Tex Avery et de... Tom et Jerry ! « Ce sont en outre des personnages terriblement intelligents qui, entre eux, se comprennent très vite[72] », précise-t-il. Les interprètes qu'il a choisis constatent assez vite qu'ils ont embarqué à bord d'une galère et les déclarations de Chambon ne sont pas de nature à les rassurer : « *Les Pieds Nickelés* était au départ un sujet commercial. J'ai choisi des comédiens de la même génération et spécialement des comédiens qui ont fait leurs preuves au théâtre[73]. » À quoi son scénariste, Claude Pennec, renchérit : « Ce qu'on a surtout essayé d'éviter, c'est de caricaturer les personnages. Par exemple, on s'est refusé absolument à mettre à Jean Rochefort un faux nez[74]. » Blond décoloré et sans moustache, celui-ci incarne donc Croquignol aux côtés de Michel Galabru (Ribouldingue) et Charles Denner (Filochard).

« On a commencé par une lecture chez le metteur en scène, Jean-Claude Chambon, qui était un très charmant jeune homme de bonne famille dont le père voulait qu'il fasse polytechnique et qu'on sentait un peu étonné de se retrouver dans ce milieu et de fréquenter des acteurs, rapporte Galabru. Il était marié à une jeune femme très comme il faut qui était apparentée avec ceux qui détenaient les droits des *Pieds Nickelés*... Ils habitaient un petit appartement modeste et l'auteur de l'adaptation était présent. On nous a fait asseoir sur une banquette adossée à une cloison assez fine qui résonnait, Charles Denner, Jean-Pierre Marielle et moi, et, à la fin, on nous a quand même demandé notre impression et Marielle s'est exclamé de sa voix de stentor : *Non seulement ça ne m'amuse pas, mais ça ne m'intéresse pas.* Moi, la franchise me fait rire, surtout quand quelqu'un a le culot de dire tout haut ce que je pense aussi tout bas. Et Denner était un peu comme moi et on a botté en touche. Et c'est parce que Marielle a dit non que nous avons eu Rochefort. Celui-ci m'a donné un coup de fil et m'a dit avoir discuté avec le metteur en scène qu'il trouvait très ouvert, en précisant que nous pourrions modifier le scénario pendant le tournage et que son copain Belmondo lui avait conseillé d'accepter[75]. »

« Le premier jour du tournage, les photographes sont arrivés. On nous a enfermés dans des panières à costumes et pour les photos, nous devions surgir de là comme des diablotins de leur boîte. Nous étions accroupis dans ces panières, attendant l'ordre de surgir, lorsque Galabru s'est tourné vers moi et m'a dit d'un air navré : *Il est long le chemin*[76]... » Plus tard, raconte Galabru, « je devais répondre au téléphone et quand j'ai demandé au réalisateur ce que je devais faire, il m'a répondu : *Rien.* Il aurait fallu être Ribouldingue en personne pour être crédible là-dedans, car on voyait bien que c'était Galabru qui téléphonait[77] ! » Sur la plaine de Gennevilliers, il arrive même aux comédiens de monter une tente arrachée par le vent. Michel Galabru demande au scénariste que la séquence soit supprimée ou tournée dans un endroit où il fait moins froid. En vain. Face à l'adversité, les acteurs se serrent les coudes et échangent des conseils... pas toujours judicieux. Et Galabru d'ajouter : « Je me souviens toujours de Jean Rochefort qui m'a dit : *Tu ne vas pas tourner* Le gendarme de Saint-Tropez, *quand même*[78]... » Mais cette belle solidarité ne résiste pas à la sortie du film et au bide retentissant qui s'annonce. « Michel Galabru et Charles Denner n'ont pas voulu aller à la première qui avait lieu à Vichy, relate Jean Rochefort. J'y suis allé, sous les huées à la sortie. Je suis resté seul sur le trottoir et j'ai entendu le producteur dire au distributeur à dix mètres de moi : *Naturellement, le souper pour Rochefort, on l'annule*[79]. » Pressentant le four, l'acteur s'était adressé en ces termes à l'assistance avant la projection : « J'espère que je pourrai me présenter à vous à la fin du film. » De cette nouvelle déconvenue qu'il qualifie de « succession de gags ratés[80] », Rochefort conservera... l'expression « volaille de merde » empruntée à Galabru et devenue depuis son juron favori. Et puis, ces circonstances atténuantes : « Je croyais que le non-gag était une forme avant-gardiste de l'humour[81]. »

En ce milieu des années 60, c'est l'âge d'or des coproductions franco-italiennes. Jean Rochefort y sacrifie en acceptant un rôle dans le troisième des quatre sketches du film d'Ugo Gregoretti *Ah ! Les belles familles*, le dernier étant d'ailleurs purement et simplement amputé de la version doublée en français de façon affligeante sortie en catimini trois ans après sa réalisation. Dans *Aimer, c'est un peu mourir*, Rochefort incarne le marquis Osvaldo, l'amant de Sandra Milo (elle-même mariée à Totò), « un séducteur français, champion de concours hippique, mais affligé d'une cystite chronique : si bien qu'à chaque fois qu'il allait séduire une dame, il était pris d'une irrésistible envie d'uriner et courait aux toilettes[82] ». Rochefort peut mesurer sa notoriété transalpine à la détermination des paparazzi qui le mitraillent sans relâche : « On m'a chassé, traqué, poursuivi. Bref, j'étais *la star*[83]. » Mais, pour lui, la véritable vedette, c'est son vénérable partenaire, Antonio de Curtis alias Totò, que tout le monde appelle *Prince*, par déférence envers son titre de noblesse de prince de Byzance. « Je parlais déjà mal l'italien, mais l'italien de Totò était quelque chose de complètement abstrait pour un étranger, mais il savait, par sa façon de jouer la comédie, me donner dans les derniers mots de ses répliques la tonalité et le regard qui me faisaient comprendre qu'il me lançait la balle[84]. » Cette complicité va aussi de pair avec une certaine familiarité. « Il m'appelait *Signore Caforte [Roccaforte = Roquefort]*, poursuit Rochefort, parce qu'il n'avait pas bien compris comment se prononçait mon nom. (...) Et chaque fois que je prenais une cigarette, il se précipitait avec son briquet pour l'allumer. Mais comme il commençait à devenir aveugle et ne voyait plus très clair, il me brûlait à tous les coups l'oreille[85]... » Cependant, malgré sa cécité, Totò n'a perdu ni son sens de l'observation ni le goût des bonnes manières hérité de ses ancêtres, comme le prouve l'anecdote suivante rapportée par Rochefort : « Notre partenaire était Sandra Milo, à ce moment-là image de la sensualité et de la sexualité : mais elle avait des problèmes d'estomac et, en pleine conversation, avait des *vents.* En un mot, elle pétait bruyamment ! Et à chaque fois, le Prince sursautait, mais ne disait rien. Qu'une de ses compatriotes se conduise ainsi, il se sentait bafoué sur un plan national par rapport à moi, acteur étranger... Il subissait cela en silence et nous continuions la conversation dans une certaine mondanité. Mais quand Sandra partait tourner, il me disait en me tenant le poignet avec amour : *Ah, Signore Caforte, per Baccho, que vergogna*[86] *!* » *(Ah, Monsieur Caforte, par Bacchus, quelle honte !)*

La recrudescence des propositions engendre aussi son lot de rendez-vous manqués. Non seulement Rochefort se voit contraint de décliner un rôle dans *Fantômas* d'André Hunebelle qui aurait pu faire monter sa cote, mais il se trouve dans l'impossibilité de jouer dans le film que son ami Yves Robert prépare d'après *Les copains* de Jules Romains. Il vient en effet de signer son contrat pour deux films tirés du best-seller d'Anne et Serge Golon *Angélique marquise des Anges* que doit mettre en scène Bernard Borderie, suite aux défections de Louis Malle et de Philippe de Broca. Le rôle titre échoit à Michèle Mercier, une starlette plus connue en Italie qu'en France qui tenait le second rôle féminin de *Symphonie pour un massacre* et dont Jacques Deray disait : « Elle a la lourde mission d'incarner le charme et le mystère féminin dans ce film d'hommes[87] ». Le tournage des deux opus menés de concert doit se prolonger pendant quatre mois entre les extérieurs prévus en Côte-d'Or, les studios de Boulogne et ceux de Cinecittà. « Je jouais un personnage qui n'était pas l'amant d'Angélique, mais l'aimait dans l'ombre, le chef de la police toujours flanqué d'un grand chien noir[88]. » Ce qui réduit singulièrement son activité : « Chaque fois qu'Angélique était en danger, je lâchais mon chien sur ses ennemis[89] ! » Mais, s'empresse-t-il de préciser, « je n'avais pas d'activité sexuelle avec Michèle Mercier. (...) Je la désirais, mais ça s'arrêtait là. J'avais une réplique, où on a fait trente prises, je me jetais sur elle, et puis je remettais mon pourpoint en disant : *Je ne veux pas m'offrir des souvenirs au-dessus de mes moyens*[90] ».

Le tournage une fois achevé, l'équipe goûte à la douceur de vivre romaine. Pas Jean Rochefort qui assume : « C'était pour moi un monde de luxure où je n'avais pas ma place. J'étais assez austère[91]. » Et quand il se hasarde à accompagner ses camarades, Michèle Mercier lui joue un mauvais tour qu'il ne lui pardonnera jamais. « Un soir, dans une boîte à Rome, pendant un slow, pour rendre jaloux je ne sais qui, elle a sollicité de moi une érection qu'elle n'a jamais obtenue ! Depuis, elle dit partout que je suis impuissant[92]. » L'actrice ne tarit pourtant pas d'éloges à son propos, dans l'un de ses livres de mémoires : « Il est fin, sublime, énorme, rusé, très sympathique. Un grand[93]. » Lui, animé par une rancœur féroce et irrationnelle, affirme que « Michèle Mercier était littéralement insupportable et totalement inculte[94] », voire « au bord du chaînon manquant[95] ». En fait, ce que Rochefort n'admet pas, c'est de s'être laissé aveugler par l'« ennui incommensurable[96] » qu'il a enduré jour après jour, face à un rôle dépourvu d'enjeu dramatique. « Je m'amuse au cinéma, dans la mesure où je rencontre des familles, explique-t-il, je crois beaucoup aux familles, et dans la mesure où j'ai le sentiment de collaborer à quelque chose de tout à fait intéressant qui me passionnera. Si je suis tout à fait en dehors, si je ne suis pas dans ma famille, je m'ennuie énormément[97]. » Il le reconnaîtra toutefois plus tard : « On a tourné ça dans l'ignorance la plus parfaite de la pérennité de l'objet. Moi, j'avais prévu que ça allait être nul[98]. » Pire : « J'avais l'impression de faire un somptueux nanar et c'est devenu étrangement un film culte[99]. » Et surtout, « cela m'a fait connaître du grand public[100] ». À la première d'*Angélique marquise des Anges*, le 8 décembre 1964 au Moulin Rouge, la foule aperçoit Coco Chanel, Valérie Lagrange, Michel Auclair et Robert Hossein, accompagné de sa mère et de Marie-France Pisier. Six cents lecteurs de *France-Soir* ont été invités, à condition de venir munis du roman. Michèle Mercier arbore une tunique et une toque en fourrure d'hermine blanche, robe noire au ras du cou. Les badauds crient « Vive la marquise ! » La critique, meilleure que prévu, apprécie même « Jean Rochefort en Desgrez : merveilleux[101] » et soutient que « le cinéma français tient, enfin, sa première superproduction[102] ».

Alors que tout lui sourit et que sa notoriété vient de décoller sur ce qu'il considère comme un malentendu, Rochefort trouve le réconfort dans son intimité en devenant père pour la deuxième fois, Aleksandra ayant accouché cette fois d'un garçon prénommé Julien. C'est d'autant moins le moment pour le chef de famille de faire la fine bouche que son goût pour l'équitation est en train de devenir une passion, partagée par son épouse, et que l'entretien d'une écurie implique des revenus conséquents. Reste que l'acteur veille à son équilibre personnel et l'affirme : « Ma vraie joie est de me lever tôt. Maintenant, j'ai trouvé le rythme de ma vie[103]. »

13

Rencontre avec des gens remarquables

Une dizaine de jours avant la sortie parisienne d'*Angélique marquise des Anges,* Jean Rochefort est de retour sur les planches dans *Cet animal étrange,* une « suite fantaisiste en deux parties » de Gabriel Arout, mise en scène par Claude Régy au Théâtre Hébertot et inspirée d'une douzaine de récits d'Anton Tchekhov extraits d'*Entretien d'un homme avec un chien, Douchetchka, Une nature énigmatique, La choriste, Un nom de cheval, Mort du petit fonctionnaire, Ivan Matvëitch, le copiste, L'objet d'art, Une créature sans défense, Une affaire ratée, Le boa et le lapin* et *La dame au petit chien.* Un an plus tôt, le même spectacle a connu un four mémorable en province sous un autre titre : *Le roi de l'univers.* Adaptateur réputé de *Gog et Magog* et *Crime et châtiment,* auteur une dizaine d'années plus tôt avec Jean Bernard-Luc du scénario du film dans lequel a débuté Jean Rochefort, *Rencontre à Paris,* Arout a découvert cette pièce au cours d'un voyage en URSS et l'a destinée initialement à Pierre Brasseur et Catherine Sauvage qui l'ont même jouée en tournée. Intitulé successivement *Du rire aux larmes, Rire dans les larmes, Marche petit homme* et, lors de sa création parisienne... *Cet étrange animal,* cet assemblage de textes est défini par son auteur comme « une pièce française avec des personnages et des histoires russes[1] ».

Claude Régy justifie ainsi sa vocation précoce : « Vers dix-sept ans, j'ai lu Dostoïevski, qui a déterminé mon changement de vie[2]. » En tant que directeur d'acteurs, il ambitionne de « faire entendre une seule voix à travers toute la troupe, un seul discours, et on revient au chœur de la tragédie grecque[3] », en ajoutant que « les acteurs par leurs intonations devraient pouvoir seulement suggérer.

Faire penser à plusieurs interprétations. Ne pas faire de commentaire, leur ton ne devrait porter aucun jugement. Au-delà même de leurs partenaires, ils devraient ouvrir le discours vers le public. Ils devraient parler aux dieux[4] ». Comme pour illustrer cette règle de conduite, un avertissement au spectateur présente *Cet animal étrange* dans le programme comme « une comédie humaine, dont les héros ne sont pas des *héros* et qui s'effacent aussitôt leur histoire évoquée, pour laisser place à d'autres, *leurs semblables, leurs frères*[5]... »

Après avoir procédé à plusieurs lectures avec Claude Régy, Delphine Seyrig a répété pendant trois jours face à un premier partenaire masculin avant de suggérer au metteur en scène le nom de Rochefort qui est alors considéré comme un acteur comique : « Je me suis retrouvé un mois et demi après, étreignant sur la scène la plus grande comédienne et la plus belle femme de Paris, s'émerveille celui-ci. Je ne savais pas ce qui m'arrivait. J'étais dans un tel étonnement d'être demandé que je n'ai pas senti les affres de la dualité[6]. » Pour Rochefort, qui souffre d'un « complexe d'inadaptation au quotidien, complexe physique aussi[7] », pas de doute, il s'agit là d'un miracle, car, insiste-t-il, « avec ma réputation d'acteur clownesque de chez Grenier-Hussenot, je la regardais comme une idole[8] ». Delphine Seyrig et Jean Rochefort ont alors pour point commun d'avoir joué l'un et l'autre *Tessa, la nymphe au cœur fidèle* de Jean Giraudoux... mais pas sur la même scène. « Arrivant de Greenwich Village, elle avait un sens violent de la modernité[9] », souligne son partenaire qui l'a déjà applaudie à plusieurs reprises sur scène, fasciné par son aisance et sa générosité : « C'était une actrice qui jouait deux cents fois une pièce et c'était autant de premières[10] ». Pour preuve, alors qu'elle interprétait la veille encore *Un dimanche à la campagne* d'Ivan Tourgueniev au Théâtre de l'Atelier, Delphine Seyrig incarne dans *Cet animal étrange* pas moins de sept personnages et confesse à ce propos : « J'étais très inquiète du nombre de rôles différents à tenir dans cette pièce : de plus, je n'avais jamais joué la composition. Rochefort, lui aussi, avait un peu peur[11]. » Doux euphémisme au regard du trac qui assaille son partenaire. Il redoute autant l'ampleur de la tâche à accomplir que la réaction du public, mais trouve la parade. « J'ai commencé à essayer d'être au plus près de moi-même[12] », explique-t-il. Avec cette nuance d'importance : « Si l'on se comportait sur la scène comme dans la vie, où serait l'art? Ce n'est qu'à force de travail qu'on peut donner l'illusion du naturel[13]. »

« Pour un comédien, poursuit Jean Rochefort, qui arbore une fine moustache et des cheveux gominés, ce rôle est fantastique, terriblement tentant, le rêve. Et puis, le grand intérêt est de faire à la suite plusieurs personnages sans grimaces, avec juste des mimiques et un ou deux accessoires. C'est l'histoire d'un homme qui s'effrite à mesure des actes tantôt comiques et tantôt sombres[14]. » Ou, plus exactement, « c'est le jeu de l'homme et de la femme, de cet animal étrange. On les retrouve donc dans des situations, peut-être pas toujours différentes, mais socialement différentes[15] ». Reste tout de même un obstacle à surmonter. Et il n'est pas négligeable : « Je n'en revenais pas, parce qu'il y avait deux nouvelles où j'étais amoureux et réciproquement de Seyrig. Le jour de la première, je me suis dit : *Les gens vont rigoler. Ils ne vont jamais croire à ce couple* et, à ma grande surprise, ils y ont cru, donc ça m'a donné confiance sur ce plan-là[16] ». Une mue authentique vient de se produire sur la scène du Théâtre Hébertot et Rochefort est conscient de ce qu'il doit à cette partenaire qui ne l'appelle plus affectueusement que « Jeannot, mon petit Jeannot » : « Ça a été une naissance pour moi. J'étais obligé, avec un trac énorme, de dire à cette femme somptueuse, brillante, actrice exceptionnelle, sur scène : *Je vous aime*[17]. » Des mots simples qui résonnent comme une déclaration et font dire à l'acteur : « Elle m'a imposé à tout le monde. Elle m'a imposé à moi-même. Elle m'a donné confiance en moi[18]. » Il lui en restera éternellement reconnaissant, tant « c'est magnifique qu'une femme fasse cela d'un homme sans, bien sûr, aucune relation privée. On s'est toujours vouvoyé. C'était un acte professionnel[19] ». En l'espace d'un rôle, la chenille est devenue papillon. « Grâce à mon association avec Delphine Seyrig, dit-il encore, je suis devenu présentable au regard du sexe féminin, alors qu'avant j'étais considéré comme un rigolo longiligne[20]. » Et le comédien de s'épanouir enfin : « Me voilà délivré, je l'espère, de l'étiquette de simple amuseur[21] ! » Adieu à « la comédie du vaincu qui fait rire[22] ». Et surtout, « elle m'a définitivement *déprovincialisé*[23] ».

La générale de *Cet animal étrange* se déroule en présence de Jean-Paul Belmondo et de son épouse Élodie, de Renée Faure et du directeur du Théâtre de l'Œuvre, Pierre Franck. Gabriel Arout assiste à la pièce incognito, en haut du théâtre. Rochefort a compris que quelque chose d'important est en train de se passer. Non pas parce que, dans une scène, il a pour partenaire un gros chien qui a élu domicile dans le trou du souffleur d'où il aboie à point nommé sans qu'on le voie, mais parce que « les spectateurs attendaient le jeune premier. J'étais en scène depuis une demi-heure et ils se demandaient : *Mais quand est-ce qu'il arrive*[24] ?» En fait, il est bel et bien là, mais personne n'a envie d'en rire, ni même d'en sourire. À cela, il avance une explication : « Avoir vu le regard de Delphine Seyrig posé sur vous, avoir pensé que vous l'aviez amusée, séduite peut-être, (...) cela vous donne une force phénoménale. » Et puis, en sa présence, la trivialité n'est pas de mise. « Avec Seyrig, je découvrais aussi une race de femmes qui ne vous raconte pas chaque soir ce qu'elle a mangé à midi ni où elle a mal. J'étais fasciné et ébloui[25]. » Mieux, dit-il, « elle m'a fait grandir, m'a donné confiance, m'a appris à découvrir en regardant sans cesse autour de moi[26]... » Un bienfait parfois réciproque, car, « à un moment, confie Rochefort, je disais à une servante : *Ah, tu vas l'avoir, mon knout!* Et Delphine, tous les soirs, pendant trente représentations, riait et ne pouvait pas se retenir. Comme ça me déconcentrait terriblement, au bout d'un moment, je lui ai demandé ce qui la faisait rire et elle m'a répondu de sa voix de nuage : *Mais enfin, Jean, le knout, dire ça sur une scène!* Elle croyait que ce terme désignait le sexe de l'homme et je lui ai expliqué que c'était un nerf de bœuf avec lequel on frappait. Et le quiproquo a duré un mois. Elle avait une part d'innocence extraordinaire[27] ».

« C'est léger, sensible, plein d'humour. Et c'est merveilleusement interprété par Delphine Seyrig et Jean Rochefort[28]. » La critique couvre de louanges *Cet animal étrange* et souligne que « Delphine Seyrig prend à ce divertissement pénétrant un plaisir dont elle fait vite le nôtre; et Jean Rochefort, fin, drôle, discret et sensible, le complète avec bonheur[29] ». Comme en écho : « Avec ou sans petit chien, Delphine Seyrig, qui sait changer de ton sans cesser d'être elle-même, a l'aura tchékhovienne. Jean Rochefort est plus parisien, mais quelle classe[30] ! » Une chose est sûre, « Jean Rochefort excelle dans les demi-tons, le sourire esquissé, la tristesse de bonne compagnie[31] », il « a la voix nette et spirituelle[32] » et « passe superbement de la farce à l'émotion, du cynisme enjôleur à la feinte roublardise, avec un identique bonheur. *Ondoyant et divers*, il est, en un seul, tous les hommes[33] ». Une nouvelle silhouette se dessine : «Jean Rochefort sait doser le froid, le chaud et c'est une grande joie de découvrir une pareille sensibilité sous un tel flegme aristocratique[34].» Bref, gare à ce «comédien bien disant, discret, sensible, et qui ne tire ici son épingle du jeu qu'à force d'effacement, d'élégance en retrait, de distinction fuyante[35]». Résultat, «on sort du spectacle avec l'impression d'avoir vu en scène presque toujours le même homme. Simplement, son comportement différait selon les cas[36]».

Comme souvent en pareilles circonstances, la presse s'interroge sur son propre aveuglement à l'égard de Jean Rochefort et hasarde des hypothèses parfois fumeuses : il est «trop fin, peut-être. Trop spirituel en nos temps de grosses gloires faciles à gober. Il faudrait bien pourtant qu'on reconnaisse le talent où il se trouve. Le talent et le véritable humour d'aujourd'hui. Si l'époque a le scepticisme tendre qu'on lui prête, elle doit se voir dans ce visage aigu, narquois, indulgent, confondant de sympathie[37]». Jusqu'au grand manitou Jean-Jacques Gautier qui se fend d'un éloge aussi tardif qu'appuyé : «Jean Rochefort et tout ce qu'il peut avoir d'ironie glacée, de malice subtile, et aussi d'ineffable douceur. Jean Rochefort à la diction ponctuée, accentuée, presque martelée et si claire. Jean Rochefort, sa fausse solennité, sa fausse emphase et sa vraie sensibilité. Jean Rochefort au masque apparemment impassible et sur le visage duquel se lisent cependant toutes les émotions[38]...» Impression durable, comme le prouvera neuf ans plus tard cette cruelle réflexion suscitée par une nouvelle mise en scène du même spectacle : «On ne pouvait pas toucher la pièce des yeux, on ne percevait qu'à travers un mirage les gestes mesurés de Seyrig et Rochefort qui semblaient diriger leurs personnages de loin, comme si ces personnages eussent été deux oiseaux, dont le vol sublime, mais à chaque instant menacé, était commandé à distance par les ondes des voix des deux comédiens[39].»

Schizophrénie de l'acteur ou «dichotomie fondamentale[40]», Jean Rochefort confie une anecdote éloquente : «Je sortais d'Hébertot un dimanche après-midi, après une matinée qui avait rassemblé à peu près trente personnes, et une charmante vieille fille se précipite vers moi sur le trottoir, m'embrasse sur les deux joues, et me dit : *Ah! Merci de l'avoir sauvée.* Je n'ai compris qu'au bout de quelques instants qu'elle parlait de Michèle Mercier-Angélique...» Le comédien doit en effet traîner comme un boulet cette composition qui lui vaut un courrier abondant, tant le comportement chevaleresque de son personnage lui colle à la peau. Malgré le succès de la pièce dont ils n'ont pas anticipé l'ampleur, au bout d'un mois, Delphine Seyrig et Jean Rochefort doivent céder leurs rôles à Martine Sarcey et Maurice Garrel, lui « pour tourner *Les tribulations d'un Chinois en Chine*, et Delphine pour travailler avec Alain Resnais *[sur* Muriel*]*. On avait besoin d'argent[41] ».

Quatre ans après *Cartouche*, Jean Rochefort remplace une nouvelle fois son copain Jean-Pierre Marielle en valet de chambre de Jean-Paul Belmondo, dans *Tribulations chinoises en Chine* (titre provisoire) de Philippe de Broca, une coproduction franco-italienne d'un budget de six cents millions de francs qui doit emmener l'équipe en Malaisie, au Népal, en Inde, en Chine et à Hong-Kong pour une durée de quatre mois. Cette très libre adaptation du roman de Jules Verne fait dire à Rochefort : « Je retrouvais dans *Les tribulations d'un Chinois en Chine* mes dessins animés, cette vie irréaliste impossible[42]. » Et l'acteur de louer chez son réalisateur « un merveilleux irrespect d'enfant[43] » et chez son ami Bébel « un phénomène, c'est un homme très très doué physiquement. Il fait ce qu'il veut de son corps et ça m'a beaucoup stimulé pour essayer de courir derrière lui[44] ». Sa pratique assidue de l'équitation a permis à Jean de retrouver une hygiène de vie satisfaisante, en s'astreignant à une discipline de fer qui s'est poursuivie pendant les représentations de *Cet animal étrange* : « Il y avait un escalier dans les coulisses, et pendant dix minutes chaque jour, avant d'entrer en scène, sur les marches de cet escalier, je faisais des exercices pour m'obliger à baisser les talons, à rentrer mes pointes de pied[45]... » Ce qui lui permettra d'affirmer a posteriori : « Nous étions en pleine forme et de Broca nous faisait faire des choses athlétiques beaucoup plus qu'intellectuelles[46]. » Quitte à en user et parfois en abuser. « Nous passions notre temps accrochés à des hélicoptères, suspendus à des ponts. Ces cascades et cette gymnastique étaient un peu excessives[47]. »

« On a fait trente-sept heures d'avion pour arriver au pied de l'Himalaya. On était complètement sonnés. La dernière compagnie que nous prîmes était Air Nepal où les portes de l'avion étaient fermées avec des ficelles, la cabine était pleine de poules dans des cages et un enfant de douze ans tenait lieu d'hôtesse de l'air[48]. » Du pittoresque à la tragédie, il n'y a qu'un pas, quand l'histoire s'invite sur le plateau d'une comédie picaresque : « Nous sommes au Népal et les Tibétains descendent par milliers, parce que la Chine vient de les envahir. Et les Tibétains sont sous des toiles de tente et souffrent énormément. (...) Ces gens toussaient et crachaient dès l'aube. (...) Parce qu'en descendant de quatre, cinq ou six mille mètres pour se retrouver à Katmandou, à douze cent mètres *[quatorze cent, en fait]*, les gens attrapaient la tuberculose. (...) C'est là que nous nous sommes aperçus, avec Jean-Paul *[Belmondo]*, que nous faisions rire. (...) Nous nous promenions sur des petits chevaux et c'est comme ça que nous avons découvert ce camp. (...) Ça a démarré par une narine qui se retrousse, un strabisme convergent, on faisait un petit peu les clowns pour entrer en contact avec ces gens-là et les rires que nous avons provoqués chez cette population si malheureuse, surtout chez les femmes, nous ont incités à faire une petite séance de galipettes qui s'est prolongée assez tard[49]. »

Le choc culturel s'avère radical pour cette équipe de cinéma européenne et fait dire à Rochefort qu'« à Hong Kong, on a été surpris de pressentir ce que l'Asie allait devenir. Une modernité extraordinaire voisinait avec une grande misère. Cette découverte était très étrange. J'y suis tombé amoureux d'une chanteuse de jazz noire[50] ». Brève rencontre sans lendemain avec une Jamaïcaine installée à Londres qu'il qualifiera plus tard « d'aboutissement un peu snob de ce qu'on peut désirer dans l'existence[51] ». L'éloignement favorisant la promiscuité, la comédienne suisse Ursula Andress est tombée quant à elle dans les bras de Philippe de Broca qui a baptisé son personnage... Alexandrine Pinardel, par dérision envers son rôle de Honey Rider dans *James Bond 007 contre Dr. No.* Au bout d'une semaine de tournage à Hong Kong, Belmondo « dîne en compagnie de Jean Rochefort quand il s'aperçoit que, non loin d'eux, Ursula Andress mange seule. Les deux amis invitent la jeune femme à leur table. Entre Andress et Belmondo le coup de foudre est immédiat[52] » et engendre une rivalité amoureuse qui oppose le réalisateur et sa vedette masculine.

Tandis qu'« Aleksandra passait de longues heures à cheval, en forêt de Marly, avec Foehn – un pur-sang – que Jean lui a offert[53] », Rochefort envoie des cartes postales à Delphine Seyrig. Dans l'une d'elles, postée d'Inde et représentant la chaîne de l'Himalaya en noir et blanc, il écrit : « Le Toit du monde pour vous servir. Je me sens à juste titre très loin – mais pense à vous.

Rochefort »

Dans une autre, expédiée de Hong Kong :

« Chère Amie.

Il ne faut pas se perdre dans cette ville, elle est de perdition. Il fait chaud sur la plage. Mes amitiés à Liliane *[de Kermadec ?]* et si possible à J. *[acques ?]* François.

Votre *[visiblement rajouté]* Rochefort. »

De retour en France, l'équipe n'en a pas encore terminé avec les scènes spectaculaires. « On a tourné dans une panière accrochée à l'aiguille du Midi, se souvient Jean Rochefort. (...) À un moment, je me suis penché au-dessus du vide et j'ai dit à Jean-Paul : *Pense que je touche trente mille francs de moins que ton agent !* Ça l'a bien fait rigoler[54]. » Certainement plus que le public qui ne sera pas au rendez-vous à Noël suivant, face à la concurrence du *Corniaud* et de *Goldfinger*, suscitant cette réflexion de Belmondo : « Nous n'étions jamais en situation. Quand un film est bien réalisé, il suffit que l'acteur se torde la cheville en traversant la rue pour que la salle transpire d'angoisse, ici on se baladait accroché à des hélicoptères, on traversait des ponts suspendus et la salle s'endormait d'un sommeil de plomb[55]. » Le constat de Rochefort est tout aussi implacable : « On a sacrifié les *effets* des comédiens au profit de l'exploit[56]. » La critique a plutôt tendance à le ménager qui loue le « flegme ironique[57] » de « ce grand comédien[58] » et juge qu'« il apporte un humour que l'on envie aux Britanniques[59] ».

Il est fortement question à cette époque que Jean Rochefort tienne un rôle dans *Les aventures de Harry Dickson* qu'envisage de tourner Alain Resnais, projet de longue haleine qui ne verra finalement jamais le jour. Delphine Seyrig a elle aussi été pressentie pour y incarner une femme maléfique, avant même que Resnais ne l'engage pour *L'année dernière à Marienbad* (1961) et *Muriel* (1963). En attendant, Rochefort décroche de nouveaux contrats à la radio, parmi lesquels un *Dracula* diffusé dans l'émission *Le théâtre de l'étrange* dont il est un fidèle auditeur. Comme cette nuit où il rentre chez lui après une représentation et entend, « tout à coup, une voix avec réverbération, une sorte d'étrange Dracula, monologue[60] ». Et le comédien de se prendre au jeu : « Je suis resté à écouter dans ma voiture et dans le noir, sans doute pour me rappeler mon enfance avec ma mère : j'ai eu très peur de ce que j'entendais. Il y a, avec le son, une force de persuasion énorme, plus que l'image à mon sens. Et ce n'est qu'au bout de quelques minutes que la voix... c'était moi[61] ! » Rochefort se fait d'ailleurs beaucoup entendre à cette époque, y compris en tant que narrateur du texte écrit par Maurice Genevoix qui accompagne le court métrage de poupées animées *Le jongleur de Notre-Dame* réalisé par Stefano Lonati et Italo Belliol, deux transfuges de la publicité, sur une bande originale interprétée à l'aide d'une flûte et d'une boîte à musique par François de Roubaix.

Avec l'été 1965 revient pour Jean Rochefort un double rendez-vous qu'il appréhende : la sortie de *Merveilleuse Angélique*, qui marche moins bien que le précédent, en raison de l'absence de Robert Hossein, et le tournage du troisième opus de la saga, *Angélique et le Roy*. Ici s'arrête toutefois définitivement cette aventure pour Rochefort qui décline aussi aussi un rôle dans *Brigade anti-gangs* du même Bernard Borderie. Trop, c'est trop et il a désormais de plus hautes aspirations. Il passe la fin des vacances avec femme et enfants à Saint-Lunaire où il retrouve ses copains et savoure sans modération « les plus délicates saveurs que l'on peut découvrir dans la vie[62] ».

La rentrée est placée une nouvelle fois pour le comédien sous le signe du théâtre et d'une trouvaille effectuée deux ans plus tôt par Claude Régy : « Je découvre par hasard dans le placard d'un théâtre deux textes de Harold Pinter, *L'amant* et *La collection*. Comme je ne parle pas anglais, je les ai fait traduire, et immédiatement j'ai eu envie d'en faire un seul spectacle. J'ai obtenu ensuite l'accord de Delphine Seyrig, de Michel Bouquet, de Jean Rochefort, de Bernard Fresson, et ça s'est fait comme ça – enfin pas si facilement[63]. » L'aubaine est d'autant plus providentielle qu'en février 1964, Claude Régy appelait de ses vœux « des pièces qui aient le charme des nouvelles de Salinger ou des films d'Antonioni. Pour l'instant je n'en vois guère en France. Pourtant Pinter en Grande-Bretagne et Edward Albee aux États-Unis écrivent des œuvres qui me tentent[64] ». En fait, précise Delphine Seyrig, « on était un peu une équipe, on lisait des pièces. Quand c'était des pièces étrangères, comme je suis bilingue, je les traduisais, comme ça, à livre ouvert. Ensuite, on discutait. On décidait tous ensemble[65] ». En l'occurrence, la prose de Pinter suscite l'enthousiasme de ses camarades : «Je me souviens de mon bonheur, confiera Rochefort, je riais sur le boulevard des Batignolles... Je savais que l'on avait un trésor[66]. » Du coup, d'un commun accord avec Marielle, ils proposent à Philippe Noiret de tenir un rôle dans *La collection*, mais il n'est pas libre et sera remplacé par Michel Bouquet.

C'est Roger Blin qui a été le premier à monter au Théâtre de Lutèce, à Paris, une pièce du dramaturge, *Le gardien*, en 1961, mais «depuis, Harold Pinter ne voulait plus être joué en France parce qu'il se sentait complètement trahi[67] », lui qui affirmait écrire «des pièces pour qu'on aille les voir et non pour qu'on en parle[68] ». Jean Rochefort va donc accueillir à l'aéroport du Bourget Delphine Seyrig, de retour d'une tournée en URSS, où elle est allée jouer *Un dimanche à la campagne*, et la rembarque derechef pour Londres afin de convaincre Pinter de leur laisser jouer ses pièces. Au cours de l'entretien d'une demi-heure qu'il leur accorde dans le hall de l'hôtel Savoy, flanqué de son agent Emmanuel Wax, Pinter ne leur cache pas l'admiration qu'il voue au Nouveau Roman et plus particulièrement à Alain Robbe-Grillet et Marguerite Duras dont Delphine Seyrig deviendra par la suite l'une des interprètes fétiches. Dans un anglais approximatif, Rochefort déclare à l'écrivain : « *We are before a Wall.* J'avais trouvé cette phrase *Nous sommes devant un mur*, ce qui voulait dire : *On ne sait plus quoi jouer après avoir lu ça !* Sans doute davantage grâce à Delphine qu'à moi, il a dit oui et nous avons joué *La collection* et *L'amant*[69]. »

Les deux pièces, confiées au traducteur Éric Kahane en juillet, entrent en répétition fin août. «Delphine était le véritable chef de cette troupe, admet Claude Régy, et j'étais le metteur en scène, j'intervenais beaucoup dans le choix des textes, mais en fait les gens qui venaient travailler avec nous (...) étaient tous dans une espèce de fascination pour Delphine[70]. » Par ailleurs, précise Rochefort, «nos rapports étaient des rapports d'une extrême courtoisie, d'une extrême politesse, et d'une pudeur et d'une réserve totales, ce qui nous permettait d'être absolument obscènes en scène[71] ». Le postulat de *L'amant* est simple : «J'entrais... Elle était déjà en scène, dans notre décor où nous jouions le mari et la femme. L'homme, l'après-midi, se déguisait en loubard, elle se déguisait en putain et l'on se rencontrait dans notre appartement en ayant des relations tout autres que quand nous étions mari et femme. J'avais mon chapeau melon, je l'enlevais. Je l'embrassais longuement, très longuement[72]... » Et Rochefort de poursuivre : « Avec Bernard Fresson, nous formions un couple d'amants. Je faisais l'amour sous la table avec Delphine Seyrig sous les huées ; les gens sifflaient, s'en allaient[73]. » Pourtant, ajoute-t-il, « tout cela, je le faisais avec une dame dont je ne savais jamais quand elle avait un drame dans sa vie privée, dont je ne savais jamais qu'elle était heureuse ou malheureuse par rapport à autre chose que la représentation du soir[74] ».

Résumée par son auteur comme « l'histoire d'un mari qui cherche à savoir si sa femme le trompe[75] », *La collection* a été présentée par la radiodiffusion anglaise en 1961, puis montée par la Royal Shakespeare Company à l'Aldwych Theatre de Londres, l'année suivante. Sur la scène du Théâtre Hébertot, Delphine Seyrig a pour partenaire une chatte persane blanche aux yeux bleus baptisée Olivia d'Eglemont qu'elle ramène tous les soirs dans son appartement de la place des Vosges et qu'elle finira par adopter. Au cours des répétitions, l'animal s'est même cassé la patte en jouant avec sa maîtresse, laquelle en vient à s'exaspérer : « Je suis ulcérée, tout le monde s'enquiert de la santé de mon chat et personne ne me demande qui est Pinter[76]... » Rochefort, lui, remarque surtout que sa partenaire est « d'une pudeur extrême. Quand je lui prenais la main en scène, j'avais l'impression de la violer ; toucher ses doigts devenait le comble de l'audace : un frisson de scandale parcourait le public... Grâce à elle, j'ai compris qu'un acteur d'apparence réservée pouvait troubler davantage qu'un comédien qui prétend *se donner*. En somme, pour progresser, il me suffisait d'oser être moi-même[77] ». À une nuance près, qu'il ne manque de souligner : « Le dialogue est d'un quotidien presque alarmant. Les gens disent autre chose que ce qu'ils pensent... Comme dans la vie, quoi[78]... »

Quelques jours avant la première, Harold Pinter en personne débarque à Paris, comme il l'avait promis à Seyrig et Rochefort lors de leur première rencontre. « Il a redressé beaucoup de choses, précise ce dernier. Il était très clair, très simple, très direct et voulant absolument nous aider avec une matérialité totale : *Faites rire. Prenez le temps que vous voulez... mais pas trop !* Il fallait être artiste avec le temps, c'est tout. Il n'était absolument pas directif, mais d'une efficacité extraordinaire[79]. » Pour Claude Régy, « il représente avant tout le réalisme, le réalisme tellement cerné, tellement précis, qu'il en devient poétique[80] ». Avec cette considération en arrière-plan : « Pinter a compris que notre époque est une immense tragi-comédie où le rire est mêlé à l'inquiétude et peut-être aussi une défense contre notre angoisse[81]. » C'est bien simple, explique Régy, « Pinter a appris l'humour avec George Bernard Shaw, la pudeur avec Tchekhov, l'intelligence avec Pirandello[82] ». Selon d'autres, « c'est un Sacha Guitry qui serait converti par Ionesco[83] ». Quoi qu'il en soit, son séjour parisien sera aussi pour le futur Prix Nobel l'occasion de passer des soirées bien arrosées avec Bernard Fresson et Jean Rochefort pour compagnons de beuveries...

Avant la générale, Ursula Andress fait porter un énorme bouquet de roses roses à la troupe. Lors de la représentation, des murmures parcourent le public, ce qui est précisément l'effet escompté par l'auteur, mais n'est pas sans affecter Rochefort qui avouera rétrospectivement : « J'étais extrêmement neurasthénique en jouant Pinter, que j'adore et qui me passionne... mais c'est peut-être pour ça que j'étais influencé dans ma vie et dans mes réactions[84]. » Il avance à cela une explication : « J'étais dans un état d'exaltation extraordinaire. C'était l'auteur que notre génération attendait. Ces combats à l'arme blanche sur l'incommunicabilité, les amours glacés, impossibles, et cet humour prodigieusement élégant et cruel[85]... » lui font dire que « c'était presque entre la poésie et l'ethnologie[86] ». Quitte parfois à en subir des effets inattendus : « Être quasi immobile dans *La collection* de Pinter m'avait déclenché une crise de furonculose carabinée[87] ! » Et puis, « je ne dormais plus de joie à l'idée de balancer mes dialogues incongrus, formidablement dérangeants à force de banalité[88] ». Avec un bémol : « Pinter pouvait être très frustrant, parce qu'il eût été malhonnête d'exprimer trop précisément les émotions ressenties[89]. »

« On est d'un bout à l'autre fasciné par le jeu de chacun et par l'étrange complicité qui les lie[90] », décrète la critique enthousiaste. « Tout en finesse et en mobile intelligence[91] », Jean Rochefort, qui « mérite le déplacement[92] », est qualifié de « proustien rigoureusement[93] », d'« admirable de souplesse[94] », tant il « passe, à sa manière inimitable, par tous les registres du faux détachement[95] ». On loue à son propos à la fois « la nonchalance méprisante, la façon venimeuse qu'il a de traiter celui qui partage son existence[96] » et l'alliance d'« une extrême sensibilité avec un sens inouï de l'humour flegmatique[97] ». C'est bien simple, « l'impertinence, le cynisme, le mépris, les tortures de la jalousie ou de l'érotisme, il joue de toute la gamme avec un art consommé[98] ». L'apparence est parfaite : « L'acteur s'est coulé dans le moule britannique, au point qu'il donnerait l'illusion qu'il y trouve sa place naturelle, si l'on ne savait qu'il y a d'autres registres à sa mesure[99]. » Succès public à la clé, Claude Régy obtient le treizième Grand Prix Dominique de la mise en scène, mais ni lui (parti en croisière) ni ses interprètes n'assistent à la cérémonie, Delphine Seyrig s'étant faite porter pâle sans davantage d'explications.

Tout en vibrant tous les soirs à la prose de Pinter, Rochefort effectue un bref passage sur le plateau du *Dimanche de la vie* de Jean Herman, une adaptation du roman de Raymond Queneau coécrite par son vieux compère Olivier Hussenot. Malgré la brièveté de son apparition en officier de carnaval, le temps d'une scène, son nom figure bien en évidence au générique. Comme s'il était désormais porteur d'une valeur ajoutée. Cet hiver-là, il tourne également *Qui êtes-vous, Polly Maggoo ?* en compagnie de Delphine Seyrig, que son ami William Klein est venu admirer dans les Pinter. Le premier long métrage du photographe américain réunit une centaine de comédiens et offre à Rochefort une nouvelle occasion de jouer en tandem avec son copain Noiret, les dessinateurs Roland Topor et Jean-Michel Folon composant quant à eux un duo d'enquêteurs. Le rôle principal en est tenu par Dorothy McGowan, une cover-girl d'origine irlandaise qui tricote entre les plans, comme indifférente au folklore du cinéma et au remue-ménage qu'il induit. « On a vraiment la sensation de faire quelque chose qu'on n'a jamais fait[100] », s'émerveille Jean Rochefort, dans le rôle d'un réalisateur de télévision pétri de doute et d'interrogations « qui ne comprend pas un univers auquel il est mêlé par accident[101] ». L'acteur pourrait d'ailleurs reprendre à son compte cette réplique de son personnage : « Parler de soi, ça fait drôle : on croit se connaître et on ne se connaît pas. »

« Je voudrais que ce film ressemble à l'écran d'un poste de télévision à treize chaînes qui a perdu la boule[102] », déclare William Klein, qui admet réaliser « un film assez stylisé[103] » et entretient la confusion entre le réel et la fiction. Jean Rochefort, subjugué par sa méthode, loue « la sensation de plonger dans une contemporanéité qu'en tant qu'acteur de théâtre j'ignorais un peu[104] ». Tout lui paraît moderne dans cette entreprise atypique de Klein, car

« cet Américain est l'un des metteurs en scène, en France, qui connaît le mieux les acteurs français, et que tous les rôles secondaires sont joués par des comédiens que j'avais toujours adorés et estimés, mais que je n'avais jamais vus au cinéma, en France[105] ». Rochefort ajoutera quatre décennies plus tard que « William a dans ses rapports humains une ironie permanente qui nous donnait à tous l'impression d'être complètement imbéciles[106]... » ...*Polly Magoo* exhale rétrospectivement un délicieux parfum pré-soixante-huitard qui justifie cette réflexion de Rochefort : « J'avais l'impression de faire mon *Chien andalou* et le résultat a été à la hauteur de mon implication[107]. » La critique verra d'ailleurs dans sa composition « une sorte de perfection lunaire[108] ».

14

Vers sa destinée

En ce début 1966, la notoriété de Jean Rochefort est désormais acquise et son nom s'impose comme un atout artistique sinon commercial. Il se murmure qu'il a refusé des projets tels qu'*À belles dents* de Pierre Gaspard-Huit, le réalisateur du *Capitaine Fracasse*, et *Mona, l'étoile sans nom* d'Henri Colpi, dont son rôle échoit finalement à Claude Rich. Il est également annoncé parmi la distribution d'*Un facteur s'en va-t-en guerre* de Claude Bernard-Aubert (devenu par la suite *Le facteur s'en va-t-en guerre)*, dont le tournage se déroule au Cambodge. Mais c'est finalement Pierre Mondy qui le remplace, contrairement à ce que persiste à indiquer la fiche publiée par *Le Film français*... à la sortie du film. Le succès persistant de *L'amant* et de *La collection* lui interdit en effet de s'éloigner durablement de Paris, mais pas de tourner *Mariage à la mode*, une adaptation télévisée du roman de Katherine Mansfield réalisée par Jean-Paul Roux. En revanche, il faut ranger au rayon des projets avortés *Coup de foudre* d'Alex Joffé, signé par son scénariste habituel, Gabriel Arout (l'auteur de *Cet animal étrange)*, nouvelle adaptation d'une pièce d'Alex Madis qui a inspiré *Chipée* (1937) de Roger Goupillières.

Rasséréné par le public qui l'applaudit tous les soirs, Rochefort peut désormais éviter de galvauder son talent dans des projets farfelus et prendre le temps de vivre en harmonie dans ce qu'il appelle lui-même « une maison affreuse, et un très beau jardin[1] ». Il s'y réfugie au grenier où se trouve niché son bureau tapissé de livres, avec une vue imprenable sur la forêt de Marly. Son rêve : « Faire construire dans mon jardin une petite maison où je pourrai enfin dormir le matin sans être réveillé par ma marmaille et ce zoo miniature vraiment trop bruyants[2]. » Et puis aussi, l'esquisse d'un regret : « Nous n'avons ni le temps d'avoir des problèmes ni celui, d'ailleurs... de partir en week-end ! Quant aux rares vacances, nous les passons ensemble[3]. »

Inspiré au réalisateur Marcel Cravenne par l'œuvre de Jules Renard, *Le pain de ménage* permet à Jean Rochefort, qui se laisse pousser la moustache pour le rôle, de retrouver Annie Girardot, elle aussi à la croisée des chemins sur le plan professionnel. Au défi dramatique en est associé un autre, technologique : cette dramatique de prestige constitue aussi un essai de couleur pour la télévision. À l'instigation d'André Voisin, connu pour avoir monté le TNP marocain, Rochefort prête ensuite son concours à une émission de la série *Un certain regard* intitulée *Plateforme zéro.* Ce magazine produit par le service de la recherche de l'ORTF propose à un metteur en scène et à un acteur de se livrer à une improvisation totale, sans s'être concertés au préalable. Jean Rochefort succède dans cet exercice à Jacques Higelin, l'objectif étant de rassembler ensuite tous les comédiens pour des séances d'écriture collective. Il incarne d'abord un fonctionnaire aigri, raté et solitaire, dont la seule satisfaction est de retrouver tous les matins son bureau en ordre, fait ensuite revivre les histoires rocambolesques d'un concierge de théâtre espagnol mythomane à partir de la contemplation de ses mains, puis compose un nonchalant oisif dont l'univers se limite aux seuls hippodromes. Un faux nez lui suggère une mercuriale d'un ancien combattant revanchard qui raconte ses tranchées face aux *Boches.* Il se fait enfin chimpanzé dans un zoo avant de terminer en vedette de théâtre pontifiante.

« Mon premier mouvement a été de dire non. À cause du côté indécent de cette improvisation. Cela me gênait énormément. (...) Mais ce refus revenait à se trouver devant un obstacle et à ne pas essayer de le franchir. Alors j'ai pensé que c'était un joli risque à trente-cinq ans de voir si j'étais capable de faire ce qui m'était impossible à vingt. Maintenant je suis heureux d'avoir gagné cette bataille avec moi-même. (...) Je l'ai fait comme une expérience, pas comme un spectacle. C'est un peu inquiétant, car je me suis efforcé de ne pas faire de *numéro.* J'ai essayé d'être sincère, de sortir de moi-même, en oubliant toute pudeur et toute notion de qualité. (...) En voyant l'émission, j'ai ressenti une gêne terrible. (...) Je voudrais qu'on ne la regarde pas comme un *numéro* de comédien mais qu'on n'oublie pas que cette improvisation est faite à partir de rien : trois caméras, un comédien, quelques accessoires et des thèmes suggérés par André Voisin. (...) Il m'arrive bien de me raccrocher une ou deux fois à des personnages de mon répertoire, mais les personnages qui sont nés de cette improvisation ne ressemblent guère à ceux que je joue habituellement. Il y a beaucoup d'êtres battus, faibles, fragiles, qui sont très étrangers à ceux que j'interprète. Mais il ne faut pas pour autant en tirer des conclusions de psychanalyse primaire. Nous ne faisions pas de psychodrame[4] ! »

Au détour d'une interview, Jean Rochefort déclare avoir envisagé de passer une partie de l'été « en compagnie de Delphine Seyrig[5] ». Il n'a toutefois pas jugé utile de préciser qu'il ne s'agirait pas de vacances mais des répétitions de leur prochain spectacle prévu au Théâtre Antoine dont la directrice « Simone Berriau a été la seule à prendre le risque de nous accueillir, mes amis et moi, pour un temps encore indéterminé[6] », souligne Claude Régy qui met en scène *La prochaine fois, je vous le chanterai* de James Saunders, avec aussi Sami Frey et Jean-Pierre Marielle. « Cinq personnages se retrouvent sur une scène et parlent entre eux, résume Rochefort. C'est une conversation à bâtons rompus et cette conversation, petit à petit, amènera un drame intérieur qui est basé sur un conflit de générations : quatre personnages vont attaquer le cinquième qui est joué par Claude Piéplu et petit à petit le détruire[7]. » Devenu le metteur en scène que Paris s'arrache, Claude Régy met simultanément en scène deux autres pièces anglaises en l'espace de trois semaines : *Le retour* d'Harold Pinter au Théâtre de Paris et *Témoignage irrecevable* de John Osborne aux Mathurins. De *La prochaine fois, je vous le chanterai*, il prévient que son « ton évoque *Ce soir on improvise*, mais le ton, comique, est très différent. C'est du Pirandello de cirque[8] ». Rochefort concède quant à lui qu'« il y a incontestablement des ressemblances et des points communs pour un comédien entre Saunders et Pinter, mais il y a quelque chose que Saunders a et que Pinter a moins, ou ne veut pas avoir, c'est le lyrisme[9] ».

Le 15 septembre 1966, la première se déroule en présence de nombreuses personnalités parmi lesquelles Jean-Paul Belmondo moustachu (pour cause de tournage du *Voleur* de Louis Malle) et sa sœur Muriel, Philippe Noiret, Claude Rich, Michel Bouquet, Suzanne Flon, Maurice Escande, Pierre Bertin, Louis Aragon et Elsa Triolet, la vicomtesse de Noailles et Marcel Aymé. Le succès est tel que Simone Berriau offre le champagne à ses acteurs dès l'entracte. Cette mise en abyme du théâtre dans le théâtre suscite toutefois une polémique mémorable. C'est « un prétexte à improvisation, a pourtant prévenu Claude Régy, un *happening* écrit, un décor nu, une pièce au stade de la répétition, des personnages acteurs, auteurs ou animateurs[10] ». Cherchant une explication rationnelle au fait que « les strapontins claquaient à peu près toujours aux mêmes passages[11] », le metteur en scène hasardera qu'« il y avait des gens qui partaient, parce que le spectacle était un mélange de philo et de cabaret, qu'il n'y avait pas d'histoire[12] ». Peut-être aussi parce que « cette pièce démonte, en fait, toutes les techniques du théâtre et toutes les techniques du jeu de l'acteur[13] ». Côté critiques, l'un des plus acerbes soutient que la pièce « a été visiblement écrite pour de très mauvais acteurs. Or, on l'a dotée d'une interprétation éblouissante[14] ». Un confrère confirme que « les acteurs sont excellents mais ne constituent que l'attraction du vide le plus complet[15] ». Ce à quoi Elsa Triolet renchérit : « Bien que la pièce soit fatigante, par moments ennuyeuse, trop longuement sibylline... Mais elle appartient à notre temps d'aujourd'hui, c'est son imitation à s'y méprendre, avec intonations, mode de penser, de se conduire[16]. »

Jean Rochefort a beau se montrer plus sélectif, il est des propositions qui ne se refusent pas. Un jour, « on me convoque parce qu'une actrice voulait changer de partenaire et avait demandé mon humble personne qui avait la réputation d'être un acteur "drolatique"[17] ». Il accepte donc de devenir l'époux de Brigitte Bardot dans *À cœur joie* de Serge Bourguignon, réalisateur que l'Oscar du meilleur film étranger décerné en 1963 aux *Dimanches de Ville-d'Avray* a propulsé au firmament du cinéma international... Le rôle de Rochefort est certes un peu ingrat, car cette femme mariée n'a d'yeux que pour son amant, campé par le ténébreux Laurent Terzieff, mais il s'avoue intrigué et séduit à l'idée de côtoyer BB, même si ce n'est que l'espace de trois jours. Par ailleurs, la star doit toucher un million de francs (soit un septième du budget !), Terzieff cent trente-cinq mille francs, et Rochefort... trente mille. La production franco-britannique s'engage auprès de lui par obligation contractuelle : « Votre nom sera cité sur un carton, seul, à la condition que le générique comporte des cartons, avec la mention *avec la participation de Jean Rochefort.* En France, le carton portant votre nom viendra avant celui de James Robertson Justice. En Angleterre, après[18]. »

La tension médiatique qui entoure Brigitte Bardot est alors à son comble et déborde largement des frontières de l'Hexagone. Depuis la disparition de Marilyn, quatre ans plus tôt, l'actrice française est la plus grande star féminine de la planète. Pour Rochefort, cette égérie fait figure de pionnière : « Bardot était une bourgeoise qui a montré son cul au cinéma. Avant, ce métier restait marginal[19]. » Histoire de parfaire sa légende, la star a épousé Gunter Sachs, le 14 juillet précédent à Las Vegas, avant de partir en lune de miel à Tahiti. C'est elle qui a trouvé *À cœur joie*, le titre définitif de ce projet développé sous celui de *Deux semaines en septembre,* lequel marque ses débuts en tant que coproductrice et co-dialoguiste. BB y incarne une cover-girl mariée qui s'éprend d'un garçon croisé un soir de fête nationale avec qui elle va vivre un amour passionné jusqu'à un petit port de pêche écossais...

Tout débute pour Rochefort par « douze prises d'un gros plan de nos lèvres[20] ». Une entrée en matière intime mais spectaculaire : « La caméra faisait trois cent soixante degrés autour de nos bouches, et j'ai demandé à être doublé à la douzième, mais ils n'ont pas voulu et j'ai été prendre l'air[21]. » Dans ce lieu de passage que constitue un aéroport (écho fidèle de la chanson *Dimanche à Orly* de Gilbert Bécaud), le tournage d'une séquence a priori anodine attire des nuées de badauds et de touristes bardés d'appareils photo, contenus par des cordons de sécurité. Sans bienveillance, explique Rochefort à propos de Bardot, car « les femmes la haïssaient[22] ». Lui-même n'est pas épargné, comme il le rapporte : « J'ai entendu des voix qui disaient : *Mais qui c'est l'autre ?, Qu'est-ce qu'il est moche !* Et moi qui avais un trac fou et qui étais sous le choc, elle m'a rassuré tout le temps en me disant : *Ne les écoute pas, Jean, ne les écoute pas*[23]... » Il lui en gardera une reconnaissance éternelle : « Ce qu'elle connaît bien son métier, la petite ! s'émerveille-t-il. Je suis à genoux devant son expérience et sa compréhension du métier[24] !... » Le succès ne sera pourtant pas au rendez-vous, faisant avouer à Rochefort que c'est son « plus grand manque de pot[25] » et Bardot qualifier ce « film insipide[26] » de

« Bourguignon-Mironton[27] ». Idem pour *Johnny Banco*, improbable coproduction franco-italo-allemande confiée à Yves Allégret qui sortira dans l'indifférence générale et suscitera ce cri du cœur désabusé de la part du réalisateur de *Manèges* (1950) : « J'ai accepté de faire des films alimentaires, croyant pouvoir tirer mon épingle du jeu. Or c'était impossible[28]. »

Échaudée au cours de la saison précédente par l'échec de la comédie musicale *Boy Friend* (dont Ken Russell tirera un film sans davantage de bonheur), mise en scène par Jean-Christophe Averty avec Suzy Delair, qui n'a tenu que « cinq jours déprimants[29] » au Théâtre Antoine, Simone Berriau décide de monter deux spectacles avec la même troupe afin de « tenir l'affiche plus longtemps, une pièce portant l'autre[30] ». Dès la mi-décembre 1966, *La prochaine fois je vous le chanterai* se joue donc en alternance avec *Se trouver*, une pièce de Luigi Pirandello jamais représentée en France et mise en scène par l'incontournable Claude Régy. Le jeune premier de ce portrait dans un miroir est Sami Frey qui concentre les louanges de la critique dans le rôle du chevalier servant de Delphine Seyrig. Cette pièce a été écrite à l'intention de l'actrice Marta Abba qui en a inspiré le personnage principal, Donata Genzi. L'égérie de Pirandello n'a consenti à en accorder les droits de représentation en France qu'à la condition que le rôle de la comédienne soit tenu par Delphine Seyrig qui a déjà joué deux autres pièces de cet auteur : *Henri IV* à Philadelphie, en 1958, et *On ne sait comment* au Théâtre du Vieux-Colombier, quatre ans plus tard. Le soir de la première de *Se trouver*, alors même que Marta Abba s'est déplacée depuis Palerme, au moment du salut final, Mary Marquet connaît le plus grand trou de mémoire de toute sa carrière, en oubliant le nom de l'auteur... que lui souffle Jean Rochefort, lequel n'y tient quant à lui qu'un rôle secondaire.

Le théâtre lui apportant des satisfactions que complètent sa pratique assidue de l'équitation et ses obligations de père de famille, Rochefort continue à enregistrer pour la radio, mais se montre plus sélectif à l'égard du cinéma où il décline coup sur coup *Caroline chérie* de Denys de La Patellière, *L'homme à la Buick* de Gilles Grangier et *La louve solitaire* d'Édouard Logereau. Il accepte toutefois son premier film en vedette, à l'invitation d'Henri Lanoë, le monteur attitré de Philippe de Broca, ce dernier faisant office de producteur et de conseiller technique, tout en apparaissant fugitivement en photographe sur la presqu'île de Crozon où se déroule l'essentiel du tournage. Cette comédie fantastique intitulée *Mars en Carême*, puis *Comme Mars en Carême* et enfin *Ne jouez pas avec les Martiens*, est tirée des *Sextuplés de Loqmaria*, un roman de Michel Labry recommandé à Lanoë par l'épouse du cinéaste René Clément, Joanna Harwood, avec laquelle il en a écrit l'adaptation. Le début du film situé dans la baie de Rio de Janeiro, mais tourné en réalité sur la terrasse d'un hôtel du côté de Monte Carlo, évoque *L'homme de Rio* et annonce *Le magnifique* de Philippe de Broca. Le journaliste dandy campé par Jean Rochefort est envoyé sur un îlot breton, en compagnie d'un photographe, afin d'y guetter la naissance de sextuplés, mais, en tentant de joindre leur rédaction, ils annoncent le débarquement des extraterrestres et provoquent une panique indescriptible. Jusqu'au moment où six habitants de la planète Gamma 2 arrivent... vêtus de combinaisons de ski signées Renoma. Parmi ce bataillon de mannequins : Amanda Lear et une femme qui s'exprime par la voix de Michel Bouquet. Selon Lanoë, « l'idée était que ces humanoïdes débarquaient en plein carnaval et que les autochtones les prenaient pour des gens déguisés. Mais chaque fois qu'ils s'accouplaient, ils faisaient six enfants. À la dernière image, un monstre marin sort de l'eau et Rochefort dit : *Ça suffit comme ça*[31] *!* »

Ne jouez pas avec les Martiens est, de l'aveu même de son réalisateur, « un film de science-fiction parodique un peu ringard, pour des raisons économiques, alors que ce genre n'existait pas dans le cinéma français[32] ». Quant au choix de son acteur principal, il le justifie ainsi : « Rochefort était un acteur que j'aimais beaucoup et qui, à l'époque, faisait beaucoup plus de théâtre que de cinéma. Je l'ai vu dans les pièces de Pinter et j'ai trouvé que cette espèce de personnage au physique un peu spécial, ironique et en même temps tragique, était un type formidable et que prendre quelqu'un comme ça pour une comédie était un peu à contre-sens[33]. » Outre le fait qu'il a apprécié de respirer un bon bol d'air dans sa Bretagne natale et a goûté cette histoire « incongrue et très intéressante[34] », Jean Rochefort admettra avoir « tout de même passé huit semaines étonnantes[35] » dans la peau de ce « journaliste assez réjouissant[36] ». Las, le film, programmé le 31 mai 1968, tombera au champ d'honneur de la révolution, suscitant cette réflexion désabusée de la part de son réalisateur :

« Il n'y avait ni affiches, ni publicité, ni articles dans la presse. Ça m'a mis KO pendant un an[37]. »

« Ce qui est triste dans le métier de comédien, c'est que les bons rôles ne sont pas souvent dans les bons films[38]. » Ce constat imparable est signé François Truffaut qui disserte des paradoxes de l'acteur dans une émission télévisée, face à Jean Rochefort qui en convient : « Ça m'est arrivé très souvent de participer en rasant les murs à des mauvais films qui m'ont valu un petit avancement professionnel dont je n'étais pas satisfait[39]. » Un aveu qui sonne aussi comme un mauvais présage... Cet été-là, se prépare comme chaque année à la même époque la rentrée théâtrale. Pourtant, raconte Rochefort, quand « Claude Régy m'a lu *Rosencrantz et Guildenstern sont morts*, j'y ai vu de l'humour. Ce n'était pas l'avis de Claude Régy[40] ». La rupture semble désormais irréconciliable entre le comédien, lassé de ronger son frein pour se voir dépossédé de son art, et un metteur en scène qui s'interrogera lui-même sur sa nature de « créateur parasitaire[41] », au point de confesser : « Curieusement, pour un *intellectuel*, je n'arrive pas à exprimer des idées, à me mouvoir dans le monde des idées, à écrire[42]. » En janvier 1968, malgré cette divergence assumée, Jean Rochefort participe à une rencontre avec Harold Pinter organisée à l'initiative de Régy au Théâtre Antoine à la suite d'une représentation de *L'anniversaire* (créé en décembre précédent et programmé en alternance une semaine sur deux avec *Se trouver*). Parmi les participants, figurent des personnalités telles que Simone Berriau, Michel Bouquet, Annie Fargue, Bernard Fresson, Alain Resnais, Claude Rich, Claude Roy, Delphine Seyrig et François Truffaut. Dans l'article pamphlétaire *Comment la meilleure troupe ne peut sauver un théâtre*, qu'il publie à cette occasion, le critique Pierre Marcabru entérine le fait que Rochefort a eu le nez creux de quitter le bateau avant le naufrage annoncé et qu'un certain esprit de troupe est mort : « Le plus brillant causeur, s'il s'écoute trop, tourne au raseur. Il était évident que Claude Régy s'écoutait beaucoup. Comment alors avoir l'oreille du public[43] ? » Écho troublant à la prise de conscience radicale du comédien qui a déclaré de son côté : « Petit à petit, l'hégémonie violente des metteurs en scène m'a fait fuir le théâtre[44] ». Signe révélateur de l'influence grandissante qu'on prête à Rochefort, quand Delphine Seyrig se voit offrir le rôle que tiendra finalement Romy Schneider dans *La piscine* de Jacques Deray, aux côtés d'Alain Delon, c'est son partenaire de prédilection qui est chargé par son réalisateur de *Symphonie pour un massacre* de la convaincre et s'entend répondre : « Non, vraiment, ça m'ennuie, et puis il y a beaucoup de scènes en maillot de bain, cela ne rime à rien[45]. » Son pouvoir supposé a des limites.

15

Des plans sur la comète

Intitulé *Ni tout à fait la même, ni tout à fait une autre,* puis *À bras ouverts,* avant d'être exploité finalement sous le titre *Pour un amour lointain,* le film qui a réussi à détourner momentanément Jean Rochefort de la scène possède à ses yeux des atouts qui relèvent moins de ses vertus cinématographiques que du contexte particulier dans lequel doit se dérouler son tournage. Le réalisateur en est Edmond Séchan, un chef opérateur couronné d'un Oscar en 1960 pour le court métrage *Histoire d'un poisson rouge.* Il a découvert le Brésil en tant que directeur de la photo de *L'homme de Rio* de Philippe de Broca et y a rencontré deux jumelles, Isabel et Cristina Jardim, qui lui ont inspiré un scénario retravaillé ensuite avec Jean-Claude Carrière, dans lequel un acteur français en tournée tombe amoureux desdites sœurs. Bien que Rochefort en tienne le rôle principal, ce ne sont ni l'histoire, ni la personnalité du réalisateur, ni même ses troublantes partenaires qui l'ont séduit, mais plutôt l'opportunité de passer quelques semaines au Brésil et notamment à Rio de Janeiro où il va pouvoir accomplir l'un de ses rêves : suivre des cours d'équitation avec *le sorcier brésilien* Nelson Pessoa dit Neco, cavalier classé cinquième à l'épreuve individuelle de saut d'obstacles des Jeux olympiques de 1964 et deuxième à l'épreuve individuelle des championnats d'Europe l'année suivante.

« Tous les soirs, à la tombée de la nuit, vers cinq heures, j'allais au club de Neco où il me faisait travailler. J'y ai pris confiance en moi pour sauter... Il me faisait monter des chevaux de rêve[1]... » Un paradoxe plutôt savoureux lorsqu'on sait que

Pour un amour lointain n'a « rien à voir avec les chevaux. Sauf une scène où, je me souviens, j'enlevais en croupe la jeune première dont j'étais censé être éperdument amoureux... Je galopais sur une plage à cru sur un beau gris, enlacé par le frère de Nelson *[Elio Pessoa]*, qu'on avait affublé d'une perruque de longs cheveux noirs[2] » parce qu'il « doublait une comédienne peureuse et, surtout, pas cavalière[3] ». À quelque chose malheur est bon : ce « plus mauvais film de ma vie[4] », « désespérant de connerie[5] », qu'il qualifie de « bêtise[6] » et de « nanar[7] » permet au cavalier d'accomplir des progrès considérables qui l'incitent à... se lancer dans la compétition à l'âge de trente-sept ans. Ce tournage lui donnera également l'occasion de découvrir un autre sport : le surf. Mais là, en dépit de son expérience de nageur, il évoque pudiquement « une expérience très douloureuse, d'autant plus difficile que le moniteur pensait davantage à briller auprès des filles qu'à m'aider ! Ce fut assez cruel[8] ». À la sortie de *Pour un amour lointain*, un critique égaré mentionnera généreusement « un beau rôle pour Jean Rochefort[9] ».

De retour en France à la fin de l'été 1967, le comédien fait l'acquisition de Téfine, une jument alezane « découverte en même temps que la Vendée, chez un éleveur. Elle avait trois ans et demi et ne savait rien faire. Elle n'était pas *débourrée* comme on dit. Alors, on a appris tous les deux ensemble[10] ». Tous les quatre, serait-on même tenté de rectifier. Aleksandra disposant déjà de sa propre monture, Foehn, c'est ensemble qu'ils prennent part à leurs premiers concours hippiques, comme le raconte Rochefort. « J'avais essuyé un de mes nombreux refus à l'Étrier, au Bois de Boulogne, et j'avais entendu dans les tribunes : *On n'est pas au cinéma !* Alors moi qui venais là le dimanche pour me détendre, je suis allé voir du côté du complet, et j'y ai trouvé un monde beaucoup plus agréable, plus sympathique[11]. » Mais derrière le cavalier, pointe toujours l'homme public, lorsque Jean Rochefort assiste en famille à l'avant-première d'*Astérix le Gaulois* où l'on croise entre autres Robert Lamoureux, Yves Guéna, Roland Nungesser, Albert Uderzo et René Goscinny. L'acteur accepte même de coiffer le casque de l'irréductible Gaulois pour les photographes.

« Je ne suis pas beau, je ne l'ai jamais été[12] », affirme-t-il, comme résigné à laisser à d'autres les emplois de séducteurs. « Je suis un drôle de zèbre. Inclassable ! Je peux tout faire – mais pas n'importe quoi[13] ! » D'où sa fierté d'interpréter une scène tirée du *Spleen de Paris*, jouée dans un boudoir d'hommes, avec Jacques François et Michel Bouquet, pour l'émission *La plaie et le couteau Charles Baudelaire* réalisée par Yannick Bellon et qualifiée de « grand film sur la déambulation nocturne du piéton dandy, dont le portrait obsessionnel comme celui d'un témoin à charge aimante notre attention[14] ». Il y a aussi ces innombrables projets avortés et ceux qui échoient à d'autres. À l'instar du fameux détective de Baker Street auquel il se voit contraint de renoncer pour raisons de santé, finalement remplacé par son camarade Jacques François dans *Une aventure de Sherlock Holmes* de Jean-Paul Carrère qui est diffusé le jour de Noël 1967. « Peu à peu, sans tapage, par-delà les modes et les engouements, Jean Rochefort est en train de devenir l'un des plus grands acteurs français contemporains[15] », apprécie un connaisseur. Mais comme le souligne le comédien, « quand les gens vous disent qu'ils m'ont trouvé naturel, peut-être pensent-ils que je n'ai fait que rester moi-même. Moi, je me dis que j'ai bien travaillé[16]. »

C'est en accumulant les chutes et en remontant inlassablement sur sa monture que Jean Rochefort est devenu un cavalier acceptable. C'est également la pratique assidue de son art qui lui a permis d'élever le niveau de ses ambitions dans le domaine dramatique. On le retrouve ainsi en Mai 68, seul homme parmi trente-cinq femmes dans l'œuvre d'Odon von Horvath *Don Juan revient de guerre* que filme Marcel Cravenne pour le petit écran. Un tournage perturbé, car c'est dans les rues du Quartier latin et dans les usines en grève que s'agite le pays et que gronde la colère. Jean Rochefort, lui, ne se sent pas vraiment concerné par cette révolte qu'il considère comme un caprice des enfants gâtés du Baby Boom. Il n'a pas de mots assez durs pour qualifier cet élan et déclarera a posteriori y avoir « vu une révolution mondaine dans laquelle il n'y avait aucune classe ouvrière puisque les Russes avaient interdit aux communistes d'y participer. (...) J'étais prodigieusement navré de voir que tout le monde se trompait à ce point, et rêvait d'un système qui était en réalité un enfer. Le maoïsme[17] ». Une critique acerbe qu'il lui arrivera aussi de relier à son vécu personnel en soupirant : « Combien de femmes dont j'étais éperdument amoureux ont succombé à des maoïstes[18] ! »

Jean Rochefort ne se positionne pas vraiment sur le plan politique, car il s'estime privilégié et ne conçoit pas que ses semblables militent pour renverser une table qui lui semble suffisamment garnie pour nourrir l'ensemble de sa profession. D'abord dubitatif, il se montre franchement hostile au mouvement quand, au moment de tourner son nouveau film avec Philippe de Broca, *Le diable par la queue*, Michelle, l'épouse du réalisateur qui est également sa productrice, annonce à l'équipe : « Mes enfants, je ne peux pas vous payer, vu les circonstances... » Le ressentiment à l'égard de la fronde de celui qui incarne le comte Georges de Coustine s'en trouve galvanisé. « Quand nous avions fini les heures de travail, nous jouions à la pétanque et je faisais équipe avec Montand : il tirait et je pointais. Il répétait toujours : *C'est une partie de titans.* J'avais des bons rapports avec lui, mais j'avais surtout mon ami Marielle qui était là[19]. »

Le diable par la queue est le premier film de Marthe Keller qui a déjà tourné une douzaine de dramatiques télévisées. Fille d'un entraîneur de chevaux allemand qui réside à Bâle, en Suisse, elle vient passer une audition à Paris et est retenue parmi trente-cinq candidates. Le tournage coïncidant avec la période de relâche du Schiller Theater de Berlin Est dont elle est la benjamine depuis deux ans, elle s'installe dans la capitale... en Mai 68 et explique avoir « choisi de faire ce film en dépit des retards de tournage dus aux événements de l'époque[20] ». Une décision lourde de conséquences, dans la mesure où son contrat avec le Schiller Theater stipule que la jeune comédienne soit de retour à Berlin le 1er août. Mais le tournage étant loin d'être terminé, elle décide de quitter la troupe. Faute de maîtriser la langue française, elle doit apprendre son rôle phonétiquement à l'aide d'un magnétophone, le réalisateur lui mimant les gestes qu'elle est censée accomplir. Mais, avoue-t-elle, «je n'ai jamais compris Philippe de Broca, il parle trop vite pour moi[21]». En cette période propice au féminisme, Marthe Keller ne mâche pas ses mots : « Quand j'ai vu de Broca accroupi avec une caméra, moi plus haut : on filmait mes jambes. Je me suis dit *Mais alors, il n'y a que mon physique, je suis rien, une midinette*[22]. » Davantage rompu à la méthode du cinéaste, Rochefort s'avère tout de même parfois décontenancé et l'admet : « Il a tourné des choses avec lesquelles je n'étais pas du tout d'accord pendant le tournage et au résultat... j'ai eu de grandes joies. J'étais très heureux de ce qu'on avait fait, même si je n'avais pas été d'accord[23]. »

Comme il en a pris l'habitude, Jean Rochefort passe cet été-là des vacances bien méritées en Bretagne avec femme et enfants. Il est alors question qu'il revienne au théâtre dans la première version de *Biographie, un jeu* de Max Frisch, qui vient d'être publiée, mais ne sera finalement créée pour la première fois en France qu'en... janvier 1970, sous le titre *Biographie, jeu théâtral.* Alors, à ses heures perdues, il dit également le commentaire du documentaire télévisé de Pierre Fabre *Pour les pieds nus d'Hélène.* On l'entend aussi à la radio, mais on le voit de moins en moins, même si le décalage entre les tournages et les sorties atténue cette sensation aux yeux du public.

Le 1er janvier 1969 est un jour à marquer d'une pierre noire dans la vie de Jean qui perd sa mère à l'âge de soixante-six ans, elle dont il dit qu'« elle était toujours prête à se lever, à jaillir pour autre chose, et quand elle entreprenait une chose, elle commençait à culpabiliser parce qu'elle se désintéressait d'une autre chose qui était en train[24] ». Une semaine plus tôt, raconte Babeth, l'ex-épouse du comédien, qui croise régulièrement Fernande dans sa retraite de Saint-Lunaire, « je suis allée faire prendre ma tension avec madame Rochefort et je m'en veux de ne pas l'avoir forcée à faire de même. Nous sommes rentrées à Paris ensemble et je l'ai déposée sur un quai où l'attendait Jean pour le réveillon de Noël. Elle est morte huit jours après : elle avait vingt-quatre de tension[25] ! » Pour Jean, le choc est terrible. « C'est vous qui, à la mort de vos parents, êtes au bord de ce trou qui nous terrorise. Je suis devenu réellement orphelin, alors que j'étais déjà dans ma grande maturité[26]. » À seulement trente-huit ans, cette disparition le renvoie prématurément à la sienne : « Désormais, déclare-t-il, entre le cimetière et moi il n'y avait plus de garde-fou : dorénavant je me retrouvais en première ligne[27]. »

Paradoxalement, mû par un réflexe régressif qui évoque un refus de vieillir, Rochefort s'est offert un Circuit vingt-quatre avec ses amis les plus chers, les grands enfants se réunissant pour faire courir leurs bolides miniatures. « Les dimanches après-midi, quand le temps n'était pas très agréable, nous nous retrouvions dans mon grenier avec Noiret, Marielle et Belmondo. Nous avions ces jeux de petites voitures électriques que nous frictionnions pour qu'elles aillent plus vite[28]. » Ce qui tombe à pic pour quelqu'un qui considère que « le cinéma est en train de devenir un art pour adolescents attardés – dont je suis[29] ». Et puis, entre deux promenades à cheval en forêt, il accompagne Ursula Andress et Charles Gérard au vernissage de l'exposition consacrée au sculpteur Paul Belmondo qui se tient à la galerie André Pacitti, faubourg Saint-Honoré.

Au printemps, Rochefort consent finalement à revenir sur scène dans *Le prix*, une pièce d'Arthur Miller mise en scène par Raymond Rouleau au Théâtre Montparnasse-Gaston Baty. « C'est l'opposition de deux frères qui se retrouvent après plusieurs années de séparation, qui ne se sont jamais compris, qui ne s'aiment pas parce que la vie les a séparés[30]. » Ce résumé établi par le comédien semble décrire de façon troublante l'état des relations qu'il entretient avec son propre frère, Pierre, dont la disparition de leur mère ne l'a pas vraiment rapproché. Une fois n'est pas coutume, c'est le sujet qui l'a attiré, davantage que la réputation de son metteur en scène (bien qu'il déclare ne s'être jamais senti « aussi en sécurité en jouant une pièce qu'après le travail de Raymond Rouleau[31] ») ou la personnalité de ses partenaires, Yvette Etiévant, Claude Dauphin et Pierre Mondy. Comme pour évacuer toute comparaison entre l'artiste et son modèle, Thierry Maulnier, qui a adapté la pièce en français, dit du personnage campé par Rochefort : « Walter, c'est le frère qui a réussi socialement. Il est devenu un médecin important et il gagne très bien sa vie. Cela dit, il est malgré tout tourmenté par certains problèmes : il n'a pas de réussite familiale, il a divorcé, ses enfants font de mauvaises études et il est obsédé, d'autre part, par l'idée qu'il a été favorisé par rapport à son frère et il a mauvaise conscience[32] ». Il y a donc autant de Pierre que de Jean dans ce grand chirurgien que ce dernier campe en s'efforçant « de faire voir par petites touches qu'en fait ça n'est pas non plus très bien de réussir socialement[33] », ce qui est la philosophie de Miller. « Est-ce que les personnages antipathiques sont vraiment antipathiques ? s'interroge Rochefort. C'est ce qui me passionne dans le rôle[34]. » Et l'acteur d'argumenter : « J'aime chercher moi-même et que ça soit Rochefort qui interprète un rôle à sa manière, et non pas un metteur en scène qui va m'enfermer dans un carcan[35]. » Bien qu'il souligne la « profonde vérité humaine[36] » qui émane du texte, il se met ainsi en danger vis-à-vis du public et déclare : « Je sens pendant les trois premiers quarts d'heure l'hostilité de la salle et c'est une chose très nouvelle pour moi[37]. » C'est le prix à payer, même si cette réactivité suscite en lui une certaine ivresse et qu'il en est conscient : « Je me sens plus à l'aise sur un plateau de cinéma qu'au théâtre où j'ai de plus en plus le trac[38]. »

« Ma vie est très calme et tranquille, admet Rochefort. Je fais du sport. Je suis passionné par l'activité corporelle. J'aime me fatiguer physiquement, ce qui est très bon pour nous les acteurs et pour toutes les professions dites intellectuelles. Je suis chez moi un homme sans préoccupation grave devant mes proches. Ma femme a un œil ouvert aux audaces du spectacle. Ce n'est pas elle qui m'orientera vers une sécurité ou un confort. Elle est peut-être aussi exigeante que moi et à la recherche de quelque chose de nouveau, comme on cherche des choses nouvelles en peinture et en sculpture[39]. » En l'occurrence, le démon qui commence à travailler l'acteur est celui de l'écriture, mais, avoue-t-il, « c'est tragique parce que je subis de telles influences que j'écris du Beckett, du Ionesco, du Pinter[40] ». Alors, il se réfugie dans les textes des autres, passant d'*Eugénie Kopronime ou La vie en jaune* de René-Nicolas Ehni et *Claire* de Jacques Chardonne adapté par Michel Déon, pour la radio, à *La hache* de René Goscinny et au *Peintre et son modèle* produit par Marianne Oswald et Remo Forlani, pour la télévision. Résultat, la revue *Cinéma* écrit que « sur lui bute la manie bien française du rapprochement et de la comparaison, tant son originale personnalité en fait, dans nos arts du spectacle, un inclassable marginal. Il a quelque chose d'aristocratique dans la stature, la bouche et la lasse nonchalance, que tempèrent et corrigent l'ironie sous-jacente et l'humour à froid. Toutes caractéristiques qui l'ont fait cataloguer, au cinéma, parmi les fantaisistes, pince-sans-rire et paresseux spirituels[41] », lui qui affectionne à la scène les « personnages dérangeants, drolatiques, incongrus[42] » et déclare vouloir « apporter un sang neuf, un nouveau courant, de nouveaux sujets de réflexion[43] ».

« Au début, j'arrive à cheval dans un parc, avec une bobine de pellicule sous mon bras. Et l'on s'aperçoit que tout ce qui est déjà fixé sur la pellicule va m'arriver – et même très exactement. Chaque spectateur peut rêver, et tirer sa propre conclusion[44]. » Ainsi résume-t-il *Il sera une fois*, le premier long métrage d'André Farwagi, « une sorte de conte de fées[45] » rebaptisé *Le temps de mourir* en qui son réalisateur voit « la version moderne de *Ce soir à Samarcande*[46] », fameuse pièce de Jacques Deval créée en 1950. Ironie du sort, c'est au moment précis où le premier homme marche sur la lune que se tourne cette « histoire délirante à la limite de la science-fiction[47] », couronnée du Prix de la critique au vingtième festival de Berlin, en juillet 1970, dans laquelle Rochefort incarne, de son aveu même, « un monsieur sain et équilibré, aux prises avec un inquiétant magnat[48] » et qu'il déclare avoir « tourné avec beaucoup d'enthousiasme, avec mon ami Bruno Cremer et Anna Karina[49] ».

Entre deux engagements, Jean Rochefort prête sa voix à l'auteur des *Trois sœurs*, qu'interprète Nikolaï Grinko, l'acteur ukrainien fétiche d'Andreï Tarkovski, dans la version française du film de Sergueï Youtkevitch *Lika, le grand amour de Tchekhov* qui a attiré plus de huit millions de spectateurs en URSS. Engagée pour le rôle titre, qui l'a mobilisée pendant dix mois rémunérés en roubles non convertibles, « Marina Vlady est furieuse, elle qui a appris son texte en russe, de se voir entièrement doublée par une autre actrice russe dans la version soviétique[50] ». En revanche, elle loue chez Rochefort « le ton de voix le plus juste, le plus tendre, en un mot le plus tchékhovien, entouré de Gabriel Cattand et d'Arlette Thomas, eux aussi parfaits, tous dirigés par Élie Fabrikant, notre producteur français d'origine russe[51] ». C'est d'ailleurs à nouveau de la voix que donne Rochefort dans *Le jardin des délices*, la pièce de Fernando Arrabal que monte Claude Régy au Théâtre Antoine. Une contribution enregistrée à laquelle il ne consent que par amitié envers Delphine Seyrig. Cette pièce, Arrabal l'a en effet écrite après avoir vu la comédienne dans *Se trouver*. Sa liberté d'esprit évoque celle de la comédie musicale *Hair*, qui se joue à guichets fermés depuis le printemps précédent au Théâtre de la Porte Saint-Martin, Delphine Seyrig et Marpessa Dawn (l'inoubliable Eurydice d'*Orfeo Negro* de Marcel Camus) s'y montrant plutôt dévêtues. Promus actionnaires du spectacle, les acteurs ne touchent pas de cachet, mais un pourcentage sur les recettes. Quant à Arrabal, confiant, il a décidé de ne pas assister aux répétitions pour découvrir sa pièce avec le public. Il n'est pas le chef de file du mouvement Panique pour rien !

C'est en participant à la création d'*Un jour dans la mort de Joe Egg*, la première pièce de Peter Nichols, adaptée par Claude Roy et mise en scène par Michel Fagadau au Théâtre de la Gaîté-Montparnasse, que Jean Rochefort revient vraiment sur les planches, le 18 novembre 1969, dans un rôle créé à New York par le comédien britannique Albert Finney. « C'est quand j'ai trouvé les chaussures que j'ai trouvé le rôle. Je répétais depuis un mois et demi avec un metteur en scène qui m'expliquait les tenants et les aboutissants psychologiques, mais ça ne m'évoquait strictement rien[52]. » Jusqu'au moment où « j'ai tout compris de la fragilité miteuse du rôle en dénichant rue de la Gaîté une petite paire de godasses en daim qui donnait envie de pleurer. Des godasses sans espoir, faux luxe, anti-dérapage pour long usage ! Une pitié... Mais avec ça aux pieds, la pièce me semblait claire[53] ». Du coup, on ne peut qu'abonder dans son sens, lorsqu'il déclare : « Moi, c'est la médiocrité qui m'exalte, qui stimule mon imagination, qui me pousse hors de mes gonds. Jamais je ne m'investis autant dans un personnage que lorsque j'ai découvert le petit détail sordide qui lui convient[54]. » En l'occurrence, précise Rochefort, « je pouvais être sautillant parce qu'elles étaient antidérapantes, suffisamment médiocres pour savoir que le salaire d'instit' de mon personnage était faible[55]... »

Le thème de la pièce – intitulée à un moment en français *Un jour de la mort de la petite plante* –, est des plus dérangeants, ce qui complique singulièrement son casting. « C'était l'histoire d'un couple qui, à l'anglaise, réagissait devant le fait d'avoir un enfant multi-handicapé, explique Rochefort, *un légume* comme disait Peter Nichols, et quelques actrices françaises sont venues lire la pièce pour passer une sorte d'audition. La pièce était réellement cruelle et très drôle. Au bout de dix répliques, les actrices pleuraient, alors qu'il fallait rester drôle. J'en parle à Marielle un matin au téléphone et, avec sa voix chaude, il me dit : *Prends la Boche*[56] *!* » Et Rochefort de transmettre ce conseil à Michel Fagadau en ces termes : « Marthe Keller m'inspire, je l'aime beaucoup[57]. » Reste que celle-ci doit d'abord achever le tournage des *Caprices de Marie*, son deuxième film sous la direction de Philippe de Broca. Le jour de l'audition, raconte-t-elle, « je me suis mise toute en noir et les cheveux tirés et j'ai lu la pièce. Pour la première fois, je jouais une femme de trente-cinq ans, et j'en avais vingt-quatre[58] ». Certes, la Suissesse germanophone postule à un rôle au théâtre en français, mais elle connaît la pièce pour l'avoir découverte en Allemagne et le metteur en scène Michel Fagadau voit en elle « une Bergman de l'époque de *Pour qui sonne le glas*, splendide et saine[59] ».

À quelques jours de la première, Marthe Keller doit être transportée d'urgence en clinique : « En portant aux répétitions sa fille de théâtre, qui a dix ans dans la pièce mais quatorze en fait comme l'exige la loi, elle avait fait un trop gros effort[60]. » Rochefort est soucieux de la réaction des spectateurs face à un sujet délicat. À ses yeux, « c'est une pièce qui était très très intéressante car, sur un mode comique et vraiment drôle, cocasse, elle était très noire[61] ». Pourtant, il en est fermement convaincu, il s'agit là d'« une pièce généreuse sur le malheur, et le malheur c'est grave, mais ce n'est pas forcément sinistre[62] ». Dès lors, sa crainte apparaît d'autant plus irrationnelle qu'il adhère pleinement au projet et y perçoit « un impact extraordinaire. Pour un acteur qui, comme moi, possède une voix chaude, il y avait là un rôle fantastique[63] ».

Un jour dans la mort de Joe Egg donne lieu à près de trois cents représentations... qui ne se ressemblent jamais. « Nous jouons certains soirs une pièce très drôle où le public rit sans arrêt et d'autres soirs dans un silence total, constate Rochefort. Le problème se joue dans les deux premières minutes de la pièce, quand l'enfant entre, car on ne sait pas du tout ce qui va se passer. Et si aux deux ou trois premières répliques que j'adresse à cet enfant qui ne peut pas me répondre, le public sourit et commence à s'amuser, nous jouerons une pièce drôle. Et il y a certains soirs où ces premières répliques n'amènent rien sinon un silence glacé et nous jouons une tragédie[64]. » C'est en quelque sorte la naissance d'un théâtre à géométrie variable où chacun essaie de trouver ce qu'il est venu chercher. « Je réagis par l'humour, explique Rochefort, pour cacher en fait un désespoir qui est chez cet auteur rendu d'une façon extrêmement profonde et contemporaine, avec une sincérité et une pudeur absolument fantastiques, et c'est ce qui m'a bouleversé en particulier dans cette pièce[65]. » Et l'acteur de dresser l'éloge, à travers la pièce de Peter Nichols (qui a quatre enfants dont l'aînée est handicapée), d'« un théâtre très moderne, mais en même temps accessible dans le sens le plus noble du terme[66] », tout en énonçant une étrange prophétie : « On va faire du théâtre sans auteur pendant un certain temps. Et puis, on va se mettre à vingt à devenir un auteur. (...) Mais l'auteur ne peut pas ne pas exister, même s'il est multiple[67]. »

Jean Rochefort a vu juste et la critique le lui rend bien, à commencer par Bertrand Poirot-Delpech qui déclare dans *Le Masque et la Plume* : « Vous connaissez tous ce physique assez secret : un œil plutôt amusé, narquois, mais qui cache beaucoup de mystère, surtout au cinéma. Et là, brusquement, il élargit considérablement les registres qu'on lui connaissait[68]. » Jean-Jacques Gautier loue de son côté « la perfection dans l'aisance, la multiplicité dans la nuance, l'esprit de finesse fait homme et l'acuité d'expression la plus pénétrante et efficace qui soit[69] ». Le comédien constate toutefois que « nous sommes dans le creux d'une vague, en ce moment en France, et c'est malheureux, mais ça fait des années que je n'ai pas joué une pièce française[70] », en appelant de ses vœux l'émergence d'une nouvelle vague de dramaturges français qu'il définit comme « un mélange de Molière et de Feydeau traité dans le style grinçant moderne[71] ». Quant à l'assertion selon laquelle Jean-Pierre Marielle en ferait trop et Jean Rochefort pas assez, ce dernier agacé explique publiquement que c'est « parce que je ne suis pas compris par mes contemporains. J'ai un art un peu subtil et je ne suis pas toujours suivi par la critique et souvent par le public, mais je suis victime de notre époque[72] ». Cependant, concède-t-il, « au boulevard, j'ai refusé des trucs énormes, à des conditions formidables. Mais je n'ai aucun mérite : je n'aurais pas pu les jouer. Je n'aurais pas pu les apprendre, j'aurais rigolé tous les soirs sur scène[73]... »

Quelques mois plus tôt, cette malédiction a failli être rompue, lorsque Remo Forlani s'est enhardi à faire monter sa première pièce de théâtre, *Guerre et paix au café Sneffle*, et l'a fait lire à Jean-Pierre Marielle. Circonspect, celui-ci a transmis le texte à son copain Rochefort qui s'est montré nettement plus enthousiaste et lui a suggéré, à défaut de l'interpréter, d'en régler la mise en scène. Selon Forlani, « le 11 novembre 1968, à quinze heures précises, on se retrouve, Marielle, Rochefort et moi, dans un bureau-salon au-dessus du Théâtre Antoine. Pour une lecture. Une lecture à l'intention de madame la directrice. Une ancienne vedette de théâtre. Simone Berriau. Qui nous reçoit dans un déshabillé très habillé avec, cousue dessus, sa Légion d'honneur. Elle nous abreuve au champagne. Et, majestueuse comme une Mme Récamier; elle écoute. Elle écoute Marielle jouant le Babo, jouant admirablement le Babo, Rochefort jouant avec art tous les autres rôles conséquents, moi balançant timidement les répliques des tout petits rôles. Mme Berriau ne perd pas un mot, pas un silence. Après quoi, en éclusant une ultime coupette, elle nous dit poliment mais fermement que *venir lui lire un 11 novembre une pièce évoquant aussi grossièrement la guerre, c'est vraiment de très mauvais goût.* En bref, elle nous vire[74] ». La pièce sera finalement montée au Théâtre La Bruyère dès mars 1969 par Georges Vitaly.

En cette ère post-soixante-huitarde, les metteurs en scène ont une fâcheuse tendance à détrôner les auteurs et à vouloir se faire remarquer par leur audace. Aiguillé par Aleksandra, Jean Rochefort lui-même s'intéresse à une pièce polonaise de Tadeusz Rittner qu'il a envisagé de monter dès 1964. Initialement intitulé *L'été*, ce projet renaît de ses cendres six ans plus tard sous le titre *La fin de l'été*, Rochefort ayant travaillé avec Koukou Chanska sur cette histoire où « un jeune homme très fragile se repose dans une maison spécialisée des bords de la Baltique. Il tombe amoureux de la femme du médecin[75]... » Il est d'abord question de Daniel Laveugle comme metteur en scène et d'Anne Carrère dans le rôle principal de cette pièce annoncée au Théâtre Moderne... La première est fixée au 13 janvier 1971. Rochefort peut jubiler : « C'est plein d'humour, de férocité, de charme et de vérité[76]. » Il se verra cependant contraint de jeter l'éponge et *La fin de l'été* ne sera finalement monté que l'année suivante, avec André Falcon, Michel Auclair et Xavier Gélin.

16

Une affaire de moustache

« On ne sera jamais Alceste. Alceste est un personnage qui existe avant nous, et qui existera après nous. Ne touchez pas à ce personnage, n'essayez pas de le jouer en y apportant vos sentiments personnels ; ils sont dérisoires. Essayez donc simplement de dire, de mécaniser par la diction, ce qui a été écrit par un nommé Molière, affirmait Louis Jouvet dans sa classe du Conservatoire du 3 avril 1940. Tu ne sentiras le sens du texte qu'en essayant de le dire, pas de le jouer[1]. » Jean Rochefort a-t-il eu vent de ces conseils, lui qui se targue d'avoir déclamé trois vers du *Misanthrope* sur la scène de la Comédie-Française quand il était élève du Conservatoire et tient Aimé Clariond pour le plus remarquable Alceste qu'il lui ait été donné de voir, lorsque l'acteur l'a repris et mis en scène en 1947 au Théâtre Antoine, à Paris ? Toujours est-il que Jean Rochefort est le premier choix de Pierre Dux, interprète de plusieurs rôles du *Misanthrope* au fil de sa carrière dont une version mise en scène et jouée au Théâtre de l'Œuvre en 1963. Cette passion, l'administrateur général de la Comédie-Française en situe la naissance avec précision : « J'ai joué Alceste aux côtés de Marie Bell à Nice, au Palais de la Méditerranée, et ce premier essai a scellé mon attachement indéfectible à ce rôle, à ce personnage admirable[2]. » Enhardi par la confiance que lui manifeste celui dont il fut pourtant l'une des bêtes noires au Conservatoire, Rochefort lui suggère de confier le rôle de Célimène à Delphine Seyrig, laquelle décline la proposition en prétextant qu'elle n'a plus l'âge du rôle. Le metteur en scène opte à sa place pour Marie-Christine Barrault, qu'il a déjà dirigée dans une pièce de Luigi Pirandello. Jacques Charon retrouve pour sa part Oronte qu'il a déjà campé pour Pierre Dux.

C'est pour la télévision que se monte ce *Misanthrope* conçu comme une émission de prestige, tournée en couleurs mais... diffusée en noir et blanc. Jean Rochefort y incarne Alceste sans moustache et sans perruque, bien décidé à lutter contre des apparences trompeuses : « On me prend souvent pour un acteur classique, dit-il. Parce que j'ai le nez fin, l'air sage, la voix grave, on me situerait volontiers parmi les tenants du dix-huitième siècle[3]. » Voici enfin « le rôle des rôles[4] » qu'il attend depuis vingt ans, lui qui a toujours refusé d'incarner Philinte ou Oronte en attendant Alceste : « Je pensais que ça m'était interdit et Pierre Dux a dû sentir que j'étais peut-être fait pour essayer[5]. » Partant du principe selon lequel « chaque homme met dans le personnage ce qu'il a en lui[6] », l'acteur déglutit sa connaissance intime de ce rôle : « Nous avons essayé ensemble de faire d'Alceste un personnage Louis XIII mélangé à des personnages Louis XIV, explique-t-il, c'est-à-dire que c'est le monsieur qui n'a pas voulu s'habiller à la mode du temps et qui est resté une sorte de provincial. On a imaginé qu'il habitait Auteuil et qu'il venait à Paris de temps en temps, qu'il n'avait jamais voulu aller chez un tailleur et qu'il portait encore le costume de son père[7]. » Marie-Christine Barrault, elle aussi, se prend au jeu : « Bien que Célimène me paraisse quelque peu dépassée par les événements, dit-elle, j'ai tâché qu'elle soit émouvante à la fin et je crois que je ne l'ai jamais rendue antipathique. Je dois dire que j'y ai été aidée par Jean Rochefort, dont l'Alceste me touchait beaucoup[8] » et qui affirme avoir « essayé d'égayer le personnage. Chaque comédien lui apporte ce qu'il a de plus secret, de plus profond en soi. Moi, c'est l'humour. J'ai voulu donner à Alceste la possibilité permanente de se réconcilier avec les humains. Mais il n'y arrive pas : ils le déçoivent trop[9] ». Pierre Dux juge quant à lui que son interprète « a ce caractère d'homme renfermé, un peu sauvage même, et qui de temps en temps explose avant de sourire, d'un sourire presque enfantin[10] ». Reste le doute qui plane sur les retrouvailles des deux acteurs. « C'est une curieuse sensation, pour un comédien, d'être dirigé, à quarante ans, par un de ses anciens maîtres, reconnaît Rochefort. Nos rapports m'inquiétaient. J'avais toujours peur qu'il me remette au piquet. Mais ça s'est passé parfaitement[11]. » L'acteur invoque son expérience : « Si on m'avait proposé il y a deux ans de jouer *Le Misanthrope*, j'aurais refusé. C'est le succès de la pièce que j'ai interprétée à la Gaîté-Montparnasse : *Un jour dans la mort de Joe Egg* qui m'a donné le courage d'aborder le rôle[12]. »

C'est la première fois depuis le Conservatoire que Jean Rochefort se trouve confronté à une pièce en vers. Il lui faut donc s'imprégner du texte en mettant au point un dispositif particulier. « Pour me pénétrer du personnage sans entrer dans le ronron habituel, explique-t-il, je me suis mis à répéter à l'Étang-la-Ville, où j'habite, avec mes enfants et leurs petits camarades du voisinage, qui m'ont donné la réplique. Ce sont eux qui m'ont aidé à aborder la pièce avec un regard neuf[13]. » Il y a en outre été encouragé par Pierre Dux qui lui a laissé carte blanche. Un trimestre durant, l'acteur mobilise Aleksandra, tandis que Marie et Julien s'amusent à jouer les petits marquis. Mais il lui faut aussi parfois s'isoler des siens et du reste du monde. Téfine devient alors sa plus fidèle complice. « Cette jument, comme moi, aimait la solitude, et nous avons marché au pas des heures et des heures, rênes longues sur sa crinière dans la forêt de Rambouillet, et moi j'avais ma petite édition Larousse du *Misanthrope*, rôle d'Alceste, mille vers, je crois, que j'ai pu apprendre sur son dos, loin de toute autre tracasserie[14] », car, souligne-t-il fièrement, « une jument pur-sang était indifférente aux autres chevaux en forêt de Rambouillet[15] ». Plus tard, c'est Rochefort lui-même qui figurera en couverture des Petits Classiques Larousse, dans une photo extraite du *Misanthrope* mis en scène par Pierre Dux.

Le défi qui s'offre au comédien consiste à tourner un acte entier par journée, ce qui équivaut à moins d'une semaine du mois de juin 1970, la pièce en comprenant cinq. Rochefort a décidé que son personnage est... un dogue anglais, ce qui ne l'empêche pas pour autant de le rendre « vulnérable, donc touchant[16] ». Reste que la télévision nécessite un dispositif beaucoup plus pesant que le théâtre et que, bien que cette captation un peu particulière soit enregistrée huit mois avant sa diffusion, « nous avons eu tous les inconvénients du direct sans en avoir les avantages[17] », souligne l'acteur. Moins rompu que son interprète à ces aléas, Pierre Dux peste autant contre le poids de la technique que contre la bureaucratie qui sévit à l'ORTF. « Trop d'ombres de perches se promènent sur l'écran, déplore-t-il. Nous n'avons pu y remédier. Et pourtant, nous avons, bien malgré nous, perdu du temps. Le *magnéto*, par exemple, qui devait nous être livré de la rue Cognacq-Jay, n'arrivait jamais à l'heure dite : quand je téléphonais pour l'obtenir, il n'était jamais libre[18]... » Pour Rochefort, l'expérience n'est guère plus faste : « Au dernier acte, un cameraman a roté carrément dans mon nez. Après il est venu s'excuser en prétextant qu'il avait bu de la bière. Le malheureux, il avait passé son début d'après-midi à filmer un match de football[19]. »

En jouant ce *Misanthrope* sur lequel il a tant misé et qui marquera les esprits, Jean Rochefort se retrouve une nouvelle fois à la croisée des chemins entre la Comédie-Française et la télévision. Mais bien qu'il assume son « regret de ne pas avoir joué la pièce au théâtre[20] », il se défend de vouloir « entrer *chez Molière* : je ne suis pas fait pour vivre avec une troupe et des partenaires imposés. Ce que j'ai toujours voulu, c'est être responsable de ce que j'entreprends[21] ». Il invoque une raison majeure à ce refus : « Je suis d'une nature beaucoup trop indépendante pour me plier facilement à la discipline de cette grande maison[22]. » Par ailleurs, il considère désormais que « la télévision n'est pas un instrument intéressant. Je crois qu'il faut se déplacer pour voir un spectacle. Ce n'est pas une bonne chose d'avoir inventé cet appareil[23]... » En outre, «je trouve qu'il ne faut pas s'y montrer trop souvent. Et qu'il faut chaque fois un maximum de garanties sur le plan de la qualité. Si c'est le cas, oui, ça me passionne. Bien qu'en fait je n'aime pas tellement entrer comme ça chez les gens, par effraction. Je ne peux pas m'empêcher de penser qu'ils regardent leur écran tout en se préoccupant de soucis domestiques. La communion entre les acteurs et le public existe encore moins qu'au cinéma. Aussi, je m'adapte assez mal[24] ».

Jean Rochefort se remémore-t-il que René Simon lui a naguère conseillé de se laisser pousser les cheveux et d'attendre quarante ans pour prétendre à une véritable ambition dramatique ? « On me prédisait une carrière d'une intense médiocrité[25] », déclare-t-il. Mais il revient parfois à de dérisoires artifices d'occuper une place déterminante. À la suite de cette expérience intense pour laquelle il a dû arborer un postiche qui n'a cessé de se décoller, Jean Rochefort prend une décision capitale : « Ma fausse moustache ruisselait et j'avais toujours peur de la perdre, alors j'ai laissé pousser la mienne[26]. » En effet, « sans moustache, j'ai l'air de ce que je suis, explique-t-il sans détour, une vraie saloperie, un faux derche sans lèvres. Je n'inspire pas confiance[27] ». Du coup, «je ressemble à un traître de mélodrame. Et puis, derrière ma moustache, je dissimule mon hypocrisie... Je suis persuadé que l'hypocrisie est non seulement nécessaire mais bienfaisante. Elle fait partie des codes sociaux. Elle permet d'arrondir les angles[28] ».

Alceste étant devenu peu à peu comme son ombre, Jean Rochefort revient du petit au grand écran avec *La liberté en croupe* d'Édouard Molinaro, une comédie de mœurs tirée du roman homonyme de Jacques Perry qui traite, selon son réalisateur, « des incidences de l'esprit de Mai 68 sur une famille de grands bourgeois[29] », en l'occurrence, « des gens qui me sont familiers et que je fréquente[30] ». Parmi ceux-ci, Jean Rochefort campe un homosexuel cultivé qui tombe amoureux de Bernard Le Coq (lequel fête son vingtième anniversaire à la fin du tournage), puis se console dans les bras de la mère de ce dernier qu'incarne Maria Mauban, mariée de son côté à Michel Serrault. La presse magnanime décrète que «Jean Rochefort a toujours plus de talent qu'il n'en faut[31] », qu'il « domine de très haut un rôle ingrat[32] » et qu'il est « le plus nuancé, le plus délicat de tous – admirable dans un rôle difficile qu'il ne rend ni ridicule ni vulgaire[33] ». En désespoir de cause, car le public ne suit pas.

Au lendemain de Mai 68, le cinéma français, auquel on a si souvent reproché de trop peu refléter la société, commence à s'intéresser à son époque, à l'instar du film *Céleste, féminin singulier*, qui deviendra... *Céleste.* Du journaliste de télévision qu'il y incarne, Rochefort déclare : «Je passe pour être un intellectuel progressiste, alors qu'en vérité je ne suis qu'un adolescent attardé, séduisant et égoïste qui joue avec tout : la vie, la mort, l'amour, la guerre, sans rien donner de lui-même[34]. » L'affiche exprime la tonalité de ce film qui aborde la lutte des classes par le petit bout de la lorgnette. On y voit Deborah Duarte, une comédienne de télévision brésilienne de vingt ans, et Jean Rochefort porter une poubelle surmontée de cette phrase d'accroche : « Les aventures d'une bonne portugaise (marxiste-léniniste) à Paris. » Par ailleurs, dans des bulles de BD d'un humour douteux, la soubrette dit : « Dans mon païsse, les capitalistes, ils couchent avec la femme, ils couchent avec la amie. Ils couchent avec la bonne aussi, même s'ils l'aiment pas, ils font. C'est comme ça. » Ce à quoi son patron paternaliste lui rétorque, un magazine sous le bras et un oreiller à la main : «Je sais, et quand la bonne est enceinte, elle épouse le chauffeur. Ce train de vie est au-dessus de mes moyens.»

Le scénariste Louis Sapin, que Rochefort connaît depuis vingt ans comme grand reporter de télévision, affirme s'être inspiré de sa rencontre personnelle avec une femme de ménage en exil recherchée par la police portugaise. Cet «homme de la gauche un peu nantie[35]» explique avoir «axé le sujet sur les vieux galopins qui ne veulent pas vieillir[36]». Le réalisateur Michel Gast, lui, revient à la mise en scène après une dizaine d'années d'absence... Et ça se voit, à en croire Rochefort qui se prépare à son habitude : «Je travaille le costume, on en parle beaucoup au bistrot avant[37].» Il semble donc paré pour une composition en phase avec la réalité. «Le premier jour de tournage se passait dans l'appartement du personnage : le grand reporter type. (...) Je me dirige pour me mettre en place et je vois un téléphone gris avec des glands en velours. Alors je me retourne vers le metteur en scène pour lui dire : *Ça c'est impossible*[38].» Du tac au tac, «il me répond qu'il a amené son propre téléphone pour me porter bonheur. J'ai alors su que le film était foutu[39]...» Cela n'empêchera pas le comédien d'en assurer la promotion et même d'évoquer «un film bouleversant de sincérité, honnête, objectif, et d'un humour désespéré[40]...», en trouvant des qualités insoupçonnées à son personnage : «J'essaie de le jouer avec une certaine satire, parce qu'en même temps ce milieu m'amuse un petit peu personnellement et je le regarde avec un petit œil critique[41].»

«Rochefort, tu aimes? Oui, mais je l'ai vu mieux[42].» Cette critique de *Céleste* résonne en écho à la prose cinglante d'Henry Chapier s'étonnant que Gast ait «réussi à engager Jean Rochefort dans ce four, aboutir à rendre mauvais un acteur de grande qualité[43]». Ailleurs, un audacieux écrit qu'il «interprète son meilleur rôle à ce jour[44]»... peut-être parce que c'est celui d'un journaliste, et on le juge «émouvant dans les situations les plus périlleuses[45]», même si «on lui voudrait de plus nobles emplois[46]» et «qu'un comédien aussi considérable n'ait manifestement pas tout compris des intentions secrètes du scénario excuse le commentateur d'avouer, in extremis, sa propre perplexité[47]». Un malentendu d'autant plus pardonnable que Rochefort n'a jamais cherché à cacher son jeu : «J'aime jouer les clowns tristes, et aussi ces personnages qui vous entraînent vers une certaine cruauté, une certaine méchanceté[48]. »

Cet été-là, faute d'être parvenu à convaincre Jean-Paul Belmondo de jouer *Le mariage de Figaro* au festival d'Angers, comme il en caressait le projet, Jean Rochefort accueille un nouveau voisin en la personne de Philippe Noiret. Grâce au succès public d'*Alexandre le bienheureux* et au cachet hollywoodien que lui a valu *Justine* de George Cukor, celui-ci a désormais les moyens de se mettre au vert dans une maison située sur les coteaux ensoleillés de Mareil-Marly. Quand il découvre qu'une demeure pour laquelle il a ressenti un véritable « coup de foudre[49] » au début des années 60 est à nouveau en vente, il ne laisse pas lui échapper cette seconde chance de l'acquérir. « Son jardin était contigu à celui de Jean Rochefort[50] » chez lequel la tribu Noiret a passé tant de dimanches.

À la rentrée 1970, Jean Rochefort reprend pour soixante représentations à la Gaîté-Montparnasse *Un jour dans la mort de Joe Egg* qui a obtenu entre-temps les prix de la mise en scène et des meilleures interprétations masculine et féminine décernés par les critiques de théâtre. Mi-octobre, le comédien se voit remettre quant à lui le prestigieux trophée Dussane des mains de Jacques Dufilho, qui en fut le premier lauréat l'année précédente. Rochefort est d'autant plus comblé par cette distinction qu'il voit dans la pièce de Peter Nichols « un théâtre réellement populaire et intéressant à montrer dans les maisons de la culture[51] » et considère qu'« une des responsabilités du comédien c'est d'essayer au travers de ses choix, de sa carrière, de s'intéresser le plus possible à vivre dans son temps, en fonction de ce qui se passe et dans le choix des choses qu'il joue[52] ». Sa partenaire, Marthe Keller, obtient quant à elle le Prix Bistingo et doit surtout à ce rôle d'en décrocher un autre qui la marquera à tout jamais : celui de la charmante Koba dans la série *La demoiselle d'Avignon*. « Je jouais en matinée, un dimanche, ...*Joe Egg*, pour une association de parents d'handicapés, raconte-t-elle. Dans la salle, il y avait beaucoup de médecins. Après la représentation, Louis Velle, qui était venu voir la pièce ce jour-là, est venu dans ma loge. Et moi, je l'appelais *docteur*. J'étais loin de penser qu'il venait me proposer d'être sa princesse de Kurlande[53] ! »

« Je pars pour la Tunisie en novembre. Je serai un chef de camp disciplinaire dans le film de Daniel Moosmann *Biribi*[54] », claironne Jean Rochefort, « une infâme ordure avec un sourire merveilleux[55] ». Un rôle de capitaine dont héritera finalement son ami Bruno Cremer, le tournage ayant dû être retardé. Autre plan sur la comète : *Le roman de Renart*, dans une adaptation très personnelle de Roland Topor qui doit marquer les débuts de metteur en scène de Pascal Thomas et réunir Delphine Seyrig, Philippe Noiret, Michel Bouquet et Jean Rochefort. Selon le réalisateur, « on avait vu tous ces acteurs qui étaient d'accord. C'était des êtres humains qui devaient porter différentes fourrures et des masques d'animaux. J'avais montré le scénario à Truffaut qui m'avait dit : *Ne faites pas ça. Ce n'est pas un premier film. Racontez plutôt vos histoires de lycée*[56] ». Conseil avisé qui se matérialisera à travers un projet beaucoup plus personnel, *Les zozos* (1972), point de départ d'un mouvement baptisé par *Télérama* le Nouveau Naturel.

Lorsque le rideau est tombé pour la dernière fois sur la scène du Théâtre de la Gaîté-Montparnasse, la troupe d'*Un jour dans la mort de Joe Egg* a décidé de prolonger son bonheur en signant pour la tournée Karsenty qui doit la mener à travers les maisons de la culture pour une cinquantaine de représentations jusqu'au printemps suivant. « La routine au théâtre c'est dur, commente Rochefort, c'est pour ça que je refuse toujours les tournées. Il n'y a que pour *...Joe Egg* que j'ai accepté[57]. » Tandis qu'elle joue la pièce de ville en ville, Marthe Keller consacre ses journées au tournage de *La demoiselle d'Avignon*, y compris à Honfleur où elle doit prendre un bain de mer en plein mois de décembre. « On jouait à Amiens, Bordeaux ou Perpignan, se souvient-elle, je devais prendre l'avion pour Paris, et après une journée de studio, je rejoignais mes camarades dans une autre ville de province, juste avant le lever du rideau[58]. » Elle dort alors trois à quatre heures par nuit pour honorer ses deux contrats simultanés : « Jouer en même temps au théâtre et devant une caméra est fatigant. Deux rôles totalement différents à interpréter le même jour est très éprouvant. Cela m'oblige à un grand contrôle de moi-même[59]. » L'adrénaline fait le reste, car, « les deux rôles se complétaient : l'un me donnait plus de gentillesse l'après-midi et l'autre plus d'agressivité le soir[60] ». Pourtant, en ce début d'hiver, ce n'est pas Marthe Keller, mais Jean Rochefort qui tombe malade. Du coup, le jeune quadragénaire part se remettre de sa pneumonie à Évian où il passe les fêtes de fin d'année avec femme et enfants, mais aussi leurs deux chiens et leurs deux chevaux.

Lorsque la tournée de *...Joe Egg* s'achève, début avril 1971, Jean Rochefort retourne au Théâtre Hébertot afin de remettre protocolairement à la troupe qui y triomphe dans *La souricière* d'Agatha Christie... un bocal contenant le poisson rouge qui figurait dans le décor : « Il a survécu à tous les transports et a même été pris dans les glaces aux environs de Grenoble, explique-t-il... La température était alors à moins quinze degrés, et passant la nuit dans le camion des décors non chauffé, on l'a retrouvé dans son bocal gelé. Le pauvre était devenu tout blanc. Affolés, nous l'avons réchauffé peu à peu avec l'eau chaude du lavabo... et il a repris ses couleurs. Comme on était tristes de s'en séparer, nous avons eu l'idée d'en faire cadeau à une troupe amie[61]. »

La rentrée 1971 coïncide pour Rochefort avec des retrouvailles qui le réjouissent. Il campe en effet un producteur de cinéma au Théâtre Montparnasse dans *C'était hier* d'Harold Pinter. D'abord pressenti, Raymond Rouleau a été écarté par Delphine Seyrig qui le jugeait « trop bourgeois ». Selon Rochefort, « Harold Pinter nous avait fait savoir, ô, grand honneur, qu'il avait écrit ça pour un trio d'acteurs anglais et un trio d'acteurs français, à savoir Delphine Seyrig, Françoise Fabian et moi. (...) C'est une pièce réellement abyssale sur une interrogation permanente : quels sont les rapports entre ces deux femmes et cet homme ? Mille interrogations se posent, on reste de bon aloi, mais on nous ouvre le ventre au bistouri sans anesthésie[62] ». Pinter est venu assister aux répétitions parisiennes de cette pièce créée le 1er juin précédent à l'Aldwych Theatre de Londres par la Royal Shakespeare Company dont il a lui-même choisi le metteur en scène. L'heureux élu, Jorge Lavelli, soutient que son « travail consiste à maintenir une respiration dans cette pièce d'acteurs et à ne pas faire dévier l'intrigue[63] », quitte à avouer plus tard... « Je ne comprends rien à cette pièce[64]. » Rochefort, lui, jubile : « Delphine Seyrig et Françoise Fabian se disputaient mes faveurs. Le nirvana pour un ancien comique[65]. » Mais son enthousiasme doit autant à la personnalité de ses partenaires féminines qu'au « positivisme farouche[66] » de cette prose qui répond à ses aspirations les plus profondes : « On doit être, nous comédiens, surpris perpétuellement par ce que nous allons dire. C'est pour ça que je ne veux pas avoir une idée préconçue sur ce qu'est mon personnage exactement et avoir l'impression que tous les soirs je m'étonnerai moi-même de mes réponses et de mes questions[67]. »

Rochefort soutient en fin connaisseur que Pinter « se défend de toute abstraction dans son théâtre[68] » et donne « des indications essentiellement concrètes[69] ». Françoise Fabian abonde dans ce sens quand elle explique qu'« il fallut changer les décors au dernier moment. Ils étaient abstraits, comme c'était la mode alors, réduits à un grand espace marron et blanc. Quand Pinter vint à Paris, il dit en voyant les maquettes des décors :

— *Demandons leur avis aux acteurs.*

Jérôme Hulot, le directeur du théâtre, protesta :

— *On n'a pas à demander l'avis des acteurs.*

Pinter répondit sèchement :

— *Je suis metteur en scène, acteur et dramaturge. Je veux qu'on demande l'avis des acteurs. Ils sont la chair de la pièce et ils ont besoin d'être à l'aise pour habiter un lieu.*

(...) Delphine exprima un souhait :

— *J'ai envie d'ouvrir et fermer des portes.*

Rochefort n'était pas enthousiaste :

— *Oh! Moi, ça ne m'inspire pas. Je n'ai pas envie de jouer là-dedans.*

(...) Lars Schmidt, le producteur, fut épatant, car, à dix jours de la première, il arrêta les travaux en cours à l'atelier de décoration et fit apporter des meubles de chez lui, qui contribuèrent à transformer la scène en un banal cottage[70] ».

Le traducteur français attitré de Pinter, Éric Kahane, soutient qu'il émane de *C'était hier* « une dimension un peu nouvelle, dans son théâtre, celle du souvenir, et il y a bien sûr une tentative d'emprise d'un personnage sur les autres[71] ». La première se déroule en présence de Lars Schmidt et son épouse... Ingrid Bergman, Jorge Lavelli et Jean-Pierre Marielle. La troupe termine la soirée au New Jimmy's où Harold Pinter danse avec Delphine Seyrig, tandis que Jean Rochefort bavarde avec Bernard Fresson, le tout sous les yeux de Johnny Hallyday qui achève pour sa part une série de concerts au Palais des Sports.

Une fois de plus, la critique apprécie le tour de force. « Jean Rochefort, par le simple artifice de ses attitudes, sa façon de s'enfoncer dans un fauteuil, de regarder, de se mouvoir réussit à donner une réalité constante à celui qu'il incarne[72] », s'extasie Matthieu Galey. « Il faut voir Jean Rochefort sangloter inopinément. Cela relève du défi théâtral[73] », renchérit Yves Navarre qui note que le comédien, «jusque dans les éclats violents, sait manier avec une rare intelligence un humour subtilement vulgaire[74] ». Selon Gilbert Guilleminault, «Jean Rochefort, incisif et lourdaud, égrillard et sardonique, exprime remarquablement le désarroi du mâle qui ne saisit plus que l'ombre[75] ». Pourtant, conclut Philippe Tesson, « *C'était hier* est une affaire personnelle entre chaque spectateur, un auteur et trois comédiens[76] ».

Pour Rochefort, chaque représentation est une fête. « Tout à coup, dit-il, après quasiment vingt ans de théâtre tous les soirs, la vie passait trop vite, puisque les journées étaient des journées mortes pendant lesquelles on pensait aux représentations du soir[77]. » Il ressent donc la nécessité de remplir ce vide et cède à ses vieux démons en acceptant une nouvelle proposition de Jean Herman : *L'œuf*, d'après le roman *Chair et cuir* de Félicien Marceau dont l'adaptation théâtrale a connu un certain succès. « On a tourné un film et une scène d'amour d'une trivialité phénoménale. C'était la mode : il fallait qu'on nous voie dans des rapports sexuels[78]. » Contraint de se dénuder, il emploie les grands moyens pour dissimuler le trouble qu'il ressent face à sa partenaire. «J'avais à étreindre Marie Dubois, qui était vraiment une jeune femme extrêmement ravissante, et j'avais posé sur mon intimité une vraie forteresse en carton pâte pour que cette jeune femme ne s'aperçoive pas du désir qu'elle pouvait m'inspirer[79]. » En effet, «je me trimbalais une sérieuse réputation d'obsédé sexuel. Alors je me caparaçonnais le pénis pour les scènes de lit[80] ». À la sortie, la critique le ménage davantage que le film. « Le plus pittoresque, sans doute, c'est Jean Rochefort dans le rôle de l'amant qui revient d'Afrique plein de souvenirs et de superbe[81] », décrète l'un qui pointe son « dédain savoureusement distingué[82] », là où un autre loue pêle-mêle sa « voix grave et [sa]sémillante moustache[83] ». Sa diction, il en use aussi en commentant *Les malheurs d'Alfred* que réalise Pierre Richard produit par son compère Yves Robert.

La grande affaire de l'hiver 1971-1972 s'intitule *Les feux de la chandeleur*. C'est un mélodrame sociétal tiré d'un roman de Catherine Paysan paru en 1966 qui évoque les retrouvailles d'un couple séparé depuis dix ans. Annie Girardot, au sommet de sa popularité grâce au succès de *Mourir d'aimer* d'André Cayatte, y incarne un rôle d'épouse bafouée que Michel Mitrani avait naguère envisagé de confier à Alice Sapritch et que Simone Signoret a vainement tenté de décrocher. C'est à l'insistance de sa condisciple du Conservatoire que Jean Rochefort doit d'hériter du rôle de son ex, Maître Alexandre Boursault, un notaire mis au ban de sa petite ville de province. « Les producteurs n'étaient pas chauds du tout, pour la bonne raison que ma cote cinématographique était descendue tellement bas que je ne représentais pratiquement plus rien sur le marché[84]. » Le prix à payer, c'est qu'il doit renoncer à jouer *C'était hier*. Les enfants du couple sont campés par Claude Jade et Bernard Lecoq, son jeune partenaire de *La liberté en croupe* qui lui inspire cette réflexion : « C'est un curieux effet de voir des acteurs plus grands que vous qui vous disent *papa*[85]. »

Après deux comédies de commande pour Louis de Funès, *L'homme orchestre* (1970) et *Sur un arbre perché* (1971), Serge Korber affirme quant à lui revenir là au cinéma qu'il aime, celui de ses courts métrages et de son premier long, *Un garçon, une fille. Le dix-septième ciel* (1966)... pourtant passé grandement inaperçu. Comme pour se dédouaner, Rochefort doute tout haut : « J'avais peur d'être ridicule, de ne pas pouvoir faire croire aux spectateurs qu'Annie Girardot m'aimait au point d'en mourir[86] », déclare-t-il. Le film se tourne en Franche-Comté, dans le Jura et dans le Doubs où les acteurs se rendent en famille, Jean louant un appartement où Aleksandra et lui organisent régulièrement des dîners. Renato Salvatori vient rendre visite à Annie Girardot, dont il est l'époux, mais celle-ci rencontre sur le tournage Bernard Fresson avec qui elle entame une grande histoire d'amour. Côté météo, le printemps précoce contraint l'équipe déco à utiliser du liquide vaisselle pour fabriquer de la neige artificielle afin d'être raccord d'un plan à l'autre.

Pour le moins circonspect, Jean Rochefort est rasséréné par Serge Korber qui soutient que « c'est ce film-là qui l'a propulsé, parce que les gens se sont aperçus qu'il pouvait tout faire[87] ». Il faut dire que *Les feux de la chandeleur*, décrit comme « une sorte de mélodrame un peu démodé[88] », bénéficie d'un coup de pouce inespéré en se retrouvant en compétition au festival de Cannes 1972 où il représente la France avec *Chère Louise* de Philippe de Broca et *Nous ne vieillirons pas ensemble* de Maurice Pialat. Lequel aurait sauvé l'honneur national si Jean Yanne n'avait pas décliné son Prix d'interprétation masculine. À la suite de cette sélection qui a suscité polémique et controverse, l'Association française de la critique de cinéma exige que les règles en soient modifiées dès l'année suivante. « On s'est fait huer, avec raison d'ailleurs[89]... », se borne à constater Rochefort, pourtant épargné par une critique magnanime jugeant qu'il « se tire à son honneur d'un rôle ingrat[90] » et qu'« il est à merveille cet ordre établi à grand renfort d'égoïsme, de sécheresse et d'entêtement imbécile[91] », le trouvant « parfait de discrétion, mais auquel on fait dire des mots sans grâce, suant de convention[92] ». Des jugements à double tranchant qui lui serviront de leçon : « C'est à partir de là que je me suis imposé de ne plus jamais accepter de tourner n'importe quoi[93]. » Autre bonne résolution, il renonce à la cigarette, lui qui confesse : « Quand je jouais au théâtre, j'avais un paquet à la cour, un paquet au jardin. Je ne répondais pas au téléphone sans allumer une cigarette. J'ai eu le regard de mon fils *[Julien]*, m'entendant expectorer dans la salle de bains le matin, j'ai croisé son regard dans la glace et j'ai dit : *Il faut que j'arrête, je dois arrêter*[94]... » Par la suite, comme beaucoup de repentis, il deviendra un farouche adepte de la lutte contre le tabagisme et militera « désespérément contre les gens qui fument[95] ».

17

Tutoyer la caméra

« Un comédien ne peut continuer à se regarder sans cesse dans une glace, il a envie de prendre des risques partagés[1] », déclare Jean Rochefort. Frustré par ses désillusions cinématographiques répétées et galvanisé par sa passion de plus en plus envahissante pour l'équitation qui l'a incité à déclarer qu'« un cheval sans moral, ce n'est plus un cheval, c'est un bidet[2] », l'acteur semble mûr pour se lancer dans la réalisation. « Il s'agit d'essayer de parler des autres, de rencontres[3] », explique-t-il. Pour ce passage à l'acte, il a décidé de consacrer un court métrage aux retrouvailles de Rosine Boutin-Cailleux, championne de France de concours complet en 1964, avec sa jument Nadine, trois semaines après une grave chute à Fontainebleau. Il part donc avec une équipe et cinq caméras seize millimètres pour filmer les épreuves prévues en ce début juin 1972 à Coëtquidan, « le week-end d'une femme, tout à fait anonyme en France mais qui fait un sport extraordinaire[4] ». Car à ses yeux, le concours complet est « une école de courage, qui exige une discipline énorme[5] » et « ce que le décathlon est aux autres épreuves d'athlétisme : l'absolu[6] ».

Pour Rochefort, *Rosine* relate « vingt minutes de la vie d'une championne d'équitation[7] » et se présente comme « une ode à la femme capable par talent et passion d'égaler l'homme[8] ». À l'écran, poursuit-il, « elle repère son cross parce que le concours complet comprend une épreuve de dressage, qui est l'équivalent des figures imposées au patinage artistique, un parcours routier qu'on doit effectuer en un certain temps, un steeple où le cheval est seul sur l'hippodrome avec son cavalier, un autre parcours routier et ensuite un cross sur des obstacles fixes dans la nature, un autre routier et, après visite du vétérinaire, le lendemain, concours hippique[9] ». Ce court métrage dépourvu de fioritures entend répondre à la fascination personnelle que ressent le cavalier pour « le pouvoir qu'ont les femmes, dans une discipline qui est angoissante, dangereuse, difficile[10] » où l'on « court autant de risques que dans une course automobile, notamment quand il s'agit d'effectuer à cheval une course contre la montre, dans les sous-bois, sur obstacles fixes[11] », et que Rochefort compare à « une revue de détail où le cavalier se donne à cent pour cent. Toutes les épreuves sont effectuées sur le même cheval qui doit être entraîné comme un super-athlète[12] ». Avec cette spécificité que « le danger est là, ce qui crée des moments de grâce et qui génère de la solidarité car, en général, ce sont les cavaliers qui meurent, pas les chevaux[13] ». Au terme de cette première expérience, le réalisateur déclare avoir « pris une leçon de courage et une autre d'équitation[14] » sans savoir qu'il vient d'immortaliser les adieux de Rosine Boutin-Cailleux au concours complet. Son court métrage fera l'objet d'une diffusion dans l'émission *Pour le cinéma*, en juillet 1974, avant de se voir inclus en 2011 parmi les bonus de son long métrage *Cavaliers seuls.*

Lorsqu'il ne pratique pas l'équitation, Jean Rochefort circule désormais dans Paris sur un vélo jaune à dix vitesses qu'il vient d'acheter, après avoir découvert les charmes de ce sport sur les routes de Franche-Comté au cours du tournage des *Feux de la Chandeleur* : « Avec Serge Korber, le metteur en scène, nous faisions des courses. Comme c'est un pays de côtes, c'était dur[15]. » En revanche, dans *Le grand blond avec une chaussure noire* que tourne Yves Robert, c'est le personnage incarné par Jean Carmet qui est cycliste. Rochefort, lui, campe le colonel Louis Marie Alphonse Toulouse, « un patron de service dont on se rendait compte qu'il était gay, parce qu'il y avait uniquement des statues d'hommes nus dans son appartement[16] ». Verdict du scénariste, Francis Veber, recommandé au réalisateur par Jean-Loup Dabadie (et qui lui a suggéré d'engager Pierre Richard à la place de Claude Rich auquel il avait d'abord pensé pour incarner ce « grand blond ») : « Il était d'une présence et d'une force étonnantes[17]. » Ce qu'Yves Robert découvre pour sa part chez ce « grand bel homme, toujours un peu ailleurs[18] », c'est « une authentique innocence, non feinte. Il a préservé en lui cette partie de l'enfance qu'il faut cultiver comme un jardin, arroser souvent. Il est un acteur que j'aurais aimé être. Je ne sais pas jouer de l'instrument dont il joue. J'admire énormément son ironie... Et il en a surtout vis-à-vis de lui-même. Il n'a pas peur d'être ridicule, d'oser franchir certaines limites, tout en se jugeant sévèrement. Il a une façon très particulière de se regarder jouer. Il vient très peu aux rushes. De temps à autre, comme pour vérifier l'expérience que nous avons faite la veille en laboratoire dans une éprouvette ou un alambic[19]. » Rochefort se réjouit quant à lui « de sublimes absurdités auxquelles j'étais très sensible[20] ».

C'est dans sa maison blanche de Mareil-Marly que l'acteur trouve la quiétude nécessaire entre deux aventures professionnelles. À l'image d'Yves Robert et Danièle Delorme qui cultivent leur jardin secret dans leur propriété de La Guéville devenue leur maison de production. « Rochefort et moi menons des existences assez parallèles, affirme le réalisateur. Il pense, comme je le pense aussi, qu'il n'est pas suffisant d'être comédien[21] ». Désormais propriétaire de trois chevaux qui paissent à trois kilomètres de chez lui, Jean a convaincu sa fille aînée, Marie, qui n'a pas encore dix ans, de monter elle aussi. À ses heures perdues, il pratique la reliure, la peinture et écoute volontiers de la musique, en lisant des pièces et des scénarios. Dans son bureau niché sous les combles, il suit à la télévision les Jeux olympiques d'été de Munich, marqués à la fois par les sept titres du nageur américain Mark Spitz, la médaille d'argent de Guy Drut dans l'épreuve du cent dix mètres haies et l'assassinat d'onze athlètes israéliens par un commando palestinien de l'organisation terroriste Septembre Noir.

À l'automne, Jean Rochefort retrouve Jean-Paul Belmondo sur le plateau de *L'héritier* que réalise Philippe Labro. Mais les rapports sont tendus entre le cinéaste et sa star, à contre-emploi de ses rôles héroïques habituels. Résultat, déplore Rochefort, « le climat n'était pas très agréable[22] ». Il n'est pas davantage à la fête dans son uniforme de commandant du *Complot* de René Gainville, projet écrit sous le titre *La parole donnée* et annoncé sous celui de *Tu trahiras sans vergogne* « qui maintient vive la mémoire du *quarteron de généraux en retraite*[23] ». Au point d'inciter l'acteur à s'en démarquer, sous prétexte que « les idées de droite y sont trop extrêmes[24] ». Cette nouvelle épreuve provoque toutefois un déclic imprévu en lui : « J'ai commencé à sentir que je faisais de réels progrès, je me suis mis à comprendre comment trouver en soi les trucs pour que ça passe à l'écran[25].» Peut-être parce qu'il «aime bien jouer les gens qui se trompent[26]». *Télérama* relève que «Jean Rochefort donne une image très convaincante d'un homme qui répugne à penser que tous les moyens sont bons pour parvenir à ses fins et qui tente de persuader ses hommes de faire une révolution propre[27]».

Certes, note l'historien Jean-Pierre Jeancolas, *Le complot* est «un film emblématique d'une certaine pensée de droite[28]», mais «en France, on a une déplorable tendance à classer une fois pour toutes les acteurs[29]», déplore Rochefort. Ses choix semblent d'ailleurs attester un refus radical de ce manque d'imagination qui fait que «depuis Mai 68, jamais il n'y a eu un tel culte de la vedette. Le marché du cinéma est le monopole d'une petite poignée d'acteurs[30]». Qui plus est, souligne-t-il, «chaque fois qu'il y a un rôle bizarre, complexe, inclassable dans une pièce ou un scénario, on m'appelle[31] !» Une posture qu'il assume en incarnant un inspecteur de police dans *Bel ordure*, le premier long métrage de Jean Marbœuf, avec Claude Chabrol comme conseiller technique. Son réalisateur affirme que «le titre explique chaque personnage[32]» de ce «film de dérision[33]». Pour Claude Brasseur, ses protagonistes «sont des gens qui, au lieu d'essayer de vivre, essaient de survivre[34]». Présenté au festival de Cannes 1973 à la Quinzaine des réalisateurs, *Bel ordure* est assimilé «à ces livres que les fils de famille écrivaient autrefois à compte d'auteur[35]» et jugé «démuni de toute imagination, de la moindre écriture visuelle, noyé dans la suffisance, la prétention, les phrases sentencieuses et la dernière mode[36]». Simultanément *Le Film français* annonce que Jean Rochefort et Jean-Pierre Marielle partageront l'affiche dès l'automne du deuxième film de Jean Marbœuf, *Les poètes assassinés*, avec Jean Carmet et Michel Lonsdale. Ce tournage étant repoussé, il est ensuite question de Michel Galabru, Michel Serrault et Alice Sapritch. Mais ce rendez-vous à Noël au rayon jouets du BHV... est lui aussi annulé. Au cours de cette période de grandes turbulences, Rochefort continue à accepter des propositions parfois baroques, mais il n'est pas dupe : «Je suis un peu à côté de mes chaussures[37].»

«Un jour, en Italie, je déjeune avec un réalisateur qui me demande au sorbet ce que je pense de son scénario. Je lui dis : *Vraiment très drôle !*

— *Comment ça, drôle*[38] *?*»

Il vient en fait de commettre là une bourde de débutant : «J'ai donc passé huit semaines à Rome à me faire casser la gueule par Lee Van Cleef le plus sérieusement du monde, alors que j'avais cru accepter un film dans l'esprit des Marx Brothers[39] ! » Mais c'est un peu son lot à l'époque, reconnaît-il : «Je jouais toujours le méchant[40]. » En l'occurrence, son calvaire s'assortit d'une panoplie de titres aussi évocateurs que savoureux : *Tu es un dieu pour moi, Johnny le flingueur*, puis définitivement *L'homme aux nerfs d'acier*.

Cruelle désillusion que ce polar bourré de testostérone dont il met quelque temps à saisir le premier degré, face à un acteur qui soigne son image : «Lee Van Cleef ne travaille qu'en gros plan. Pour le reste, il a un sosie. À dix mètres, on ne les différencie pas et c'est très dur parce qu'on ne sait jamais auquel on parle[41]. » Au naturel, son partenaire au visage émacié n'est pas vraiment conforme à l'image que renvoient ses rôles. Et Rochefort d'évoquer «la vision de cet homme athlétique, costaud, ce cow-boy héros du Sud mettant vingt-cinq minutes pour traverser le hall de l'Hilton parce qu'il tenait en laisse un petit chien à poils longs, dorés, avec des nœuds rouges[42]... » Par ailleurs, confie-t-il, «sa femme exerçait un tel pouvoir sur Lee Van Cleef et était si jalouse qu'il restait tout le dimanche dans sa chambre d'hôtel[43] ». Stupeur et désillusion : «J'éprouvais du dégoût par rapport à cette vie facile. Alors je m'arrondissais avec du whisky, j'errais dans les rues et je me prenais d'amour pour des femmes qui, le soir, tombaient dans les bras de *seductors* professionnels. Déprimant[44]. » Sa seule consolation est de se dire qu'il se sacrifie pour la bonne cause, à savoir sa famille au sens large, puisqu'il y inclut désormais ses chevaux et que l'entretien de ceux-ci s'avère prohibitif. Mais, comme il l'admet lui-même, «des vies d'éleveur, de cavalier, cela rabote l'ego[45] » et «le cheval est une excellente école pour apprendre à se dominer[46] ». Du coup, «nous avons acheté un camion. À la belle saison, tous les week-ends, nous partons avec nos chevaux. (...) C'est vraiment le rêve de notre vie ! Et nos chevaux participent eux aussi à notre joie. Nous sommes très près d'eux. Pendant les vacances, il leur arrive même de venir avec nous, au dessert, dans la salle à manger[47] ! »

Le prix à payer paraît cependant dérisoire au regard de la vie agréable ponctuée de petits plaisirs qu'il autorise. Comme cette première édition des Vingt-quatre heures du cheval à laquelle

Jean Rochefort participe après s'être entraîné en compagnie de Philippe Noiret dans les sous-bois de la forêt de Saint-Germain-en-Laye. Le temps d'un week-end, quarante cavaliers s'affrontent au fil d'une série d'épreuves parmi lesquelles dressage, concours hippique et cross. « Quand je suis sur Téfine, ma jument, je peux m'expliquer avec moi-même, exister[48] », décrète le comédien enamouré qui nourrit de grands projets pour sa monture : « Dans deux ans, elle arrêtera la compétition et *poulinera*[49]. » Il a d'ailleurs déjà choisi le papa et entend réserver le premier poulain pour son usage personnel. Au printemps 1973, Jean Rochefort effectue son entrée dans la onzième édition du *Who's Who in France* où l'on lit notamment qu'il a la nature pour violon d'Ingres. Outre ses chevaux, la famille possède un colley d'Écosse et un perroquet baptisé Jojo dont il nettoie lui-même la cage en mettant des gants en cuir pour éviter les coups de bec. « Il nous est très attaché et nourrit une passion fabuleuse pour ma fille[50] », explique-t-il. Le volatile, qui adore le bruit du lave-vaisselle en train de tourner, vit désormais en liberté dans le jardin.

De plus en plus décidé à reprendre en main son destin professionnel, Jean Rochefort dresse ce constat empreint de lucidité : « Je fais un métier très instable où il faut savoir garder ses distances. On a besoin de soupapes de sûreté et de garde-fou[51]. » Joignant la parole aux actes, il s'attelle donc à la réalisation d'un deuxième court métrage tourné sous le titre *Une partie de billard* qui deviendra par la suite *Facile, très très facile*. Un apprentissage de la liberté conditionné par deux constatations : « Les producteurs ne viennent pas vous ennuyer[52] » et « je n'ai pas à me préoccuper d'impératifs commerciaux[53] ». Quitte à invoquer un argument surprenant : « J'ai un snobisme de l'échec, faire des courts métrages que personne ne voit, qui ne sortent jamais, c'est élégant[54]. »

Il y montre cette fois des vieillards des Buttes-Chaumont qui passent leurs journées au bistrot, tandis qu'à l'extérieur, leur quartier est en cours de démolition. On les voit jouer au tarot, au billard, discuter, boire du côtes-du-rhône, de l'ouverture à la fermeture. Soucieux de respecter la réalité autant que possible, le réalisateur revendique une méthode : « Je n'écris qu'un canevas, je le montre à mes comédiens amateurs et je filme leurs réactions. Mon héros était un petit vieux très charmant de soixante-dix-sept ans, qui jouait son propre rôle. Mais ça disparaît très vite l'amateurisme.

Au bout de quelques jours, alors que je disais : *Allez, pépé, on tourne,* j'ai entendu : *Non, monsieur Rochefort, je revoudrais une répétition pour moi*[55] *!*» Mais là n'est pas le plus important pour le comédien-cinéaste qui affirme vouloir « toujours être un petit peu neuf et toujours un petit peu amateur. Pour ça, il faut s'amuser. Le sérieux apparent m'ennuie énormément[56]... » D'ailleurs, insiste-t-il, « c'est une journée parfaitement inutile de cet homme, et une journée assez heureuse. J'ai une grande tendresse pour ces choses-là[57] ». Rochefort filme un monde aux portes duquel s'activent déjà les grues qui vont l'ensevelir sous les gravats, mais bien qu'il condamne cette destruction programmée, il ne reviendra plus jamais sur les lieux du crime. Distribué en première partie du *Permis de conduire* de Jean Girault, en janvier 1974, *Facile, très très facile* convaincra le quadragénaire qu'« il est ardu de changer de but en blanc[58] ».

« Au cinéma, j'attends toujours le rôle passionnant pour lequel j'aimerais me battre[59] », enrage Rochefort qui multiplie alors les emplois alimentaires. Dans *Les grandes heures de France* de Jean-François Noël, spectacle d'apparat représenté le 18 juillet 1973 dans le cadre des Nuits du Louvre, il donne ainsi brièvement de la voix en Alceste, avec Philippe Noiret, Claude Rich, François Périer, Françoise Christophe, Michel Piccoli, Michel Bouquet, Jean Piat, Geneviève Page, Jean Topart, Edwige Feuillère et Jean Desailly. Mais, ce soir-là, Noiret et lui sont à Lyon, sur le plateau de *L'horloger de Saint-Paul.* Le premier long métrage de Bertrand Tavernier est tiré de *L'horloger d'Everton,* un roman de Georges Simenon situé initialement aux États-Unis que François Truffaut avait envisagé de porter à l'écran quelques années plus tôt avec Pierre et Claude Brasseur, en se concentrant davantage sur les rapports père-fils. Le rôle titre en est tenu par Philippe Noiret qui a donné son accord au projet dès 1970 pour faciliter son financement et a suggéré à Tavernier d'engager Jean Rochefort : « Les distributeurs étaient tout à fait pour. Cela tombait bien, car il était vraiment l'acteur idéal[60]. » Reste toutefois à convaincre son ami. Tavernier se rend donc chez lui avec son deuxième assistant, Laurent Heynemann et... une irrépressible appréhension. « Nous sommes allés voir *Le complot* de René Gainville où Rochefort n'était pas convaincant. Nous avions rendez-vous avec lui. Comment faire[61] ? » Alors Heynemann propose à Tavernier le marché suivant : « Si la bouffe chez lui est dégueulasse, il ne fait pas le film, d'accord[62] ? »

Las, le repas a beau paraître quelconque à ces deux fines gueules, Rochefort charme ses visiteurs en évoquant les pittoresques Léo Joannon et Maurice Cloche, avec lesquels il a tourné *Fort du Fou* et *La porteuse de pain.* « Ce Bertrand Tavernier ne ressemblait pas aux cinéastes que j'avais côtoyés, remarque-t-il. Soudain, avec son esprit vieux potache, je rencontre un intellectuel dont je partage les goûts, le sens de la vérité, la passion pour le cinéma d'avant-guerre. Il connaissait tout. Il m'a fasciné[63]. » Saisi par le spectacle du perroquet de Rochefort s'arrachant les plumes en signe de dépression, le réalisateur laisse à l'acteur un exemplaire du scénario et lui dit : « Lisez cela, il me faut une réponse rapide. C'est avec votre ami Noiret. »

« Deux heures après, je lui téléphone absolument enthousiasmé[64] », raconte Rochefort qui a été séduit par une particularité de son interlocuteur : « C'est une des toutes premières fois où je rencontrais un metteur en scène plus jeune que moi. Alors, les rapports étaient dégelés[65]. » Quant au script, « le texte tenait tout seul[66] ». Le mérite en revient pour une bonne part aux scénaristes Jean Aurenche et Pierre Bost, qui ont naguère porté à l'écran *En cas de malheur* pour Claude Autant-Lara et dont Tavernier a obtenu « une adaptation très classique et solide d'un roman de Simenon[67] » qui fera dire à leur ami Jacques Prévert : « Leur présence me garantit la rectitude morale de l'œuvre[68]. » Décrit par son metteur en scène comme « un homme merveilleux et d'une intelligence aiguë[69] », le comédien accepte donc avec enthousiasme d'incarner le commissaire Guiboud, ce personnage qui ne figure pas dans le livre, pour lequel ont été pressentis Michel Bouquet puis François Périer, lequel a même participé à des séances de lecture. Le tournage ayant dû être reporté d'avril à fin juin 1973, ce dernier a déclaré forfait pour tourner le premier long métrage de son propre fils, Jean-Marie : *Antoine et Sébastien.* Mais Jean Rochefort n'est pas dupe : « J'étais celui que l'on engageait par amitié, ou parce qu'au dernier moment quelqu'un s'était désisté[70]. »

« Comme acteur de cinéma, je ne suis pas un homme installé, déclare à l'époque Rochefort. Je suis encore un peu de l'équipe B, l'équipe de réserve[71]. » Pourtant cette fois, il entre sur le terrain dès le coup d'envoi et mesure la responsabilité qui lui incombe. D'autant plus que, selon le chef opérateur du film, Pierre-William Glenn, « Tavernier lui a fait une confiance aveugle et celle-ci était réciproque[72] ». Les préliminaires sont réduits à leur plus strict minimum, le metteur en scène misant sur la complicité de ses deux interprètes principaux. « On a fait une ou deux lectures du script avec Noiret et Rochefort, et j'ai senti qu'il pouvait se passer quelque chose entre eux[73]. » Néanmoins, de l'aveu même de Tavernier, « ce n'était pas un rôle facile[74] », mais « il a vu qu'il y avait quelque chose à faire[75] » et quand Rochefort débarque à Lyon, le metteur en scène l'emmène dîner à La Tassée, un restaurant gastronomique à proximité de la place Bellecour, où leur passion commune pour Jacques Audiberti mobilise la conversation. « Jamais nous n'avons évoqué le personnage qu'il allait interpréter, avoue le cinéaste. À la fin du repas, il m'a dit : *J'ai compris ce que tu cherches*[76]. » Mais sur le plateau, c'est moins évident, à en croire Rochefort... « Premier jour, premier plan : Noiret et moi crispés, Bertrand aussi. Il se précipite au pied de la caméra où est sa femme *[Colo O'Hagan Tavernier]* et chuchote longuement avec elle, puis il revient et dit : *On va faire une deuxième prise.* On la tourne, il repart au pied de la caméra, a une nouvelle conversation, revient et annonce qu'on va en faire une troisième. Et, à la quatrième, Noiret dit : *On ne peut pas continuer comme ça. Il faut que tu te décides...* Il s'est décidé et Tavernier a commencé enfin une carrière solitaire[77]. »

Rochefort adopte la posture d'« un commissaire de police lyonnais conventionnel qui, petit à petit, grâce au contact qu'il a avec l'horloger de Saint-Paul joué par Noiret, va voir sa conception des choses et son existence transformées[78] ». Selon lui, « c'est un personnage qui en regarde un autre. Pour m'identifier complètement à lui, j'ai voulu qu'il soit effacé, un peu gommé[79] ». Aux yeux de son metteur en scène, « il lui a donné une ironie qu'il n'avait peut-être pas complètement dans l'écriture, une sorte de distance, de malaise[80] », en s'accrochant à des détails anodins. « Non seulement je me mets dans la peau de mon personnage, explique Rochefort, mais j'invente sa dégaine, ses manies, son costume[81]. » En l'occurrence, une veste banale, qui fera écrire à Fabienne Pascaud que « rien qu'à le voir dedans, on comprenait pourquoi sa femme l'avait quitté[82]... », et « un lévrier afghan, chose qui lui allait comme l'as de pique[83] » dont il affirme : « Ça m'a aidé à intégrer mon rôle. Le nerf du bonhomme était là-dedans[84]. » Intime conviction : « Je voulais raconter qu'il y avait quelque chose qui n'allait pas dans sa vie, qu'il y avait une tristesse, une lassitude et un regard très attendri sur le drame de Noiret[85]. »

« Philippe Noiret et moi-même nous sommes livrés à un travail d'*hyperquotidien* très intéressant, explique Jean Rochefort. Notre but était de ne pas paraître des acteurs en train de jouer un rôle. Nous avons joué des scènes que nous n'avions pas répétées. Nous essayions de nous surprendre nous-mêmes[86]. » Un défi d'autant plus périlleux que Tavernier tourne de longues scènes en plans séquences afin d'éviter de briser leur élan. « Quand on joue ensemble, poursuit Rochefort, c'est comme une partie de football. On sait que si l'un de nous envoie le ballon, même dans une direction dont l'autre ne se doutait pas, il sera aussitôt renvoyé[87]. » Chez ce cinéaste « la caméra avait beaucoup d'importance, mais si ça ne marchait pas, on pouvait recommencer[88] », car Tavernier pratique l'écoute permanente. « On avait une idée, déclare Rochefort, on lui en parlait, il disait *C'est bien, ça, on va le faire...* Le protocole disparaissait, la hiérarchie disparaissait. Et j'en suis sorti en ayant fait des progrès considérables[89]. » Pour lui, l'effet de ce traitement de choc s'avère radical : « Je me suis mis à éprouver des réels moments de plaisir, en oubliant la caméra, le tournage et les gens qui étaient autour[90]. » Et pour cause : Tavernier considère « surtout très important de créer une ambiance et de tenir jusqu'au bout. Les acteurs devaient se sentir tout à fait à l'aise en arrivant sur le plateau et c'était à moi d'inventer une mise en scène qui ne les bloque pas, qui les laisse libres[91] ».

Cette expérience laisse entrevoir à Rochefort de nouvelles perspectives : « Je n'imaginais pas une seconde pouvoir être un peu moi-même dans mon travail. Je pensais alors que je ne pouvais exister en tant qu'acteur qu'à travers ce qu'on appelle des rôles de composition[92] ». Et là, soudain, comme par un coup de baguette magique, « l'angoisse a disparu, le trac est parti, l'engin *[la caméra]* ne m'a plus inquiété[93] ». La révélation est foudroyante : « Chez Bertrand, il y avait de l'enthousiasme, de l'énergie, de la gaieté, ce qui a été pour moi une thérapie extraordinaire. On se parlait beaucoup, de choses et d'autres, et je trouve que c'est peut-être ça, la vraie direction d'acteurs, de tomber en affinité avec les gens ; et à l'acteur de s'imprégner de ce que racontent l'auteur et le metteur en scène, ce qui était le cas, et de restituer un peu le climat, la personnalité du créateur[94]. » Mais pas seulement, car, comme il le souligne : « Avant je regardais les autres et j'essayais de restituer les autres. Ensuite il y a eu une autre démarche et j'ai essayé de me servir de mon propre matériau[95]. »

Plus rien ne sera jamais comme avant pour Jean Rochefort qui déclare à qui veut l'entendre que « Tavernier a désacralisé la cérémonie du tournage[96] ». Sur le plateau, tout le monde s'appelle *Tonton* et partage des repas savoureux. Quant au metteur en scène lyonnais, il est catégorique : « La pochouse verdunoise *[une sorte de bouillabaisse composée de poissons d'eau douce]*, la salade d'écrevisses, le saucisson chaud et le gratin dauphinois ont beaucoup contribué à la direction d'acteurs[97]. » Rochefort surnomme Christine Pascal *l'autochtone* parce qu'elle est originaire du quartier lyonnais de la Croix-Rousse. « On buvait des coups, on cassait la croûte. J'ai gardé des souvenirs d'attablements délicieusement conviviaux. C'était merveilleusement chaleureux. On était vraiment bien ensemble[98]. » Le plaisir de Rochefort est tel que l'équipe le voit jour après jour prendre de l'assurance. Au point d'en arriver au détour d'une scène à voler parfois la vedette à Noiret qui a abordé quant à lui son rôle dans sa globalité. Jusqu'au chef opérateur Pierre-William Glenn qui s'avoue bluffé : « Je trouvais le jeu des acteurs très théâtral, dit-il, et j'avais l'impression qu'ils en faisaient dix fois trop, alors que c'était très juste à l'image. Je n'avais pas encore réalisé l'importance de la théâtralité au cinéma, or ce sont les comédiens qui m'ont appris à l'aimer et c'est elle qui m'a permis de comprendre la mise en scène[99]. » En cinéphile adepte de l'école des mac-mahoniens, Tavernier valide cette théorie et décrète que « rien n'a fait plus de mal au cinéma français que cette hantise de rester sobre qui est née d'une volonté d'imiter le cinéma américain[100] ». À son contact, Rochefort dit avoir appris à tutoyer la caméra et à se représenter le cinéma autrement. Dorénavant, déclare-t-il, « un metteur en scène, pour moi, c'est un metteur en confiance et c'est un collecteur. C'est un homme qui est en éveil et qui rassemble les couleurs que des acteurs avec imagination lui procurent, et il choisit dans ces couleurs, bien évidemment, parce que, a priori, c'est son œuvre aussi. Mais c'est une œuvre indéniablement collective[101] ». La critique apprécie et relève que « les impatiences coupantes de Rochefort font mieux valoir encore les incertitudes de Noiret[102] », car « sans perdre cette pointe d'ironie un peu hautaine qui lui est familière, il *humanise* le personnage du commissaire[103] » et « donne, comme dans chaque rôle, plus que ce qu'on pouvait en attendre[104] ».

Le choc déterminant que représente *L'horloger de Saint-Paul* est d'autant plus spectaculaire que Jean Rochefort a jonglé avec son emploi du temps pour pouvoir tourner aux mêmes dates un autre film sous la direction de son ami Yves Robert, *Salut l'artiste,* dans lequel il incarne... un acteur de doublage qui imite des voix d'animaux. Le réalisateur a envisagé de confier le rôle principal de ce projet intitulé *Le figurant* à Fernand Raynaud, qu'il a déjà dirigé dans son deuxième court métrage, *Fernand cherche du boulot [en 1951]*, mais son ami Claude Sautet l'a mis en garde : « Tu es condamné au chef-d'œuvre[105]... » Il se tourne alors vers Yves Montand qui décline son offre sous prétexte qu'il ne serait pas crédible en acteur raté écumant les castings pour décrocher un rôle à la télévision. Celui-ci est finalement remplacé par Marcello Mastroianni qui se remet alors difficilement de son histoire d'amour avec Catherine Deneuve et se partage entre l'Italie et la France. « C'était un homme détruit, qui avait réussi à se réfugier dans son métier, témoigne Rochefort. J'ai ressenti pour Marcello Mastroianni à la fois ce que l'on ressent pour des gens plus âgés, et en même temps je me disais : j'aurais pu être en classe avec lui[106]. » Face à cet illustre partenaire, l'acteur français se montre à la fois admiratif et compatissant, « parce que, explique-t-il, nous avions, je crois, cette façon de prendre notre métier comme quelque chose de pas trop sérieux et d'être des compagnons du dérisoire, un peu[107] ».

« Il n'y a pas une seule scène où je n'ai pas pu faire référence à quelque chose ou quelqu'un que j'ai connus[108] », déclare à propos de *Salut l'artiste* Jean Rochefort qui invoque « des références précises de découragement, de lassitude[109]... » Non seulement il est plus que jamais persuadé que « ce n'est qu'à force de travail qu'on peut donner l'illusion du naturel[110] », mais il se reconnaît personnellement dans son personnage « qui, tout d'un coup, décide d'abandonner le métier, entre chez Panzani où il devient un brillant publiciste jusqu'au jour où, alors qu'il fait son marché, Claude Chabrol le repère parmi cinq mille personnes pour lui proposer un rôle dans un film qu'il tourne sans professionnels[111] ». Ce à quoi Yves Robert renchérit : « Le métier de comédien, c'est une façon de mentir de façon sublime[112] ». Rochefort n'est dupe ni de la situation ni de son rôle que le réalisateur a nourri de son expérience d'acteur : « Quand il me regardait jouer, dit-il, j'étais un peu lui et ça c'est une situation très curieuse et très émouvante. Un lui de fiction, car ce sont des rôles qu'il aurait pu jouer, mais il dirigeait le film et il avait fait une sorte de transfert sur ce garçon un peu plus jeune que lui et ça a créé entre nous des relations très étranges et aussi très pudiques[113]. » Contre toute attente, c'est d'ailleurs Jean Rochefort qui reçoit les plus beaux éloges. « Beaucoup mieux qu'un faire-valoir[114] », il « joue les ratés avec une sorte de perfection[115] ». Conclusion logique : « Le voilà l'artiste, le vrai ! Quelle présence, quel talent[116] ! » Peut-être parce que, comme il le dit de son partenaire dont la dépression crève un peu trop l'écran dans ce « film... *mélancomique*[117] », « j'ai eu la chance que Mastroianni dormait pendant le film ; comme il roupillait, c'est moi qui suis ressorti[118] ! » Rochefort est pourtant sous le charme : « Ça a été une des grandes rencontres de ma vie : sa dérision, cette espèce d'élégance permanente[119]. » Reste que la critique confesse « un petit gros (très gros) faible pour Jean Rochefort : ses rires homériques, ses pantalonnades énormes, et puis, soudain, ses rires secs, son humour glacé, ses attendrissements vite étranglés[120] ».

Près de six mois se passent avant que Rochefort ne récolte les fruits de cet été cinématographique si faste. *Salut l'artiste* est sur les écrans pour les fêtes de fin d'année et manque de peu d'obtenir le Prix Louis Delluc qui échoit finalement à... *L'horloger de Saint-Paul*, à l'affiche début 1974. Un ballottage favorable aux choix du comédien qui s'est vu proposer entre-temps par Alain Resnais de tenir un rôle dans *Stavisky* qu'il tourne avec Jean-Paul Belmondo. Rendez-vous raté... Reprend alors la ronde des enregistrements radiophoniques, exercices de haute précision au cours desquels il se frotte à la prose de Daniel Boulanger, le scénariste de *Cartouche, Les tribulations d'un Chinois en Chine* et *Le diable par la queue* dont il déclare : « C'est un écrivain que je trouve très important[121]. » Parmi ces travaux alimentaires et lucratifs figurent aussi des poèmes érotiques destinés à l'émission de France Culture *Invitation à la nuit*, qu'il déclame et susurre en compagnie de Geneviève Page. Un sommet dans l'art de la suggestion.

Décidément sur tous les fronts, Jean Rochefort campe un « pianiste de café-théâtre qui ne contente jamais les femmes[122] » et « a un culte de la paresse qu'il pousse à l'extrême et qui lui interdit de faire voir qu'il a du talent, parce qu'il a peur qu'on l'engage un peu partout[123] », dans la nouvelle comédie réalisée par le scénariste Michel Audiard dont il « adore l'absurde, tant dans le sujet que dans les situations[124] ». Adepte des titres à rallonge, dont il a contribué à lancer la mode, l'auteur passe du *Pleurnichard* à *Comment réussir quand on est c... et pleurnichard.* Quant au personnage de Foisnard joué par Rochefort, il fait dire à son interprète que « quand on s'appelle comme ça, on voit tout de suite comment il faut le jouer : un feignant qui n'a pas d'érection[125] » et « une sorte de cérébral dans cette bande de minables[126] » qui le réjouit sur le moment, mais lui fera admettre plus tard que « c'était une comédie d'Audiard assez ratée, mais devenue culte auprès d'une clientèle cinéphile ayant des goûts marginaux[127] ». Quant à son patronyme, il en découvrira l'origine après la mort d'Audiard, en se promenant en voiture un été dans la région de Dourdan où vivait ce dernier, découvrant à un carrefour cette indication sur un panneau routier : Foisnard, deux kilomètres et demi. Les muses sont parfois facétieuses.

Hormis les contraintes promotionnelles liées à la sortie de *Salut l'artiste* et de *L'horloger de Saint-Paul,* Jean Rochefort met à profit cet hiver 73-74 pour se consacrer à l'écriture de son premier long métrage, une œuvre influencée par l'un de ses films de chevet, *La vie secrète de Walter Mitty* : « Ce sera une comédie grinçante. L'histoire d'un paisible garçon de vingt-deux ans, fils de petits employés, habitant avec ses parents, pratiquant le camping en caravane, regardant sa télé le soir, et dont le quotidien est un épouvantable cauchemar. Il se réfugie alors dans le rêve afin de protéger sa quiétude menacée[128]. » Simultanément, le train de vie de Rochefort ne se prêtant pas vraiment à un congé sabbatique, il accepte de mettre en scène un spot publicitaire pour le café Maxwell sans fausse coquetterie et affirme : « Je préfère faire ça que tourner un mauvais film qui va me faire souffrir pendant huit semaines[129]. » Explication : « En tant que réalisateur, la publicité fait partie intégrante du métier : c'est une forme de spectacle comme une autre. Le seul but à atteindre, c'est persuader les clients que la publicité doit être avant tout une forme d'art. Sans l'art, la publicité me semble tout à fait dénuée d'intérêt... et d'impact. (...) En réalisant des films publicitaires, j'ai retrouvé un moyen de recherche sur le plan de l'expression très intéressant qui, en même temps, me permet de familiariser des acteurs de talent avec la publicité. Ainsi dans le film Maxwell, Bernard Tiphaine et Grégoire Aslan jouaient des gangsters espions qui tenaient plus *d'anciens de l'Ena* que du gangster stéréotypé qu'on a l'habitude de voir[130].» Mais Rochefort, parfaitement conscient de ses responsabilités, déclare à ce propos : « Ça a l'air de rien ces petits machins de trente secondes. Mais justement, faut apprendre à condenser[131].» En contrepartie, ajoute-t-il, «si je continue à réaliser des pubs, il me faudra absolument refuser certains scripts qui ne m'inspireront pas[132]».

La presse corporative annonce que Jean Rochefort jouera le rôle du père de Didier Haudepin dans le premier film de Claude Lallemand, *Printemps noir*, qui doit se tourner en mars 1974 et deviendra entre-temps *Un enfant seul*. Le casting comprendra finalement Éric Damain, Maurice Ronet, Stéphane Audran, Delphine Seyrig et Paul Frankeur. Le comédien laisse entendre de son côté qu'un réalisateur lui a proposé de tourner une comédie musicale. S'agit-il de Jacques Demy, qui a achevé Le scénario d'*Une chambre en ville* au printemps précédent et dont la bande originale sera achevée quelques mois plus tard ? Rochefort manifeste une certaine méfiance à l'égard de la chanson : «Le disque, je n'oserais pas. Il en sort beaucoup, et je pense qu'on n'a pas besoin de moi pour ça[133].» Il revendique, en revanche, une hygiène de vie exemplaire et s'en explique : «Je monte tous les jours et je fais du dressage, ce qui oblige tous les muscles à travailler. En outre, je m'astreins, trois fois par semaine, à des séances de culture physique. Enfin, aux premiers beaux jours, j'enfourche mon vélo pour perdre les kilos supplémentaires glanés durant l'hiver[134].» Autre effet bénéfique, « la pratique de l'équitation m'a appris à perdre et à m'amuser des victoires plutôt qu'à gonfler le torse. (...) Ça m'a redonné pour mon métier le goût de l'épreuve, de se dépasser et d'aller au bout de quelque chose[135]».

Au fil de ces déclarations affleure la détermination de Rochefort à trouver enfin sa place au soleil, car, dit-il, « lorsqu'on est sportif, on peut accepter tous les rôles. Certains doivent refuser des films dans la mesure où ils réclament un engagement physique total. Et ils ne pourraient pas tenir le coup. Personnellement, je crois pouvoir assurer un certain nombre de rôles d'action[136]». Il affirme aussi que son regard a changé et joue les pythies en déclarant qu'« on va bientôt approcher l'idéal dans la comédie, c'est-à-dire le réalisme complet[137]». La preuve, «rien n'est plus drôle, ni plus émouvant que cette vérité totale. Et puis, en France, en ce moment, on fait du cinéma populiste, au sens noble du terme. On s'intéresse à des classes sociales que le cinéma français avait complètement négligées. Il faut s'en approcher sans caricature, sans satire – ce qui serait odieux[138] ». L'expérience qu'il s'apprête à vivre constitue pourtant une exception comme tous ses confrères rêvent d'en connaître un jour.

« Nous emploierons une quarantaine d'acteurs, mais aucun rôle ne dépassera cinq ou six jours de tournage[139] » : tel est le principe intangible édicté par le réalisateur Luis Buñuel et son producteur Serge Silbermann en entreprenant leur quatrième collaboration, *Le fantôme de la liberté*, dont le titre s'inspire d'une phrase entendue dans *La voie lactée*, « Votre liberté n'est qu'un fantôme », et entend « représenter un hommage discret à Karl Marx, à ce *spectre qui parcourt l'Europe et qui s'appelle le communisme*, au début du *Manifeste*[140] ». Aux dires du cinéaste, « la construction du film est fondée sur le hasard[141] ». Quant à sa direction d'acteurs, elle se réduit à sa plus simple expression : « Avant le film, je les vois très peu, pour ainsi dire juste le temps de les accepter. (...) Au moment de tourner, je leur montre simplement ce qu'il faut faire, les gestes[142]. » Une attitude qui n'est pas sans dérouter certains de ses interprètes, à commencer par Rochefort qui avoue que « ce n'est qu'au fil du tournage qu'est née une certaine complicité[143] » avec « un homme absolument sans caprices[144] », même si, « quand il en avait assez, il débranchait son Sonotone et il pouvait passer quatre heures à hocher du chef à tout ce qu'on lui disait, sans rien entendre[145] ».

Davantage que le rôle qu'il a à tenir, celui d'un dénommé Legendre, Jean Rochefort est ravi de pouvoir observer une légende du septième art au travail. « J'étais plus que sensible à son génie et son génie m'est nécessaire. C'est-à-dire que j'ai toujours eu besoin de la compagnie de ces *invraisemblables*[146]. » Et il n'est pas déçu, comme en témoigne cette séquence dans laquelle il ne figure pas, mais qu'il observe avec intérêt : « Une femme téléphone à un homme en lui disant : *Je suis ta sœur.* L'homme : *Mais, enfin, tu es morte il y a dix ans !* La femme : *Viens dans la crypte demain à minuit, je veux te voir.* On est donc dans la crypte devant deux piles de cercueils. L'homme descend et Buñuel crie : *Coupez ! Allez chercher un téléphone !* L'assistant s'exécute, Buñuel déplace légèrement un des cercueils sur une pile, de sorte qu'il y ait de la place pour poser le téléphone, et, immédiatement, on conçoit que le cadavre a téléphoné la veille. Je lui dis : *Alors là, Don Luis, c'est une bonne idée!* Et il me répond : *Jean, n'oublie pas, ça ne coûte pas cher*[147] *!*»

Côté télévision, Jean Rochefort est Philinte face à Jacques Dutronc en Alceste dans un extrait du *Misanthrope* interprété... autour d'un flipper, dans le cadre de l'émission de variétés *Top à* présentée par France Gall. Ce sketch irrévérencieux s'achève par cette phrase de Rochefort aux accents de remords : «Pardon... Molière!» Mais, en ce printemps 1974 marqué par la mort du président Georges Pompidou et une élection présidentielle anticipée, toute l'attention de l'acteur se concentre autour d'un projet personnel qui lui tient particulièrement à cœur. Ce court métrage documentaire d'une trentaine de minutes est consacré au comédien Marcel Dalio que Rochefort a rencontré sur le plateau de *Cartouche* : «Nous avons sympathisé, explique-t-il, j'ai voulu qu'il laisse un témoignage. J'ai essayé de l'approcher : un désespéré rigolard[148].» Le film commence au café de la Maxéville où l'acteur a débuté en tant que groom et s'achève aux premières lueurs de l'aube. Il est tourné sous le titre *Le voyage* en quatre nuits d'errance sur les grands boulevards, chez Régine et dans le métro de Paris («parce que j'imagine très mal Marcel Dalio marchant dans l'herbe au soleil[149]», explique le réalisateur) où «l'ancien» égrène ses souvenirs à des acteurs qu'il croise, parmi lesquels Jean-Paul Belmondo, Jean-Pierre Marielle, Yves Montand, Claude Dauphin et Michel Beaune, tandis que son nom clignote sur les affiches des succès du moment : *Cris et chuchotements, Les valseuses, L'arnaque* et *Les violons du bal.*

«Il était ce que j'aurais voulu être, dit Rochefort de Dalio, c'est-à-dire une espèce d'insouciance permanente, un désir de séduction obsessionnel vis-à-vis des femmes et une folie quotidienne avec laquelle il vivait très agréablement en compagnie de son grand copain Pierre Brasseur. C'est une façon de vivre que je trouve magique, moi qui ai été élevé dans une certaine rigueur[150].» Mais, au-delà de l'admiration, se niche aussi une constatation plus angoissante : «En fait, il annonçait quelque chose, avant la guerre. Avec son type sémite, il n'a pas arrêté de prendre des claques dans la gueule de 1932 à 1938. Dans les films, du moins. On aurait dû s'apercevoir qu'il se passait quelque chose de bizarre. C'est pour cela que j'ai voulu raconter quatre moments de la vie de Dalio[151].»

Dans l'éventualité d'une présentation au festival de Cannes, Michèle de Broca acquiert les droits de ce film conçu comme le premier d'une série consacrée aux grands comédiens français. Pour Rochefort, ce court métrage finalement intitulé *T'es fou Marcel* constitue «un petit hommage irrespectueux à un acteur que j'admire[152]», qui «a une façon de vivre extraordinaire. Il ne veut pas vieillir. Il travaille le jour, il sort la nuit. Il ne supporte pas la solitude. Il aime les fêtes, les dîners où il est un conteur brillant. Mais l'homme de plaisir cache une angoisse existentielle. Il révèle son vrai visage dans le travail où il se montre toujours inquiet, insatisfait : il meurt en tournant[153]».

«Je fais des courts métrages par goût de la recherche de l'authenticité de la vie[154]», explique Rochefort qui constate que «ce sont toujours des histoires de vieux hommes seuls[155]»,... à l'exception notable du premier, *Rosine*, mais revendique «l'inconscience des innocents, des ignares. Je demande à mon équipe des choses qu'un technicien n'oserait jamais demander. Elle ne se moque pas. Et souvent je les obtiens[156]». Évoquant cette aventure qui l'a sans doute mené plus loin qu'il ne l'avait prévu initialement, le réalisateur déclare que, pour lui, «c'est *Le jour le plus long* ou même *Autant en emporte le vent*[157]», mais s'étonne de certaines réactions : «On me dit que mon court métrage *T'es fou Marcel* est méchant : ce qui m'intéresse beaucoup, car à moi il me semble au contraire plein de tendresse[158]...» Ce n'est pas l'avis de tous, comme le constate le réalisateur qui se voit refuser le label de qualité par la Commission technique, sous prétexte que son «portrait de Dalio fausse la réalité[159]», et s'avoue «un peu découragé. En outre, je suis déçu par l'anonymat dans lequel vivent les courts métrages. Personne ne les voit[160]». Mais l'expérience s'avère bénéfique, car, insiste-t-il, non seulement «c'est un témoignage qui reste sur un homme magnifique[161]», mais «le fait de regarder les films d'un autre œil, en réalisant trois courts métrages, m'a donné conscience de l'importance physique du cinéma, du fait que la pensée doit être pudique, cachée loin derrière quand on se trouve là avec la technique, l'équipe, au sein de cette vie organisée à laquelle l'acteur doit participer[162]». C'est une nouvelle ère qui s'ouvre désormais pour lui...

18

La maturité triomphante

En ce printemps 1974, Valéry Giscard d'Estaing devient le plus jeune président de la République française, mais Jean Rochefort, qui aime à se définir comme un « anarchiste paisible[1] », persiste à ne pas prendre parti en invoquant l'argument suivant : « L'engagement enlève la disponibilité et la disponibilité enlève souvent l'imagination et l'acteur sans imagination est un peu infirme[2]. » Et puis, dit-il, « avec ma grande incompétence, pourquoi apporterais-je, ne serait-ce qu'une voix, à quelqu'un, tout simplement parce qu'une petite jeune fille de Plougastel m'a aimé dans *L'horloger de Saint-Paul* ou *Salut l'artiste*[3] ? » Faute de propositions excitantes, il tourne alors plusieurs films publicitaires qui présentent le double avantage de lui permettre de gagner en assurance comme réalisateur et de subvenir à ses besoins matériels. Parmi ces travaux alimentaires figure « un spot concernant un yaourt qui reposait uniquement sur un texte et un jeu de mains. Sans voir les visages, on devait faire passer l'antagonisme existant chez un couple[4] ». Dans un autre film pour la Renault 14 visiblement tourné dans un haras normand, il dirige également « Francis Lemaire, qui est un comédien d'une très grande qualité, qui n'aurait jamais accepté, il y a deux ans. Le principe de vanter un produit gêne de moins en moins les acteurs[5] ». Un aveu qui concerne de toute évidence autant ses confrères que lui-même.

La carrière italienne de Jean Rochefort a jusqu'ici été nettement moins heureuse que celle de bon nombre de ses compatriotes, là où Bernard Blier et Philippe Noiret font figure de vedettes locales à part entière parmi le cheptel des acteurs français. Alors quand on propose à Rochefort d'être le partenaire de Laura Antonelli dans *Mon Dieu, comment suis-je tombée si bas ?*, dans le rôle du baron Henri de Sarcey, ingénieur des chemins de fer, il se réjouit de tourner sous la direction du grand Luigi Comencini. Mais bien que sa partenaire soit alors la compagne officielle de son copain Belmondo et que le succès de *Malicia* de Salvatore Samperi, sorti six mois plus tôt, l'ait propulsée au rang de fantasme absolu, l'affaire semble plutôt mal emmanchée. En raison de la pluie torrentielle qui s'abat sur Paris en ce début d'été, le réalisateur qui rêvait de tourner à la tour Eiffel et au Sacré-Cœur se voit contraint de se rabattre vers les galeries couvertes du Palais Royal. Qui plus est, c'est au sifflet qu'il dirige ses interprètes au cours d'une séquence de séduction muette qui constitue une terrible désillusion pour Rochefort. « Je savais pour avoir vu auparavant son *Casanova* et *Delitto d'amore ["Un vrai crime d'amour"]* que j'allais vers quelqu'un qui m'intéressait. Et en outre j'avais, pour mon personnage de séducteur français de la Belle Époque, des racines et des références très précises en moi et dans ma culture[6]. »

Rochefort aurait toutefois dû se méfier des apparences, car, pour Comencini, ce mélodrame sous l'influence du poète Gabriele D'Annunzio a « comme support une trame de roman-feuilleton, et comme style le sarcasme[7] ». Il s'agit de son deuxième film en costumes après *Casanova, un adolescent à Venise* et son origine remonte d'ailleurs à ce tournage, en 1969, quand le réalisateur a trouvé dans un coffre des lettres écrites par une châtelaine à son chauffeur qui l'avait séduite et abandonnée. C'est aussi le premier film dont Comencini ait intégralement écrit le sujet et le scénario, avec la collaboration d'Ivo Perilli pour les détails historiques et littéraires. Il affirme avoir « essayé de démythifier le souvenir d'une époque en montrant le revers de la médaille et en représentant des personnages qui ne seraient pas des héros mais des médiocres[8] ». Une ambition qui ne cadre pas du tout avec les espérances de Rochefort, lequel sera doublé en italien, comme il est d'usage, ce qui bride encore un peu plus ses ambitions dramatiques. Le portrait qu'il dresse de son personnage relève en fait du strict premier degré : « C'est le professionnel de la séduction dans la noblesse française du début du siècle, s'intéressant à l'industrie qui monte et surtout à la femme[9]. » Mais ses illusions viennent se fracasser contre la réalité du tournage dont il note qu'« un pauvre étranger seul dans une production dont il ne parle pas la langue, et on ne lui explique pas beaucoup de choses, vit des drames[10] ». Avec le temps, il avancera une justification toute personnelle à sa désillusion rancie jusqu'à la rancœur : « Comencini était un homme de gauche, et les cinéastes de gauche sont toujours les plus odieux. Il ne nous adressait pas la parole[11]. » Du coup, l'acteur humilié se fendra d'une longue lettre pour lui manifester son ressentiment. Et, cinq ans plus tard, lorsque le cinéaste italien le rappellera pour lui proposer un rôle dans son film choral *Le grand embouteillage*, Rochefort se paiera le luxe de lui rétorquer : « Mais monsieur, nous sommes fâchés », avant de lui raccrocher au nez. Maigre consolation : « Grâce à Jean Rochefort, la séquence parisienne est irrésistible[12]. »

« Plus je grandis, plus je deviens misanthrope. Je peux m'intéresser à une vingtaine de personnes, pas à des millions[13]. » Dans sa nouvelle maison baptisée Le chêne rogneux, à Grosrouvre, une bourgade située au sud-ouest de la plaine de Montfort-l'Amaury dans laquelle sa famille mène « une vie plutôt tribale où seuls les amis intimes sont admis[14] », le portail est blanc, mais le confort est plutôt spartiate, à en croire le maître de maison : « Des étagères de bois, un canapé, quelques coussins. Le luxe, ici, est pour les chevaux[15]. » En fait, confie-t-il, « notre grande joie, c'est de courir le dimanche dans des petits concours hippiques. Dimanche dernier, nous étions dans un petit village de la Sarthe. C'était le corso fleuri. La grande fête. Les gens ont cru que je venais réciter des poèmes comiques. Ils ne soupçonnaient pas que je venais concourir. Ils étaient déçus. Moi pas. C'est une double vie. J'adore ça[16] ». Pris au jeu, il achète des chevaux de réforme par l'intermédiaire de Jean-Paul Belmondo et Pierre Vernier et se targue de posséder « une sinistre écurie de province[17] ». La monture d'Aleksandra est ainsi un transfuge des courses hippiques : « Les gens qui aiment les chevaux peuvent en acquérir à des prix très bas de cette façon[18] », explique-t-il. Reste que leur entretien coûteux lui impose des acrobaties financières.

Jean Rochefort traverse alors une intense période de doute qu'il a lui-même quelque mal à s'expliquer. « Mon avant-garde ne l'est plus et l'actuelle avant-garde ne me concerne pas, dit-il. J'ai un trou. Je ne sais plus trop quoi jouer. J'attends un coup de foudre[19]... » Cela ne l'empêche pas de se montrer plutôt ouvert quand il précise : «Jouer les seconds rôles ne me dérange absolument pas[20].» À l'instar du grand patron de l'espionnage français qu'il retrouve dans *Le retour du grand blond*, ce fameux colonel Toulouse menacé cette fois par un ennemi intérieur répondant au nom de... Cambrai (Michel Duchaussoy), commanditaire de l'assassinat de... Milan (Bernard Blier) dans l'opus un. Un véritable séisme géopolitique ! Rochefort se réjouit de retrouver son personnage, une expérience alors pas si courante que ça dans le cinéma français, mais il reconnaît qu'«il y a eu huit jours de réadaptation, parce qu'on ne crée pas complètement les choses. Il faut se souvenir de ce qu'on a fait il y a deux ans et se mettre au diapason de la dernière prestation du personnage[21]». Cette suite, Yves Robert ne l'a pas acceptée d'emblée : «J'ai cédé à des pressions pour faire ce film, mais il est difficile de refuser une affaire toute faite[22].» Surtout lorsqu'on est non seulement réalisateur mais aussi producteur, car, explique-t-il, «là, commercialement, on n'a pas eu à se plaindre. Quand j'ai dit *moteur*, le film était déjà bénéficiaire[23]». Ce sont d'ailleurs ces profits qui lui permettront de financer la moitié d'un autre film auquel va aussi participer Jean Rochefort : *Que la fête commence* de Bertrand Tavernier.

En attendant de retrouver le réalisateur qui l'a libéré, Rochefort doit s'acquitter d'un autre engagement en ralliant la cité balnéaire belge de Blankenberge, au bord de la mer du Nord. C'est là que se tourne le deuxième long métrage de Jean-Pierre Berckmans, inspiré du roman *La délice* de Maud Frère : *Isabelle devant le désir*, titre accrocheur préféré à celui plus sobre de *L'intrus*, sous lequel il avait été annoncé au festival de Cannes 1974. Rochefort y incarne un photographe de plage des années 50 qui devient l'amant d'une jeune femme (Anicée Alvina) traumatisée par un viol et la perte de son père. «Le producteur et coscénariste, Jean Van Raemdonck, m'a contacté voici quelques mois pour voir si cela m'intéresserait de tourner dans ce film, relate l'acteur. Comme d'habitude, j'ai demandé à lire le scénario. Intrigué, j'ai invité Berckmans à Paris. Nous avons discuté pendant quatre jours pour voir comment arriver à travailler d'une manière intéressante. Et j'ai accepté[24].» Il lui faudra néanmoins déchanter : «Le réalisateur n'était pas à la hauteur du sujet. Ce Jean-Pierre Berckmans n'a aucun talent. Et je pense qu'il n'en aura jamais[25].»

Alors tout juste trentenaire, le malheureux ne tournera en tout cas plus pour le grand écran.

Le contraste s'avère d'autant plus saisissant entre ce naufrage et les retrouvailles du tandem formé par Philippe Noiret et Jean Rochefort avec Bertrand Tavernier. Le film en question s'intitule au départ *La grande dame du royaume,* jusqu'à la parution d'un entrefilet dans *France-Soir,* en février 1975, où Robert Chazal dévoile qu'il s'agit là d'une allusion à la misère sous la Régence. Craignant de rebuter le public, la productrice Michèle de Broca décide de changer de titre pour *Que la fête commence,* au moins deux d'entre eux faisant directement allusion au personnage incarné par Rochefort, mais étant jugés trop anticléricaux sinon triviaux : *Quand le diable se fait abbé* et *L'abbé cherche des crosses.* Tavernier s'est d'abord lancé dans l'adaptation d'un roman méconnu d'Alexandre Dumas, *La fille du régent,* jusqu'au moment où, « en faisant des recherches sur ces personnages, petit à petit, ils ont pris plus d'importance, on s'est écartés progressivement de Dumas et on a terminé en faisant un scénario original sur le dix-huitième siècle et sur la Régence[26] ».

Prévoyante, la productrice a fait signer leurs contrats à Tavernier, Noiret et Rochefort dès la sortie de *L'horloger de Saint-Paul* et a profité du succès providentiel de *César et Rosalie* de Claude Sautet pour se lancer dans ce film à costumes dont le budget de quatre millions deux cent cinquante mille francs reste plutôt raisonnable pour l'époque. Au moment d'établir son casting, le réalisateur sollicite Rochefort afin qu'il lui présente son ami Marielle au cours d'un déjeuner à la Coupole. En contrepartie, l'acteur insiste pour que Tavernier confie de petits rôles à des membres du Splendid, la troupe de café-théâtre qui monte. On croise ainsi dans *Que la fête commence* Michel Blanc et Christian Clavier, Thierry Lhermitte en comte et Gérard Jugnot en... piéton. Rochefort campe pour sa part l'abbé Dubois, un personnage dont Saint-Simon disait que « tous les vices combattaient en lui. Ils y faisaient un bruit et un combat continuel ». Bref, un drôle de paroissien qu'il va jouer sans bouder son plaisir. « Il fallait que Tatave *[le surnom de Tavernier]* me connaisse bien, dit-il, pour me proposer ce rôle d'abbé avec sa grossièreté magnifique, cette arrogance animale alors que j'arbore le contraire dans les rapports superficiels que l'on peut entretenir avec moi. C'était une idée de contre-emploi épatante ! Ce rôle m'exaltait[27]. »

L'équipe doit toutefois user d'un stratagème pour obtenir la permission de tourner dans une véritable église. « J'aime profondément la truculence, explique Rochefort, et j'ai pu l'exprimer quand l'abbé Dubois apprend en une journée à dire la messe. Il y avait là un vrai prêtre qui était ravi qu'on filme dans son église, mais on lui avait caché une réplique : *Nom de Dieu de bordel de merde, j'y arriverai jamais avec ces burettes*... On a détruit le curé. C'était affreux. J'en ai souffert, mais sinon il ne nous aurait jamais donné l'autorisation[28]. » Le comédien est enchanté de cet emploi qui lui permet d'aller plus loin qu'il ne l'a jamais été au cinéma, ne serait-ce que par le verbe. « Ce personnage jurant tout le temps, iconoclaste, vêtu des habits sacerdotaux, m'a mis dans un état d'extase formidable. J'ai pu me laisser aller à ma trivialité viscérale[29] ! » En effet, tient-il à souligner, « les jurons de l'abbé Dubois dans *Que la fête commence* me correspondent, viennent de moi ou de l'entourage qui est le mien, comme *Nom de Dieu de bordel de merde*, alors que les jurons qu'on prêtait à Dubois dans la réalité étaient complètement abstraits pour moi[30]... » C'est ce qu'a compris Tavernier qui n'a cure de la vérité historique quand ses interprètes sont prêts à se transcender. Or, dans ce cas précis, il offre à Rochefort rien moins que le plaisir de « redonner à la langue française son tonus[31] », ce que celui-ci considère comme « un auto-piétinement prodigieusement satisfaisant[32] ». Et l'acteur ne tarit pas d'éloges sur ce metteur en scène qui ose tout, y compris « tourner des plans à la main dans un film d'époque[33] », ce dont se charge techniquement son chef opérateur, Pierre-William Glenn, lequel explique que « Bertrand prend tout ce qu'on lui donne et avait tendance à laisser tourner la caméra. C'est sur ce principe qu'ont été tournées toutes les scènes de repas[34] ». Brusquement, s'extasie Rochefort, « tout était désamidonné, plausible. Ça ne sentait plus la reconstitution. J'ai eu l'impression de faire du direct ou une sorte de journal télévisé en costume de la Régence[35] ». Pour lui, le doute n'est plus permis, « faire un film d'époque avec Tavernier, c'est faire du cinéma fantastique puisque c'est faire d'une *[caméra]* Arriflex trente-cinq millimètres une machine à remonter le temps[36] ». Il va même jusqu'à dire du metteur en scène que c'est le « futur Renoir[37] ».

«Jean a une forme d'humour, de distance qui pousse à lui proposer un défi qui l'excite, précise de son côté Tavernier, ce que j'ai fait dans *Que la fête commence* : un ecclésiastique qui saute sur les tables en proférant des jurons, ça le comblait. (...) Il a en lui une sorte de folie, un goût pour ces choses anglo-saxonnes qu'on ne demande pas aux comédiens français[38]. » Un détail qui n'échappe pas au réalisateur britannique Michael Powell, à qui Tavernier a confié le rôle du banquier Law (finalement coupé au montage). Celui-ci visionne les premiers rushes et galvanise l'équipe dans une lettre qu'il adresse le cinquième jour de tournage au cinéaste français où il le remercie de lui avoir fait rencontrer Noiret et Rochefort : « Si j'avais un tout petit cheval, écrit-il, je leur enverrais en reconnaissance de leur gentillesse envers cet amateur anglais qui surgissait à Vaux-le-Vicomte[39]. »

Plus largement, renchérit Pierre-William Glenn, « Rochefort, Noiret et Marielle sont des acteurs de théâtre qui ont une véritable densité et savent ce qu'ils font. Ils paraissent spontanés à l'image, mais ne le sont pas, car il y a une grande réflexion préalable en eux. C'est le personnage qui rentre en eux, pas le contraire, mais ce ne sont pas des gens qu'on dirige[40] ». En revanche, les relations qui unissent le trio infernal servent indéniablement le film. Avec Noiret, raconte Rochefort, « on avait inventé que l'acteur qui était off faisait des grimaces à l'autre pour lui permettre, dans son récit persuasif, de garder une petite lumière d'excitation, de rire et de complicité latente. Ça donnait à l'autre de l'éveil, de l'activité[41] ». Ce que Noiret confirme en ces termes : « En connaissant Rochefort, on gagnait du temps[42]. » Mais lorsque le tournage s'achève, le choc en retour est rude. « En rendant mon costume d'*époque*, se souvient Rochefort, j'étais comment ? Ah oui ! désespéré[43]. » Du coup, confie-t-il, «j'ai marché dans les décors, longtemps après que tout le monde soit parti, parce que ce rôle tellement iconoclaste me réjouissait beaucoup[44] ».

Le comédien a beau flotter sur un nuage, il lui faut bientôt redescendre sur terre pour rejoindre le plateau des *Innocents aux mains sales* que réalise Claude Chabrol d'après le roman de Richard Neely *The Damned Innocents*. C'est le treizième et dernier film du réalisateur produit par André Génovès en dix ans. « Quand Claude Chabrol m'a téléphoné, j'ai éclaté de rire. Je croyais que c'était un canular[45]. » En raccrochant, «j'ai crié à ma femme :

Ça y est, chérie, la Nouvelle Vague s'intéresse à moi!» Du point de vue du réalisateur, Rochefort est une évidence : «Avec lui, j'ai été tout de suite en sympathie, en complicité[46] », alors qu'« il y a eu incompatibilité d'humeur entre Romy Schneider et moi. Pour elle, c'était une théorie de la tragédie, pour moi, c'était une énorme farce[47] ». La critique les renverra dos à dos, à l'instar de cette réflexion entendue sur France Inter : « C'est un film en définitive inégal qui est marqué fort heureusement par quelques bonnes scènes avec Jean Rochefort et surtout Romy Schneider[48]. » Pas vraiment surprenant lorsqu'on sait que Chabrol confessait lui-même : « C'est un film que j'ai fait le petit doigt dans l'oreille[49]. » Son rôle épisodique d'avocat vaudra tout de même à Rochefort d'être qualifié de « caustique, d'une terrifiante et hilarante aisance[50] », lui qui « fait les seules captivantes escales de cette pénible traversée chabrolienne[51] ».

En attendant la sortie de ses deux derniers films, bizarrement programmés tous les deux le 26 mars 1975, Jean Rochefort en enchaîne un troisième pour les besoins duquel il doit se laisser pousser la barbe. Là encore, déclare-t-il, « ce qui m'intéresse, c'est le metteur en scène – c'est cela qui m'a décidé à faire *Un divorce heureux* : je n'aimais pas beaucoup le scénario, mais la vision de *La faim* et surtout de *Comment faire partie de l'orchestre*, m'a convaincu que je ne risquais rien avec *[Henning]* Carlsen –, l'équipe, l'écriture du scénario, mes partenaires[52] ». Le réalisateur en question est danois, mais, coproduction oblige, il tourne dans les Yvelines, c'est-à-dire non loin de là où vit Rochefort qui rapporte que « la région était envahie par ces grands géants blonds aux yeux bleus parlant une langue pour le moins difficile à saisir[53]... » Fidèle à la méthode qu'il a expérimentée dans ses films précédents, Henning Carlsen « fait rarement plus de deux prises[54] » avec ses interprètes français, « ce qui les déroutait parfois. Mais, explique-t-il, c'est parce qu'ils étaient excellents[55] ! »

Bien qu'il juge ironiquement le scénario « très Nouvelle Vague dans ses résonances[56] », Rochefort a été séduit par son rôle, « un potentat de village. Un petit patron de région. Un homme qui soigne volontiers sans se faire payer mais qui échange ce service contre la soumission de ses patients. Au départ, c'est un personnage plutôt antipathique, mais qui finalement se révélera sympathique. C'est un très beau rôle. Un personnage sans aucun humour[57] ». Et puis, surtout, insiste-t-il, « mon personnage de médecin de campagne qui sauve un homme du suicide a une envie de vivre qui, à la fin du film, apparaît comme un trait tout à fait essentiel de son caractère. En sortant de la projection, ma première réaction, ça a été la sensation de la sensualité de ce personnage : la chasse, le vin, l'amour et le plaisir des sens. Ça m'a plu de me voir vivant, comme ça[58] ». La critique se montre plutôt élogieuse à son égard, note qu'il « s'empare de l'écran dès qu'il apparaît[59] » et constate que « ce comédien inquiétant de naturel dynamite les conventions de ces dialogues par l'humour ou une sorte de distance sournoise ou de malice satisfaite qui rendrait palpitante la lecture par ses soins de l'annuaire du téléphone[60] ». Qu'importe le rôle, son interprète est considéré comme « le meilleur acteur du moment. Dans le rôle du meneur de jeu, évoluant avec une désinvolture déconcertante du cynisme amusé à l'ironie amère, il est tout à la fois en une heure et demie don Juan, Alceste et Arnolphe[61] ».

Malgré tout lucide, Rochefort ne peut s'empêcher de manifester sa stupéfaction lorsque *Un divorce heureux* est choisi pour ouvrir la compétition du vingt-huitième Festival de Cannes, même si c'est sous les couleurs du Danemark. Mais il n'est pas au bout de ses surprises quand arrive le palmarès : « On me téléphone, et on me dit : *Jean Rochefort, il faut revenir pour le prix d'interprétation*... J'étais en rivalité avec Vittorio Gassman et je me suis dit : *Si je l'ai, j'abandonne le métier d'acteur.* Je ne l'ai pas eu, grâce à Dieu, mais je n'avais pas prévu qu'on me laisserait sous la pluie rentrer à pied dans mon hôtel. J'ai beaucoup aimé ce moment : je me suis pris pour Charlie Chaplin sur le trottoir[62]. »

Rochefort partage une autre particularité avec l'homme au chapeau melon et à la badine : l'envie de franchir enfin le pas et de réaliser ce long métrage qui le tenaille régulièrement, même si « les relations qu'il faut entretenir avec les producteurs m'ont refroidi[63]... » Des idées, il n'en manque pas, mais elles restent aussi floues qu'éparses : « J'avais envie de voir sur un écran les choses imprécises que je pensais, envie d'essayer de regarder un peu ce vers quoi j'ai des tendances. Je suis un tardif, un lent, en même temps que quelqu'un de foncièrement, de profondément timide, et je suis bouleversé par l'idée de me lancer comme ça, brutalement, dans l'aventure d'un long métrage devant lequel je ressens encore une grande angoisse[64]. » Et ce passage à l'acte lui semble encore assez abstrait. « Il faut que j'arrive à le préparer loin des angoisses quotidiennes, et que je franchisse le pas d'une autocritique que j'exerce depuis près de vingt-cinq ans. J'ai plusieurs sujets dans mes tiroirs. Chaque fois que je les relis, je suis désespéré. Je me suis toutefois donné six mois pour faire mon choix en toute objectivité[65]. » Ces mots prononcés en février 1975 ne lui laissent que jusqu'à l'été...

« J'ai ambitionné de réaliser des films, explique Jean Rochefort, parce que, sans cesser d'être des romanichels, nous sommes aussi des professionnels suffisamment compétents pour avoir envie de participer plus complètement à l'élaboration, à la mise en œuvre d'une histoire[66]. » Mais chez lui, on le sait, la maturation est lente sinon interminable. Il avouera d'ailleurs des années plus tard : « J'ai toujours trouvé un prétexte pour me dégonfler au dernier moment. Cela me faisait trop peur[67]. » Alors, il invoque diverses excuses pour balayer cette échéance déjà si souvent repoussée : « J'ai eu des problèmes avec les gens d'argent. À chaque fois que j'ai eu d'autres ambitions, ça s'est arrêté là[68]. » En effet, à ses yeux, les producteurs apparaissent « très interventionnistes, ils étaient puissants, ils étaient impressionnants, ils nous persuadaient très vite que nos projets étaient dénués d'intérêt. Et moi, lassé, je bondissais sur cette possibilité et je sortais soulagé de ne pas avoir à faire le scénario que j'avais tenté d'écrire[69] ». Par ailleurs, souligne-t-il, « les producteurs de mon temps avaient réellement un cigare et celui-ci était vraiment dans la tête et dans le comportement[70] ». Et puis, il esquisse une deuxième hypothèse : « À cette époque, j'écrivais beaucoup de scénarios pour le cinéma. Très mauvais, sans doute[71]. » Du coup, « les metteurs en scène ont été tellement inquiets de me voir réalisateur qu'ils m'ont proposé à ce moment-là des rôles magnifiques pour que je ne le devienne pas[72]. » Reste que, comme il le souligne judicieusement, « commencer une véritable carrière à quarante-cinq ans, c'est un peu fort ! Voilà qu'on se met à monter des films sur mon seul nom[73] ».

Au printemps 1975, Rochefort retrouve Claude Chabrol à Djerba, en Tunisie, pour un film intitulé *Initiation à la mort* qui deviendra à la sortie *Les magiciens*. Ce polar psychologique est l'adaptation du roman de Frédéric Dard *Initiation au meurtre* sur lequel avait travaillé Henri-Georges Clouzot, qui a eu l'élégance d'envoyer son scénario à Chabrol, lequel reprendra lui-même plus tard son projet inachevé, *L'enfer.* C'est au cours du tournage des *Innocents aux mains sales* que le réalisateur a parlé à Rochefort de ce projet initié par le producteur tunisien Tarak Ben Ammar : « Outre la qualité des rapports qui s'étaient établis entre nous, ce qui m'a fait adhérer à ce scénario sans hésitation, c'est l'univers qui y est abordé et qui est celui de la peur auquel j'ai toujours été très sensible[74]. »

Rochefort éprouve un certain inconfort à l'idée d'abandonner sa tribu, alors que se profile à l'horizon une naissance de la plus haute importance. Sa jument Arabella attend un heureux événement qu'il n'a envie de rater pour rien au monde. Il va jusqu'à lui rendre une dernière visite avant son départ pour l'aéroport, vêtu d'un costume et équipé de ses valises. Jusqu'à ce soir, à minuit, où son épouse l'appelle sur le tournage : « Ça y est, c'est un poulain. » La mère et l'enfant se portent bien. En revanche, la venue au monde du dénommé Gepil ne s'est pas tout à fait déroulée comme prévu, car, vu l'heure tardive, Aleksandra n'a pas réussi à joindre le médecin. Résultat, raconte Jean, Marie, « ma fille, qui a douze ans et demi, est arrivée dans la maison avec du sang un peu partout, en disant : *Maman, c'est plus la peine d'appeler le vétérinaire. Ça y est, il est né. J'ai vu les sabots sortir, j'ai tiré et puis voilà, il est là*[75]... » Ainsi la famille Rochefort s'est-elle agrandie en l'absence de son chef.

Guidé par les maigres indices qu'a daigné lui fournir Chabrol sur son personnage (« il bâille de temps en temps et il a froid[76] »), Rochefort, qui ne dispose que de trois semaines dans son planning, a donc débarqué spontanément sur le plateau avec une longue écharpe de laine destinée à cet Édouard, « un homme riche qui s'ennuie et cherche à provoquer un meurtre sous l'influence d'un magicien médium[77] », dont le réalisateur lui a laissé sous-entendre qu'il est l'incarnation du mal, ce qui ne met pas particulièrement à l'aise son interprète. « Ayant très peur des gens aimables, sympathiques et chaleureux, explique-t-il, j'ai eu envie de jouer le personnage de cette façon, sans arrière-plan[78]. » Sur le plateau, au fil des jours, Chabrol apprécie en connaisseur la façon dont Rochefort s'imprègne peu à peu de son rôle, quitte parfois à procéder à de légers changements dans les dialogues.

« Paul Gégauff avait écrit :

— *Professeur, vous êtes soûl comme un Polonais.*

Rochefort a suggéré (est-ce parce que sa femme est d'origine polonaise ?) :

— *Professeur, vous en avez un sacré coup dans la jupette.*

C'est mieux[79] ».

Quelques jours plus tard, le cinéaste jubile à nouveau : « Rochefort, maintenant, a trouvé son regard : il a l'œil du malin[80]. » Au moment de tourner une scène au cours de laquelle la doublure de l'actrice italienne Stefania Sandrelli doit chuter de cheval, une fois que la cavalière et sa monture se sont apprivoisées, le propriétaire de l'animal se montrant méfiant, c'est son partenaire qui le rassure spontanément : « Le cavalier Rochefort conseillait, s'entremettait, arrangeait[81] », apprécie Chabrol qui dira des *Magiciens* que « c'est un film qui se détruit au fur et à mesure qu'il se déroule[82] ». De son côté, l'acteur décrétera des années plus tard : « Je suis persuadé que le scénario était bon, mais j'en veux à Chabrol pour sa paresse[83]. » Des propos à rapprocher de ceux du cinéaste : « Il est complètement le dilettante. Peut-être devrait-il mettre un peu plus de poids ? À tout prendre je préfère qu'il ait pris son personnage comme il l'a fait. Il est plus facile de densifier une interprétation que de lui donner de la légèreté[84] ». Il faut dire que, sur le plateau, le réalisateur s'ennuie tellement qu'il joue aux échecs entre les prises, ce qui n'incite pas son équipe aux excès de zèle. Cela n'empêchera pas Chabrol de refaire appel à Rochefort dès l'automne suivant pour jouer dans *Folies bourgeoises*, une adaptation du *Malheur fou* de Lucie Faure d'abord intitulée *Virages*. En vain... Le comédien n'a pourtant aucun autre engagement prévu à cette date. Juste un regret concernant *Les magiciens* : « Je m'étais passionné pour le rôle, mais Chabrol était d'une grande indifférence[85]. » Les efforts de l'acteur ne passent pourtant pas inaperçus aux yeux de la critique qui remarque que, « contrairement aux autres comédiens qui donnent l'impression d'accomplir une formalité de routine, Rochefort se démène[86] » et suppute qu'il « s'est bien amusé[87] ».

Cet emploi, Jean Rochefort ne l'a accepté qu'à la condition d'être libéré impérativement pour le début du film avec lequel il doit enchaîner. Il s'agissait à l'origine d'un court métrage inspiré des deux personnages d'une bande dessinée de Gotlib publiée dans le cadre de *La rubrique à brac* de *Pilote*, le commissaire Bougret (collage de Bourrel et Maigret) et l'inspecteur Charolles, rebaptisés respectivement Pichard et Charbonnier : «Je me suis attaché à jouer comme si c'était *Les cinq dernières minutes* au premier degré, déclarera d'ailleurs Rochefort. Il faut toujours rester imperturbable[88].» C'est le producteur Alain Poiré qui a l'idée de confier son premier grand rôle au cinéma à Coluche et c'est ce dernier qui impose à la réalisation Patrice Leconte, vingt-huit ans, qu'il a croisé sur le plateau de *L'an 01* (1973) dans lequel ils apparaissaient tous les deux aux côtés de plusieurs dessinateurs de bédé (dont Gotlib et Cabu) et une partie de l'équipe d'*Hara Kiri*. Le scénario est la version longue d'un sketch abandonné. Face à Coluche, il faut un acteur de poids, or, comme le souligne Leconte, «s'il est parfait dans la fantaisie, Rochefort possède un physique longiligne, un port de tête impérial et une ironie sous-jacente dans un regard de chien battu, qui le prédisposent aux personnages policiers, comme à leur contre-emploi[89]».

Le premier contact entre le jeune réalisateur et Jean Rochefort est plutôt encourageant. Le comédien l'invite même à déjeuner chez lui et lui offre un livre sur Escher, le spécialiste des fausses perspectives. Leconte «était un jeune homme avec des grands cheveux longs. Il m'a proposé ce scénario, je l'ai lu très vite, j'ai trouvé qu'il correspondait beaucoup à mes goûts et je lui ai répondu *oui* avec beaucoup d'enthousiasme[90]». Ses motivations : «Le ton du scénario, très neuf dans le cinéma français, et puis l'idée de me mettre en tandem avec Coluche m'excitaient beaucoup[91].» Avant le tournage, Jean Rochefort, qui dit apprécier «un humour de dérision, du goût de l'échec qui marque notre époque[92],» manifeste tout de même une certaine appréhension face à «une entreprise qui m'effraie et qui m'excite en même temps[93]». À sa décharge, reconnaît Leconte, «c'était une prise de risque pour lui[94]». «Faire ce film un peu barré dans l'humour parodique, adapté de Gotlib, avec Coluche et un jeune réalisateur, c'était archi-gonflé de sa part[95]». Selon le cinéaste, c'est trop beau pour être vrai : «J'avais une innocence, une insouciance calamiteuse. Je pensais que ça se passerait aussi facilement avec les acteurs que quand je faisais des courts métrages. Mais je n'avais pas le mode d'emploi et je n'ai pas de souvenir de répétitions ou de lectures avec Jean[96].»

Les débats autour du titre de cette comédie atypique s'apparentent à un véritable conflit de générations. Au moment de la signature des contrats, le projet s'intitule *Les vécés sont fermés de l'intérieur.* Face à l'opposition d'Alain Poiré qui affirme que « c'est comme si je voyais devant moi la cuvette des chiottes ! », Leconte et Gotlib énoncent une vingtaine de propositions, toutes plus navrantes et saugrenues les unes que les autres, parmi lesquelles *Le zèbre dort en pyjama* et *L'assassin n'est pas l'antiquaire.* Mais aucune ne lui sied. Jusqu'au moment où intervient Philippe Sarde, courtisé par la Gaumont pour avoir composé la musique des films de Claude Sautet, l'usage de l'imparfait changeant la tournure des choses aux oreilles du producteur.

Interviewé sur le plateau des *Vécés étaient fermés de l'intérieur,* Rochefort plaisante : « C'est un film qu'on fait pour lancer l'acteur de variétés Coluche qui se trouve donc confronté pour la première fois à un acteur de répertoire, de style et de classe, et il a un peu de travail pour être à la hauteur de mon style, car son naturel frise de temps en temps la maladresse[97]. » Une union tacite se crée entre les deux acteurs, alors même que Coluche prend un malin plaisir à déstabiliser Rochefort qui ne lui en tient pas rigueur, mais s'avoue épaté par son partenaire. « Coluche est un personnage, indéniablement, mais en plus il est très attentif à ce qui se passe autour de lui. Il a tout de suite voulu se mettre avec moi dans le même esprit, dans le même rythme[98]. » Cette entente cordiale incite même Rochefort à le convier chez lui, tout en redoutant un peu sa réaction face à son mode de vie assumé de *gentleman farmer.* « Tout à coup, j'ai vu un homme qui s'est précipité vers ces chevaux pour les regarder vivre, pour les apprécier, les sentir et quelque chose qui tout à coup m'a touché, moi, et qui a été le départ d'une réelle complicité[99]. »

En réalité, sur le plateau, la situation est pour le moins tendue, car, comme le relève l'assistant-réalisateur Luc Béraud, dont la sœur Agnès est l'épouse de Leconte, au bout d'une semaine de tournage, « Rochefort a commencé à ruer dans les brancards, à trouver que ce n'était pas tout à fait ce qu'il attendait[100] ». Et la situation ne tarde pas à s'envenimer. « Très vite, poursuit Patrice Leconte, j'ai senti qu'il se demandait vraiment ce qu'il foutait là. Je crois aussi qu'il a eu très très peur d'être le clown blanc de cette affaire et que Coluche, grosse vedette, allait emporter le morceau, lui n'étant là que comme faire-valoir[101]. » De son côté, Rochefort l'affirme : « Au fil des jours, je voyais tout se déliter. J'en étais d'autant plus triste que j'avais adoré le scénario[102]. » Selon Béraud,

« tout a explosé quand on a tourné dans une gare de banlieue où, tout d'un coup, Rochefort a refusé de continuer, alors que la caméra était en place et qu'une comédienne était assise dans le compartiment. Le ton avait sûrement monté un petit peu avant, puisqu'à un moment donné, Patrice est arrivé en disant : *C'est la fin des haricots. Rochefort a demandé à la Gaumont de reprendre le film*[103] ».

Jean Rochefort avait en fait annoncé la couleur une douzaine d'années plus tôt et son incursion dans le monde du court métrage lui a donné des ailes : « Plus tard, peut-être, je réunirai quelques camarades pour faire un film et je serai le chef d'équipe[104]. » Or, il se trouve que le projet de Patrice Leconte se prête particulièrement bien à sa préméditation. D'abord parce que le réalisateur admettra a posteriori avoir « fait bêtise sur bévue et il ne m'a rien laissé passer[105] », ce qui ne fait qu'aggraver la situation, car « Jean Rochefort m'a senti malhabile et m'a mené une véritable vie d'enfer. Ce fut horrible. Chaque jour, je me disais : *Vivement que le film se termine, après quoi j'arrête le cinéma et je reprends le dessin.* J'ai vieilli de dix ans, je rentrais défait, au bord des larmes[106] ». Ensuite, parce que le comédien abuse clairement de la situation et entend moucher ce « jeune homme plein de certitudes[107] » : « Je m'y prenais sans doute mal, concède Rochefort avec véhémence, ce qui est un peu mon caractère physiologiquement, sans le recul de la réflexion. (...) Il y a eu tout de suite un schisme entre Leconte et moi (...) et j'en suis la raison principale. (...) Je me suis fâché parce que je trouvais que c'était tourné trop de bric et de broc[108]. » Rochefort constate assez vite qu'il est prisonnier de la situation. « Au bout d'une dizaine de jours de tournage, explique Leconte, il s'est renseigné auprès de son agent pour quitter le film et celui-ci lui a répondu qu'il y avait un contrat et que c'était impossible. Donc il a été comme un chat qu'on fouette tous les jours[109]. »

Nullement décidé à se soumettre, l'acteur tente le tout pour le tout. « Un jour, raconte Leconte, il est allé voir les gens de chez Gaumont et il a dit à la production : *Ce réalisateur ne connaît pas son métier, donc ça serait bien que je puisse lui donner quelques conseils.* La production m'a transmis ce message et, comme j'étais ratatiné dans les trente-sixièmes dessous, je me suis dit que si c'était la solution pour avoir la paix, j'étais d'accord et j'ai accepté ce compromis. Fort de ça, il est arrivé le lendemain matin, le scénario dans la main, et a dit : *On installe le travelling ici.* Moi, j'étais assis sur un cube de machiniste en train de regarder, hagard, sans comprendre ce qui m'arrivait. Heureusement, Bruno Nuytten, mon chef opérateur, et Luc Béraud sont venus me trouver pour me secouer, en me disant : *Nous, on fait ton film, pas celui de Jean.* D'un seul coup, ça m'a réveillé. J'étais anesthésié, c'était ahurissant. Donc, en cours de journée, je suis allé dire au directeur de production que ça ne me convenait pas du tout, que ce n'était pas ce qu'on m'avait promis et que j'interdisais à Jean de mettre en scène ce film. De ce jour, nos rapports se sont détériorés[110]. » Loin d'en rester là, l'acteur étend son ressentiment aux membres de l'équipe solidaires du réalisateur. C'est évidemment le cas de Luc Béraud, son beau-frère, qui rapporte « avoir vécu une scène extrêmement pénible avec Rochefort. On était à Étretat et, en tant qu'assistant, je lui ai dit : *Jean, il faudrait peut-être que vous vous déplaciez.* Et il s'est mis en colère en me hurlant dessus : *À ta place !*, en me faisant signe de sortir du champ[111] ». Bruno Nuytten lui aussi en fait les frais, quand un émissaire d'Alain Poiré débarque et tient le discours suivant à Leconte : « *Savez-vous combien est payé Rochefort sur ce film ?*

— *Ma foi non.*

— *Peu importe : ce que je veux simplement vous dire, c'est que, lorsqu'on a un acteur de ce prix-là, on l'éclaire*[112] *!* »

Et puis, comme le raconte encore Leconte, « le tout culmine le jour où, alors que je lui donne quelques indications, Rochefort lâche, impérial : *Patrice, je suis anéanti d'avoir signé ce film. S'il te plaît, ne m'adresse plus la parole. Jamais*[113] *!* » Cette aventure malheureuse laissera quelques regrets à son instigateur, Alain Poiré, qui confie dans ses mémoires que « ce film n'a vraiment pas été ce qu'il aurait pu devenir. Rochefort, inquiet, m'écrivait : *Votre intervention a été utile. Néanmoins, dites-moi s'il faudra fuir la France au moment de la sortie*[114] ».

Soucieux de préserver son image et de respecter la parole donnée, Jean Rochefort assure le service minium lors de la sortie des *Vécés étaient fermés de l'intérieur,* début 1976, allant même jusqu'à expliquer que « si le scénario nous intéresse, si la personnalité du metteur en scène nous captive, on donne un accord de principe et en général, souvent, le film se fait aussi grâce à cela. C'est ce qui s'est passé avec Coluche et moi-même : nous avons aimé le scénario de Patrice Leconte et nous avons fait ce film ensemble avec beaucoup de plaisir et d'enthousiasme[115] ». Il précisera même vingt ans plus tard : « C'est un film qu'on a fait avec passion, Coluche et moi. (...) On était d'autant plus malheureux de l'échec du film, bien sûr[116]. » Et le pire est que l'acteur exprime là une fois de plus le fond de sa pensée, car, comme l'explique Leconte, « quand j'ai montré le film à Jean Rochefort, il a achevé de me crucifier en me disant : *Tu vois, Patrice, c'est dommage qu'on se soit engueulés, parce qu'il est bien, ton film...* Quel gâchis ! Mais c'était un mal pour un bien, parce que ce que m'a fait subir Jean Rochefort était quelque chose d'intolérable pour un jeune cinéaste, de n'avoir ni bienveillance ni tolérance, ça a été comme un stage accéléré et cette expérience m'a donné confiance en moi[117] ».

Deux mois après la sortie, Rochefort ira même jusqu'à ajouter : « Je suis content d'avoir fait *Les vécés étaient fermés de l'intérieur*, parce que, même s'il n'est pas tout à fait abouti, j'aime sa forme d'humour. J'ai été choqué par la réaction de la critique française[118]. » Un comble ! Avec le temps, Patrice Leconte évoque quant à lui « un premier film qui a des maladresses charmantes et des supporters farouches[119] » avant de reconnaître qu'il « est totalement démodé, mais il y a des choses qui le rendent attachant[120] ». Luc Béraud explique quant à lui son échec par un malentendu : « Ce que n'ont pas compris la Gaumont et le monteur, Albert Jurgenson, c'est que *Les vécés étaient fermés de l'intérieur* était un film parodique qui voulait pousser jusqu'au bout les schémas dramaturgiques du film noir à la française[121]. » Suprême ironie du sort, Jean Rochefort remettra spontanément son imperméable mastic et son chapeau à l'occasion d'un portrait que lui consacreront Christophe Duchiron et Frédéric Bazille pour l'émission *Envoyé spécial...* trente ans après cette expérience malheureuse. Comme pour manifester un regret tardif.

Endeuillé sur le plan familial par le décès à soixante-sept ans du père d'Aleksandra, Zygmunt Moskwa, à Varsovie, l'été 1975 est particulièrement chaud pour Jean Rochefort qui doit tourner sous la direction de Bertrand Blier une comédie au vitriol baptisée *Femmes fatales* après avoir été annoncée sous le titre *Calmos tranquillos décontractos* lors du festival de Cannes 1975. Dans ce film finalement intitulé *Calmos*, Jean-Pierre Marielle reprend un rôle destiné à Jean-Paul Belmondo (qui « n'a pas voulu : il a calé[122] », aux dires du réalisateur) et Jean Rochefort remplace Jean Yanne initialement pressenti par Blier, en résumant ainsi l'affaire : « C'est un film où les hommes fuient les femmes[123]. » Il s'agit surtout, dans l'esprit de son auteur, de réagir aux outrances du féminisme par une comédie en forme de provocation, à propos de laquelle il n'hésite pas à déclarer : « J'espère que les femmes du MLF seront furieuses. D'ailleurs c'est un bon test. Les femmes qui n'aimeront pas mon histoire, il n'y a qu'à ne plus les fréquenter[124]. » Rochefort en témoigne à sa façon : « Quand le MLF a démarré, j'étais totalement angoissé. J'avais une amie qui allait mesurer avec un double mètre souple la hauteur des éviers pour savoir si la femme ne se penchait pas trop humblement sur sa vaisselle[125]. » Mais il croit sincèrement à ce projet et déclare que « l'audace du scénario nous avait emballés, en plein mouvement féministe, avec cette distance rabelaisienne et lyrique que Blier avait mise là-dedans[126] ». Mieux, « ce prolongement des *Valseuses*, avec un humour féroce et dévastateur, m'avait bouleversé, m'irritant autant qu'il m'enthousiasmait, me fascinant et me révulsant à la fois. J'aime beaucoup la forme d'éthique qu'il représente, et qui a toujours été la mienne : les sentiments extrêmes et le goût du risque[127] ». La prose de Bertrand Blier est en outre un délice pour ses interprètes, car, comme le souligne Rochefort, qui aime à se définir comme « quelqu'un de pudique ayant un goût immodéré de la trivialité et de la vulgarité dans ce qu'elle a de plus beau[128] », « les dialogues sont tellement truculents que nous avions parfois des arrêts, mais quel plaisir de tourner de la science-fiction drôle dans les paysages sublimes de l'Hérault et de la Bourgogne[129] ».

Ce que Rochefort ne mentionne pas, à l'époque, c'est qu'il n'est pas venu seul sur ce tournage, mais accompagné de sa fidèle jument Téfine qu'il a confiée aux bons soins d'un club hippique de la région. Ainsi, « la journée de tournage terminée, j'allais la rejoindre et la monter[130] ». En assouvissant ainsi ce plaisir coupable, il déroge aux conditions des assurances et endure le risque toujours possible d'être victime d'un accident au cours d'une épreuve de concours complet, une mise en danger éminemment incompatible avec les exigences d'un tournage. « C'était intense de cumuler mes activités professionnelles et les compétitions en fin de semaine[131] », déclare-t-il à ce propos. Près de trente ans plus tard, « Bertrand Blier est venu à la maison pour mon anniversaire. En faisant un tour aux écuries, il a vu une photo où je me cassais la gueule sur un cross[132] ». Rochefort avoue alors au réalisateur que... c'était pendant le tournage de *Calmos*. À l'époque, précise-t-il, «je fus traîné sur trente mètres et par miracle je ne me suis rien cassé, mais je ne pouvais plus bouger[133]». Davantage de peur que de mal, d'autant plus que l'acteur fourbit un stratagème : «Après cette chute, j'avais prétexté une grosse fatigue pour qu'il change l'ordre de travail[134].» Or, «coïncidence heureuse, le scénario comprenait des scènes d'hôpital. J'ai pu rester allongé pendant les prises de vues[135]...»

Au cours de ce tournage hors du commun, Rochefort et Marielle ont pour partenaires plusieurs centaines de femmes. À l'exception notable d'un évêque rondouillard qu'incarne le propre père du réalisateur, Bernard Blier, rôle initialement proposé à... Jean Gabin qui l'a refusé «sous prétexte qu'il était trop court et qu'il demanderait beaucoup d'argent[136]». Sur le plateau, Rochefort admire autant Blier père et fils et raconte à ce propos : «Nous tournions de nuit sous la pluie, Marielle, Blier et moi, et vers quatre heures du matin, au milieu de la fatigue, on recommence une scène sept ou huit fois où Bernard Blier avait à tomber dans une flaque d'eau. Il n'était déjà plus un gamin et au bout de quelques prises, j'ai senti une petite fatigue chez lui. Alors je lui ai dit : *Tu sais, Bernard, je crois bien que ton fils doit avoir du génie.* J'ai peut-être vu le plus beau sourire du monde, cette nuit-là, sur le visage d'un homme[137].» En novembre suivant, Jean Rochefort retrouvera d'ailleurs Bernard Blier parmi les sept cents invités de la Nuit de l'amitié cinématographique conviés par l'amicale des représentants des maisons de location de films.

Conçu comme un contre-feu à l'Année de la Femme, *Calmos* ne sortira en définitive qu'en février 1976. Pourtant, malgré le bel enthousiasme qui a baigné sa production, ni la critique ni le public ne suivent le réalisateur des *Valseuses* dans son nouveau délire. «Il a été considéré sans distance et sans humour[138]», tranche Rochefort, d'autant plus désappointé qu'il a apprécié ce «pamphlet monstrueux[139]» dont il dit que «c'était vraiment du merveilleux cinéma branque dans lequel nous avions sauté à pieds joints de bonheur, Marielle et moi[140]», mais aussi et surtout l'«œuvre d'un poète, d'un véritable artiste[141]». Plus grave que les mots, aussi blessants puissent-ils être, «ça a été un échec total. Ça nous a beaucoup affectés. On se faisait même engueuler dans la rue, Marielle et moi, par les rares spectatrices qui l'avaient vu[142]». L'acteur stigmatise à ce propos les «femmes aux doigts pleins de nicotine[143] », comme il qualifie ces féministes qu'il trouve « tout à fait pénibles à vivre[144] », tout en reconnaissant « que, dans ce mouvement qui était souvent déplaisant, il y a eu une prise de conscience de certaines choses qu'il était nécessaire d'équilibrer dans les rapports des sexes, en tout cas tout ce qu'il pouvait y avoir de social, ne serait-ce que le viol[145] ».

19

Les démons de midi

« Après *Calmos*, plus personne ne voulait entendre parler de moi[1] », constate Jean Rochefort. Comme si un rôle avait suffi à précipiter sa carrière vers cette incertitude du lendemain dont il se croyait enfin préservé par ses récents succès. En ce début 1976, le comédien traverse une nouvelle zone de turbulences, mais déclare « que la conjoncture est actuellement assez bonne pour les quadragénaires actifs et qui ont un bagage professionnel[2] ». Et le pire, c'est que la scène ne s'impose plus à ses yeux comme une alternative sérieuse, mais comme un motif de perplexité supplémentaire. « Mon avant-garde n'en est plus une, constate-t-il, les auteurs anglo-saxons sont au bord du boulevard, aujourd'hui, et le théâtre de boulevard me fait trop rire pour que je puisse le jouer[3]. » Par ailleurs, le contexte a trop changé pour qu'il s'y sente vraiment à son aise. « Je n'ai pas envie de retourner à l'anonymat des troupes et à ces théâtres où le spectacle est un spectacle de metteur en scène et un spectacle de cette nouvelle profession qui existe depuis quelques années, surtout dans les théâtres subventionnés où il y a un nouveau créateur qui est entre le metteur en scène et l'auteur et qui a un rapport tout à fait étrange avec le comédien[4]. » Le petit écran ne bénéficie guère davantage de ses faveurs. Il le ressasse à qui veut l'entendre : « J'ai dit un jour qu'une des raisons pour lesquelles je ne tournais pas de *dramatiques* était le fait qu'au beau milieu de l'action les téléspectateurs étaient très capables d'aller téléphoner[5] ! »

Le moment semble opportun pour Rochefort d'établir un premier bilan et de le confronter à celui de ses camarades du

Conservatoire : « C'est l'amitié qui nous a aidés à traverser les échecs avec humour. Sans jamais nous prendre au sérieux. Aujourd'hui que les choses s'établissent un peu plus, nous essayons de partager notre humour avec les autres[6]. » Par ailleurs, et il l'admet bien volontiers, « il y a des gens qui demeurent des adolescents, des hommes flous, très longtemps. Leurs traits, leur personnalité, leurs orientations artistiques, esthétiques, politiques ne s'affirment que beaucoup plus tard. J'appartenais à cette catégorie[7] », car, il le reconnaît aussi : « J'ai été tardif en tout[8]. » La revue *Cinématographe* abonde d'ailleurs dans son sens quand elle écrit à son propos : « Rochefort attend son heure. Un comédien trop cynique et trop fin pour se voir confier un rôle haut en couleurs. Préfère le travail discret et solitaire aux grandes manœuvres financières[9]. » Visiblement, son exigence renvoie de lui une image plutôt flatteuse, sauf pour le portefeuille. Pas question pour autant de renier ses ambitions, lui qui se définit comme « un cartésien un peu déséquilibré, en ce sens que j'aime bien la rigueur, pour après, à l'intérieur de cette rigueur, exploser[10] »...

L'acteur se fait une haute idée de son métier, mais n'entend pas succomber aux pièges du vedettariat. « Je trouve enfin au cinéma la possibilité, non pas de choisir comme on dit habituellement, mais de m'associer plus étroitement à l'œuvre entreprise[11] », explique-t-il. Une implication accrue qui passe évidemment par ce passage à l'acte si souvent différé. Il en trouve le prétexte dans un roman intitulé *Mourir de rire* où un comique provoque malgré lui des infarctus du myocarde, un sujet de science-fiction pour la télévision qui n'est pas sans évoquer celui de *Rire et châtiment* que tournera plus tard Isabelle Doval (2003) avec son mari, José Garcia. Déçu de « l'anonymat dans lequel vivent les courts métrages et les documentaires[12] », Rochefort répond aux encouragements de Bertrand Tavernier et Claude Chabrol auprès desquels il a pris conseil. Il envisage même de confier le rôle principal de *Mourir de rire* à Gérard Jugnot, qu'il a repéré sur la scène du Splendid, en expliquant que « la terreur de mon héros sera de faire rire, et ses gags devront faire peur au spectateur. Autour de lui, tout un univers hyperréaliste pour qu'on ait la sensation du plausible[13] ». Le choix de ce sujet semble idéal aux yeux du comédien pour qui « il y a deux sentiments majeurs qui m'accompagnent dans ma vie : le rire et la peur. Je suis sensibilisé par ces deux sentiments. Je me suis toujours dit que si je réalisais un long métrage un jour, ce serait ces deux-là que j'exploiterais[14] ».

Rochefort se méfie de son image et aimerait élargir sa palette. Encore faut-il qu'on lui en offre l'opportunité. Il évoque d'ailleurs son implication dans l'adaptation que prépare le réalisateur Jean-Louis Bertuccelli de *L'imprécateur*, prix Goncourt de René-Victor Pilhes, un portrait choral d'une entreprise en voie d'effondrement qui détonne au sein du cinéma français de l'époque par son ancrage dans le monde du travail. « Aujourd'hui, dit-il, je ne m'intéresse plus qu'aux apparences, aux préoccupations physiologiques des personnages comme le faisait Louis Jouvet, pour qui j'ai toujours eu une grande admiration[15]. » Dans l'esprit de l'acteur, « il y aura une écriture, un humour, un souffle, quelque chose de glacé et de grinçant, de cruel et de caustique, où je pense que les acteurs de mon registre ont leur place[16] ». Rochefort affirme aussi sa singularité par rapport à ses confrères, quand il déclare : « J'assume très bien mon hypocrisie. Je ne suis pas un décontracté. Je ne suis pas un homme à l'aise. (...). Je me fiche de ne pas être dans le coup. Tous ces principes un peu austères me nourrissent pour m'exprimer dans mon métier, pour agir en tant que détonateurs : je ne peux faire rire que la gorge serrée[17]. » Une déclaration d'intention à laquelle l'actualité va bientôt répondre de façon percutante, en ouvrant de nouvelles perspectives au comédien qui a « envie de changer de ton, de ne pas rester sur des rails[18] ».

Le 3 avril 1976, trois mille cinq cents spectateurs sont réunis au Palais des Congrès de la porte Maillot, à Paris, afin d'assister à la première cérémonie des César présidée par Jean Gabin. Jean Rochefort concourt dans la catégorie du meilleur second rôle masculin pour *Que la fête commence.* Il a pour rivaux Jean Bouise (pour *Le vieux fusil* de Robert Enrico), Patrick Dewaere et Victor Lanoux (pour *Adieu poulet* de Pierre Granier-Deferre) dont Brigitte Fossey énumère les noms. Plébiscité par un corps électoral qui compte alors neuf cent cinquante professionnels du cinéma, l'interprète de l'abbé Dubois l'emporte et reçoit le premier César de l'histoire des mains de Marie Dubois. « J'étais fringué d'une façon absolument ridicule, à la mode post-soixante-huitarde[19] », commentera Rochefort qui arbore pour l'occasion un costume en velours violine, une chemise bleu clair et une cravate bleu marine du plus bel effet chromatique. Quant à son discours, il le jugera plus tard « très méchant[20] » : « Je suis très touché, déclare-t-il, je suis très ému, je pensais arriver très froidement, en disant *ça n'a aucune espèce d'importance.* Je suis tellement heureux d'avoir battu Lanoux, Bouise et Dewaere que j'éprouve une satisfaction énorme. Non mais, très sincèrement, c'est une grande joie. Merci. » Il minimisera toutefois par la suite sa performance, en expliquant qu'« il y a des rôles à récompenses : un abbé qui jure et qui dit des gros mots en habits sacerdotaux, c'est un rôle à César[21] », et ira jusqu'à manifester un regret : « Moi je l'aurais donné à Jean-Pierre Marielle. C'est un scandale qu'il n'ait même pas été nominé[22]. » En fin de soirée, le deuxième film de Bertrand Tavernier aura cumulé quatre statuettes (il ne s'agit pas encore de compressions) dont celles du scénario et de la réalisation. Conclusion de Rochefort : « On ne bâtit pas encore un film sur mon nom, mais enfin je fais quand même des compositions intéressantes[23]. »

Moins d'un mois après cette consécration tant attendue qui légitime sa complicité avec Bertrand Tavernier, Jean Rochefort retrouve un autre de ses metteurs en scène de prédilection, Yves Robert, ainsi que l'un de ses rivaux malheureux au César, Victor Lanoux, mais aussi Claude Brasseur et Guy Bedos. Ils incarnent quatre copains dans *Un éléphant ça trompe énormément* que son réalisateur résume comme « un vaudeville d'aujourd'hui avec amants dans le placard[24] » et dont il affirme qu'il s'inspire « d'un souvenir de jeunesse[25] ». Artisan à l'ancienne, ce cinéaste exigeant a consacré deux ans à développer son sujet avec Jean-Loup Dabadie. « Lorsque Yves Robert m'a apporté le scénario, raconte Rochefort, j'étais en train d'enlever du fumier. Je l'ai lu dans la soirée, l'ai rappelé et lui ai dit : *Non seulement c'est un chef-d'œuvre, mais c'est un chef-d'œuvre d'humanisme : vous racontez l'homme, tous les hommes*[26]. »

Le comédien est d'autant plus séduit par ce scénario troussé avec virtuosité que son personnage d'Étienne Dorsay lui ressemble comme un frère... et en l'occurrence plus que le sien. « Ils se sont inspirés un peu de moi, qui suis un type coincé, pour mon rôle, remarque-t-il : un haut fonctionnaire quadragénaire, sa vie sérieuse et rangée, des enfants studieux et normaux[27]. » Mieux, « tout le côté hypocrite de ce personnage vient d'Yves et de moi, parce qu'il adorait regarder ailleurs en sifflotant, quand il était devant un problème, quel qu'il soit. On avait le goût du *faux-derchisme* tous les deux[28] ». Avec, en prime, une réplique qui sied aussi bien au personnage qu'à son interprète : « Si les femmes sont désirables, les chevaux sont hauts et les forêts profondes. » En l'occurrence, explique Yves Robert, « Jean Rochefort est un grand commis d'État qui a un problème : comment tromper sa femme sans qu'on le sache[29] ? » Quant à son épouse, comme l'a suggéré Dabadie au réalisateur, elle est incarnée par Danièle Delorme, madame Robert à la ville, qu'il dirige ainsi pour la première fois, Anny Duperey personnifiant quant à elle l'objet de tous ses fantasmes. « Étienne est un parfait honnête homme, saisi par le démon amoureux mais victime d'une suite de malentendus[30] », résumera laconiquement Yves Robert.

Passionné par le tennis, Dabadie a décidé d'imposer la pratique de ce sport convivial aux quatre compères, ce qui contraint leurs interprètes à un entraînement intensif. Leur coach, Pierre Barthès, juge que le plus doué est Claude Brasseur, devant Jean Rochefort. Cela n'empêche pas ce dernier d'administrer un coup de raquette, accidentel mais vigoureux, en plein visage de Victor Lanoux qui se solde par dix-huit points de suture et ce récit de la victime : « Jean, d'abord saisi, ne sachant que dire, reprit son flegme britannique, s'approcha de moi et voulut constater les dégâts. Quand j'acceptai enfin d'ouvrir mes mains, il prit un pas de recul, comme s'il contemplait un tableau, et eut ces quelques mots rassurants : *Ça t'arrangerait plutôt, mon grand*[31] *!* » Au quotidien, sur le plateau, les comédiens se font des blagues et s'amusent, tout en respectant Yves Robert. Les jours de relâche, ils passent du bon temps ensemble à La Guéville, particulièrement autour de la table.

« Le rôle est taillé à mes mesures, affirme Jean Rochefort. Inspiré par ma façon de faire des gestes ou de m'habiller. Car je suis persuadé que le costume fait l'acteur[32]. » Quitte à l'humaniser ensuite. « Je ne me suis pas senti un homme ridicule. J'ai senti, parce que je distancie, que le personnage l'était de temps en temps[33] », mais c'« est, pour moi, un facteur d'émotion qui me touche infiniment[34] ». Sous ses apparences primesautières, *Un éléphant ça trompe énormément* ne cherche jamais à flatter ses protagonistes, car, comme le souligne Rochefort, Yves Robert « savait montrer ce que nous avions de rigolard, de lâche, de grotesque, de tendre et de douloureux[35] » et « il a raconté avec Dabadie les quadragénaires de cette société d'expansion où il n'y avait pas de chômage[36] » et plus particulièrement « le bourgeois des années de croissance, avec résidence secondaire, barbecue armorié et maîtresse qui s'habille chez Chanel[37] ». Ce qui fera dire au comédien que « si le cinéma songe aujourd'hui davantage à moi, c'est parce que je ressemble à mon époque[38] ». Et Rochefort de confier sa méthode : « À nous de photographier ce qui nous entoure et de le déglutir. Savoir regarder, savoir écouter : tout est là[39]. »

Au cours de la scène finale, que Rochefort a soigneusement répétée et même réglée pendant trois jours, alors qu'il doit paraître paniqué, tout en donnant l'impression de ne pas tenir en selle, le comédien monte sa propre jument Téfine, sur laquelle sa fille Marie participe à des championnats junior. Il l'a entraînée pendant trois semaines en vue d'un exercice délicat : « Le jour du tournage, j'ai utilisé ma propre famille, mes enfants, en train de prendre le thé, près d'une table, dans la campagne, et l'on me voit à cheval, sautant par-dessus la table[40]. » En d'autres termes, « il fallait absolument que la jument se sente *en famille*[41] », mais « ce n'est pas rien de lui demander de sauter une table de campeurs, avec des enfants[42] ». Conscient de sa responsabilité, l'acteur offre à la caméra ce qu'il a de plus précieux : « J'avais un enfant de six ans *[Julien]* dont, quoi qu'il puisse se passer, je savais qu'il ne bougerait pas d'un millimètre, parce que sinon il prendrait un sabot dans la tête, et je ne pouvais pas engager des gens en qui je n'avais pas confiance pour rester immuables en becquetant un poulet en forêt de Rambouillet pendant qu'un cheval sautait par-dessus la table avec un gars dessus[43]. » Trois prises suffiront, mais Yves Robert en témoignera, « il avait des rapports avec cette jument tout à fait extraordinaires, comme avec une femme[44] ». Par la suite, Jean Rochefort est censé poursuivre sa route dans l'eau, toujours aussi imperturbable : « Elle est très calme, très équilibrée, cette jument. Quand on rentre dans un étang avec elle, au moment où elle perd pied, elle continue tout droit en nageant[45]. » Sans doute est-ce pour cela qu'une publicité pour la carte Provisio de la banque BNP a utilisé vingt ans plus tard l'image du comédien à la fin de cette scène qui fera écrire au critique Jean-Louis Bory : « La gaucherie de Jean Rochefort à cheval n'est aussi bien "donnée" que parce que Jean Rochefort est un cavalier accompli[46] ».

Bien davantage qu'un simple tournage de film, *Un éléphant ça trompe énormément* a constitué une aventure humaine exceptionnelle pour son équipe. Accoudés à un tronc d'arbre de la forêt de

Rambouillet après l'ultime clap de fin, tandis que l'équipe démonte le décor et range le matériel, le réalisateur et son désormais indispensable alter ego à l'écran s'assoupissent comme des enfants. «J'étais devenu l'acteur qui jouait les rôles qu'il écrivait en pensant à lui[47] », déclarera Rochefort. «Yves et moi nous sommes allongés dans l'herbe et nous sommes réveillés trois heures après. On est arrivés au bout du film exténués et heureux[48]. » Une fatigue bénéfique car le public entérinera ce vœu exprimé par le comédien à la sortie : « C'est une comédie réaliste dont Yves Robert, moi et quelques autres, voudrions bien qu'elle marque un renouveau : celui d'un comique *à la française* dont le cinéma a perdu le goût depuis vingt ans au moins[49]. » Souhait exaucé : cette « comédie hilarante, élégante, poétique[50] » est plébiscitée par près de trois millions de spectateurs et confirme la popularité de Jean Rochefort et son statut de tête d'affiche à part entière.

Entre le tournage et la sortie d'*Un éléphant ça trompe énormément*, le comédien doit encore honorer un engagement de longue date dont le propos lui tient à cœur. *La boîte* est le premier long métrage de Pierre Lary, un ancien professeur de philosophie qui a coréalisé avec Claude Guillemot la série télévisée *Les secrets de la mer Rouge* et qui a été l'assistant de Luis Buñuel pendant dix ans. C'est d'ailleurs sur le tournage du *Fantôme de la liberté* que Jean Rochefort l'a rencontré. « Il m'avait parlé de son idée, faire un film sur les conditions de vie des cadres en France. Le scénario a été écrit par lui et Huguette Debaisieux et c'est Jean-Claude Carrière qui a travaillé aux dialogues[51]. » Le montage financier de ce film écrit sur mesure pour son interprète principal, qui dit y incarner « le diable : celui qui ne joue plus le jeu collectif[52] », s'est toutefois révélé compliqué. En effet, « c'est un film *politique*, mais traité nouvellement par un metteur en scène français qui utilise un humour corrosif et ravageur, tout en restant extrêmement réaliste[53] ». Le comédien adhère d'autant plus au propos de ce film dont Lary a eu l'idée en réalisant un reportage télévisé sur le quartier de La Défense qu'il se remémore ces séances de brainstorming auxquelles il a participé quand il tournait des spots de pub. Il s'immerge en outre totalement dans son personnage. «Je prenais la grande colère du cadre, ce qui me nouait l'estomac et m'entravait la digestion, je ne mangeais plus rien. À part un petit yaourt escorté d'une mesquine biscotte de temps à autre, je vivais pratiquement l'abstinence de mon rôle[54]. » Finalement intitulé *Le diable dans la boîte*, le film de Pierre Lary verra sa sortie repoussée au printemps 1977, alors que se profile à l'horizon un concurrent à l'univers assez proche, mais au ton beaucoup plus sombre : ce fameux *Imprécateur* pour lequel il a également été pressenti, mais qui n'obtiendra pas le succès escompté, en dépit de sa distribution prestigieuse.

Jean Rochefort l'affirme volontiers : «J'appartiens à une génération de comédiens de théâtre qui sont venus très doucement et très calmement au cinéma[55]. » Une situation enviable qui lui inspire ce corollaire : « C'est tout de même merveilleux, quand ça a été dur pendant des années, d'avoir cette possibilité de choix, d'avoir un éventail de scénarios sur sa petite table, dans sa chambre, et de se dire : *Décide*[56] *!*» Le comédien n'en néglige pas pour autant son autre passion, l'équitation, et met sa notoriété grandissante au service de l'équipe de France de saut d'obstacles médaillée cet été-là aux Jeux olympiques de Montréal. Il pose même pour la postérité aux côtés des champions Marcel Rozier, Michel Roche, Marc Roguet et Hubert Parot.

Sacrifiant aux impératifs de la célébrité, le jour de la rentrée des classes 1976, Jean Rochefort accepte de faire l'objet d'un reportage de l'émission *Trente millions d'amis* diffusé deux mois plus tard. Entouré de sa famille qui commente quelques diapositives, il y raconte notamment comment il s'est entendu avec les abattoirs de sa région qui lui fournissent la nourriture (un kilo de viande et un œuf par jour) de ses deux lévriers irlandais, Volt et Zoé, « qui vivent avec les chevaux, qui sont décontractés avec les chevaux, qui n'en ont pas peur et qui sont capables de galoper et de courir derrière les chevaux pendant vingt kilomètres[57] ». Outre Téfine, ses écuries sont occupées par deux alezans de dix-huit mois, Jovial et Gepil, le poulain mis au monde par sa jument Arabella, qui est atteint de myélite et semble condamné à plus ou moins brève échéance : « La vie avec les animaux, c'est la vie avec la vie, constate-t-il, mais c'est aussi la vie avec la mort et ça c'est souvent très très dur[58]. » Rochefort présente enfin Sigismund, un bai brun de six ans particulièrement maigre : « Ce cheval a couru, il a fait gagner le tiercé aux Français, et puis les jambes ont fatigué : on lui a tellement demandé d'efforts que les tendons ont été plus faibles que le cœur... » Sa ménagerie domestique comprend aussi deux chats et son fameux perroquet d'Amazonie vert et jaune de quatre ans rebaptisé Dubois, en référence à son personnage porte-bonheur de *Que la fête commence*, et surnommé dans l'intimité familiale Dubois 1er, comte de Rochefort-en-Yvelines.

Pour la sortie d'*Un éléphant, ça trompe énormément*, Yves Robert emmène son équipe parcourir les routes de France à bord d'un autocar. Joignant l'utile à l'agréable, les compères s'amusent comme des fous en sacrifiant aux impératifs de la promotion. Au Havre, il s'agit même pour eux de défendre les couleurs de la comédie d'Yves Robert, face à trois autres films bientôt à l'affiche : *La carrière d'une femme de chambre* de Dino Risi, *Buffalo Bill et les Indiens* de Robert Altman et *La victoire en chantant* de Jean-Jacques Annaud. Ceux-ci sont soumis à un jury composé de vingt femmes de dix-huit à soixante ans chargées de décerner un prix mensuel itinérant qui constituera un argument supplémentaire pour les exploitants au moment de programmer leurs salles. Une perspective qui préoccupe l'acteur de *Calmos*, ainsi que l'atteste sa réflexion ironique : « Vingt femmes réunies ensemble dans une salle, c'est très angoissant. Alors, j'attends le verdict avec impatience[59]. » Inquiétude non fondée car *Un éléphant*... l'emporte avec un indice de satisfaction moyenne de quatorze et demi sur vingt.

Au cours de cette tournée conviviale, Jean Rochefort peut jauger de sa popularité. Le César a produit ses effets. « Les gens me dévisagent, m'abordent, constate-t-il. C'est gentil mais un peu comme si j'étais tout nu[60]... » Il ne se reconnaît pas non plus tout à fait dans ce qui est en train de devenir son image publique, celle d'« une espèce de gentleman farmer-acteur qui ne sort de sa propriété que pour faire du cheval entouré de ses chiens[61] ». Comme pour mieux se protéger et faire corps avec les siens, c'est en famille qu'il se rend sur le plateau des *Rendez-vous du dimanche* animés par Michel Drucker. Un petit plaisir réconfortant qu'il s'offre au moment d'aborder le rôle le plus éprouvant de sa vie.

20

Jean qui pleure et Jean qui rit

Une décennie. C'est à la fois le laps de temps nécessaire à Pierre Schoendoerffer pour revenir au cinéma et le délai de réflexion consécutif au conseil d'en tirer un film que lui a soufflé le producteur Georges de Beauregard, après avoir lu les bonnes feuilles du *Crabe-Tambour,* Grand Prix du roman de l'Académie française. Lente maturation pour un écrivain réalisateur atypique qui conçoit un tournage comme une campagne militaire. Le titre de son nouveau film, et avant lui du livre qui l'a inspiré, trouve son origine dans son intimité familiale. Schoendoerffer prétend que ses enfants en bas âge avaient une démarche de crabe et qu'il surnommait son fils Ludovic *le crabe-tambour* parce que celui-ci se tapait sur le ventre après avoir mangé. À l'écran, ce personnage sera campé par Jacques Perrin, Alain Delon l'ayant décliné pour cause de mal de mer. Reste à trouver celui qui l'évoque et qui tient en fait le rôle principal. Un problème d'autant plus épineux que Schoendoerffer n'est pas familier du sérail cinématographique : «Au début, j'avais pensé à *[Bruno]* Cremer, évidemment, mais il avait envie de changer de vélo et de ne pas être encore un militaire, ce qu'il avait déjà fait dans *La 317e section* et *Objectif 500 millions.* C'est Tavernier qui m'a appelé, un soir à minuit, en me disant : *Je viens de voir Rochefort. Il voudrait absolument faire ton film et aimerait beaucoup te rencontrer pour en parler.* Or, moi, je n'avais absolument pas pensé à lui, mais c'est un personnage qui m'intéressait, sauf qu'il avait un tout autre territoire de jeu à mes yeux[1]. »

Jean Rochefort précise quant à lui : «J'avais lu le scénario par hasard. Immédiatement, j'ai téléphoné à Schoendoerffer. Je n'avais jamais fait ça de ma vie; mais j'avais des points communs avec le personnage[2].» Outre le fait qu'il est breton et que son frère Pierre est amiral, Rochefort est miné à cette époque par une tragédie qui le touche de près : son ami Pierre Besson lutte vaillamment contre un cancer en phase terminale. Or, le commandant qu'il doit incarner se trouve lui aussi en proie à un mal incurable. Au-delà de la puissance du rôle, il y voit donc la possibilité de rendre hommage à celui qui l'a guidé vers son destin et dont la vie a fini par le séparer. «Il m'a semblé qu'il était temps, dit-il, que j'avais l'âge de commencer à jouer ces personnages près de l'érosion, faisant le point avec eux-mêmes, et c'est pour ça que j'ai été extrêmement impudique, chose que je n'aime pas faire d'habitude. J'ai ressenti un appel. J'ai été une sorte de Jeanne d'Arc du septième art[3].»

«Schoendoerffer me demanda deux jours de réflexion, car il voyait le commandant plus âgé et ma réputation d'acteur rigolo l'inquiétait[4]». En effet, renchérit le cinéaste, «je ne connaissais de lui que son comique britannique[5]». Loin de se laisser décourager, l'acteur insiste et argumente : «Je voulais que ce personnage soit fragile dans ses décisions, dans ses buts, avec cette rigueur qu'il a, a priori[6].» Le réalisateur le rencontre et ne lui cache pas que cette aventure ne sera pas de tout repos : «Je lui ai parlé du personnage, et beaucoup des difficultés de ce tournage dans des conditions de nature à rebuter bien des comédiens habitués à jouer sur une scène de théâtre qui ne bouge pas. On a bavardé et je lui ai dit que les marins étaient glabres, or il était moustachu, mais il m'a fait comprendre qu'il serait disposé à se raser le cas échéant. Et puis, il a posé son doigt pour cacher sa moustache et il m'a dit : *Ça ne me va pas, vous voyez... Cela dit, si vous y tenez...* Et je me suis dit que ce commandant de bateau était si particulier qu'il pouvait porter une moustache. C'était une idée préconçue qui est tombée à ce moment-là[7].»

Rochefort trouve dans cette histoire, et surtout dans ce personnage droit dans ses bottes, des aspérités psychologiques et morales qui lui correspondent. «Il est également question dans ce film de valeurs qui ne sont pas à la mode, explique-t-il : par exemple la promesse donnée et tenue[8].» Il ira même jusqu'à hasarder cette justification surprenante : «C'est le premier rôle pour lequel je n'ai pas eu l'impression d'être acteur[9].» Mais ce processus d'identification passe aussi par des périodes d'inconfort et d'incertitude. En essayant des costumes au Cercle militaire et en croisant des officiers dans le vestiaire, Jean Rochefort commence à douter de sa capacité à incarner ce personnage : « Le commandant, c'est la casquette, dit-il. Moi, je veux jouer un homme[10]. » En l'occurrence, explique-t-il, « je me sentais immodestement comme investi. Je voulais participer à ce récit sur ces générations perdues qui, à tort ou à raison, avaient cru en quelque chose et qu'on avait abandonnées[11] ».

Le comédien est bien obligé de faire contre mauvaise fortune bon cœur et de se plier à la discipline... militaire de Schoendoerffer. « Avant le début du tournage du *Crabe-Tambour*, se souvient celui-ci, on n'a fait aucune répétition, mais je lui ai montré *Sept jours en mer*, un court métrage de dix minutes que j'avais réalisé pour le Service Cinématographique des Armées et qui est la première esquisse de ce qu'on peut faire sur un bateau par mauvais temps, un peu comme le premier dessin de la fresque à venir[12]. » Ce film, le réalisateur l'a tourné en 1972-1973 pour le Service d'information et de relations publiques des Armées à bord de l'aviso-escorteur Balny de l'Escadre de l'Atlantique stationné dans le port de Brest. Las, explique Schoendoerffer, « le projectionniste n'a pas respecté le début et j'ai poussé un cri en disant : *Halte-là ! Allumez les lumières !* Et ça a fichu un coup à Rochefort qui s'est dit : *Ce type est dangereux. Il ne contrôle pas ses nerfs*... Du coup, il a dit qu'il renonçait à faire le film. Le producteur Georges de Beauregard et moi étions tellement effarés que nous avons pris une cuite. On est allés voir Rochefort qui ne nous a pas expliqué la raison de sa décision. Et puis, comme il avait déjà essayé les costumes, il était déjà engagé légalement et ça s'est arrangé. En fait, ce n'est que beaucoup plus tard qu'il m'a avoué la vérité[13] ». Soucieux de familiariser son interprète avec ce monde qui lui est étranger, Schoendoerffer a sa méthode. « Il m'avait demandé deux ou trois dîners avec des anciens de la guerre d'Indochine, dont des officiers et des sous-officiers de carrière, raconte Rochefort, et là, bien sûr, j'avais entendu à l'heure de l'armagnac deux ou trois souvenirs de ces gens-là qui m'avaient littéralement effrayé[14]. »

Trop c'est trop. Jean Rochefort confie ses doutes à son ami Claude Rich qui fait lui aussi partie de la distribution : quitter sa famille, conditions climatiques extrêmes, contre-emploi écrasant... Huit jours plus tard, l'acteur va jusqu'à envoyer une lettre à Pierre Schoendoerffer que lui lit son épouse Patricia. Il lui annonce renoncer au rôle en expliquant : « Ce que je n'aime pas faire, je le fais mal. » La réaction du producteur Georges de Beauregard est très violente : « Il va faire ce rôle, sinon je vais le ruiner. » L'acteur pris au piège n'a plus désormais d'autre solution que de se soumettre, même s'il nourrit la conviction que « Schoendoerffer était en fait très énervé. Il n'avait pas tourné depuis des années, il était très excité[15] ». Le réalisateur est toutefois conscient de son état d'esprit et des conséquences néfastes qu'il risque d'engendrer sur le moral des troupes. « Il a eu peur de moi, de mon comportement, admet-il. Un metteur en scène, au démarrage d'un tournage, est toujours un peu tendu. Il s'est aussi subitement rendu compte de l'importance de ce rôle : il devait réussir sous peine de tout faire capoter, la réussite du film reposait sur lui[16]. »

Sous ses apparences de dandy distingué, Pierre Schoendoerffer est un redoutable meneur d'hommes et il va le prouver une fois de plus en testant Jean Rochefort. « Avant le début du tournage proprement dit, dit-il, je l'ai fait embarquer sur le bateau pendant qu'on filmait les plans sans comédiens, par mauvais temps, depuis un autre bateau et un hélicoptère, en mer d'Iroise, à proximité des côtes françaises. En visionnant les rushes, un soir, Raoul Coutard m'a conseillé d'organiser une projection à la fois pour un certain nombre de membres de l'équipe, pour les officiers du bateau et pour les comédiens. Ces images ont impressionné tout le monde, y compris les marins qui n'avaient jamais vu leur bateau comme ça. Ça a créé un climat à bord qui avait quelque chose d'unique, parce que mélanger un navire de guerre, avec la discipline que cela suppose, et une équipe de cinéma qui est par définition un peu anti-militariste sinon gauchiste, c'est un cocktail difficile à réussir, mais quand on a appareillé, il n'y avait plus aucun problème[17]. »

L'équipe qui embarque à bord du *Jauréguiberry* (surnommé le *Jojo* par les marins) se compose en tout et pour tout de quatorze techniciens et de six comédiens. L'essentiel du tournage se déroule en haute mer sur cet escorteur d'escadre de Méditerranée dont c'est l'ultime mission. Pierre Schoendoerffer a préparé cette expédition méticuleusement. « On avait fait tout un travail avec la DCAN *[Direction des constructions et armes navales]* à Toulon, en repérant des emplacements sur le bateau où amarrer la caméra, car en pleine mer, on est très fatigué et, avec le tangage et le roulis, tout paraît plus lourd et on est intellectuellement un peu ralenti. Comme je connaissais ces dangers, j'avais repéré les positions possibles de la caméra. Du coup, au moment du tournage, je n'ai jamais donné l'impression d'hésiter, ce qui a tranquillisé toute l'équipe[18]. » Néanmoins, précise le chef opérateur Raoul Coutard, « il était très difficile d'installer les caméras sur le bateau par gros temps. Mais, comme le bâtiment allait être désarmé et servir de cible à un missile Exocet, nous pouvions faire un certain nombre de choses qu'il aurait été impossible d'effectuer avec un autre navire[19] ». Il faut dire que le metteur en scène doit résoudre des problèmes d'une rare complexité, notamment sur le plan technique. « Les pieds des caméras étaient vissés au sol, raconte Rochefort, pour que Coutard puisse cadrer sans à-coups et pour que techniquement le film ne soit pas seulement un reportage[20]. »

« Quand on arrive sur un bateau de guerre dans sa grande maturité et qu'on doit s'adapter à cette vie-là, je dois dire que les premiers jours ont été très difficiles[21]. » Du jour au lendemain, confie l'acteur, « après une nuit relativement bonne, d'ailleurs ma première à bord, quand brusquement, à sept heures, un clairon m'a réveillé, j'ai eu une ou deux minutes d'anéantissement total[22] ». Aux conditions spartiates de la vie à bord s'ajoute une incommunicabilité pour le moins problématique entre Schoendoerffer et Rochefort. « J'ai joué mon rôle dans mon coin, et au bout de trois ou quatre jours, il m'a fait comprendre qu'il n'avait rien à me dire, alors que c'était, je crois, le personnage auquel il s'attachait le plus dans ce film. Et il y a eu un non-dit magnifique qui était presque plus extraordinaire que les échanges et les conversations du soir. (...) Simplement, dans le regard, il me faisait comprendre que ça allait[23]. » Et le comédien de poursuivre : « Je me souviens d'une tempête, la nuit, Claude Rich et moi attachés à une table et la table elle-même enchaînée au plancher : c'était une sensation de désespoir tout à fait exaltante pour un malade comme moi[24]... » Mais, face aux éléments en furie, l'instinct de survie reste le plus fort et une sorte de sélection naturelle s'opère. « On avait un maquilleur, le pauvre homme, qui vivait à quatre pattes au milieu de ses crayons et qui vomissait tout le temps. Les premiers jours, on faisait attention à lui, et puis à la fin on le repoussait du pied parce qu'il nous gênait pour tourner et on a fini par le rapatrier[25]. »

Pierre Schoendoerffer impose à ses interprètes de porter l'uniforme en permanence pour s'imprégner de leur rôle et « au cas où il se passe quelque chose et où l'on doive tourner un plan précipitamment[26] ». Cette mise en condition passe aussi par un respect de la hiérarchie : soixante-dix hommes (acteurs, techniciens et équipage) occupent un dortoir composé de lits superposés à trois niveaux. Le réalisateur a prévu un traitement de faveur pour Jean Rochefort : « Je lui avais fait donner une chambre, et comme c'était un navire qui pouvait transporter le cas échéant un amiral, c'est la sienne qui lui a été attribuée[27]. » L'acteur prend en outre ses repas en tête à tête avec le *pacha* (le commandant du bateau) dont le réalisateur explique qu'« il était impressionné que Rochefort ait un grade supérieur au sien, l'un étant capitaine de frégate, l'autre capitaine de vaisseau. En plus, son personnage était supposé avoir appartenu aux Forces navales françaises libres et il arborait une poignée de décorations que j'avais prises sur un de mes amis. Preuve que l'habit fait le moine[28] ». Le comédien s'isole peu à peu du reste de l'équipe, « reclus dans une sorte de solitude[29] » qui fascine autant le véritable commandant que le metteur en scène. « Tous les matins, je me mettais en tenue et les soldats et les marins me saluaient dans un réflexe conditionné, donc je leur disais : *Moi, je suis le clown, je ne suis pas le vrai commandant,* mais c'était plus fort qu'eux. J'avais donc une certaine tenue à avoir[30]. » Suprême coquetterie, qu'évoque le réalisateur, « au début du tournage, Jean Rochefort m'a demandé de ne pas être maquillé, ce que j'ai accepté, à part à la fin où il est presque mourant et où je voulais que ça se sente[31] ».

Les comédiens éprouvent quelques difficultés à trouver leurs marques sur ce bateau dix fois plus long que large. Mais la contrainte engendre aussi des réactions inattendues. Parce que « la vie était d'une rare austérité, explique Rochefort, je n'ai plus eu la sensation d'interpréter quelque chose, mais, à la limite, de le vivre[32] ». Le *Jauréguiberry* a appareillé de Lorient avec pour mission prioritaire d'aller porter assistance à la grande pêche aux chalutiers de l'Atlantique nord, dans le Labrador et sur l'île aux Marins. En effet, suite aux accords de Caracas qui ont étendu les eaux territoriales, des tensions se sont manifestées entre les pêcheurs canadiens et ceux du territoire français de Saint-Pierre-et-Miquelon qui accueillent avec satisfaction l'arrivée de ce navire plus imposant que le gros remorqueur habituel. Toutefois, tempère Rochefort, « il y a beaucoup de scènes pour lesquelles nous avons été très malheureux de l'exiguïté des lieux justement. Je parle entre autres de scènes que j'ai avec Claude Rich dans la salle à manger du commandant, et qui est la vraie salle à manger du commandant sur le navire. C'est une pièce qui doit faire quinze mètres carrés et nous étions techniciens, acteurs et caméras, douze ou treize dans ce local, avec le gros temps, avec la tempête. C'était très difficile, on ne pouvait pas bouger là-dedans[33] ». Et comme si ça ne suffisait pas, dès qu'il y a une tempête (et ce n'est pas ce qui manque en cette saison), Schoendoerffer demande au commandant de s'en rapprocher, malgré le danger, quitte à endurer des creux de vingt mètres qui rendent tout le monde malade à bord. Tandis que les marins se protègent le visage avec des lunettes, il arrive aux paquets de mer de se glacer et même de figer carrément la moustache de Jean Rochefort, ce qui fera écrire à Raoul Coutard que « la mer était cristallisée, épaisse comme de la soupe, et les embruns que soulevait un vent de trente nœuds recouvraient le bateau de glace chaque nuit[34] ».

« Cet officier de marine, j'ai fait en sorte de le rendre moins cassant et moins rigide qu'il aurait pu être, de lui donner de la fragilité, de la vulnérabilité[35]. » Rochefort dispose pour cela de deux atouts majeurs : son expérience et sa nature. Alors, dit-il, « j'ai fait très attention sur ma passerelle : je ne voulais pas avoir l'air glorieux face à la mer. Je nous voulais vulnérables[36] ». Et là, le comédien n'a pas vraiment à se forcer. « Fasciné par l'échec, je n'ai jamais eu de goût pour les vainqueurs. Je possède trop d'ironie en moi, trop de pessimisme naturel pour les interpréter avec justesse. Je me sens bien par contre dans la peau d'un homme blessé avec des fêlures comme ce capitaine du *Crabe-Tambour*[37]. » « On ne raconte jamais assez la vie des vaincus[38] » ajoute-t-il. Au passage, malgré son empathie, il minimise sa performance : « Il suffisait de mettre le costume, et d'éprouver et de ressentir. Il m'est arrivé de me dédoubler assez fortement et de croire, de temps en temps, que j'étais vraiment le commandant et que j'étais vraiment en train de mourir. Et c'est parce que Schoendoerffer nous place dans des conditions hyperréalistes pour des acteurs que l'interprétation ne tient plus compte de nous, les comédiens qui étions à bord et qui avions à jouer[39]. » Le cinéaste en cite d'ailleurs un exemple précis : « À un moment donné, le commandant dit au médecin campé par Claude Rich : *Ce que tu as à faire, fais-le et fais-le vite...* Et Rochefort m'a demandé : *Pourquoi je dis ça ?* Alors je lui ai répondu : *C'est la phrase du Christ à Judas pendant la Cène.* Tout d'un coup, il l'a ressenti d'une autre manière, car il avait juste besoin de comprendre cette phrase-là. Il n'inventait pas, ce qui m'allait très bien, dans la mesure où, pour moi, le scénario c'est la bible, et si l'on ne le respecte pas, on ne sait plus où l'on va[40]. » D'autant plus que le réalisateur a lui-même adapté son propre roman avec son ami grand reporter Jean-François Chauvel et connaît sa prose mieux que quiconque.

Qualifié par Rochefort de « poète des générations perdues[41] », Schoendoerffer, qu'il considère comme « un homme qui sent à la fois le soufre et Dieu[42] », est régulièrement bluffé par la performance de son interprète principal, notamment au cours de la scène où il passe le commandement à son second, quand Rochefort finit par s'asseoir, au bord des larmes. Selon Schoendoerffer, « il devait dire à un moment donné : *Je suis fatigué...* Et j'espérais qu'on sente qu'il était vraiment au bout de la route. Il l'a joué d'une façon extraordinaire et quand ça a été fini, il est parti pour rentrer dans sa chambre car il avait besoin de s'isoler et j'ai vu qu'il avait quasiment les larmes aux yeux, ce qui renforçait ce que j'avais ressenti en regardant à côté de la caméra. Il y a un côté spirituel dans son personnage, qui est dans l'histoire, mais il lui a donné une dimension supplémentaire et a dépassé en cela mes espérances les plus profondes[43] ». L'explication qu'en donne l'acteur est plus prosaïque : « Si je dois me définir politiquement, je suis un homme de droite inactif, préférant le regret à l'action[44]. »

Au terme de ces huit semaines passées dans l'Atlantique Nord, le retour au bercail s'avère plus délicat que prévu. « On n'avait pas l'impression, quand on a vu les côtes de la France se dessiner enfin, qu'on avait tourné un film, relate Jean Rochefort. On n'était pas sûrs. On avait vécu quelque chose de si fort, de si intense, de si dangereux par moments, quand il fallait monter sur les chalutiers, quand on était dans un petit bateau gonflable et que, tout à coup, l'Atlantique gelait, que le petit moteur ne fonctionnait plus et qu'il y avait une houle sucrée qui se gonflait et se dégonflait[45]. » La réaction du comédien s'avère extrême : « On m'a réveillé, je suis monté sur le pont, j'ai regardé les côtes de France et j'ai eu le mal de mer... Est-ce que c'est l'enveloppe du rôle qui s'en allait? Est-ce que c'est un concours de circonstances? Est-ce que c'est une viande avariée[46]?» Il en conclura avec une certaine logique que «l'adrénaline a empêché les trois acteurs principaux de ce film d'éprouver le mal de mer[47]...» Et ce n'est d'ailleurs qu'une fois sur la terre ferme que l'équipe découvrira enfin l'intégralité des rushes de cette folle équipée, tandis que le *Jauréguiberry* doit être désarmé, découpé et vendu à la ferraille.

L'équipe rallie ensuite le golfe de Thaïlande, à proximité de la fameuse rivière Kwaï, où l'acteur se rend mi-avril. «Une fois son dernier plan tourné, rapporte Coutard, Jean Rochefort a demandé qu'on le ramène à terre, pour rejoindre Bangkok et prendre le premier avion pour Paris[48].» Explication de l'intéressé : «C'est le seul film où, le dernier jour de tournage, j'ai eu un coup de cafard[49]», car «*Le Crabe-Tambour* correspondait pour moi à une période où j'étais en plein état de réceptivité face à l'éloignement, au voyage et à la mort[50]». Il faut dire qu'il a disposé pour cela d'un partenaire d'exception dont la singularité l'a poussé à se transcender. «Schoendoerffer est un poète en treillis, dit Rochefort, mais un poète. Et la poésie en treillis, ça fonctionne. Moi qui suis éminemment pacifiste, sans aucune velléité guerrière, j'ai trouvé ce scénario très beau. J'en ai subodoré le lyrisme et le film a dépassé toutes mes espérances. Il a un souffle magnifique, un vent arrière formidable[51].» Et surtout, miracle, souligne-t-il, «ce rôle ne m'a rien coûté, aucun effort[52]». Comme si la nature de l'homme avait transcendé le travail du comédien. Lequel admettra que «ça a été un voyage très très rude, très exaltant, très excitant, mais je trouve que ça correspond tout à fait au cinéma moderne comme j'ai envie de le pratiquer[53]».

Il est parfois difficile de quitter un tournage et d'enterrer un personnage. Éloigné de sa famille deux mois durant, avec des possibilités de communication réduites quasiment à néant, Jean Rochefort s'est recroquevillé sur lui-même pour s'imprégner de son rôle. Expérience rarissime mais périlleuse à bien des égards, il est littéralement devenu un autre. Son retour à la «vraie vie» est d'autant plus éprouvant qu'en juillet, la réalité vient se rappeler cruellement à lui avec la mort de Pierre Besson, amputé d'un poumon et rapatrié de l'hôpital de Villejuif vers son fief de Saint-Lunaire où sont célébrées ses obsèques. Rochefort, qui n'a pas le droit de conduire, pour des raisons d'assurance liée à un autre tournage, effectue l'aller-retour de Paris avec un chauffeur et y retrouve ses amis de jeunesse pour un dernier adieu.

C'est aussi à cette période que Bertrand Tavernier et Jean-Roger Caussimon lui proposent d'enregistrer une chanson en duo avec son compère Jean-Pierre Marielle. Elle accompagnera le générique de fin du nouveau film du réalisateur, *Des enfants gâtés*, sur une musique de Philippe Sarde, mais on l'entendra aussi fugitivement dans *Le Crabe-Tambour*, au cours d'une scène où Claude Rich entre dans un restaurant chinois, à Paris. Cette ritournelle intitulée *Paris jadis* connaîtra d'ailleurs une postérité étonnante et incitera Rochefort à déclarer en 1989, c'est-à-dire quatre ans après la disparition de son auteur, que « cette chanson s'améliore au fil du temps. Elle est peut-être plus intéressante maintenant que quand elle a été écrite et je crois que c'est la preuve d'un réel grand talent[54] ». Caussimon avançait pour sa part une explication plus prosaïque, en disant avoir éprouvé beaucoup de « plaisir à voir mes camarades Marielle et Rochefort l'enregistrer car ces diables-là, qui ont un talent extraordinaire, ont fait un enregistrement en trois fois. Ils sont très drôles vraiment, tous les deux en duo, si on imagine le mince Rochefort flegmatique, style anglais, un petit peu, et le truculent Marielle. D'ailleurs, rien qu'à leur voix, on peut les voir[55] ».

Cette année 1977 est décidément faste pour Jean Rochefort qui retrouve ses compères d'*Un éléphant ça trompe énormément* pour *Nous irons tous au paradis*. Non sans une certaine appréhension. « J'avais très peur qu'on en fasse un second, admet-il. Ça me perturbait énormément. C'était des gens très travailleurs et ils ont réussi à sortir une suite qui avait sa raison d'être[56]. » Côté scénario et dialogue, loin de se reposer sur leurs lauriers et de s'en remettre aux acteurs, Yves Robert et Jean-Loup Dabadie se sont surpassés. Le personnage interprété par Rochefort a droit à un traitement de faveur. « Son nom même résume tout, explique le réalisateur : Étienne Dorsay. Jean-Loup me disait : *Ce type écrit sa voix off sur son buvard*, il choisit ses mots avant de parler. (...) Rochefort est un soliste magnifique pour jouer cela, la partition était écrite pour lui. Je tenais à ce que sa voix soit enregistrée avant le tournage, pour filmer des séquences en play-back comme avec une musique de film. Cette voix sur le plateau inspirait la technique, le cadre et les comédiens dans un même tempo[57]. » Propulsé au rang de diapason, l'acteur, qui éprouve « le sentiment merveilleux de remettre les pieds dans de vieilles pantoufles[58] », entretient avec ce rôle une connivence inattendue : « Je m'enferme de temps en temps dans une sorte de dignité outragée qui, je crois, fait beaucoup rire Dabadie et je ne m'en étais pas aperçu. Ça a été un révélateur ce scénario : maintenant je fais attention[59]. »

Signe de l'ambiance détendue et conviviale qui règne sur le plateau, Jean Rochefort annonce en plaisantant à Yves Robert : « La première séquence, ça sera un énorme Boeing qui s'écrase[60]. » Lequel lui répond du tac au tac : « Excellent scénario[61] ! » Le tournage débute en fait par une séquence d'anthologie dont le réalisateur identifie ainsi l'origine : « J'avais raconté à Jean-Loup l'histoire d'un des fils d'Olivier Hussenot, qui avait loué une ravissante maison près d'Orly et avait brusquement entendu les avions un jour où le vent avait tourné[62]. » À l'écran, raconte Rochefort, « Brasseur, Lanoux, Bedos et moi disputons un double au tennis avec des écouteurs sur les oreilles, parce que la maison se trouve à côté d'un aéroport et que le bruit est insupportable. C'était une scène importante que nous avons tournée le premier jour sous un soleil magnifique et il a fait mauvais les quinze jours ou trois semaines suivants, alors qu'on était pourtant en plein été. Du coup, il nous a fallu revenir là tous les jours jusqu'à ce que le soleil revienne[63]. » Une ténacité qui s'avérera payante ! « La cohabitation avec le désespoir, le fait d'être au bord du gouffre est peut-être ce qui fait rire de la façon la plus intéressante[64] », affirme désormais, preuves à l'appui, Rochefort qui explique que « si, par moments, je suis drôle – comme je l'espère –, c'est que je ne cherche pas à l'être. Le comique doit naître de la situation (...) La seule fois où je joue vraiment, c'est-à-dire où je modifie ma démarche et mon comportement, c'est au moment où je m'affuble d'un chapeau, d'un imperméable et de lunettes noires pour espionner Marthe. Mais ce n'est pas moi qui joue, c'est Étienne, qui se prend soudain pour un autre[65] ». C'est aussi un hommage de l'acteur à l'un de ses modèles de prédilection : l'impayable inspecteur Clouseau de la Sûreté campé par Peter Sellers. Esquissant son autoportrait de façon saisissante, Rochefort parle « du respectable entraîné dans des friponneries[66] » – la manière dont son père désignait le cinéma...

Initiative pour le moins singulière, un jeune couple choisi par tirage au sort dans une salle de cinéma new-yorkaise qui programmait *Un éléphant ça trompe énormément* (sorti aux États-Unis le 21 juin 1977), a gagné un séjour d'une semaine en France au cours duquel il est invité sur le plateau de *Nous irons tous au paradis* pour en rencontrer les interprètes principaux. Ironie de la distribution ou défaut de concertation aux conséquences aléatoires, le 9 novembre voit la sortie simultanée du *Crabe-Tambour* et de *Nous irons tous au paradis.* Jean Rochefort se trouve donc pour la deuxième fois de sa carrière en concurrence avec lui-même, après *Que la fête commence* et *Les innocents aux mains sales* en mars 1975, mais sa notoriété était moindre et l'enjeu n'était pas comparable. Un doublon qui risque de tourner à son désavantage, même s'il apparaît dans deux registres radicalement opposés. «J'ai été furieux pendant quinze jours, dira-t-il. Et puis je crois maintenant que c'est plutôt bien. Parce que je suis de ces comédiens qui vont vers les personnages, qui respectent leurs singularités, plutôt que de ceux qui tirent les personnages à eux[67].» Médiatiquement, cette conjonction va lui valoir d'être sollicité comme il ne l'a sans doute jamais été auparavant. C'est le cas notamment lors de l'avant-première du *Crabe-Tambour* qui donne lieu à une soirée de gala organisée par la Marine à l'Empire, un mois avant sa sortie. Ce soir-là, c'est son passé qui s'invite dans la vie de Jean, en la personne de son aîné, Pierre, auquel il se trouve confronté sans l'avoir anticipé : «Nous montons tous les deux les marches. Moi, avec mes cheveux longs, et lui en tenue de commandant. Et les fusiliers marins lui présentent les armes. Je marche à côté de lui, assez flatté. Et en haut, nous entendons : *Ah, Rochefort!* C'est le fils de Gaulle, Philippe, amiral. Mon frère était satisfait. Et là, nous arrivons à l'étage et le fils de Gaulle ne s'adresse qu'à moi, sans regarder mon frère[68].» L'affront est violent, la revanche sournoise. «Pour lui, poursuit Rochefort, ça a été un choc terrible : un officier de fiction comptait davantage qu'un *vrai*[69]...» Ses certitudes s'effondrent : «Penser qu'être un guignol, un clown pouvait avoir une importance sociale, ça l'a détruit[70].»

L'amuseur public n'est pas en reste lors de la présentation de *Nous irons tous au paradis.* Tandis que *France-Soir* organise une avant-première pour ses lecteurs, Xavier Gélin convie à une projection au-delà de minuit ceux des comédiens qui jouent au théâtre et se retrouvent à l'issue de la représentation. Un buffet particulièrement tardif les réunit ensuite chez Castel où se pressent Françoise Fabian, Françoise Parturier, Anny Duperey, Serge Reggiani, Andreas Voutsinas, Jean-Marie Périer et Jacques Weber. Arrive l'épreuve de vérité. Non seulement Yves Robert et Pierre Schoendoerffer ne se nuisent pas le moins du monde au box-office, mais le public goûte passionnément aux deux visages de Jean Rochefort. *Nous irons tous au paradis* attire un peu plus de deux millions de spectateurs (soit les deux tiers du premier opus), ce qui incite Gaumont, galvanisée par ce beau succès, à mettre sur les rails un troisième film. Mais Yves Robert décline cette offre après avoir interrogé ses interprètes dont Rochefort qui refuse sans ambages... à la plus grande satisfaction de son réalisateur et ami, peu enclin à filmer le vieillissement de ses personnages : « L'idée me paraît bonne certains jours, déclare-t-il. D'autres matins, quand je me réveille mal et que je me vois dans la glace, je trouve que c'est une mauvaise idée[71]. » Simultanément, malgré l'austérité de son sujet, *Le Crabe-Tambour* réussit la prouesse de mobiliser un million deux cent mille personnes. C'est pourtant une consécration d'une autre nature qui va faire toute la différence et va donner une résonance particulière à cette constatation récente du comédien : « N'avoir plus besoin de jouer, mais parvenir à se concentrer suffisamment pour se nourrir d'un personnage, cela ne s'acquiert que tard[72]. »

Le 4 février 1978, comme Catherine Deneuve, Jean Rochefort arrive au dernier moment salle Pleyel où se déroule la troisième cérémonie des César. D'emblée, il se réjouit du tapage médiatique qui entoure l'événement, en passe de devenir une institution : « Il est intéressant dans la situation actuelle que les téléspectateurs voient l'ensemble de la profession réunie pour rendre hommage à quelques grands. Certains n'ont pas pu venir ; je trouve que c'est dommage et j'espère que cela changera[73]. » Parmi les nominés, Sophia Loren, Alain Delon, Miou Miou, Isabelle Huppert, Gérard Depardieu, Patrick Dewaere et quelques autres brillent en effet... par leur absence. La disparition de Charlie Chaplin et René Goscinny donne lieu à des hommages. Le cinéma français émerge quant à lui d'une zone de fortes turbulences, au moment même où *Emmanuelle 2* triomphe sur les écrans après avoir été libéré par la censure. Quant à Rochefort, il perçoit dans sa bonne fortune « une sensation de confort social auto-satisfaisant[74] ».

Au cours de cette soirée mémorable, Jean Rochefort reçoit des mains de Françoise Fabian le César du meilleur acteur pour *Le Crabe-Tambour,* grâce auquel sont également couronnés le second rôle masculin Jacques Dufilho et le chef opérateur Raoul Coutard. Le collège électoral s'élève désormais à quinze cents votants. Aucun des trois autres nominés dans cette catégorie, énumérés par l'acteur américain Gene Wilder (qui reprendra le rôle d'Étienne Dorsay dans le remake d'*Un éléphant ça trompe énormément, La fille en rouge,* en 1984) et Pierre Richard, en présence de Victor Lanoux, n'a jugé bon de se déplacer. En l'absence de Delon, Depardieu et Dewaere, Rochefort est accueilli par une standing ovation de ses amis assis au premier rang : Philippe Noiret, Monique Chaumette, Danièle Delorme et Yves Robert dont *Nous irons tous au paradis* concourt pour les statuettes du meilleur film et du meilleur scénario. Il sera toutefois surclassé par le grand vainqueur de la soirée, Alain Resnais, qui obtient sept trophées pour *Providence,* Simone Signoret remportant le César de la meilleure actrice pour *La vie devant soi.*

« Dans *Le Crabe-Tambour,* déclare Rochefort, il manquait un poumon et le bras droit à mon personnage et je m'étais dit : *Si je rate le César avec ça, je me recycle*[75] *!* » Il le reconnaît lui-même, « c'est un rôle qui favorisait une identification précise et totale. C'est un rôle qui m'a touché, qui m'a ému et que j'ai aimé passionnément[76] ». Le comédien hasarde tout de même une hypothèse : « J'ai eu le prix après Noiret, après Galabru, des cinquantenaires comme moi. On va dire que le César est la médaille du mérite des vieux travailleurs du cinéma[77]. » Dans son discours de remerciement, Rochefort affirme toutefois sa différence et soulève une polémique, en appuyant là où le cinéma français a particulièrement mal à cette époque : « C'est bien sûr un grand soir pour moi. (...) C'est un grand soir aussi puisque Antenne 2 retransmet en direct cette cérémonie; donc, ce soir, il n'y a pas de film sur Antenne 2. » Comme il le reconnaîtra par la suite, « c'était à une époque où la télévision commençait à passer beaucoup de films et nous en étions fort marris[78] ».

Dès le lendemain de la cérémonie, le lauréat est invité sur le plateau du journal de vingt heures et enfonce le clou : « Je viens ici en tant que comédien de cinéma, c'est vrai, mais aussi en tant qu'ancien comédien de télévision, parce que j'en ai fait beaucoup il y a vingt ans, au moment du direct. J'ai une petite nostalgie. (...)

Je voudrais qu'il passe moins de films à la télévision pour que les gens reprennent le goût d'aller dans les salles, d'échanger leurs émotions, de rire et de s'émouvoir, comme le font d'ailleurs les jeunes. (...) Il faut que la télévision réexiste. Il ne faut plus qu'elle soit un appareil de projection pour les films[79]. » À la suite de ses déclarations, l'acteur césarisé est pris à partie par une Toulonnaise dans le courrier des lecteurs du magazine *Télé Poche* : « Aucune félicitation pour les paroles qu'il a prononcées à la télévision. Ainsi cette dernière nous donne encore trop de films ! Ça, c'est la meilleure[80] ! » Force est de constater que le public goûte au plus haut point cette nouvelle possibilité qui lui est offerte d'aller au cinéma en restant confortablement installé dans son canapé. Au moment où le magnétoscope de salon effectue une entrée remarquée dans les foyers, représentant un nouveau rival potentiel pour le grand écran, mais aussi un mode de consommation supplémentaire.

Jean Rochefort n'est pas à un paradoxe près. On le voit ainsi, un mois jour pour jour après son César, sur le petit écran, aux côtés de Sylvia Kristel dans un sketch intitulé *Bloc de glace*, dans le cadre de l'émission *Numéro un* d'André Flédérick que présente Guy Béart. En 2278, un couple cryogénisé est envoyé dans l'espace, suivant la méthode du professeur Henri Laborit, pour procréer afin de conjurer la disparition annoncée de l'humanité. Mais ce n'est qu'un rêve... La différence, c'est que l'acteur a enfin accès aux rôles de séducteur qu'on lui a si longtemps refusés, lui qui déclare à cette époque avec une pointe de regret : « On ne m'a jamais fait jouer de scènes à tendance érotique. Il est vrai qu'avec la tête que j'ai, cela ne serait valable que dans un film d'épouvante[81] ! »

21

Une nouvelle vie

Le secret de ses progrès, Jean Rochefort l'impute à une décision : « Vivre avec ma famille à la campagne. Non pas dans la solitude, mais en contact direct de gens qui n'appartiennent pas au milieu artistique[1]. » L'acteur revendique sa normalité en ces termes : « Je n'aurais pas pu être un homme de spectacle sans les chevaux[2]. » Mais, entre ses deux passions, son cœur balance, car, insiste-t-il, « il y a quelque chose dont j'avais besoin. Être près du sol, de la terre. Près des bonheurs olfactifs[3] ». Il va même jusqu'à circonscrire son idéal en ces termes : « Le seul milieu dans lequel je puisse être à l'aise, c'est le monde rural. Faire de l'élevage, c'est la seule chose que j'aurais pu faire à part jouer la comédie[4]. » Cette posture, il la justifie ainsi : « Je voulais avoir la paix et ne plus devoir aller dans les clubs hippiques où les femmes me racontaient leur vie. Parce que vous savez, entre les hommes et les chevaux, il y a une sorte d'anthropomorphisme. Alors, elles me racontaient leurs exploits et j'en avais assez. Le seul moyen, c'était d'avoir des chevaux chez moi[5]. »

Le plus étonnant, c'est le pont que Rochefort dresse entre les deux rives qui bordent son existence. « Discuter tout un après-midi avec un maréchal-ferrant, c'est peut-être aussi important que de discuter avec un metteur en scène international[6]. » Il assume toutefois les conséquences de son mode de vie sur son image publique : « Dans mon milieu, on se foutait gentiment de ma gueule. C'était incongru car sérieux. Je n'étais pas qu'un cavalier, je dirigeais une entreprise. Je mettais moi-même des poulains au monde. Je ne sais pas comment j'ai fait durant tellement d'années pour faire tout ça :

théâtre, cinéma, élevage, problèmes avec le personnel[7]. » Son seul moteur, c'est sa passion et elle s'accommode parfois d'une bonne dose de déraison : « Ça a été pour moi un facteur d'équilibre considérable, le cheval. La vulnérabilité de l'acteur, qui est toujours en représentation, qui a toujours besoin du consensus et du regard des autres, et le cheval qu'on met dans une situation invraisemblable[8]. » Admettant bien volontiers que « le confort de mes chevaux tournait à l'obsession[9] », il soutient par ailleurs une thèse toute personnelle quant à « l'équilibre » des acteurs avec lesquels il cultive des affinités : « C'est parce que nous fréquentons un autre monde, d'autres milieux, d'autres gens que ceux de la profession, que nous parvenons à restituer des choses intéressantes à l'écran ou sur une scène[10]. » Un altruisme raisonné qu'il partage notamment avec l'un de ses plus chers amis et qui lui fera déclarer des années plus tard que « Noiret avait la passion de l'artisanat et passait des heures dans des ateliers pour regarder des gens travailler le cuir. Tout cela m'a solidifié dans ce goût de l'homme ou de la femme qui connaît son affaire et qui éprouve le besoin de transmettre pour former quelqu'un de plus jeune[11] ».

Il est des rôles que l'acteur accepte autant pour satisfaire son ego que pour flatter son image voire pour renflouer son compte en banque. Tel est le cas d'une comédie policière internationale intitulée au moment du tournage *Quelqu'un a tué les principaux chefs européens* et sous-titrée *L'art et la manière d'assaisonner les chefs* dans laquelle il vient grossir le quota de comédiens français déjà représenté par deux de ses plus estimés confrères, et qu'il résume ainsi : « Philippe Noiret, Jean-Pierre Cassel et moi-même sommes des cuisiniers qui n'avons qu'une angoisse : être oubliés par le mystérieux assassin[12]. » Ce film prestigieux confié à Ted Kotcheff, le futur réalisateur canadien de *Rambo*, héritera finalement d'un titre passe-partout, *La grande cuisine*, qui résume aussi bien son sujet que sa confection à laquelle ont contribué, entre autres, Peter Stone, le scénariste de *Charade* de Stanley Donen, John Alcott, le chef opérateur oscarisé de *Barry Lyndon* de Stanley Kubrick, et le compositeur Henry Mancini.

Quelques mois plus tard, fraîchement auréolé de son deuxième César, Rochefort embarque pour un autre projet international, qu'il présente en ces termes : « Je viens d'accepter l'excellent scénario d'un jeune metteur en scène allemand, Achim Kurz, *Les Grandison*.

L'intrigue s'inspire d'un fait divers qui se déroule sous l'Empire. En Allemagne, deux Français mènent grand train. Or, ce sont en réalité des voleurs de diligence[13]. » Ce qu'il ne précise pas, c'est que cette « très belle et tragique histoire d'amour et de brigandage[14] » située à Heidelberg en 1814, dans laquelle il a pour partenaire Marlène Jobert, a déjà suscité une adaptation cinématographique sous le titre *Grandison le félon* (1940) réalisée par Max W. Kimmich et sortie en France en pleine Occupation. Jean Rochefort apprécie au plus haut point son personnage : « Lui, en apparence honnête commerçant, était en réalité un voleur de grand chemin et il avait juré à sa femme qu'il se tuerait plutôt que de se laisser prendre[15]. » Le comédien se montre d'autant plus enthousiaste qu'Achim Kurz est particulièrement à son écoute. « Le réalisateur, quand il a su que je suis passionné d'équitation, m'a fait faire beaucoup de scènes à cheval. Il a aussi voulu que mon chien Volt fasse partie de la distribution et remplace le dogue allemand qui était initialement prévu[16]. » Mais c'est une autre séquence qui fascine le comédien : « Je me pendrai dans ma cellule en me tenant les pieds parce que le plafond est trop bas[17]. » Malgré l'ambition européenne de son sujet et la renommée de ses interprètes, dont fait également partie Jean-Pierre Cassel, *Les Grandison* ne connaîtra jamais de distribution en France et mettra un point final prématuré à la carrière de son réalisateur.

De retour d'Allemagne, Jean Rochefort préside le quarante-cinquième Gala de l'Union des Artistes placé sous le signe du cheval qui se déroule le 2 juin 1978 au-delà de minuit au Cirque d'Hiver Bouglione, à Paris. Philippe Noiret est Monsieur Loyal et quand les deux amis effectuent leur entrée à cheval, leurs montures se cabrent. Jean-Louis Barrault et un cavalier du Cadre Noir de Saumur interprètent quant à eux un numéro de haute école que Jacques Tati a jadis accusé l'acteur de lui avoir volé. L'occasion pour Rochefort d'exprimer une fois de plus son amour de l'art équestre et sa conception du dressage : « Il faut savoir retenir le cheval pour lui imposer un rythme. Et une joie du travail. Si on lui demande trop tout de suite, il n'aimera plus travailler[18]. »

Faute des propositions flatteuses qu'aurait dû lui valoir son triomphe aux César, Jean Rochefort se consacre de plus en plus à son élevage et en assume les aspects les plus triviaux : « Lorsque l'on est dans une écurie toute la journée, le soir on est dégueulasse[19]. » D'ailleurs, revendique-t-il, « chez moi, tout est fait et axé pour ces compagnons merveilleux que sont les chevaux[20] ». En revanche, après douze années intenses, celui qui se définissait lui-même « comme un honnête cavalier régional avec beaucoup plus d'enthousiasme que de talent[21] » renonce officiellement à monter en concours complet « à l'âge où les autres sont déjà devenus entraîneurs[22] », lui qui décrivait ce moment de vérité en ces termes : « Comment raconter la minute et quarante secondes que dure l'épreuve ? Le premier sans-faute. Ou l'émotion idiote qui fait rater la ligne d'arrivée, ces deux poteaux que je ne vois plus que dans un brouillard, les yeux embués. Je fus éliminé pour battements de cœur[23]. »

Derrière l'exploit sportif, affleure pourtant une autre réalité : « On arrivait dans des fermes, des petits bleds, on trouvait une écurie, un coin pour notre cheval. Plus il y a danger dans un sport, plus il y a de fraternité entre les concurrents. (...) Un jour, ma jument s'était arrêtée. Le public me criait : *On n'est pas au cinéma ici.* Je me suis dit *merde, c'est ma passion, c'est mon loisir, je ne vais pas continuer à faire ça en public*[24]. » À l'heure d'établir le bilan de sa carrière de cavalier, il s'enorgueillit d'avoir gagné quatre concours hippiques et de s'être vu consacrer « cinq lignes dans *L'Équipe* : *J'en ai deux cents exemplaires au grenier*[25] *!* » Suprême consécration pour celui qui déclare que le quotidien sportif « est devenu, depuis quelques années, mon journal de chevet[26] ». Il en tire également une morale qui résume son état d'esprit : « Ma gloire, je la tire d'une victoire sur moi-même[27]. » Et puis, une philosophie quasi existentielle : « Les plus grands bonheurs de ma vie, je les ai connus seul avec mon cheval, rênes longues en forêt, quelle que soit la saison[28]. »

Sa décision d'arrêter le concours complet a par ailleurs une explication plus prosaïque. Jean Rochefort a en effet été victime de plusieurs chutes : « Pas du fait de la jument, précise-t-il, mais de ma faute, sur deux piles : j'ai dévissé très très dur et j'ai senti qu'il fallait mieux laisser tomber[29]. » Et s'il avait encore un doute, ce sont ses compagnons du week-end qui achèvent de le raisonner, en usant d'un stratagème très efficace : « Un dimanche matin, avant un départ, unanimement, mes bons adversaires-z-et-amis, qui avaient entre vingt-cinq et trente ans, m'ont offert une canne-siège pour me faire comprendre qu'il était temps d'arrêter les conneries. J'ai pleuré et je les ai embrassés[30].» Et puis, explique-t-il avec une franchise désarmante, comme pour se donner bonne conscience, «j'avais également de moins en moins de précision et, avec mon respect maladif des chevaux, il était temps de ne plus les emmerder[31]»... Mais il n'est pas peu fier de ses états de service : «J'ai terminé en troisième série à Chantilly. C'était pour moi un bâton de maréchal[32].» Autre argument qu'invoque le cavalier : «Je ne me sentais plus capable de continuer à me soumettre à la discipline très stricte que je m'imposais : quinze jours avant un concours, je faisais du footing, je ne buvais plus une goutte de scotch, j'avais arrêté de fumer... (...) Quand j'ai arrêté de monter en concours, je commençais à faire de plus en plus de dérogations à ce régime... (...) Je serais sûrement un alcoolique névrosé si je n'avais pas rencontré les chevaux[33]...»

Cet été d'abstinence volontaire s'achève pour Jean Rochefort par des retrouvailles avec Philippe de Broca, mais cette fois, c'est lui la vedette, dans un rôle qui constitue une sorte d'alter ego fictionnel du metteur en scène. Ce scénario s'est intitulé successivement *L'art de la fugue*, puis *Ce cher Édouard, Cher Édouard* et, sur le tournage, *L'invention des choses*, avant d'adopter un titre nettement moins poétique qui dépeint le donjuanisme de son protagoniste : *Le cavaleur*. Rochefort en impute la faute au distributeur qu'il accusera a posteriori de tromperie sur la marchandise, affirmant même que «le premier jour, des gens sont sortis de la salle très mécontents, parce qu'ils s'attendaient à voir un film à la limite du grivois, alors que c'est un film très élégant, à la limite d'un désespoir discret[34]». En d'autres termes, comme le dit joliment le scénariste Michel Audiard à propos de ce séducteur nommé Édouard Choiseul dont la vie est racontée en trois jours : «C'est un coup de vent qui laisse des rides.» Le script a été troussé par Audiard et de Broca, avec la collaboration non créditée de Jean-Paul Rappeneau, deux ans avant le tournage, puis mis de côté.

Après avoir été envisagé pour Vittorio Gassman, que le producteur Alexandre Mnouchkine a récusé en raison de son accent italien trop prononcé, le rôle a été proposé à Yves Montand (comme celui de *Salut l'artiste*), qui l'a décliné, sous prétexte... que son public ne pourrait pas croire à son échec amoureux. Dans une lettre envoyée de Rome, Montand justifie son refus en ces termes :

« Vous avez un démarrage foudroyant, bien écrit, bien en place, et percutant durant les trente premières pages environ; après ces trente premières pages, ça piétine, c'est-à-dire que nous avons une suite de sketches – téléphoniques, répétitifs, parfois *très in* et très souvent plaqués. (...) Personnellement, je ne me sens ni le courage ni la force de plonger dans cette histoire où les trois quarts sont à refaire, je veux dire à construire et qui, en définitive, j'allais dire en plus, ne m'excite pas[35]. » « On m'a alors demandé, quinze jours avant le tournage de le remplacer... explique Rochefort. J'ai annoncé la couleur. J'ai dit que je n'aurais pas cette truculence méridionale et cocasse du tringleur. Et que si je le faisais, je voulais y ajouter l'amertume et le désenchantement[36]. » En fait, « je ne trouvais pas si drôle que ça qu'un homme de cinquante ans coure comme ça désespérément après l'âge et la jeunesse[37] ». Du, coup, « au début, nous avons eu quelques accrochages[38] ». Autant, dans l'esprit de Philippe de Broca, *Le cavaleur* « est un film basé sur les drôleries des sentiments et leur cruauté parfois[39] », autant son interprète dit apprécier « le comportement un peu suicidaire de mon personnage[40] ». Il s'en justifie ainsi : « J'aime bien donner un petit peu de drame aux comédies et un peu de comédie aux drames[41]. » Et il trouve une image saisissante pour illustrer le fond de sa pensée : « Le comique sans mal d'être, c'est du vin de table. Quand il y a du mal d'être, c'est un grand cru[42]. »

Pas de doute, pour Jean Rochefort, *Le cavaleur* est une aubaine et il se régale d'incarner ce coureur de jupons « un peu doux-amer[43] » qui passe de bras en bras féminins, fier comme un coq dans un poulailler, même s'il déclare trouver « magnifique et en même temps un petit peu dérisoire et grotesque, de voir un homme de cinquante ans courir désespérément après des jeunes femmes, censées lui apporter le bonheur idéal[44]... » L'acteur manifeste toutefois une crainte : ne pas être crédible dans ce rôle, car, soutient-il, « je n'ai pas de complexe physique, mais je n'ai pas l'impression d'être idéalement un *homme champagne*[45] ». Et pour cause, le rôle qu'il incarne n'est pas le sien, mais celui de son metteur en scène, « une espèce d'histrion, souvent pathétique dans sa vie, qui apportait de la fantaisie au cinéma[46] ». Il y trouve pourtant de quoi projeter ses propres fantasmes, car « ce personnage est pris à ce moment dangereux et délicieusement agréable de l'homme ou de la femme qui a encore, qui sent des possibilités de vie intenses et qui sait que cet instant va devenir fragile et court. C'est l'âge des femmes et des hommes de mon âge qui ont encore envie de vivre intensément[47] ». Ce processus d'identification lui convient d'autant mieux qu'il l'admet bien volontiers, « ça me passionne d'interpréter le personnage dont je suis très représentatif, c'est-à-dire ce type même d'homme dont l'érosion n'est pas encore précise, mais qui court après son adolescence ou tout au moins sa jeunesse et qui essaie de la rattraper[48] ». En d'autres termes, selon Philippe de Broca, c'est « un homme dont le problème principal est d'avoir peur de la vie, de la vie qui vient et de l'âge[49] ». Bref, un autoportrait à peine déguisé, ce qu'atteste son fidèle monteur, Henri Lanoë, quand il affirme que « c'est comme ça qu'il a vécu avec ses femmes, en les laissant tomber les unes après les autres. Quand Philippe est mort, on l'a enterré à Belle-Île et toutes ses femmes étaient là car elles s'entendaient très bien. En fait, ça s'est passé comme à la fin du film[50] ».

Le cavaleur offre aussi à Rochefort l'opportunité de pratiquer un métier qui le fascine : pianiste. Au cours d'une séquence, il doit même interpréter le début du *Concerto pour piano numéro 4* de Beethoven dont le compositeur de la musique du film, Laurent Petitgirard, lui a appris préalablement à taper sur les touches de façon mnémotechnique. Cependant, comme l'explique Henri Lanoë, qui est lui-même compositeur à ses heures, « Jean était censé être un virtuose, mais il ne savait pas placer ses mains par rapport à un clavier, alors, au moment du tournage de la scène, je me suis allongé sous le piano pour lui donner les indications de direction au fur et à mesure[51] ». À l'écran, l'illusion est parfaite. En outre, confie Rochefort, « quand l'orchestre a attaqué, tout de suite après moi, je dois dire que j'étais grisé jusqu'aux larmes[52] ». Par la suite, déclarera-t-il fièrement, « des pianistes professionnels m'ont fait l'honneur de me dire qu'ils y avaient cru[53] ».

À en croire Rochefort, Édouard Choiseul est pour lui un rôle de pure composition. En effet, se défend-il, « je ne suis pas cavaleur, je n'ai jamais eu de liaison, je n'ai jamais *trompé.* En revanche, hors liaison, je tombais amoureux comme un fou, et là je faisais mes valises – ou je ne les faisais pas. Je ne suis pas un dragueur, j'ai simplement connu des rencontres qui ont fait éclater des situations déjà acquises. (...) Pour moi, la séduction n'existe que si l'on n'en est pas conscient. Sans quoi cela devient d'une obscénité et d'une sottise incroyables[54] ! » Sur le plateau du *Cavaleur*, dont il constitue en quelque sorte le centre de gravité, Jean Rochefort a notamment pour partenaires Nicole Garcia, Catherine Alric, Danielle Darrieux, Catherine Leprince et Annie Girardot, ce qui lui inspire cette réflexion patinée de bon sens : « C'est inquiétant de commencer un film pendant dix semaines entouré de femmes et d'actrices[55]. » Un paradoxe relatif pour celui qui fut il n'y a pas si longtemps l'un des héros de *Calmos* de Bertrand Blier, en endura les conséquences et déclare, provocateur : « La misogynie est un excellent aphrodisiaque et il faut l'entretenir[56]. »

Philippe Noiret ayant usé de son influence pour faire engager sa fille Frédérique comme stagiaire sur le tournage du *Cavaleur*, il arrive à celle-ci de faire répéter son texte à Jean Rochefort qui se livre parfois à des confidences. « Il en pinçait pour Nicole Garcia, raconte-t-elle, je le poussais à lui déclarer sa flamme. Jean prenait des airs épouvantés :

— *Tu es folle ! Et si ça marchait*[57] *?* »

« Quelle déveine, l'acteur principal me drague[58] ! » constate Nicole Garcia qui commence par se défendre, alors qu'il se montre insistant. Et puis « Jean a été tellement adorable, comme s'il n'y avait pas eu ce moment où je lui ai dit *non*. J'ai été émue, désarmée par son attitude. Alors, je l'ai mieux regardé et il m'a conquise. C'était parti[59] ! » Jean Rochefort et Nicole Garcia se sont en fait déjà croisés sur les tournages de *Calmos* (où elle incarnait une laborantine) et *Que la fête commence*. C'est même Rochefort qui a insisté auprès de Bertrand Tavernier pour qu'il confie à Nicole Garcia le rôle de la Fillon, la mère maquerelle du Régent. Or, certains scénarios fonctionnent comme des pièges et celui du film de Tavernier les réunissait d'entrée de jeu... dans un lit. « C'était son premier jour de tournage. Quand on lui a demandé ça, elle a été assez choquée elle-même, alors je crois que j'ai été très poli et j'ai essayé de la mettre à l'aise, parce que moi j'étais sur ce film depuis plusieurs semaines[60]. » Lui aussi présent ce jour-là sur le plateau, Jean-Pierre Marielle lancera spontanément un avertissement prémonitoire à son ami à la fin du tournage : *Tes enfants sont trop petits !* Mais Rochefort rétorque : « les femmes qui travaillent sont, pour moi, un moteur sexuel[61] ».

À l'automne 1978, dans un coup de gueule, Jean Rochefort reproche au cinéma français de prendre pour héros des personnages irréalistes : « Le grand talent des cinéastes américains et italiens, c'est de mettre le spectateur dans une situation – bien sûr avec une légère déformation cocasse et comique – qu'il connaît très bien, parce qu'il peut vivre les mêmes angoisses quotidiennes, les mêmes tracasseries, les mêmes soucis et les mêmes joies que ce personnage[62] ». Joignant l'acte à la parole, il accepte d'incarner le directeur de l'Institut des Études françaises dans *French Postcards*, le deuxième film en tant que réalisateur de Willard Huyck, le scénariste d'*American Graffiti* de George Lucas, une comédie pour teenagers dont l'action se déroule à Paris. L'acteur traverse une nouvelle zone de turbulences et manifeste une certaine lassitude. « Si je ne croyais plus au métier, déclare-t-il, je décrocherais. Il arrive d'ailleurs que ce qu'on aime le mieux dans la vie vous lasse. On a besoin d'engranger autre chose[63]. »

Avec *Le Crabe-Tambour*, Jean Rochefort a considérablement élevé le niveau de ses ambitions, mais se trouve confronté à des propositions qui témoignent d'un manque d'imagination chronique de la part des réalisateurs. « C'est bien naturel qu'un acteur cherche des rôles de plus en plus motivés, soutient-il, à mesure qu'il est davantage connu. Le fait qu'il possède son diapason lui permet de rester lui-même à travers toutes ces métamorphoses[64] », car, pour lui, « un acteur ne présente pas un visage véritablement humain, vrai, sans qu'il ait parfois risqué de se casser la figure[65] ». Cette déclaration d'amour à son métier reflète la crise personnelle qu'il est en train de traverser, en raison de son idylle avec Nicole Garcia. Alors que le monde s'écroule autour d'Aleksandra et que Jean est de plus en plus absent, qu'il pleuve, qu'il vente ou qu'il neige, elle contraint leurs enfants, Marie, quinze ans, et Julien, douze ans, à parcourir une dizaine de kilomètres à vélo tous les jours pour se rendre à l'école privée dont ils sont les élèves, le collège Saint-Louis Notre-Dame-du-Bel-Air de Montfort-l'Amaury.

En janvier 1979, la sortie du *Cavaleur* contraint Nicole Garcia à côtoyer régulièrement Jean Rochefort en public, pour répondre aux impératifs de la promotion. « Quand on joue avec des actrices comme elle, déclare-t-il dans un hommage appuyé, c'est à son bénéfice aussi et on ne peut pas être seul[66]. » Les amants se montrent pourtant aussi discrets que possible sur leur relation clandestine. Invités dans une émission dominicale de Michel Drucker, ils se tournent ostensiblement le dos, mais l'actrice ne peut dissimuler son trouble lorsqu'il est question de leurs rapports dans le film. Elle manifeste à nouveau son émoi, dix jours plus tard, quand le couple est réuni par Jean-Marie Belin sur le plateau du *Dossier du journal* de France 3 Marseille, où elle baisse la tête.

Question du journaliste : « Est-ce que c'est facile d'être la femme de Jean Rochefort ? »

Réponse de Nicole Garcia : « Je ne sais pas comment dire ça... Ce n'est pas facile d'être une de ses femmes... »

Rochefort exprime la peur de vieillir et de ne plus plaire : celle de son personnage est également la sienne. Nicole Garcia et lui échangent un regard à la fois gêné et amusé qui en dit long...

« Cette femme que j'incarne est celle du *cavaleur*, déclare la comédienne à une autre occasion, et j'avais peur que sa fidélité la rende ennuyeuse. Mais, au cours du film, Philippe de Broca a trouvé le ton juste et ironique qui convenait[67]. » Pour son partenaire, « il y a chez lui une façon de rire pour ne pas crier. On pense à Beaumarchais. Je suis parent de ce comportement[68] ». Rochefort hasarde même cette formule ambiguë qui sonne comme une sorte de repentir déjà tardif : « Je suis un homme familial[69] ! » Mais il ne boude pas pour autant son plaisir quand il affirme : « Je sais quelle concentration, quelle souplesse et quelles subtilités sont nécessaires pour figurer parmi les meilleurs[70]. » La critique le lui rend bien en posant cette question : « Qui voir d'autre, réellement, à sa place[71] ? » Et l'acteur de se défausser par une formule qui traduit son assurance : « Ne pas être comique, quand on est acteur, est une sorte d'infirmité[72] », car, admet-il, « c'est là que j'extériorise le mieux mon côté débile[73] ».

Un an et demi plus tard, lorsque le film de Philippe de Broca sera distribué aux États-Unis sous le titre *Practice Makes Perfect* (qu'on pourrait traduire par *C'est en forgeant qu'on devient forgeron*), on lira dans la presse à propos de Rochefort que « son visage aristocratique et réservé, associé à sa triste mine, contraste de façon attrayante avec ses batifolages incessants[74] », alors que « comme l'immortel inspecteur Clouseau, Choiseul arbore une moustache tombante mais débonnaire et se prend bien trop au sérieux pour réaliser à quel point il apparaît comme un personnage comique aux yeux des autres[75]. » Rebelote dans l'émission *Ten O'Clock News* diffusée sur WNew TV le 16 juin 1980, où Marian Etoile Watson compare Rochefort à Peter Sellers, et sous la plume de Tom Allen qui évoque « ses yeux de basset et le nez de Clouseau[76] ». Il s'agit là d'une authentique consécration pour celui qui l'a toujours affirmé : «Je me reconnais davantage dans le personnage de l'inspecteur Clouseau que dans celui de monsieur Hulot, parce que Peter Sellers m'a beaucoup séduit et sans doute influencé[77]. »

Jean Rochefort le répète haut et fort à qui veut l'entendre, « maintenant, j'ai un nouveau goût pour mon métier, grâce au cinéma[78] ». C'est ce qui le conduit à assister une fois de plus à la cérémonie des César où, en tant que lauréat de l'année précédente, il monte sur scène avec Sylvie Vartan afin d'annoncer le nom du vainqueur du trophée du meilleur acteur : Michel Serrault dans *La cage aux folles* d'Édouard Molinaro. Comme celui-ci est en train de jouer au Théâtre des Variétés, il se voit représenté par Jean Poiret.

Quand il a mis un terme à son activité de cavalier en concours complet, Jean Rochefort a décidé d'explorer une autre facette de son amour des chevaux en se consacrant au développement de son élevage. Tout est parti d'une réflexion qui l'a piqué au vif, un jour où il était en train de flatter la croupe de Téfine, jument vendéenne riche d'un peu de sang cob normand et de remarquables aplombs : « Avec un dos comme ça, je ferais pouliner. » Celui qui a prononcé ce conseil est un vieil éleveur en culottes courtes qui sait de quoi il retourne. «Je me suis informé, et j'ai accouplé ma jument à un étalon, un petit pur-sang boiteux d'un mètre soixante-et-un[79]. » Et l'acteur de préciser que « c'était la première, ou peut-être la deuxième saillie de Laudanum[80] », un cheval appartenant au cavalier Pierre Durand, et que « ça a donné Nashville, mon premier poulain. Né sous les railleries des éleveurs, considéré d'emblée avec un certain mépris parce qu'il ne représentait pas les canons normands idéaux[81]... » Rochefort n'a cure de ses considérations. De son point de vue, « il y avait quelque chose d'assez artistique de choisir un croisement. C'est comme si on devenait un peu peintre. C'était formidable. (...) Le mariage de la roturière et du seigneur. C'était comme un conte de fées[82] ». Ne comptent plus pour lui que la beauté du geste et la splendeur de la bête : « C'est un animal troublant de par sa grâce, les mouvements qu'il exécute, les caresses que nous lui faisons auxquelles il est extrêmement sensible, et une sorte de confiance et d'abandon pour les individus qu'il connaît bien[83]. »

1976. Étienne Dorsay, le cadre infidèle en équilibre sur la corniche d'*Un éléphant ça trompe énormément*, un personnage écrit à la démesure de son interprète par Jean-Loup Dabadie et Yves Robert. C'est en découvrant ce dernier dans le rôle-titre de *Liliom*, monté par la Compagnie Grenier-Hussenot en février 1948, que Jean Rochefort a décidé de devenir acteur. Yves Robert sera l'un de ses réalisateurs de prédilection, avec sept films et autant de caractères humains, du *Grand Blond avec une chaussure noire* (1972) au *Bal des casse-pieds* (1991).

Collection ChristopheL

De haut en bas :

Premier communiant à onze ans, en 1941.

L'élève Jean Rochefort tiré à quatre épingles pour la photo de classe du collège de Cusset, en 1943.

Célestin, son père, à la fin des années 40. L'autodidacte souhaitait que Jean devienne comptable, à défaut d'être un fort en thème comme son fils aîné.

De haut en bas :

Parmi les activités ludiques auxquelles se livrait Jean avec ses camarades de Saint-Lunaire, un rallye automobile avec comme pilote son copain bricoleur Alain Mensier.

Avec sa première épouse, Babeth, à l'entrée de leur atelier d'artiste mitoyen du Grand-Guignol, dans le quartier de la Nouvelle Athènes, à Paris, au début des années 50.

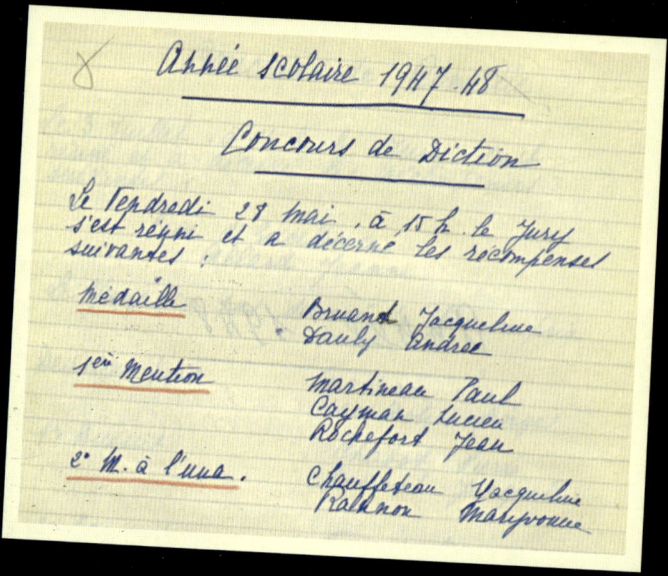
8

Année scolaire 1947-48

Concours de Diction

Le Vendredi 28 mai, à 15 h. le Jury s'est réuni et a décerné les récompenses suivantes :

médaille	Bruand Jacqueline Dauly Andrée
1ère Mention	Martineau Paul Cayman Lucien Rochefort Jean
2e M. à l'una.	Chauffeteau Jacqueline Rahmon Maryvonne

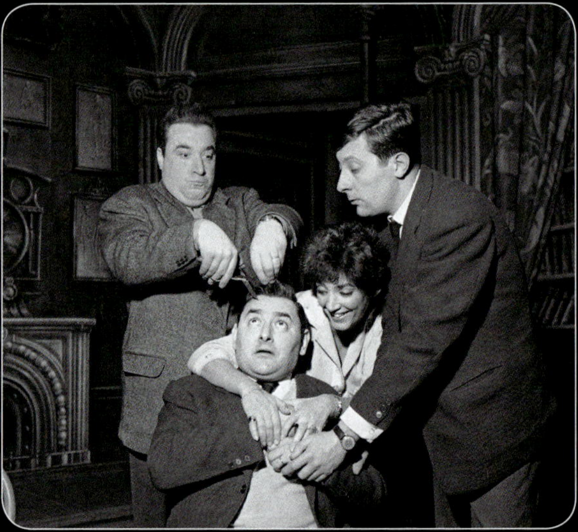

De haut en bas :

En mai 1948, l'élève Rochefort est recalé au concours de sortie du Conservatoire de Nantes. Maigre consolation, il décroche une première mention au concours de diction.

Avec Jacques Morel, Roger Carel et Micheline Dax dans *Champignol malgré lui* de Georges Feydeau, monté par la Compagnie Grenier-Hussenot au Théâtre Marigny en 1959.

1958. En tenue de barman, avec Pierre Vaneck et Roger Hanin, dans *Une balle dans le canon*, signé par Michel Deville et réalisé par Charles Gérard.

De haut en bas :

1960. Deuxième coproduction soviétique de l'histoire, *Vingt mille lieues sur la terre* de Marcello Pagliero vaut à Jean Rochefort d'avoir pour partenaire l'héroïne de *Quand passent les cigognes*, Tatiana Samoïlova, et de rencontrer sa deuxième épouse, la Polonaise Aleksandra Moskwa.

1961. Engagé sur la recommandation de son copain du Conservatoire Jean-Paul Belmondo, Jean Rochefort endurera tant de chutes de cheval sur le tournage de *Cartouche* que Philippe de Broca n'aura d'autre choix que de le cadrer en gros plan.

De haut en bas :

1963. De sa rencontre avec Philippe Noiret sur *La Porteuse de pain* naîtront une amitié profonde et une passion partagée pour l'équitation.

1964. Premier jour du tournage des *Pieds Nickelés* de Jean-Claude Chambon. Michel Galabru (Ribouldingue), Jean Rochefort (Croquignol) et Charles Denner (Filochard) posent pour les photographes : « Nous devions surgir de là comme des diablotins de leur boîte », racontera Rochefort.

1964. Delphine Seyrig, Anton Tchekhov et Jean Rochefort dessinés par Sennep à l'occasion de la première de *Cet animal étrange* de Gabriel Arout, florilège de nouvelles du dramaturge mis en scène par Claude Régy.

De haut en bas :

1965. Avec Delphine Seyrig dans *L'Amant* d'Harold Pinter, au Théâtre Hébertot. Quand le clown se transforme en séducteur et prend enfin confiance en lui…

1967. Séquence d'*À cœur joie* de Serge Bourguignon, tournée à l'aéroport d'Orly, où la star Brigitte Bardot provoquera une émeute et devra rassurer son partenaire conspué par une foule déchaînée : « Mais qui c'est l'autre ? Qu'est-ce qu'il est moche ! »

1968. Avec sa camarade du Conservatoire Annie Girardot sur le tournage du *Pain de ménage* signé par Marcel Cravenne pour la télévision.

Photos : © Studio Lipnitzki / Roger-Viollet, © Dalmas / Sipa Press, © Keystone-France / Gamma-Rapho

De haut en bas :

1970. L'Alceste dont la fausse moustache se décolle dans *Le Misanthrope* de Pierre Dux, avec Francine Bergé. Suite à cette mésaventure, l'acteur décidera de laisser pousser la sienne et en fera son signe de reconnaissance.

Père de famille épanoui entouré de ses enfants, Julien et Marie, d'Aleksandra, sa deuxième épouse, et d'un de leurs chiens en 1970.

1973. Bertrand Tavernier dirige le duo Noiret-Rochefort sur le tournage de *L'Horloger de Saint-Paul*, à Lyon.

De haut en bas :

1976. Avec son compère Jean-Pierre Marielle dans *Calmos* de Bertrand Blier, comédie rabelaisienne entreprise en réaction à la célébration de l'Année de la femme.

Entre Brigitte Fossey et Marie Dubois, lauréat heureux du premier César (meilleur second rôle masculin) de l'histoire du cinéma français, en 1976, pour *Que la fête commence !*

De haut en bas :

1976. Yves Robert dirige la petite famille d'*Un éléphant ça trompe énormément.* Sa propre épouse, Danièle Delorme, est mariée à Rochefort dans le film.

En forêt de Rambouillet, numéro de haute voltige équestre que Rochefort a réglé lui-même : il a entraîné sa jument pendant trois semaines afin de sauter par-dessus une table de camping autour de laquelle avaient pris place sa femme et ses enfants.

1977. Avec Guy Bedos, Victor Lanoux et Claude Brasseur, en joueur de tennis maladroit (un rôle de composition !) dans *Nous irons tous au paradis* d'Yves Robert.

De haut en bas :

1977. En uniforme de commandant dans *Le Crabe-Tambour* de Pierre Schoendoerffer, qui lui vaudra un César du meilleur acteur et une revanche sur son frère aîné, Pierre, qui était réellement amiral.

1979. Avec Nicole Garcia dans *Le Cavaleur* de Philippe de Broca. Le début d'une nouvelle histoire d'amour.

1980. Sa fille d'*Un étrange voyage* n'est autre que celle du réalisateur Alain Cavalier, Camille de Casabianca, en compagnie de laquelle il recherche sa mère tombée d'un train. Empathie totale pour une affaire de famille.

De haut en bas:

Années 80. Jean Rochefort devient l'ami public n° 1 des enfants pour lesquels il présente l'émission *Disney Channel* et enregistre *Winnie l'Ourson*.

Mariage avec Françoise, sa jumelle du 29 avril, à la mairie de Raizeux, sous les regards complices de Philippe Noiret et Jean-Paul Belmondo, le 14 janvier 1989.

Jean Rochefort et ses plus jeunes filles, Clémence et Louise.

DR

© Bertrand Rindoff-Petroff/Getty Images

Album de famille de Jean Rochefort/DR

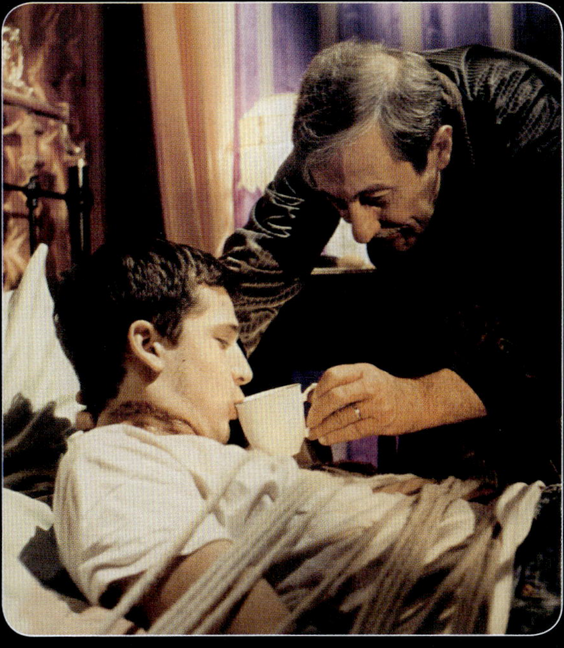

De haut en bas :

1986. Sur le tournage de *Tandem*, en animateur de radio fatigué, avec Patrice Leconte et Gérard Jugnot.

1992. Avec Guillaume Depardieu et Marie Trintignant, deux de ses protégés, dans *Cible émouvante* de Pierre Salvadori.

1996. En pygmalion (et tortionnaire) de Guillaume Canet dans *Barracuda* de Philippe Haïm.

De haut en bas :

2000. Rapatrié d'urgence pour cause de double hernie discale, l'interprète principal de *L'Homme qui tua don Quichotte* de Terry Gilliam n'aura tenu que trois jours sur le dos de son cheval. Affamé, celui-ci mourra d'épuisement le lendemain de son départ.

2001. Avec Patrice Leconte et Johnny Hallyday sur le plateau de *L'Homme du train*. Une affaire d'hommes réglée de main de maître.

Le 9 septembre 2004, décoré du Mérite agricole par Jean-Pierre Raffarin, en qualité de pionnier du transfert d'embryons.

De haut en bas :

Son fils Pierre à l'avant-première d'*Un beau dimanche* (2013), réalisé par sa mère Nicole Garcia.

En pleine lecture de *L'Équipe*, son journal favori, le comédien et son complice Édouard Baer.

2006. Épreuve de vérité pour Jean et Julien Rochefort sur le plateau de *Hautot père et fils*, un téléfilm de la collection Chez Maupassant réalisé par Marc Rivière : le personnage campé par le fils assiste à l'agonie de son père.

De haut en bas :

L'affiche de *L'Artiste et son modèle*, de Fernando Trueba, ses *Fraises sauvages* : il y incarne un sculpteur au crépuscule de son existence.

2016. *Les Boloss des belles-lettres* ou comment réviser ses classiques en langage « djeun ».

Dessin-autographe pour une toute jeune admiratrice.

Photos : © Collection ChristopheL/$_T$® Fernando Trueba producciones Cinematograficas, © France 5, Karnets de Klouk, © Margaux Toussaint

Le succès du *Cavaleur*, mais aussi l'histoire que vit Jean Rochefort avec Nicole Garcia le confortent dans ses convictions en passe de devenir des certitudes : « Le bonheur me vient du métier que je fais et de la gloire qu'il m'a donnée. C'est le tribut à une merveilleuse histoire d'amour entre le cinéma et moi[84]. » C'est une fois de plus le cas lorsque Yves Robert lui propose le rôle principal d'un projet qui répond exactement à ses aspirations selon lesquelles « la comédie à la française que j'aime tourner, je la veux comme pendant de la comédie italienne, celle où par l'humour et la dérision il entre des choses de notre vie à tous dans une histoire[85] ». Selon Yves Robert, « c'est le père de Paul Claudon, l'ami producteur de toujours, qui m'a inspiré le titre. Cet homme avait vingt ans à Verdun. Il me racontait combien les hommes avaient peur avant l'assaut hors de la tranchée. Ils s'étaient trouvé ce mot de passe : *Courage fuyons*[86] *!* » Le réalisateur l'a finalement préféré au *Poltron amoureux*, également envisagé. En effet, explique-t-il, le pharmacien campé par Rochefort « est un homme comme les autres : sensible, craintif, ému. Si j'étais italien, je dirais *poltrone*. En français, on dit lâche[87] ». Tout en affirmant être effrayé par « les hommes qui n'ont pas peur, parce qu'ils sont dangereux[88] », Yves Robert place en exergue de son film une citation de Jules Renard qui reflète bien son esprit : « N'écoutant que son courage qui ne lui disait rien, il se garda d'intervenir. »

Ce Martin Belhomme qu'incarne Rochefort est, dans l'esprit de son metteur en scène, « un enfant qui a grandi[89] », dans celui de Dabadie « un type qui a la pétoche, qui a peur, ni un lâche, ni un couard[90] » et, selon son interprète, « un homme faible, fragile, peureux, qui a peur de tout dans la vie[91] » et correspond à une facette de sa personnalité qu'il n'a jamais eu l'occasion d'exploiter jusqu'alors. « Je n'ai pas le goût de l'échec, confie Rochefort, mais j'aime bien le raconter. C'est un matériau dans lequel je me sens à l'aise[92]. » Pour lui, « le rire le plus tonique est le rire provoqué par la crainte[93] » et « les gens qui souffrent en silence me charment. Comme interprète, je suis aux antipodes du héros positif[94]. » L'acteur dispose là d'une partition à sa démesure, car, comme il le souligne, « c'est mon sixième film de suite avec Jean-Loup Dabadie et Yves Robert qui écrivent pour moi, qui me connaissent, qui m'ont cerné assez justement et c'est une collaboration très étroite, parce que je leur inspire des situations, des dialogues et des caractères[95] ». Dans *Courage fuyons !*, que le scénariste résume joliment comme « une course au trésor, et le trésor c'est une femme[96] », le réalisateur lui offre un cadeau inespéré en la personne de Catherine Deneuve, « une comédienne imprévue qui a sur les scènes et sur l'écriture une idée, une option personnelle, et qui surprend toujours son partenaire[97] », s'ébaubit Rochefort. « J'ai toujours pensé que nos jeux s'accommoderaient[98] ». Longue robe noire pailletée et boa blanc, la star incarne une chanteuse de cabaret mi-Marlene-mi-Marilyn. Rochefort s'émerveille de sa nature, en décrétant qu'elle « n'est pas de ces comédiennes qui vous entretiennent de leurs ovaires ou des selles de leur nièce au bout de cinq minutes[99]... »

Bien qu'Yves Robert affirme que « Jean est un grand soliste, mais il fait partie de l'orchestre[100] », celui-ci est parfaitement conscient de la responsabilité qui lui incombe : « il faut être gonflé pour jouer les dégonflés[101] ». Pas question ici de s'en remettre à ses partenaires, comme ce fut le cas avec la joyeuse bande d'*Un éléphant ça trompe énormément* et *Nous irons tous au paradis*. Cette fois, insiste-t-il, « c'est un rôle énorme, écrasant : j'ai tourné tous les jours et je suis de presque tous les plans, et puis c'est un rôle qui permet des gammes formidables sur l'humour, la tendresse et la cocasserie[102] ». D'où un sentiment de plénitude qui lui fait dire : « Je travaille à la passion, je travaille au coup de foudre, je travaille au moment et, tout à coup, un scénario est en harmonie[103]. » Sur le plateau, Yves Robert arbore parfois un chapeau de paille. Jean Rochefort barbu fait du jogging face à la caméra, en survêtement rouge. Au cours d'une scène, il dispute une partie de ping-pong face à un champion de France, clin d'œil à son passé sportif : « Pendant trente secondes, plaisante-t-il, le spectateur avait ainsi l'illusion que je ridiculisais Vincent Purkat[104]. »

Jean Rochefort se sent comme un coq en pâte et se plaît à souligner que « si je ne fais pas rire moi-même, j'adore qu'on me fasse rire, et je ne m'amuse jamais autant qu'en tournant un film avec Yves Robert. Il y a là une équipe de joyeux plaisantins[105] ». Cette harmonie de façade dissimule toutefois une situation plus complexe. L'une des particularités du film est que ses deux premiers assistants réalisateurs (il n'y a pas de second), Patrice Poiré et Marc Rivière, « se tirent la bourre[106] ». Ils sont épaulés en outre par un stagiaire qui n'est autre que Mehdi El Glaoui, l'inoubliable petit garçon du feuilleton *Belle et Sébastien*, tout juste réformé.

« Le tournage est électrique, témoigne ce dernier. Et, manifestement, Catherine Deneuve n'est pas heureuse de ce film[107]. » Quant à Jean Rochefort... « Il y avait une scène où, sortant précipitamment d'un immeuble, il renversait un sac de provisions, brisant à chaque prise une bouteille de lait. J'étais le préposé à l'épongeage et à la remise en place, raconte Mehdi. Entre deux claps, Jean m'avait glissé avec l'ironie qui le caractérise : *Ça change de "Belle et Sébastien" ! Ce n'est plus le même boulot, hein ?* » Comme pour justifier son attitude, Jean Rochefort se dédouane : « Je ne pense pas qu'il soit très intéressant d'être comédien et de ne pas avoir de terreurs, de fantasmes, un œil critique sur les choses, le sens de la satire, de l'ironie, bref d'être quelqu'un en déséquilibre, en faux appui, tout le temps en train de regarder autour de lui, de trébucher, d'avoir des déprimes. Parce que si j'étais un homme sain, bon et bien dans sa peau, je serais parachutiste[108] ! »

« Jean Rochefort éblouissant (c'est notre Cary Grant)[109] », décrète une critique à propos de sa composition. Sollicité par les médias, le comédien est prié de parler non seulement du film d'Yves Robert, que ses auteurs ont hésité à sous-titrer *L'homme dont le cœur battait trop vite,* mais aussi... de sa vie privée. Bien qu'il ne pipe mot de sa liaison avec Nicole Garcia, il laisse échapper quelques réflexions dont on ne sait pas si elles concernent l'homme ou le personnage. « Je suis toujours attendri par les hommes qui tremblent de peur devant les femmes et qui tremblent aussi devant des hommes[110] », déclare-t-il ainsi dans une émission télévisée. Il va même plus loin : « J'ai vraiment envie de me faire bercer, materner, de temps en temps, par la femme que j'aime. Ce sont des instants magiques[111]. » Entre les lignes, il y évoque aussi le dilemme qui le ronge alors et tente d'expliquer pourquoi « l'homme se comporte lâchement dans une situation de ménage à trois. S'il parvient si péniblement à régler le problème, ce n'est pas qu'il hésite entre deux femmes, c'est qu'il ne peut pas se décider à changer ses habitudes. (...) Un homme peut être fou d'amour pour une autre femme que la sienne et, en même temps, être dans l'impossibilité de s'arracher à ses grigris comme sa stéréo ou sa bibliothèque à éclairage encastré[112] ». Il en tire d'ailleurs une conclusion qui semble adressée cette fois à Aleksandra : « Il faut que, petit à petit, les femmes se libèrent de carcans d'idées toutes faites, arrivent à accepter les abandons de leurs compagnons sans en conclure qu'ils ne valent plus rien[113]. » Il avance aussi une théorie audacieuse : « Ma femme a résisté à toutes les propositions professionnelles. Cela a été mon grand problème dans nos relations, car le champ d'échange était très limité. Je lui racontais l'extérieur, elle vivait dans sa tanière[114]. »

« Je ne me suis pas encore habitué au fait d'être pris au sérieux, confie Rochefort. Je me plais à imaginer une star comme quelqu'un ayant une vie particulière, étrange, insolite[115]. » Mal à l'aise vis-à-vis de son nouveau statut qui le contraint à sortir de sa réserve et à sacrifier à ce qu'on n'appelle pas encore la *peoplisation*, le comédien doit répondre à des sollicitations inattendues, alors que la cinquantaine se profile à l'horizon et qu'il s'avoue « de nature pessimiste, introspective. Les fantômes du passé me hantent parfois. Le temps passe si vite... Je traverse des sortes de moments sombres. Pourtant je suis un privilégié[116] ». C'est ainsi que son portrait s'affiche à la une du numéro d'été de *Vogue Hommes* pour lequel la future cinéaste Catherine Breillat l'interviewe longuement. Prétextant un nouvel emploi du temps surchargé, il a même essayé de changer son mode de vie, en s'installant à Paris pour se rapprocher de Nicole Garcia, avant de rebrousser chemin. « Je préfère faire mes cent kilomètres quotidiens et aller dormir là où j'aime dormir, dit-il, c'est-à-dire dans le silence, au milieu des pannes de chauffage, qu'importe, au milieu des inondations, qu'importe[117]... »

L'acteur doit également répondre à des sollicitations protocolaires. « Je recevais tous les ans une invitation à l'Élysée pour une sorte de réception de quatre cents personnes, réservée aux artistes[118]. » Jusqu'au jour où « je me dis que j'ai un peu le cafard, mais que je vais y aller, pour une fois. Et, au bout de trois quarts d'heure, tout seul dans un salon où je suis censé attendre le président de la République avec trois cent cinquante autres invités, je demande à l'homme du protocole si je me suis trompé de jour, il me dit : *La reine sera prête dans un quart d'heure, mais surtout ne lui baisez pas la main*[119]. » Ce soir du 24 octobre 1979, au terme d'une visite privée des châteaux de la Loire, la reine Elizabeth II est en effet l'invitée d'honneur d'un dîner « intime » organisé par le président Valéry Giscard d'Estaing dans le salon Napoléon III de l'Élysée. Parmi les cinq tables de dix invités chacune figurent le prince Karim et la bégum Aga Khan, le prince et la princesse Napoléon, le duc et la duchesse d'Audiffret-Pasquier, les politiciens

Simone Veil, Gaston Defferre (maire de Marseille) et Edmonde Charles-Roux, Alain Peyrefitte, Jean François-Poncet, Liliane et André Bettencourt, Jean-Luc Lagardère et Jean-Paul Parayre (Peugeot-Citroën), la danseuse étoile Ghislaine Thesmar, le chorégraphe Pierre Lacotte, le musicien Yannis Xenakis, le couturier Marc Bohan, l'écrivain Michel Tournier, le patron de *Paris Match* Roger Thérond, et deux comédiens : Louis de Funès et Jean Rochefort, lequel siège à la table d'honneur. Comme le veut l'étiquette élyséenne, les conversations se déroulent en français, ce qui est plutôt de nature à rassurer un Rochefort paniqué qui s'est avancé un peu imprudemment : «Je disais que je ne comprenais pas l'anglais, mais que je le parlais très bien[120].» Qu'importe, c'est grâce à son aplomb qu'il brise la glace : «J'ai compris la raison de ma présence quand Giscard s'est retourné vers cette chère Elizabeth et lui a dit : *Jean Rochefort est l'un de nos meilleurs acteurs et un grand connaisseur en matière de chevaux.* J'ai renchéri en disant à la reine que j'avais vu sa fille gagner en concours complet au haras du Pin[121].» Et la souveraine de lui rétorquer du tac au tac : *«Quel temps, le jour du cross, n'est-ce pas ?*

— Il a plu toute la journée, Majesté.

Et la détente, soudain, fut générale[122] ! »

Jean Rochefort entretient plus que jamais son image de *gentleman farmer,* même s'il soutient qu'«on a tort de m'imaginer en tweed graisseux, passant en revue, la badine sous le bras, des travailleurs aux mains calleuses... ou en fumeur de pipe qui chauffe ses bottes au feu de cheminée[123]». Au quotidien, le comédien roule dans une Mercedes grise de douze ans dont il affirme que c'est son «seul hobby mécanique[124]», et possède une femelle lévrier irlandais baptisée Zoé, qui l'accompagne en permanence où qu'il aille. En l'occurrence, cet automne-là, il profite d'une pause dans ses activités cinématographiques pour célébrer ses augustes anciens, en assurant la voix off de l'*Encyclopédie audiovisuelle du cinéma : le cinéma français* de Claude-Jean Philippe. Une tâche de longue haleine qui a débuté un an auparavant et qu'un observateur commente en ces termes : «Rythmant chaque inflexion d'un geste du poignet, il joue avec une maîtrise époustouflante de ses cordes vocales et, d'une voix feutrée, insuffle aux mots de subtiles nuances : humour, émotion, tout y est[125] ! »

En gagnant en notoriété, Jean Rochefort a élargi sa palette. À lui désormais de savoir doser les registres et d'effectuer les choix les plus pertinents pour conserver son statut de vedette tout-terrain, même si, selon lui, « sur cent scénarios, il y en a quinze de lisibles, trois de réalisables et deux de bons[126] » !

Nul doute que l'éventualité de passer six semaines en Bretagne a pesé d'un poids non négligeable dans sa décision d'accepter le rôle que lui propose le réalisateur d'origine égyptienne Moshé Mizrahi, celui d'un handicapé moteur qui ne se déplace qu'en fauteuil roulant et que le scénario de *Chère inconnue* décrit comme « un homme de cinquante ans qui a l'air d'un enfant ». Ce film d'abord intitulé *Je t'écrirai des lettres d'amour*, comme le roman anglais de Bernice Rubens paru en 1968 dont il est tiré, qui se déroulait initialement au pays de Galles, a été initié par la productrice Lise Fayolle qui en a acquis les droits et l'a proposé à Andrei Konchalovsky. Mais Simone Signoret, qui doit en tenir le rôle principal, ne s'entend pas avec le réalisateur russe avec qui elle disserte du KGB. Lassé, ce dernier finit par jeter l'éponge. Dans cette première version, c'est Dirk Bogarde puis Alain Delon qui ont été pressentis successivement pour tenir le rôle masculin. Le projet rebondit deux mois plus tard sous la houlette de Moshé Mizrahi dont le précédent film, *La vie devant soi*, a valu l'année précédente le César de la meilleure actrice à Simone Signoret, impériale en Madame Rosa. C'est lui qui a l'idée de lui offrir pour partenaire Delphine Seyrig dans un contre-emploi introverti, plutôt qu'Hélène Surgère et Suzanne Flon, d'abord pressenties, parce qu'il l'a vue au théâtre sur un registre voisin dans... *La prochaine fois je vous le chanterai*. Lui aussi qui impose leur partenaire masculin contre une certaine réticence des producteurs : « Je savais que Rochefort pouvait être autre chose qu'un séducteur maladroit. Et pour le rôle, il était essentiel qu'il puisse attendrir par son espèce d'adolescence involontaire[127]. »

« C'était un scénario admirable de Konchalovsky réécrit entièrement par Simone Signoret et par le metteur en scène[128] », explique de son côté Jean Rochefort dont Moshé Mizrahi décrète que « sa formation de théâtre le rend très précis sur la compréhension et l'interprétation du texte, et son métier au cinéma lui donne une grande capacité d'improvisation sur les situations[129] »... Le tournage n'est pourtant en aucun cas la partie de plaisir espérée entre trois solistes d'exception. De Quimper à Sainte-Anne-la-Palud, en passant par Douarnenez, Locronan et Trefuntec, il se déroule sous cette bruine incessante qui a bercé l'enfance de Rochefort. « C'est un film magnifique, un vrai mélo comme on ne sait plus en faire en France[130] », s'émerveille l'acteur qui s'est habitué à son fauteuil roulant et trouve « bien plaisant de terminer une scène en sortant d'un coup de roue vengeur[131] ». Entre les prises, il s'isole de l'équipe et, vêtu d'un ciré jaune, part promener son chien dans la lande : « Je joue un homme qui n'a plus ses jambes, explique-t-il, alors tous les matins j'éprouve le besoin de venir marcher, et marcher vite, et c'est là que je *travaille* et qu'en étant cet homme actif sur les rochers, je trouve les réactions physiologiques et morphologiques de cet homme[132]. » Il commente ainsi ce processus : « Depuis quelque temps, je ne me contente plus de mes compétences, je cherche une identification totale. J'essaie de donner une partie de moi, de mes doutes et de mes inquiétudes, de ma vie et de ce que je pense sur la vie[133]. » Une mise à nu qui a aussi un prix, car « on se nourrit de soi et c'est ce qui fatigue le plus d'aller chercher dans ses racines, dans ses souvenirs, des références[134] ».

Autant Jean Rochefort est heureux de retrouver Delphine Seyrig, devenue entre-temps la muse de Marguerite Duras et de Chantal Akerman, autant il se tient délibérément à une distance raisonnable de Simone Signoret. Il réussit même l'exploit de ne jamais lui adresser la parole en dehors du plateau, alors qu'elle incarne sa sœur, sous prétexte qu'elle a réécrit le script de Gérard Brach avec la complicité de Moshé Mizrahi... en tirant évidemment la couverture à elle. « Nous nous haïssions, explique-t-il. Tout a basculé le troisième jour, *[quand]* j'ai compris que Signoret était convaincue que, derrière chaque menhir, un agent du FBI ou de la Guépéou surveillait ses faits et gestes[135]. » L'actrice écoute quant à elle avec un recueillement masochiste une émission radiophonique d'Ève Ruggieri consacrée à... la liaison d'Yves Montand avec Marilyn Monroe. Le costumier Christian Gasc la surprend régulièrement en train de noyer son chagrin sous couvert de siroter le contenu d'une théière remplie de whisky, tandis que lui-même « lutte contre la dépression en mangeant des crêpes au Grand-Marnier[136] ».

Malgré une critique tiède, d'où émerge tout de même un compliment selon lequel « Jean Rochefort sait être, tour à tour, fragile, pitoyable et véhément[137] », *Chère inconnue* essuie un sévère échec commercial, qui incombe sans doute davantage à son sujet qu'à ses interprètes. Le film de Moshé Mizrahi connaîtra tout de même une petite carrière internationale et vaudra notamment à Jean Rochefort une brassée de compliments de la presse américaine, lors de sa sortie outre-Atlantique... Qualifié d'« aussi merveilleux que d'habitude[138] », il « se contente de jouer avec les éclats de ses yeux bleus, mais c'est suffisant[139] », décrète un critique, tandis qu'un autre juge qu'il « donne la plus belle prestation de sa carrière, tout au moins de la partie de sa carrière que nous avons vue dans ce pays[140] », c'est-à-dire essentiellement les réalisations de Tavernier, Robert et de Broca.

22

Doutes et certitudes

Avec la célébrité surgissent de nouvelles sollicitations. C'est ainsi que Jean Rochefort se trouve amené à vanter les mérites du Café Legal dans deux spots publicitaires de François Leterrier. «Je claque tout ce que je gagne et je fais de la pub quand je suis pris à la gorge[1].» Ce qu'il ne dit pas, en revanche, c'est que le breuvage qu'il avale «n'est aucunement celui qu'il boit à l'antenne : par contrat, le comédien avait le droit de choisir le café qu'il boirait pour de vrai, ce qu'il ne s'est pas fait dire deux fois[2]...» Mais en associant son nom à une marque, il réalise aussi une prophétie annoncée dès 1974, quand il se décrivait comme «un international de football en équipe B. Pour le moment, et c'est dramatique dans ma profession, si j'accepte un rôle, tous mes amis producteurs et réalisateurs vont dire : *Eh bien ! Ce pauvre Rochefort, il a vraiment besoin de gagner sa vie !* Il suffirait qu'une grosse vedette donne l'exemple pour que ceux de l'équipe B puissent suivre. C'est un problème qui va en s'amenuisant et qui disparaîtra le jour où les grandes vedettes accepteront d'être le support d'un produit[3]». Ce statut envié, le comédien y est désormais parvenu et il assume sans fausse coquetterie de compter parmi ceux qui sont en mesure de donner l'exemple. Quitte à briser un plafond de verre typiquement français. Pourtant, «à l'époque, ironise-t-il, faire une publicité était très mal vu par mes copains. Marielle, Noiret, Belmondo ne m'ont pas parlé pendant trois mois. Mais je n'avais pas le choix[4]». Il est vrai que sa motivation tient à sa situation personnelle. «Ces problèmes de vie privée étant arrivés, je me suis dit qu'il fallait faire un choix : continuer à faire ce que j'aimais dans mon métier et, pour ce faire, dormir tranquille[5]. » Il ne cherche pas non plus à occulter le profit matériel qu'il en tire et affirme que « mieux vaut tourner un bon film publicitaire que de mauvais films de cinéma[6]... », car, « je préfère encore ça à ce qu'on a pu me proposer dans le style film rigolo français qui m'aurait pourtant offert au moins trois résidences secondaires[7]... » Pourtant, ce genre d'exercice possède aussi ses limites, même s'il lui apporte un surcroît de notoriété. « Avec cette publicité, constate-t-il, je suis devenu populaire. Si je vais sur une plage, je suis comme une vedette de feuilleton TV[8]. »

En ce début 1980, où il est à nouveau nommé au César du meilleur acteur pour sa composition dans *Courage fuyons !*, Jean Rochefort s'est avant tout offert le privilège de pouvoir attendre sans craindre le lendemain. Certes, son élevage s'étend et lui coûte de plus en plus cher ; certes, sa séparation lui pèse autant financièrement qu'affectivement. Mais il a les moyens de faire face. Par exemple, en acceptant une proposition venue de l'étranger : *Je hais les blondes* de Giorgio Capitani, une comédie italienne dans laquelle il incarne un écrivain du nom de Donald Rose qui exploite son *nègre.* Une entreprise purement alimentaire qu'il défendra très mollement lors de sa sortie française (trois ans plus tard !), en soutenant que « le film a de grandes vertus et il pourrait en remontrer à beaucoup de films français *drôles.* Je trouve que c'est très bien fait, avec un grand soin et des moyens importants[9] »... dont il est partie prenante, lui qui déclarait à l'époque : « Je suis allé sur le tournage sans enthousiasme, pour des raisons que je n'ai pas à préciser ici. Et j'ai eu la chance de rencontrer des gens sympathiques[10] ! » Mais ses coquetteries de langage n'abusent personne et rejailliront dans les critiques qui louent « le toujours fin Jean Rochefort[11] », « un peu égaré dans cette aventure italienne[12] » ou avancent carrément qu'« on sait que Jean Rochefort rougit aujourd'hui d'avoir participé à cette série B[13] ». Dans l'hôtel romain où il séjourne, le comédien s'en est d'ailleurs ouvert à Isabelle Huppert qui tourne quant à elle à Cinecittà *La dame aux camélias* de Mauro Bolognini. En guise de consolation l'acteur assiste aussi avec une poignée de compatriotes à la Coupe des Nations par équipes qui voit triompher Flambeau, un alezan monté par Frédéric Cottier.

Au printemps 1980, Jean Rochefort évoque un autre projet qui semble lui tenir particulièrement à cœur : *À tout de suite* de Jean-Luc Miesch, dans lequel il doit incarner « un grand reporter, du style de Kessel, sur la fin de sa carrière[14] ». Las, ce film ne se tournera jamais et le cinéaste ne signera finalement son premier long métrage, *Nestor Burma, détective de choc*, une adaptation du romancier Léo Malet, que deux ans plus tard. Côté cœur, Nicole Garcia se partage entre son fils aîné, Frédéric Bélier-Garcia, alors âgé de quatorze ans, dont elle dit joliment qu'« on s'est élevés ensemble[15] », et Jean Rochefort, sans que l'un et l'autre aient changé quoi que ce soit à leurs habitudes. Elle ne peut vivre qu'au cœur de Paris, rassurée par les bruits et les lumières de la ville. Lui préfère la campagne et ne semble pas se lasser de ses merveilles sans cesse renouvelées : « Le silence de la nuit, c'est tellement beau ! Mais j'ai trop tendance à vivre retiré, c'est vrai, très dangereux ! Il va falloir que je fasse attention[16]. »

Jean Rochefort peut toujours compter sur quelques amis fidèles, au nombre desquels figure en très bonne place Yves Robert : le réalisateur, mais aussi le producteur qui lui confie un jour un scénario en lui disant « *Lis ça, Jean, si tu le fais, je monte le film.* Je l'ai lu dans la soirée, le sujet m'a bouleversé[17] », raconte l'acteur. Les auteurs de ce script sont Alain Cavalier et sa fille, Camille de Casabianca. « Mai 68 nous avait fait nous rencontrer, explique Yves Robert, puis quelques tentatives foireuses de *coopé-ciné* nous revoir[18]. » Après avoir proposé à Cavalier de réaliser *Les choses de la vie* (adapté par Jean-Loup Dabadie, son complice depuis *Clérambard*), quand celui-ci, traumatisé par l'accident de voiture dont a été victime son épouse, Irène Tunc, en 1972, décide de renoncer à une carrière commerciale toute tracée pour s'orienter vers un cinéma de recherche qui passera par bien des phases, il devient son producteur à partir du *Plein de super* (1976), puis *Martin et Léa* (1979).

Un étrange voyage s'inspire d'un fait divers survenu en 1978. Au cours d'un voyage en train, un père et ses deux fils réalisent que la mère a disparu entre Trieste et Paris. Une enquête est menée en vain pendant quinze jours. Six mois plus tard, l'un des deux fils revient du Japon et se concentre sur le trajet effectué par une voiture de convoi en convoi. Convaincu que sa mère a disparu entre Frasne et la frontière suisse, il engage un interprète et parcourt les soixante kilomètres à pied. « Moi, cinéaste, raconte Cavalier, je suis dans un café, dans les années 80, et je lis ce fait divers magnifique dans un journal et il y a une photo du fils qui dépose une immense gerbe de fleurs à l'endroit où il a trouvé sa mère. Je suis attiré parce que ma mère vieillit, j'ai de grandes difficultés à me préparer à sa disparition et je me dis : *Si je fais un film sur elle qui s'en va, ça me préparera, ça m'endurcira quand cette chose arrivera*[19]. »

« J'avais le poids nécessaire pour qu'on fasse un film à petit budget[20] », explique Jean Rochefort qui ne peut s'empêcher de penser alors à sa propre mère partie si brutalement. « Le scénario m'a tout de suite enthousiasmé. (...) Avec Alain Cavalier, je me sens en totale osmose grâce à un étroit cousinage : affinités communes, goût de la solitude, ironie propre aux gens myopes, recul par rapport aux êtres et aux choses. Nous avons travaillé en parfaite harmonie : on discutait beaucoup et j'apportais même des idées[21]. » Par ailleurs, la fille de l'acteur à l'écran est celle du réalisateur à la ville. Du coup, la (con)fusion est totale. « Le premier jour où j'ai travaillé avec Jean Rochefort, raconte Alain Cavalier, j'avais un trac de débutant et heureusement, ça se passait à l'aube, auprès d'une pompe à essence, on ne se voyait pas trop ni l'un ni l'autre, on est aussi timides l'un que l'autre et la première rencontre s'est faite dans l'obscurité[22]... » Le tournage se déroule en présence d'agents de la SNCF équipés de grosses trompettes jaunes dans lesquelles ils soufflent pour faire dégager l'équipe du ballast au passage d'un train. D'autres employés passent à vélo pour surveiller les voies.

Cavalier et Rochefort n'ont pas besoin de mots pour se comprendre. À l'instar de cette séquence qui marque l'acteur à jamais : « Il y a un plan où, me promenant en sous-bois, ma fille s'est endormie, je suis au bord d'un canal, on est en juin et Alain *[Cavalier]* me dit : *Qu'est-ce qu'on va faire ?* Et je lui dis que je ne sais pas, mais que je me vois assez bien de dos, parce que je dois appeler ma mère. Il me dit : *Vas-y. Moteur !* J'ai répété ce qui était le texte comme une mécanique, comme un instrument : *Maman, reviens...* Il a dit : *Coupez ! Elle est bonne.* Il n'y a qu'un frère en osmose totale qui dit : *Ce n'est pas la peine de faire autre chose.* C'est ce que je ressentais, parce que j'avais cinquante ans, que ma mère était morte, que j'étais sur une voie ferrée. Que j'avais moi aussi une grande fille, que l'actrice qu'il avait choisie ressemblait à une femme que j'aurais pu aimer, que le bistro qu'il avait choisi était celui où j'aurais pu jouer au flipper avec mes copains[23]. » Car non seulement, Rochefort l'affirme, ce « western ferroviaire et familial[24] » lui a permis de retrouver « le goût de la campagne de mon enfance[25] », mais « ça a été un phénomène physiologico-affectif énorme pour moi de voir que le personnage devenait moi et que je devenais le personnage[26] ».

Derrière la caméra, Cavalier observe le miracle qui se déroule et a conscience de fixer un moment d'éternité : « J'avais envie de filmer le visage de ma fille Camille à vingt ans, dit-il, avant que les traces de l'enfance le quittent[27]. » En guise de direction d'acteurs, il s'en remet pour une bonne part à l'alchimie de ses interprètes. « Quand vous avez un pur néophyte et un pur professionnel l'un en face de l'autre, pour un metteur en scène, c'est absolument fascinant à regarder, parce que l'un essaie de piquer la science de l'autre et l'autre la fraîcheur de sa partenaire[28]. » Par ailleurs, souligne Rochefort, « se mettre à nu quand on est en osmose totale avec un réalisateur n'est pas désagréable. Mais je ne voudrais pas n'apporter que ce que je suis[29] ». Il est cependant conscient du risque, car « c'est très dur pour un comédien professionnel d'avoir en face de lui le miroir d'un débutant, d'un amateur qui est sans doute beaucoup plus juste que lui[30] ». En effet, admet-il, « c'est difficile d'avoir la même maladresse, la même spontanéité[31] ». Mais le déséquilibre engendre parfois une certaine forme d'harmonie. Or, observe-t-il, « après trois ou quatre jours un petit peu difficiles, il y a eu ces affinités qui ont fait que ça a pu être possible d'avoir l'air d'être son père et qu'elle ait l'air d'être ma fille[32]. » Feignant de demeurer en retrait, Cavalier joue moins les entremetteurs que les alchimistes. Et même s'il admet que « Camille et moi, à travers cette marche le long du ballast, nous avons raconté nos propres rapports en essayant de les améliorer[33] », il soutient que « l'essentiel de ce qui est passé sur la pellicule s'est fait dans des conversations entre Camille et Jean Rochefort dans leur coin, en riant, en parlant de la scène, en cherchant des petits trucs. Moi, je mets en place. Mais la subtilité de l'échange, c'est eux qui la fabriquent[34] ».

Alain Cavalier encourage ses interprètes à s'immerger dans leurs rôles. Aussi remarquable soit-il, le scénario qu'il a écrit a besoin d'eux pour prendre vie. C'est le cas dans cette scène où le père et la fille vont dîner dans un restaurant au-dessus de leurs moyens et où elle lui révèle avoir aperçu le corps de sa grand-mère dans un fourré. « Il y a une réplique qui m'est venue, comme ça : j'ai dit *Comme c'est dommage !* et j'ai pleuré. C'était magnifique et complètement obscène[35]. » La bouffée d'émotion qui l'envahit n'est pas feinte. Elle est nourrie de sa conviction profonde : « Pour ne pas trop frustrer le public, je voulais quand même qu'on sache ce qui était arrivé à la mère et Alain a accepté. Ça me rendait malade que le public sorte sans solution. Et j'ai pleuré, moi Rochefort[36]. » L'acteur s'est en fait nourri de son vécu, comme il le reconnaît : « *Un étrange voyage* a été révélateur de tout ce que la langueur de ma mère m'avait apporté dans la vie. La fiction m'a permis de comprendre qu'elle me manquait horriblement, alors qu'avant, j'étais dans l'activité d'un quadra ou d'un quinquagénaire… Je n'avais pas trop le temps de penser[37]… » Bien qu'elle se soit impliquée dans son écriture, Camille de Casabianca n'est pas en reste quand elle souligne qu'« il s'agit de motivations presque banales tellement elles sont universelles et fondamentales[38] ».

De ce « travail en chute libre[39] », Jean Rochefort déclarera que c'« est peut-être le film qui m'est le plus cher car je n'ai pas eu à jouer[40] ». Et pour cause, précise-t-il, « je ne me suis nourri que de moi pour jouer ce rôle. Donc c'est l'indécence absolue, c'est l'obscénité. Mais quand on est étayé par le talent d'un récit, par le talent d'un metteur en scène, par un goût du cadrage, par des choix de décors, qu'on cautionne tout, pourquoi est-ce que je ne ferais pas rentrer moi là-dedans ? Aucun détail du film de Cavalier ne me dérange, alors je m'y suis inscrit[41] ». Une constatation entérinée par l'écrivain Claude Roy qui écrira à son propos : « Il ne joue plus la comédie. Il lui suffit d'être un homme[42]. » Ce père de cinéma éveille en outre des réminiscences personnelles chez Rochefort qui laissera échapper à propos de son aînée, Marie : « J'ai une fille avec qui j'entretiens des rapports difficiles[43]… »

Pour avoir décrété que « ce personnage est sans doute le plus proche de ce que je suis[44] » et que « ce qui arrive à Pierre peut arriver à Jean Rochefort[45] », ce dernier accueille donc avec une satisfaction légitime le Prix Louis Delluc 1980 attribué à l'unanimité à *Un étrange voyage*, puis le Prix Saint-Michel d'interprétation masculine du festival de Bruxelles. Mais la carrière commerciale du film est une amère désillusion, malgré une critique qui porte l'acteur aux nues et le qualifie de « petit miracle de sobriété, de justesse, à qui il suffit de plisser un peu un œil, d'ébaucher un sourire, pour faire passer toute l'angoisse, la détresse, ou la tendresse du monde[46] » et loue le « mélange de scepticisme et de désarroi qui se lit dans l'œil de Jean Rochefort, il fait merveille pour nourrir l'étrangeté du personnage[47] ». Las, « le film auquel on croit et que les gens ne vont pas voir fait très mal[48] », avoue Rochefort, « déçu par l'accueil du public qui n'a peut-être pas compris l'intérêt que ce film pouvait avoir[49] ». *Un étrange voyage* reste indissociable d'un autre souvenir inoubliable : c'est pendant son tournage que Nicole Garcia a annoncé à son compagnon être enceinte de ses œuvres. Événement que l'actrice commentera avec un pragmatisme qui lui ressemble : «J'ai eu envie d'avoir un enfant de lui. Quand on est follement amoureuse, on a envie d'un enfant[50]... »

En attendant de devenir père pour la troisième fois, Rochefort assiste à la mi-août au festival équestre de Rotterdam où sont réunies toutes les grandes nations occidentales qui ont boycotté les Jeux olympiques de Moscou. À l'issue de la première manche de cette épreuve de la Coupe des nations de saut d'obstacles (CSIO), c'est le cavalier français Gilles Bertrán de Balanda sur Galoubet qui domine l'épreuve, mais se voit rétrogradé à la huitième place en raison d'une faute dans la seconde manche. Témoin privilégié du drame qui se joue dans ce sous-bois, pour la première fois de sa vie d'« amateur passionné[51] », Jean Rochefort est dans le secret des dieux. En janvier suivant, en présence de Robert Chapatte et Jean Marquet, c'est d'ailleurs à lui que reviendra l'honneur de remettre le Trophée des sports dans la catégorie Espoir à Frédéric Cottier, vingt-six ans, champion de France de saut d'obstacles, qui monte Flambeau depuis un an. «Je l'ai connu tout petit, je l'ai connu cadet, je l'ai connu junior, insiste Rochefort dans son discours. Nous habitons le même coin[52]. » Autre discipline sportive, autre passion : entre-temps, Jean Rochefort a participé au quatrième Tournoi de ping-pong des gentlemen au Stade Pierre de Coubertin et disputé un double aux côtés de Jacques Secrétin avant d'être éliminé par la paire formée par Patrick Birocheau et Eddie Barclay.

Cet hiver-là, Jean Rochefort siège parmi le jury du neuvième festival du film fantastique d'Avoriaz où il croise Michel Audiard, George Cziffra, Charles Aznavour et ses enfants, Fernando Rey, Francis Girod, Daniel Ceccaldi et son camarade Bruno Cremer. Le Grand Prix est décerné à *Elephant Man* de David Lynch, tandis que Rochefort avoue avoir particulièrement apprécié *Le monstre du train* de Roger Spottiswoode : «J'adore avoir peur et je n'ai pas été déçu[53] ! » Il profite de cette pause dans son emploi du temps pour décompresser avant de s'engager dans un nouveau défi.

En ce début 1981, Jean Rochefort revient enfin à la scène après une très longue absence qu'il justifiait en ces termes quelques années plus tôt : « Je ne sais plus quoi jouer, j'attends le coup de foudre pour une pièce. C'est ridicule de jouer de beaux rôles dans de mauvaises pièces. Je m'intéresse plus à ce que je joue qu'à ma façon de jouer[54]. » Le spectacle qui l'a incité à franchir le pas pour cinq soirées est la création en lever de rideau au Théâtre de la Ville de Rennes (puis à la Comédie des Champs-Élysées, à Paris, et au théâtre d'Orléans) d'*Ariane à Naxos*, mis en scène par Françoise Gründ, avec Silvia Monfort. Il s'agit d'un « duo-drame où la déclamation des deux comédiens est soutenue par l'orchestre et entrecoupée d'intermèdes symphoniques[55] » interprétés par quarante-cinq musiciens de l'orchestre de la Ville de Rennes placé sous la direction de John Perras. Son auteur, Georg Anton Benda, est un compositeur oublié dont il est question dans la correspondance de Mozart. « J'ai accepté sur un coup de cœur, déclare Rochefort. Je n'étais pas remonté sur scène depuis dix ans et je voulais sentir à nouveau l'odeur du plateau[56]. » Silvia Monfort se déclare quant à elle « heureuse de mettre une belle robe et de me coiffer et maquiller en maugréant pour, en fin de compte, clamer un texte médiocre que tous trouvent tout à fait intéressant parce que parce que parce que... je le dis avec conviction[57] ».

« J'avais envie de travailler avec Jean Rochefort, explique Silvia Monfort, mais je ne savais pas que la première fois qu'on se rencontrerait sur une scène, ce serait pour chanter ou presque[58]. » En effet, précise son partenaire, « la musique répond au texte et le texte répond à la musique[59] », ce qui implique une discipline très stricte : « Partir au signe et à la baguette du chef, avoir une angoisse épouvantable, parce que, quand on se trompe, on met quarante-cinq personnes dans l'erreur et on a droit au mépris total des instrumentistes[60]. » La critique ne se montre guère charitable envers le comédien, que sa partenaire qualifie affectueusement de « divorcé, futur père et refusant un nouveau mariage[61] ». Un observateur le considère comme « un Thésée à l'air de chien battu[62] », alors qu'un autre décrète qu'il « n'est guère doué pour la tragédie classique[63] ». Fermez le ban !

Profitant de la curiosité suscitée par ce spectacle dont la présentation coïncide avec la sortie d'*Un étrange voyage*, Jean Rochefort débarque sur le plateau d'une émission dominicale animée par Ève Ruggieri avec un pur-sang arabe décrit comme « la merveille des merveilles[64] ». Alors que son vieil ami Philippe de Broca tente de répondre à une question concernant son nouveau film, *Psy*, il est importuné par les bruits du cheval de l'acteur qui doit être évacué temporairement. Rochefort se lance alors dans un vibrant plaidoyer en faveur de la plus belle conquête de l'homme et dénonce certaines pratiques abusives dont la consommation de sa viande qu'il réprouve. Autre apparition télévisuelle, un rien plus saugrenue : l'émission de variétés *Numéro Un* consacrée à Eddy Mitchell (« je suis un de ses fans inconditionnels depuis les Chaussettes noires, explique-t-il, nous entretenons épisodiquement des relations téléphoniques et gastronomiques[65] ») où, accompagné de musiciens, il interprète *Be bop a Lula* dans un décor de saloon américain. « Ils m'ont donné la chanson cinq minutes avant. J'ai trouvé que c'était une expérience amusante[66]. » Retrouvailles quelques mois plus tard, un torchon sur l'épaule, en barman qui soliloque sur « la jeunesse d'aujourd'hui » et sert un verre au *Poor Lonesome Cow-boy* Lucky Luke, dans l'émission de variétés *Le petit Mitchell illustré* diffusée pour les fêtes de fin d'année.

Les carrières se construisent autant sur les choix que sur les opportunités et même les rendez-vous manqués. Mehdi El Glaoui, qui prépare son premier court métrage, *Première classe*, sollicite tout naturellement Jean Rochefort qu'il a rencontré sur le plateau de *Courage fuyons*. « Dans mon esprit, explique l'aspirant réalisateur, il est l'acteur idéal pour donner de la noblesse à la lâcheté du personnage principal. (...) J'appelle mon ami Jean qui, après les amabilités d'usage, me dit tout de go : *Tu sais, mon grand, je ne fais pas de courts métrages.* (...) J'ai un statut, j'ai une cote, mon grand, je fais des longs métrages. Si je travaille gratuitement, je me déprécie[67]. » Dont acte ! Mehdi engagera finalement à sa place André Dussollier, aux côtés de Francis Huster et du mannequin vedette Beth Todd. Entre-temps, trois années se seront écoulées...

« Aujourd'hui je me réalise, déclare Rochefort. J'ai désormais une apparence tranquille, je vis avec une angoisse absolue en moi. Je me sens bien[68]. » C'est bardé de cette ironie à double tranchant qu'il part pour la région de Munich, en Allemagne, en plein hiver, afin d'y rejoindre l'équipe d'*Il faut tuer Birgitt Haas* de Laurent Heynemann, lequel a engagé comme assistante Frédérique Noiret, dont les parents, Philippe Noiret et Monique Chaumette, jouent également dans ce film d'espionnage tiré d'un roman de l'ex-critique de cinéma Guy Teisseire. Une véritable affaire de famille pour Rochefort, qui apprécie que son ami reste volontiers sur le plateau pour regarder tourner des plans dans lesquels il ne figure pas. « On s'aiguille l'un l'autre par nos répliques[69] ». Une complicité dont le metteur en scène sait jouer pour les avoir vus à l'œuvre en tant qu'assistant de Bertrand Tavernier sur *L'horloger de Saint-Paul*, lui qui affirme vouloir « faire un film dans une atmosphère à la Graham Greene sur ce monde du renseignement qui me fascine[70] ». Rochefort abonde dans son sens : « Le *polar*, c'est un matériau idéal ! Ça laisse place au délire, au rêve, à l'évasion[71] ». Pour s'approprier cet énigmatique Charles-Philippe Bauman qu'il incarne, il puise en lui-même, car, avoue-t-il, « moi aussi je suis vulnérable, angoissé, moi aussi j'ai mes fantasmes personnels[72] ».

Jean Rochefort n'hésite pas à se mettre en condition de façon parfois extrême, comme l'atteste le dénouement du film où un avion est supposé venir chercher sur un lac gelé le personnage campé par Philippe Noiret. « C'était le petit matin, il faisait moins dix-huit degrés. J'ai décidé de ne pas mettre de manteau pour avoir l'air vraiment lamentable. Des choses comme ça aident beaucoup. Si vous avez aussi froid que le personnage que vous jouez, vous ressentez plus facilement ses sentiments. Je suis très fier de ma silhouette quand je m'éloigne sur le lac[73]. » Selon lui, « cette scène finale m'a serré la gorge, car je pense que notre amitié et notre complicité nous ont rendus meilleurs. Dans ce métier, quand on se sent de la même école, comme un peintre ou un musicien, il y a quelque chose qui devient ferme dans nos rapports. Moi, je ne crois à rien, sinon à l'humus[74] ». Selon sa fille, dont la fonction ingrate consiste notamment à veiller au grain, Philippe Noiret gardera quant à lui un souvenir plus personnel de cette nouvelle aventure commune. « Les fugues de son copain Rochefort, elles, l'avaient beaucoup amusé, raconte-t-elle : à Munich, il s'est piqué d'aller visiter le zoo quelques heures avant de tourner. Il s'est égaré quelque part entre les tamanoirs et les bonobos et nous a fait perdre une demi-journée ! Après cette bonne blague, je le faisais surveiller à la sortie de l'hôtel par un stagiaire[75]. » Le comédien répond pourtant là à une injonction pressante. « L'étude, pour les gens de ma profession, des animaux et de leur comportement est une chose très enrichissante[76] », affirme-t-il. Verdict de la critique à propos de sa composition : « Jean Rochefort, si juste dans ses désarrois, ses colères, ses élans, ses timidités voilées d'humour[77] », mais aussi « toujours subtil dans les demi-teintes, l'amertume, le désarroi, la tendresse blessée[78] », bref, « celui par qui le film dépasse ce que l'on pouvait en attendre[79] ».

Au lendemain de cette aventure, Jean Rochefort assiste au quarante-et-unième Gala de l'Union des Artistes en compagnie de Nicole Garcia sous le chapiteau du cirque Jean Richard installé à l'hippodrome de Longchamp et sous la présidence de Georges Lautner. Assis au premier rang, il arbore smoking, nœud papillon et grandes lunettes. Il ne craint plus de se montrer en public avec la future mère dont le ventre s'est singulièrement arrondi et s'accommode des mondanités inhérentes à la célébrité. En cette année électorale, Rochefort vient aussi assister en voisin à la réception donnée à l'occasion de la Légion d'honneur de l'abbé Chastel, curé du groupement paroissial décoré par Valéry Giscard d'Estaing à la mairie de Poigny-la-Forêt, où le président a assisté à plusieurs reprises à la messe célébrée en l'église Saint-Pierre, lors de ses séjours au château de Rambouillet. « Ce que j'aime en France, c'est qu'une opposition, quelle qu'elle soit, existe. C'est quelque chose qui me rassure et me sécurise[80] », déclare Rochefort qui aime à se définir politiquement comme « un homme pastel, un homme d'eaux troubles, je n'ai pas de couleur franche. Aussi bien dans ma manière de jouer la comédie que dans ma vie d'individu[81] ».

Le 22 avril 1981, Nicole Garcia donne naissance au deuxième fils de Jean Rochefort, Pierre, qui pèse trois kilos six cent cinquante et doit son prénom à la mémoire de Pierre Besson. Bien que le divorce de son compagnon avec sa deuxième épouse soit prononcé officiellement une dizaine de jours plus tard, il n'est pas question pour autant que la comédienne se laisse passer la bague au doigt. « Le mariage ne m'intéresse pas, affirme-t-elle. Je le trouve d'une théâtralité un peu inutile. Le mariage n'a pas grand-chose à voir avec une histoire d'amour. C'est une manière de se rassurer dont j'aime mieux me passer. C'est une manière de se faire croire que les choses vont durer[82]. » Cette femme moderne revendique son indépendance en ces termes : « Je ne veux pas former une famille traditionnelle, papa, maman, bébé. Changer de vie parce qu'on a un enfant, c'est aussi regrettable que de rester ensemble à cause de l'enfant quand on ne s'entend pas[83]. » Mais elle n'est pas dupe : « Jean aime la nature, les chevaux. Il habite la campagne. Je suis une vraie citadine. J'habite Paris. Chacun son territoire. Pour nous, c'est la façon de vivre la plus harmonieuse, sans asphyxie. (...) Je l'accompagne sur ses films. Il vient me rejoindre sur les miens. Nous avons mis en commun nos histoires séparées[84]. »

Le principe de réalité se révèle malgré tout le plus fort quand, moins de trois semaines plus tard, Nicole Garcia est supposée aller présenter au Festival de Cannes *Beau-père* de Bertrand Blier et *Les uns et les autres* de Claude Lelouch, deux films événements de la sélection française. De Pierre, elle va jusqu'à dire que « c'est l'enfant de la trentaine épanouie. Je suis plus sereine. J'ai plus de temps à lui consacrer[85] ». Le fait est que l'actrice vit alors dans un duplex très ensoleillé qui est peint tout en blanc, tapissé de moquette et jonché de poufs et de coussins. L'unique fauteuil trône entre deux fenêtres. Son salon possède une cheminée où elle fait du feu et un escalier en colimaçon permet d'accéder à une chambre qui lui sert aussi d'atelier. Dès lors, pas étonnant que Jean Rochefort juge inconfortable la place qu'il occupe vis-à-vis de son deuxième fils : « Pierre ? Il m'arrive de l'oublier. Lorsque je vais à Paris, j'y vais pour voir Nicole, pour la voir, elle. Et ce n'est qu'en passant la porte que, soudain, j'entends un vagissement et je me dis : *Merde ! Pierre !* (...) J'ai eu beaucoup de mal à l'accepter. Je ne pense pas qu'à mon plaisir... mais pour mes deux autres enfants j'avais essayé d'être présent totalement. Et je suis angoissé à l'idée de ne pas pouvoir assumer Pierre complètement[86]. » Cet été-là, comme des millions de Français, Jean Rochefort s'accorde un mois de vacances en août, un repos bien mérité dont l'entretien de ses chevaux et ses obligations professionnelles l'ont privé depuis... 1968. « Quand je peux, en toute quiétude (ce qui n'est pas fréquent), prendre un, deux ou même trois mois d'inactivité totale, rien ne me fait plus plaisir[87] ! » déclare-t-il.

Toujours titillé par l'envie de s'impliquer davantage dans le processus de la création cinématographique, Jean Rochefort travaille depuis plusieurs mois avec Philippe Madral sur *L'odyssée de la révolte*, que devrait réaliser Pierre Lary, avec qui il a déjà tourné *Le diable dans la boîte*. L'acteur doit y incarner un célèbre présentateur de télévision qui se révolte publiquement contre la peine de mort. Mais les événements en décident autrement et, à la fin de l'été, Robert Badinter ayant fait voter l'abolition, son projet devient caduc et lui fait dire qu'« il faut que nous le réécrivions[88] ». Le réalisateur y renoncera finalement au profit d'une comédie intitulée *La revanche*. Quant à Rochefort, il est catégorique : « Ce qui m'intéresse maintenant, c'est de faire se rencontrer des gens ou de participer modestement à l'écriture d'un scénario[89]. » Lui qui ne s'est jamais résolu à devenir producteur, au contraire de la plupart de ses confrères parvenus à un niveau comparable de notoriété, aspire à s'impliquer davantage dans le processus créatif. « Il ne suffit plus d'utiliser nos vieilles recettes d'artiste chevronné[90] », affirme-t-il, comme pour étayer sa position. « Ce qui est merveilleux, c'est qu'à cinquante ans, on a moins honte de ses erreurs. On n'est pas gêné de s'être trompé et on va dans le sens de ses goûts[91]... »

Peut-être parce qu'il est devenu père une nouvelle fois, certainement parce qu'il goûte à une forme de liberté inédite en partageant la vie d'une femme dont il ignore le quotidien, Jean Rochefort a besoin de se rassurer. « La cinquantaine est intéressante, décrète-t-il, parce que d'une part, on a encore une disponibilité physiologique tout à fait bonne, extrêmement fiable, on est en pleine possession de ses moyens ; et d'autre part, on a vécu des choses... La difficulté, c'est de ne pas se scléroser, au sens figuré du terme[92]. » En effet, « le malaise qu'il peut y avoir dans ces personnages que j'interprète correspond intimement à ce que je ressens comme majeur que je suis, mais ça n'était pas définitif. Ça n'était pas comme ça avant et ça ne sera plus comme ça dans quelques mois. C'est juste un passage de ma vie[93] ». En fait, sa nouvelle liberté lui pèse et il l'assume : « Un homme qui, à cinquante ans, décide de se "désamarrer" devient très vulnérable[94]. »

Rochefort a beau avoir fait repeindre les murs de sa maison en blanc et disposé quelques meubles achetés chez Habitat, c'est lui qui l'affirme, « pour vivre ici, il faut une véritable motivation, sinon à long terme c'est la dépression nerveuse[95] ». Il se réfugie donc dans la discipline rigoureuse que lui impose l'entretien quotidien des quatre chevaux et trois poulains qui peuplent ses écuries. Mais, là encore, rien n'est simple. « Je vais peut-être devoir réduire mon effectif de chevaux pour des raisons financières et de temps[96] », explique-t-il, tout en s'accrochant au fait que Julien, son fils aîné, dix-sept ans, monte certains chevaux en concours en qualité d'international junior. Du coup, le comédien devient « palefrenier, entraîneur et chauffeur pendant les week-ends[97] », afin de l'accompagner et de l'encourager. Mais il n'est pas peu fier d'avoir suscité en lui cette vocation. Côté sport, Rochefort père pratique toujours avec passion le ping-pong. Après une courte semaine d'entraînement, le comédien s'aligne d'ailleurs parmi la centaine de vedettes qui participent au cinquième Tournoi de tennis de table des Gentlemen au stade Pierre de Coubertin, disputé au profit de l'Association pour le développement de la recherche sur le cancer.

« C'est le grand salaud qui arbore une sorte de grandeur dans l'ignominie[98]. » Ainsi le réalisateur Francis Girod décrit-il Charles-Henri Rossi, l'aventurier dépourvu de scrupules qu'incarne Jean Rochefort dans *Le grand frère*. Ce film est l'adaptation du roman *Ready for the Tiger* (1964), le numéro 1001 de la Série Noire, écrit par Sam Ross, un romancier mis sur la Liste noire du maccarthysme. René Clément a déjà envisagé de le porter à l'écran avec Alain Delon, une vingtaine d'années plus tôt. Selon Rochefort, « tous mes vieux fantasmes sont ressortis et je me suis dit que c'était un beau cadeau d'enfance que je pouvais m'offrir, en me baladant avec Depardieu dans la jungle africaine, armé d'un fusil-mitrailleur[99] ! » Selon le réalisateur, ce dernier s'est déclaré quant à lui « ravi d'avoir Rochefort en face de lui, parce qu'effectivement Rochefort a un jeu subtil, délicat, intelligent et là, à Marseille, ça m'a amusé d'en faire un patron d'équipe de foot, de montrer que le foot était le nouvel opium du peuple et que, à la limite, on se faisait plus élire sur le foot que sur des idées politiques[100] ». Francis Girod et son scénariste, l'ex-critique de cinéma Michel Grisolia, se font également plaisir en plaçant dans la bouche de Jean Rochefort, au moment de son agonie, «Je suis une ordure qui crève... Adieu... et merci», des derniers mots inspirés par la mort de Jules Berry dans *Le jour se lève* (1939) de Julien Duvivier. Un régal pour l'acteur qui tutoie ainsi par procuration ce classique impérissable.

23

La confusion des sentiments

«J'ai envie de refaire de la scène. Seulement je ne sais plus quoi jouer : je ne suis pas un acteur de boulevard et je ne tiens pas à faire du théâtre de *laboratoire.* Alors, je cherche un auteur[1].» Ainsi Jean Rochefort s'exprimait-il à l'automne 1979, en circonscrivant son domaine de prédilection. Pas question non plus, pour lui, «de reprendre tel ou tel rôle du répertoire[2]». Le dramaturge de ses rêves, le comédien va en fait le rencontrer dans des circonstances d'une renversante banalité. «Dans un café, un jeune homme m'a abordé pour me raconter que son frère était comédien et désespéré parce qu'il ne perçait pas. Je lui ai donné mes coordonnées[3].» Hasard ou coïncidence, il croise l'acteur en question, un certain Erik Naggar, sur le plateau d'*Il faut tuer Birgitt Haas* de Laurent Heynemann dans lequel cet ancien lauréat du Cours Simon a réussi à décrocher un petit rôle : «Il allait beaucoup mieux, se souvient Rochefort, et m'a annoncé qu'il avait écrit une pièce. J'ai demandé à voir[4]...»

L'ébauche le séduit. «Je ne l'ai plus lâché, le forçant à écrire, corriger, remanier. Il y montre un talent exceptionnel. Alors, comme c'était une première pièce, j'ai pensé qu'il serait aussi bien que je fasse là ma première mise en scène[5].» Échaudé par plusieurs expériences qui lui ont laissé un goût amer, Rochefort avait évoqué quelques années plus tôt ce passage à l'acte : «Il y a longtemps que je souhaite y élargir mon activité au-delà de mes rôles. Et aussi parce que, en vingt ans de théâtre, je suis rarement arrivé à être d'accord avec un metteur en scène[6].» Son grief principal : «Oublier le respect qu'on doit à une œuvre et aux acteurs qui en sont les éléments essentiels, c'est exactement contraire à l'esprit du théâtre[7]. » Avec le temps, Rochefort a tout de même corrigé le tir, en essayant de positiver : « Si je fais de la mise en scène un jour, ce ne sera pas parce que le métier d'acteur ne me suffit pas et que je ne me sens pas assez responsable, mais parce que mettre en scène me captiverait[8]. » Au point d'adopter la posture du passeur et de déclarer : « Je n'aime le théâtre que si je trouve une œuvre à faire connaître à mes contemporains[9]. » Or, pour lui, il est capital, « que cette pièce soit connue et que ce garçon brûle les étapes et ne perde pas de temps pour ensuite écrire d'autres pièces[10] ».

Avec *L'étrangleur s'excite* d'Erik Naggar, il semble que Jean Rochefort ait déniché l'oiseau rare : « C'est un Marx Brothers qui aurait fait l'ENA, explique-t-il. Quand je l'ai vu chez moi pour la première fois, j'ai été frappé dans son physique et dans son apparence par cette dualité[11]. » Il détecte aussi en lui des connivences avec sa propre vision du monde. « Il me touche beaucoup. Son univers hyperréaliste me correspond. Cela m'a permis de montrer ce que tous les deux nous voyons intérieurement[12]. » Qui plus est, l'enjeu de sa pièce est limpide : « C'est l'histoire des rapports de quatre personnes, une nuit orageuse, dans un pays où il fait chaud la nuit. Il se sera passé plein de choses époustouflantes, cocasses et dérangeantes[13]. » Rochefort ne tarit pas d'éloges sur ce jeune auteur qu'il va jusqu'à comparer à Samuel Beckett et dont il affirme qu'« il sait se servir de verres grossissants[14] », tout en louant « une pièce de sensation d'une construction diabolique, développée dans un ton où domine l'humour[15] » et « cette manière qui lui appartient, et lui appartient à lui seul, de dissimuler des abysses que nous rencontrons tous[16] ». L'enthousiasme de Rochefort s'avère plutôt communicatif et, comme il se plaît à le souligner, « nous avons opéré par coup de foudre : Daniel Darès *[le mari d'Helena Bossis]*, qui nous avait produits dans les Pinter et dans *La prochaine fois je vous le chanterai*, nous a donné un coup de pouce[17] ». C'est en effet cet homme d'influence qui offre à Jean Rochefort de signer sa première mise en scène au Théâtre des Arts-Hébertot.

Reste encore à établir la distribution. Fidèle en amitié, Rochefort, que ses nouvelles fonctions de metteur en scène accaparent à plein temps, engage sans hésiter son ami Jean-Pierre Marielle, « d'abord parce que ça me rassurait et puis aussi parce que ça nous avait permis de monter cette pièce qui, pour un théâtre privé, pouvait sembler à juste titre une expérience pour le moins baroque[18] ». Il sait en outre pouvoir lui accorder une confiance absolue : « Je lui ai simplement conseillé d'agir comme s'il était seul le soir chez lui. Le résultat a dépassé mes espérances. Il est même arrivé à me surprendre[19]. » Face à cet acteur chevronné, qui est comme un autre lui-même et compare pour sa part volontiers Erik Naggar à Jacques Prévert, Rochefort porte son choix sur Richard Anconina, alors en pleine ascension, parce qu'« il a la fragilité nécessaire au personnage[20] ».

Avec l'accord de la direction du théâtre, Rochefort et Marielle s'opposent à ce qu'on diffuse des extraits de la pièce à la télévision, décision d'autant plus paradoxale qu'Antenne 2 coproduit le spectacle. « Très souvent, explique Marielle, quand on voit des extraits, les gens sont tellement pressés, avec les journaux, les magazines, la télévision, qu'ils parlent de la pièce comme s'ils l'avaient vue. (...) Par contre, on peut se tromper et que ça se retourne complètement contre vous et que ça ne donne pas du tout envie aux gens de se déranger[21]. » Le soir de la première, Rochefort est dans ses petits souliers et dresse ce constat : « Alors que rien n'est fait, tout est à améliorer encore[22]. » Il n'en aura toutefois pas vraiment l'occasion, car, relate-t-il, « ce fut un échec et nous nous sommes fait engueuler par la presse[23] ». Et ce n'est pas la captation télévisée réalisée par Alexandre Tarta et diffusée six mois plus tard dans le cadre de l'émission *Emmenez-moi au théâtre* qui corrigera le tir. On lit à son propos dans *Télé-Poche* : « N'espérez pas vous étrangler de rire, avec cette pièce qui n'excite réellement que les comédiens[24]. » Qui plus est, « pour sa première mise en scène, Jean Rochefort a eu la (mauvaise) idée de plaquer entre ces répliques des rires enregistrés[25] ». Un procès d'intention car le metteur en scène n'y est pour rien et que cette douloureuse aventure appartient désormais au passé.

Le 27 février 1982, au cours de la septième Nuit des César, Jean Rochefort est chargé de remettre deux trophées d'honneur aux producteurs Alexandre Mnouchkine et Georges Dancigers, en présence des réalisateurs Christian-Jaque, Philippe de Broca, Claude Lelouch, Édouard Molinaro, Claude Pinoteau, Alain Resnais, Bertrand Blier, Claude Miller et Georges Lautner. Il profite pour cela d'une pause dans le plan de travail du deuxième film qu'il tourne sous la direction de Pierre Lary, *L'indiscrétion*, « une tragédie sur une anecdote[26] » dont il déclare que « l'histoire est extraordinaire, passionnante, à la limite du fantastique et du film d'espionnage[27] », tout en soulignant « que l'exceptionnel peut toujours se produire d'un moment à l'autre[28] ». D'autant plus que Jean Rochefort y a à nouveau pour partenaire Jean-Pierre Marielle dont il dit qu'il le « fréquente depuis suffisamment longtemps pour être un double possible et plausible[29] ». Le scénario laisse toutefois aux deux comédiens une fâcheuse impression d'inachevé : « Marielle et moi rêvions d'une action et d'une fin plus musclées qui se prolongeraient vers le fantastique et la violence[30] », explique Rochefort. En cause, « le dernier quart d'heure. L'intrigue se dénoue mal[31] ». Et puis, aussi, un malentendu qui lui colle à la peau : « Au cinéma, je dois en permanence m'émasculer, me rendre plus tendre et plus fragile que je ne le suis en réalité. J'en ai assez de cette image surfaite[32]. » Malgré cette désillusion et le souvenir de « quatre jours au large des côtes de Norvège sur des pontons métalliques battus par le vent et les vagues[33] », Jean Rochefort remportera grâce à ce rôle le Prix d'interprétation masculine au festival des films du monde de Montréal 1982.

Au moment où Julien passe son baccalauréat, son père renoue avec cette sale habitude qui consiste à ne pas prendre de vacances et enregistre un disque comprenant deux contes destinés aux enfants de huit à seize ans, « des histoires tendres mais pas mièvres[34] », prend-il soin de préciser en tirant des plans sur la comète : « L'année prochaine, mon dernier fils *[Pierre]* aura deux ans et je m'arrêterai un peu. Pour profiter de lui. Ce sera plus important pour moi que pour lui[35]... » Il ne semble pas nourrir beaucoup d'illusions sur cette paternité en pointillés et, comme pour se dédouaner, affirme que « s'il fallait élever un enfant tous les jours et vingt-quatre heures sur vingt-quatre, ce serait peut-être insupportable, à cinquante ans. En revanche si c'est fait avec un peu plus de distance et de recul, c'est vraiment délicieux. Je crois qu'on a beaucoup plus d'indulgence et d'ouverture vis-à-vis d'un bébé, à mon âge[36]... » Rochefort s'exprime d'ailleurs très librement à ce sujet : « Je m'occuperai peu de mon fils tant qu'il ne sera pas en âge de porter des culottes de cheval[37]. » Et comme s'il lui fallait trouver une justification, il ajoute : « Je suis un adolescent rescapé. Beaucoup plus jeune dans ma cinquantaine florissante qu'à vingt-cinq ans[38] ! » Sa frénésie de travailler correspond toutefois à un profond malaise et à de multiples questionnements. Non seulement son échec au théâtre l'a blessé, mais les rôles qu'on lui propose au cinéma semblent eux aussi moins captivants. Il hasarde à ce propos une théorie un peu fumeuse : « Je suis complètement neurasthénique. Et c'est normal, car on ne peut pas faire ce métier si l'on est bien dans sa peau et si l'on est heureux[39]. » Et comme si cela ne suffisait pas, il explique qu'« un vrai bon acteur joue parce que c'est la seule thérapie de son angoisse. Ceux pour qui ce n'est pas la mort de monter sur scène font une toute petite carrière[40] ». Un psychologue discernerait entre ces lignes les stigmates de la dépression qui le ronge.

C'est dans cet état d'esprit que Jean Rochefort retrouve son camarade Victor Lanoux sur le plateau d'*Un dimanche de flics* de Michel Vianey, un polar dont son réalisateur dit qu'il met en scène « deux types qui n'ont pas envie de mourir dans leur lit[41] », comme en écho au titre français du roman d'Andrew Coburn dont il s'inspire, *Personne ne devrait mourir comme ça.* Rochefort y campe un commissaire de police « trouble, violent et incisif[42] » dont il explique que c'est « une ordure qui confie sa femme et sa fille de treize ans à son meilleur copain, organise un hold-up pour aller vivre, à cinquante ans, une folle passion avec une cover-girl de vingt ans[43] », tout en précisant : « J'aime bien cette démarche volontairement suicidaire. Cet homme qui ne supporte ni la déchéance ni la solitude et qui va donc préférer... la mort[44]. » Une crapule qui tranche avec les emplois habituels du comédien et lui permet de broyer du noir par rôle interposé. Alors il s'attache à « trouver comment s'habille, mange et vit le personnage. Après, c'est plus facile de s'occuper de ce qu'il pense[45] ». Une méthode saluée par la critique qui goûte moins le film que son interprète « tiraillé par mille désirs, mais tout en finesse[46] », et apprécie que « Jean Rochefort, spécialiste des rôles pleins d'humour, montre ici une inquiétude et même une sorte de désespoir suicidaire[47] ».

Un changement de cadre constitue parfois le plus radical des remèdes. Alors, en novembre 1982, Jean Rochefort s'installe dans la ferme des Grandes Piffaudières, une ancienne léproserie du Moyen Âge, à Raizeux, dans les Yvelines, « juchée sur un plateau de la proche province avec forêts aux alentours, cour carrée et mare à canards[48] ». Cette propriété, il la loue à un couple d'architectes français installés aux États-Unis qui l'ont restructurée et ont « transformé l'intérieur en home moderne : murs blancs, grands espaces et meubles rares[49] ». Le réalisateur Pierre Granier-Deferre, qui lui rend visite pour lui proposer un rôle dans *L'ami de Vincent*, est saisi par l'allure spartiate de son intérieur et déclare avoir « eu le vertige face à ses pièces vides. Il a peu d'objets, de livres, de cassettes. Il enfouit ses souvenirs dans ses placards en prétextant qu'*il y a suffisamment de fantômes sur la pellicule*[50] ».

Comme les boxes sont encore en cours de construction et qu'il fait aménager une carrière pour y entraîner ses chevaux, Rochefort laisse ses bêtes de concours en résidence temporaire chez Jean-Maurice Bonneau qui les monte. Un employé s'en occupe à temps plein. Rochefort a trouvé un nouveau complice en Bonneau, qui n'a alors que vingt-trois ans, et il lui demande régulièrement de l'accompagner dans les concours internationaux. C'est le cas cette année-là à Dublin où se déroulent les championnats du monde de saut d'obstacles. «Je m'y revois, dans les tribunes, se souvient Bonneau, lui, la main posée sur mon épaule : *Tu sais, on y sera un jour*[51] *!*» Car si 1982 n'est pas une année très faste pour le comédien, l'éleveur, lui, a plutôt de quoi se réjouir, malgré ce dilemme qui le ronge : «Je ne peux pas redevenir ce que j'ai été : un cavalier-acteur, à présent il faut que je sois un acteur qui monte à cheval. Je ne peux pas me laisser trop dévorer par mes chevaux[52]. » Il l'admet enfin : «Je crois que ma carrière en a quand même subi quelques conséquences il y a plusieurs années. J'avais beaucoup de mal à me concentrer sur mon travail[53]. »

Aux dires du maire de Raizeux, Jean-Pierre Zannier, l'acteur fraie avec la vingtaine d'habitants que compte le hameau des Piffaudières et sacrifie aux traditions locales : « Chaque année une famille invitait les autres pour le nouvel an, témoigne-t-il, et Rochefort venait prendre le champagne avec nous. Il menait une vie assez rythmée. Soit il tournait un film et il disparaissait pendant un mois et demi ou deux mois, soit il jouait au théâtre et il revenait toutes les nuits et il me disait : *Quand je rentre à quatre heures du matin, avant de me coucher, je vais voir tous mes chevaux et je leur fais une caresse*[54]. » Il aime également se promener en forêt avec ses chiens et reçoit régulièrement des amis de son cercle le plus intime dont l'acteur suisse Jean-Luc Bideau. Dans un premier temps, rapporte Zannier, « il était seul et il avait ses deux enfants qui ont vécu un moment avec lui à la ferme[55] ». Mais ses relations avec Marie et Julien s'avèrent parfois difficiles. Et puis, en s'isolant dans ce nouveau fief, Rochefort a adopté des habitudes de vieux garçon. « À l'époque, se souvient Zannier, il y avait un restaurant assez coté à Raizeux qui s'appelait la Maison des Champs dont la cuisinière était une dame plutôt âgée. Rochefort y avait sa table pour une personne qui lui était réservée en permanence[56]. » Une atmosphère intime qui flatte son goût de la solitude.

Côté tournages, ce n'est qu'au printemps 1983 que Rochefort retrouve l'atmosphère d'un plateau, celui de *L'ami de Vincent* de Pierre Granier-Deferre. Le rôle titre en est tenu par Philippe Noiret, et celui de Vincent Lamar, trompettiste (une gageure pour l'acteur qui aurait rêvé d'être Miles Davis), « un homme qui a un passé assez dérangeant et a priori pas très *sympathique*[57] », par Jean Rochefort dont son réalisateur affirme que « c'est un séducteur sournois qui a l'air de se foutre de tout[58] ». Les deux compères incarnent en fait des amis d'enfance. « J'ai adoré ce personnage trouble, insupportable, mais si attendrissant[59] », dit Rochefort qui trouve en lui de quoi exprimer son spleen. C'est la deuxième adaptation par le réalisateur d'un roman de Jean-Marc Roberts, écrivain dont les propos sévères tenus huit ans plus tôt revêtent a posteriori une saveur particulière. « Un homme comme Jean Rochefort est un grand acteur, déclarait-il alors. Il commence à avoir un peu sa chance en France, mais le danger, c'est le danger de Philippe Noiret, c'est que ces gens se mettent à faire du Philippe Noiret, comme Jean Rochefort va se mettre à faire du Jean Rochefort[60]. »

L'écriture du scénario de *L'ami de Vincent* a nécessité un an de labeur. En effet, à en croire Jean-Marc Roberts, « nous étions, Pierre Granier-Deferre, Christopher Frank et moi-même, d'accord pour estimer que le roman tel qu'il se présentait était inadaptable. (...) J'ai admis qu'il fallait trahir le roman pour arriver à sortir un scénario et à en faire un film. J'ai proposé diverses solutions en changeant l'âge des principaux personnages, les décors et une partie de l'histoire[61] ». Pour Rochefort, la désillusion ne viendra pas immédiatement, car, dit-il, « le scénario m'avait énormément intéressé. Il sortait du cadre classique[62] ». En effet, selon lui, « le climat était à la limite du fantastique et du naturalisme, un genre mal accepté en France. Il aurait été signé par un étranger, on l'aurait sans doute beaucoup plus apprécié[63] ».

Du tournage de *L'ami de Vincent*, Philippe Noiret affirme qu'il n'a pas été du tout conforme à l'attente des uns et des autres. En effet, écrit-il, « Granier, Rochefort et moi, végétions tous trois dans l'antichambre de la déprime, si ce n'est dans la déprime elle-même. Le film manquait donc de légèreté, d'entrain[64] ». À l'heure du thé, les trois quinquagénaires communient dans un rituel immuable, en absorbant avec leur breuvage des demi-cachets de Tranxène, de Lexomil ou de Témesta. Comme pour justifier la morosité ambiante, Rochefort soutient qu'« il y avait quelque chose d'un peu maléfique dans le tournage[65] », tout en maintenant que « c'est un style de personnage que j'affectionne particulièrement. J'aime donner une humanité et une profondeur à ces rôles antipathiques. Mais celui-ci a été un peu édulcoré. Au départ, il était beaucoup plus noir que cela[66] ». C'est-à-dire parfaitement raccord avec le costume banal qu'il arbore à l'écran, lequel est rehaussé d'« une grande écharpe rouge, symbole non de sang, mais de sa sexualité permanente, désastreuse et sournoise[67] ». Cet artifice vestimentaire constitue pour lui un véritable déclencheur qui renvoie à l'un de ses illustres aînés, Jules Berry. « Elle le cache et le fait flamboyer, soutient Rochefort. Ainsi Vincent est-il un homme toujours au plaisir. Dans la vie, je pense que je le rejetterais. Mais à l'écran, je me fais un plaisir, un devoir de composer au mieux chacune de ses facettes. Mon austérité celte me permet d'avoir une certaine invention dans le trouble, le louche, l'égout de la conscience[68]. »

Considéré comme l'un des meilleurs directeurs d'acteurs du cinéma français, Pierre Granier-Deferre s'en remet à ses interprètes pour faire la différence et il est payé de retour, car, ainsi que le souligne Jean Rochefort, « entre nous, la complicité est telle que nous pouvions tourner certaines scènes sans répétition en une seule prise[69] ». Pourtant, malgré ces automatismes rodés de longue date, le réalisateur constate qu'« alors qu'ils se connaissent bien, Rochefort surprend souvent Noiret[70] », lequel admet qu'« en vieillissant, j'ai un petit peu moins de curiosité et, en revanche, je me sens de mieux en mieux avec les gens que je connais, que j'aime et que j'estime[71] ». Ce qui lui permet d'affirmer dans ce contexte : « Je suis très client de Jean. J'aime tellement ce qu'il fait que je me régalais rien qu'à le voir jouer[72] ! » Maigre consolation. La critique n'apprécie que très modérément les retrouvailles du tandem : « Ce n'est probablement pas la faute du film, mais ce couple cinématographique paraît aujourd'hui trop évident, trop usé. On l'a trop vu. Il ne crée plus la surprise[73] ».

« J'ai très peur de m'ennuyer, dans la vie et sur les plateaux[74] », déclare Jean Rochefort, décidément bien peu guilleret, au sortir du tournage de *L'ami de Vincent.* Comme si ses repères étaient en train de changer et que le cinéma n'exerçait plus la même magie sur lui. En filigrane affleure une préoccupation de plus en plus prégnante : « La vieillesse est quelque chose qui m'inquiète. J'aimerais mourir vite et dehors[75]. » Alors, pour chasser ses idées noires, le comédien se résout à tenter une nouvelle expérience, quitte à renier sa théorie selon laquelle « le poste de télévision n'est pas un appareil intéressant[76] ». Le grand écran ne lui donnant plus satisfaction, il se tourne vers le petit. Le prétexte lui en est fourni par *Le scénario défendu* que réalise Michel Mitrani. Jean Rochefort y incarne un directeur de chaîne chargé de la fiction qui se retrouve aux prises avec les services secrets. Nouvelle déconvenue, ce téléfilm ne donnera jamais lieu à la série dont il était le pilote, évitant ainsi à son interprète de se retrouver pris en otage par les téléspectateurs, car, il le subodore, « ils s'habituent et nous ne devenons plus rien d'autre que des objets ménagers[77] ».

Jean Rochefort cultive soigneusement son image de *gentleman farmer* pour la galerie. Sans être une icône de mode, il assume une certaine coquetterie, fait couper ses pantalons de velours chez Marcel Lassance, le couturier en vogue, et arbore des boots d'une petite boutique du boulevard Saint-Germain. Il lui arrive aussi parfois de porter ses costumes de scène à la ville. Il voue une passion exclusive à l'after-shave de Roger & Gallet depuis trente ans, mais ne met jamais de parfum. Dès qu'il en a l'occasion, il se réfugie dans sa nouvelle demeure où le rejoignent Nicole Garcia et le petit Pierre. « Je ne suis pas un séducteur, affirme-t-il péremptoire. Je ne suis pas mené par mes glandes. Quand j'aime une femme, c'est pour ses qualités, pas seulement pour sa façon de faire l'amour[78]. » Faute de vivre en couple avec sa compagne, ils s'appellent fréquemment. « Quand je lui téléphone, confie-t-elle, j'ai l'impression qu'il est mon père[79]. » Lui se défend mollement de jouer les pygmalions en se targuant d'avoir « été très utile à Nicole. Je lui ai appris plein de choses. Les plus banales, les plus délicieusement stupides, qui sont, en fait, essentielles à mes yeux[80] ». Bien qu'il revendique « un sédentarisme effrayant[81] », il prétend assumer cette situation qu'il subit et avance pour se rassurer que « quand on vit séparés, c'est souvent parce que l'on sait que le quotidien sous un même toit serait impossible. Alors on le fuit[82] ! »

Sa maison se trouvant à proximité de la propriété d'Yves Robert et Danièle Delorme, La Guéville, Jean Rochefort s'y rend régulièrement pour piquer une tête dans leur piscine. Il partage également des repas avec ses amis (essentiellement Marielle et Noiret), mais jamais à plus de cinq. Son emploi du temps est immuable : levé à huit heures, il rend visite à ses chevaux, effectue une promenade, puis se consacre à son travail en écoutant Debussy, Ravel, Satie ou Miles Davis. Le portrait le plus juste qui soit de ce casanier est celui que dresse l'écrivain Claude Roy : « Ce gentleman, qui a l'air si *bien élevé*, est le masque courtois d'un autre : un Jean Rochefort tout en nerfs et frémissements, bien plus sensible que toutes les plaques photographiques et que tous les papiers de tournesol du monde[83]. »

En attendant les grands rôles hypothétiques auxquels il aspire, le comédien n'hésite pas à « faire des ménages », quand l'occasion s'en présente, notamment par l'intermédiaire de Bertrand Tavernier qui le sollicite pour dire des commentaires de courts métrages. Parmi ceux-ci figure notamment *Ciné Citron*, « un film de montage sur l'utilisation des Citroën dans le cinéma français[84] », conçu par le scénariste Jean Cosmos et accompagné de chansons de Ricet Barrier et Jean-Roger Caussimon. Mais il ne sera projeté qu'en l'an 2000 dans le cadre d'une exposition organisée au musée de la Publicité. L'acteur prête également sa voix à une série documentaire de prestige intitulée *Le Louvre, le plus grand musée du monde* qui lui inspire cette réflexion : « Pour les Américains, je suis l'acteur français raffiné, plein de classe[85]. » D'ailleurs, il admet sans détour l'avoir « acceptée parce que j'avais pour partenaire Deborah Kerr[86] ».

Jean Rochefort réagit souvent à l'instinct et n'hésite pas à se laisser guider par ses coups de cœur. C'est le cas, fin 1983, lorsqu'il part en Sicile afin d'y tourner un téléfilm intitulé *Les chiens de Jérusalem*, une libre variation autour des aventures de Don Quichotte et Sancho Pança. Le réalisateur italien Fabio Carpi a pris soin de faire parvenir son scénario au comédien trois semaines avant la diffusion du *Quatuor Basileus* qu'il a également tourné pour la télévision et qui achève de convaincre Rochefort, aussi séduit par son nouveau script que par le rôle qu'il lui destine : celui du baron Nicodème de Calatrava qui, à l'époque de la première croisade, faute de moyens pour accomplir le véritable voyage, en est réduit à tourner cinq cents fois autour de son château, avec son écuyer Ramondo, afin de parcourir la distance qui les sépare de Jérusalem. « Au travers d'un récit philosophique, un conte, Carpi tente de donner des réponses à des interrogations essentielles[87] », s'émerveille Rochefort qui a conscience du caractère atypique de ce projet et considère que « cette histoire demande peut-être un travail à l'imaginaire, mais j'espère beaucoup que les téléspectateurs feront cet effort, parce que cela sort très nettement du réalisme télévisuel habituel. Et puis ce personnage, que je qualifierais de *donquichottesque*, est en rupture avec ce que je faisais ces derniers temps. Il y a également longtemps que je n'avais pas été costumé et ça m'a fait plaisir de remettre les hardes d'époque[88] »... à l'exception notable de la perruque que lui impose son rôle. Quant au titre, il l'explique ainsi : « Le personnage que j'interprète s'interroge, puisque à Jérusalem, les nuits de pleine lune, les chiens hurlent, et les Musulmans, les Juifs et les Chrétiens se disent : *C'est pour notre dieu que ces chiens hurlent*[89]. »

Malgré son ambition hors du commun, cette nouvelle expérience télévisuelle laisse à Rochefort une impression mitigée. « J'aurais préféré que le film se tourne en plus de temps et que l'on fasse certaines coupures une fois les scènes tournées et non pas avant[90] ». Plus généralement, il considère que « le problème du temps de tournage à la TV reste un facteur effroyablement négatif[91] » et peste contre un réflexe conditionné : « On fait immédiatement une censure sur les idées qu'on peut avoir[92]. » Par ailleurs, alors que c'est lui qui a soufflé à Fabio Carpi le nom de son partenaire, Bernard Fresson, il déplore que le réalisateur n'ait jamais manifesté la moindre reconnaissance à son égard, « jusqu'au jour où il a reçu le Prix de la Critique pour *Le Quatuor Basileus*. Lors du dîner qui a suivi, il m'a accueilli avec un sourire jusqu'aux oreilles comme jamais il n'en avait eu pendant le tournage et il m'a dit : *Je dois vous remercier. Je ne pouvais pas rêver de quelqu'un d'autre que Fresson pour le rôle de Ramondo*[93] ». En plus, pour entrer dans la peau de son personnage, celui-ci a pris l'initiative de se faire raser la boule à zéro. En fait, ce que Rochefort reproche au timide Carpi, c'est d'être « un homme complètement coincé qui regarde les acteurs comme des romanichels ou comme de curieux animaux d'un parc zoologique[94] », mais avec lequel la communication ne s'est jamais vraiment établie pendant les deux mois qu'a duré le tournage. *Les chiens de Jérusalem* vaudra tout de même l'été suivant à son réalisateur l'œil du Léopard au festival de Locarno.

Avoir été « deux comédiens français au milieu d'une équipe italienne[95] » a resserré la solidarité entre Jean Rochefort et Bernard Fresson qui se retrouvent dans un auditorium radiophonique parisien afin d'y enregistrer pour France Culture deux extraits du *Décaméron* dont Rochefort interprète par ailleurs l'auteur dans une émission intitulée *Boccaccio ou l'art de la fresque.* Et quand il ne joue pas lui-même, Rochefort s'efforce autant que possible d'aller encourager ses confrères, pour peu qu'ils se produisent dans Paris intra muros ou à proximité d'un lieu où il tourne. Exception notable à cette règle : la pièce dont tout le monde parle en ce début 1984, *Terre étrangère* d'Arthur Schnitzler mis en scène par Luc Bondy au Théâtre des Amandiers de Nanterre, avec Bulle Ogier, Michel Piccoli et Didier Sandre. À l'issue de la représentation, Rochefort s'avoue réconcilié avec ce théâtre contemporain dont il raille les « reptations en blue-jeans sur des textes déchiquetés[96] ». Au point de justifier sa longue absence de la scène par son allergie à « l'univers des théâtres subventionnés périphériques, dont le label est l'ennui, avec leurs actrices faméliques couvertes de jute et leurs salles-tunnels couvertes de tuyauteries[97] ».

Lorsque Jean Rochefort assiste avec Nicole Garcia à la cérémonie des César 1984 qui se déroule au théâtre de l'Empire, c'est sa compagne qui est nommée comme meilleure actrice pour *Les mots pour le dire* de José Pinheiro, mais c'est Isabelle Adjani qui est couronnée pour *L'été meurtrier* de Jean Becker. Ce printemps-là, Julien effectue son service militaire en tant que cavalier au bataillon de Joinville et confie qu'« il y en avait quand même deux ou trois qui voulaient me casser la gueule parce que j'étais le fils de Jean Rochefort[98] ». Son père, lui, embarque à bord d'un projet cinématographique dont les vertus semblent moins artistiques qu'alimentaires. Dans cette comédie fantastique intitulée *Frankenstein 90,* que réalise Alain Jessua, il incarne le docteur Frank Lafaurie, un clone moderne du médecin fou imaginé par Mary Shelley dont il précise qu'« il est au départ apprenti sorcier et quand sa créature devient verticale, il se fait pygmalion[99] ». Face à lui : Eddy Mitchell dont le visage maquillé est dissimulé aux médias afin de préserver son mystère, Jessua résumant l'enjeu du scénario de Paul Gégauff en une formule choc : « Le créateur aime d'autant plus sa créature qu'elle est loupée[100]. » Qu'importe ! « Mitchell et moi, on a beaucoup ri pendant ce tournage[101] », affirme Rochefort à propos de cette « comédie du souvenir et de la tendresse[102] », tout en concédant avoir « eu quelques difficultés au début, parce que c'est un humour d'une spontanéité totale, alors que moi j'étais un petit peu un humoriste de réflexion, un humoriste d'escalier[103] ». Cette gêne s'amplifiera à la sortie. « Quand j'ai vu la projection, j'en suis resté atterré[104] », déclarera sans ambages le comédien, qui ira jusqu'à qualifier cette pochade de « plaie à l'abdomen qui s'est infectée sans arrêt[105] ».

Au lendemain de ce tournage, une tragédie personnelle vient le frapper de plein fouet. Le 11 avril 1984, peu après minuit, Aleksandra se défenestre de l'appartement parisien qu'elle occupait dans un immeuble de six étages, rue Surcouf dans le septième arrondissement de Paris. Décrite dans le rapport de police comme *commerçante*, au lendemain de son divorce avec Jean, Aleksandra s'est remariée avec l'un de ses compatriotes, Zbigniew Tadeusz Gieniewski. Ce traducteur et auteur de radio, de documentaires, de fictions et de dramatiques radiophoniques et acteur vit alors en exil à Paris, en raison de la loi martiale promulguée dans son pays, et y gagne sa vie en tant qu'ingénieur du son sur des émissions éducatives et des films.

Tragique télescopage, alors que la presse respecte une discrétion exemplaire à propos de ce terrible événement, trois jours plus tard, dans *France-Soir*, Philippe Bouvard rapporte dans sa chronique que... « Jean Rochefort pleure sur l'exode de nos étalons ». L'acteur a en effet déclaré : « Je voudrais que l'on comprenne que le cheval est une passion et non un snobisme. Les gens pensent souvent que l'éleveur type a une grosse moustache – c'est mon cas – et qu'il pince chaque matin l'oreille de son palefrenier en lui demandant si tout va bien. C'est un tableau complètement erroné. Cette passion exige beaucoup de travail et surtout qu'on soit levé tous les jours dès sept heures, quels que soient la saison, l'état du ciel et l'heure à laquelle on s'est couché[106]. »

Tout juste une semaine après le suicide de son ex-épouse, Jean Rochefort fait l'acquisition en toute discrétion d'une concession au cimetière de Raizeux où Aleksandra est inhumée dans la plus stricte intimité. Aux dires du maire, que l'acteur a sollicité personnellement, « il n'y avait guère que les enfants, Marie et Julien, et un comité très restreint. Et la tombe est restée pendant des années à l'abandon sous une butte de terre surmontée d'une croix en bois sur laquelle était marqué le nom d'Aleksandra[107] ». Jusqu'à ce que Rochefort fasse poser un simple encadrement avant de quitter la région, après son troisième mariage, celle-ci reposera sous une vulgaire plaque de béton fixée par des serre-joints, dans ce cimetière où sont également enterrés le photographe Robert Doisneau et son épouse.

Au lendemain de cette tragédie qui a entraîné une dégradation de ses relations déjà compliquées avec sa fille aînée, Marie, Jean Rochefort donne de la voix sur un disque édité par la SPA, dans le cadre d'une campagne de sensibilisation à l'abandon des animaux domestiques pendant la période des vacances. Sollicité par Alain Bougrain-Dubourg dans son émission *Terre des bêtes*, il y interprète ce texte qui s'intitule *Le chien abandonné*. « Au départ, explique-t-il, on avait pensé que je chanterais les couplets et dirais le refrain, mais ça n'a pas été concluant et j'ai préféré dire le texte sur la musique[108]. » Il se défend d'avoir fait « un disque revendicateur[109] » et justifie sa décision par la nécessité « d'être le plus objectif possible et non pas de tomber dans un pathos sensiblard qui ne peut qu'être mauvais pour l'action entreprise[110] ». Rochefort s'est lui-même trouvé confronté à cette situation l'été précédent, quand, raconte-t-il, « j'ai trouvé trois chiens en forêt de Rambouillet que j'ai conduits au refuge, dont un dont les reins étaient paralysés, donc qu'on a piqué immédiatement[111] ».

Sur le plan professionnel, Jean Rochefort avoue n'avoir été vraiment satisfait d'aucun de ses opus sortis depuis *Il faut tuer Birgitt Haas*, ce qu'il résume d'une formule définitive : « Les voyant après, c'est vrai que je suis très fier des films que je n'ai pas faits[112]. » Il lui est pourtant arrivé souvent d'y croire en lisant le scénario ou en écoutant le réalisateur, puis d'assister au naufrage sur le plateau. Pour *Réveillon chez Bob*, l'idée de départ de ce « joli conte de Noël[113] » a été suggérée à Denys (fils de Pierre) Granier-Deferre par Bertrand Blier. Une référence ! L'acteur décrit d'ailleurs l'affaire comme « une comédie où il y a du papier de verre[114] » et dit percevoir dans son personnage des intonations du « Jean Rochefort que j'aurais voulu être, d'une irresponsabilité délicieuse, que je n'ai pas toujours et qui m'empêche souvent de dormir[115] ». Il lui faut toutefois déchanter une fois de plus : « La réalisation n'a pas été à la hauteur des intentions, constate-t-il, mais le scénario m'avait beaucoup touché, intéressé[116]. » Face à cette succession de rendez-vous manqués et de promesses non tenues, alors que son moral se trouve sérieusement affecté par ces désillusions à répétition, le comédien s'accroche à ce qu'il a de plus cher : « Si je n'avais pas ma ferme, je crois que je serais devenu fou ou alcoolique. Car le métier d'acteur est dangereux ! Lorsque l'aventure ne correspond pas à ce que je pensais, je tombe dans une mélancolie profonde, éprouvante[117]. » Selon lui, dans le doute, mieux vaut s'abstenir – « je ne suis pas un homme qui souffre de ne pas jouer. Je n'ai pas un besoin physiologique, viscéral de comédie[118] ».

Les motivations qui incitent un acteur à accepter un rôle sont plurielles. En ce qui concerne *Salve pour un buffle noir*, l'adaptation du roman homonyme de Nandor Gion, la perspective pour Jean Rochefort de jouer pour la première fois avec son ami Jean-Louis Trintignant semble aussi déterminante que la personnalité du réalisateur, le comédien hongrois László Szabó, qui entraîne son équipe dans un petit village à deux cents kilomètres de Budapest et a pour chef opérateur Janos Kende, le complice habituel du grand Miklos Jancso. Mais lorsque le film sortira au cœur de l'été 1985, ce sera dans une indifférence quasi générale et affublé d'un titre copié sur Claude Sautet, *David, Thomas et les autres*. Bizarrement, la critique se partage entre ceux qui pensent que « Jean-Louis Trintignant et Jean Rochefort détonnent complètement dans cette photo de famille et finissent par peser en négatif sur l'ensemble du film[119] » et ceux qui les trouvent « d'une retenue, d'une austérité de jeu exemplaires[120] ».

Fidèle à la promesse qu'il s'était faite, Jean Rochefort prend une semaine de vacances à Dinard avec son fils Pierre, quatre ans, et assiste au concours hippique amateur de saut d'obstacles annuel organisé aux Écuries de Saint-Lunaire. « Ils ont passé la semaine à la maison[121] », témoigne son ex-épouse, Élisabeth Bardin. Les relations de l'acteur avec Nicole Garcia se distendent, tandis qu'une autre femme entre doucement dans sa vie. Françoise Vidal, cette architecte plutôt mondaine de vingt ans sa cadette (née le 29 avril, comme lui !), Jean Rochefort l'a remarquée lors d'un concours complet au Haras des Bréviaires, ce club hippique des Yvelines où Marc Bertrán de Balanda a enseigné naguère au comédien une monte élégante, entreprenante et moderne sur de grosses barres. « Lorsque je l'ai rencontrée, témoigne Rochefort, j'étais dans une phase noire de ma vie. Son rire m'a bouleversé. Je suis d'abord tombé amoureux de ses fesses, puis de son visage de femme de général[122]. » Pour lui, « Françoise est un mélange de Rita Hayworth et de la veuve de Lattre de Tassigny[123] » et, à son contact, une évidence s'est imposée : « Le seul moyen pour trouver une vie stable, pour moi, a été de choisir une cavalière[124]. »

En attendant de renouer avec le succès, Rochefort met sa notoriété au service d'une bonne cause en prêtant sa voix à un spot publicitaire diffusé dans le cadre d'une campagne contre la lèpre : « Si je peux rendre un peu utile le fait d'être un homme public, si par ma présence je peux les aider à trouver quelques sous[125]... » L'argent l'incite aussi à relever un nouveau défi : présenter la version française du *Disney Channel* tous les samedis soir sur FR3, une émission qui lui permet de retrouver son ami Roger Carel, lequel prête sa voix à trois personnages : Winnie, Porcinet et Coco Lapin. « Quand Gérard Jourd'hui, le producteur, m'a proposé de collaborer au *Disney Channel*, confie Rochefort, j'ai émis un certain scepticisme. Puis j'ai réfléchi[126]. » Il visionne la version originale et déclare avoir « découvert un travail intéressant : s'adresser aux enfants sans démagogie ni débilité. J'y ai même pris un certain plaisir[127] ». Il puise pour cela dans son propre vécu. « À la télévision, j'essaie de parler aux enfants comme si nous étions de la même génération, comme si nous étions sur la même planète au même moment. J'essaie de parler comme ça à mon gosse[128]... »

Les premiers enregistrements avec Roger Carel suscitent chez lui un trac de débutant, mais, de semaine en semaine, il gagne en assurance... et en popularité : jusqu'à sept millions et demi de téléspectateurs. À cinquante-cinq ans, Jean Rochefort devient la nouvelle idole, non pas des jeunes mais des petits. Par ailleurs, souligne-t-il, « l'un de mes plus fidèles supporters est mon fils Pierre[129] ». Il leur arrive même souvent de regarder ensemble Mickey et Zorro. Une fois n'est pas coutume, l'acteur et le père se trouvent au diapason. Il déclare à ce propos : « J'étais toujours agacé quand j'étais enfant qu'on s'adresse à moi comme si j'étais un débile mental. Ça m'énervait considérablement[130].» Rochefort n'est pas dupe pour autant, quand il remarque qu'« en arriver là, c'est un peu la dêche[131] ! » Le fait est qu'il entreprend alors malgré lui une nouvelle carrière grâce à cette télévision qu'il a si souvent vilipendée, après l'avoir tant aimée.

Sa situation est nettement plus compliquée au cinéma où il s'avoue déçu que Benoît Jacquot se soit vu refuser l'avance sur recettes pour une nouvelle version de *L'éternel mari* de Dostoïevski, déjà adapté par Pierre Billon sous le titre *L'homme au chapeau rond* (1946). Il se voyait déjà dans le rôle immortalisé naguère par Raimu. «J'ai trouvé son adaptation, sa réécriture tout à fait admirables[132] », commente-t-il. Le comédien tient aussi particulièrement à un projet qu'il espère tourner sous la direction du documentariste Gianfranco Angelucci (un proche de Fellini qui a réalisé en 1981... *Fleur de vice* avec Clio Goldsmith), d'après le roman de Mario Soldati *Le dernier rôle* : « C'est la première fois qu'on fait de moi un homme au-delà de la maturité, plus près d'une soixantaine bien tassée que de la quarantaine active[133]. » Encore un projet qui ne verra jamais le jour et contribuera à nourrir sa frustration.

Alors que le grand écran le boude, c'est une fois de plus le petit qui sollicite Jean Rochefort. Il part donc tourner sous la direction de Peter Kassovitz *L'énigme blanche*, un téléfilm produit par Christine Gouze-Rénal, d'après le roman de son frère, Roger Gouze, *La partie de Bambu*, publié en 1963. « Ça bouge, ça change, déclare-t-il, alors la télévision devient de plus en plus importante, le cinéma est de plus en plus spécialisé, mais il est vrai qu'il y a des moyens, pratiquement comme pour un film pour le grand écran, il y a des partenaires que je qualifierai de prestigieux, donc je suis tout à fait à l'aise et heureux de faire ça[134]. » Il retrouve en effet dans les Alpes ses camarades Claude Rich et Bruno Cremer, avec aussi un vœu pieux : «Je rêve d'appuyer sur le bouton pour regarder un téléfilm dont je ne m'apercevrai pas au bout de trente secondes que c'en est un[135] ! » En fait, sa seule réserve concerne le récepteur dont il « trouve que l'écran de l'appareil est ridiculement petit par rapport aux aventures que l'on veut y montrer[136] » et considère qu'« il faut vraiment ne faire que des gros plans pour arriver à intéresser[137]... »

Ce printemps-là, Rochefort annonce aussi avoir acquis avec Nicole Garcia les droits de *Mieux vaut courir* (*Man on the Run*, 1958), un roman de Charles Williams qu'il n'a pas l'intention d'adapter lui-même (« je manque d'énergie pour être un créateur[138] »), mais qu'il envisage d'interpréter avec sa compagne l'année suivante, sous la direction de Stéphane Clavier : « Un homme en fuite accusé de meurtre est sauvé par une femme au bout du rouleau. En le sauvant, elle va se sauver elle-même. On voudrait que tout en étant un thriller ce soit aussi drôle et léger[139]. » Ce livre ne sera finalement porté à l'écran pour la télévision qu'en 1989 par Elisabeth Rappeneau, avec Carmen Maura et Christian Clavier dans les rôles principaux. Le frère cadet de ce dernier, Stéphane, ne débutera quant à lui qu'en 1990 avec un sketch des *Secrets professionnels du Docteur Apfelglück*, puis en solo sept ans plus tard, avec la comédie chorale *La voie est libre*.

Le 29 avril, Jean Rochefort célèbre son anniversaire. Avec cette question prémonitoire qui le taraudait quatre ans plus tôt : « Pourrai-je continuer à être paresseux en 1985, à cinquante-cinq ans[140] ? » Tout juste un mois plus tard, c'est son passé qui vient se rappeler à lui brutalement avec la mort de son père, Célestin, à l'âge de quatre-vingt-trois ans, à Paris. Terrassé par une émotion qu'il ne peut contenir et confronté à son frère aîné avec lequel il a coupé tous les ponts, Jean se laisse entraîner dans un ultime affrontement physique dérisoire dont il dira par la suite : « Je me suis vraiment trouvé stupide ce soir-là, mais c'était une réaction physiologique[141]. » Des souvenirs affluent à sa mémoire, pas toujours agréables. Des regrets aussi. Le défunt « adorait l'opéra, mais n'allait pas au théâtre et regardait peu la télévision. Pour mon père, les chevaux, c'était concret, tangible[142] ». Et le comédien de justifier ainsi sa décision de « faire quelque chose de sérieux, à savoir devenir éleveur de chevaux, à la recherche de la respectabilité[143] ». Et cette constatation qui peut étonner de la part d'une vedette reconnue : « Me voir en compétition fut pour mon père l'une des joies de sa vie. Ça l'intéressait plus que les César[144]. » Au fil du temps, les deux hommes ont fini par se rapprocher. Comme si en gagnant en assurance professionnellement, Jean avait enfin surmonté ses appréhensions de jeunesse. « Mon père était un homme qui m'impressionnait énormément, qui m'intimidait beaucoup et avec lequel je n'ai eu des rapports intimes que quand il a eu soixante-dix à soixante-quinze ans. Avant, c'était des rapports très pudiques, très simples et jamais je n'aurais confié à mon père une angoisse, une inquiétude, un souci sentimental ou physique[145]. »

L'image de Célestin reste toutefois pour Jean indissociable de son autorité et de sa sévérité. « Quand je pense à mon père avec grande tendresse, c'est le souvenir des moments où il m'a interdit des choses qui me fait venir les larmes aux yeux[146]. » Pire : « Les grandes émotions qui me reviennent, c'est quand il m'engueulait, quand il me bottait le cul[147]... » Mais il ne rejette pas ses enseignements en bloc, loin de là, car ils ont contribué dans une large mesure à façonner sa personnalité. « Mon père disait toujours que j'étais lent et tardif[148] », alors « il voulait que je sois précis et concis. *Ennuyer les autres, c'est une impolitesse,* disait-il. Cela m'est resté[149] ». Jusqu'à finir par confesser, douze ans après sa disparition : « Je commence à lui ressembler beaucoup[150]. »

24

Le miracle de la vie

« Je suis choqué par la procréation médicalement assistée. Nous devenons des démiurges, ce n'est pas dans l'ordre des choses[1]. » Cette déclaration faite par Jean Rochefort au moment du débat autour du Mariage pour tous prend une signification particulière quand on remonte dans son passé d'éleveur. Plus précisément au début de l'été 1985, lorsque la première transplantation embryonnaire commerciale en Europe est pratiquée sur Blandice, la jument pur-sang de dix ans que le comédien a naguère rachetée à son copain Belmondo. La technique en a été mise au point par les professeurs Éric Palmer, directeur du laboratoire de recherches en reproduction équine à l'Institut National de la Recherche Agronomique (INRA) de Tours-Nouzilly, et Daniel Lagneaux à qui il délègue l'affaire. Le comédien a beau affirmer à l'époque : « la relativité du temps m'intéresse... peut-être à cause de ma maturité[2] », il se trouve confronté à un dilemme, car, explique-t-il, « je voulais avoir un poulain d'elle *[et]* je rêvais d'avoir assez vite ce petit[3] ». Or, poursuit Rochefort, « une jument porte onze mois : c'est long[4] ». Surtout quand elle est présélectionnée dans l'équipe de France de concours complet en vue des Jeux olympiques de Séoul prévus à l'automne 1988 et doit disputer entre-temps les championnats du monde de concours complet en Australie. Son entraînement sportif intense s'avère incompatible avec une gestation. « Après la saillie, j'ai donc demandé à l'INRA s'il serait possible d'amener le poulain ou la pouliche à terme dans le ventre d'une mère porteuse[5]. » Il y trouve une écoute d'autant plus favorable que, raconte Daniel Lagneaux, « nous avions dès le début des années 80 obtenu quelques réussites expérimentales sur des poneys dans ce domaine. Il était dès lors nécessaire de pouvoir sortir la technique du laboratoire pour réaliser un essai grandeur nature[6] ». Rochefort s'entend proposer le marché suivant : « Achetez deux juments pur-sang de la même race et nous tenterons l'expérience. »

Reste tout de même à résoudre plusieurs questions que Daniel Lagneaux résume ainsi : « Quel étalon pour saillir Blandice ? Le choix de Galant de la Cour, un selle français alezan de 1972 *[considéré comme l'un des dix meilleurs étalons français]*, établi par Jean Rochefort, s'inscrivait pleinement dans la sélection en vue d'un progrès génétique *classique*. Le choix de la jument receveuse ensuite : Damory pur-sang *[promise à l'abattoir]*, car la règle était à l'époque que la race des juments donneuse et receveuse devait être identique, ce qui dans ce cas précis était incongru puisque le poulain issu de cette transplantation embryonnaire après croisement d'un pur-sang avec un selle français serait selle français... ! Plus stratégique, le choix de la technique de transfert. Nous avons donc opté pour la technique chirurgicale dont le risque porte essentiellement sur son taux d'échec. Réussite de la fécondation de la jument donneuse et de la collecte de l'embryon : trente à cinquante pour cent de chance ; réussite du transfert de l'embryon : vingt à quarante pour cent, soit une chance théorique faible de six à vingt pour cent en 1985[7]. »

« Les cycles de reproduction des deux juments ont été synchronisés par traitement hormonal, poursuit Lagneaux, Blandice à Saumur, Damory à Nouzilly. Pendant ses chaleurs, Blandice a été inséminée puis, sept jours après son ovulation, la première collecte a été programmée le 14 juillet 1985 et a permis d'obtenir un embryon qui a été transféré chirurgicalement dans l'utérus de Damory[8]. » Dès le début, Rochefort affirme que « la tentation de faire naître l'animal le plus beau et le plus parfait devient un leurre délicieux[9] » et tient à s'impliquer personnellement dans ce processus. Il souligne, non sans satisfaction, que « l'œuf du futur poulain, au bout de huit jours, est prélevé, puis transféré dans une autre jument (...) sauvée ainsi du couteau et de la boucherie[10] ». Et puis, il ne laisse à personne d'autre la mission de véhiculer sa jument de Saumur à Nouzilly à bord d'un van deux places tracté par une Saab. « Il téléphonait pour avoir des nouvelles de l'avancée des processus, se souvient Lagneaux : chaleurs de Blandice, insémination. Il a souhaité pouvoir assister à la collecte et au transfert, aussi, dès qu'il a été possible, nous en avons fixé la date et l'heure pour qu'il puisse être présent. C'était un moment fabuleux : un doux mélange d'un grand professionnalisme et une attention très particulière et un grand respect de l'animal qu'il considère comme une personne[11]. » La preuve, « alors que Blandice était entre nos mains pour les différentes interventions, il lui parlait comme on le ferait à une compagne apeurée, nous accusant presque d'être responsable de ses tourments[12] ».

« Mes collaborateurs un peu facétieux ont joué une petite plaisanterie à Jean Rochefort lors d'une de ses venues à Nouzilly, poursuit Lagneaux. Ils ont discrètement attaché derrière sa voiture un chapelet de ces gants de fouille orange qui servent aux examens gynécologiques. Arrivé sur l'autoroute et prenant un peu de vitesse, ces gants de fouille sont tombés et se sont gonflés avec le vent dû à la vitesse du véhicule. Appels de phares des véhicules croiseurs. Surprise de Jean Rochefort d'être ainsi reconnu, même en voiture. C'est seulement à son arrivée dans son haras dans les Yvelines en sortant de la voiture qu'il se rend compte de la plaisanterie. Mes collaborateurs avaient même poussé la blague jusqu'à dédicacer l'un de ces gants : *Avec les compliments des apprentis sorciers. Apprentis sorciers,* c'est le surnom affectueux que Jean Rochefort donnait à notre équipe, conscient que nous franchissions avec Blandice, et lui consentant, une importante barrière biologique fixée par la nature[13]. » Le propriétaire a tout lieu de se réjouir... « La jument championne a pu continuer la compétition[14] », ce qui était son objectif de départ concernant Blandice. Mais son constat va bien au-delà de son seul cas personnel : « Les Américains prennent une jument championne et lui font faire quatre à cinq poulains par an. Si nous ne réagissons pas, dans dix ans, il n'y aura plus un cheval français[15]. » Selon Daniel Lagneaux, « les motivations de Jean étaient claires : il est entré dans cette démarche non pas sur un *coup de tête* mais véritablement pour contribuer au progrès scientifique de son pays[16] ».

C'est pendant cette période intense que Jean Rochefort met un terme définitif à sa relation de sept années avec Nicole Garcia. Il ne supporte pas les conflits et a de plus en plus de mal à partager épisodiquement la vie d'une femme que sa passion indiffère.

« Nicole a longtemps cru que le cheval était carnivore ! ironise-t-il. Comment voulez-vous qu'un couple comme le nôtre dure[17] ! » Avant d'ajouter : « Quand je la surprenais en train de distribuer des biftecks au-dessus de la porte des boxes, j'étais obligé d'intervenir[18] ». Alors, comme si c'était inéluctable, témoigne la comédienne, « cela s'est défait. Nous avons rompu. Tout a été sublime tant que nous sommes restés clandestins. Nous nous sommes cachés, nous restions marginaux, avec ce terrible et constant désir physique... Je ne pouvais pas m'éloigner de plus de quelques mètres. En même temps, nous avions gardé, lui sa maison, moi la mienne. Mais nous étions coupés de tous les autres ! (...) Une passion, c'est une torche, ça flambe, ça se consume. (...) Parce que la passion est fatale et que notre passion avait vécu ce qu'elle avait à vivre[19] ». Tout n'est pourtant pas si simple, bien que Nicole Garcia admette : « Je la souhaitais, cette rupture... J'assistais, en larmes, à quelque chose qui se défaisait, s'affadissait. Cette baudruche qui peu à peu se dégonfle, je pleurais là-dessus. Pourtant, quand Jean a pris l'initiative de la rupture, j'ai abominablement souffert et je me suis joué le grand air de l'abandon. Ce n'est que beaucoup plus tard que j'ai pu lui dire : *Je te remercie de m'avoir quittée !* Il était furieux[20]. »

« Cela se passait beaucoup au téléphone, raconte encore l'actrice, et une jeune fille emmenait Pierre, mon fils, au jardin pour qu'il n'entende pas[21]. » Il est convenu que le petit garçon, alors âgé de tout juste quatre ans, vivra chez sa mère et verra son père un week-end sur deux et durant les vacances. Cet été-là, Jean Rochefort passe une semaine à Barfleur avec son fils. Le bienfait qu'il en tire est tel qu'il lui inspire cette décision : « Il faut que dans mon programme j'instaure ce genre de choses : le désamarrage[22]. » Au cœur de cet été studieux, il parvient également à ménager une pause de trois jours pour effectuer sa halte traditionnelle à Saint-Lunaire, où il séjourne dans un hôtel, afin d'assister au concours de saut d'obstacles. Pendant ce temps-là, Nicole Garcia, elle, met à profit ses vacances à l'île de Ré pour y tourner un court métrage en forme d'exutoire qui marque ses débuts officiels de réalisatrice en l'aidant à finaliser son travail de deuil amoureux. Un film destiné à cautériser une plaie sentimentale encore béante. « J'ai été déchirée, confie-t-elle. Quand on quitte quelqu'un, on ne l'a jamais tant aimé. Tout le merveilleux de notre passion me revenait. C'était abominable d'avoir à me dire :

Jamais plus ! D'ailleurs, c'est à ce moment-là que j'ai fait *15 août*, ce court métrage sur une femme amoureuse qui attend un homme, son amant, qui la trompe... Je ne pouvais pas prendre de vacances. Il fallait que je travaille[23]. »

«J'ai loué, pour l'été, une maison dont on m'a envoyé des photos en noir et blanc, poursuit la comédienne. En les étalant sur une table, je me suis dit que j'allais y filmer mon petit garçon et que je mettrais, en voix off, les lettres que son père lui enverrait pendant les premières vacances que nous ne passions pas ensemble. Je voulais graver quelque chose de cette rupture. J'en ai parlé à un ami, Philippe le Guay, qui ne s'est pas montré très emballé : *Pourquoi faire un home movie qui va finir sur une étagère ? Pourquoi ne pas écrire une histoire*[24] *?*» Aussitôt dit, aussitôt fait... Le synopsis de *15 août* est assez éloquent. Jane (Ann-Gisel Glass) a été engagée pour veiller sur le petit Pierre, le temps d'un été dans une maison de l'île de Ré. Autour d'elle une famille quelque peu désunie, le père (Jean-Louis Trintignant) se trouvant à Paris et ayant annoncé son retour pour le 15 août. Lorsqu'il arrive dans la maison de vacances, il semble parfaitement reconnaître la jeune Anglaise qui n'a en fait jamais prononcé le moindre mot dans la langue de Shakespeare. La genèse de ce film catharsis est passée, selon Nicole Garcia, qui tient le rôle de la mère, par un dispositif narratif encore plus radical et une économie spartiate basée sur le bénévolat et la bonne volonté. «Jean-Louis Trintignant, que je ne connaissais pas, s'est déplacé d'Ardèche pour jouer gracieusement une seule scène, raconte-t-elle. Mais je n'ai pas pris de plaisir particulier pendant le tournage[25]. » Et le fait est que chaque image de ces neuf minutes en cache une autre, plus intime. Consécration pour le moins inattendue : *15 août* se retrouvera parmi les courts métrages en compétition au Festival de Cannes 1986. Quant à Nicole Garcia, elle passera au long avec un film lui aussi nourri de sa situation personnelle : *Un week-end sur deux* (1990).

Ce même été 1985, Jean Rochefort incarne le prince Arnold III, souverain de Corsalina, pour les besoins de *La galette du roi* que tourne Jean-Michel Ribes entre l'Italie et la France. Un monarque d'opérette ruiné au jeu tente de se renflouer en négociant le mariage de sa fille avec une télévision privée. Reste à trouver le fiancé idéal... Auréolé par le succès de l'émission culte *Merci Bernard*, le réalisateur est arrivé à point nommé pour combler une frustration de l'acteur. « Le cinéma français, ces temps-ci, est un peu tristounet, juge Rochefort. Je peux vous jurer que c'est bien contre mon gré que depuis quelques années j'ai dû abandonner les rôles fantaisistes ou burlesques qui faisaient mon plaisir. Comme tout le monde, j'ai dû jouer en ayant l'air d'être mon propre voisin dans des films réalistes[26]. » Il a donc accueilli cette proposition avec d'autant plus d'enthousiasme qu'il a « trouvé dans le film de Jean-Michel Ribes cette tradition des acteurs de théâtre jouant au cinéma[27] ». Il exprime en outre un regret plus profond : « Ces dernières années, je me suis trompé au cinéma. Les scénarios et les tournages sont toujours bons mais la déception vient après. J'ai pris des options baroques sinon aventureuses et le public n'a pas suivi. Il faudrait que je retourne à une franche comédie style Broca et Yves Robert[28]. » Et puis, soupire-t-il, « quinze ans sans scène, ça me manque[29] ».

Comme si son message avait été entendu, Jean Rochefort sort enfin de la diète théâtrale qu'il s'est lui-même imposée, dans le cadre du Festival d'Automne 1985. Il y participe à la création de *Boulevard du mélodrame*, une adaptation de *L'auberge des Adrets* et des *Croisades de Robert Macaire* de Frédérick Lemaître tricotée par Juan Pineiro et mise en scène par Alfredo Arias, lequel succède à Gabriel Garran au Théâtre de la Commune d'Aubervilliers. Sous la houlette du décorateur de la pièce, Fabio Palamidese, ce centre dramatique national a subi un réaménagement en profondeur : ses murs sont peints en laqué gris et tapissés de velours rouge, le béton de la grande salle recouvert d'un bois clair et brut qui ne peut qu'accroître sa convivialité relative. Rochefort y reprend le rôle du bandit de grand chemin imaginaire Robert Macaire immortalisé quarante ans plus tôt par Pierre Brasseur dans *Les enfants du paradis* de Marcel Carné et filmé au temps du muet par Jean Epstein. Il y a pour partenaires les membres du groupe Tsé, une troupe de Buenos Aires arrivée en France en 1969 et invitée pour la saison où elle doit présenter trois spectacles.

Jean Rochefort a accueilli avec enthousiasme la proposition d'Alfredo Arias, tout en mesurant qu'« il s'agit d'un rôle très physique et si les automatismes commencent à revenir, outre les répétitions, il me faudra trois ou quatre jours de rodage pour retrouver la plénitude de mes moyens. Cela dit, c'est une très belle pièce. Du théâtre à l'état pur et pour tout public. Robert Macaire est un voyou qui fait penser à Arsène Lupin, à Rocambole, à Fantômas et aussi à Mesrine. Un rôle magnifique[30] ». Ce « Zorro assassin[31] » est de ceux qui marquent leurs interprètes, comme le pressent Rochefort : « J'ai l'impression qu'en fonction de la journée que j'aurai passée, le personnage sera différent, mais je pense que Robert Macaire est une sorte de héros buvard[32]. » Et puis, au-delà de ce personnage protéiforme qu'il dépeint comme « un tueur mais un charmeur qui ne s'émeut de rien, un cabotin vulnérable[33] » et qui « n'avait ni foi ni loi, simplement l'envie d'échapper au quotidien[34] », le dispositif scénique qui l'entoure est à ses yeux « un merveilleux guignol pour adultes, plein d'émotion, de peur, d'angoisse, de rire[35] ».

La personnalité d'Arias séduit Rochefort au point de l'inciter à déclarer : « Je trouve chez lui ce théâtre vivant et passionnant, héritier spirituel de la compagnie Grenier-Hussenot[36]. » Il y perçoit « ce même sens du magique, du spontané, du fantastique[37] ». Adepte d'un théâtre résolument populaire où le public se trouve impliqué à part entière, le metteur en scène argentin considère pour sa part que Rochefort « a l'humour et l'élégance du personnage[38] », tout en affirmant avoir privilégié à dessein « une imagerie populaire naïve. Pour cela je me suis inspiré de retables napolitains[39] ». Au cours des deux mois que durent les répétitions, Rochefort en vient à convoquer d'autres références. « J'ai travaillé en m'inspirant des gravures et dessins que Daumier, fasciné par ce milieu, avait exécutés. Macaire est un loup et j'y mets du renard[40]. » En effet, argumente-t-il, « c'est un texte lourd qu'il faut jouer avec tout son corps. En deux heures et demie, je vole, je tue, je séduis des femmes, je meurs, je ressuscite et je rejoins le paradis où tous les voyous rêvent d'aller un jour[41] ». Qui plus est, Macaire « a du charme, il a le sens de la langue et il parle bien[42] ».

Au moment où il s'apprête à effectuer ce grand saut dans le vide, le comédien se prend pourtant à douter et déclare dans une sorte de cri du cœur : « Le pire de tout, maintenant, c'est que j'ai peur de ne pas être heureux en jouant, ce qui serait vraiment très dur à vivre[43]. »

« Le public était presque exclusivement parisien qui venait s'encanailler comme d'autres, autrefois, à Pigalle[44] », constate Rochefort. « Chaque soir, j'allais chercher ma cuisse de poulet chez la charcutière d'en face, pour manger dans ma loge. Ma tête lui disant quelque chose, cette dame, au bout de quelques jours, me dit : *Mais qu'est-ce que vous faites chez nous, comme ça, tous les soirs ?* Je lui dis : *Madame, je joue dans votre théâtre.* Et elle répond, surprise : *Ah bon ?* Il y avait dans sa réponse toute l'intonation de l'indifférence absolue. Le théâtre, son théâtre, ne la concernait pas : jamais elle n'aurait eu l'idée de traverser la rue. Et tout le monde dans le quartier pensait comme elle[45]. » Heureux de retrouver la scène, Jean Rochefort va jusqu'à faire venir son dernier-né, Pierre, à une représentation à l'issue de laquelle il se précipite dans la cafeteria du théâtre en faisant mine de tirer des coups de feu tout en criant : «Je suis Robert Macaire ! » Effet garanti sur le bambin. Une partie de la critique est elle aussi sous son charme, qui lui reconnaît « la légèreté d'un funambule, la dérision d'un camelot et l'âme blessée d'un cabot flambeur[46] », là où d'autres lui reprochent de transformer son personnage en « pitre de boulevard, sans beaucoup d'invention gestuelle[47] » et décrètent qu'« il lui manque ce côté fils du peuple-force de la nature, cette démesure qu'auraient produits Michel Piccoli ou Robert Hossein[48] ». C'est la douche écossaise, mais l'essentiel est ailleurs. « Obsédé par les trous de mémoire et la hantise qu'on ne l'entende pas[49] », Rochefort a en quelque sorte conjuré le signe indien en retrouvant le chemin de la scène. « Le théâtre est la meilleure partie de moi[50] », fanfaronne-t-il, et il n'en garde « que des bons souvenirs, d'angoisses, d'échecs, de semi-réussites, mais toujours dans mon bon droit, dans mes goûts[51] », car «je n'ai jamais joué que de bonnes pièces, et toujours par passion[52] ».

Boulevard du mélodrame, dont les représentations se prolongent pendant près de trois mois, et que Rochefort aurait aimé reprendre dans un théâtre parisien, constitue pour lui une véritable cure de jouvence : « Avec le rôle de Robert Macaire, je vais sûrement retrouver l'énergie[53] », présage l'acteur qui s'astreint pour cela à une discipline rigoureuse. Non seulement il ne soupe jamais en ville à l'issue du spectacle, mais il renonce au bordeaux et aux deux ou trois verres de whisky qu'il buvait chaque soir « pour supporter le crépuscule[54] ». Résultat : il a perdu six kilos pour le rôle et a retrouvé un mode de vie qui lui convient. «J'ai maintenant les exercices de dressage et les balades en forêt[55] », admet-il. « C'est une soupape de sécurité contre les énervements et les déceptions[56]... » qui lui fait dire : «Je me shoote au crottin[57]. »

Du coup, « en cessant de boire du whisky et d'avaler des euphorisants le soir avant de me coucher, j'ai retrouvé une paix que je n'avais pas ressentie depuis longtemps[58] ».

Au sortir d'un cycle personnel et professionnel aussi incertain que tourmenté, l'homme et l'acteur ont repris l'un et l'autre du poil de la bête, ce qui permet à Rochefort d'affirmer : « Nous formons une famille très éclatée, mais je les aime et ils me le rendent bien[59]. » Après avoir débuté comme pigiste au journal local, *Les nouvelles de Rambouillet*, et loué un moment une maison à côté de la mairie de Raizeux, en septembre 1985, sa fille aînée, Marie, vingt-trois ans, entre comme journaliste à *Dynastie*, le *magazine mensuel des grandes familles*. Elle y demeurera un an, dressant des portraits d'une alpiniste, d'un spéléologue, d'une championne de planche à voile, d'une styliste et de divers membres de la famille royale britannique. Son morceau de bravoure restera un reportage sur la fantasia organisée sous les remparts de Marrakech en l'honneur des vingt-cinq ans de règne du roi du Maroc, Hassan II, compte-rendu rédigé à la première personne du singulier et publié dans le mensuel *Plaisirs équestres*.

Julien, vingt et un ans, ambitionne pour sa part de suivre les traces de son géniteur. « Mon père m'avait déconseillé de commencer trop jeune, confie le jeune homme. Je suis ravi de l'avoir écouté. Trois ans après mon bac, je me suis décidé à passer le concours de la rue Blanche. C'est la seule fois où mon père m'a donné la réplique. Il tenait à me faire répéter ma scène d'audition[60]. » Absorbés par leurs études et leurs nouvelles activités professionnelles, le frère et la sœur ont renoncé l'un comme l'autre aux concours hippiques, en suscitant cette réaction de leur père qui admettra plus tard avoir « été un père poule peut-être excessif[61] » : « C'est un crève-cœur. En les voyant à cheval, j'avais une sensation de continuité[62]. » Il émet toutefois un doute qui le taraude : « Je me demande si je ne leur ai pas cassé les pieds, mais je crois que j'avais besoin d'eux plus qu'eux n'avaient besoin de moi[63]. » Julien avance quant à lui une explication beaucoup plus simple : « Arrivé à l'âge où l'on décide par soi-même, tout à coup, je me suis rendu compte que j'en avais un peu marre[64]. » Sans doute aussi parce qu'« il m'a mis un peu dessus de force[65] ». Mais qu'attendre d'autre d'un homme entier qui se pose lui-même cette question existentielle : «Je me demande parfois si ma plus grande fierté n'est pas d'avoir appris à chausser des étriers[66]... »

Reste Pierre qui suscite cette réflexion empreinte de sagesse de la part de son père à temps partiel : «J'ai acquis une immense mansuétude que je n'avais pas pour mon premier lot de gamins[67]. » Rochefort, qui vit alors en célibataire, possède une chatte, Sarah, et deux chiens : Victor, un briard qu'il a sauvé, et Victoire, une petite chienne labrit des Pyrénées. Par ailleurs, dit-il, «j'ai une dizaine de chevaux avec lesquels j'établis des croisements. Je travaille uniquement au *feeling* en me disant que tel étalon doit convenir à telle jument : en toute modestie, je suis assez fier des résultats[68] ». Il recueille aussi des chevaux promis à l'abattoir : «J'en sauve comme cela en les achetant sur pied, au kilo. Je les préfère comme compagnons que sous forme de bifteck[69]. » Dans ses stalles : Blandice, Quino, Russula, Kerziou et Nashville, un espoir de sept ans pressenti pour la finale du championnat de France prévu à Fontainebleau en octobre 1986. Le coût de l'entretien lui revient alors à cinquante francs par jour et par cheval, un vainqueur en grand prix rapportant à son éleveur dix mille francs. Chaque soir, l'acteur rentre chez lui « pour être en accord avec le bruit, l'odeur, le souffle de mes chevaux[70] ». Et puis, à défaut de compagne, il a à son service une gouvernante dont il déclare avec perfidie : « Lorsque je suis las de la conversation de mes chevaux, il me reste la médisance. Les commerçants du voisinage sont notre champ d'investigation préféré[71]. »

Dès que son retour au théâtre a été acté, Jean Rochefort s'est remis à recevoir des propositions dans ce domaine. C'est alors qu'il est en pleine répétition de *Boulevard du mélodrame*, que Guy Descaux, le directeur de la Comédie des Champs-Élysées, fait parvenir au comédien le texte de la pièce *Good* de C. P. Taylor, dans laquelle il perçoit « un regard chirurgical sur notre comportement[72] » et que son enthousiasme l'incite à soumettre à Alfredo Arias. « Elle traite d'un thème qui me touche particulièrement, explique Rochefort : comment l'homme peut devenir inconsciemment un monstre pendant le national-socialisme en Allemagne, de 1932 à 1943[73]. » Montée par la Royal Shakespeare Company à New York et au Japon, cette pièce anglaise ne sera finalement créée à Paris qu'en 1988, dans une mise en scène de et avec

Jean-Pierre Bouvier, accompagné d'Isabelle Gélinas et Sam Karmann, au Théâtre de la Renaissance.

Plutôt que de galvauder son talent dans des entreprises hasardeuses, Jean Rochefort associe son nom à de justes causes, comme la lutte contre le Sida, qui donne lieu à une émission télévisée présentée par Pierre Bellemare, ou la Caisse nationale des allocations familiales à qui il prête sa voix pour un film promotionnel intitulé *Avec cinq millions de familles.* Il se voit même engagé comme porte-parole du groupe d'assurance Concorde pour vanter les mérites d'une police couvrant les frais vétérinaires, lorsqu'un chien est victime d'un accident, dans une campagne de marketing direct comprenant une dizaine d'annonces presse et des envois de documentation où « la frimousse de la star apparaissait sur l'enveloppe[74] ». Les quelque cent vingt spots radiophoniques de l'acteur génèrent cinq mille appels téléphoniques, soit un meilleur taux de remontée que celui de son rival Léon Zitrone, lui aussi engagé pour cette campagne.

Avec l'âge vient le temps des trophées. Nommé chevalier dans l'ordre de la Légion d'honneur, Jean Rochefort est chargé de remettre le Télé Poche d'Or à Gérard Jourd'hui, directeur artistique de l'émission *Disney Channel* dont il est lui-même l'animateur. Au rayon des mondanités, le comédien assiste à l'avant-première de *37,2°, le matin* de Jean-Jacques Beineix, en présence de Marlène Jobert, Pierre Richard, Richard Bohringer et Anne Sinclair, tandis que l'éleveur est dans les tribunes du Jumping de Dijon où sont engagés trois de ses chevaux : Kerziou, Nashville monté par Jean-Maurice Bonneau, et Flambeau par Frédéric Cottier. Rochefort effectue également un saut sur la Croisette où il croise pour la dernière fois son partenaire des *Vécés étaient fermés de l'intérieur*, Coluche, venu enregistrer l'émission *Mon Zénith à moi* avec Michel Denisot, ce qui lui inspirera cette réflexion a posteriori : « Trois semaines avant sa mort, je l'ai vu à Cannes et j'ai eu un malaise[75]. » Personnalité polyvalente, Jean Rochefort se retrouve également consultant pour Antenne 2 à l'occasion du championnat du monde de boxe des super-mouches opposant Gilberto Roman à Edgard *Bamby* Monserrat au stade Pierre de Coubertin, où il déclare : « On attend toujours dans ce genre de combat, quand on connaît mal les boxeurs, que le challenger vienne faire de la figuration. Ce n'est pas le cas : Monserrat n'a pas de complexe, il est élégant, face à un adversaire qui a trente victoires par KO[76]. »

Le 16 juin 1986, au terme d'une nuit passée dans un box à attendre à plusieurs l'heureux événement, c'est le dénouement tant attendu d'une entreprise que Jean Rochefort a lui-même qualifiée un jour d'« aventure utopique », quand, en cette année des U, il assiste à la mise à bas de... Utopic. Ce poulain mâle bai que la jument Damory a porté pendant onze mois et trois jours affirme son caractère... en refusant de téter. Cinq heures d'efforts s'avéreront nécessaires pour faire entendre raison à l'enfant prodigue. « Je suis resté seul dans le box, témoigne Rochefort. J'avais pratiquement le poulain sur mes genoux et je tombais de sommeil ; je me suis endormi doucement, j'ai entendu des bruits de tétée et j'ai pleuré[77]... » Émotion intense qui donne un sens supplémentaire à sa vie. « La naissance de ce poulain c'est une gageure[78] », s'émerveille le comédien. C'est l'aboutissement d'un pur fantasme pour celui qui fut en 1984 l'interprète de *Frankenstein 90* et déclarait : « Je rêve... qui sait, dans mes audaces de croisement... un jour... peut-être[79]... »

Mais Jean Rochefort n'entend pas s'en tenir là. Moins de trois semaines plus tard, il fait à nouveau saillir Blandice par Nashville, son meilleur étalon, le fruit de ces amours étant transféré dans le ventre de la jument Corsichella. « J'arrive au but, explique-t-il. Ce cheval est le fils de ma jument de vingt-cinq ans [*Téfine*] qui, à l'heure actuelle, est encore pleine du même père [*Laudanum*], celui qui a fait le champion de mes écuries[80]. » Il manifeste la fierté... d'un père, en racontant que « comme le vétérinaire avait les mains prises, il m'a dit *Allez-y* et j'ai soulevé la queue de ma jument adorée[81] ». Satisfaction : « J'ai donc le sperme de mon étalon dans une éprouvette, j'écarte la vulve[82] » et « en reposant la seringue, je crois bien que j'ai henni[83] ». Et puis, quelques mois plus tard, poursuit-il, « les petits sabots d'un poulain arrivent. Je prends les antérieurs, je tire, je tire, le joli poulain tombe dans la paille : c'est une jument, elle est blonde, elle a une crinière sublime[84]... » Rochefort la baptise Alphaville, en hommage au film de Godard.

Détail qui a son importance, « la vente d'un très bon cheval peut rembourser d'un seul coup toutes mes dépenses[85] », affirme Rochefort qui mène un train de vie de plus en plus dispendieux et a besoin de ressources complémentaires pour entretenir son cheptel, car chez lui, « tout est fait pour les chevaux : pour penser à eux, pour les soigner, pour les entraîner et pour les aimer passionnément[86] ». Et puis, selon le professeur Daniel Lagneaux, « à travers Jean Rochefort la transplantation embryonnaire, jusqu'alors confinée dans son laboratoire, avait trouvé sa raison d'exister, un peu comme lorsqu'un auteur rencontre l'acteur qui va incarner son personnage[87]... »

25

Avoine-foin et pot-au-feu

« Le théâtre m'a fait le plus grand bien et cette respiration va m'aider à revenir en force devant les caméras[1]. » Bardé de bonnes résolutions, Jean Rochefort a vécu cette année 1985-1986 comme une authentique rédemption et il n'entend pas bouder son plaisir ni en gâcher les bienfaits. Au moment de partir en vacances, pourtant, il se voit rattrapé par sa nouvelle aura télévisuelle : « Je me demande ce qui va se passer sur les plages avec les enfants pendant mes vacances. J'adore le *Disney Channel*... mais je n'ai pas envie que l'on me prenne pour Winnie l'ourson[2]... » Las, ce qui devait arriver... arrive : « Je me suis rendu compte que j'étais devenu une sorte de Guy Lux que les familles montraient du doigt[3] », constate-t-il, en affirmant avec un vague dégoût que « les mères me tendaient des enfants poisseux pour que je les embrasse par centaines[4] », au point d'« avoir été obligé de quitter une plage de Bretagne avec l'un de mes fils, un jour du mois d'août[5] » parce qu'« il y avait des meutes d'enfants qui me couraient après[6] ». Perturbé, Rochefort envisage alors sérieusement de quitter le *Disney Channel* et même de renoncer au métier d'acteur. « J'étais prêt à débrayer, deux ans, trois ans. Faute d'un beau projet, je préférais me consacrer à mes chevaux[7]. »

Comme souvent, c'est un scénario qui a raison des résolutions vertueuses de Jean Rochefort. En l'occurrence celui du *Moustachu* que lui fait parvenir Dominique Chaussois, un réalisateur qui a débuté en retouchant les scripts des autres. Le comédien affirme avoir « découvert en lui un nouveau technocrate du rire qui écrit avec une rigueur, une austérité, un humour exceptionnels[8] ». Ce « personnage qui a un charisme assez étonnant, parce que c'est un homme lent, calme et doux[9] », il l'a rencontré « dans son vaste appartement bourgeois des Invalides. Il ressemblait par sa simplicité, sa discrétion, sa timidité, à son scénario, un scénario dont j'ai humé tout de suite le ton original, mi-figue mi-raisin, l'humour dérisoire et parfois noir. J'y ai trouvé une correspondance profonde. Sensible au comique de l'absurde, j'ai senti en lui une patte, et cela m'a donné beaucoup de plaisir et de désir de jouer Duroc[10] », ce capitaine des services secrets pince-sans-rire et... moustachu, décrit comme « un pauvre homme en fin de carrière qui ne devrait pas être sur le terrain, mais dans des bureaux moelleux[11] ». Tout le contraire du pervers qu'il incarnait dans *Le grand blond avec une chaussure noire*.

« J'ai toujours été à la recherche d'un comique qui soit à cheval entre une possibilité de drame et une possibilité de comédie, explique Rochefort. La vraie drôlerie est là : c'est quand on peut, d'un petit tour de vis, faire d'une chose cocasse une tragédie et inversement[12]. » Un défi d'autant plus excitant qu'il tient *Le moustachu* pour « une comédie noire avec un ton réaliste[13] » et aspire plus que jamais à « rester entre deux eaux, essayer d'être drôle sans jouer comique[14] ». Le titre ressemble pourtant à un clin d'œil adressé à son interprète qui se méprend : « J'étais flatté au départ. Je croyais qu'on avait pensé à moi à cause de ma moustache[15]. » Il s'agit là en fait de l'appellation officielle des agents du service Action de la DGSE, formés à Londres pendant la Seconde Guerre mondiale et influencés par la mode alors en vigueur : veste en tweed, moustache poivre et sel et pipe Dunhill au coin du bec. Selon le comédien, « dans le scénario, la moustache n'était qu'un postiche que Duroc enlevait après avoir accompli sa mission. J'ai naturellement fait modifier ça[16] ».

Inspiré par son sujet, Jean Rochefort considère non seulement que « l'histoire de ce type est cocasse, kafkaïenne[17] », mais goûte « le personnage dérisoire du *Moustachu* qui reçoit des coups de pied dans le derrière[18] », quitte à l'imaginer « avec un côté sous-off' sorti du rang, râleur et misogyne, célibataire vivant dans un deux-pièces de banlieue entouré de serins[19]... » Comme un *Samouraï* minable voire « le commandant du *Crabe-Tambour* dont un fusible aurait sauté[20] », selon sa propre expression. « Aujourd'hui je me fous de mon apparence. Au contraire, je me vautre dans la caricature[21]. » Il s'implique aussi personnellement. « Avant le tournage, raconte-t-il ainsi, j'ai amplement participé à transformer une ou deux scènes et surtout j'ai imposé les acteurs choisis par le metteur en scène[22] » : Jean-Claude Brialy, qui joue au théâtre *Le nègre* de Didier van Cauwelaert, Jean-Louis Trintignant, qui s'apprête à reprendre sur scène *Deux sur la balançoire* avec... Nicole Garcia, et Maxime Leroux auquel il prédit une grande carrière. Rochefort lui-même épaissit jusqu'à quatre-vingt-cinq kilos et note que « le plus difficile après, c'est de remaigrir[23] ». Qu'importe, « avec ce film, dit-il, j'ai repris courage, désir et envie[24] ».

Jean Rochefort dispose de moins d'une semaine pour quitter la défroque de Duroc et endosser celle de Michel Marteau dit Mortez, l'un des deux personnages principaux de *Tandem*, « un *Ginger et Fred* en plus rigolo[25] ». Ce film intitulé successivement *Chers amis, bonjour!* et *Chers amis, bonsoir!* puis *Bonjour, jeunesse,* Patrice Leconte en a eu l'idée en 1981, au moment du tournage de *Viens chez moi, j'habite chez une copine,* mais il lui a fallu le triomphe commercial des *Spécialistes* pour disposer enfin des moyens de le relancer sur des bases acceptables. « Dans une première version du scénario, raconte le réalisateur, comme je trouvais le film assez culotté et que j'avais la trouille de faire ça pour le cinéma, j'ai envisagé de le tourner pour la télévision avec Roger Pierre. Mais je ne suis pas arrivé à le monter et c'est un jour, un jeune producteur, Philippe Carcassonne, qui, connaissant le scénario, m'a dit : *Ça sera mon premier film*[26]. » Leconte, lui, après avoir évoqué un moment le nom de Jean Poiret, est bien décidé à proposer le rôle à Jean Rochefort. Entre pure inconscience et contrition. « Parce qu'il était le personnage idéal, que c'est un grand acteur et aussi parce que j'avais une revanche à prendre et que je voulais lui prouver qu'il s'était trompé sur mon compte. Une fois le scénario terminé, je l'ai fait passer à son agent et, le soir même, j'ai reçu un coup de fil de Jean qui m'a fait : *Patrice? Bonjour, c'est Jean. Qu'est-ce que j'apprends, tu es devenu fou, tu veux refaire un film avec moi?* Et moi, beaucoup plus serein qu'en 1975, je lui dis : *Écoute, j'aimerais beaucoup. Lis-le, au moins.* Il m'a répondu : *Je vais le lire, ne t'inquiète pas...* Et là où il été vraiment extra, c'est qu'il m'a appelé assez tôt, le lendemain matin, en me disant : *Patrice, c'est Jean. J'ai lu le scénario hier soir et je t'interdis de faire ce film sans moi*[27]. »

« Maintenant que j'ai trouvé ma voie, déclare Jean Rochefort, je transgresse le banal et le quotidien pour y trouver une certaine dimension poétique[28]. » Ni vu ni connu, l'acteur n'a plus qu'à se glisser dans la peau de cet animateur de jeu radiophonique vieillissant qui sillonne la France profonde en compagnie d'un assistant décrit par Gérard Jugnot – qui l'interprète sans moustache mais avec une moumoute – comme « à la fois son papa, sa nounou, son souffre-douleur[29]... » Mais Rochefort a déjà sa petite idée sur son rôle. « J'avais un album de famille où j'étais avec ma maman, en zazou, à quinze ans. Alors, il a été tout à fait facile pour moi de me faire la tête de ce personnage. (...) Je n'avais pas de moustache, mais j'avais des cheveux avec des crans. Et, après m'être isolé dans ma salle de bains, j'ai descendu l'escalier de chez moi, avec le costume qu'on avait trouvé, et j'avais coupé ma moustache, pour rejoindre Patrice Leconte et le producteur qui m'attendaient en bas, dans le salon. Et j'ai vu qu'ils étaient saisis, parce que c'est très poignant le visage d'un homme mûr déguisé en jeune homme[30]. » Heureux de son effet, il déclare : « C'est bon quand on se sert pour jouer de ce que l'on a vécu[31]. » Quitte parfois à déborder et à fabriquer un passé au personnage pour justifier son apparence, en lui inventant une liaison avec... Martine Carol !

Aux yeux de Rochefort, Mortez « est un homme seul qui garde une grande nostalgie de l'époque où il avait vingt ans, c'est-à-dire tout de suite après la guerre. Il a dû connaître une petite gloire dans les variétés : il a dû être chanteur ou animateur[32] ». De son côté, Leconte considère que son interprète « s'est retrouvé dans les fêlures, dans les extrêmes, dans les échecs, dans les tristesses, dans les non-dits, dans les zones d'ombre, dans tout ce qu'exposait le film par rapport au personnage[33] ». Pour le comédien, « c'est quelqu'un qui s'effrite. Le phénomène de l'érosion me fascine. Ma décennie entre cinquante et soixante ans aura été le constat de cette érosion. Comme mon personnage, Mortez, j'ai un goût formidable de l'échec, des losers. J'aime tout ce qui est modeste, petit, mesquin. J'y trouve une force poétique considérable. Tout ce qui est moyen, tout ce qui est sans espoir me met dans un état d'exaltation rare[34] ». Ce personnage, « j'ai pris un plaisir dingue à ne lui laisser que les os. Voilà un écorché drolatique ! Quand on trouve un territoire comme celui-là, on se dit qu'on fait un métier important. Et utile. Et on pourrait se battre pour jouer, se battre à mort. Sur *Tandem*, le technicien qui aurait voulu m'empêcher de jouer, un matin, celui qui m'aurait barré la route, je l'aurais écrasé[35] ». Au fil de ce road movie qui mène l'équipe de ville en village, Jean Rochefort s'imprègne littéralement des lieux qu'il traverse. Dans un élan de lyrisme, il va même jusqu'à déclarer que « le parfum lamentable de ces mornes chambres de voyageurs de commerce et les dessus-de-lit en acrylique m'enivraient[36] », car « j'ai besoin de la médiocrité pour oser être impudique dans l'émotion, partir dans l'audace[37] ».

« Le premier jour de tournage, se souvient Rochefort, j'apprends que c'est en Cinémascope. J'en suis content[38]. » Il trouve en effet que « le cadrage raconte bien la solitude de deux petits bonshommes[39] ». Du coup, « j'ai changé ma façon de jouer et j'ai tout élargi de plusieurs centimètres, comme le cadre, parce que la lumière cautionnait artistiquement la ringardise de mon choix d'interprétation[40] ». Autre motif de satisfaction : son partenaire. « Gérard Jugnot a ajouté le premier jour à la première heure une couleur que je n'avais pas prévue à la lecture du scénario. C'est-à-dire qu'il me regardait, minable que j'étais, comme un père qu'il aurait voulu avoir, et ça a changé toute ma façon de jouer. Comme quoi on ne joue jamais contre quelqu'un, mais avec quelqu'un[41]. » Leconte connaît particulièrement bien ses deux interprètes pour les avoir fait tourner l'un et l'autre, mais séparément. Rochefort a toujours apprécié et même soutenu la troupe du Splendid à qui il sait gré « d'avoir amené la potacherie professionnelle[42] ». Il a croisé ses membres à diverses reprises et affirme à leur propos : « Je crois beaucoup au cousinage, à ces groupes qui se forment pour aller dans une direction et qui ressentent cette nécessité ensemble, au même moment[43]. » Concernant Jugnot, Rochefort se souvient de sa découverte, en 1977, du spectacle de café-théâtre *Amour, coquillages et crustacés* (qui a inspiré *Les bronzés*) où il projetait ses diapos de vacances à la fin d'un dîner dont il affirme que « ça a été l'un des rires de ma vie au théâtre, à la limite de la perfusion[44] », et loue « les crises de nerfs sadico-jouissives de Gérard en gestapiste dans *Papy fait de la résistance*[45] ».

« Le tournage a été idyllique et Jean a été ravi et émerveillé du premier au dernier jour, confie Patrice Leconte. Il m'a d'ailleurs dit à ce propos : *Tu vois, Patrice, on a commencé par manger notre pain noir et maintenant c'est notre pain blanc.* Jugnot était évidemment au courant de la situation, mais personne sur le tournage de *Tandem* n'aurait pu déceler le moindre embryon de brouille ancienne. On s'est habitués très vite, lui et moi, à un rythme de tournage d'une qualité inouïe qui consistait à enchaîner trois ou quatre prises, mais guère plus[46]. » La connivence entre le réalisateur et ses interprètes est d'autant plus intime que Leconte a décidé pour la première fois de tenir lui-même la caméra, une habitude prise en tournant des spots publicitaires. « Le fait de cadrer moi-même me faisait un peu peur, précise-t-il, parce que je craignais que Jean ne me fasse une réflexion. Je me disais que s'il devait y avoir à nouveau des rapports pas tout à fait harmonieux entre lui et moi, au moins la caméra me protégerait. Là, j'étais planqué[47]. » Aucun danger : Rochefort se félicite d'avoir « suggéré deux trois petites choses qui, dans le film, existent. (...) Entre autres cette scène que j'aime énormément, où un veilleur de nuit propose à mon personnage une petite pipe nocturne[48] ». Il persuade également Leconte de confier un rôle minuscule à son fils aîné. « On avait une scène commune, dit-il, mais Julien jouait le concierge d'un hôtel et apparaissait de dos, le pauvre chéri[49] ! » Il ajoutera même plus tard, sur le ton de la plaisanterie : « J'étais furieux que Patrice Leconte n'ait pas fait un contrechamp sur lui[50]. »

« Avec Jean, explique Jugnot, tout notre travail a consisté à aimer ces personnages, à les défendre, à s'amuser et pas à les enfoncer[51]. » Ici réside sans doute l'explication de la réussite du film et de l'écho immédiat qu'il va trouver auprès du public. Leconte est d'ailleurs le premier à l'affirmer : « Je ne suis pas un cinéaste goguenard, je ne suis pas un voyou, je ne cherche pas à montrer des personnages dans un film pour les montrer du doigt et dire : *Regardez-moi comme ils sont crétins, stupides ou ringards*[52]. » La réaction la plus négative émane de Lucien Jeunesse, l'animateur retraité du *Jeu des mille francs*, une vénérable institution de France Inter. « Je trouve très flatteur qu'une petite émission de douze minutes ait pu inspirer un film d'une heure et demie[53] », concède-t-il, tout en refusant de se reconnaître dans le bateleur campé par Jean Rochefort et en affirmant que « c'est une parodie, comme *Les bronzés* avait été une parodie du Club Med[54] » et qu'« il y a un côté désenchanté qui n'est guère encourageant pour les animateurs[55] ». Son interprète lui rétorque que « beaucoup de gens peuvent se reconnaître en lui, de ces hommes qui, coûte que coûte, veulent continuer et ne pas s'arrêter[56] » et que « c'est notre devoir de montrer toutes les facettes de notre espèce[57] », en arguant du fait que « dès que la voix disparaît, on disparaît immédiatement, parce que les gens ne répertorient pas physiquement l'animateur de radio[58] ». Désireux d'enterrer définitivement la hache de guerre, Rochefort écrit une lettre à Jeunesse afin de le rassurer et de lui témoigner sa plus sincère admiration. Cela n'empêchera pas cet incorrigible farceur de parodier lui-même le *Jeu des mille francs* « qu'on pouvait taxer à une certaine époque d'une sorte de ringardise poétique[59] », un jour de 1994 sur France Inter, dans l'émission *Rien à cirer*, à la demande d'un autre animateur, Laurent Ruquier. Avec le recul, le comédien finira tout de même par admettre que « la joie que j'ai éprouvé à jouer *Tandem* a été très révélatrice de ma capacité à tout recommencer[60] ». Rochefort se dira aussi prêt à en tourner une suite éventuelle et se livrera à une facétie comme il en a le secret. « Un jour, pour m'amuser, je me suis habillé comme le personnage que je joue dans *Tandem*, avec une veste ringarde, des pattes, de la gomina et je me suis baladé à Deauville. Les commerçants sortaient de leur boutique et me disaient : *Alors, Monsieur Rochefort, on est venu passer quelques jours à Deauville ?* Aucun ne s'est aperçu du changement. C'est un peu dur quand ça fait trente ans qu'on bosse sur son look[61]. »

Au lendemain de cette expérience qui lui a valu d'être qualifié de « Don Quichotte de la radio[62] » dans une formule prophétique, Jean Rochefort semble déterminé à reprendre sa carrière en main et à ne plus se laisser guider que par ses goûts, bien que son train de vie lui impose des contraintes et des obligations qui ne cadrent pas toujours avec ses ambitions artistiques. « Des propositions sont venues qu'en d'autres temps j'aurais acceptées et que je ne veux plus faire[63] », affirme-t-il. Alors, il prête sa voix à Maurice Ravel dans une série de quinze émissions diffusées sur France Musique qui suscitent en lui un écho singulier, lorsqu'il découvre au hasard de sa correspondance que le compositeur « se fait un souci énorme parce que la gouttière de sa maison de Montfort-l'Amaury fuyait, et j'ai trouvé avec moi des concordances très intéressantes[64] ».

Parmi les nombreux textes que lit l'acteur, il en est deux qui revêtent une importance particulière à ses yeux par la personnalité de leur auteur, son « protégé » Erik Naggar, dont il a monté *L'étrangleur s'excite* et dont il affirme que « sur mes irremplaçables conseils, il a travaillé dur. Écrit des pièces pour la radio, comme Beckett et Billetdoux. Une fameuse école. Grâce aux bienfaisantes contraintes de la commande : délais, minutage[65]... » Jean Rochefort incarne ainsi simultanément le rôle titre de *L'acteur célèbre* et un marchand de lingerie féminine, dans un diptyque que diffuse *La dramatique de minuit*, où il a pour partenaire l'irremplaçable Jean-Pierre Marielle. À la ville, les deux amis et Jean-Paul Belmondo se téléphonent plus souvent qu'ils ne se voient, mais, souligne Rochefort, « entretenir une aussi longue amitié exige une sérieuse discipline[66] ». Peu enclin aux mondanités, l'acteur répond tout de même à certaines sollicitations. Membre de l'Académie des arts et du vin, que préside Claude Chabrol, il côtoie ainsi Catherine Deneuve, Macha Méril, Sonia Rykiel, Jean Poiret, Claude Brasseur ou Christophe Malavoy. « Une fois par trimestre, nous nous réunissons pour goûter de grands crus, explique-t-il. C'est épuisant[67] ! » Mais « je continue ça avec passion, parce que je trouve que le bon vin, c'est une chose magnifique[68] ».

Promotion non moins flatteuse, au cours de ce printemps 1987, en dépit de sa détermination à se concentrer sur son métier de comédien, Jean Rochefort accepte de parrainer officiellement l'équipe de France de jumping composée de Jean-Marc Nicolas, Pierre Durand, Michel Robert, Hubert Bourdy et Philippe Rozier, héritier d'une dynastie illustre, « moitié Hamlet moitié Tintin[69] », qu'il compare au champion de tennis Yannick Noah. Ces cavaliers participent à la Coupe du monde des nations organisée au Palais des sports de Paris-Bercy. Son objectif à lui consiste à attirer des sponsors susceptibles de permettre aux meilleurs chevaux français de demeurer dans l'Hexagone. La Fédération Française d'Équitation compte alors deux cent mille membres. « Je pense souvent aux chevaux quand je suis devant les caméras pour un film et inversement[70] », avoue Rochefort qui doit déchanter quant à l'éventualité d'une carrière équestre pour Pierre. « L'autre dimanche, je l'ai entraîné à une compétition. C'était dans un champ boueux en pleine Beauce. Il est allé jouer avec deux ou trois gamins de son âge. À un moment, un cheval est tombé sur son cavalier. Tout le monde s'est précipité. Les gosses qui étaient avec Pierre sont venus voir ce qui se passait. Et moi, j'ai vu mon fils qui continuait à faire rouler sa petite voiture, couché sur le ventre. Il n'a pas levé un sourcil. À ce moment-là, une immense lassitude m'est tombée sur les épaules[71].» Le père joue les vieux sages et relativise : «On est moins en rivalité avec ses enfants. On sait qu'on court moins vite. Alors on les regarde courir avec un petit sourire[72].»

«Ce sera mon premier rôle de grand-père, mais un grand-père très particulier, incestueux et despotique[73]», dit Jean Rochefort du riche propriétaire foncier de Guadeloupe confronté au départ de ses filles et petites-filles qu'il doit incarner l'été suivant dans *Les fruits de la passion* de Christian de Chalonge, aux côtés de Valérie Kaprisky. Mais ce tournage prévu pendant huit semaines en Martinique sera finalement abandonné. En attendant, le comédien séjourne en Italie pour les besoins d'un autre film : *Mes quarante premières années* de Carlo Vanzina qui se tourne sous le titre *Histoire d'une femme.* Coproduction internationale oblige, sa partenaire, Carol Alt, est américaine, ainsi qu'Elliott Gould, le contingent français comprenant également Pierre Cosso (dans le rôle d'un duc qui a quatre frères), Martine Brochard et Capucine. Cette comédie érotique réalisée à grands coups de zoom s'attache à l'éducation sentimentale d'une jeune Romaine. Elle déborde de clichés et d'anachronismes et s'appuie complaisamment sur la nostalgie, celle-ci englobant la musique, Vespa, Fiat et même un extrait du *Fanfaron* de Dino Risi. Rochefort y incarne un prince milliardaire qui prend l'héroïne sous sa protection et l'introduit parmi la jet-set. Mais leur relation n'est que platonique et il finit même par recevoir une tarte à la crème. C'est dire l'élévation du projet qui illustre cette considération du comédien sur sa «carrière italienne» : «Pour bouffer, j'y ai fait des films navrants[74].» Après tout, dit-il comme pour se dédouaner de cette nouvelle faute de goût, «ce sont les blessures de guerre des vieux baroudeurs du septième art[75]», bien qu'il concède s'être «déjà trompé mais avec ambition[76]». Pourtant il l'assume : «Je n'ai jamais ménagé mes enthousiasmes... fussent-ils suicidaires[77]», en expliquant qu'«il m'est arrivé souvent de trouver bons des scénarios que je trouvais exécrables avant de passer à ma banque[78]». Ces rôles qu'il qualifie d'*avoine-foin,* ce sont ceux qui lui permettent d'entretenir son élevage, il ne s'en cache pas, mais il l'assume, «quelle que soit l'entreprise, le comédien doit toujours cautionner le scénario du film ou le texte de la pièce, à partir du moment où il l'accepte. C'est une simple question d'éthique[79]...» Et puis, l'expérience l'en a convaincu, c'est «la noblesse de l'acteur d'agir, de faire les choses, qu'elles soient satisfaisantes ou pas[80] », bien que « je m'offre le luxe, de temps en temps, d'avoir des paresses ou des manques d'enthousiasme. C'est biologique, je crois, chez moi[81]. »

S'il est une étiquette qui colle à la peau de Jean Rochefort, c'est la présentation du *Disney Channel*. Certes, il y a rajeuni considérablement son audience et trouvé des satisfactions non négligeables, mais au détriment de sa tranquillité. « J'ai arrêté cette expérience parce que j'avais perdu ma chère solitude à laquelle je tiens[82] », déclare-t-il à un moment où d'autres obligations le motivent davantage et l'incitent à faire stipuler dans certains contrats (notamment quand il tourne à l'étranger) qu'il devra impérativement être libéré de ses obligations afin de pouvoir rentrer en France quand l'un de ses chevaux participe à un concours hippique. En juillet, c'est le cavalier qui est à l'honneur lors de la Coupe des Nations organisée à La Baule qu'il dispute avec l'équipe de France de jumping. Il y monte Miel de Fleyres, un cheval de plus d'un million de francs que lui a prêté son ami Édouard Couperie, lequel en est le propriétaire avec sa cousine Virginie, elle-même mariée au chanteur Julien Clerc.

Pendant l'hiver 1987, l'acteur passe quatre mois à Rome pour y tourner *Le train de Vienne*, une mini-série écrite par Franco Giraldi et réalisée par Duccio Tessari dont le titre original signifie littéralement *La guerre des espions*. Il y campe Giovanni Sperelli, un héros en gilet moulant de la lutte antifasciste qu'il qualifie de « James Bond baudelairien. On le voit résoudre des affaires au cours du premier quart du *[vingtième]* siècle. Mais il n'est pas infaillible et, quand il échoue, il sombre dans un spleen tout à fait séduisant à mes yeux[83] ». Bref, c'est un personnage « actif, charmeur, nostalgique et qui ne gagne pas à tous les coups[84] ». Bien que sa notoriété ait bondi en flèche en Italie suite au succès local d'*Un éléphant, ça trompe énormément* et de *Nous irons tous au paradis* d'Yves Robert, puis de *Tandem* de Patrice Leconte, Jean Rochefort vit ce séjour prolongé comme « un véritable exil[85] ». Certes il occupe un bel appartement dont la terrasse surplombe la place d'Espagne, mais il passe l'essentiel de son temps libre au téléphone. Avec ses enfants, mais surtout avec Françoise, la nouvelle femme de sa vie, qui partage sa passion pour le cheval et a investi doucement son paysage intime, lui qui se déclarait jusqu'alors « célibataire par altruisme. Pour ne pas imposer mes petites habitudes[86] ». Suprême gage de confiance, c'est Françoise qui veille sur ses écuries en son absence. Ce séjour romain prolongé permet au comédien de retrouver brièvement son ami Philippe Noiret venu tourner deux scènes du *Toscanini* de Franco Zeffirelli aux côtés d'Elizabeth Taylor. Il croise aussi l'un de ses dieux, Federico Fellini, sans oser toutefois l'aborder : « Il discutait avec un copain. Je le vois. Je suis tétanisé. Je voudrais le saluer, courber l'échine, mais je sens que je vais être grotesque. Je gamberge à toute vitesse, change de trottoir, m'approche... Il quitte le regard de son copain, me fixe et, avant même que j'aie le temps d'aller à lui, me fait... un clin d'œil ! Il avait dû me voir dans un nanar quelconque[87]. » Son admirateur en est quitte pour une immense frustration.

De retour en France, Jean Rochefort est sollicité pour tenir le rôle principal du téléfilm *L'enfant et le président* écrit par le chanteur Pascal Danel et réalisé par Régis Milcent. Mais il ne peut pas se libérer pour le tournage et se voit remplacé par Michael Lonsdale. De même, sa présence est annoncée dans *Jeanne d'Arc, le pouvoir de l'innocence* de Pierre Badel. Autre rendez-vous manqué. En revanche, il prête bel et bien sa voix à un spot publicitaire destiné à promouvoir la voiture Citroën Activa Prototype. Et puis, à l'invitation de Claude Chabrol, qui en est l'hôte récurrent, il tourne un épisode de la série *Sueurs froides* (hommage à *Alfred Hitchcock présente...*) intitulé *Un cœur de pierre*, sous la direction d'Alain Bonnot. « J'étais un ignoble individu qui trucide sa femme pour gruger son assurance. Malheureusement, il y a une morale. Pourtant, c'était une idée plus que bonne qui méritait de réussir[88]. » Narquois, il avoue avoir « ressenti une joie d'acteur phénoménale. Être un criminel froid, au-delà du sadisme, hmmmmm[89] ! » Simultanément, un autre Rochefort, Julien, est à l'affiche du feuilleton de Robert Mazoyer *Un château au soleil*, aux côtés d'Anny Duperey, Edwige Feuillère et Jean-Pierre Marielle en châtelain désargenté dont il incarne le gentil rejeton. Rencontre qui inspire à Jean Rochefort cette réflexion teintée de tendresse : « Voir mon fils appeler papa mon meilleur ami, c'était émouvant[90] ! »

Le 12 mars 1988, Jean Rochefort postule au César du meilleur acteur pour *Tandem* de Patrice Leconte qui se voit nommé à six reprises... mais « on n'a eu que celui de l'affiche, explique le réalisateur. Alors, quand on s'est relevés, à la fin de la cérémonie, j'en avais un peu gros sur la patate et Jean Rochefort a laissé tomber d'un ton laconique : *Tout de même, quelle branlée*[91] *!*» Il est également question que l'acteur soit à l'affiche du *Souper* de Jean-Claude Brisville dans le rôle de Talleyrand, face à son camarade Claude Rich en Fouché, programmé à l'automne suivant au Théâtre de l'Atelier. Nommé directeur artistique du Théâtre des Mathurins cette saison-là, il doit toutefois se résoudre à décliner cette proposition flatteuse. La pièce sera finalement créée au cours de la saison suivante au Théâtre Montparnasse avec Claude Brasseur en Fouché et Claude Rich... en Talleyrand.

Jean Rochefort multiplie les expériences et il aime ça. C'est ce qui l'incite à participer à la création du *Carnaval des animaux* de Camille Saint-Saëns représenté dans le cadre des Rencontres musicales d'Évian-les-Bains. Il a été choisi d'un commun accord par le directeur du festival, Hervé Corre de Valmalète, et Mstislav Rostropovitch (qui dirige deux pianos, un violon, un violoncelle, une clarinette, une flûte et les solistes de l'université de l'Indiana) pour illustrer le texte écrit par Ivan Pastor, la partition n'en comprenant à l'origine aucun. L'acteur a tenu à arriver sur place un peu plus tôt afin d'assister à quelques concerts. « Si je peux participer à détendre suffisamment l'audience pour qu'elle puisse recevoir l'humour de Saint-Saëns, déclare-t-il, j'aurai participé efficacement à cette soirée[92]. » En effet, « il est intéressant qu'un comédien soit là pour, à travers ce *Carnaval des animaux*, amener un certain amusement, de l'ironie, du plaisir et une musique un peu distractive. J'aimerais beaucoup continuer ces expériences[93] ». Sitôt dit, sitôt fait : moins d'une semaine plus tard, il met en scène *Histoire du soldat* d'Igor Stravinsky et Charles Ferdinand Ramuz, au Théâtre de Paris, et prête sa voix à trois marionnettes à taille humaine articulées : le soldat, le diable et la danseuse, des *humanettes* confectionnées par la Puppenbühne Demenga/Wirth, un théâtre de marionnettes créé en 1968 à Berne. La partie musicale est assurée par le Philarmonia de Paris que dirige Édouard Garcin. Selon Rochefort, « le texte parle du bien, du mal, avec une naïveté qui n'est qu'apparente, de l'attachement au pays[94] ». Quant à « Stravinsky, ajoute-t-il, c'est cocasse, c'est baroque, c'est terrien, c'est pulsif, c'est violent, c'est obscène[95] ». Le cocktail est donc explosif. Simultanément, Jean Rochefort participe à la fête nationale... ou plutôt à *Un an avant* (les grandes commémorations du Bicentenaire de la Révolution), un son et lumière d'Yves Mourousi créé dans les jardins du Trocadéro et interprété également par Danièle Lebrun, Raymond Gérôme, Jean Topart, Pierre Mondy, Michel Creton et André Dussollier. Aux dires de son auteur, « c'est le plus grand feu d'artifice tiré à Paris depuis la Libération[96] » : dix écrans géants, quinze mille pièces de pyrotechnie, mille projecteurs. Bref, une superproduction par rapport à *Jean Chouan l'insoumis*, présenté au château de Lassay, dans la Mayenne, dont Jean Rochefort est l'un des récitants ce même été, avec Daniel Gélin et Igor Hossein.

Doué d'ubiquité, l'acteur est déjà dans sa Bretagne natale où Régis Wargnier filme *Je suis le seigneur du château*, une adaptation d'un roman de Susan Hill paru en 1970, qu'il rêvait de porter à l'écran depuis six ans. Deux mille enfants ont été auditionnés et deux cents châteaux visités avant de tourner dans celui de Beaumanoir et dans une forêt dévastée par la tempête d'octobre 1987. Quant à Jean Rochefort, souligne le réalisateur, « c'est au cours d'un voyage de repérages à travers la Bretagne que son image s'est tranquillement imposée. Les lieux, l'histoire, lui correspondaient[97] ». L'acteur ne s'est d'ailleurs pas fait prier : « Quand j'ai lu le scénario de Régis Wargnier, j'ai immédiatement marché. Lui aussi, il est du bâtiment, et il a une vraie vision. C'est un baroque, chose rare dans le cinéma français. Et il a le courage d'aller loin dans une sensibilité et une expression prodigieusement originales[98]. » En outre, ajoute-t-il à propos de son personnage de châtelain veuf, « le rôle a plus de poids que sur le papier. On lui a donné de la chair au tournage[99] ».

« Je suis persuadé que cet auteur est un grand auteur[100] » : ainsi Jean Rochefort justifie-t-il sa fidélité indéfectible au dramaturge Erik Naggar, un an après avoir envisagé de mettre en scène et d'interpréter une autre de ses œuvres intitulée *La petite maison de whisky*. Ce projet étant demeuré lettre morte, le comédien met en scène à la place *La femme à contre-jour* qu'il qualifie de « pièce cosmique[101] », tout en dirigeant les répétitions à huis clos « pour ne pas déflorer le ton tellement personnel de Naggar[102] », tant il apprécie « son style, sa manière, son écriture et ce besoin exacerbé de faire rire quand il sombre[103] », convaincu qu'« il faut aider les jeunes à se faire connaître[104] ». Selon l'expression même de Rochefort, « trois superbes Stradivarius qui peuvent jouer cette partition avec toute la sensibilité qu'elle réclame[105] » sont à l'affiche. Le fidèle Jean-Pierre

Marielle qu'il a convaincu par un subterfuge, car, précise-t-il, «je savais que cette fois-ci il refuserait, alors je lui ai dit : *Je ne trouve pas l'acteur pour jouer le personnage, alors viens faire les lectures au début des répétitions*[106]». Il considère que son ami «sait raconter la tendresse et l'amour qu'il peut porter à une femme d'une façon très rare, parce qu'il l'a très peu usée, en tout cas sur scène[107]». De Ludmilla Mikaël, qui accomplit là ses débuts dans le théâtre privé, Rochefort déclare tout de go : «Je cherchais une femme superbe. (...) J'hérite en prime d'une actrice rare[108].» Il se rappelle aussi qu'elle «était une de nos groupies quand elle était pensionnaire de la Comédie-Française : elle venait nous voir quand nous jouions Pinter ou Pirandello, avec Delphine Seyrig[109]». Et pour cause : «J'aurais eu tout à fait envie à l'époque de faire partie de cette famille[110]», avoue la comédienne qui affirme à propos de son personnage que, «pendant les répétitions, Jean Rochefort disait que c'était une femme dont il rêvait, lui[111]». Le joker de cette distribution, Maxime Leroux, déclare que «c'est comme si on était sur une patinoire et qu'il y ait des petites poussettes : on glisse, et on casse quelque chose, et hop, il repousse de l'autre côté et on regarde dans une autre direction, et tout cela est très agréable[112]». Le metteur en scène, lui, botte en touche et se réfugie humblement derrière cette boutade de Marielle selon laquelle «il y a des directeurs de banques, mais il n'y a pas de directeurs d'acteurs[13]». Pourtant, même si Frédéric Mitterrand décrète joliment que «c'est une pièce qui a la courtoisie de l'âme[114]», Philippe Tesson pose sans détour la question qui tue : «Sans Rochefort, Naggar existerait-il[115]?»

La femme à contre-jour est représenté dans la grande salle du Théâtre des Mathurins où Rochefort profite de la carte blanche que lui a donnée son directeur, Gérard Caillaud, pour organiser également dans la journée des expositions de peinture, des concerts de jazz et de musique classique en début de soirée, ainsi que des lectures destinées à faire connaître de jeunes dramaturges français qui lui font dire : «Je suis un passionné d'auteurs, beaucoup plus qu'un acteur impatient de jouer[116].» Il s'agit d'un véritable retour aux sources pour le comédien qui a interprété sur cette même scène en 1962 *Le comportement des époux Bredburry*. «Je n'abandonne pas mon métier, je ne prends une distance qu'avec le cinéma, annonce-t-il. Je vivrai mon année sabbatique au théâtre[117].»

La prochaine étape de son programme des Mathurins doit être la création d'*Une vie de théâtre* de David Mamet, une pièce adaptée par Pierre Laville. C'est la première mise en scène de Michel Piccoli qui dit avoir beaucoup apprécié le film du dramaturge américain, *Engrenages*. Tout en dirigeant les répétitions l'après-midi, l'acteur est tous les soirs sur la scène du Théâtre du Rond-Point où il interprète *Le retour au désert* de Bernard-Marie Koltès. La pièce de Mamet confronte « un acteur plus âgé et un acteur moins âgé dans les coulisses d'un théâtre, pendant vingt-cinq tableaux[118] ». Le rôle de l'aîné est tenu par Jean Rochefort qui décrit son jeune partenaire comme « un garçon qui ressemblerait à ce que j'ai été quand j'avais vingt-cinq ans[119] » et considère que « ça ne peut pas se passer sans émotion intense parce qu'ils sont contemporains, mais pas vraiment et plus pour longtemps[120] ». Après avoir auditionné une trentaine de comédiens en deux jours avec Piccoli, leur choix s'est porté sur Jean-Michel Portal, un élève du Cours Florent qui n'y étudie que depuis quatre mois. La première a été envisagée initialement en novembre 1988 sous le titre *La vie d'artiste* – il a aussi été question du *Théâtre de nos vies*, selon Piccoli –, mais a finalement été repoussée de deux mois afin de donner à la pièce d'Erik Naggar davantage de temps pour toucher son public... ce qui s'est avéré plus compliqué que prévu. Le rideau est tombé pour la dernière fois le 8 janvier et la pièce de Mamet est annoncée dix-huit jours plus tard. Mais entre-temps, Jean Rochefort a un autre rendez-vous, plus personnel celui-là.

Le samedi 14 janvier 1989, l'acteur célèbre son troisième mariage à la mairie de Raizeux, tout près de la ferme des Piffaudières, où il vit désormais en couple, lui qui affirmait un an et demi plus tôt que « la vie commune n'est pas fiable. Elle enlève l'érotisme, le plaisir, la curiosité[121] ». Comme pour démontrer le contraire, il se rend à la mairie dans une belle américaine. Françoise arrive quant à elle légèrement en retard. Parmi les invités : Jean-Paul Belmondo et Philippe Noiret, qui sont témoins, son fils Pierre Rochefort, Monique Chaumette, Jean-Pierre Marielle, Pierre Vernier, Michel Beaune et Jean-Luc Bideau. Soucieux de demeurer maître de sa vie privée, Rochefort a contacté préalablement Jean-Pierre Zannier, le maire de Raizeux qu'il connaît bien. « Il ne souhaitait pas faire publier les bans car il tenait à respecter une certaine intimité, explique celui-ci. On s'est donc efforcé de rester le plus discret possible, car il avait négocié le reportage avec *Paris Match* et ne voulait pas voir débarquer d'autres photographes. Et même s'il en est tout de même venu, il n'y en a qu'un qui a été admis à l'intérieur de la salle des mariages[122]. »

La cérémonie est ponctuée par un incident cocasse, le comédien devant s'y prendre à deux reprises pour passer la bague au doigt de son épouse qui est saisie d'un irrépressible fou rire. La complicité entre les mariés est évidente. « Nous faisions du complet ensemble. Avant elle, ma passion pour les chevaux semblait incompatible avec Éros. Je vivais à la cambrousse et les dames appréciaient moyennement[123]. » Et puis, explique le comédien, « pendant longtemps, on s'est vus sans rien se promettre. Un jour elle est partie pour la Guadeloupe, et elle m'a manqué. Son rire, cette joie, cette soif de vivre. Elle m'a ramené à la surface de ma vie[124] ». Car, il l'admet bien volontiers, « c'est rarement rigolo les après-midi dans les Yvelines. À force de prendre le thé avec Françoise, j'ai fini par comprendre que j'avais besoin de vivre avec des êtres gais ; le contraire de ma vraie nature[125] ».

Vu les circonstances, Jean Rochefort a été dispensé exceptionnellement de répétitions, mais son metteur en scène, Michel Piccoli, arrivé pour le dessert du banquet champêtre qui suit (un pot-au-feu convivial préparé par Maryse, la femme de ménage), lui a fait promettre de repousser sa lune de miel éventuelle à une période plus propice, le comédien étant requis au Théâtre des Mathurins dès le lundi suivant. Une grande fête est toutefois organisée sur l'île de Porquerolles, berceau de la famille paternelle de la mariée qui y cultive des vignobles renommés. Parmi les invités, Michel Galabru, qui se déclare extrêmement touché et voit dans ce geste « une marque d'estime et d'amitié. Il a fait ça de façon somptueuse : notre voyage et notre hôtel nous ont été payés[126] ». Belmondo, lui, est arrivé en hélicoptère. Un peu comme dans *Le guignolo*.

Pour l'heure, c'est sur la scène des Mathurins que le public applaudit le jeune marié dans cette pièce que Piccoli décrit comme « un double labyrinthe dans les abysses de l'âme d'acteurs qui sont aussi des êtres humains[127] » et Rochefort comme « une pièce plutôt tendre d'un auteur plutôt féroce[128] ». Il ne regrette pas d'avoir demandé à son camarade de le mettre en scène. « Je lui fais confiance, je me laisse guider. On trouve nos accords. C'est un rêve[129] ! » Quant au pire, il ne l'envisage qu'avec un certain stoïcisme :

« Ma joie, c'est d'aller m'emplafonner dans quelque chose qui m'enthousiasme. Dussé-je aller chercher mes dents, ensuite, sur le trottoir[130]. » Il en aura l'occasion malgré lui, tant la presse se montre mitigée et même si la critique le juge « savoureux toujours, pudique, laissant affleurer désirs non exprimés, regrets, blessures, parce qu'une vie de théâtre, c'est toujours une vie de solitude, histrionisme, goût enfantin de tous les jeux, amertume[131]... » L'acteur campe pourtant sur ses positions en affirmant que « ce n'est pas grave. L'essentiel, pour moi, c'est de respecter une nouvelle forme d'exigence, et d'y croire encore[132] ».

Un mois après la première, le succès attendu tardant à se concrétiser, l'animateur Michel Drucker joue les bons samaritains en recevant le tandem Piccoli-Rochefort en direct dans son émission *Champs-Élysées*, une demi-heure avant le début de la représentation. Ce baroud d'honneur arrive malheureusement trop tard et incite Rochefort à noircir encore le tableau, en déclarant : « Michel [*Piccoli*] avait fait une mise en scène pas bonne, Yannis Kokkos, un immense décorateur, avait lui aussi raté son décor, j'étais absolument exécrable dans le rôle, bref c'était l'échec total, sauf un gamin de dix-huit ans qu'on avait engagé, qui n'avait rien foutu de sa vie et qui était magnifique. C'était insupportable de le retrouver tous les soirs[133]. » Selon sa propre expression, Rochefort émerge de cette aventure « comme un boxeur sonné[134] ». Une expression qui n'est pas innocente dans la bouche de cet admirateur éclairé du noble art, capable de se réveiller à cinq heures moins le quart du matin pour regarder à la télévision un combat entre le champion du monde des poids moyens Marvin Hagler et Sugar Ray Leonard ou d'aller assister au championnat d'Europe opposant Pierre Joly à Christophe Tiozzo.

Le psychanalyste Gérard Miller voit fort clair dans le jeu de l'acteur quand il écrit : « Si on l'imagine planté solide comme un chêne, c'est sans doute parce qu'il réussit – talent propre de l'acteur – à dissimuler le fil sur lequel il est équilibriste[135]. » Heureusement, Jean Rochefort a désormais d'autres motifs de se réjouir et quand il rentre chez lui après la représentation, « à une heure du matin, j'ouvre les boxes. Mes chevaux dorment : je les écoute respirer. Ils sont mon garde-fou. Le cataplasme sur mes fêlures potentielles[136] ». Mieux, « ce sont eux qui m'empêchent de sombrer dans des abysses insondables[137]... » La cause animale lui tient de plus en plus à cœur, quelles que soient les espèces concernées. «Je fais pour le WWF des choses que je ne ferais pas pour moi, explique-t-il. Je lis tout le courrier. J'incite un maximum de personnes à adhérer[138]. » Son poste d'administrateur de l'organisation internationale de sauvegarde de l'environnement dont la filiale française est présidée par l'un des fils du producteur Alain Poiré, et où siège aussi son ami Philippe de Broca, il l'a accepté d'autant plus volontiers qu'il s'avoue «un petit peu en interrogation sur le monde à venir à la fin de ce siècle. Les *progrès* et les folies de la biologie plus cette espèce d'acharnement que notre espèce met à se manger les entrailles, en ne tenant pas compte de l'environnement, de l'animal et du végétal peut nous inquiéter fortement, nous qui avons des enfants et qui les aimons[139] ». Militant convaincu, il traduit ses pensées en actes et s'engage dans une campagne baptisée *Sauvons les félins menacés*, en déclarant que «chaque espèce qui disparaît nous rend orphelins», avec une petite nuance personnelle : «J'aime bien voir la fourrure d'un lynx sur un lynx et j'aime bien voir une femme en porte-jarretelles et Dieu sait si j'adore les femmes et les lynx[140]. » Ailleurs, dans le texte qui accompagne une cassette vidéo éducative belge intitulée *Ami chien*, il explique que «la folie de l'homme a le pouvoir facile de traiter l'homme comme un chien... ».

C'est par pure conviction que Rochefort accepte de tourner *La seconde* de Christopher Frank, le premier des sept téléfilms de la collection *Les héroïnes de Colette*, dont une première adaptation a déjà été réalisée pour le petit écran par Hervé Bromberger en 1973. Dans le rôle du grand Farou, dramaturge et mari volage, il y retrouve Anny Duperey. «C'est pour moi l'occasion de jouer l'œuvre d'un grand auteur français, explique-t-il. Et si *La seconde* peut remplacer une série américaine à vingt heures trente, je me dis que c'est toujours cela de gagné pour la création française[141]... » Il va même jusqu'à affirmer que «ce n'est pas le rôle qui m'a fait accepter ce téléfilm, mais le plaisir de prendre, grâce à Colette, trois points Audimat à *Supercopter*[142] ». Autre auteur de renom, Marcel Pagnol, dont Yves Robert (officiellement adoubé par l'écrivain en 1972) adapte *Le château de ma mère* à Aubagne et réserve à son ami Rochefort le rôle modeste mais double de Loïs de Montmajour alias Adolphe Cassignol, le père de la fiancée de l'écrivain dont ce dernier affirme qu'il «avait pris un faux nom, comme les forçats évadés[143] » et dont son interprète déclare qu'il « ne s'exprime qu'en alexandrins, *avé l'assent.* Une faveur que m'a accordée Yves, dans le livre ce monsieur parle "pointu"[144] ».

Dans la foulée de ces tournages littéraires et estivaux, Rochefort interprète pour la première fois en plein air *Histoire du soldat* avec Édouard Garcin, dans le cadre du Horse Show, concours de jumping de Canisy dont il est le parrain et auquel il assiste en compagnie de son épouse et de son fils cadet. « Je suis le récitant avec toutes les voix des personnages, de ces marionnettes Bunraku, d'origine japonaise, dues à Karina Cheres[145] », explique-t-il, en précisant qu'« elles sont animées par des manipulateurs qui sont sur scène, tout en noir avec des cagoules, et la marionnette est devant le manipulateur dont on ne voit que les bras et les jambes, le reste étant en carton[146] ». Effet garanti, car, selon lui, « ces bouts de carton deviennent souvent aussi émouvants et aussi impressionnants que des acteurs[147] ».

À la rentrée 1989, il est question d'une nouvelle pièce d'Erik Naggar intitulée *Une jolie fille ne fait pas le printemps* que Rochefort pourrait mettre en scène, mais aussi de ses retrouvailles avec Philippe Noiret dans le film *Faux et usage* de Laurent Heynemann... qui deviendra *Faux et usage de faux*, mais dont il ne sera finalement pas. À trop passer en revue de scénarios par obligation, Jean Rochefort avoue avoir perdu le goût des textes plus littéraires : « Si je lis un roman qui n'est en rien utile pour ma profession et pour mes chevaux, c'est-à-dire un traité de vétérinaire ou un scénario, je me dis que je suis en train de perdre mon temps[148]. » Il doit cependant faire face à de nouvelles responsabilités quand, en fin d'année, il devient père pour la quatrième fois, d'une fille prénommée Louise, alors même qu'il a franchi la barre symbolique de la soixantaine. « Ma femme n'avait jamais eu d'enfant, confie-t-il, et je savais bien que, pour elle, le problème suivant se poserait : ou rester avec moi ou avoir des enfants avec quelqu'un d'autre. Nous en avons discuté, nous hésitions beaucoup, et puis, j'ai laissé jouer mon instinct[149]. » Conclusion : « Voilà comment on devient papa à l'âge d'être grand-père[150]. » Cependant il n'est pas peu fier du résultat, comme peut en témoigner Patrice Leconte qu'il convie à venir admirer sa petite dernière : « Il m'a amené au-dessus du berceau où elle dormait, toute sage, toute mignonne, et il m'a donné un coup de coude en me disant : *Tu vois ce qu'on peut faire avec du vieux sperme*[151] *!* »

26

Cavalcade

Étrange polémique que celle au cœur de laquelle se trouve impliqué malgré lui Jean Rochefort début 1990, année qui marque à la fois le centenaire de la naissance de Charles de Gaulle et le vingtième anniversaire de sa disparition. Guy Job et Étienne Mougeotte annoncent leur souhait commun que l'acteur tienne le rôle du Général dans un téléfilm de vingt millions de francs destiné à TF1. Le projet s'appuie sur un scénario écrit en 1942 par William Faulkner à la demande du producteur Jack Warner, lui-même missionné par le président Franklin D. Roosevelt qui souhaitait promouvoir l'image du héros de la France libre aux États-Unis et finit par y renoncer au profit de *Mission à Moscou* de Michael Curtiz, à la gloire de... Joseph Staline. Près d'un demi-siècle plus tard, l'amiral Philippe de Gaulle réagit publiquement en déclarant qu'un tel projet « serait tout à fait contraire à la volonté du Général[1] » et qu'en conséquence, sa famille « se plaçant en simple droit humain, s'oppose à la représentation, par des acteurs de composition, de leur père décédé, du vivant de ses enfants et sans l'accord de ceux-ci[2] ». Quelques jours plus tard, c'est au tour de Jean Rochefort de préciser : « Interpréter le Général me paraît impensable. Je ne vois, pour tenir le rôle, qu'Henri Tisot. Et encore, pour rire[3] ! » L'affaire est donc entendue pour lui, mais *Moi, général de Gaulle* sera finalement réalisé par Denys Granier-Deferre, avec Henri Serre dans le rôle titre et une apparition de... Julien Rochefort !

Jean Rochefort jouit de sa nouvelle vie de famille et de cette passion pour les chevaux partagée avec Françoise. « Il m'arrive de passer une heure d'intimité assis dans le foin à regarder ma jument manger et se déplacer[4]. » Selon lui, « le cheval est un animal très mystérieux, parce qu'il est biologiquement construit pour fuir, donc il a fallu créer ce contact fait de violence et aussi de la nécessité de rassurer, de calmer, mais plus nous cherchons à lui ressembler, plus il vient vers nous[5] ». L'éleveur n'en oublie pas pour autant de satisfaire à ses devoirs. Cette année-là, c'est lui qui remet à Robert Hirsch le César du meilleur second rôle pour son interprétation dans *Hiver 1954, l'Abbé Pierre* de Denis Amar et celui de la première œuvre à Éric Rochant pour *Un monde sans pitié*. Après la diffusion d'un extrait de la première nuit des César en 1976, l'acteur raille la couleur lie-de-vin de la veste qu'il arborait alors et demande la création d'un trophée du vieil acteur. Il esquisse enfin sa définition de ce que pourrait être son idéal professionnel, « un très grand acteur qui, quand nous le voyons jouer, nous donne à penser que nous pourrions faire largement aussi bien ». Parmi l'assemblée, Françoise Rochefort siège à côté de Philippe Noiret qui se cache derrière d'épaisses lunettes de soleil.

Au printemps, Rochefort a rendez-vous avec Patrice Leconte pour tourner *Le mari de la coiffeuse*, un film singulier que le réalisateur affirme avoir écrit en pensant à lui, mais que son producteur, Thierry de Ganay, aurait préféré voir interprété par... Jean-Pierre Marielle. D'ailleurs, avoue Rochefort, « quand j'ai lu le scénario, je ne m'imaginais pas du tout dans le rôle[6] ». Il faut dire que ce projet atypique semble sorti de nulle part. « Je ne me suis jamais senti aussi libre, déclare Leconte. Si je m'étais dit : *Mais enfin, ce n'est pas raisonnable de raconter l'histoire d'un type qui veut épouser une coiffeuse, qui l'épouse, qui se trouve bien avec elle*, je n'aurais jamais pu écrire ce film[7]. » Selon le comédien, le cinéaste « réalise le rêve qu'il n'a pas vécu. Il disjoncte avec cette histoire. Mais pour le jouer, moi aussi, il m'a fait disjoncter[8] ». Au début, Rochefort louvoie ; il hésite ; il doute... Et puis, « après des explications avec Patrice Leconte, et même des engueulades, nous sommes arrivés à lui trouver sa motivation[9] ». Non sans mal, car, note le réalisateur, « j'ai retrouvé Jean Rochefort disponible, inventif, frappé, tout ce qu'on aime, et en même temps Jean Rochefort ultra-rétif, ne s'entendant pas avec Anna Galiena. Or, quand on raconte une histoire d'amour, ça rend les choses plutôt compliquées[10] ». Du coup, témoigne le scénariste, Claude Kotz, « le boulot de Patrice était d'aller de l'un à l'autre[11] ». Mais « là où ça a dérapé, explique le metteur en scène, c'est qu'Anna Galiena est assez tatillonne, ce qui agaçait prodigieusement Jean qui est beaucoup plus instinctif, intuitif. Cette préparation très *acteur studieux* l'a beaucoup énervé et il a pris en grippe cette femme très vite[12] ».

« Jean a toujours la garde montée et ne la baisse jamais, poursuit Leconte. Ce n'est pas un sentimental et s'il l'est, il le cache bien et ne veut pas que ça se sache ou que ça puisse pointer, car ça l'embarrasse. À un moment, dans *Le mari de la coiffeuse*, la coiffeuse fait un shampooing et son mari arrive à genoux par-derrière et baisse sa culotte. Et tandis que le client se fait masser le cuir chevelu en disant *Continuez, c'est bon*, Jean baisse la culotte apparente d'Anna (elle en avait une autre) et vient caresser ses fesses sous sa blouse. Entre deux prises, elle est venue me raconter qu'on ne le voyait pas, mais que pendant cette scène, il lui mordait les fesses. Comme il était difficile de dire les choses crûment, j'ai contourné l'obstacle et je suis allé dire à Jean que ce n'était pas joli et il m'a répondu que c'était pour lui une marque d'estime et qu'il avait toujours mordu les fesses des femmes qu'il aimait[13] ! » Mais, comme ironise Rochefort, « je ne suis pas dénué d'abysses pour un acteur rigolo[14] ».

Malgré les humeurs de son interprète masculin, Leconte ne tarit pas d'éloges sur sa composition et son implication. « C'est un émerveillement de travailler avec un acteur comme lui qui, au mépris de tout ridicule, de l'image qu'il peut avoir, se met à danser comme une espèce de grand enfant désarticulé, enfant qu'il est toujours[15]. » L'acteur, lui, en attribue le crédit à ce metteur en scène qui l'a si bien cerné : « Patrice a su suffisamment étayer des histoires pour que ma pudeur naturelle tombe en miettes, pour que ma folie enfin s'exprime, cette pauvre folie qui était coincée depuis des décennies et qui enfin éclate. Si je ne me sentais pas sur un terrain solide, je ne parviendrais pas à ces extrêmes[16] ». Mieux, il prétend même que Leconte « a su faire tomber en miettes ma timidité[17] ». Et si l'on en doutait encore, il suffit de l'observer lorsqu'il exécute son morceau de bravoure : un numéro de danse orientale. « Un mois et demi avant le tournage, raconte le réalisateur, je lui avais confié cinq morceaux de musique que je comptais balancer sur le plateau pour qu'il les ait bien dans le crâne, mais je lui avais également précisé qu'il n'y aurait personne pour lui apprendre à danser et qu'il fallait que ça vienne de lui et qu'il se laisse aller. Le film était tourné dans l'ordre chronologique en studio et j'avais fait installer un grand miroir dans sa loge. Alors, il m'appelait de temps en temps et me disait : *Patrice, tu as deux minutes ? Je voudrais te montrer un truc*[18]. » Là, une sorte de miracle se produit, selon le cinéaste : « Il enclenchait une cassette et se mettait à danser en disant : *Voilà ce que j'ai pensé faire pour la séquence du mariage*, par exemple. Et alors il faisait des gestes invraisemblables et moi j'étais cueilli d'émotion et d'émerveillement[19]. »

À en croire Rochefort, son « imagination dans les mouvements de cette danse a été décuplée par le fait d'avoir une chemisette à manches courtes de vieil enfant et un petit pantalon en toile. Si la costumière m'avait imposé une tenue exotique et deux ou trois gourmettes pour exécuter cette danse orientale, j'aurais été coincé. Ce qui m'exaltait, c'était d'avoir une petite liquette du Puy de Dôme qui, tout à coup, se retrouvait à Tamanrasset. Je ne suis pas pléonastique en apparence. Là, j'étais conscient de la charge poétique qu'il pouvait y avoir de voir un monsieur plus tout jeune qui, tout à coup, dans un petit salon de coiffure provincial, traverse la Méditerranée directement pour dix minutes, de façon fulgurante[20] ». Cette séquence mémorable vaudra à l'acteur moult compliments et la reconnaissance de ses pairs, dont son ami Noiret qui écrit à son propos : « Quand Rochefort, dans *Le mari de la coiffeuse*, se met à faire la danse du ventre, je suis épaté[21]. » Pourtant, malgré une critique dithyrambique, le public ne se déplace pas vraiment en masse, y compris quand le film obtient le Prix Louis Delluc. Il remporte, en revanche, un joli succès à l'international. Du coup, constate Leconte, « ce film dont je doutais à chaque minute du tournage qu'il puisse intéresser qui que ce soit a fait une carrière incroyable à l'étranger. Il est resté un an à l'affiche à Madrid, et au Japon ils en sont dingues[22] ».

C'est alors de Montréal que Rochefort reçoit une proposition pour un projet au titre pour le moins pittoresque, *Tiens la colle !* Il y arbitre les méandres romantiques du couple formé par les comédiens locaux Nathalie Gascon, dont le sport favori est supposé être... l'équitation, et Rémy Girard. Selon ce dernier, le réalisateur « Robert Ménard avait envoyé le scénario au grand comédien français, qui l'avait beaucoup aimé. Il voulait aussi connaître le Québec où il n'était jamais venu[23] ». Ce film finalement intitulé *Amoureux fou* portera bonheur à ses interprètes, puisqu'il vaudra les Génies (les César québecois) du meilleur rôle masculin à Remy Girard et du meilleur second rôle féminin à Danielle Proulx, ainsi que deux autres nominations dont une pour Jean Rochefort.

Cet automne-là, le comédien est si secoué par la disparition de Delphine Seyrig qu'il se présente comme un « frère orphelin » pour décrire son chagrin. Et si la vie continue, elle lui laisse parfois un goût d'inachevé et quelques regrets dont il n'impute la faute qu'à lui-même. « Je suis d'une hypocrisie totale, explique-t-il. Je n'ai pas fait certaines choses par peur de ne pas être à la hauteur. J'ai eu quarante-huit heures pour décider si je mettais Jean-Paul *[Belmondo]* en scène dans *Cyrano*... et j'ai refusé. Je le regrette beaucoup car je crois que je l'aurais pas mal aidé[24]. » Du coup, c'est Robert Hossein qui l'a mis en scène au Théâtre Marigny, à Paris. Autre rendez-vous manqué, quand Rochefort se voit proposer un rôle par Pierre Schoendoerffer dans *Diên Biên Phu*. Mais là, raconte le réalisateur du *Crabe-Tambour*, non seulement le film a été retardé plusieurs fois, mais « il ne s'est pas fait exactement dans les conditions que je souhaitais. Pour cette histoire indochinoise, je voulais travailler avec des gens qui soient sensibles au Vietnam et qui soient prêts à aimer ce pays comme moi je l'ai aimé. Je regrette que Rochefort n'y ait pas participé parce qu'il l'aurait ressenti, ça[25] ». Selon le comédien, « j'ai expliqué à Pierre que je n'étais pas disponible pour le faire, à cause d'autres projets. Il l'a parfaitement compris. L'amitié, la complicité, les familles, cela compte beaucoup pour moi[26] ». Ironie du sort, le tournage de *Diên Biên Phu* débutera finalement en février 1991, c'est-à-dire au moment précis où Rochefort est engagé sur un autre projet : *Tchador*. L'histoire de ce film est d'ailleurs assez emblématique de la tournure qu'est alors en train d'amorcer le cinéma français.

François Margolin, jeune réalisateur couronné du Prix Jean Vigo pour son court métrage *Elle et lui* (1987), obtient l'avance sur recettes pour ce scénario qu'il a coécrit avec le journaliste Philippe Trétiak et qu'il décrit lui-même comme « une transposition de *Certains l'aiment chaud* en Afghanistan, à l'époque de l'intervention russe[27] ». Ce pays, le cinéaste le connaît pour s'y être rendu avec Médecins Sans Frontières. Les deux protagonistes en sont d'ailleurs deux humanitaires français, « un médecin hospitalier et un infirmier entretenant des rapports maître-esclave qui décident de se voiler intégralement afin de se faire passer pour des femmes et pouvoir ainsi quitter le pays[28] ». Margolin propose ces rôles à Jean Poiret et Pascal N'Zonzi. Quand le premier se révèle indisponible en raison d'autres engagements, c'est sans hésitation que le réalisateur s'adresse à Rochefort. Il offre même au comédien un album consacré aux chevaux afghans, ceux-là mêmes qui ont inspiré *Les cavaliers* à Joseph Kessel. Une comédienne américaine accepte de tenir le rôle d'une journaliste, tandis que le réalisateur géorgien Otar Iosseliani est engagé pour incarner un militaire russe. Le tournage est d'abord prévu au Pakistan, puis rapatrié au Maroc, où John Huston a tourné *L'homme qui voulut être roi* (1975), déjà censé se dérouler en Afghanistan. L'invasion du Koweït par l'Irak, en août 1990, puis le déclenchement de l'opération Tempête du Désert, en janvier suivant, provoquent la suspension des autorisations de tournage dans les pays du Maghreb, entraînant de fait l'annulation pure et simple de cette « comédie d'auteur[29] » à la place de laquelle Margolin tournera l'année suivante *Mensonge*, un drame psychologique sur le Sida. Au lendemain du 11 septembre 2001, il évoquera l'idée de relancer *Tchador* avant d'y renoncer. Le réalisateur garde a posteriori le regret de ne pas avoir pu mener à bien ce film dont il aurait également pu vendre le sujet prémonitoire à Hollywood, comme le lui avait conseillé le producteur Philippe Carcassonne.

Alors même que la guerre du Golfe truste les gros titres des journaux, au cours du déjeuner préliminaire des César qui réunit l'ensemble des nominés, Jean Rochefort, en lice pour sa composition dans *Le mari de la coiffeuse*, se laisse aller aux confidences et confesse ranger ses trophées « dans ma salle de bains, sur un petit plateau où il y a aussi d'autres récompenses qui viennent de l'étranger[30] ». Patrice Leconte conserve un souvenir nettement plus mitigé de cette soirée qui avait tout pour être une fête : « On a eu plusieurs nominations et la veille des César, j'ai passé un coup de fil à Jean Rochefort en lui avouant que les mots qu'il avait prononcés l'année de *Tandem* m'avaient meurtri et que, quoi qu'il arrive, il s'abstienne de tout commentaire. Cette année-là, au cours de la cérémonie, il était assis quelques rangs devant moi et après chaque César qui nous échappait au profit de *Cyrano de Bergerac*, il se retournait vers moi en me montrant un zéro qu'il formait avec la main, geste qu'il a répété huit fois. Et quand, à la fin de la cérémonie, on est repartis bredouilles, il m'a fait : *T'as vu, j'ai rien dit*[31] *!*»

C'est en Espagne que le comédien est attendu pour le tournage du *Long hiver* de Jaime Camino, une coproduction hispano-française de trois heures, également déclinée sous la forme d'une mini-série en deux parties, qui est le deuxième plus gros budget de toute l'histoire du cinéma ibérique avec près de six millions de dollars. Ce long hiver, c'est celui de 1939, le film s'inscrivant dans la continuité d'un succès précédent du réalisateur : *Les longues vacances de 36*, qu'il a consacré à la Guerre civile espagnole, en 1976. Ce nouvel espoir n'ajoutera en revanche pas grand-chose à la gloire de Rochefort et ne connaîtra même pas de sortie commerciale en France. À peine revenu de Barcelone, il repart pour le Hoggar marocain et sur le plus grand plateau du studio Cinecittá, à Rome, pour les besoins du tournage de *L'Atlantide* de Bob Swaim, la sixième adaptation cinématographique du roman de Pierre Benoit, où il retrouve sa meilleure ennemie... Anna Galiena, l'actrice italienne y campant la mythique Antinéa.

Autre remake au programme de Jean Rochefort : *Le bal des casse-pieds* d'Yves Robert, libre relecture des *Casse-pieds* de Noël Noël, où apparaissent notamment ses compères Victor Lanoux, Guy Bedos et Claude Brasseur, avec lesquels il n'a aucune difficulté à retrouver ses marques : «Il y a des complicités de longue date entre tous ces gens : on a grandi ensemble. On vieillit ensemble[32]... » Cette comédie de caractères donne à Jean Rochefort l'occasion de camper Henri... Sauveur, un «homme qui sait écouter les animaux[33]» et lui fait dire que «quand on exerce une profession publique, on est forcément la cible des casse-pieds[34]». Ce personnage, insiste Yves Robert, «Dabadie et moi l'avons voulu vétérinaire, parce que nous imaginons qu'un vétérinaire est un peu psychologue, et doit avoir à soigner presque aussi souvent le propriétaire de l'animal que l'animal lui-même[35]». Le réalisateur affirme pourtant avoir peiné à en visualiser l'interprète idéal : «Le difficile était de trouver un comédien suffisamment humaniste, suffisamment confesseur, suffisamment bon[36]». En l'occurrence, Jean Rochefort qui affirme s'être beaucoup inspiré de... lui-même : «J'ai le talent de pouvoir m'évader, dit-il, de pouvoir regarder les gens sans les écouter, en prenant un regard inspiré et en hochant du chef quand il y a un blanc[37].» Il insiste aussi sur l'empathie qui le lie à ce personnage :

«Je suis poli, bien élevé. Un peu comme je le suis dans la vraie vie[38]. » Il juge en outre qu'Yves Robert « fait des comédies à la française, tout à fait pertinentes, justes, poétiques et même parfois cruelles, ce qui est un moteur essentiel pour la comédie[39] ». Et puis, insiste-t-il, «j'aime assez donner cette image du personnage qui subit et qui trouve des satisfactions dans les aventures amoureuses ou dans une évasion poétique[40] ». Le comédien sexagénaire manifeste cependant une subite pudeur de jouvenceau lorsqu'il avoue que « la perspective d'un rôle de séducteur, encore un, m'a effrayé. J'avais très peur de ne pas former un couple crédible avec Miou-Miou[41] ». Il s'empresse toutefois de préciser : «J'ai la chance de bénéficier de cet engouement pour les hommes mûrs, sécurisants, rassurants. La sensation de force calme a toujours été un stimuli sexuel pour mes partenaires, la vie me l'a prouvé[42]. » Il apprécie tout particulièrement Miou-Miou, parce qu'« avec elle, on a la sensation que l'amitié et la complicité sont possibles, au-delà de tout quiproquo ou coquetterie[43] ».

De décembre 1991 au 15 avril suivant, Rochefort emmène dans le cadre d'une tournée des Galas Herbert-Karsenty *Histoire du soldat* dans une trentaine de villes de France, de Suisse, de Belgique et du Luxembourg. Dans un décor conçu par le vétéran Willy Holt, Édouard Garcin dirige les sept musiciens de Philharmonia comme « une petite métaphore d'un grand orchestre, puisque tous les instruments sont représentés : il y a les bois, la petite harmonie, les cordes et la percussion[44] ». Rochefort, qui a profondément remanié le spectacle, se livre à une confession intime : «J'ai voulu régler mon compte avec l'adolescent que j'étais et les goûts de mon adolescence[45] », parce que, précise-t-il, « Stravinsky, quand j'étais un petit provincial, était l'avant-garde, c'était le monde moderne qui m'appelait. Et Ramuz, ce poète suisse qui parlait de la nature et des complexités de l'âme, dans une langue claire, simple et touchante, est quelqu'un qui a bercé mon adolescence[46] ». C'est un fait, « quand on entendait *Le sacre du printemps*, on avait l'impression d'entendre une musique venue de l'au-delà, et l'au-delà pour moi, c'était Paris[47] ». Il entretient un rapport très personnel avec les deux artistes qui ont inspiré ce spectacle. «J'adore le conte de Ramuz qui est un chantre de la nature, et personne n'ignore mes goûts bucoliques. La musique de Stravinsky est l'image même de la révolte. Une musique qui me touche par son caractère contemporain alors qu'elle fut composée en 1918[48]. »

Bien que Jean Rochefort ne cache pas la joie qu'il ressent à « faire vocalement une princesse, un beau jeune homme et un diable repoussant[49] », la jubilation qu'éprouve le comédien n'est pas toujours évidente à transmettre à « un public plus habitué à la pure distraction ; et nous avons eu souvent des publics surpris, en tout cas dans les premières minutes[50] ». Mais si les spectateurs sont parfois décontenancés, c'est, de son aveu même, parce qu'« on ne sait pas si c'est une comédie musicale, si c'est du théâtre, si c'est un concert[51] ». Comme si l'imprévisible était inscrit dans les gènes de ce spectacle. « Un dimanche, je jouais à Notre-Dame-du-Gravillon, en Normandie. Je m'attendais à ce qu'on refuse du monde : sur une salle de six cent cinquante places, il n'est venu que deux cents personnes... Mais quel public ! À la fin du spectacle, les gens refusaient de partir. Ça a été une émotion considérable[52]. » Chaque représentation est différente et suscite chez Rochefort cette réaction : «J'ai vu là quelque chose d'invraisemblable. Je ne savais pas que ça existait encore. Je pensais que c'était des publics de ma jeunesse[53]. » En fait, il l'admettra plus tard, «je m'étais trompé de tourneurs, ils étaient *boulevard*, ils attendaient Jean Lefebvre. Donc quatre-vingts représentations, dramatiques[54] », mais « le mano a mano avec mon mini-bar, en rentrant à l'hôtel le soir, était grandiose[55] ». Qu'importe, il est désormais le plus fort, car il se sent soutenu et entouré. Au point de déclarer : « Le parcours a été très douloureux et, grâce à Dieu, j'ai trouvé maintenant quelqu'un [*Françoise*] qui partage ma passion, et ça change tout : là, c'est magique, c'est l'harmonie ; c'est le mariage réussi[56]. »

Au fil de sa tournée, Jean Rochefort revient fréquemment chez lui et s'extasie de voir la petite Louise grandir à vue d'œil. Sa paternité tardive lui inspire cette réflexion : «Je crois que c'est le privilège de l'âge. J'ai vraiment tout le temps pour m'y consacrer et, quand je ne l'ai pas, je le prends. C'est réciproque. Elle me réclame énormément. Elle aime que je l'écoute. Ces rapports père-fille sont d'une tout autre nature qu'avec mes garçons[57]. » Cruel lapsus révélateur qui prouve qu'il a rayé de sa vie sa fille aînée, Marie. Même loin de chez lui, il veille à distance sur son élevage dont prend soin Françoise et affirme que sa jument préférée occupe une stalle mitoyenne de sa salle de séjour. Le comédien se voit aussi sollicité une fois de plus pour remettre un trophée au cours de la dix-septième Nuit des César, en compagnie de Mathilda May : celui du meilleur réalisateur décerné à Alain Corneau pour *Tous les matins du monde.*

Cet été 1992, Jean et Françoise Rochefort font l'acquisition d'une maison en bordure de la forêt de Rambouillet, le haras d'Auffargis, à Villequoy, où son épouse aménage des écuries dans le jardin potager derrière lequel une clairière est reconvertie en terrain de dressage. En attendant l'achèvement des travaux, l'acteur s'offre une escapade sur le plateau de *Tango* de Patrice Leconte, le temps d'une brève apparition aux côtés de Carole Bouquet que le réalisateur lui a proposée en usant d'une ruse de Sioux : «*Jean, je vais faire "Tango". Hélas, c'est un film sans toi... Mais j'aimerais connaître ton sentiment...C'est un scénario qui comporte des risques... Ton avis me serait précieux...* Il accepte, je le lui envoie, il me rappelle pour m'en dire le plus grand bien. On parle... On parle... Et tout d'un coup, il me dit, presque timidement : *Je peux te demander une faveur ? J'aimerais bien jouer le garçon d'étage*[58]. » L'affaire est entendue et Leconte jubile : «Je l'ai remercié pour sa scène et il m'a répondu : *C'est normal, qu'est-ce que tu veux. Le personnage que tu m'as proposé flatte mon goût de l'échec*[59]. »

À l'automne, alors que Jean Rochefort est omniprésent sur les écrans dans *Le bureau* et *L'écurie*, deux spots publicitaires pédagogiques destinés à accompagner le lancement de la fonction signal d'appel de France Telecom, Françoise donne le jour à une seconde fille. Et quand Patrice Leconte débarque pour admirer la petite merveille, se penche au-dessus de son berceau et demande à l'heureux père «Comment s'appelle-t-elle ? », celui-ci lui répond : «Je l'ai appelée Clémence parce qu'il faudra qu'elle en ait quand elle se rendra compte de l'âge de son père[60]. »

Au moment où l'homme atteint le comble de la béatitude, l'acteur se réjouit de l'échéance qui l'attend. Ce film intitulé *Cible émouvante* est l'aboutissement de cinq années d'une gestation longue et douloureuse. C'est après avoir rencontré le réalisateur Pierre Salvadori que le producteur Philippe Martin a créé sa société afin de mener à bien ce projet dont ils ont envoyé le scénario à Jean Rochefort. Pendant la quinzaine de jours où il s'arrête au Théâtre des Célestins de Lyon avec *Histoire du soldat,* l'acteur met à profit une matinée de brouillard sur le Rhône pour régler les affaires courantes. « J'avais emmené quelques textes. En haut de la pile, j'en prends un et je le commence. Au bout de dix pages, j'étais enthousiasmé par le ton[61]. » Il reconnaît se trouver alors « dans un état de dépression totale. Peut-être que ça a mis encore un peu plus d'enthousiasme dans ma réaction, parce que j'ai ouvert un bijou, (...) quelque chose dont le temps, l'imaginaire m'a emballé[62] ». À tel point, rapporte Salvadori, que « Jean m'a demandé de le rejoindre dès le lendemain pour parler du personnage. J'étais surpris de sa disponibilité, de son envie de s'amuser[63] ». L'acteur voit alors « débarquer deux gosses de vingt-trois ans, un producteur, un réalisateur. Il y a eu une familiarité immédiate, une complicité formidable[64] ». Et pourtant, prend-il soin de préciser, « je n'ai pas un enthousiasme systématique pour les jeunes, mais j'aime ceux en qui je subodore des adultes intéressants[65] ». Rochefort n'aura qu'à se féliciter de sa décision, car « le tournage fut un autre plaisir, entouré de toute cette bande de jeunes de moins de trente ans, où je faisais figure de parrain. J'ai découvert un état d'esprit que je n'ai peut-être pas rencontré avec les gens de ma génération[66]... » Et puis, ajoute-t-il, « quand on sait qu'on ne s'est pas trompé, c'est une joie profonde d'être *un initiateur*[67] ».

« Pour *Cible émouvante*, dit Rochefort, Salvadori, qui débutait, avait prévu deux acteurs comiques, mais je n'étais pas d'accord[68]. » Enthousiasmé par ce projet, il conseille au réalisateur et à son producteur d'engager pour le rôle masculin Guillaume Depardieu, alors même qu'il n'a vu jouer celui-ci que dans *Tous les matins du monde*, mais déclare avoir « trouvé idéales cette fraîcheur et cette maladresse[69] ». Un coup de maître lorsqu'on sait que ce dernier deviendra ensuite l'alter ego de Salvadori dans *Les apprentis* (1995), *...Comme elle respire* (1998) et *Les marchands de sable* (2000). Rochefort affirme quant à lui de son rôle dans *Cible émouvante* que « le personnage que j'interprétais basculait sexuellement et affectivement entre Marie Trintignant et Guillaume Depardieu[70] ». Reste tout de même à soigner son apparence. « La première chose avec Pierre Salvadori a été de trouver un costume ecclésiastique pratiquement, puisque cet homme a un veston qui est serré très très haut[71]. » Et puis, précise-t-il, « j'ai joué ça avec un corset, pour m'épaissir, pour me donner un petit côté impuissant, mal dans sa peau, se posant sur une fesse[72] ».

Pour le reste, le comédien n'a qu'à puiser dans son vécu personnel et notamment dans ses relations naguère houleuses avec son propre père. «J'ai gardé des timidités d'enfant de huit ans dans mon visage d'homme au-delà de cinquante, et je pense que ça a été l'alchimie nécessaire pour jouer ça[73].» Il lâche avec une malice étudiée : « Ce personnage n'est pas le contraire de moi[74]. » Et pour preuve, «je peux lui raconter un passé, je vais jouer son présent et je peux raconter son avenir. Alors là je suis solide et je peux, à travers cette structure, faire appel à mon imagination, à mes références personnelles, à mes souvenirs, pour créer physiquement et psychologiquement, et dans l'imaginaire, un personnage[75].» Dans son idée, « ce film très drôle correspond beaucoup à un esprit que j'aime profondément et que j'ai essayé, très modestement, d'imposer, ou en tout cas de faire connaître, ces derniers temps, c'est-à-dire la drôlerie dans la plausibilité[76] ». Mais attention, insiste-t-il, «j'ai voulu jouer ce tueur pour rire sans apporter ma pierre à la violence qui nous environne[77] », car « il faut veiller à ne pas faire école en campant des ordures sympathiques[78] ».

Pendant le tournage de *Cible émouvante*, Jean Rochefort ne se contente pas de jouer. Il assume ses responsabilités à l'égard de ses cadets, disparus tragiquement depuis l'un et l'autre, dont il affirmera a posteriori qu'ils l'« ont littéralement enchanté tous les deux[79] » : Marie Trintignant, qu'il connaît depuis sa naissance et qu'il se rappelle avoir « emmenée en Bretagne dans une Vespa 400 à moteur deux temps, elle devait avoir six ou sept ans[80] », et Guillaume Depardieu, son *protégé*, dont il affirme qu'il s'est « battu pour lui remonter le moral[81] », car « c'était un génie, mais il tutoyait la douleur[82] ». Le réalisateur Pierre Salvadori est au diapason. «J'ai vu un auteur de comédie... dostoïevskien, confie Rochefort. Sur le plateau, c'était un être habité d'une angoisse permanente, d'une méfiance des autres considérable et d'un prodigieux spleen[83].» Le cinéaste rend quant à lui hommage à son interprète avec reconnaissance : « C'était mon Lexomil. Il me détendait, me grattait le dos, me frottait la tête... Comme si j'étais un de ses chevaux[84] ! »

Promu malgré lui chef de clinique, Jean Rochefort assume volontiers être dépressif en affirmant que « c'est le matériau essentiel pour l'humour[85] », mais il n'est pas mécontent de voir débarquer sur le tournage au cours des vacances de la Toussaint son fils cadet, Pierre, onze ans, qui se met à l'appeler « Super copulos », en référence à ses prouesses amoureuses et à sa progéniture.

L'équipe accorde en outre à l'acteur une telle confiance qu'au moment du montage, le réalisateur et son producteur lui soumettent des cassettes afin qu'il tranche leurs désaccords. « Il y a dans l'humour de Pierre Salvadori un cousinage avec ce que je recherche personnellement..., explique Jean Rochefort, une sorte d'anglo-saxonisme où la dérision côtoie l'émotion[86]. » Bien vu, puisque *Cible émouvante* suscitera un remake britannique réalisé par Jonathan Lynn sous le titre *Petits meurtres à l'anglaise* (2009) dans lequel le stoïque Bill Nighy reprend le rôle de Victor Meynard immortalisé par Rochefort, sous le nom de... Victor Maynard !

Le dernier clap de *Cible émouvante* coïncide avec l'emménagement de la famille Rochefort dans sa nouvelle propriété, ce fameux haras d'Auffargis dont Jean est fier de pouvoir affirmer que « dans les archives de la région, le jardin est répertorié depuis 1212 et madame Pépin le Bref mère y aurait vécu[87] ». Il assume aussi avec plaisir ses responsabilités de père de famille, bien que son âge lui vaille parfois des réflexions désobligeantes auxquelles il a appris à faire face. «J'ai un numéro très au point quand je vais chez un commerçant avec ma fille de trois ans et qu'on me dit *C'est votre petite-fille ?* et que je réponds *Non, c'est ma fille, et c'est l'aînée*[88] *!*» Car, l'épreuve des faits l'en a convaincu, «j'ai l'impression, quand je lis dans les yeux de mes filles petites une espèce d'attendrissement, comme si le moment qu'elles passaient là avait un temps réduit dans l'espace et que chacun doit en profiter le plus possible[89] ».

27

La solitude de l'acteur de fond

«Je n'ai pas le besoin physiologique de jouer[1] », affirme Jean Rochefort. Et le fait est qu'afin de pouvoir mener de front ses multiples responsabilités de comédien, d'éleveur et de père de famille, celui qui se qualifie lui-même de « modeste artisan hexagonal[2] » a appris à naviguer entre les impondérables qui dessinent les contours d'une autre carrière, fantôme celle-là. Avec son lot de regrets et de frustrations. C'est ainsi que Rochefort ne voit aboutir qu'au printemps 1993 *Et ensuite, le feu,* « un vieux rêve de huit ans entre Fabio Carpi et moi. Ce scénario est une merveille[3] ». Le sujet sulfureux le touche d'autant plus qu'il y voit une sorte de parabole autour du vieillissement de son personnage, Amedeo Magis, professeur à la Sorbonne. «J'y suis le mari de Marie-Christine Barrault et je me rends coupable d'inceste[4] », explique-t-il, tout en précisant que « c'est sa fille qui va s'offrir à lui[5] ». L'audace du propos ne saurait toutefois s'accommoder de la moindre approximation, sous peine de déraper. Or, admettra-t-il, « le tournage n'a pas été ce que mon vieux rêve avait nourri[6] ». Cruelle désillusion qui incitera un critique à juger «Jean Rochefort, un peu ailleurs[7] ».

Changement de registre radical lorsque le comédien participe au spectacle *Joyeux anniversaire monsieur Trenet* organisé à l'Opéra Bastille pour les quatre-vingts ans du Fou chantant. Là, c'est aussi sa propre jeunesse zazoue qu'il célèbre avec celui qui en fut le héraut. Et puis, comme c'est trop souvent le lot de l'été, le jour de la fête nationale, Rochefort recueille un bâtard qu'il a trouvé errant et qu'il baptise Cador avant de repartir au front pour un projet qui lui tient particulièrement à cœur : *Tombés du ciel.*

Bien qu'il s'agisse là de son premier long métrage en tant que réalisateur, Philippe Lioret a travaillé pendant une dizaine d'années au son, aux côtés de réalisateurs tels que Michel Deville, Robert Altman, Coline Serreau ou Xavier Beauvois. Il n'a toutefois jamais croisé Rochefort qui décrit ainsi leur première rencontre : « Il est arrivé chez moi, il m'a donné le scénario et j'ai senti que l'homme était abattu[8]. » Et le fait est que « mon enthousiasme a redonné de l'influx à cette entreprise[9]. Je l'ai lu et le lendemain matin, j'ai téléphoné : *Je trouve ça magnifique et je le fais quand vous voulez*[10] ».

À travers ce portrait de groupe d'une poignée d'apatrides regroupés dans la zone franche d'un aéroport, qui inspirera plus tard à Steven Spielberg *Le terminal* (2004), explique Jean Rochefort, « Philippe Lioret a la politesse de raconter une histoire, mélange de tendresse, d'angoisse et d'humanité rêvée[11] ». L'acteur perçoit d'emblée la difficulté du défi et va défendre personnellement le projet « auprès des directeurs de chaînes de télévision, pour qu'ils le coproduisent[12] ». Rochefort doit en outre conjurer sa phobie irrationnelle des aéroports : « Ces endroits immenses, anonymes, où l'on ne se retrouve pas, tant qu'on n'a pas su décrypter les couloirs, les orientations exactes, pour moi, sont tout à fait le symbole d'un univers kafkaïen[13] ». Son impression sur « ces gros tas de béton posés en pleine nature[14] » est encore accrue par un plan de travail assorti d'impondérables. « Tout le film se déroulant à l'aéroport de Roissy, nous avions les autorisations de tourner, mais seulement de nuit, pour ne pas perturber les voyageurs. Pour un diurne comme moi, c'était très dur[15]. » Lioret doit quant à lui gérer une autre contrainte : « La direction d'Air France nous a demandé de ne pas apparaître dans l'image[16] ».

Tombés du ciel constitue une sorte de croisade en faveur de l'humanité pour Jean Rochefort qui s'affirme « sensible à la douleur des êtres déracinés. Je suis moi-même mal à l'aise dès que je suis longtemps hors de mon territoire[17] ». Il développe une sincère empathie envers son personnage, Arturo Zachari Ignacio Conti, et joue délibérément sur la pudeur et la retenue, sans succomber à la tentation de la performance, car, argumente-t-il, « dans un rôle comme ça, il faut que le spectateur s'identifie à vous, qu'il se dise *Et si ça m'arrivait*[18] *?* » Et le comédien d'ajouter : « Il fallait donc me contrôler en permanence, éviter mes tics de vieux briscard sûr de son fonds de commerce. J'avais envie que les spectateurs oublient qu'ils avaient devant eux Jean Rochefort[19].» Cet effacement volontaire s'adresse aussi à ses partenaires, qu'il s'agisse des comédiennes espagnoles Marisa Paredes et Laura del Sol, de Ticky Holgado, que Lioret a rencontré deux ans plus tôt sur le plateau d'*Une époque formidable...* (1991) de Gérard Jugnot, ou de Sotigui Kouyaté, cet acteur burkinabé de la troupe de Peter Brook qui incarne pour l'occasion un Éthiopien. Rochefort souligne aussi que «le petit garçon africain qui est mon partenaire principal avait en plus une authenticité, une espèce de vérité, une absence totale de conscience d'un cabotinage qui m'a profondément ému par sa discrétion et je pense que ma manière de jouer en a été transformée[20]», car «j'ai voulu n'avoir aucun attendrissement facile[21]». Il puise enfin dans ses ressources d'identification, en décrétant qu'«Arturo tient de nous tous. J'ai fait appel le moins possible à mes petites virtuosités d'homme de spectacle. J'ai éliminé toute drôlerie trop évidente, trop jouée. J'adore me mettre en retrait[22]!» Cette méthode, il la résume en deux phrases : «Si j'ai une petite vertu sur un plateau de cinéma, c'est de savoir écouter et regarder les autres. Je ne palabre pas[23].» Une posture qui s'avère payante : la critique loue sa composition et discerne en lui un «expert dans l'art de mettre en valeur l'absurdité de la situation[24]» en relevant qu'«il apporte son charme, sa fantaisie, son élégance avec quelque chose en plus de démesuré, d'inquiétant, qui fait de ce sexagénaire séduisant un héros moderne[25]». Bref, il «est lunaire à souhait dans le rôle d'Alice au pays des merveilles sous douane[26]».

À l'issue de ce tournage palpitant mais éprouvant parmi ces «gens qui veulent sortir de l'ordinaire de notre temps, de ces cruautés ou de ces aberrations[27]», Jean Rochefort rejoint Françoise et leurs filles en vacances au milieu des vignes familiales de Porquerolles : «Je suis extrêmement casanier et je ne comptais pas partir, explique-t-il. Elle m'a convaincu qu'il fallait que je déconnecte[28].» Mais son rôle de papa poule n'est pas pour lui déplaire, lui qui affirme que «si je ne vois pas Louise et Clémence tous les jours, je déprime[29]» et prend souvent soin de louer une maison sur les tournages, afin de pouvoir y accueillir femme et enfants. «La maturité vous éloigne des principes absurdes, insiste-t-il, vous dégage de votre égoïsme de jeunesse et vous offre du temps. On a donc pour ses enfants une écoute radicalement différente[30].» Et l'acteur, qui se plaît depuis des lustres à enregistrer des contes, des histoires et des fables, de confier sur le ton de la plaisanterie : « Ma fille m'a dit récemment : *Raconte-moi une histoire.* Je lui ai dit : *Je ne peux pas, parce que ça ne serait pas déclaré*[31] *!* » Il est toutefois conscient de ses atouts quand il décrète que « sur le plan vocal et pour les mimiques et les grimaces, je suis d'une grande utilité[32] ». Au point de se poser cette question rien moins qu'existentielle : « Je me demande ce qui vaut mieux, border mes enfants ou attaquer un deuxième acte[33] ». Sa proximité avec ses filles, le sexagénaire la souhaite d'autant plus spontanée et immédiate qu'il demeure un père à temps partiel pour Pierre, que Julien a désormais pris son envol et qu'il a coupé les ponts avec Marie. « C'est très curieux d'avoir à résoudre des problèmes d'enfant de trente ans et d'enfant de deux ans[34] », remarquera-t-il un peu plus tard, en déclarant avec humour, « la toute dernière, de temps en temps, quand elle me tend ses petits bras, que je n'arrive pas à l'extraire du sol et que je fais semblant de ne pas la voir pour ne pas avoir mal au dos en la portant, je me reproche d'être son père[35] ». Depuis la disparition de son père, Jean a également enterré son frère. Une brouille tenace qui persistera jusqu'en 2007 et l'incitera à déclarer : « Je vais partir au bord de l'Odet *[fleuve côtier breton qui se jette dans l'Atlantique]* retrouver mon frère après quinze ans de séparation et d'engueulades[36]. »

S'il est un classique de la littérature qui titille Jean Rochefort depuis sa prime enfance, c'est bien *Les trois mousquetaires* d'Alexandre Dumas que sa passion du cheval n'a fait qu'attiser au fil des années. « À une époque, des Canadiens nous ont proposé, à Noiret, Marielle, Belmondo et moi, de faire un western. Hélas, ça n'a jamais abouti[37]. » On eût été curieux de découvrir cette très libre transposition qui a laissé une frustration à Rochefort et lui a inspiré cet aveu : « C'est le cinéma que je préfère : un cinéma d'Épinal fait d'aventures mises en images. Du Cinémascope, de la couleur, du mouvement, du spectacle[38]. » Lui qui estimait que « le cadre du western correspond idéalement à un récit d'aventure[39] », il a donné l'impression d'enterrer définitivement ce rêve en déclarant : « Il a été question à une époque que nous fassions *Les trois mousquetaires*, ensuite *Vingt ans après* et maintenant il est trop tard[40]. » Cruelle désillusion vérifiée quand Bertrand Tavernier produit *La fille de d'Artagnan*, un hommage à la série B dont il a écrit le scénario pour le vétéran italien Riccardo Freda, lequel n'a plus la force physique de le réaliser et doit y renoncer. Il a proposé entre-temps le projet à Rochefort qui l'a décliné à contrecœur, en raison d'autres engagements. « C'est dommage, commente Tavernier, parce que je voulais qu'il fasse Aramis, où il aurait pu être très bon, ou Athos[41] », deux mousquetaires finalement incarnés par Sami Frey et Jean-Luc Bideau, d'Artagnan étant campé quant à lui par... Philippe Noiret.

« La maturité vous dégage des principes absurdes et de l'égoïsme de la jeunesse, affirme Jean Rochefort. Elle permet aussi de se nourrir de sa propre expérience pour enrichir la fiction[42]. » Cet automne-là, le comédien passe des paroles aux actes en accordant une nouvelle fois sa confiance à un jeune réalisateur, Fabien Onteniente, trente-six ans, qui tourne *Tom est tout seul*, son deuxième long métrage après *À la vitesse d'un cheval au galop* (1992) dont « il a aimé le scénario coécrit par Jean-Luc Gaget qui met en parallèle la fin d'un couple et de sa machine à laver à travers cinq étapes d'un nettoyage moral[43] ». Rochefort n'y tient qu'un second rôle, mais l'assume : « J'ai tellement aimé le ton (...) que je suis prêt à ouvrir une porte et à dire *Madame est servie* dans une entreprise qui me plairait[44]. » Les principaux partenaires de celui que son réalisateur décrit comme « le gourou des laveries[45] » font quant à eux partie de la garde montante de la jeune génération, qu'il s'agisse du futur chanteur Florent Pagny, qui en joue le personnage principal, ou de l'aréopage féminin formé par Géraldine Pailhas, vingt-deux ans, Clotilde Courau, vingt-quatre ans, et Sandrine Kiberlain, vingt-cinq ans. Bien qu'il se sustente volontiers « d'un thé, d'un verre de Volvic ou d'une pomme, Rochefort était gourmand, amical et très courtois, se souvient Onteniente intimidé. Il m'a même surpris en imitant de Gaulle dans une tirade[46] ». Alors que la critique relève que « le numéro de Jean Rochefort, toujours décalé, est jubilatoire[47] », celui-ci savoure son plaisir et déclare : « Je fais depuis quelques années beaucoup de films avec des gens très jeunes, par choix, par plaisir[48]... »

Après un détour par le festival d'Avoriaz, dont il apprécie autant la poudreuse que la programmation, Jean Rochefort cède une nouvelle fois à la tentation : « Je n'ai pas pu résister à un premier film en Italie où douze personnes vont se réunir pour un dîner et ce dîner va être un mélange de drôlerie, d'amertume et de tendresse[49]. » Parmi la distribution, figurent notamment Vittorio Gassman et Giovanna Ralli. Le réalisateur, Gianfrancesco Lazotti, n'est autre que le gendre d'Ettore Scola (l'époux de sa fille Paola) auquel il rend hommage dans cet opus intitulé alternativement *Tous les ans, une fois par an* et *Même heure, l'année prochaine.* Rochefort goûte ce « huis clos très bien construit[50] » dans lequel il voit « un film de vieux fait par un jeune[51]... » qui exalte la nostalgie à travers « ce cinéma européen que nous avons tant aimé[52] ». Son emploi est celui d'« une espèce d'hurluberlu, de clown qui choisit de rire alors qu'il se sait au bord du gouffre. J'aime tout particulièrement ces rôles impudiques si éloignés de ma personnalité rigoureuse et réservée. Ils me permettent de sortir de moi-même. C'est douloureux mais gratifiant[53] ». Et puis, insiste-t-il, « les deux scénaristes, qui sont des femmes, et le metteur en scène ont moins de trente ans. Alors ils ont filmé les passions, les pulsions, les aigreurs de ces femmes et hommes mûrs avec le regard de cette génération-là[54] ». Du coup, « loin d'être triste, ce film sur la rencontre annuelle de sexagénaires amis est plein d'optimisme et de tendresse. Il donne envie d'espérer dans l'espèce humaine[55] ». La critique abondera d'ailleurs dans son sens, en notant que « le film joue beaucoup sur l'insolite et farfelue présence de notre Jean Rochefort[56] », qualifié pour l'occasion d'« éblouissant de légèreté physique et mentale. Sa gaieté fracassante n'est qu'une forme de désespoir suicidaire[57] ».

En plein milieu de ce tournage compliqué par la situation périlleuse du cinéma italien d'alors, que son public déserte au profit du petit écran, Rochefort doit retourner à Paris afin d'y recevoir solennellement un chèque en direct à la télévision française dans le cadre d'une collecte organisée en faveur de l'association caritative Pech-Petit qui se bat pour offrir une retraite digne aux chevaux depuis 1971. L'acteur en est membre, au même titre que Brigitte Bardot et Philippe Noiret. Parmi ses soutiens figurent également les écrivains Marguerite Yourcenar, Dominique Lapierre et Christine de Rivoyre. « Des moyens considérables ont été mis en œuvre pour que je puisse faire l'aller-retour dans la soirée : motards précédant la voiture qui me conduisait à l'aéroport de Rome, avion privé, re-motards devant la voiture qui me conduisait de l'aéroport de Paris aux locaux de la télévision, où je reste dix minutes, et même processus à nouveau jusqu'à l'aéroport, où m'attend l'avion privé qui me ramène à mon hôtel à Rome, toujours précédé par les motards[58] ! » Il découvrira plus tard que Pech-Petit n'a jamais perçu le fameux chèque. D'où sa réflexion désabusée : « Je suis favorable au don direct et sans publicité[59]. »

Jean Rochefort est désormais un éleveur comblé qui a toutes les raisons de se réjouir de sa réussite : « J'entretiens ici de cinq à dix chevaux de sport et autant d'élevage, dit-il. Et je suis très exigeant sur leur qualité de vie, persuadé de l'importance primordiale de leur confort psychique[60]. » Il monte lui-même tous les jours, en affirmant que « ce n'est pas un exutoire, mais une façon de temporiser et d'être ancré dans la réalité. Même si les courbatures sont de plus en plus fréquentes[61] ». À l'approche de ses soixante-quatre ans, le temps semble venu pour lui de se ménager, comme l'atteste cette résolution : « Je vais garder quelques poulains mais je n'en ferai plus naître[62]. » Sur le plan sportif, l'acteur continue également à s'adonner régulièrement au tennis de table. En vue du traditionnel tournoi des Gentlemen de Paris disputé au Stade de Coubertin, il s'astreint à un entraînement de deux heures par semaine. Une ténacité qui le mènera à deux reprises en finale de cette compétition réunissant des célébrités telles que Marcel Amont, Marcel Zanini et André Dussollier, où il sera vaincu successivement par le champion automobile Jacques Laffitte, puis le producteur Eddie Barclay. En 1993, c'est le chanteur Georges Moustaki qui lui impose sa loi. « Il m'a conseillé de changer de raquette : j'avais la même depuis quarante ans[63]. » Mais, souligne-t-il fièrement, « avec Jacques Secrétin, nous nous sommes imposés dans l'épreuve du double. Surtout lui ! Nous nous sommes échauffés ensemble, ce qui a été mon jour de gloire[64] ».

« Vieillir m'a apporté la mansuétude, déclare Jean Rochefort. Aujourd'hui, la seule chose qui m'intéresse, c'est écouter les autres[65]. » L'acteur se soumet à une expérience inédite qui traduit sa curiosité à l'égard des nouvelles technologies alors naissantes, en participant au tournage de *Souvenirs à venir de* Didier Pourcel. Ce court métrage promotionnel d'une quinzaine de minutes présenté au festival Imagina de Monte-Carlo est produit dans le cadre de la célébration du centenaire du Crédit Commercial de France. Jean Rochefort y incarne un Père Noël en complet veston qui débarque à moto dans une agence du CCF, à la recherche de son fondateur, et engage la conversation avec une jeune employée de la banque, avant de survoler Paris à bord d'une sorte de traîneau à moteur chargé de jouets ...

Le tournage de ce conte fantastique s'est déroulé à l'université de Jussieu où le comédien « en slip au milieu d'une quinzaine de techniciens[66] » s'est prêté à un rituel surprenant, le visage et certaines parties du corps recouverts de capteurs reliés à des caméras, elles-mêmes connectées ensuite à des ordinateurs qui reproduisent ainsi au plus près sa gestuelle. Quand il découvre le résultat, c'est en fait un autre lui-même qui apparaît à travers ces images de synthèse. Comme si on lui avait dérobé son corps. « C'est l'un des chocs de ma vie, affirme-t-il, parce que j'ai fait près d'une centaine de films et tout à coup je me suis vu dans une séquence où je n'avais aucune mémoire de ce tournage, puisque je n'y avais pas participé et que c'était moi que je voyais sur l'écran. Ça c'était un moment tout à fait inquiétant, dérangeant et exaltant à la fois[67]. » Le réalisateur souligne pour sa part les limites de cette technique balbutiante qui deviendra la *Motion Capture* : « On n'avait pas encore l'appareil qui permettait de résoudre les problèmes de motricité des yeux et notamment les mouvements de paupière, donc on a décidé de lui mettre des lunettes de motard[68]. » Mais il ne s'agit là, en fait, que d'un test grandeur nature pour Didier Pourcel qui a déjà en tête une nouvelle version de *Vingt mille lieues sous les mers* qu'interpréteraient les clones de Jean Rochefort et de Richard Bohringer. Il en a écrit le scénario avec Jean Streff pendant un an, mais ne parviendra jamais à mener à bien ce projet, malgré le soutien de ses vedettes qui l'accompagnent au Festival des sciences de la terre et de ses hommes organisé à Chamonix en juin 1993. Rochefort manifestera plus tard son scepticisme d'acteur en affirmant : « Je ne pense pas qu'on puisse s'émouvoir d'un personnage virtualisé et qu'on puisse respirer, pleurer et rire en même temps que lui[69]. »

Tantpis... Tel est le nom du préfet de police qu'incarne Jean Rochefort, en binôme pittoresque avec l'inspecteur Forget (traduisez *Oubli*) campé par Michel Blanc dans *Prêt-à-porter*. « Nous sommes deux parfaits abrutis, poussant la sottise à la limite de l'abstraction[70] », déclare l'aîné qui goûte cette aubaine : « J'en ai rarement fait mais j'adore jouer les cons[71]. » Son plaisir est d'autant plus grand que ce film choral est signé par le grand cinéaste américain Robert Altman, alors installé à Paris, dont Rochefort dit : « *Le privé* avait été un choc, pour moi, puis j'ai aimé *Nashville*. Il y a une manière tout à fait légère, chez cet homme, de raconter des histoires douloureuses, à savoir : nous regarder vivre[72]. » La désillusion s'avère pourtant à la mesure de l'attente pour le comédien qui s'enorgueillit d'avoir naguère baptisé son premier étalon, Nashville, en son honneur. « J'ai dit ça à Altman qui s'en est foutu comme de l'an 40[73] », constate-t-il, désappointé. Une anecdote reflète toutefois l'audace de ce cinéaste dont il affirme « qu'il désacralise l'événement du tournage[74] » : « On tourne une scène où Sophia Loren va à la morgue et soulève un drap pour constater que c'est bien son mari qui est mort. Elle soulève le drap. Sourire de satisfaction – déjà ça c'est formidable ! et ce pauvre Rochefort est un petit peu embêté à l'autre extrémité du cadavre. Et Bob dit : *Amenez-moi un infirmier.* On amène un infirmier avec une spatule et cet infirmier, sur la semelle du mort, ramasse une matière. Je m'approche et je dis : *Qu'est-ce que c'est que ça ?* Il me dit : *C'est une crotte de chien, ça doit porter bonheur...* Saynète charmante improvisée : je n'étais plus en rade. Et, trois heures après, je sors de cet hôpital ; il y a des photographes pour Sophia Loren et il a l'idée géniale de me faire glisser sur une crotte de chien[75] ! »

Prêt-à-porter donne aussi l'occasion à Jean Rochefort de côtoyer des stars américaines qui l'ont fait rêver. Outre Harry Belafonte qui ne cesse de photographier ses partenaires, il s'avoue subjugué par Lauren Bacall, dont il dit que « c'est une grande charmeuse. Elle m'a lancé quelques regards qui m'ont empêché de douter de ma possible séduction[76] ». Ce qui l'incitera à affirmer plus tard : « J'ai connu deux ou trois grandes stars m'ayant dit leur regret de ne pas avoir eu de ma part un peu d'audace[77]. » Concernant le film, l'acteur finira par tempérer son enthousiasme, en déclarant à propos de ce « scénario extrêmement drolatique et extrêmement farceur, sur nous, sur notre temps, sur ce qui nous anime[78] », avoir « eu un plaisir considérable de tourner avec ce poète[79] » et même « la sensation que je frôlais un Ravel[80] », tout en avouant qu'il aurait « préféré faire *Short Cuts* que *Prêt-à-porter*[81] ».

La vingtaine de jours de tournage de Jean Rochefort a en outre été endeuillée par la disparition de Jean Carmet, le 20 avril 1994. Le jour de son enterrement, « nous sommes à l'église Saint-Roch : il y a Depardieu, il y a Marielle et je lui dis : *C'est la première fois que je te vois pleurer.* Il était en larmes et il me répond : *Moi aussi.* On était désespérés[82] ». Avec Carmet, c'est toute une ère d'insouciance et de convivialité qui s'enfuit. Autre signe de solidarité professionnelle, à l'occasion de la Fête du cinéma, Rochefort va présenter *Tombés du ciel* au Vox de Rambouillet, une salle qu'il fréquente assidûment. Cet été-là est aussi marqué par la mort de la jument Téfine qui a procuré au comédien ses premières sensations de cavalier en lui apprenant à ne faire qu'un avec l'animal. « La première fois que j'ai sorti ma jument de base, je suis allé nager avec elle dans la mer et je n'avais pris aucune embouchure. Et elle est partie, je la tenais par l'encolure et j'ai commencé à m'angoisser. Je m'en suis sorti uniquement en enfonçant mes mains dans ses naseaux et j'ai réussi à lui faire faire demi-tour. Je l'ai même blessée[83]. » Plus tard, c'est sa fille Marie qui a monté Téfine lors du championnat de France junior. Jean a effectué quant à lui son dernier tour de piste sur son dos lors du Gala de l'Union des Artistes. Que de souvenirs merveilleux !

À l'automne, le cinquième festival du cinéma européen de La Baule rend hommage à Jean Rochefort. Un cheval est même amené sur scène pour l'accompagner. Le comédien met à profit sa présence pour déclarer dans un élan de lyrisme : « J'aime passionnément désirer et c'est vrai qu'une panne m'angoisse, mais jusqu'à présent mon désir et mon enthousiasme restent intacts[84]. » Au moment d'établir un bilan, il admet avoir commis des erreurs, parfois même pour des raisons légitimes. « J'aime bien avoir participé à des nanars : on est dans la vie et dans la dérision de l'échec. J'en garde d'excellents souvenirs[85]. » Mais il ne se cherche pas d'excuses oiseuses, car, dit-il, « je me suis retrouvé dans des ignominies que j'ai attaquées avec beaucoup d'enthousiasme[86] ». Autre aveu, qui traduit sa sérénité : « Je ne me prends pas du tout au sérieux. Ni moi, ni mon *art.* Monter sur scène et faire le fou avec une bande de copains suffit à mon bonheur[87]. » Une déclaration d'intention à laquelle il ne va pas tarder à donner une substance concrète.

« Ils m'ont vu dans *Le mari de la coiffeuse* qui a été un gros succès en Espagne et dans lequel je danse[88]. » Ainsi Jean Rochefort évoque-t-il sa participation à un projet singulier que lui a soumis le trio de mimes catalans El Tricicle qui réunit Joan Gràcia, Paco Mir et Carles Sans : « J'étais vraiment très flatté quand ils m'ont dit qu'ils voulaient que ce soit moi parce qu'ils aimaient ma gestuelle[89]. » Lui-même les a découverts lors de la cérémonie de clôture des Jeux olympiques d'été de Barcelone, en 1992, avant d'aller les voir en spectacle au Théâtre de la Ville, et leur trouve

« beaucoup de talent, beaucoup de générosité, beaucoup d'enfance, beaucoup de fraîcheur[90] ». Du coup, leur invitation le comble, parce que, insiste-t-il, « je ne pouvais rater occasion plus enthousiasmante d'apprivoiser l'étrange. Ce film est un retour au burlesque de Keaton ou de Max Linder. J'y incarne un méchant chaplinesque qui va provoquer des accidents à répétition dans le grand hôtel dont viennent d'hériter trois grooms[91] ». Cette histoire sans paroles intitulée à un moment *Trois étalons,* puis *Hôtel Palace,* s'inspire d'une série télévisée de sketches à succès, *Fiestas populares.* Rochefort y arbore d'épais sourcils, la raie au milieu et des cheveux noirs gominés pour incarner un usurier diabolique baptisé Thomas Fausto. « Je me suis inspiré des méchants des films de Chaplin qui me terrorisaient quand j'étais gamin[92]. » Ainsi exorcise-t-il définitivement le spectre du croquemitaine Henry Bergman. Cette comédie tournée dans une station thermale portugaise et finalement intitulée *Palace,* Rochefort la décrit comme « un film corporel et mimé entre Jacques Tati et les Monty Python[93] ». Plaisir contagieux que valide la critique en soulignant qu'il « semble bien s'amuser à grimacer et à se contorsionner[94] ». Et pour cause : « Ce personnage a une haine de l'enfance que je n'ai pas eu à travailler beaucoup. À des moments, quand je vois des gamins qui passent, j'ai eu un bonheur terrifiant à crever leurs ballons[95]. » Un aveu qu'il assume d'autant plus fièrement que « c'est un film qui fait partie des excentricités que j'aime pratiquer depuis quelques années[96] ». Malheureusement, le jeu en vaut de moins en moins la chandelle, car le public n'est plus au rendez-vous.

Le constat est sans appel : « Les films que j'ai tournés dernièrement ont été des succès à l'étranger, déclare Rochefort. En France, ils ont été des demi-succès voire des échecs[97]. » Il en tire donc les enseignements qui s'imposent : « Je me suis dit qu'il fallait peut-être faire un peu de télévision pour montrer que je respirais encore. J'avais disparu de la mémoire des gens[98]. » Son choix se porte sur un polar intitulé *Les bœuf-carottes* dans lequel il campe le commissaire Antoine Venturi, patron de l'Inspection Générale des Services, surnommé *la Lame,* aux côtés de Philippe Caroit. C'est Denis Amar qui est chargé d'en réaliser le pilote, *Les enfants d'abord.* Baptême du feu réussi puisque lors de sa diffusion sur TF1, le 14 septembre 1995, ce premier épisode est suivi par huit millions de téléspectateurs qui valident ainsi la pérennité de la série.

Rochefort a beau soutenir que « les télés, ça ne compte pas, c'est juste pour payer les impôts[99] » et qu'il n'a « pas envie, pour rester crédible dans mes entreprises, de devenir un personnage, comme on dit *récurrent*[100] », il ne peut que s'incliner devant ce plébiscite qui le remet brusquement dans la lumière, à l'âge où d'autres préfèrent savourer une retraite bien méritée. « J'ai longtemps résisté aux appels d'offres, plaide-t-il. Là, j'ai accepté pour deux raisons. D'une part, la nécessité de pratiquer mon métier – car je n'ai pas de fortune personnelle ! – et, d'autre part, le désir de retrouver un public populaire[101] », car, « moi je fais du cinéma de vingt-deux heures trente, donc une télévision populaire mais de qualité, c'est extrêmement tentant[102] ».

« Avant d'accepter le rôle, explique son partenaire, Philippe Caroit, Jean Rochefort a d'abord exigé sur son contrat de pouvoir taper du poing sur la table. Maintenant, si un scénario n'est pas prêt, c'est simple : on ne tourne pas[103] ! » Il a également posé comme condition préalable que toute violence soit bannie des scénarios, « afin de préserver la jeunesse actuelle[104] ». Dès qu'il en a l'occasion, le comédien profite de son aura pour ajouter sa petite touche personnelle et nourrir son personnage. « En trente ans de carrière, j'ai joué très peu de policiers, explique-t-il. Alors, pour étoffer et mieux comprendre ce vieux loup solitaire de commissaire, je lui ai inventé un passé de baroudeur dont les erreurs, nombreuses, ont forgé le caractère[105]. » Résultat de ce tour de passe-passe, « Venturi est un personnage décalé, comme je les aime. Policier, avec beaucoup de psychologie, plein de tendresse pour l'espèce humaine et solitaire[106] », « ce qui ne doit pas lui arriver souvent parce que je l'imagine assez misanthrope[107] ». Alors, le comédien puise l'inspiration en son for intérieur : « J'aime bien la solitude, je ne m'ennuie jamais avec moi-même[108]. » Quant au portrait qu'il esquisse de son personnage, il n'est pas particulièrement flatteur. « Venturi est très paternaliste avec son adjoint, l'inspecteur Kaan. Il est d'une totale incompréhension quant à la vie familiale de ce jeune homme avec ses trois enfants[109]. » Et le comédien d'expliquer que son « personnage n'aime ni les enfants ni les animaux. Là, c'est vraiment de la fiction[110] ».

Au fil des épisodes et des années, Rochefort déclare à propos des *Bœuf-carottes* : « Je m'y amuse de plus en plus, j'essaie d'y mettre le maximum de distance et d'humour. Mais si on commence à m'appeler commissaire dans la rue, j'arrête[111] ! » Revient le souvenir de *Winnie l'ourson* et de sa popularité devenue si encombrante. Mais cette fois, il s'empare du pouvoir : « Je réécrivais entièrement en ce qui concernait mon rôle, et je corrigeais un peu pour mes partenaires[112] », affirme-t-il. « Je ne pourrais pas être un héros à l'état pur. Je cherche toujours, quand j'interprète un personnage, sa faille, ses faiblesses si c'est un personnage fort et inversement : c'est une palette que j'aime[113]. » Quant aux réalisateurs qui se relaient, épisode après épisode, ils sont priés de s'exécuter, ainsi que s'y attelleront successivement Peter Kassovitz, Pierre Lary, Michel Vianey et Pierre Roitfeld, Claude-Michel Rome, Josée Dayan et Christian Faure. « Je n'ai pas du tout l'intention de passer la fin de ma carrière derrière le petit écran[114] », a prévenu Rochefort. Et quand il jettera finalement l'éponge, au bout de neuf épisodes de bons et loyaux services, son constat sera cinglant : « À mon grand chagrin, ça a eu un certain succès et là j'ai connu le monde du n'importe quoi. Des scénaristes les plus stupides du monde. J'ai beaucoup souffert[115]. » Cette fois, on ne l'y reprendra plus, lui qui croyait pouvoir se dédouaner en déclarant à qui voulait l'entendre que « les télés, ça ne compte pas, c'est juste pour payer les impôts[116] » et qui a lancé un jour, aussi ironique que désabusé : « Je suis un peu flic, un peu psy, mais j'ai le salaire d'un seul[117]. »

28

Les affinités sélectives

« Le matin, avant que la machine ne se mette en route, mes courbatures me font réaliser que je suis moins en forme qu'à trente ans. Mais dans la journée ça s'arrange. J'ai une activité phénoménale, je dors bien, j'aime ma femme, mes enfants et mes deux activités[1]. » À tout juste soixante-cinq ans, Jean Rochefort exprime un doute qui le taraude quand il regarde ses filles : « J'ai peur de lire un jour dans leurs yeux que je suis biologiquement bizarre comme père[2] », même s'il concède, à propos de son aînée, Louise, cinq ans, que « jusqu'à présent, elle ne me l'a pas fait sentir[3] ». De même, il dit de Françoise, son épouse : « Je guette sur son visage les stigmates du vieillissement et chaque ride qui apparaît me fait très plaisir[4]. » Comme s'il avait de plus en plus de mal à assumer son âge, lui qui affirme pourtant joliment que « plus l'homme est sensible, moins le sexe est un muscle[5] ».

« Je ne me suis pas réveillé un matin en me disant que j'allais faire un film avec Rochefort, Noiret et Marielle. C'est eux qui me l'ont suggéré[6]. » Ainsi Patrice Leconte évoque-t-il la naissance de *La tournée des grands ducs*, la comédie qu'il entreprend au printemps 1995 avec trois lascars qu'il connaît bien mais n'a jamais dirigés ensemble. « Comme je pressentais qu'ils allaient se raconter des anecdotes et des souvenirs en buvant du thé et en mangeant des biscuits, il fallait que je les prenne de vitesse et j'ai imprimé un rythme quasi frénétique à ce film, sans jamais baisser la garde. On a vraiment tourné sur les chapeaux de roue[7]. » Malgré l'ambiance nécessairement conviviale que fait régner le trio, auquel sont venus s'adjoindre Catherine Jacob et Michel Blanc, tout le monde est conscient des pièges que recèle cet hommage au théâtre de boulevard. À commencer par Rochefort qui aborde cette aventure comme une partie de plaisir, mais appréhende le dérapage : « J'ai l'impression de partir deux mois en colonie de vacances ! On va sûrement avoir plus envie de rigoler que de travailler[8]. » Il n'écarte pas pour autant un autre spectre, tout aussi redoutable : « Trois vieux acteurs joués par trois vieux acteurs, ça peut être rapidement poignant[9]. » Chacun débarque sur le plateau avec son lot de souvenirs et d'anecdotes. « On déglutit tout ce qu'on a emmagasiné, on se souvient de tout ce qu'on a connu, tout ce qu'on a vu : des fous rires, des angoisses, des tracs, des émotions. Et je pense que le fait d'avoir joué au théâtre nous a aidés pour retrouver cette caricature[10]. »

D'un côté, rapporte Jean-Pierre Marielle, « quand on a proposé nos noms pour le film, il y a un distributeur qui a dit : *Ça sent la mort*[11] *!* » De l'autre, souligne Philippe Noiret, « Rochefort a dit quelque part que ce que les spectateurs aimaient en nous, c'était qu'ils se retrouvaient dans leurs charentaises[12] ». Reste maintenant à résoudre cette équation délicate... et aussi quelques problèmes d'intendance. Résultat, à la fin du tournage, admet Rochefort, « on était lessivés[13] ! » La difficulté consiste en effet pour la mise en scène à imprimer le rythme nécessaire à un sujet un peu vieillot aux yeux d'un public conditionné par les trépidations du cinéma hollywoodien. « Le comique des *Grands ducs* est souvent absurde, insiste Rochefort, mais sa grande force, c'est que dans cette absurdité, il y a l'authenticité[14]. » Il ne s'agit pas pour autant d'une réunion d'anciens combattants du boulevard, même si, comme le note Marielle, « nous nous sommes inspirés de comédiens que nous avons côtoyés dans notre jeunesse[15] ». Heureusement, comme l'escomptait Leconte, la solidarité entre les compères fonctionne à merveille car, remarque Noiret, « le fait qu'on soit trois – et pas seul au centre d'un film, comme ça nous arrive encore –, ça permet de se regarder tout en s'oubliant, de regarder les autres, d'être pris par l'atmosphère, le rythme, par cette espèce de tendresse, de gentillesse[16]... »

Ces rôles de composition impliquent des transformations physiques de la part de leurs interprètes. « Les cheveux, c'était l'enfer, se souvient ainsi Jean Rochefort. Comme mon personnage veut faire plus jeune que son âge, on devait voir que mes cheveux étaient teints et jamais lavés. On a essayé des tas de teintures, et la seule chose qui a fonctionné, c'est le rimmel ! Tous les matins pendant huit semaines ! L'horreur ! Je dormais sur des serviettes-éponges parce que le soir, le shampooing ne faisait pas disparaître le rimmel[17] ! » Jean-Pierre Marielle s'inspire pour son personnage de deux femmes politiques : Simone Veil et Alice Saunier-Séité. Il note en connaisseur que « Rochefort avec son blazer un petit peu trop étroit, c'était typique d'une certaine génération d'acteurs de boulevard et de tournée[18] ». Ces baladins pittoresques, ils les ont croisés et les ressuscitent en puisant au plus profond de leur mémoire. « Nous avons des références, des souvenirs, rapporte Rochefort, et puis, comme Leconte, une espèce d'enthousiasme et de respect pour les gens qui ont gardé ce bonheur de faire rire les autres, souvent avec des répertoires sujets à caution[19]. » Pourtant, insiste le comédien, « il n'y a pas de satire, ni d'ironie méchantes[20] », juste « un hommage rigolard et pas empesé à notre corporation[21] ». Et puis, ajoute le metteur en scène, « chacun était en admiration devant la folie des deux autres[22] ».

Insatisfait du résultat, Patrice Leconte décide de modifier le dénouement, alors qu'il est déjà en train de tourner son film suivant. « Dans la première fin, explique-t-il, ils avaient fait fortune, ils étaient devenus assez connus et un jeune auteur venait leur proposer une pièce, mais ils se comportaient un peu comme des barons et on a trouvé ça un peu réducteur. Du coup, on a retourné intégralement la séquence où ils sont en costume blanc dans le bureau et une scène à New York où ils jouent avec des paillettes et trois plumes dans le cul. En plein tournage de *Ridicule*, j'ai donc pris l'avion pour New York pour tourner quelques plans sur la Cinquième Avenue et un écran lumineux vantant *Scoubidou* sur une marquise de Broadway qu'on avait louée pendant un quart d'heure[23]. » Pour Jean-Pierre Marielle, « il y a une espèce de folie supplémentaire[24]... » Malgré cette ultime retouche et la popularité de ses interprètes, le public ne suit pas, ce qui incite son réalisateur à en conclure que « les gens qui aiment ces trois acteurs-là auraient fait un triomphe à un film installé, bourgeois, notamment le public des adultes qui est très nombreux quand on les convainc. Sauf que là, ils faisaient les zazous et ils n'y sont pas allés. Et le film n'est pas non plus pour les jeunes, à la fois en raison du sujet et des acteurs. Et puis, je sais que *Les grands ducs* a laissé dans leur cœur, et notamment dans celui de Jean, une blessure qui ne se refermera jamais, d'autant plus qu'ils ont adoré le faire et qu'ils y ont cru[25] ». Rochefort prétendra que « c'était un film entre amis qui n'a pas beaucoup marché, mais qui est devenu culte[26] ». Un avis qui n'engage que lui, face à ce « bouillon prodigieux[27] » : cinq cent mille spectateurs.

L'acteur se console en passant d'une activité à l'autre et en alternant les plaisirs. Ainsi, l'ami des animaux étend-il son attention aux merveilles de la nature : « Depuis peu, confie-t-il, je me penche sur le monde végétal que je ne regardais pas trop auparavant, c'est pour moi une émotion considérable[28]. » Il se targue en outre d'être désormais reconnu à sa juste valeur dans le monde très fermé de l'élevage équin et ne se lasse pas de relater une aventure survenue à la traditionnelle vente des étalons de trois ans à Saint-Lô, lorsqu'« un vieux Normand avec trois dents, la casquette vissée sur les cheveux voyant rarement le shampooing, le nez très rouge, me regarde attentivement et me dit : *J't'ai vu à la télé et je ne savais pas que tu faisais du cinéma...* Ça a été pour moi un moment de joie intense[29] », commente-t-il avec fierté. Il ne rechigne pas pour autant à se montrer parmi ses autres pairs. Par exemple, lorsqu'il se rend à l'avant-première parisienne du *Hussard sur le toit* de Jean-Paul Rappeneau, à laquelle assistent aussi Catherine Deneuve, Bernadette Chirac, Claudia Schiffer et Marek Halter. « C'est tout à fait admirable, s'émerveille-t-il, parce qu'il y a cette extrême pudeur à laquelle je suis personnellement sensible[30]. »

L'acteur donne aussi volontiers de la voix, quand le jeu lui semble en valoir la chandelle, qu'il s'agisse de l'*Oraison funèbre du prince de Condé* de Bossuet, mise en musique par Lully et représentée dans la chapelle royale du château de Versailles, ou de servir de narrateur à la version française des *Affinités électives* de Goethe que filment les frères Taviani. Pourtant, soutient Rochefort, « mes choix au cinéma me portent vers les films de jeunes auteurs ou de réalisateurs qui arrivent encore à surprendre le vieux cheval de manège que je suis, mais qui déroutent les spectateurs[31] ». En l'occurrence, c'est un vieux complice qu'il retrouve pour *Ridicule*. Deux mois à peine après le dernier clap des *Grands ducs*, Patrice Leconte change délibérément de braquet afin d'aborder un genre nouveau pour lui : le film à costumes. Ce script nourri des mémoires de la comtesse de Boigne a été proposé successivement par son auteur, Rémi Waterhouse, à Claude Chabrol, Jean-Jacques Annaud et même Stanley Kubrick… qui l'ont tous refusé. Jusqu'au moment où, raconte Jean Rochefort, « des producteurs m'ont fait lire un scénario génial en me disant qu'ils cherchaient un metteur en scène[32]… » L'acteur, qui y voit « un western dans lequel on a remplacé les colts par des mots d'esprit[33] », s'empresse de le transmettre à Leconte. Séduit par la singularité du propos, le réalisateur décrète qu'il s'agit là d'« un scénario si sublime que sous aucun prétexte je n'aurais pu le refuser[34] ». Mais il est débordé. Du coup, concède-t-il lui-même, « comme je n'avais pas le temps de m'occuper du casting de deux films à la fois, il y a beaucoup d'acteurs qui jouent à la fois dans *Les grands ducs* et dans *Ridicule*[35]. » En ce qui concerne les rôles principaux, Leconte les propose à Fanny Ardant et Charles Berling, alors même que Rochefort a déjà pris l'initiative de solliciter Nathalie Baye pour camper la comtesse de Blayac et souhaiterait imposer Guillaume Depardieu pour incarner Grégoire Ponceludon.

Pour la première fois depuis des années, Rochefort apparaît totalement imberbe à l'écran, car, explique-t-il, « à l'époque *[en 1786]*, il n'y avait que quelques militaires et gens de justice à porter la moustache[36] ». Du coup, note Leconte, « il a un visage de traître de mélodrame[37] » pour incarner ce marquis de Bellegarde, « un homme ouvert qui regarde vivre les autres et qui s'y intéresse[38] » dont le réalisateur précise qu'il « n'est sans doute pas quelqu'un qui pouvait prévoir la Révolution, mais il est quelqu'un que la Révolution n'a pas étonné. Jean Rochefort le joue avec une qualité et une rareté de jeu qui me transportent[39] ». De son côté, le comédien se régale de ce rôle à propos duquel il déclarera s'être inspiré « d'une grue cendrée pour jouer un salonard et de sa démarche[40] ». Les animaux constituent pour lui des sujets d'observation aux ressources infinies, avec une prédilection pour les anthropoïdes et les grands singes qui le fascinent depuis toujours. D'ailleurs, selon sa propre définition, « un acteur zoologique est un acteur qui s'inspire des autres espèces pour interpréter un rôle d'homo sapiens[41] ». Il va même nettement plus loin, en avançant que « grâce à la discrétion et à la pudeur de mon jeu, j'ai fait de ce rôle primordial un rôle secondaire[42] ». Quelques mois plus tard, au cours de la promotion des *Grands ducs*, invité avec ses camarades Noiret et Marielle dans une émission de Michel Drucker où

Françoise Rochefort et Monique Chaumette ont pris place parmi le public, Jean associe sa dernière épouse à sa réussite : « J'ai enfin trouvé la compagne idéale. C'est pour ça que je fais une carrière tardive[43] ».

« Rien n'est plus beau qu'une salle comble, qu'on y projette du cinéma d'auteur ou du cinéma de genre ! » Cet élan enthousiaste traduit de la part de Jean Rochefort un véritable regain de passion pour le septième art auquel il va donner un prolongement inattendu en enregistrant le commentaire des *Immortels du cinéma*, une série en cent cinquante épisodes d'une minute chacun consacrée aux monstres sacrés du septième art, née des archives du magazine belge *Ciné-Télé-Revue* et destinée au petit écran. « J'y ai participé avec beaucoup de plaisir[44] », et « j'ai vraiment été très flatté que l'on pense à moi pour narrer ces fabuleux destins[45] ». Sa position vis-à-vis du petit écran est en train d'évoluer, tant la liaison de celui-ci avec le grand devient incestueuse. Comme pour attester de sa bonne foi, il en prend l'engagement, « maintenant, je vais mieux regarder la télévision et ne plus culpabiliser en l'allumant l'après-midi[46] ». Il a en effet pu mesurer combien la diffusion des *Bœuf-Carottes* a été bénéfique à son image auprès du grand public, en mobilisant plus de spectateurs en une soirée qu'aucun de ses films ou téléfilms « de prestige » n'en a jamais attiré dans toute sa carrière. « Un peu de télévision fait du bien à ma notoriété[47] », admet-il, sans bouder son plaisir.

Au printemps 1996, en attendant la sortie de *Ridicule* (présenté en ouverture du festival de Cannes, prélude prestigieux à une belle carrière internationale), Jean Rochefort accepte un petit rôle dans un film britannique de Charles Finch intitulé *Never Ever*, tandis que *Le Soir* de Bruxelles annonce qu'il partagera la vedette avec Christophe Malavoy de l'adaptation par Didier Decoin de *La ville dont le prince est un enfant* d'Henry de Montherlant (dans lequel il sera en fait remplacé par Michel Aumont), puis qu'il tiendra le premier rôle du *Pari*, un téléfilm franco-hongrois. Il est aussi question qu'il parte tourner en Espagne un film de Carlos Saura intitulé *Le village des miracles*. C'est finalement un autre téléfilm qu'il tourne, *Clara et son juge* de Joël Santoni, dans lequel il tient le rôle d'un ancien premier président de la cour d'appel.

À cette même époque, c'est Sandrine Kiberlain qui propose à Jean Rochefort d'être son partenaire dans la pièce écrite par son père, David Decca, *Le Roman de Lulu*, en auteur de bande dessinée deux fois plus âgé que sa compagne actrice. « S'il a renoncé, explique-t-elle, il s'est enthousiasmé pour le projet, a gommé les outrances de la pièce en compagnie de l'auteur[48]. » En effet, ce n'est pas que par pure admiration qu'elle s'est adressée à lui. « Il est un de mes parrains dans le métier, avec Jean-Paul Belmondo, raconte la comédienne. C'est après avoir tourné avec lui dans *L'inconnu dans la maison [en 1992]* que Jean-Paul m'a prise sous son aile et m'a présentée à Jean[49]. » Malgré son forfait, au profit de Gérard Darmon, Rochefort restera attentif à la destinée de ce spectacle à qui son succès vaudra d'inspirer en l'an 2000 une adaptation cinématographique interprétée par Thierry Lhermitte et Claire Keim. Affleure à cette occasion l'émergence d'une nouvelle vocation chez lui qui s'érige en pygmalion de ses cadets, en distillant des conseils et en assurant une protection bienveillante à Sandrine Kiberlain, Édouard Baer ou Guillaume Canet.

Au cours de l'automne, Jean Rochefort part pour Cologne, en Allemagne, afin d'y participer à un projet qui l'intrigue, autant qu'il l'effraie et le séduit. « Un scénariste de vingt-sept ans m'a proposé un sujet il y a deux ans. Après discussion, il l'a retravaillé et m'offre aujourd'hui un challenge excitant : mon premier rôle de méchant. Je vais faire peur[50] ! » Un défi qui l'incite à s'impliquer davantage qu'à son habitude. « Le réalisateur, Philippe Haïm, est un musicien. Il avait composé des musiques de film pour Bertrand Tavernier *[dont celle de* L'appât]. Pour *Barracuda*, il a écrit un scénario qu'il a refait dix fois sous mes suppliques et mes injonctions[51]. » Ce premier film audacieux, l'acteur en a accepté le principe sans en anticiper la complexité. « Aucun producteur français n'a osé l'aventure[52] », déplore le comédien qui se cramponne à ses certitudes initiales. « Dès la lecture du scénario, explique-t-il, on sentait que *Barracuda* parlerait d'amour et de solitude avec violence et douleur. J'y ai trouvé une parenté avec les auteurs anglo-saxons que j'aime tant jouer, tel Harold Pinter[53]. » L'audace qui émane de ce script balaie clichés et conventions, mais incite Rochefort à évoquer « un projet inclassable, qui parle assez violemment et douloureusement d'amour et de solitude[54] ». Son réalisateur affirme quant à lui avoir été séduit par la réaction spontanée de l'acteur : « Je décroche et j'entends : *Vous êtes un malade!* Et on s'est vus trois jours plus tard[55]. »

Jean Rochefort a perçu en *Barracuda* une sorte de révélateur, mais, ainsi qu'il le précise lui-même, « comme je m'estime responsable de mon interprétation à quatre-vingt-seize pour cent, je suis assez embêtant avant. J'attends que le scénario soit bien poli avant de dire moteur[56] ». En outre, insiste-t-il, « tout ce qui peut me transformer, tout ce qui peut faire de moi un autre, je l'accepte avec enthousiasme[57] ». Pas évident pourtant de camper ce Monsieur Clément car « c'est un solitaire, c'est un bougon[58] ». Doux euphémisme pour décrire ce type qui en prend un autre en otage et lui inflige un véritable calvaire. Mais, révèle le comédien, « c'est ma vraie nature. En jouant les gentils, j'étais obligé de composer[59] ». Il trouve pourtant à son personnage des circonstances atténuantes et avoue avec coquetterie : «Je cultive une petite misanthropie de temps en temps, mais j'aime beaucoup le contact[60]. » La réalité déteint d'autant plus sur la fiction que le tournage se déroule « dans une ambiance tendue et difficile[61] », aux dires mêmes de Rochefort qui explique qu'« on manquait de fric. De plus, comme c'était le premier film de Philippe Haïm, il avait des affres existentielles[62] ». De son côté, le cinéaste est catégorique : «Jean Rochefort est un caractère et moi une tête de mule, mais entre deux prises, il prenait son scénario pour peaufiner son personnage[63]. » C'est d'ailleurs lui qui a imposé son partenaire. « Un jour, je suis allé voir un poulain que j'avais envie d'acheter. Un jeune homme sort de l'écurie, vient vers moi : *Bonjour monsieur, je suis comédien. Je voudrais jouer un film avec vous*[64]. » Le blanc-bec en question n'est autre que le fils des propriétaires de ce haras de renom que fréquentent également Ludmilla Mikaël et sa fille, Marina Hands. Guillaume Canet, puisque c'est de lui qu'il s'agit, joue pour la télévision depuis trois ans après un détour par le Cours Florent, mais il a dû renoncer à l'équitation en 1991, suite à une mauvaise chute survenue pendant les championnats de France de saut d'obstacles. Jusqu'à ce jour miraculeux où Jean Rochefort lui dit : « T'as une gueule d'acteur, toi. Il faudrait que tu rencontres un metteur en scène avec qui je vais faire un film. On cherche un jeune[65]... » Une proposition fondée sur une conviction : « Ce jeune Guillaume Canet sera le James Dean des décennies à venir[66]. »

« Les jeunes comédiens ont le mérite de ne pas encore avoir de tics, déclare Rochefort. Face à eux, je m'efforce donc d'oublier les miens[67]. » Le tournage de *Barracuda* est un véritable bain de jouvence, car, souligne l'acteur, le metteur en scène a vingt-sept ans, le chef opérateur vingt-huit et le reste de l'équipe appartient peu ou prou à la même génération. « Leur vocabulaire, les trois premiers jours, était totalement incompréhensible pour moi, admet Rochefort, un peu penaud. Petit à petit, je m'y suis fait[68]. » Car chez ces gens-là, « une prise moyenne est *super cool*[69] ». Passé l'effet de surprise, comme un conquérant parti à l'assaut d'« une terre vierge[70] », il savoure en connaisseur cette expérience et constate que « tous ces gosses aimaient le cinéma si passionnément que ça m'a enlevé mes rhumatismes[71] », tout en concédant avoir « été délicieusement largué, ce qui est une sensation pas si déplaisante que cela[72] ». Mais il relativise, car, de son point de vue, « Philippe Haïm est un vrai tempérament de cinéaste et d'homme de spectacle[73] ». Nettement plus circonspecte, la critique juge que « le bizarre dans ce film, c'est qu'un acteur comme Jean Rochefort ait accepté d'y jouer[74] » et va même jusqu'à le qualifier de « bonimenteur de train fantôme[75] ».

En cet automne 1996, le père est aussi fier que l'acteur de se rendre au Carré Silvia Monfort pour découvrir Julien Rochefort qui « assume superbement le rôle du fils indigne[76] » de *Mort d'un commis-voyageur* d'Arthur Miller mis en scène par Régis Santon, face à Victor Lanoux. Sa relève lui semble assurée. Alors, Jean s'offre un pur plaisir d'esthète, en lisant une douzaine de contes pour enfants tirés du terroir dans l'émission *L'arche de Noël*, qu'il présente sur la Cinquième pour les fêtes de fin d'année. Assis au coin du feu, il introduit des documentaires animaliers et constate que « raconter une histoire pour des téléspectateurs, c'est quelque chose de magnifique[77] » et apprécie « de faire de la télévision sans raser les murs[78] ». Mais le plaisir du conteur apparaît indissociable des relations qu'il entretient avec ses deux dernières filles. « Je vais chercher moi-même Louise à la maternelle. (...) Mes enfants m'appellent papa et me craignent un peu. Les garde-fous sont nécessaires à cet âge-là[79]. » Il doit toutefois concilier son rôle de Pater Familias avec l'art d'être grand-père et concède qu'« il y a des hommes qui sont de vrais pères, qui ont un don, qui consacrent beaucoup de temps à leurs enfants. Ce n'est malheureusement pas mon cas[80]. »

Grâce à sa présence régulière dans la série *Les bœuf-carottes*, Jean Rochefort peut vaquer à ses activités sans craindre de se trouver démuni du jour au lendemain, comme à l'époque pas si lointaine où il subvenait seul aux besoins matériels de sa famille. Françoise est là qui veille et le rassure, solide et discrète. Il peut même à ses heures prendre fait et cause pour un combat qui nécessite son implication. On le voit ainsi en président d'honneur d'un défilé de mode organisé par l'association caritative Rayon Vert, où les couturiers ont paré de leurs créations des top models (dont Claudia Schiffer et Karen Mulder) qui défilent bénévolement afin « de soulager les enfants hospitalisés avec des instruments, des appareils qu'il faut acheter et acquérir, précise Rochefort. Donc c'est net, c'est pur, c'est tout droit[81] ». Référence directe à la suspicion jetée sur l'ensemble des œuvres caritatives par le scandale de l'Association pour la recherche sur le cancer (Arc), survenu à la même époque, dont le président, Jacques Crozemarie, a détourné plusieurs centaines de millions de francs issus de dons. C'est dans le même état d'esprit que l'acteur accepte de parrainer l'opération « Faites une fleur à Perce-Neige » qui fédère un millier de fleuristes autour de la construction d'une vingt-sixième maison d'accueil à Bois-Colombes, au profit de l'association fondée en 1965 par Lino Ventura, « un homme en qui nous avions confiance, déclare Rochefort. Lorsqu'il parlait de courage, de pudeur, de volonté, on le croyait aisément[82] ». Et puis, précise-t-il, là encore, « les dons ne partent pas dans une moquette de quinze centimètres d'épaisseur[83] ».

L'acteur reprend le chemin des plateaux afin de tourner une adaptation télévisée du *Comte de Monte Cristo* d'Alexandre Dumas pour laquelle la diva Josée Dayan mobilise le ban et l'arrière-ban des comédiens français. Dans cette mini-série en quatre épisodes écrite par Didier Decoin et envisagée un temps comme un film de cinéma, Jean Rochefort campe Fernand Mondego, Comte de Morcerf, que son fils Julien incarne dans sa jeunesse. Ils ne se croiseront donc pas, mais le père est aux anges car son personnage « est l'être le plus immonde qu'on puisse imaginer, dénué de toute humanité[84] ». Et le comédien facétieux de jubiler : « Enfin un personnage au plus près de ma nature[85] ! » Après *Barracuda,* il ne boude pas le plaisir qu'il éprouve à révéler sa face la plus sombre. « Donner de la sensibilité aux ignobles et de l'ignominie aux généreux : voilà ce qui m'intéresse[86], » en l'occurrence, « être habillé en pair de France et essayer d'envoyer le fiancé de la femme qu'on aime dans un cachot pendant une vingtaine d'années[87] ». À défaut d'états d'âme, Jean Rochefort savoure quelques compensations personnelles sur le tournage, notamment grâce à sa complicité avec Gérard Depardieu, qui incarne Edmond Dantès, Ornella Muti, qui interprète l'épouse espagnole de Morcerf, Pierre Arditi et Michel Aumont. Il apprécie en outre la poigne de la réalisatrice qui mène son affaire avec autorité. « Elle a du muscle, elle apporte un moteur, un souffle. Le cinéma français a besoin de gens de sa trempe[88]. »

À la suite de cette aventure, Jean Rochefort goûte une nouvelle occasion de répondre à la sollicitation d'un jeune réalisateur, expérience toujours inattendue qui, souligne-t-il « réchauffe mes articulations. Même si ce n'est pas toujours très facile[89] ». Son metteur en scène s'appelle Alain Guesnier. C'est l'un des associés de Robert Guédiguian dans la société de production Agat Films et Compagnie et il porte à l'écran le roman de Jean-Pierre Ostende *Le mur aux tessons* dont Rochefort affirme que c'est « un scénario de vent et de tempête, un peu à la Orson Welles[90] », en invoquant les mânes de Tennessee Williams et de Marivaux. Parrainage écrasant pour ce projet qui brasse, selon le comédien, « des sentiments bouleversants et profonds sur la difficulté de l'incommunicabilité[91] ». Alors qu'il devait se tourner au printemps sous le titre *Au travail !*, ce premier film s'est trouvé décalé de six mois. Du coup, le rôle féminin prévu pour Charlotte Rampling échoit finalement à l'actrice espagnole Marisa Paredès dont Rochefort a été l'époux dans *Tombés du ciel*. Il y incarne pour sa part un promoteur immobilier qui vit entouré de cobras et de crotales : d'où le titre définitif du film, *Le serpent a mangé la grenouille*. Ce « projet inclassable avec une vraie personnalité de cinéaste[92] » est aussi l'occasion pour Jean de retourner sur les traces de son enfance en retrouvant la maison de Rouen où il a naguère vécu. Quant à la demeure dans laquelle il est censé habiter dans le film de Guesnier, à Mézy, sur les bords de la Seine, elle a appartenu naguère à la comédienne Elvire Popesco.

Non seulement « les Sautet, les Chabrol, les Corneau, les Tavernier ne me proposent plus rien[93] », déplore Rochefort, mais « avec la dictature du prime time, je ne suis pas sûr qu'aujourd'hui Buñuel pourrait tourner[94]... » Pas question pour autant de décliner à l'infini le même emploi, comme certains de ses confrères qui semblent aussi tétanisés que flattés par leur image. Rochefort, lui, revendique haut et fort sa différence. «J'ai toujours essayé de donner dans ce que je jouais un déséquilibre permanent, dit-il. Les héros m'emmerdent. J'aime que les braves aient des fêlures, que les fêlés aient des bravoures[95]. » Il n'a cependant pas souvent été payé de retour, loin s'en faut, mais ne désespère pas d'y parvenir en concrétisant ce fantasme qui traduit sa perplexité : « Tourner un film qui alliera mon désir de découverte et le succès public, ce qui pour moi est la caution idéale de toute entreprise généreuse et digne[96]. »

29

Horizons lointains

Il est des rôles qui en appellent d'autres. Pour Jean Rochefort, celui du *Mari de la coiffeuse* reste emblématique et sa carrière internationale lui a été particulièrement bénéfique. C'est en se référant à ce film qu'un beau jour de 1997, le cinéaste argentin Alejandro Agresti se manifeste auprès de lui. « Quand on me téléphone de Buenos Aires en me disant *je vous envoie une cassette, je veux faire un film avec vous,* explique le comédien, je dis *oui, très bien* et j'attends la cassette[1]. » En l'occurrence, le réalisateur lui adresse une copie de son film *Buenos Aires vice versa,* accompagnée d'un script au titre pour le moins déroutant, *Le vent en emporte autant,* dont la folie convainc l'acteur de s'envoler en plein mois de novembre pour la Patagonie, autrement dit « un non-endroit, une utopie, le bout du monde[2] ». Son personnage n'apparaît que dans la seconde moitié du film par laquelle débute le tournage. Cette promesse de dépaysement se heurte à une réalité déconcertante : le village de Rio Pico où il débarque est « une rue unique sur la pampa, avec à ses deux extrémités, l'horizon[3] ». Qui plus est, l'artère est battue par les vents. Bref, résume l'acteur, « on a vraiment la sensation de la rotondité de la terre[4] ».

C'est dans ce cadre déroutant que Rochefort incarne Edgar Wexley, un comédien célèbre qui s'aventure un jour dans une contrée reculée afin d'y glaner quelques raisons d'espérer des lendemains meilleurs. « J'étais très attendri par le fait que ce vieil acteur, épuisé à la fin d'une carrière populaire mais médiocre d'un point de vue artistique, ait traversé un continent pour lire un peu d'admiration et d'estime dans l'œil de deux ou trois personnes[5] », explique Rochefort, touché par « l'émotion de l'acteur qui a tellement besoin du regard des autres pour se rassurer lui-même[6] ». Au point de souligner « c'est assez amusant de camper qui j'aurais pu être[7] », tout en affirmant : « Je n'ai pas autant besoin du public et de ses témoignages d'amour pour me sentir bien dans ma peau[8] », mais en concédant que « c'est un peu le petit diamant de notre profession d'être des marionnettes assoiffées d'affection[9] ». Sur le plateau, Rochefort a pour partenaires des transfuges du théâtre béats d'admiration pour leur metteur en scène. « C'était comme un honneur pour eux qu'un acteur vienne d'Europe tourner dans leur film[10] », explique le comédien qui s'avoue séduit par la folie douce de ce réalisateur adepte d'« une manière de faire du cinéma qui ne correspond pas trop à notre pensée unique à nous[11] ». Pour lui, Agresti, est un poète authentique « qui travaille de manière artisanale sans se soucier des impératifs de la production. (...) Ainsi, plusieurs fois, ayant commencé à tourner à midi, ne sentant plus l'inspiration à quatorze heures trente, il nous renvoyait chez nous[12] ! »

« Agresti a la coquetterie, en plus, de ne plus respecter ce qu'il a écrit[13] », souligne Rochefort qu'il requiert pour un numéro d'improvisation à haut risque. Dans une cabane en tôle nichée au pied de la Cordillère des Andes, le réalisateur l'encourage à raconter des histoires qu'il a vécues, à l'instar d'un souvenir de tournage dans l'Himalaya avec Belmondo sur *Les tribulations d'un Chinois en Chine* (qu'il ne cite pas nommément). Une nuit, c'est à une évocation de la Bretagne de son enfance qu'il se livre, à travers le portrait de son grand-oncle cordonnier, Alphonse Chas « qui avait un appétit sexuel hors du commun[14] » et une épouse de vingt-cinq ans, alors qu'il en avait... soixante. Sur la foi de ce que lui a rapporté un cousin, il y raconte « la façon un peu leste qu'il avait de héler sa femme à l'heure de la sieste[15] » pour satisfaire ses ardeurs sexuelles.

À l'issue de cette parenthèse exotique, Rochefort se montre catégorique : « Je n'ai pas été déçu du voyage[16]. » Et pour cause... « Le premier jour, j'ai foutu le feu avec la cuisinière à pétrole. Je suis sorti dans l'unique rue en criant *Fuego ! Fuego !* et personne ne m'a compris, alors j'ai crié *Pimpon !* et on est venu éteindre[17]. » Rochefort affirme goûter derrière cette insouciance nonchalante « une atmosphère que je crois avoir connue dans l'immédiat après-guerre, quand j'ai commencé à être acteur, où le fait de respirer, de vivre et d'être libre suffisait à notre bonheur[18] ». Le revers de la médaille, c'est que lors de la sortie française de cette « parabole sur nos *zappings psychiques* dans un monde où la télévision a remplacé le dialogue entre les êtres[19] », et où il a noté que « l'argent n'était pas obsessionnellement présent[20] », le comédien déclarera ne toujours pas avoir été payé pour sa prestation pourtant qualifiée de « composition savoureuse[21] » par un critique.

Une étrange obsession tenaille Jean Rochefort : « Tout à coup, j'ai eu peur de ne plus jamais rejouer au théâtre, en voyant l'ombre hideuse de la retraite[22]. » Fier de ne jamais avoir mis ses pas dans ceux d'un autre, sinon dans certains classiques, il accepte toutefois de reprendre «*Art*» de Yasmina Reza, pièce mise en scène par Patrice Kerbrat où il succède à Pierre Arditi, dans le rôle d'un représentant en papeterie qui fait office de médiateur entre un ingénieur en aéronautique joué par Pierre Vaneck – le seul des interprètes à être demeuré fidèle à son poste depuis la première –, et un dermatologue campé par Jean-Louis Trintignant. « Je ne voulais plus faire de théâtre pour pouvoir rester le soir avec ma femme et mes filles, explique Rochefort. Mais c'est un chef-d'œuvre, alors[23]... » Pétrifié par ce défi, il a pris le temps de s'imprégner de son rôle auquel il s'est préparé pendant huit mois, car, affirme-t-il, « Yasmina Reza est captivante. Elle a un vrai talent d'écriture, même si ses textes sont un enfer à apprendre[24] ». Il se trouve notamment confronté à une redoutable tirade qui l'a accompagné jusqu'au fin fond de la Patagonie. Comme s'il redoutait qu'elle ne lui échappe en son absence. « J'ai ahané dessus tout l'été pour enfin l'avoir dans ma tête, admet-il, mais je le répète en coulisse avant d'entrer en scène, tout de même. C'est un long monologue qui est très douloureux à apprendre, mais qui est une joie à vivre[25]. » Or, tout l'art de l'acteur réside dans ses montées d'adrénaline : « Je vais me créer des angoisses et avoir une trouille phénoménale[26]. »

Le défi qui s'offre à Jean Rochefort est considérable, car «*Art*» « est une pièce qui permet tout et son contraire[27] ». Pourtant, admettra-t-il plus tard, « j'ai été un peu trop bon élève, ce qui ne m'a pas laissé qu'un bon souvenir[28] ». Le nez dans le guidon, le champion s'astreint à un régime draconien : « J'ai très peu bouffé pendant les trois semaines de répétitions[29]. » Troublé par la pertinence psychologique de l'auteur, Rochefort succombe à l'effet miroir. « C'est un sexagénaire immature. J'en ai des aspects. Mon immaturité se situe dans des enthousiasmes débiles et infantiles[30]. » Et l'acteur d'en citer un exemple puisé dans son intimité : « C'est très enfantin de se dire à mon âge *soyons à nouveau papa* et faisons semblant de croire que le temps n'a pas passé. C'est enfantin, délicieux et angoissant[31]. »

Pourtant accoutumé à prêter sa voix à des enregistrements radiophoniques, Jean Rochefort n'a que peu tâté de l'art du doublage au cours de sa carrière. C'est un exercice contraignant qui constituait l'apanage d'une poignée de comédiens spécialisés jusqu'à ce que le cinéma d'animation sollicite des acteurs dont le nom représente une authentique valeur ajoutée pour le grand public. Comédie familiale, *Docteur Dolittle* met en présence Eddie Murphy et des animaux doués de déraison dans un délire anthropomorphique. L'occasion pour Jean Rochefort de prêter sa voix au tigre Jacob. Séduit par le texte français, il note que « ce personnage a une tumeur au cerveau, ce qui n'est pas a priori un élément comique de premier ordre[32] », mais cet écueil n'est pas de nature à l'effrayer : « Je me suis immédiatement senti en osmose interespèce avec le tigre. C'était bouleversant ! La voix de l'acteur américain *[Albert Brooks]* était plus jeune. Je lui ai ajouté des gémissements et des douleurs rhumatismales[33]. »

Bien que moins actif, Jean Rochefort demeure omniprésent. C'est le cas lorsqu'il prête sa voix à *L'Euro mode d'emploi*, une série de trente spots d'animation destinés à expliquer la monnaie unique aux Français. Simultanément, le comédien est sur le plateau de *Rembrandt* de Charles Matton, aux Pays-Bas, où il incarne le docteur Nicolaes Tulp, régent d'Amsterdam, « un calviniste pur et dur[34] ». Mais déjà fleurissent d'autres projets. Notamment celui d'un road movie américain qui devait initialement être interprété par Willem Dafoe : « Je veux bien partir deux mois dans ce pays que je connais mal, dont je parle mal la langue, décrète Rochefort, mais je veux y aller dans le bonheur[35]. » En fait, il y renoncera en découvrant que son partenaire a déclaré forfait. Consolation : ce César d'honneur dont il constate qu'il « récompense le gars qui s'est levé des années à cinq heures du matin[36] », tout en notant malicieusement que « c'est souvent une cérémonie pré-funéraire[37] », lui qui a pris les devants en annonçant qu'« il faut vivre longtemps parce que c'est un coup de quatre-vingt-quatre-vingt-cinq ans si on veut l'avoir[38] ». Pessimisme déplacé, car il n'en a alors que soixante-huit, se porte comme un charme et décrète « que c'est un peu tôt[39] ». Pour le convaincre, le grand manitou de la cérémonie, Georges Cravenne, lui a annoncé « qu'un jeune acteur américain, Johnny Depp, recevrait lui aussi un César d'honneur[40] ». De son côté, Jean Rochefort a insisté pour que la récompense lui soit remise non pas par un de ses camarades du Conservatoire, comme il en a été question, mais par Sandrine Kiberlain : « Je connais son papa et sa maman. Ça va donner à cette cérémonie un côté familial qui désacralisera le moment[41]. »

En ce printemps 1999, ce César d'honneur un peu précoce sonne pourtant le glas de sa carrière aux yeux de Rochefort. Début juin, il participe à une représentation du *Carnaval des animaux* à l'École Nationale de musique et plaide pour « qu'on échappe à un guindé qui intimide et fait croire aux gens que ce n'est pas leur monde, alors qu'il s'agit du monde de l'imagination, du rêve, de la sensibilité et de la beauté[42] ». Lui-même se définit moins comme un récitant que comme un « participant, une sorte d'inspirateur, un metteur en mouvement[43] » et évoque « une mise en place que j'espère drolatique et charmante avec la complicité des musiciens qui s'amusent beaucoup à devenir mimes et acteurs pendant un court instant sur cette fantaisie zoologique[44] ». Par une grâce mystérieuse, ce spectacle qui « naît pendant la répétition et trouve sa forme à la représentation définitive[45] » suscite une communion comme il les affectionne. Enfin, à l'automne, le comédien exprime son amour des bêtes, en tentant de répondre à cette question publicitaire existentielle : « Peut-on envisager un repas sans Badoit ? » Daniel Prévost prête sa voix au lièvre et Jean Rochefort la sienne à la tortue, le temps d'un pique-nique en pleine nature, tandis que quelques notes de Charles Trenet soutiennent la signature de la marque dans l'un des trois spots en animation 3D inspirés des fables de La Fontaine.

Autre rançon de la gloire, Jean Rochefort parraine la cinquième Route du Poisson, une course d'attelages reliant Boulogne-sur-Mer à Paris, organisée en hommage aux mareyeurs du temps jadis. Ce rallye équestre à travers les chemins du Boulonnais, de Picardie et d'Île-de-France le renvoie à sa jeunesse, car, explique-t-il, « le cheval de campagne, le cheval fonctionnel, le cheval utile, dans le respect de l'animal bien entendu, est quelque chose qui me plaît, que je sens proche de mes racines[46] ». Et puis, « l'idée de franchir quinze kilomètres au rythme du trot d'un cheval lourd a été pour moi un moment d'émotion extraordinaire, parce que je me suis aperçu que tout à coup j'étais en harmonie avec mon métabolisme[47] ». Changement de casquette lorsque le comédien se voit chargé de présider le comité de parrainage du quatrième festival Cinespaña de Toulouse et déclare qu'« il y a dans le nouveau cinéma espagnol qui est en train d'éclater une séduction dont nous avons besoin pour être un art qui montre notre temps, et qui aussi passionne, subjugue et rend amoureux des êtres qu'on peut voir sur l'écran[48] ». Comme une main tendue par un acteur qui se languit de ne plus recevoir de propositions intéressantes, mais a réponse à tout.

À l'orée de l'an 2000, il est question que Jean Rochefort et Sandrine Kiberlain (dans le rôle d'une journaliste) soient à l'affiche du nouveau film de Pierre Schoendoerffer, *Là-haut*, finalement décalé de trois ans et intitulé *Là-haut, un roi au-dessus des nuages*... mais sans eux, Florence Darel héritant finalement du rôle principal féminin. Le refus manifesté par Rochefort face à un rôle qu'il juge trop insignifiant ne prête pas vraiment à conséquence, selon le réalisateur dont cet opus deviendra le testament cinématographique. Bruno Cremer, Jacques Perrin et Jacques Dufilho y effectuent quant à eux des apparitions, « mais eux c'était des nécessités absolues car il y avait des retours quarante ans avant vers *La 317e section*[49] ».

Après avoir mis en boîte un nouvel épisode des *Bœuf-carottes*, Jean Rochefort part mi-mars pour Almeria, dans le sud de l'Espagne, où le réalisateur italien Maurizio Nichetti tourne sa nouvelle comédie, *Honolulu Baby*, avec Maria de Medeiros. Dans un cadre désertique vu à l'écran dans les westerns spaghetti de Sergio Leone, mais aussi *Lawrence d'Arabie, Mad Max* et *Les aventuriers de l'Arche perdue*, le comédien incarne Christian qu'il suggère au metteur en scène de surnommer familièrement Cri Cri. Nichetti justifie ainsi le choix de son interprète : « J'admirais beaucoup Jean Rochefort depuis toujours pour ses choix cinématographiques, jamais banals, mais toujours courageux et originaux... Quand il adhère à un projet, il joue le jeu jusqu'au bout et il se glisse dans la peau du personnage en acceptant de donner exactement ce qu'on attend de lui. Jean est un acteur physique qui s'exprime avec son corps, son sourire et son regard, lesquels constituent un langage universel. Il a une manière de se remuer qui, conjuguée avec sa grande ironie, le rend unique dans le paysage des acteurs européens. Or, il s'agit là d'un miracle de communication qui ne passe pas par les mots, mais uniquement et exclusivement par une attitude et une gestuelle qui lui sont propres[50]. » Autant d'atouts pour ce cinéaste qui revendique l'héritage des grands burlesques depuis son premier film (muet !), *Ratataplan* (1979), et dit d'*Honolulu Baby* que « la singularité de l'histoire reposait sur la différence de langues. Le film n'a jamais été doublé, y compris en italien, et chacun a gardé sa langue et sa voix[51] ».

Au contact de Rochefort, Nichetti affirme aussi avoir reçu « quelques conseils pratiques, comme celui d'aller toujours manger les mêmes plats dans le même restaurant. Il m'a bien expliqué que quand il est en voyage, il éprouve la nécessité de trouver un endroit où il se sente comme chez lui et où il puisse nouer des relations amicales[52] ». Une partie du tournage coïncidant avec les vacances scolaires, le comédien décide d'inviter quelques jours à Almeria son épouse et ses filles. « Elles avaient huit, dix ans et venaient pour la première fois de leur vie sur un plateau de cinéma, relate Rochefort. Une cinquantaine de femmes nues descendaient soudain d'un camion militaire et me couraient après en hurlant[53]... » Drôle d'entrée en matière qui pourrait prêter à confusion et dont Nichetti souligne avec admiration « le calme avec lequel il s'est sorti de cette situation embarrassante en disant simplement aux deux gamines : *Papa travaille*[54] *!* »

La suite prête nettement moins à l'euphorie, mais le réalisateur et son interprète se serrent les coudes. Nichetti évoque ainsi « la tension qui régnait parmi l'équipe pendant les deux dernières semaines du tournage, en raison du retard dans le versement des salaires... Jean lui aussi a déploré un cachet impayé. Du coup, d'un commun accord, nous avons décidé de modifier le plan de travail, en remettant au dernier jour une scène clé sans laquelle l'histoire resterait inachevée[55] ». Afin d'obtenir les arriérés qui lui sont dus, l'équipe espagnole décide de se saisir du négatif. Par la suite, la sortie du film en Italie sera décalée de l'automne au printemps suivant, en raison d'un conflit juridique opposant le producteur (dont ce sera l'unique forfait) et le distributeur. Pris dans un imbroglio administratif invraisemblable, *Honolulu Baby* ne sortira jamais en France, alors même que, selon Nichetti, « Sergio Gobbi avait manifesté un intérêt très concret pour le film dont il avait apprécié le scénario, négocié les droits et acquis la distribution[56] ».

De retour en France, Jean Rochefort célèbre un anniversaire qu'il appréhende particulièrement. « Depuis que je sais compter, déclare-t-il, je me dis que j'aurai soixante-dix ans en l'an 2000. Ça m'a toujours énormément impressionné[57]. » Le cap est d'autant plus symbolique que cette nouvelle décennie coïncide aussi avec l'avènement d'un millénaire plein d'incertitudes et que, dans la foulée, alors qu'il achève tout juste sa terminale, son fils Pierre annonce à Jean qu'il va être père à son tour, ce qui provoque un conseil de famille impromptu : « On s'est tous réunis chez Nicole, la maman, avec son compagnon, François Berléand, et avec les parents de la jeune fille[58]. »

En cette période mouvementée, Jean Rochefort se réjouit de faire partie de la distribution du nouveau film de Francis Veber, *Le placard*, une comédie sur... le harcèlement au travail ! Mais rien ne se passe comme Rochefort l'avait espéré. Là où Maurizio Nichetti l'a encouragé à improviser, le réalisateur du *Dîner de cons* (1998) attend de ses interprètes une précision d'horloger. « Les débuts ont été difficiles et il y a eu des éclats de voix[59] », admet Rochefort, « de par la rigueur de Veber qui exigeait de ses acteurs un ton très précis et très juste, ce qui au début m'a fâché considérablement[60] ». Le réalisateur assume pourtant son parti pris. « Il a un poids en patron d'usine de préservatifs[61] », affirme-t-il de son interprète qui déclare pour sa part : « Je voyais comment jouer ce PDG dans une comédie. Je voulais jeter une distance satirique sur le statut social du personnage. Erreur fatale : c'est au public de faire ça, pas à moi[62]. »

Conscient de son exigence, Francis Veber reconnaît lui aussi son tort : « C'était un homme en grande forme, mais je ne savais pas qu'il portait des verres de contact. En plus, il y avait une équipe de Canal Plus qui le filmait, et là, j'ai fait une formidable erreur politique en disant : *Est-ce qu'on peut mettre du collyre dans les yeux de Jean ? Il a les yeux rouges...*

Tout d'un coup, il a réagi en disant : *Du collyre pour les lentilles ? Parce que je porte des lentilles, mon grand !*

Déjà ça partait mal. Ensuite je regarde la journée à la vidéo et je me rends compte qu'il a perdu toute son énergie sur les plans serrés. Deuxième énorme erreur, je dis : *Demandez à monsieur Rochefort de venir. Je voudrais lui montrer quelque chose.*

Il arrive, s'assied avec moi devant la vidéo et je lui dis : *Tu vois, Jean, tu manques complètement d'énergie. Il faut qu'on refasse ça demain.*

Et il se met à me parler comme Louis XIV à un de ses sujets et me dit : *Quand je fais un film, je veux du plaisir. Et là, j'ai du déplaisir. Alors, ce qu'on va faire, c'est qu'on va téléphoner à notre agent commun et qu'on va lui dire que j'arrête le film.*

Je lui ai répondu : *Jean, moi, je te propose d'essayer demain d'accorder ton plaisir et mon perfectionnisme, et si on n'y arrive pas, je comprendrai que tu quittes le film, mais j'en serai navré.*

Il est venu le lendemain et il a fait ses gros plans d'une façon extraordinaire, mais on a failli arriver à un clash[63]. »

L'incident est clos, mais Rochefort admet avoir été déconcerté et même déstabilisé. « Les exigences de Veber me fâchaient et secouaient toutes mes certitudes d'acteur[64] », dit-il, tout en concluant, bon prince : « Cela m'a fait grand bien[65]. » Au point d'évoquer « une expérience rafraîchissante[66] » et de déclarer que « c'est un vrai bonheur, de rendre l'horreur plausible à force de vérité, de jouer du Veber dans un tableau de Jérôme Bosch, la folie et l'incongruité, mais avec une petite minutie médiocre[67] ». Le réalisateur dresse quant à lui le constat suivant : « Pour un metteur en scène qui écrit ses dialogues et les a dans la tête, c'est très difficile d'aller contre la nature de certains acteurs. Or, quand on tombe sur un type comme Jean Rochefort, il faut faire avec, parce qu'il a son style, mais quand vous faites avec, ça devient formidable[68]. » Et Veber de préciser qu'à la fin du tournage, « il m'a fait un compliment qu'il ne pensait peut-être pas et qui m'a fait extrêmement plaisir, en me disant : *Tu vois, je vais tourner "Don Quichotte" dans quelques semaines et je ne le jouerai pas comme avant parce que j'ai fait "Le placard" et que j'ai adoré être dirigé par toi*[69] ». Pour la première fois de sa carrière, sans doute, Jean Rochefort s'est laissé submerger par un rôle, alors qu'il s'imprègne déjà du suivant depuis quelques mois, tout en concédant que « la fiction m'est devenue comme une seconde nature, avec le temps, mais peut-être aussi qu'elle me joue des tours, parce que je ne suis pas toujours confortable. Peut-être que la fiction se venge... ou plutôt la réalité[70] ». Rétrospectivement, il reconnaîtra d'ailleurs à demi-mot « avoir abordé les choses avec une espèce de négligence, en me réfugiant derrière des certitudes, parce que j'étais préoccupé par un autre projet qui me tenait à cœur[71] ». Difficile de l'en blâmer. Cette fois, la mariée s'annonce vraiment très belle.

30

Les moulins de son cœur

« L'homme mûr que je suis n'est qu'un fac-similé de l'adolescent que j'étais. J'ai les mêmes doutes qu'hier. Et donc pas de certitudes[1]. » Ainsi Jean Rochefort s'exprime-t-il, assis sur une chaise, dans la cave de sa maison, pour les besoins du documentaire que lui consacre Christophe d'Yvoire. C'est le comédien en personne qui a choisi ce cadre étrange « pour que ça ne fasse pas trop variétés de TF1[2] »... Il y arbore en outre un visage qu'on ne lui connaît pas : celui du chevalier à la triste figure Don Quichotte de la Mancha, personnage emblématique du patrimoine littéraire mondial avec lequel il livre un corps à corps harassant depuis des mois, pétri d'une conviction intime : « J'ai le goût du drolatique, mais ce n'est pas vulgaire, l'intelligence de la pirouette[3]. » Et avec une seule obsession en tête : « Je n'ai pas envie de décevoir le jeune homme que j'étais[4]. » Ce personnage imaginé par Cervantès a réapparu à plusieurs reprises dans l'existence de Rochefort qui a lu le roman pour la première fois à l'âge de vingt ans, mais pas d'un seul trait. « Souvent, dans mon entourage, on m'avait dit : *Quel dommage que tu ne joues pas ce rôle !* On m'a proposé quelque chose au théâtre, mais cela ne me plaisait pas. Je préfère les entreprises aux rôles, je ne suis pas de ces acteurs qui se disent *J'aimerais jouer ça.* Mais enfin, c'était sans doute le personnage dont j'avais le plus envie, avec Alceste dans *Le Misanthrope*[5]. »

Tout s'est précipité au lendemain de la cérémonie des César 1999 au cours de laquelle ont été honorés de concert Jean Rochefort et Johnny Depp. Présent lors de la soirée, le réalisateur Terry Gilliam téléphone au comédien français auquel il propose le rôle principal de son nouveau projet en lui tenant ce discours : « *Si vous acceptez, je pourrai enfin monter ce film que je veux faire depuis dix ans.* J'ai bien sûr cru à une blague[6] », rapporte Rochefort. Dans le carnet de bord qu'il filme pendant sa préparation, l'acteur s'en explique : « Étrangement, je viens de dire oui pour *Don Quichotte.* Je suis dans un état assez curieux[7]. » Ce défi implique en effet un certain nombre de contraintes. La première consiste pour l'acteur à se familiariser avec l'anglais dont il ne possède que des rudiments approximatifs, lointains vestiges de sa scolarité velléitaire et de quelques contacts professionnels sporadiques. Il lui faut donc se donner les moyens de ses ambitions : « J'ai travaillé dix-sept mois. Je partais à cheval avec un casque sur les oreilles et je récitais à haute voix mes cours d'anglais jusqu'au jour où ma jument m'a bouffé une oreillette[8]... » Rochefort apprend son rôle au cours de promenades en forêt sur le dos de sa monture préférée. « Je prenais des pauses, je m'asseyais sur une souche d'arbre. Et elle broutait un moment, me tirait les cheveux. Et elle me les léchait[9]. »

Outre ce labeur solitaire auquel il s'astreint, Rochefort engage un répétiteur d'anglais, Nicholas Mead. Il doit cependant prendre sur lui pour ne pas jeter l'éponge et avoue sans gloire : « J'ai en ce moment une initiation très douloureuse et tardive à la langue de Shakespeare, parce que je vais jouer en anglais, et ça me casse tellement les pieds que je n'ai qu'une envie, c'est de monter à cheval. (...) C'est pour moi un défouloir et une détente formidables. Je hais le métier d'acteur en ce moment, tellement il est douloureux de jouer en anglais dans sa grande maturité, quand on a fait des études navrantes[10]. » Il s'accroche cependant à un fantasme qui semble le rasséréner. « Je sais quelle sera ma première scène. Je serai à cheval et ma première réplique, fin septembre, sera : *I am Don Quichotte de la Mancha.* Tout ça en armure sur un cheval[11] ! » Un harnachement de vingt-cinq kilos qui ajoute encore au défi.

Jean Rochefort ne s'accroche que parce qu'il se fait une très haute idée de son personnage qu'il décrit comme « un jeune premier vierge et je demandais à mon apparence de se charger du reste. (...) C'est un homme qui rentre en vibration dès qu'il voit l'autre sexe, c'est un homme qui ne se rend pas compte de ses dents pourries, de sa tristesse et de sa maigreur[12] ». Une proximité que confirme le producteur René Cleitman en déclarant que « Terry Gilliam a eu une démarche très rare pour un réalisateur anglo-saxon puisqu'il a écrit ce rôle pour Jean Rochefort. Au point qu'il ne souhaitait pas faire le film si Jean n'était pas de la partie[13] ». L'acteur français, lui, soutient que « jouer Don Quichotte, c'est un cadeau immense, comme par hasard avec un de mes metteurs en scène préférés[14] », tout en invoquant un motif de satisfaction supplémentaire : « Quand la présence de Depp a été confirmée, l'affaire m'est apparue comme une sorte de Nirvana cinématographique[15]. » Il admire en effet l'acteur américain depuis *Dead Man* (1995) de Jim Jarmusch. Quand le projet est annoncé officiellement au festival de Cannes 1999, dans un hall d'hôtel, Johnny Depp demande à Jean Rochefort d'apposer ses mains sur le ventre de Vanessa Paradis, sa compagne alors enceinte de huit mois et demi de Lily-Rose Melody qui verra le jour le 27 mai suivant. « J'ai cru à une blague, mais c'était très sérieux[16] », commente Rochefort. « Johnny est à moitié indien, c'était une sorte de superstition[17]. » Au fil des mois, le tournage étant reporté, les acteurs ont l'occasion de dîner ensemble à plusieurs reprises et d'apprendre à se connaître et à s'apprécier.

Il n'est pas de Don Quichotte sans son Sancho Pança, compagnon fidèle et dévoué dont la rondeur contraste avec la silhouette filiforme de son maître. Mais, dans l'histoire revue et corrigée par Terry Gilliam et Tony Grisoni, le mythe est quelque peu travesti et, comme le précise Rochefort, « le scénario dit : *Il faut que Don Quichotte perdure, sans ça on est foutus. L'humanité a besoin de lui.* Donc le film c'est la quête pour trouver son successeur, parce que celui qui existe est usé. Magnifique thème[18] ! » Selon René Cleitman, « Johnny Depp incarne un jeune publicitaire, Toby, qui, au cours d'un tournage de publicité minable en Espagne, rencontre un curieux vieillard qui affirme être le véritable Don Quichotte. Toby se retrouve dans le rôle de Sancho Pança et tombe fou amoureux de la jeune fille qui accompagne Don Quichotte, Altisidora[19] ». Rochefort, lui, avoue partager avec son personnage « ce satané besoin de foncer sur les causes perdues, notamment avec les femmes[20] ». Une identification qui l'incite également à déclarer : « Des choses de ma vie m'ont fait penser que j'ai eu des comportements inspirés de Cervantès. J'étais très surpris qu'on me propose le rôle, je n'ai jamais été un acteur dit international ou de grosses productions. Il y a sans doute une ressemblance morphologique avec l'idée qu'on peut avoir de Don Quichotte, mais pourquoi moi ?

Ma triste figure. Bien sûr[21] ». Et puis aussi « une espèce de bravoure utopique et, bien sûr, cet amour de l'amour[22] ».

Le tournage de *L'homme qui tua Don Quichotte*, puisque tel est le titre définitif du film, qui sonne pour Rochefort comme « une sorte de prélude des catastrophes à venir[23] », est prévu pendant seize semaines en Espagne, puis une autre à Londres, pour un budget estimatif de près de deux cents millions de francs. Jean Rochefort part deux jours à Madrid afin d'y rencontrer sa monture, une jument affamée pendant une quarantaine de jours afin de correspondre à la description qu'en donne Cervantès : « Quand j'ai vu mon cheval pour la première fois, déjà mon moral avait faibli[24]. » Il ne peut pas se résoudre à « monter sur un fantôme de cheval, une Rossinante qui menaçait à tout moment de s'écrouler[25] ». Une réunion est alors organisée avec le réalisateur, le dresseur et le vétérinaire afin de le rassurer sur la maigreur effrayante de l'animal : « J'ai accepté ça, regrettera-t-il rétrospectivement. J'aurais dû dire non[26]. » Le début du tournage est prévu quatre semaines plus tard. Le jour où il doit partir de Paris, Rochefort apparaît angoissé et se plaint de douleurs. Au point de différer son arrivée sur le plateau de quarante-huit heures pour aller consulter un médecin qui se montre plutôt rassurant.

Deux ou trois jours après son arrivée sur le plateau, Jean Rochefort est réconforté de voir débarquer Johnny Depp : « Il avait une caravane qui était une espèce de hall de gare où l'on pouvait se déplacer en patins à roulettes. La mienne était infiniment plus modeste. Il arrive, il fait la gueule, il appelle le producteur : *Je veux qu'on change ma caravane, les miennes se trouvent à Londres, et il faut que Monsieur Rochefort ait la même*[27]. » Entre les deux acteurs, « un rapport filial s'est installé. Moi, le père blessé, j'ai rencontré un fils possible. De son côté, il a pu se projeter dans mes douleurs[28] ». Rochefort est particulièrement ému par le respect que lui manifeste Depp, lequel « a une espèce d'estime, toute modestie gardée, pour un acteur âgé. Il m'appelait Jean, m'embrassait. C'est très doux, très tendre[29] ».

Le tournage se déroule dans une réserve naturelle. Mais, dès le premier jour, des avions de chasse passent régulièrement dans le ciel de ce qui s'avère être un champ de manœuvres. L'équipe doit donc déguerpir séance tenante... mais le ciel s'obscurcit brusquement et un déluge détruit une bonne partie des installations.

«Je nous revois enfermés dans les voitures, assaillis par des grêlons énormes. Moi, liquéfié dans mon armure, essayant de tenir le coup[30].» Le comédien et René Cleitman assistent alors à un spectacle incroyable : «À travers mon heaume de Don Quichotte, se souvient-il, j'ai soudain vu une sorte de ptérodactyle volant au-dessus de nous ! Je lui ai demandé ce que ça pouvait être. Quand il m'a répondu : *C'est la cantine*, j'ai su que c'était fichu[31].» Depuis quelques jours déjà, un différend oppose Rochefort à Gilliam qui incite le comédien à adresser une lettre au réalisateur : «Je lui disais : *Cervantès n'a pas besoin de ça, Terry, bergmanise ton propos, bon Dieu !* Il n'écoutait rien, on allait droit dans le mur[32].» Pour l'acteur, le doute n'est désormais plus permis : «Je n'étais pas en osmose avec Gilliam. Il m'emmerdait avec ses mannequins et ses effets spéciaux[33].» Le film dont il a rêvé ne ressemble pas davantage à celui-là que son personnage en qui il identifie «un puceau amoureux des femmes, mais inconscient de son physique[34]», et qu'il a décidé d'interpréter «en jeune homme, comme un vieillard vierge n'ayant pas de miroir chez lui[35]».

«J'étais dans une sorte de brouillard, confessera Rochefort. J'étais aussi gêné par la langue anglaise. Je ne pouvais pas expliquer toutes ces sensations qui me tombaient dessus. C'était comme une deuxième carapace dans laquelle j'étais enfermé[36].» L'acteur ne comprendra ce «coup de torchon[37]» que des années plus tard, en saisissant une image fugitive du documentaire consacré au film, *Lost in La Mancha* de Keith Fulton et Louis Pepe (qui se sont rendus en Espagne huit semaines avant le début du tournage), dont Woody Allen décrétera que «c'est le pire cauchemar qu'un réalisateur puisse vivre, mais c'est tellement réjouissant[38]». Selon Rochefort, «le seul extrait que j'ai vu à la télévision montrait en contrechamp deux gars poussant un cheval qui ne veut pas avancer. Ce qui veut dire que le gars qui est dessus, en l'occurrence moi, n'a plus la force de serrer les jambes, car il avait trop mal. En outre, il sent le cheval tellement épuisé que s'il lui enfonce les éperons dans le bide, tout est fini[39]». Suprême humiliation pour le cavalier émérite qu'il est, «les gens qui étaient autour de moi, croyant que je ne savais pas monter à cheval, avaient des pommes attachées dans le dos pour qu'il avance[40]». Le comédien mortifié déclare : «Quand j'ajoutais aux quarante kilos de la selle d'époque, mon armure et mes soixante-douze kilos, j'avais honte[41]...»

Résultat, Don Quichotte « m'a foutu à la porte de sa vieille cuirasse assez vite[42] ».

Quatre jours seulement après avoir entamé les prises de vues, Jean Rochefort est foudroyé par une douleur insupportable : « Ma colonne vertébrale a refusé l'obstacle[43] ! » Après avoir consenti à descendre de sa monture sur l'insistance d'un assistant australien, le comédien doit être rapatrié d'urgence à Paris pour se faire soigner, entraînant l'interruption d'un tournage qui, de toute façon, a démarré sous de funestes auspices : « Les destins de l'homme de cheval et du comédien se sont réunis dans une forme d'horreur, conclut-il. C'était la première fois de ma carrière que j'abandonnais une équipe de cent cinquante personnes[44]. » Son départ même ressemble à une scène de cinéma. « J'ai traversé le désert espagnol en ambulance, cloué sur mon brancard, j'avais le dos totalement bloqué. Alors que la nuit commençait à tomber, nous avons vu arriver au loin un convoi exceptionnel tout illuminé[45]. » Malgré son état, il reconnaît, « tel le paquebot d'*Amarcord*, la caravane que Johnny Depp avait exigée pour moi et que je n'aurais jamais[46]... » Et comme un coup de grâce, le lendemain de son départ du plateau, c'est sa monture qui pousse son dernier souffle.

« Quand vous avez fait cent cinquante films sans jamais louper une journée de tournage, explique Jean Rochefort, vous vous demandez ce qui vous arrive[47]. » L'acteur se ronge. « Je m'en voulais beaucoup d'être dans cet état pour un film, je trouvais cela impudique[48]. » Un mois plus tard, la production est mise en sinistre, ce qui a pour conséquence immédiate de transférer ses droits à une compagnie d'assurance allemande, en contrepartie des quinze millions de dollars de dédommagement qu'elle a dû acquitter. Terry Gilliam devra dès lors remuer ciel et terre pour récupérer son scénario. Une reprise du tournage est d'abord envisagée pour janvier suivant avec un autre interprète dans le rôle de Don Quichotte, aux côtés de Johnny Depp. Après une première période où, « tous les jours, je recevais de l'équipe du film des fax, des coups de fil[49]... », confie Rochefort, « on ne m'a plus tenu au courant de ce qui se passait sur le tournage[50] ». Dès lors, l'acteur se perd en conjectures et hasarde diverses explications plus ou moins rationnelles à l'effondrement de ce château de cartes.

« Pendant quarante-cinq ans, j'ai monté un à deux chevaux par jour. Mon squelette s'était organisé autour d'une selle classique.

Mais pour le film, je me suis retrouvé avec une selle d'époque très large et une armure très lourde. Ça m'a écartelé, et on a fini dans une partie d'osselets[51]. » Pour lui, aucun doute, « il y a eu un vrai désastre physiologique. Tout a craqué : le dos, la hernie inguinale, un nerf placé très mal, dans le périnée[52] ». Cet intrus sournois qui répond au nom de pudendal et part du sacrum se répand ensuite dans diverses parties du corps parmi lesquelles l'appareil génital et le sphincter. La douleur qu'il provoque se caractérise « par une sensation de brûlure, de décharge électrique ou encore l'impression d'avoir un corps étranger dans la zone rectale[53] ». Les médecins interdisent donc catégoriquement à Rochefort de remonter à cheval et lui prescrivent un repos total, à la faveur duquel, souligne-t-il, « très curieusement, j'ai découvert des choses que je niais violemment : la somatisation, le psychique, le physiologique et leurs interférences[54] ». Dans un baroud d'honneur qui lui ressemble, après avoir consulté plusieurs médecins dans l'espoir de comprendre le mal dont il est atteint, le comédien décide de faire le deuil de cet homme qui se battait contre les moulins à vent... en l'immortalisant une fois pour toutes. « Il fallait quelque chose de ridicule pour me permettre de piétiner ce projet et me dire que c'était réellement fini[55]. » Alors, explique l'acteur, « j'ai demandé à ma femme de me prendre en photo avec une fourchette, une râpe à gruyère et une espèce de timbale en métal, pour garder une image totalement dérisoire de moi en Don Quichotte[56] ». Et puis, poursuit-il, « je suis rentré dans ma chambre et j'y suis resté couché sept mois. C'était comme si j'avais voulu me piétiner la gueule[57]. »

« Don Quichotte, en fait, je crois que je l'ai toujours été, je m'en suis aperçu grâce à ce film qui ne s'est pas fait. Ça m'a même expliqué des épisodes de ma vie privée. Ce comportement utopique que je revendique m'a rendu heureux et m'a fait souffrir[58]. » Son lit de douleur impose à Jean Rochefort un repos forcé qui le contraint à réfléchir sur lui-même. « Moi qui suis un homme très actif, j'étais inquiet à l'idée de rester infirme. J'avais du mal à marcher et à rester assis[59]. » Mais son épouse est là qui veille et ne laisse rien paraître ou presque des émotions qu'elle ressent : « En sept mois de convalescence, Françoise a peut-être dû craquer trois fois, note Jean. C'est peu[60]. » Confronté à sa propre détresse et à son impuissance, menacé dans son intégrité physique qui atteint l'acteur autant que le cavalier et lui fait réaliser combien « le silence du corps était une chose bien agréable[61] », il menace de s'effondrer à tout instant et a besoin de réconfort davantage que de pitié, car, insiste-t-il, « dans ces circonstances, l'harmonie, le sentiment amoureux de l'autre, et réciproquement, c'est capital[62] ». C'est pourquoi, il garde la tête haute et revendique ne s'être « jamais montré non rasé devant Françoise[63] », car, « le laisser-aller physique dans un couple est pour moi une horreur[64] ». L'acteur en est quitte pour un aveu dérisoire : « Je suis un Don Quichotte de la réalité, pas fait pour être un Don Quichotte de fiction. Il y a une erreur, là. J'ai fait des actes cervantésiens dans mon existence. Beaucoup. Mais il n'y avait pas de caméra[65] ! »

« Pendant deux ans, j'ai essayé d'occulter. Je ne voulais rien savoir. Le seul nom de Cervantès me faisait partir en courant[66]. » Cette politique de l'autruche, le comédien s'y accrochera en refusant pendant longtemps de se trouver confronté aux images du tournage et en se bornant à déclarer : « Je suis fier d'être le héros du making of d'un film qui ne s'est jamais fait[67]. » Mais, c'est Patrice Leconte qui l'affirme, « un jour, il m'a dit : *J'ai vu les deux ou trois plans qu'on a tournés de moi à cheval en Don Quichotte. Ça me suffit. J'ai joué Don Quichotte, je n'ai pas besoin de plus*[68]. » Au fil du temps et des dépressions, Rochefort exprimera une opinion de plus en plus tranchée sur cette expérience malheureuse. Jusqu'à imaginer la façon dont aurait pu se poursuivre le tournage. « Je ne me serais pas entendu avec Terry Gilliam[69] », décrète-t-il, et « je pense que le film aurait été mauvais[70] ». Atteint lui aussi dans son orgueil, le réalisateur énonce quant à lui un argument qui traduit sa désillusion sinon une indéniable mauvaise foi nourrie de rancœur face à une malédiction tenace : « J'ai été en quelque sorte soulagé que tout s'effondre, car je n'avais pas suffisamment d'argent pour boucler le tournage. C'est une bonne chose que cela se soit terminé ainsi à ce moment précis, car sinon c'est moi qui aurais été blâmé pour avoir dépassé le budget dont je disposais. »

Au fil du temps, devenu une sorte de serpent de mer de la production cinématographique, *L'homme qui tua Don Quichotte* continuera à alimenter la rumeur. Terry Gilliam y reviendra à plusieurs reprises et envisagera successivement d'engager Robert Duvall, John Hurt, Michael Palin et Jonathan Pryce pour camper le chevalier à la triste figure. Viendra aussi le temps pour le cinéaste de renoncer publiquement et définitivement à aller au bout de son rêve, puis de se raviser et de le relancer pour la énième fois. Elle paraît bien loin l'époque où des amis communs ont arrangé un rendez-vous à Londres au cours duquel Terry Gilliam a juré à Jean Rochefort : « Je ne referai pas *Don Quichotte* sans que tu donnes à Johnny Depp et à moi ton accord sur l'acteur que nous choisirons[71]. » Vaine consolation qui suscitera cette réaction amère de la part du comédien : « Ça m'a beaucoup touché, ça m'a beaucoup ému et je pense que ça me suffira pour clore définitivement ce sinistre dossier[72]. »

31

Après la chute

« À partir de l'état de septuagénaire, confie Jean Rochefort, des souvenirs d'enfance sont revenus, très précis, des expressions de mon père, et l'enracinement a recommencé[1]. » Au terme de plusieurs semaines de convalescence, le comédien a le sentiment d'émerger d'un tunnel interminable. Son immobilisation l'a contraint à réfléchir sur lui-même, quitte à passer par des périodes de dépression voire de désespoir. Mais il se bat vaillamment, avec le soutien attentionné de son épouse. Pour avoir affronté une douleur parfois insupportable, il semble avoir enfin accepté son âge et gagné en sagesse. Cependant, le temps ne semble pas pour autant venu de remonter sur scène, ni même de retrouver le chemin des studios ou des auditoriums. En revanche, cette période de repos forcé s'avère propice à la lecture. Au lieu des scénarios et des textes de pièces qui le mobilisent depuis tant d'années, il peut se plonger dans des ouvrages qui reflètent ses goûts et ses envies. « La première chose que j'ai relue, c'était Céline, la partie américaine du *Voyage au bout de la nuit*[2]. » Il ressent aussi l'envie de se plonger dans l'œuvre de Gustave Flaubert ou s'émerveille à la découverte de l'écrivain chinois de langue française Gao Xingjian dont *La montagne de l'âme* lui donne envie d'« être Prix Nobel de littérature[3] », comme son récent lauréat. « Dorénavant, je vais m'imposer grâce à cette expérience, une heure par jour, de lire quelque chose pour mon plaisir[4]. »

« J'avais des rapports névrotiques avec les chevaux, admet Rochefort. Je me suis soigné. Car, à l'occasion de cette crise, j'ai été saisi par des angoisses nouvelles, l'invalidité à vie, la mort[5]... » Il le concède alors bien volontiers : « Il y a eu une époque qui était vraiment excessive où je perdais vraiment beaucoup de temps et d'énergie, puisque j'avais jusqu'à trente-cinq chevaux nés chez moi, nés à la maison, c'était infernal, et j'ai décidé d'être plus raisonnable[6]. » Bien que son cheptel se réduise désormais à une dizaine de bêtes, il doit faire face à un dilemme existentiel qui relève du masochisme : « Vivre avec les chevaux, il y a des moments où je n'en peux plus, et me séparer des chevaux, je ne pourrais pas vivre sans eux[7]. » Interdit de monte à vie, le gentleman-farmer n'est pas résolu pour autant à tirer un trait sur ses activités équines, ni même sur son engagement en faveur des animaux et du monde agricole dont il se sent plus que jamais solidaire. C'est ainsi qu'on le voit filmé dans un champ, accoudé à une barrière en bois, en hôte du documentaire *Paroles d'éleveurs* consacré à cette activité qui lui tient tellement à cœur. En avant-propos, il s'adresse plus particulièrement aux propriétaires de bétail chez qui la crise de la vache folle et l'abattage des troupeaux ont engendré une vague de suicides : « J'ai souvent pensé à vous et à vos problèmes, dit-il, et je me suis moi-même réveillé en sueur, en imaginant qu'on emmenait mes chevaux pour je ne sais quelle fièvre aphteuse ou quelque vache folle, et ça m'a souvent empêché de dormir. » Au générique de fin, on peut lire en surimpression la phrase suivante, écrite de la main de Jean-Pierre Raffarin, président du conseil régional de Poitou-Charentes : « Nous remercions, très sincèrement, Jean Rochefort, qui a accepté de participer gracieusement à ce film par amitié pour les éleveurs et par sympathie pour notre belle région. »

Le retour au cinéma de l'acteur s'effectue en douceur, dans un court métrage intitulé *La vie sans secret de Walter Nions* qui marque les débuts de réalisateur d'Hugo Gélin, dix-neuf ans, le petit-fils par alliance de son vieil ami Yves Robert. Lorsque le gamin lui en propose le rôle titre, Jean Rochefort lui rétorque : « Ah mon p'tit chat, des courts, j'en ai pas fait un de ma carrière et j'en reçois un par semaine mais envoie toujours... » L'histoire, que le fils de Xavier Gélin a coécrite avec son prof de philo, a cependant de quoi le toucher, puisque c'est celle d'un vieux monsieur qui voit ses souvenirs reprendre vie. Au cours de l'été 2001, Rochefort retrouve la réalisatrice Josée Dayan pour le neuvième épisode des *Bœuf-carottes, Parmi l'élite.* Une fois le tournage terminé, le comédien annonce son intention de mettre un terme définitif à sa participation à cette série télévisée policière, non sans avoir pris l'initiative de conseiller aux producteurs d'engager comme dialoguiste un certain Guy Carlier. Comme pour pointer une faiblesse qu'il a vainement tenté de colmater pendant six ans en réécrivant ses répliques et parfois même celles de ses partenaires, sans s'en trouver jamais crédité ni remercié. Il justifiera cette rupture des années plus tard, en affirmant avoir « reçu un ordre de TF1 d'arrêter immédiatement ça, et j'ai arrêté tout, et je suis parti[8] ».

Ce moment crucial de l'existence de Jean Rochefort coïncide avec l'accession aux responsabilités de deux hommes qu'il connaît bien : le cavalier Jean-Maurice Bonneau, qui est nommé entraîneur national, et le vétérinaire Olivier Lepage, qui est promu directeur technique national. Une aubaine pour l'homme de cheval condamné à l'abstinence qui accepte le titre de président d'honneur de la Fédération française d'équitation, guidé par une conviction sincère : « Le sport professionnel est devenu un spectacle. Il faut une mise en scène pour séduire le public[9]. » Ennemi déclaré de l'élitisme et du snobisme attachés à cette pratique qui veut que « chez les juniors, certains ne sortaient pas en tenue, de peur d'être aperçus par leurs copains du lycée[10] », Rochefort entreprend de donner à l'équitation une image moins guindée, afin de conquérir le grand public en attirant sponsors et médias. « En sonorisant les pistes avec des micros, explique-t-il, on entend le souffle du cheval, les félicitations du cavalier pour sa monture, les barres qui tombent. Cela rend la discipline plus séduisante. (...) Le public doit avoir l'impression d'être devant un spectacle vivant et partager les joies et les peines du cavalier[11]. » Pour connaître ce milieu intimement, Rochefort dénonce aussi un élitisme qui frise parfois le snobisme, jusqu'aux noms des chevaux, et constate avec consternation que « c'est le seul sport où des sponsors et des notables dînent devant des gens, passionnés, qui ont payé leur place pour suivre un spectacle[12] ». Revient en écho une réflexion émise par l'acteur près de vingt ans plus tôt : « Si c'est pour arriver à ce que cinquante cadres neurotiques se précipitent dans des courses d'endurance, le dimanche, parce qu'ils se prennent pour Buffalo Bill, ou pour avoir une émotion sexuelle supplémentaire le soir avec leur dame, ce n'est pas la peine[13]. »

Tout juste onze mois après l'interruption brutale du tournage de *L'homme qui tua Don Quichotte*, Jean Rochefort arbore le costume du cardinal de Mazarin dans *Blanche* de Bernie Bonvoisin, sans chercher à dissimuler son appréhension. « J'avais peur. J'avais la sensation de revenir après une longue absence à mon établi[14]. » Simultanément, souligne-t-il, « j'ai le sentiment d'être plus curieux, moins amidonné qu'à quarante ans et enfin disponible pour les aventures les plus folles[15] ». Ex-chanteur du groupe Trust, le réalisateur lui renvoie une image qu'il apprécie en connaisseur. « Bonvoisin a la contemporanéité vissée en lui. Il est l'audace incarnée. Il a pris l'histoire de France, en a fait une boulette et a recraché une vraie cocasserie : un pastiche, à la croisée d'un film gore et d'un Marx Brothers[16]. » Rochefort loue l'audace du verbe chez cet auteur atypique et iconoclaste, qu'il qualifie d'« homme de culture, autodidacte, sensible, amoureux des autres[17] », en citant cet exemple : « Menacer quelqu'un en lui disant : *Je m'accroupis pas quand je pisse, tu saisis ?* Que demander de plus[18] ? » Et l'acteur ne boude pas son plaisir : « Quand j'ai eu à dire ces choses plus que triviales, revêtu de la pourpre cardinalis, j'ai trouvé que c'était extrêmement incongru[19]. » Pour lui qui croyait percevoir chez Mazarin comme un lointain écho des turpitudes de l'abbé Dubois dans *Que la fête commence !*, à l'arrivée, la désillusion n'en sera que plus cruelle et l'incitera à se fâcher avec ce metteur en scène dont il a pourtant affirmé : « Je le considérais comme un grand fils. J'avais pour lui une tendresse, une admiration que j'ai toujours[20]. » Rochefort a sans doute trop donné pour recevoir aussi peu de ce « film que j'ai aimé passionnément dans sa réalisation. Le résultat m'a déçu[21] ». Un sentiment largement partagé.

Dans le cadre du trentième Salon du Cheval qui se tient Porte de Versailles à l'orée de l'hiver, Jean Rochefort est chargé de présenter le concours international de jumping de Paris. L'occasion pour l'équipe de France de dévoiler sa nouvelle tenue dont il est l'instigateur : une veste de pilote de Formule 1 aux manches coupées. Parmi les invités qui contribuent à médiatiser cet événement, une partie de la garde rapprochée du comédien : Gérard Depardieu, Carole Bouquet, Philippe Noiret et Antoine de Caunes. Avant le début de l'ultime épreuve, Rochefort présente sa poulinière Alphaville et soutient qu'« être à l'écoute des chevaux, c'est aussi être à l'écoute des hommes[22] ». Et le comédien de céder au lyrisme : « Il y a quelque chose d'artistique dans un cheval qui se déplace. C'est un danseur, on ne sait pas très bien ce qui se passe. Ensuite il a besoin d'un code, il a besoin de références. Il peut être merveilleux et généreux avec vous, et il peut être un petit peu dangereux, s'il ne comprend pas[23]. »

Une fois de plus, l'homme providentiel pour Jean Rochefort se nomme Patrice Leconte. « C'est Johnny Hallyday qui a été l'instigateur du projet, raconte le cinéaste. On s'est croisés en 1998 aux César. Il remettait un César à Godard, et moi je remettais un César au meilleur réalisateur de l'année, en l'occurrence Luc Besson. Dans les coulisses, Johnny m'a mis la main sur l'épaule, m'a dit qu'il aimait beaucoup mes films et qu'il aimerait bien qu'on dîne ensemble après la cérémonie. Je pensais qu'il allait m'oublier et puis quelqu'un est venu à la table où je dînais avec mes amis : *Monsieur Hallyday vous attend à sa table.* Pendant cette soirée, il m'a dit : *Un jour, j'aimerais bien être filmé par toi*[24]. » Et Leconte de méditer cette proposition... « Jusqu'au moment où, un jour dans un embouteillage, je me dis : *Johnny Hallyday, Jean Rochefort, petite ville de province...* Le seul fait de rassembler ce couple d'acteurs inattendu fertilise mon imagination. Et quand j'ai eu réuni suffisamment de bribes et d'éléments autour de ce duo, j'ai invité à déjeuner mon ami Claude Klotz et je lui ai dit : *Voilà ce que j'ai en tête*[25]. » Il ne faudra dès lors guère plus d'un mois à l'écrivain pour mener à son terme le script de *L'homme du train.*

« Le point de départ du scénario est la rencontre de Jean Rochefort et Johnny Hallyday avant d'être celle des personnages qu'ils interprètent, déclare Leconte. Ce sont deux univers qui ne sont pas faits pour s'accorder : s'ils devaient jouer dans le même orchestre, ils mettraient longtemps pour jouer la même mélodie. C'est justement ça qui est intéressant[26]. » En fait, précise le réalisateur, « Hallyday, c'est le monde du rock. Rochefort, c'est un peu Schubert[27] ». Du coup, « il fallait que le personnage de Johnny Hallyday soit à la limite de l'autisme, tout en exprimant énormément de choses, un passé. Et il fallait que le personnage de Jean Rochefort soit un bavard invétéré mais pas de manière pathologique. On devait trouver le juste milieu sans tomber dans les clichés et les extrêmes[28] ». Rochefort est ému par le script « parce qu'il aborde un thème qui peut concerner tout spectateur potentiel. En effet, qui n'a jamais pensé qu'il aimerait avoir la vie d'un autre[29] ? » Le comédien ressent une empathie d'autant plus forte pour le professeur de lettres vieillissant qu'il doit incarner que, dit-il, « j'aurais pu être ce personnage très en retrait[30] ». Il n'a pas à chercher bien loin pour s'imprégner de son rôle : « Quand je suis rentré dans le décor de mon personnage, le chef décorateur *[Ivan Maussion]* avait eu tellement de talent qu'on n'avait plus qu'à dire *Moteur*[31] *!* »

Reste pour Leconte à mettre ses deux solistes au diapason, alors même que Claude Klotz « a fait du sur mesure précis[32] », aux dires de Rochefort dont le cinéaste rapporte qu'« il arrivait parfois en me disant *J'ai réécrit ça* et c'était comme un fait acquis... mais pas forcément nécessaire à mes yeux, compte tenu de la qualité du script[33] ». Selon le réalisateur, « Johnny Hallyday voulait savoir de quoi il retournait, donc je lui ai donné quelques éléments, mais ils étaient tous les deux très inquiets de jouer avec l'autre. Johnny était très intimidé car il avait peur de ne pas être à la hauteur, mais ça l'excitait beaucoup[34] ». De son propre aveu, Rochefort redoute un autre écueil et pressent qu'« avec Johnny Hallyday, le problème, c'est de ne pas jouer comme une midinette les premiers jours[35] ». Leconte a d'ailleurs élaboré un dispositif destiné à servir son propos : « Comme on a eu la possibilité de tourner presque dans la chronologie exacte et que le film débute par la descente du train de Johnny, j'avais suggéré qu'ils ne se rencontrent pas avant, sinon la veille à l'hôtel pour se dire bonjour, et ça se voit dans le film[36]. » Johnny Hallyday abonde dans son sens en déclarant : « Mes rapports avec Jean Rochefort se sont ainsi mis en place tout naturellement[37]. »

Non seulement les deux interprètes s'impressionnent mutuellement, mais Johnny Hallyday rapporte à propos de Jean Rochefort : « Il m'a regardé dans les yeux, avec les deux yeux bleus très inquiets, et il m'a dit : *On va rire pendant le film, hein ?* J'ai fait *oui* et je me suis posé la question : *Qu'est-ce qu'il va falloir que je fasse pour le faire rire*[38] *?* » L'idole des jeunes ne cherche pas à dissimuler ses doutes : « Rochefort donne l'impression de quelqu'un de très sérieux, genre Comédie-Française. Le premier jour de tournage, j'apprenais mes textes au rasoir, pour ne pas me tromper car j'avais peur qu'il me dise : *Oh la la, tourner avec des amateurs qui se trompent tout le temps ! Il va falloir que je recommence alors que j'étais parfait, etc.* C'est le contraire qui s'est passé. J'ai dit mon texte parfaitement et lui s'est trompé. Ça nous a fait rire. Je me suis tout de suite décontracté et cela a été formidable. Le trac est passé[39]. »

Leconte observe ces manœuvres d'approche et se sert « du fait que Johnny se sentait de mieux en mieux avec Jean, et que Jean estimait de plus en plus Johnny, qu'ils devenaient amis et compagnons de travail[40] ». Hallyday n'a pas pour habitude de dissimuler ses sentiments. « Un type qui balance des tartines de texte comme s'il disait bonjour, moi, ça m'impressionne[41] ». Son partenaire loue quant à lui « un homme modeste et timide qui était inquiet de tourner avec nous[42] ». Face à la plus grande légende vivante du rock français, toute hiérarchie n'est qu'illusoire. « Au début, se rappelle Rochefort attendri, il était fragile, angoissé, mal à l'aise. Je lui faisais peur ! Moi qui, devant lui, avais une mentalité et des réflexes de midinette, je l'impressionnais artistiquement et socialement. Il me parlait comme à un ténor du barreau ! Il a même fallu que je le mette en confiance, que je le paterne. Et je me suis pris d'une vraie affection pour ce garçon qui ne jouait pas le rôle, qui était le rôle[43]. » Confondu par cette générosité, Rochefort met tout en œuvre pour rassurer son partenaire : « J'ai essayé de le faire rire les deux ou trois premiers jours pour l'aider à se détendre[44]. »

« Initialement, relate Patrice Leconte, le film devait se tourner à Foix, mais j'ai vu les photos et j'ai abandonné cette idée. J'ai appelé Jean et quand j'ai dit qu'on ne tournerait pas à Foix, j'ai entendu au bout du fil un homme défait, en mille morceaux. Et il m'a expliqué que la veille du premier jour de tournage, il comptait déposer dans la chambre de Johnny une demi-douzaine de roses avec un petit mot sur lequel il aurait écrit : *Je suis content de t'offrir six roses de Foix [cirrhose du foie]* ! C'est à l'idée de ne pas pouvoir le faire qu'il était anéanti. Il m'a alors demandé où l'on tournerait et quand je lui ai répondu *à Annonay*, il a rétorqué : *Pourvu qu'il ne prenne pas ça pour une indication de jeu*[45]. » Lorsque le tournage débute dans cette bourgade de dix-huit mille habitants, Jean Rochefort plaisante entre les prises et pousse des cris stridents d'animaux. En extérieur, les badauds se pressent et hurlent le nom de Johnny : « C'était fou, témoigne Rochefort. On avait installé des grilles et derrière, attendaient des gens de tous âges, de toutes classes sociales[46]... » Du coup, ajoute-t-il, « j'ai vu un vieil hippie à quatre pattes sur le trottoir, ramassant un clope jeté par Johnny et le mettant dans sa bouche[47] ». Cette idolâtrie lui rappelle le tournage d'*À cœur joie*, quand il s'était trouvé confronté aux fans de BB, et suscite en lui une réaction épidermique : «J'ai eu l'impression de tourner avec Jeanne d'Arc[48].» Et puis, aussi ce cri du cœur : «Ça m'a rendu heureux d'avoir fait une carrière moyenne parce que je n'aurais pas pu subir cette pression publique en permanence. Ça doit être invivable[49].» Il en mesure toutefois les conséquences et éprouve lui aussi le besoin de décompresser. Une fois la journée terminée, «je m'enfermais dans notre hôtel qui était en... banlieue d'Annonay. Parce que quand je me baladais en ville, on me couvrait de stylos-bille pour que je rapporte des autographes de Johnny! C'était fatigant, humiliant. Alors je restais seul dans ma chambre[50]».

Johnny Hallyday répond à cette frénésie incessante par une normalité déconcertante. À l'image de ce dîner que relate son partenaire : «Il y a lui, son préparateur physique, son photographe souffre-douleur et moi-même. La salle est déserte. Et tout à coup, une vingtaine de jeunes gens éclectiques avec attaché-cases, faisant un séminaire, entrent dans le brouhaha. Et un silence total se fait à leur table, parce que l'un d'eux vient de s'apercevoir qu'en banlieue d'Anonnay, à la table occupée, il y a Johnny Hallyday. Ces jeunes gens continuent à dîner en se plantant la fourchette dans la joue et, au dessert, Johnny ayant bu deux ou trois verres de bordeaux parle un peu plus fort et ces jeunes gens l'entendent dire : *Dis donc Jean, Laeticia descend vendredi. Elle m'a fait un potage au potiron, tu veux qu'elle t'en descende un thermos ?* Et j'ai vu vingt types broyés[51] ! »

Libéré de son trac grâce aux soins incessants que lui prodigue son partenaire, Johnny Hallyday va beaucoup plus loin dans *L'homme du train* que dans aucun des films qu'il a tournés auparavant. Ce qui l'incite à déclarer : «J'ai oublié que c'était moi qui jouais et je suis rentré dans l'histoire de ces deux personnages[52].» Il y est en outre encouragé par la complicité qui lie Rochefort et Leconte. «Avec Jean, on fonctionne comme un vieux couple, affirme le metteur en scène. Parfois on se chipote pour des bêtises, comme les gens qui ont déjà fait trop de choses ensemble. Alors il ne s'agit pas de ronronner : il faut que j'arrive à le surprendre et que lui me séduise encore[53].» Leur entente repose aussi sur cette volonté louée par l'acteur «de raconter les gens de classe moyenne. Patrice met plein de choses dans les vies les plus anodines. Il rend lyrique le quotidien. Il a aussi un sens de l'autodérision que je partage volontiers[54]». Mais l'acteur n'est pas dupe : «Entre nous, il y a de l'estime, mais notre relation est fondée sur des contradictions, souvent violentes, et un certain cousinage[55] », voire, selon Leconte, « une espèce de confiance potache, des fous rires qu'on a entre galopins pour des futilités[56] ». Si l'on ajoute à cela que Rochefort dit de Johnny qu'il a manifesté « un sentiment filial à mon égard[57] », alors que seulement treize années séparent les deux interprètes, cet *Homme du train* apparaît comme une affaire de famille qu'atteste encore cette déclaration de Leconte : « Autant Jean-Pierre Léaud, c'était Truffaut jeune, autant Rochefort, c'est moi, vieux[58]. » Et puis, comme le constate lui-même l'acteur rattrapé par son horloge biologique, « avec la maturité, l'interpénétration entre mes rôles et ma vie est plus proche qu'avant et je ressemble de plus en plus aux personnages que j'incarne[59] ».

Une fois le tournage de *L'homme du train* achevé, un jour de février 2002, Jean Rochefort vit une expérience singulière en se rendant seul dans un cinéma des Champs-Élysées pour découvrir Johnny Depp dans *From Hell.* « Au beau milieu du film, je me suis mis à hurler[60]. » Alors que le comédien se croyait définitivement guéri, il est bien obligé de le constater : « Mes douleurs ont immédiatement recommencé[61]... » et « je n'ai pas pu rester jusqu'à la fin[62] ». Le spectre de *...Don Quichotte* n'a pas fini de le hanter. Il lui faudra désormais affronter des rechutes et des dépressions en cascade. Il est toutefois fidèle à la Nuit des César au cours de laquelle il remet un trophée d'honneur à son vieux complice Claude Rich sous l'œil du maître de cérémonie de la soirée, Édouard Baer, qui occupera une place de plus en plus conséquente dans sa vie.

Ce printemps-là, il est question que Jean Rochefort joue dans *Mon idole*, le premier film réalisé par son protégé Guillaume Canet, où il sera finalement remplacé par François Berléand... le nouveau compagnon de Nicole Garcia. Il évoque également son désir de tourner sous la direction d'un autre jeune cinéaste, François Ozon. « Il m'a vraiment secoué avec *Gouttes d'eau sur pierres brûlantes, Sous le sable* et *8 femmes*[63], » explique-t-il. Et tandis qu'il se tourne vers l'avenir, c'est son passé qui vient se rappeler à lui, le 10 mai 2002, avec la mort d'Yves Robert, ce compagnon dont il affirmait : « J'ai été son Doinel[64]. » Les mots ne lui sont alors que d'un maigre secours, tant le chagrin le dévaste. « J'ai dû être à ses yeux comme un jeune frère artistique, déclare encore Rochefort. Avec Dabadie, il écrivait pour moi les rôles qu'il aurait pu jouer lui-même dix ans plus tôt[65]. » Il assiste à son enterrement cinq jours plus tard au cimetière du Montparnasse et fait sienne son épitaphe, « Un homme de joie... », avec ses propres mots : « C'était un humaniste profond. Il avait sur notre espèce un regard plein d'espoir, toujours, et plein de tendresse. Il aimait l'homme[66]. » Quelque temps plus tard, il exprimera à nouveau son chagrin en d'autres termes : « J'ai acheté une belle gomme pour effacer de mon agenda les noms de mes amis disparus[67]. » Difficile de ne pas y reconnaître ce constat formulé par François Truffaut dans *La chambre verte* (1977) : « Chaque année, il nous faut rayer des noms sur le carnet d'adresses de notre agenda et il arrive un moment où nous nous apercevons que nous connaissons plus de morts que de vivants. »

Contraint de ménager ses efforts, Jean Rochefort accepte tout de même de prêter sa voix à un téléfilm de prestige, *Les bottes* de Renaud Bertrand, une évocation sensible des événements de Mai 68 dans laquelle une gamine tombe amoureuse de... son professeur d'équitation. Le temps semble venu pour le comédien de profiter de sa vaste famille recomposée, qu'est venue élargir la naissance des enfants de Julien et de Pierre. Pas question de bouder son plaisir, ni même la complicité qui continue à le lier à Nicole Garcia à travers des conversations téléphoniques et une correspondance régulières. Chez Françoise, il apprécie plus que jamais « le goût du rire, celui de l'incongruité. Une de ses qualités, c'est l'optimisme. Elle est toujours de bonne humeur[68] ». Et puis, il trouve un certain réconfort auprès de leurs deux petites dernières, en constatant qu'« il y a comme un supplément de tendresse de la part d'une fille pour un père *anormalement âgé.* Étrangement, Clémence et Louise savent depuis peu que Françoise et moi n'avons pas le même âge. Elles ont passé les premières quarante-huit heures accablées, et maintenant, ça va[69] », plaisante-t-il par pudeur. Jean Rochefort apprécie son retour progressif au réel et dresse le constat suivant : « J'ai oublié un peu la fiction pour regarder autour de moi ce qu'était l'existence et j'ai été très surpris : elle est intéressante aussi[70]. » Comme chaque année, depuis que ses obligations professionnelles se sont espacées, Jean Rochefort prend ses quartiers d'été à Porquerolles où la famille de son épouse exploite des vignobles. Créé en 1985 sur l'une des plus belles plaines de l'est de l'île par le père de Françoise, Henri Vidal, le domaine de la Courtade est le premier en agriculture biologique certifié Ecocert.

Alors que l'acteur aimerait tirer un trait définitif sur Don Quichotte et les stigmates qu'il lui a laissés, quand la douleur le laisse en paix, ce sont les médias qui l'y ramènent malgré lui. « Ça fait deux ans que je trimballe le spleen. Si je peux en parler enfin, c'est grâce au making-of qui a été montré dans plusieurs pays et festivals[71]. » Face à l'ampleur du projet de Terry Gilliam, une équipe avait été chargée d'en immortaliser chaque instant pour la postérité. Du coup, quand l'aventure a tourné court, ces images ont pris une tout autre signification dont ses réalisateurs, Keith Fulton et Louis Pepe (qui avaient déjà suivi le tournage de *L'armée des douze singes*, en 1995), ont décidé de témoigner dans un long métrage qui a fini par trouver le chemin des salles dans certains pays, de la vidéo dans d'autres. Sa présentation dans plusieurs festivals a valu à *Lost in La Mancha* le statut envié d'œuvre culte et lui a rapporté diverses récompenses. Avec cette conséquence indirecte que souligne Rochefort : «Je me retrouve héros d'un film que je n'ai jamais tourné[72]. »

Début septembre 2002, c'est pour défendre *L'homme du train* que Jean Rochefort se rend à la Mostra de Venise où la projection officielle s'achève par une standing ovation de vingt minutes. «J'ai retrouvé ma dignité[73] », affirme le comédien. Dans l'euphorie, il annonce officiellement renoncer à l'équitation... qu'il a cessé de pratiquer depuis près d'un an, contraint et forcé. Lauréat du Prix Pégase décerné par la Fédération française d'équitation dans la catégorie « œuvre culturelle » pour *Perspectives cavalières*, l'écrivain et journaliste Jérôme Garcin, indisponible pour cause d'enregistrement de l'émission *Le masque et la plume*, demande à Rochefort de prononcer un discours en son nom au haras de Jardy où se déroule le championnat du monde d'attelage. Dans le texte, qu'il l'a chargé de lire, le journaliste et écrivain dresse un éloge... du comédien, lequel s'entend déclarer à son auditoire qu'« il est comme les chevaux, il nous grandit[74] ».

Quelques jours plus tard, Jean Rochefort se rend à la quatrième édition des Jeux mondiaux de Jerez de la Frontera, en Espagne, où son ami Gilles Bertrán de Balanda décroche la médaille d'or par équipe en saut d'obstacles, la France accumulant sept trophées dont quatre en or. L'acteur commente la manifestation pour la chaîne Equidia et se prend au jeu en déclarant : «Je pratique ma passion d'une autre façon[75]. » Traduction de son ami Garcin : « Il réclame un sport moins compassé, plus festif. Il imagine pour les cavaliers des tenues simples, sans veste ni cravate, et impose le port d'un simple blouson[76]. » Dans son esprit, cette modernisation va de pair avec la sonorisation des pistes, en ajoutant de la musique sur les reprises et en disposant « des micros à tous les obstacles en championnat de France pour rendre les parcours plus vivants pour le public[77] ». Jean Rochefort ira même jusqu'à dessiner des selles thérapeutiques destinées à soutenir son dos, sans toutefois oser confier ses croquis à un bourrelier pour qu'il les fabrique.

Côté cinéma, Jean Rochefort accepte de tourner *Le grand appartement* sous la direction de Pascal Thomas, un metteur en scène dont il déclare : « Ses derniers films me donnent l'impression d'être de sa famille[78]. » Le postulat de cette comédie de mœurs est simple : « Un jour, un inconnu frappe à la porte de l'appartement de Vincent Lindon. C'est moi. Cinq ans après, je suis toujours là[79]... » Rochefort affirme avoir « très envie de me mettre dans la peau de ce pique-assiette. Un vieux séducteur qui voudrait faire un chef-d'œuvre cinématographique, mais qui casse les pieds à tout le monde[80] ». Le forfait de Lindon incite le réalisateur à lui chercher un remplaçant : «J'ai demandé à Jean Dujardin, qui tournait encore à l'époque *Un gars, une fille,* mais le film s'est arrêté[81]. » Nouveau coup dur pour Rochefort dont Pascal Thomas explique qu'« après *L'homme qui tua Don Quichotte,* il a perçu comme une malédiction ce nouveau projet qui ne s'est pas fait[82] ». *Le grand appartement* n'aboutira finalement que quatre ans plus tard, avec... Laetitia Casta dans le rôle prévu pour Vincent Lindon et Pierre Arditi dans celui destiné à Jean Rochefort.

32

Le passé pour témoin

«Mon problème maintenant, c'est de savoir quand ils vont me faire mourir dans un film. Au-delà de la page dix, j'accepte, mais en deçà je refuse[1].» Ainsi Jean Rochefort appréhende-t-il à soixante-douze ans les rôles qu'on lui propose et qui ne sont pas exactement ceux auxquels il aspire. Du coup, il joue les narrateurs dans le remake de *Fanfan la tulipe* par Gérard Krawczyk, le biopic de Jean-Louis Guillermou *Il était une fois Jean-Sébastien Bach* et un documentaire pour la télévision de Pierre Combroux sur *Les mystérieuses cités d'Asie.* Le comédien a été bien avisé de prendre son mal en patience, car il a rendez-vous avec un personnage comme il les affectionne : Henri de Malassise, ambassadeur de la cour de France en Italie, «un habile dialecticien rompu à toutes les tactiques et peu scrupuleux des fins pour y parvenir[2]». Le scénario de ce film destiné au petit écran s'inspire d'un roman belge de Francis Walder intitulé *Saint-Germain ou la négociation* qui a reçu le Prix Goncourt en 1958. Son adaptation est signée par l'ex-éditeur Alain Moreau, connu pour avoir publié en 1982 *Suicide, mode d'emploi* de Claude Guillon et Yves Le Bonniec, vendu à plus de cent mille exemplaires... et censuré neuf ans plus tard. «Je l'ai annoté, précise Rochefort. On ne sait jamais. Je pense que le suicide est une bonne manière de conclure si, un jour, le corps ne suit plus[3].» Le réalisateur de *Saint-Germain ou la négociation* est Gérard Corbiau, un spécialiste belge du film à costumes, renommé pour *Farinelli* (1994) et *Le roi danse* (2000). «J'ai été très sensible au fait qu'il s'agisse d'un personnage qui, en fin de vie, ne considérait pas qu'il y avait les bons et les méchants, mais que les couleurs et les opinions pouvaient être mêlées et qu'il s'agissait, en tous les cas, d'hommes face à d'autres hommes[4]. » Ainsi s'exprime Jean Rochefort à propos de ce « fin négociateur qui réconcilie catholiques et protestants, en 1570. Le contexte des guerres de religion m'est apparu très actuel[5] ». En outre, souligne-t-il, « j'ai surtout aimé le double parcours du personnage. Car parallèlement à la négociation, qu'il veut à tout prix réussir, sa vie privée part en vrille[6] ». Pas de doute, ce « rhétoricien manipulé[7] » suscite de la compassion chez Rochefort qui soutient que « l'homme dans l'échec est attendrissant, fragile, alors que le succès, le pouvoir rendent souvent stupide et arrogant[8] ». Un aveu ?

Ses diverses expériences à la télévision ont convaincu Rochefort que l'école des Buttes-Chaumont n'a pas engendré de postérité et que *Saint-Germain ou la négociation* témoigne d'une ambition et même d'une hauteur de vue exceptionnelles à l'aube de ce troisième millénaire où les impératifs commerciaux comptent davantage que l'élévation du niveau culturel des téléspectateurs. Mais le comédien est catégorique : « Le scénario était bon. Le sujet – le fanatisme religieux– motivant et d'actualité... Ce personnage catholique qui devient ce qu'il a combattu m'a conquis[9]. » Non seulement il l'assume, mais il en tire un certain orgueil : « Je suis heureux et fier d'avoir participé à un tel film, car il agit autant sur l'émotion que l'intelligence[10]. » Il se prend même à rêver « que ceux qui se battent encore pour une télévision de qualité puissent être récompensés par un public qui dirait : *Je ne me suis pas ennuyé et je n'ai pas passé une vaine soirée devant mon poste en choisissant ce film*[11] ». Vœu pieux. Diffusé en décembre 2003, le même soir que la finale de la *Star Academy, Saint-Germain ou la négociation* ne remporte qu'un succès mitigé, malgré le soutien d'une critique à peu près unanime qui souligne la performance de l'acteur : « L'œil matois et la barbiche rusée, Jean Rochefort mène la discussion avec une virtuosité de rhétoricien, entraînant le téléspectateur vers des sommets de nuance et d'absurdité[12]. » Pourtant, ainsi que le souligne le comédien désabusé, ce « beau film sur les guerres de religion pesait bien son poids mais a été vu par peu de gens[13] ».

« J'ai tourné avec les plus grands, c'est pas pour tourner avec les plus petits. » Cette sentence définitive a beau avoir été prononcée par Jean Rochefort, elle s'adressait à l'amuseur Laurent Baffie pour qui il accepte une panouille dans son premier long métrage, *Les clefs de bagnole*, le temps de lui déclarer... qu'il refuse son projet, le réalisateur ayant lui-même conçu cette comédie en partant d'un axiome ô combien paradoxal : « Un bon sujet donne souvent un navet. Je voulais montrer qu'on peut réussir un film avec un thème lamentable[14]. » Rochefort n'est au fond pas si éloigné que ça de ce point de vue lorsqu'il soutient que « notre comique 2003 ne peut qu'être amer, absurde[15] ». Le soir de la Saint-Valentin, il se voit décerner le Prix Lumière du meilleur acteur pour *L'homme du train*. Au cours de son discours de remerciement, il déclare que, « pour un petit provincial, être reconnu par la presse internationale, c'est une grande émotion », puis ajoute : « Cela me fait encore plus plaisir que mes César. » En fait, expliquera-t-il, « ce que j'ai ressenti ce soir-là, c'est l'intérêt que les étrangers portaient à notre cinéma[16] ».

Le lundi 3 mars 2003, soir de relâche, Jean Rochefort monte sur la scène du Théâtre Edouard VII dans le cadre d'une *Note de lecture* sous-titrée *Quand la lecture rencontre la musique* consacrée à un montage de textes de Fernand Raynaud sur une musique d'Erik Satie qu'interprète le pianiste Bruno Fontaine. Ce cycle imaginé par Jeanine Roze, déjà à l'origine des *Concerts du dimanche matin*, accueillera au cours des semaines suivantes Bernard Giraudeau, Josiane Balasko, Jean-Louis Trintignant et Charlotte Rampling. Il s'agit dans l'esprit de son instigatrice d'une sorte de happening a priori sans lendemain. Pour Rochefort, c'est toutefois bien davantage. « J'ai longtemps balancé entre Chrétien de Troyes, Valéry et Mallarmé, et puis j'ai choisi Fernand Raynaud au dernier moment[17]. » Un étrange incident vient pourtant auréoler d'une aura particulière cette représentation unique, que rapporte le comédien : « Nous avons reçu un télégramme de Madame Fernand Raynaud. Je n'avais pas mes lunettes et j'ai cru que c'était lui, et j'ai eu très peur. Je n'ai pas vu l'abréviation du *madame*, alors *très touché, très ému*, signé *Fernand Raynaud. Je serai là ce soir* : la terreur absolue ! Son dernier gag[18] ». Comme un signe du destin auquel va s'accrocher celui qui déclare « envisager de devenir un vieillard déraisonnable[19] » et qui s'efforce désormais de suivre à la lettre ce conseil prodigué par son psychiatre : « Quand ça va mal, soyez debout juste avant l'aube. » Résultat tangible : « Je suis heureux le matin, car j'attends tout de l'aube. Après, ça s'effrite au fil des heures[20]. »

Jean Rochefort appartient toujours à la grande famille du cinéma français et il le prouve dès que l'occasion lui en est fournie. Par exemple, en participant à un French Film Tour promotionnel en Grande-Bretagne, en compagnie de Charlotte Rampling, Lou Doillon, Judith Godrèche, Romain Duris, Patrice Leconte et David Kessler, le directeur du CNC. La délégation se rend à Londres en Eurostar. Quatre films sont présentés dans six villes anglaises : *Être et avoir, Embrassez qui vous voudrez, L'auberge espagnole* et *L'homme du train.* À peine Rochefort de retour, il assiste à la fête surprise organisée pour le soixante-dixième anniversaire de Jean-Claude Brialy dans son manoir de Monthyon où se pressent Charles Aznavour, Claudia Cardinale, Pierre Arditi, Dominique Besnehard, Brigitte Fossey, Suzanne Flon, Nana Mouskouri, Bernadette Chirac et quelques autres. En revanche, c'est plutôt à la génération montante qu'il se trouve confronté, le temps d'une virée de quatre jours dans l'Hérault pour les besoins du tournage de *RRRrrrr!!!,* fantaisie préhistorique que tourne Alain Chabat avec les Robin des Bois et quelques *guest stars.* «Je joue un chaînon manquant, résume Rochefort : un homme qui annonce qu'il se prend comme otage et, comme preuve, il envoie des morceaux de lui-même, jusqu'à la mort[21]. » Son approche s'avère à sa démesure : «J'ai toujours joué en pensant que mon personnage oubliait sa condition d'homo sapiens pour revenir à la condition d'anthropoïde[22] ». « Il est debout, il a un langage, il parle et, tout à coup, il va redevenir singe... parce que j'ai un petit talent pour imiter les chimpanzés[23]. »

De retour de la Coupe des Nations d'équitation de La Baule, où il s'est rendu en famille afin de juger de l'effet du jumping sonorisé sur ses conseils, Jean Rochefort participe à la dix-septième cérémonie de remise des Molières du théâtre français, qui se déroule à Mogador. Il y interprète le sketch de Fernand Raynaud, *L'hallebardier,* avant de boucler ses valises pour la Côte d'Azur où il doit siéger en tant que juré du cinquante-sixième festival de Cannes, sous la présidence de Patrice Chéreau et aux côtés des réalisateurs Steven Soderbergh, Danis Tanovic et Jiang Wen, du romancier Erri de Luca et des comédiennes Aishawarya Rai, Karin Viard et Meg Ryan. Constatant qu'il a un peu de mal à marcher, cette dernière compatit et lui fait une surprise. «Je reçois un colis contenant une paire de baskets et un petit mot : *Love, Meg.* J'ai dit :

J'arrête tout ! Ce n'est pas la peine de continuer à travailler. Je suis au sommet ! Je téléphone à mon ami Antoine de Caunes pour lui demander comment expliquer qu'une star mondiale, avec un box-office pareil, envoie une paire de godasses à un vieil acteur hexagonal. *Que tu peux toujours courir...*, me répond-il[24]. »

Rochefort évoque son expérience de juré comme « un moment délicieux de paillettes[25] » et contribue à couronner trois films : Palme d'or et Prix de la mise en scène à *Elephant* de Gus van Sant, Grand Prix du jury et double Prix d'interprétation masculine à *Uzak* de Nuri Bilge Ceylan, Prix du scénario et Prix d'interprétation féminine aux *Invasions barbares* de Denys Arcand. « L'affaire est délicate : on n'avait pas grand choix[26] », commente-t-il laconiquement, en révélant ne pas avoir apprécié *Dogville* de Lars von Trier et en concluant que « dans une sélection pauvre, à mon sens, il était difficile a priori d'avoir des choix[27] ». Selon Gilles Jacob, qui dirige alors le Festival de Cannes, la présidence de Chéreau s'est avérée houleuse : « Il nous en voulait d'avoir été couronné à Berlin et pas à Cannes, confie-t-il. Chéreau a évidemment été consulté lorsqu'il s'est agi de choisir les membres de son jury et ne s'est d'ailleurs pas privé d'écarter deux ou trois personnes dont nous lui avions soumis les noms. Rochefort s'est révélé être un juré qui contribuait à mettre une bonne ambiance et à faire des blagues comme il en a le secret. Comme tous les gens de théâtre, il a l'habitude de se coucher et de se lever tard. Il assistait donc la plupart du temps aux séances en soirée[28]. » Et puis, au moment de la délibération finale dans la confidentialité de la fameuse villa Domergue, poursuit Jacob, « Jean Rochefort, qui s'est particulièrement bien entendu avec l'écrivain italien d'origine ouvrière Erri de Luca, s'est battu pour que le Prix d'interprétation féminine soit décerné à Marie-Josée Croze[29] ». Épilogue l'été suivant : « Pendant le tournage de *Mensonges et trahisons et plus si affinités...* de Laurent Tirard, raconte la jeune comédienne québécoise, mon partenaire principal, Édouard Baer, m'a dit qu'il était en conversation téléphonique avec quelqu'un qui tenait absolument à me parler. C'était Jean Rochefort qui m'a dit à cette occasion qu'il s'était battu pour moi et m'a félicité pour ma composition dans *Les invasions barbares*[30]. »

Très présent dans les médias, Rochefort affirme être « en train de vivre un hommage posthume de mon vivant[31] », mais ne baisse pas les bras et envisage une nouvelle fois de passer à la réalisation. Il en trouve l'occasion dans un livre autrichien de Marlen Haushofer paru en 1963, *Le mur invisible*, que lui a offert Marthe Keller pendant sa convalescence, « étrange science-fiction métaphysique[32] » et dont il envisage dans un premier temps de faire des lectures publiques voire d'enregistrer pour la radio. C'est « un roman dans lequel je suis entré avec passion, explique-t-il. L'histoire en est très simple : une jeune femme se trouve en montagne dans le chalet d'amis qu'elle attend, mais qui n'arrivent pas. Elle va dans le jardin et se cogne contre une muraille invisible qui la sépare d'une catastrophe chimique ou nucléaire qui a pétrifié toute vie. Elle se retrouve seule sur la planète avec un chien, un veau et une vache. Tout le reste est mort. Une mise en garde salutaire contre ce genre d'événements qui peut se produire si la planète continue ainsi[33] ». Cette parabole à la lisière du fantastique exprime des préoccupations environnementales qui lui tiennent particulièrement à cœur et l'incitent à décréter qu'« un metteur en scène, c'est souvent assis, j'ai peut-être l'âge de m'y mettre[34] ». Ce projet qu'il ne parviendra pas à concrétiser donnera lieu en 2012 à une adaptation par Julian Pölsler.

« Même si je m'aperçois avec nostalgie que j'aurais été plus intéressant dans mon métier d'acteur si je m'y étais consacré davantage, déclare Rochefort, le fait d'avoir toujours eu ce grand entracte avec les chevaux m'a permis de garder une grande curiosité pour les nouveautés, mes collègues plus jeunes. Et je continue d'avoir des projets avec de jeunes cinéastes, ce qui vous fait passer vos rhumatismes de manière immédiate[35]. » Jean Rochefort annonce ainsi qu'il va « partir au Canada pour jouer dans une comédie de Sébastien Rose[36] », dont le premier long métrage, *Comment ma mère accoucha de moi durant sa ménopause*, est sorti en 2003. Ce réalisateur québécois a proposé à l'acteur français le rôle principal du suivant, *La vie avec mon père*, tenu finalement par Raymond Bouchard. Tout en rongeant son frein, le comédien commente le championnat du monde d'attelage organisé dans le cadre du jumping international qui se déroule au Haras de Jardy, à la demande du directeur des sports de France Télévisions, Frédéric Chevit. Son enthousiasme crève l'écran.

Changement d'atmosphère radical lorsque Rochefort se rend à la basilique romaine Sainte-Marie-des-Anges pour y assister au mariage en grande pompe du prince Emmanuel-Philibert de Savoie, héritier du trône d'Italie, avec Clotilde Courau, qu'il a croisée sur le tournage de *Tom est tout seul* et qu'il décrit comme « une jeune comédienne qui a beaucoup de talent, avec un regard désespéré de temps en temps[37] ». Toujours sensible aux bonnes causes, le comédien participe à quatre spots télévisés produits par l'Union nationale des associations de parents d'enfants inadaptés (Unapei) et destinés à promouvoir les Journées du handicap mental. Cet « enfant de la radio[38] » lit également *Le roman de Renart* de Chrétien de Troyes sur un CD. «J'ai toujours peur que les enfants ne sortent de la réalité des personnages qu'ils s'inventent à cause d'un jeu d'acteur trop rigolo[39] », déclare-t-il. « Ce qui m'intéressait, c'était de m'adresser aux enfants comme si nous avions le même âge[40]. » Un sentiment qui transparaît également quand il se décrit comme « un vieil adolescent plein d'enthousiasme » dans le catalogue du dix-septième festival international du film francophone de Namur où il fait l'objet d'une rétrospective d'une quinzaine de titres choisis par ses soins. Là, il en prend son parti : «J'ai un côté label France comme les gazinières... Je suis très respecté[41]. » Tant et si bien qu'un soir où il assiste au spectacle *Le grand mezze*, donné au Théâtre du Rond-Point, Édouard Baer l'appelle à le rejoindre pour un impromptu : « Nous avons improvisé sur scène devant le public et notre amitié est née de ça[42]. » De ce cadet extravagant et raffiné, son aîné découvrira aussi qu'« il a la dérision du mal-être. Il y a une espèce de cousinage, là[43] ».

Au lendemain de Noël 2003, comme saisi par un vieux démon, Jean Rochefort emmène sa fille Louise en Isère, chez le multiple médaillé mondial en saut d'obstacles Michel Robert qui l'a vue monter trois jours plus tôt. Une occasion pour l'acteur de s'épancher : «J'éprouve plus une passion pour les chevaux que pour l'équitation. J'aime vivre avec eux, les comprendre, les *mettre au monde*, les cerner. C'est aussi un contact direct avec la ruralité. L'odeur de la paille m'a autant séduit que le galop du cheval[44]. » Toutefois, il concède qu'« un homme possédé par deux passions, le spectacle et les chevaux, est un homme lourd à porter[45] ». D'autant plus que les projets avortés se multiplient, se suivent et laissent des cicatrices. Rochefort évoque ainsi *L'Île de Black Mór*, un dessin animé de Jean-François Laguionie où il a été pressenti pour incarner un marin auquel prêtera finalement sa voix

Jean-Paul Roussillon. Il est également question d'un nouveau film en Italie : « Deux jeunes gens, quadragénaires, veulent écrire un scénario tiré d'un roman absolument sublime[46]. » Ce livre, c'est *Les fainéants* de Marco Lodoli, publié en France chez POL en avril 1992. Un fantasme ambitieux derrière lequel se profile l'ombre écrasante de Federico Fellini qui travaillait à ce projet au moment de sa disparition. L'histoire à tiroirs d'un vieux marchand de bijoux de pacotille, qui fait office de narrateur (le rôle proposé à Rochefort), d'une gigantesque joueuse de basket et d'un vendeur de lunettes et de gris-gris africains. Encore un plan sur la comète... Mais le comédien relativise : « Aujourd'hui, je suis plus heureux de ce que je refuse que de ce que j'accepte[47]. »

Faute de voir aucun de ses multiples projets se concrétiser dans un laps de temps raisonnable, Jean Rochefort décide de tenter un nouveau pari à la Comédie des Champs-Élysées, sous la forme d'un récital atypique intitulé *Heureux ?* Une douzaine de sketchs de Fernand Raynaud accompagnés au piano par Bruno Fontaine sur une musique d'Erik Satie. La composition de ce spectacle d'une heure vingt minutes est aléatoire et varie au fil des représentations, selon l'inspiration de ses interprètes, riche des enseignements du tandem du Théâtre Edouard VII et du numéro en solo des Molières. « Nous avions pensé à un autre titre, *Les chagrins et les galipettes.* Nous avons préféré *Heureux ?* avec un point d'interrogation, plus simple, mieux, et puis c'est le titre du recueil de Fernand Raynaud – *Heureux* – lui n'a pas mis de point d'interrogation, ça n'était pas son genre[48]. » Or, « tout tient ici dans cette interrogation[49] », insiste un critique. Le doute est permis et même recommandé : « C'est très rigolo, c'est la vraie gravité et c'est le vrai mal de vivre[50] », explique l'artiste qui prend prudemment ses distances avec son illustre modèle, car « il était hors de question que j'essaie de rivaliser en cocasserie et en drôlerie avec Fernand qui était vraiment un homme prodigieusement irrésistible. Moi, je suis là pour le servir, pour servir ses textes mais aussi, bien sûr, avec quelques prétentions de rigolo[51]. » Avec, en plus, comme partenaire, Bruno Fontaine qui déclare : « J'ai vraiment l'impression que lui me raconte des histoires et que grâce à la musique d'Erik Satie, d'une certaine manière, je n'interprète pas la musique mais je lui raconte une autre histoire[52]. » La productrice Jeanine Roze a été bien inspirée de présenter au comédien ce musicien qu'il qualifie d'« échangeur d'émotions remarquable[53] ». Pianiste, compositeur, orchestrateur et arrangeur, Bruno Fontaine a déjà collaboré avec Johnny Hallyday, Julia Migenes-Johnson et Michel Portal. Alain Resnais lui a aussi commandé la bande originale de son opérette *Pas sur la bouche*.

« J'ai choisi des textes qui racontent un peu la société et qui pratiquent l'absurde déjà, ce qui était vraiment avant-gardiste à l'époque[54]. » Rochefort a opéré sa sélection « en fonction de mes capacités, les moins éloignés de moi[55] » et déclare vouloir combattre un certain élitisme qui confine au snobisme : « Je pourrais aujourd'hui jouer *Heureux ?* au festival de Bayreuth comme sur des tréteaux sur la Canebière. Ce spectacle a cette universalité[56]. » Pas question pour lui de singer l'humoriste ni de chercher à reproduire sa diction traînante ou son accent auvergnat, mais plutôt de « lui rendre hommage sans l'imiter[57] », car « essayer de rivaliser avec son génie comique serait pour le moins un manque de lucidité[58] ». À ses yeux, « les personnages de Fernand Raynaud ne s'en sortent jamais, ils sont foutus à vie à la fin du sketch, ce qui les rend bouleversants et terriblement humains[59] ». Jean Rochefort n'est plus à un paradoxe près quand il déclare : « J'ai toujours aimé ne pas faire rire avec le comique[60]. » Pas question pour autant de manipuler le public. « Il faut laisser au spectateur son indépendance, qu'il apporte son manger », affirme le comédien. Par ailleurs, précise le pianiste, « on a décidé, la mort dans l'âme, de ne pas trop se fréquenter hors de scène, car on a tous les deux tendance à faire de la surenchère dans les blagues et on a peur que cela déteigne dans le travail[61] ». Ce à quoi Rochefort renchérit qu'« avec Bruno, sur scène, nous sommes comme deux cousins. Chaque interprète est l'auditeur de l'autre[62] ».

En privilégiant ainsi « la face sombre des sketches de Fernand Raynaud[63] », il y a aussi chez Jean Rochefort l'envie sincère de réhabiliter le clown triste qui « souffrait de son image : celle d'un comédien populaire, d'un comique appartenant à tout le monde. J'ai vu des gens lui taper sur le dos comme sur celui d'un polichinelle en lui disant : *Alors, Fernand, fais-nous rire, raconte-nous une de tes blagues*. Cela le rendait très malheureux[64] ». Il se lance donc avec ce spectacle à la rescousse d'un authentique incompris dont il affirme qu'« à la fin de sa vie, comme les gens de la rue étaient trop familiers avec lui, qu'ils le prenaient pour un bouffon, il en était venu à les haïr[65] », lui qui « a toujours souffert d'être aux yeux des gens une poupée de son. Il faisait rire en parlant des humiliés, des laissés-pour-compte, de héros pas positifs du tout. Cet humoriste humaniste a beaucoup souffert d'être incompris[66] ». C'est d'ailleurs son point commun avec Erik Satie que Rochefort dépeint comme « un excentrique, un loufoque, une sorte de SDF[67] ». Alors, explique-t-il, « on a pensé que ces deux morts seraient bien au chaud ensemble sur une scène de théâtre[68] ». Peut-être parce qu'il voit d'abord en eux « deux drolatiques abritant leurs cicatrices derrière l'absurde et le cocasse[69] ». Quant à Fontaine, lorsqu'il évoque son partenaire, ses mots désignent de toute évidence aussi Fernand Raynaud : « Ce sont des gens à facettes multiples et puis qui traînent avec eux peut-être toutes les vies et tous les malheurs, et tous les bonheurs aussi de tous les personnages qu'ils ont incarnés au cours de leur belle et longue carrière[70]. » Avec cette obsession qui tenaille Rochefort : « Les vulnérables, les vaincus, les fragiles, ceux qui ne s'en sortent pas me deviennent au fil du temps de plus en plus considérables[71]. »

« Dans mes rêves les plus fous, je n'espérais pas un si grand succès[72] », s'émerveille l'acteur. La critique a précédé le public en saluant la qualité du spectacle. « Lorsqu'elles sont portées par un Rochefort abstème et caméléon au meilleur de son art, les histoires de Fernand Raynaud deviennent drôles à pleurer[73] », s'émerveille l'un, là où un autre loue « un Jean Rochefort inconnu, plus mystérieux, immatériel, secret, éthéré[74] » et qu'un troisième souligne que « ce qui ne pourrait être qu'un exercice de style réussi, accompli, devient un hommage fraternel, presque tendre, à une innocence un brin pataude, un brin futée[75] ». Mission accomplie, tant « Jean Rochefort hisse l'amuseur auvergnat à la hauteur d'un poète, la risée et l'esclaffement au rang d'un art[76] ». Prévues pendant six semaines, les représentations d'*Heureux ?* se prolongeront finalement pendant plus de quatre mois. Jamais à un paradoxe près, Rochefort modère son euphorie en affirmant que « le théâtre me bouffe, me dévore. Je lui en veux toujours autant car j'ai l'impression qu'il raccourcit le temps qui m'est imparti[77] ». Alors, il respecte un rituel immuable avant d'entrer en scène : « Je croque un bout de chocolat et je dépose une goutte de citron sur ma langue, pour me donner un semblant d'énergie[78]. » Il semble pourtant en avoir à revendre, même s'il manifeste une certaine coquetterie, en déclarant : «Je me sens depuis quelque temps être le grand-père des Français[79].» Tout en s'autoproclamant «monument historique[80]», Rochefort ébauche une prédiction saugrenue : «Je vais finir comme Aragon : j'aurai une jupette et un chapeau de paille[81].»

33

L'absolue nécessité des autres

En cette année 2004, le cinéma se réduit pour Jean Rochefort à des contributions vocales. D'abord dans deux courts métrages de prestige : *La dernière minute* de Nicolas Salis et *La perle fendue* de Frank Ternier et Charles-Éric Petit. Ensuite dans la version française d'un téléfilm animalier intitulé *Le clan des rois* qui lui donne l'occasion de retrouver Jean-Pierre Marielle avec qui il aime tant passer du bon temps. Les deux compères se mettent dans la peau de « deux lions usés par la vie[1] » et se livrent à un savoureux numéro de cabotinage anthropomorphique. Dans la foulée, ravi de cette expérience, Jean Rochefort double le savant déchu auquel l'humoriste Mel Brooks prêtait originellement sa voix, dans la version française du dessin animé américain *Robots* de Chris Wedge et Carlos Saldanha. « Il s'agit d'être plus enfantin que si c'était notre corps qui jouait[2] », commente-t-il, tout en se déclarant « sensible au fait qu'il n'y ait pas d'esthétique du beau de la part du réalisateur. Les héros sont rouillés, rayés, cabossés. Ils ont des faiblesses, des fragilités, et j'ai trouvé cela tout à fait exemplaire. Chris Wedge raconte la condition humaine avec des bouts de ferraille et des boîtes de conserve. Je ne regarderai plus jamais mon moulin à café de la même façon[3] ».

Narrateur de plusieurs autres productions télévisées à vocation pédagogique, *Dr Philippe Grenier, le bey de Pontarlier,* un documentaire de la série *Les aventuriers de la République,* mais aussi *Gladiateurs,* et *Le lion du Colisée,* son making of, Rochefort prête encore sa voix à *La vie et l'art de Charlie Chaplin,* que signe l'historien du cinéma Richard Schickel, et incarne fugitivement un violoniste aveugle dans une version télévisée de *Frankenstein.* Fidèle en amitié, l'homme de cheval double aussi Jolly Jumper, la fidèle monture de Lucky Luke, dans *Les Dalton* de Philippe Haïm, le réalisateur de *Barracuda,* et accepte un rôle dans le deuxième long métrage d'Édouard Baer, *Akoibon,* en assortissant son accord d'« un oui enthousiaste[4] », aux dires du metteur en scène avec lequel ses relations sont devenues fraternelles, pour ne pas dire paternelles. « Je le harcelais de coups de fil, de temps en temps, pour me rappeler à son bon souvenir, affirme Baer. Et à chaque fois, il décrochait dans des situations saugrenues. Très souvent, il était entouré d'animaux[5]... »

Dans *Akoibon,* Jean Rochefort campe une sorte d'Eddie Barclay à la retraite qui tient une maison d'hôtes sur une île paradisiaque. Il accepte pour cela de tourner en participation, comme la plupart des autres acteurs connus du film, et arbore un postiche capillaire. « Plus on le pousse vers le cracra, le décalé, etc., plus ça l'amuse, s'extasie Baer. C'est lui qui me disait *je veux bien mettre une perruque mais il faut qu'on me voie l'enlever aussi*[6] *!* » Les deux acteurs apparaissent complices et enthousiastes, l'aîné déclarant : « Ce garçon est très important pour le cinéma, le théâtre et tous les arts du spectacle, et je suis heureux de faire partie de l'échafaudage qu'il est en train de construire[7]. » Il reconnaît sans doute en lui quelque chose du jeune homme impatient et facétieux qu'il a été, quand il affirme « c'est pour moi une médecine contre une arthrose éventuelle. J'aime bien me trouver à l'ombre de ce gamin[8] ». Au point d'avouer qu'il a dit oui au réalisateur sans prendre la peine de lire son scénario. Dommage, car, aussi brillant soit-il, Édouard Baer n'est pas vraiment un bâtisseur d'intrigues et cela crève un peu trop l'écran. Lorsqu'il évoque la genèse de son film, le réalisateur affirme avoir voulu « mélanger plein d'histoires, brouiller les pistes, emprunter à plein de genres cinématographiques différents... Et puis surtout, c'était cette galerie de personnages que j'avais envie d'exploiter[9] ». Du coup, *Akoibon* doit davantage à la blague de potache qu'à la folie des spectacles de son auteur, même si Rochefort le situe audacieusement « entre Rimbaud et Zavatta[10] » et apprécie son côté déraisonnable, en prophétisant qu'il deviendra dans les dix ans Pialat, Bergman et Keaton. Sur le plateau, raconte Baer, « Rochefort se foutait même de moi : *Eh, dis donc Paul Claudel, on peut quand même changer de mot*[11] *!* »

Au sortir de ce tournage foutraque, Jean Rochefort rejoint l'équipe de France d'équitation qui se prépare en Normandie. L'entraînement de dressage se déroule dans un manège et les autres épreuves à proximité de Granville, au petit matin, sur la plage et dans la mer, « histoire de me replonger dans le bain et réviser mes copies[12] », précise le comédien qui s'apprête à commenter les épreuves de dressage des Jeux olympiques d'été d'Athènes pour France Télévisions, en tandem avec Christian Choupin. « Je veux que ça devienne un sport populaire qui soit en ligne directe avec ce qui nous préoccupe aujourd'hui, déclare-t-il, c'est-à-dire la campagne, la nature, la sauvegarde de la planète et des autres espèces[13]... » Rochefort a cependant conscience de relever là un défi considérable, mais affirme son ambition : « Je vais essayer modestement d'être compétent et festif, faire sourire en instruisant[14] » et surtout « être utile aux téléspectateurs pour clarifier ce sport... et avec humour[15] ».

Promu consultant, Jean Rochefort est réquisitionné au pied levé pour commenter la cérémonie d'ouverture : « Je n'avais rien préparé, j'attendais de voir. Et puis, je n'avais pas envie de parler, je me contentais, délicieusement, d'être spectateur. J'étais à la fois totalement ébloui et écrasé devant le gigantisme du spectacle[16]. » On mesure déjà à ces mots qu'il a l'enthousiasme communicatif et le sens de la formule. Sa longue expérience radiophonique se révèle par ailleurs d'une grande utilité et l'incite à mêler l'utile à l'agréable. « Je mène un combat pour que ça soit un peu plus rigolo, un peu plus désamidonné et je ne crains pas le mauvais jeu de mots[17] », a-t-il prévenu quelques mois plus tôt. « Je tâcherai de rendre l'équitation plus ludique, moins austère, en apportant des anecdotes, une touche d'humour[18]. » Tout un programme ! « Passionner les gens en les faisant sourire[19] » : l'objectif qu'il s'est assigné semble à sa portée. Il n'est plus tout à fait un novice et se remémore ses premiers titres de gloire : « Deux ou trois fois, j'avais aidé la télévision au cours de manifestations hippiques en France. J'avais ainsi fait le cheval pendant le parcours d'un cavalier lors d'une compétition. En fait, je disais tout haut ce que le cheval pensait[20]... » L'acteur n'est pas non plus dévoré par le stress. Il profite même de son séjour en Grèce pour accomplir une escapade touristique avec son épouse sur un îlot au large de Vravrona. Et puis, il le reconnaît bien volontiers : « Je prends ça comme un bain de jouvence, une nouvelle naissance. (...) Devenir débutant, sans certitude, sans habitude, me procure un immense plaisir. Ça me supprime un cachet d'aspirine sur deux[21]. »

Rochefort, qui a eu l'occasion d'effectuer un galop d'essai deux ans plus tôt en commentant certaines épreuves des championnats du monde d'équitation sur Paris Première, reste conscient de l'enjeu qu'il résume ainsi : « C'est à la fois mon baptême du feu et déjà la consécration en même temps[22]. » En outre, cette initiative s'inscrit dans la continuité des efforts qu'il mène personnellement depuis des années « avec la Fédération équestre pour essayer de rendre ce sport plus populaire, plus contemporain[23] ». Il n'en est pas peu fier et répète que sa « petite initiative pour sonoriser les parcours va être un apport considérable pour la télévision et les téléspectateurs[24] ». Le comédien n'est pourtant pas dupe de sa bonne fortune : « Je vais me retrouver à Athènes parce que je ramassais la tétine du futur directeur des sports quand elle tombait dans la poussière[25] ! » Cet homme d'influence qui n'est autre que Frédéric Chevit, le fils du comédien Maurice Chevit, lui-même ami de longue date de Rochefort, est quant à lui formel : « S'il n'avait été qu'un artiste passionné de sport, nous ne l'aurions pas choisi. Mais Jean a une vraie légitimité. C'est l'une des personnes en France les plus compétentes en matière d'équitation. C'est un excellent promoteur pour sa discipline et pour le sport en général[26]. » Enfin, ce qui ne gâche rien, aux dires du comédien, « l'entraîneur de l'équipe de France, Jean-Maurice Bonneau, est un peu mon fils spirituel. Il a réussi à se hisser à cette place alors qu'il était parti de rien[27] ».

« On apprécie d'autant plus sa maîtrise de notre langue qu'il sait l'émailler, à point nommé, d'une succulente grivoiserie, d'une facétie langagière, voire d'une bonne grosse cochonceté dont on ne pourra déterminer si elle a été mûrie de longue date ou s'il vient au contraire de l'improviser devant un nouvel échantillon de la vulgarité contemporaine, dont il ne se lasse pas de découvrir, semaine après semaine, et non sans masochisme, les nouvelles et abyssales horreurs. Sans jamais se prendre au sérieux[28]. » Ainsi Irène Frain juge-t-elle la prestation de Jean Rochefort. Non seulement le comédien se sent à son aise dans cet exercice, mais il impose un style qui ravit les profanes et vaut au dressage une attention particulière, sans doute parce que, comme il le soulignera plus tard avec une certaine perfidie, «je n'avais pas ce ton de technocrate qu'ont tant de journalistes sportifs[29] ». Un consultant télé sous couvert d'anonymat exprime cependant la rancœur corporatiste de ses pairs : « Les connaisseurs sont frustrés car ils n'ont eu aucun commentaire avisé. On privilégie le romantisme au détriment de l'héroïsme sportif. Je ne suis pas sûr que l'équitation sorte grandie de ces Jeux[30]. » Rochefort n'a toutefois jamais caché son double objectif : « Mon rôle ne sera pas celui d'un technicien qui parle aux techniciens. Mais d'un homme de cheval qui essaie d'universaliser son sport[31]. » Avec ce corollaire qui heurte les puristes : « Dépoussiérer notre sport, le démocratiser, le rendre plus vivant[32]. »

Littéralement coupé du monde, Jean Rochefort n'a que de lointains échos des réactions que suscitent ses commentaires. Comme, en outre, le centre équestre se trouve assez loin d'Athènes, l'épicentre des Jeux olympiques, il doit changer régulièrement d'hôtel, au fil des épreuves. « Cela fait cinq jours que je suis arrivé et je n'ai toujours pas défait mes valises, confie-t-il à un journaliste. À peine si j'ai pu retirer ma brosse à dents et mon rasoir[33]... » Sa surprise est d'autant plus grande lorsqu'il regagne Paris. « Quand je suis arrivé à Orly, j'ai cru que j'étais Jeanne d'Arc. Je n'étais pas au courant de l'effet que ça faisait. Je parlais au public, aux gens qui m'écoutaient. Les gens ont aimé profondément. » Jusqu'à son camarade Michel Galabru qui déclare qu'« il a su communiquer sa passion, en improvisant et avec une certaine poésie[34] ». Par ailleurs, souligne non sans fierté Rochefort, «j'ai contribué à l'augmentation de l'audimat[35] » !

Auréolé de ce nouveau morceau de bravoure, le 9 septembre 2004, à sa demande, c'est des mains du Premier ministre en personne, Jean-Pierre Raffarin, que Jean Rochefort reçoit la médaille de chevalier de l'Ordre du Mérite agricole, sous les ors de Matignon. Sont notamment présents pour le fêter Jean-Paul Belmondo, Philippe Noiret et Monique Chaumette, Jean-Pierre Marielle, Claude et Catherine Rich, Édouard Baer et Antoine de Caunes. Dans son discours, Raffarin célèbre « l'une des plus nobles conquêtes du cheval » et un « honnête homme du vingt-et-unième siècle ». Le récipiendaire déclare quant à lui : « Voir cette décoration, je ne sais pas pourquoi, mais ça me botte. » De cette cérémonie, il se souviendra qu'« il y en a qui ricanaient, mais j'ai senti l'émotion, quelques envieux aussi[36] ». Vingt ans plus tôt, il appelait de ses vœux « qu'on reconnaisse mes efforts dans le domaine hippique en me décernant la croix du Mérite agricole qui, si elle me fait sourire à cinquante pour cent, me satisferait quand même assez puisque, contrairement à une idée reçue, c'est une distinction qui n'est pas attribuée à de faux mérites[37] ». Et Rochefort de citer à ce propos son ami Yves Robert avec lequel il dit avoir partagé « le goût d'une certaine ruralité pudique[38] ». Mais cet honneur constitue également pour lui une reconnaissance dont il déclarait douze ans plus tôt : « Le jour où je l'aurai, je pense que je serai au bout de la route[39]. » C'est dire la valeur qu'il attache à cette breloque, « la seule que je porterai pour un mariage ou une communion, décrète-t-il. Franchement, je ne l'ai pas *chouravée*[40] ».

En ce même automne 2004, Jean Rochefort trouve un autre motif d'associer ses deux passions en entreprenant le tournage d'un long métrage. Non pas l'une de ces fictions comme il en a si souvent rêvé, mais un projet plus intime qu'il décide de mener de concert avec Delphine Gleize dont il a découvert le premier film, *Carnages*, l'année où il était juré à Cannes, et qu'il qualifie de « metteur en scène sublime[41] ». De son point de vue, « son cinéma est sportif, il est beau, il est esthétique[42] ». Elle constitue donc la partenaire idéale pour mener à bien ce film intitulé *Instants fragiles* qui navigue entre documentaire et fiction. « En se rencontrant, raconte Delphine Gleize, on s'est rendu compte qu'on avait plein de choses à se dire[43]. » Ce film constitue l'aboutissement d'un processus tortueux. En effet, explique Rochefort, « nous avions eu plusieurs projets avec Delphine Gleize, nous n'aboutissions pas et je lui ai fait, un jour, connaître mon autre monde, celui des chevaux[44] ». À vrai dire, souligne-t-il, « elle était terrorisée, et puis elle a pensé tout à coup que peut-être on pourrait faire quelque chose[45]... »

« Le point de départ, raconte Delphine Gleize, c'est Jean qui me dit un jour : *Allons voir Marc, un ami que je connais depuis cinquante ans qui a été mon instructeur de saut d'obstacles, un grand homme*[46]. » Et la cinéaste de poursuivre : « Quand je le découvre au milieu des boxes des chevaux, dans son deux-pièces minuscule, sur son fauteuil roulant, en plein vent d'hiver, je suis immédiatement impressionnée par une force cinglante qui émane de cet homme sans âge et de ce lieu sans charme[47]. » Plus tard, pourtant, continue-t-elle, « il y a à partir de dix-sept heures un jeune homme qui rentre de l'école, qui nous dit bonjour et s'assoit face à Marc.

Ils ne se disent rien d'autre, mais cinq minutes après, le jeune homme va chausser ses bottes, le vieil homme prend son fauteuil roulant, le suit et une leçon commence. Et on sort de là avec Jean, en se disant : *C'est insensé. Ce qu'on vient de vivre est très fort*[48] ». Rochefort entend tirer parti de la fraîcheur de sa partenaire, car, comme il le souligne, « nous avons pensé, d'un commun accord, que notre association pourrait créer l'équilibre pour qu'on ne fasse pas un film de spécialistes des chevaux, mais qu'on fasse un film qui raconte l'humain et le besoin que nous avons les uns des autres[49] ».

La forme va quant à elle s'imposer d'elle-même, à partir d'une série de partis pris qu'énonce Rochefort : « Ne pas être des voyeurs, se faire accepter, ne rien écrire et les filmer, apprivoiser nos personnages qui se sont avérés trois, puisqu'au milieu de ce couple d'hommes, il y a une femme[50]. » Face à face : Marc Bertran de Balanda, instructeur du Cadre noir, « un homme qui a un pacemaker, deux hémorragies cérébrales et qui survit[51] » ; Edmond Jonquères d'Oriola, le neveu du champion olympique Pierre Jonquères d'Oriola ; et Martine Tumold, une assistante de vie en qui Rochefort voit « une espèce de Marilyn Monroe des équidés : elle est là en bas résille avec des talons hauts dans un lieu de gadoue, dans des odeurs d'excréments d'animaux, avec cette espèce de féminitude violente[52] », « et les chevaux sont là comme le chœur antique[53] ». L'équipe technique se limite aux réalisateurs et à deux femmes au cadre et à la prise de son. C'est le prix de l'intimité, car, selon Rochefort, « Marc n'aurait jamais pu prolonger son existence s'il n'y avait eu Edmond, auquel il a passé le témoin, et Martine, devant laquelle il est demeuré un homme entier[54] ». Ce que filme le quatuor, c'est la mort au travail. Elle va d'ailleurs les rattraper lorsque Marc Bertrán de Balanda pousse son dernier souffle, en août 2006, plongeant dans un nouvel épisode dépressif Rochefort qui soutient que « transmettre, c'est mourir en douceur[55] », lui qui s'était fixé comme objectif de raconter *« l'absolue nécessité des autres*[56] ».

Delphine Gleize aime à dire de ce long métrage finalement intitulé *Cavaliers seuls* que « c'est un film sur la transmission et comme on a tourné trois ans, c'est aussi un film sur la patience[57] », Jean Rochefort rebondissant de son côté sur ses propos en affirmant que « ce sont ces trois années qui ont été les scénaristes[58] ». Quant aux sept mois de montage, ils tiendront lieu d'exutoire et vaudront à Rochefort d'envisager sa présentation au Festival Premiers Plans d'Angers en janvier 2008 avec un trac de débutant. Il cite à ce propos une anecdote édifiante : «Jeanne Moreau le voit avec la presse le matin. Je la croise au déjeuner et elle me dit : *T'as pas fini le montage de ça, Coco*[59] *?*» Du coup, poursuit-il, «je suis allé à la première projection publique totalement accablé, pensant que ça allait être un four[60] ». Non seulement l'accueil du public est chaleureux, mais la critique est au diapason, à l'instar de *Positif* qui juge le film « magistral[61] ». Quant à Delphine Gleize, elle avoue s'être inspirée inconsciemment de sa relation avec Jean Rochefort pour nourrir son film de fiction suivant : *La permission de minuit* (2010), « relation atypique, transgénérationnelle, entre un adolescent et un médecin de cinquante ans[62] ». Conclusion de Rochefort : « Ça fait beaucoup de bien aux artères d'être transmetteur. On se sent encore vivant[63] ! » Et puis, surtout, « le courage de l'entreprise m'a envahi brusquement. Avant, j'étais toujours à la recherche d'une non-réalisation, parce que j'étais d'une couardise énorme et Delphine m'a sécurisé[64] ».

Le 26 novembre 2004 disparaît Philippe de Broca, un metteur en scène qui a beaucoup compté pour Rochefort et la plupart de ses camarades du Conservatoire, notamment ceux qu'a snobés le noyau dur de la Nouvelle Vague. Ses obsèques sont célébrées à l'église Saint-Roch, à Paris, où Philippe Noiret prononce son éloge funèbre à la suite duquel sa fille Frédérique rapporte que «Jean Rochefort, qui était assis derrière papa, a doucement tapé sur son épaule pour lui dire un petit mot discrètement, mais juste assez fort pour qu'on l'entende sur les sièges autour :

— *Très bien, mon ami. Très bien. Un tout petit peu trop d'émotion, peut-être. Bon, mais on ne peut pas la refaire. Ça ne fait rien. C'était très bien, hein, très bien*[65] *!*»

Ce bon mot détend l'atmosphère en suscitant l'hilarité nerveuse de Philippe Noiret, Jean-Paul Belmondo, Jean-Pierre Marielle, Annie Girardot et Francis Perrin. Comme si, face à l'adversité et à l'inéluctable, le moment était venu pour eux de se serrer les coudes à jamais.

34

Devoirs de mémoire

« Il n'y a pas de grand ou petit rôle, il n'y a que des grands et petits acteurs[1]. » Ainsi le réalisateur Danis Tanovic commente-t-il la prestation de Jean Rochefort dans son film *L'enfer* où il n'a pourtant qu'une modeste participation, d'autant plus amicale que le metteur en scène et le comédien ont siégé ensemble dans le jury cannois de l'édition 2003 dont faisait également partie Karin Viard, qu'il retrouve parmi la distribution de ce film tiré d'un scénario posthume du cinéaste polonais Krzysztof Kieslowski. « Ce qui compte, c'est le désir, l'envie, affirme Rochefort. Croire en quelque chose, rester délicieusement naïf et penser que ce séjour terrestre sera jusqu'au dernier moment toujours intéressant[2]. » Le comédien pratique ainsi en orfèvre la confusion des genres. Malgré son expérience considérable, ce n'est pas sans une certaine crainte qu'il enregistre le livre-disque *Les fables de La Fontaine.* « J'étais assez angoissé qu'il y ait de la musique[3] », avoue-t-il, en expliquant que « le silence, c'est la participation avec les gens qui vous écoutent[4] ».

Ce désir de partage, l'acteur l'exprime dans son spectacle *Heureux ?* qu'il emmène en tournée en affichant un enthousiasme communicatif. Avec cette satisfaction du devoir accompli qu'il exprime lors de son passage, un soir de neige, au Petit Quevilly : « On a ému, on a fait rire, on a été applaudis. On est remonté dans le froid dans nos voitures. Il y avait une sensation très agréable du rôle social de l'acteur et du musicien[5]. » Une expérience au cours de laquelle il va à la rencontre du public, se promenant au hasard de ses haltes pour y prendre des photos du quotidien, comme dans le quartier du Panier, à Marseille où il reste une dizaine de jours. Fidèle à la tranche de jambon frugale dont il se sustentait avant de jouer *Boulevard du mélodrame*, vingt ans plus tôt, il vérifie les bienfaits de ce régime spartiate. Au hasard de ses multiples haltes, il lui arrive de regarder un match de rugby à la télévision, allongé sur son lit, dans sa chambre d'hôtel, de rendre visite au boxeur Mahiar Monshipour qui prépare le championnat du monde dans une salle d'entraînement de Blagnac, ou, à l'issue d'une représentation, de se précipiter dans un cinéma du centre ville toulousain pour retrouver Édouard Baer qui y présente *Akoibon*, et de s'y voir célébré en héros. Jusqu'à ces deux dernières représentations sur la scène du Théâtre des Jacobins de Dinan auxquelles assistent plusieurs membres de sa famille bretonne, même si « certains se sont décommandés en raison du mauvais temps[6] ». Plus que jamais, l'acteur ressent le besoin irrépressible de se nourrir de ses rencontres, car, pour lui, « le bonheur de jouer ne peut être qu'un échange. Sans ça, c'est un métier de guignol sinistre[7] ». La critique abonde dans son sens qui constate que « Rochefort, tantôt modeste, tantôt cabotin, finit par s'approprier avec bonheur des textes qui lui étaient étrangers[8] ». Le mystère se dissipe dans un portrait que dresse de lui Christophe Duchiron pour l'émission *Envoyé spécial*. « En le côtoyant, résume le journaliste, j'ai compris que sa vraie passion, c'était jouer[9]. » On y voit aussi l'acteur accomplir quelques longueurs à la piscine, pour garder la forme, ou soulever des haltères et soigner sa voix en parlant au-dessus d'une casserole d'eau chaude.

Le sport reste une passion tenace pour Jean Rochefort, fidèle spectateur depuis des lustres des Internationaux de France de tennis de Roland Garros auxquels assiste également Jean-Paul Belmondo. Mais son implication ne se limite pas à un rôle strictement contemplatif. En cette fin de printemps 2005, une grande soirée est organisée au stade Yves du Manoir, à Colombes, sur le site qui fut celui des Jeux olympiques de 1924, dans le cadre de la candidature de Paris 2012. Parmi les vétérans qu'y croise Rochefort : les coureurs Alain Mimoun et Colette Besson, le rugbyman Jo Maso et le boxeur Jean-Claude Bouttier. Il assiste aussi à la désignation de la ville choisie par le CIO pour organiser les Jeux olympiques... en l'occurrence Londres.

En tant que parrain de l'Association des malades d'algies pudendales (Amap), Jean Rochefort confesse à propos de cette affection qui l'a tant fait souffrir : «J'éprouve une peur animale à l'idée qu'elle puisse resurgir, exigeante, jamais en repos, destructrice de nos projets et de nos espoirs[10]. » La névralgie pudendale se caractérise en effet par des brûlures, des décharges électriques, des torsions ou des pincements au niveau du périnée, du rectum, de l'anus, des parties vaginales et génitales. Elle se manifeste plus particulièrement en position assise, d'où son surnom de *syndrome du cycliste*, et explique pour une bonne part que la carrière de l'acteur soit devenue si chaotique, car il lui faut souvent garder le repos, contraint et forcé. Il a beau donner son accord à certains projets, son état physique ne lui permet pas toujours d'honorer ses engagements. À l'instar de sa présence annoncée aux côtés de Catherine Jacob dans un épisode du *Cri*, la mini-série réalisée par Hervé Baslé.

Parmi les honneurs liés à l'âge, il en est un qui touche le Breton en plein cœur, quand, à l'occasion des célébrations du trentième anniversaire de l'émission *Thalassa*, Jean Rochefort se voit désigné comme parrain du Phare de la Vieille, situé à Plogoff, dans le Finistère, entre l'île de Sein et la Pointe du Raz. Là même où Jean Grémillon a naguère tourné son film *Gardiens de phare* (1929). L'acteur a sympathisé une dizaine d'années plus tôt avec l'animateur de l'émission, Georges Pernoud, au cours de *L'armada de la Liberté*, gigantesque rassemblement de voiliers destiné à commémorer le cinquantième anniversaire du Débarquement. «Je me vois très bien dans une petite cuisine circulaire en train de faire mes jeux ou d'ouvrir ma boîte de conserve[11] », souligne malicieusement le comédien, certain de son effet. Autre parrainage, celui de l'Audi Equestrian Masters 2005, auquel participent deux cent cinquante chevaux de treize nations, au fil de vingt épreuves, sur le site de Tour et Taxis, «si exceptionnel, profondément belge, baroque, incongru et élégant[12] », à ses yeux.

En cette fin d'année 2005, Jean Rochefort accepte la proposition que lui fait son compère des César, Antoine de Caunes d'être le partenaire de Charlotte Rampling dans une comédie située pour une bonne part à Londres, *Eurostar*, qui deviendra *Désaccord parfait*. «Si j'ai eu envie de faire ce film, de l'écrire pour eux, explique le réalisateur, c'est parce que, évidemment, je les aime comme acteurs et j'aime l'univers qu'ils promènent avec eux[13]. » Rochefort y campe Louis Ruinard, un personnage pétillant au patronyme de champagne millésimé que de Caunes décrit comme un mélange improbable de Maurice Pialat, Francis Girod et Claude Sautet. Selon son interprète, « c'est un grand adulte un peu gamin qui déteste l'idée de vieillir et qui veut, par son cabotinage et sa sensibilité, rester un peu dans l'enfance, autant que faire se peut[14] ».

Antoine de Caunes a eu l'idée de cette comédie en tournant comme acteur avec Rochefort dans *Blanche* : « Jean possède une liberté et une fantaisie poétique incroyables, et cette enfance sans laquelle il n'y a pas de grand acteur[15]. » Soucieux de sa crédibilité de séducteur, Jean Rochefort a fondu de sept kilos en prévision du tournage : « Antoine est très obligeant, explique-t-il, il a bien voulu m'offrir mon ultime rôle d'amant. On a même tourné une scène sexuée. La belle Charlotte Rampling me chevauche, me chevauche[16]. » Affirmant « j'ai tellement d'émotion lorsque je vois une belle femme vieillir. J'ai la libido en fusion[17] », Rochefort ne cache pas son émoi face à sa partenaire et déclare que « former un couple avec la mythique Charlotte Rampling a été un choc pour moi dont je me remets très lentement[18] », tout en expliquant : « J'avais peur que le couple déjà habillé ne soit pas plausible, mais pratiquement nu le soit encore moins[19]. » Et sa partenaire n'est pas en reste qui confie, malgré sa réserve naturelle : « Dès notre première scène, il y avait une incroyable proximité. J'avais le cœur qui battait très fort et les joues rouges[20]. » Mystérieuse alchimie dont il ne reste que peu de choses à l'écran et qu'une critique résumera d'une formule lapidaire : « Jean Rochefort délicieusement bohème, élégamment décati et fataliste[21]. »

« J'ai une admiration sans bornes pour Jean. Il a un charisme époustouflant et cette répartie, cette façon de parler qui est magique. Je me suis surpris moi-même à avoir parfois l'impression de ne pas être à ma place en le dirigeant[22]. » C'est un autre acteur passé à la réalisation qui prononce cet éloge : Guillaume Canet dont Jean Rochefort affirme qu'il est « un peu mon filleul dans le métier[23] » pour avoir contribué à le propulser en haut de l'affiche, moins d'une décennie plus tôt. Que de chemin parcouru entre-temps par son protégé qui lui confie à son tour un rôle dans sa deuxième réalisation, une adaptation du roman d'Harlan Coben *Ne le dis à personne* : celui du propre père du personnage qu'il interprète. Éloquent clin d'œil à leurs rapports.

En l'espace de quelques projets, Jean Rochefort a changé de registre et s'est imposé malgré lui comme une référence pour certains de ses cadets, à l'instar du chanteur Vincent Delerm qui fait à son tour appel à lui pour illustrer sa chanson *Sous les avalanches* devant la caméra de Bruno Sevaistre, nommé dans la catégorie Meilleur vidéo-clip de l'année aux Victoires de la musique 2007. Le comédien effectue également une apparition surprise dans le spectacle d'Édouard Baer *La folle et véritable vie de Luigi Prizzoti*, repris aux Folies-Bergère. Et il ne cache ni sa joie ni sa fierté : «J'ai provoqué une *standing ovation* en imitant un caméléon, s'extasie-t-il. C'est un aboutissement[24].» Baer possède à ses yeux une personnalité atypique comme il les affectionne. «Édouard fait partie des insensés auprès desquels je me régénère[25]», dit-il, tandis que l'intéressé relativise ses propos en expliquant que «Jean est un pessimiste plus joyeux que moi[26]».

Aux yeux des jeunes générations, celui en qui Jérôme Garcin voit «un homme désespéré que le grand âge a rendu loufoque[27]» apparaît désormais comme une icône. «Vous enlevez le scénario, vous enlevez le rôle, vous laissez Jean parler, c'est en soi un spectacle incroyable[28]», déclare à ce propos Antoine de Caunes. Rochefort, lui, avance une autre explication à ce tardif engouement : «La façon, étrange, de parler de Marielle, de Noiret ou de moi-même appartient à une autre époque et, avec le temps, cela a acquis auprès des gens un charme incontestable[29].» Pour vérifier la validité de cette hypothèse, il suffit de l'observer attentivement dans *J'ai toujours rêvé d'être un gangster* où l'écrivain et réalisateur Samuel Benchetrit l'associe à d'autres «natures», peu ou prou de sa génération. Selon le metteur en scène, c'est de Rochefort qu'est partie la constitution de ce quintette de braqueurs sur le retour : «Il m'a suivi depuis mon premier livre, et me demandait régulièrement de lui écrire quelque chose. Je lui ai proposé ce rôle, sans avoir vraiment écrit l'histoire et il m'a dit oui. Ensuite, il s'est investi avec moi pour trouver ses collègues[30].» En l'occurrence, Roger Dumas, Laurent Terzieff, Venantino Venantini et Jean-Pierre Kalfon. Mais leur premier jour de tournage traduit un malaise que perçoit Benchetrit. «On se dit : Rochefort est un immense acteur, il n'a besoin de personne pour être bon. Et pourtant, je crois qu'à chaque début de film, il retrouve le trac, et ne sait plus comment faire[31].» Il n'en transparaît pourtant rien à l'écran. Peut-être aussi parce que Rochefort dit de Benchetrit que « c'est un vrai poète : il a une ligne, il a de l'humour et sous des propos, qu'on pourrait penser noirs et rudes, il règne un humour extrêmement juste[32] ». À l'image de ce paradoxe que relevait l'acteur : « On tourne dans des parkings inhospitaliers et quelques lieux sinistres. C'est très drôle, c'est même enthousiasmant[33]. » Son plaisir de jouer est intact, bien qu'il se laisse aller à un aveu en forme de coquetterie : « Lorsque je vois un film et que je l'aime, je sais que je ne l'aurais jamais aimé autant si j'avais été dedans[34] ! » *J'ai toujours rêvé d'être un gangster* vaudra à Samuel Benchetrit le Prix du meilleur scénario étranger au Festival de Sundance 2008.

Par curiosité autant que par admiration envers Rowan Atkinson, Rochefort accepte une apparition dans *Les vacances de Mr. Bean* de Steve Bendelack dont il trouve le personnage principal « inquiétant[35] ». Son rôle de maître d'hôtel du restaurant le Train Bleu lui inspire un cri du cœur plutôt sévère : « Ce film a payé mes arriérés de foin et d'avoine d'éleveur de chevaux. Le reste, j'ai un souvenir assez apocalyptique des deux jours de tournage, donc j'ai demandé à mes chevaux de mâcher l'avoine lentement, et d'être conscient de l'effort fourni[36]. » Autre contribution alimentaire, Jean Rochefort est le narrateur du spectacle *Mousquetaire de Richelieu*, programmé au Puy du Fou devant quelques centaines de personnes, à raison de plusieurs séances quotidiennes. Tout commence par une représentation du *Cid* de Corneille, lorsque sa voix si reconnaissable introduit des spectateurs aussi prestigieux que le Cardinal de Richelieu, Cyrano de Bergerac, les quatre mousquetaires ou un pirate fameux. Ce n'est qu'alors que le théâtre dans le théâtre peut commencer...

2006 est aussi l'année des deuils. Mi-juin, Jean Rochefort assiste aux obsèques de Raymond Devos, mort à quatre-vingt-trois ans. Un mois et demi plus tard, c'est au tour de Marc Bertrán de Balanda de tirer sa révérence, à soixante-dix-neuf ans, suite à une chute de son fauteuil roulant à Jardy, au cours du printemps précédent. Pour l'avoir longuement filmé, Rochefort est formel : « Il n'avait pas envie de s'en aller, c'est la vie qui l'a quitté[37]. » La preuve, « il s'est conduit avec le charme, l'inconscience, la brutalité et l'insouciance d'un adolescent[38] ». Derrière le respect qu'il voue à « ce gentilhomme gascon épicurien[39] » qui lui « a enseigné l'équitation, les yeux bandés et les mains attachées pour sauter[40] », affleure toutefois chez le comédien « un mélange d'admiration et de jalousie : je me trouvais plus attirant que lui mais il séduisait toutes les femmes alors que j'accumulais les échecs[41] ! » Chaque nouvelle disparition engendre un écho chez l'acteur qui porte beau pour ses soixante-seize ans, malgré ses douleurs dorsales récurrentes. La moins douloureuse n'est pas la mort à l'âge de trente et un ans de Blandice, « la jument qui est à la base de mon élevage et avec laquelle j'avais fait huit ans de compétition[42] ». Rochefort le confesse : « Après sa retraite, j'ai eu deux ans de vacuité équestre[43]. »

Août 2006 est un mois à marquer aussi d'une pierre blanche dans la famille Rochefort dont deux générations se trouvent réunies par Marc Rivière pour un téléfilm de la collection *Chez Maupassant* intitulé *Hautot père et fils.* « On m'a d'abord fait lire à moi cette histoire où j'avais un rôle assez tentant, raconte Julien Rochefort, – ils ont été un peu malins – et j'ai donné ça à papa en essayant d'être neutre et en lui disant : *Tu fais ce que tu sens*[44]. » Jean est surpris par cette proposition car, même si son fils aîné, passionné d'ornithologie, a décidé de devenir comédien à l'âge de douze ans, en découvrant qu'il faisait rire ses camarades par ses pitreries... comme son géniteur, « nous sommes pudiques tous les deux et lui ne voulait pas qu'on considère que je lui avais mis le pied à l'étrier[45] », souligne Jean. Jusqu'au jour où Julien a avoué publiquement : « En voyant travailler mon père, j'ai beaucoup appris. Mais je n'ai jamais pensé que le talent était héréditaire[46]. » En effet, un doute le taraude depuis toujours : « Nous, les fils et filles de, on ne sait jamais si on nous prend pour ce qu'on est. On n'aura jamais cette espèce de pureté qu'ont les autres[47]. » Son père se fait toutefois d'autant moins prier pour accepter qu'il a connu le réalisateur, assistant d'Yves Robert sur le tournage de *Nous irons tous au paradis.* « Je me suis dit que ça nous ferait un souvenir, que je serais content de revoir ça[48] », constate-t-il, tout en se réjouissant du caractère éducatif de cette noble entreprise : « La télévision abrutit pas mal les gens, alors, de temps en temps, on peut leur passer un programme intelligent comme celui-ci[49]. » Et le comédien de savourer cette aubaine : « Depuis des décennies, je ne désespérais pas de penser qu'on puisse enrichir tout en distrayant[50]. » Julien, lui, déclarait dès 1999 : « Je rêve de jouer un jour avec mon père[51]. »

Sur le plateau de *Hautot père et fils*, les deux hommes doivent commencer par s'apprivoiser en tant qu'interprètes, ce qui est loin de constituer une évidence. « C'était symbolique, un passage de témoin, en toute modestie gardée, qui n'était pas sans importance et sans émotions, pour l'un comme pour l'autre. Il y a eu de la timidité dans les premières répliques que nous nous sommes échangées[52]. » Jean évoque à ce sujet « la réserve naturelle de Julien, son comportement loin de toute extraversion... Ce qui, dans ce milieu, peut être considéré comme des défauts, mais prouve des qualités dont je suis fier[53] ». Dans une séquence clé, le personnage campé par Julien Rochefort assiste à l'agonie de son père. « Cela me semblait obscène et délicat[54] », réagit tout d'abord Jean qui explique que « jouer une scène de mort avec un fils de fiction, ça va, mais quand c'est le vôtre, c'est un petit peu difficile[55] ». Il comprend toutefois assez vite que cette situation si particulière constitue surtout une épreuve de vérité. « Ce passage nous inquiétait beaucoup tous les deux, confie-t-il, et notre métier nous est soudain apparu obscène, c'était très bizarre[56]... » Le père et le fils disposent toutefois d'un complice bienveillant en la personne de Marc Rivière. Du coup, raconte Jean, « on n'a fait qu'une seule prise pour chaque plan. On n'a donc joué la scène que trois fois, ce qui permettait de rester dans l'émotion. Et quand ça a été fini, j'ai dit à Julien : *Comme ça, ce sera fait*[57] *!* » L'un et l'autre réagissent pourtant fort différemment, comme le rapporte Jean Rochefort : « Moi, c'était une émotion contrôlée. Mon fils était bouleversé[58]. » Au point d'instiller un doute que le temps se chargera d'effacer : « En sortant du tournage, je me reprochais de l'avoir fait, encore bouleversé par cette scène familiale. Mais maintenant, avec le recul, non, je ne regrette rien car ça nous a finalement donné encore un peu plus de complicité[59]. »

Le 23 novembre 2006, c'est Philippe Noiret qui disparaît. Il a cessé toute activité professionnelle depuis que son médecin lui a prescrit le repos, trois mois plus tôt. Sollicité de toutes parts, Jean Rochefort déclare que « c'était un homme très pudique, qui avait le contact chaleureux avec les gens, mais qui n'avait pas ce contact que je qualifierais de *populaire* que nous avions, le reste de la bande. Philippe était un esthète de la vie[60] ». Ce que ne dit pas Rochefort, c'est qu'il a longtemps hésité avant de se rendre au chevet de cet ami qu'il voyait moins qu'ils ne se téléphonaient, souvent plusieurs fois par semaine. Selon Monique Chaumette, l'épouse de Noiret, «Jean a eu de la peine à venir car il ne voulait pas voir Philippe diminué[61] ». Cette visite a par ailleurs été précédée d'une conversation téléphonique que rapporte Frédérique Noiret, la fille du comédien, et qui rend compte de leurs rapports :

« — *Je ne viens pas, Philippe, c'est trop dur.*

— *Ah si, tu viens.*

— *Je ne sais pas, je vais demander à mon psy du matin.*

— *Bon, alors je t'attends !*

Et Jean Rochefort est donc arrivé, sur la pointe des pieds, désolé de nous déranger, malheureux comme une pierre à l'idée de perdre un frère. Il s'est approché de papa, il avait de la peine à contenir une larme.

Papa lui a lancé :

— *Tu vas pas pleurer, hein, c'est pas notre emploi !*

Et Jean de rire malgré son infinie tristesse.

Ils ont parlé un long moment tous les deux.

Jean lui a demandé :

— *Mais dis-moi, tu n'as pas peur ?*

— *Je suis déjà assez emmerdé comme ça, je ne vais pas m'encombrer avec l'angoisse*[62]. »

Jean Rochefort se sent véritablement orphelin, sans ce compagnon aux obsèques duquel il n'a pas eu davantage le courage d'assister que leur ami commun Jean-Pierre Marielle. De crainte de s'effondrer dans la nef de la basilique Sainte-Clotilde où retentit la chanson du générique du film *Alexandre le bienheureux* interprétée par une soprano, au moment de la communion, à la vision du cercueil en chêne foncé recouvert d'une gerbe de roses orangées ou en croisant les regards familiers d'Annie Girardot, Catherine Deneuve, Sandrine Kiberlain, Jean-Paul Belmondo, Claude Rich, Charles Berling, Eddy Mitchell, Bertrand Tavernier, Pierre Schoendoerffer ou Bertrand Blier, lequel s'adresse dans son style inimitable au disparu qu'il a dirigé dans *Les côtelettes* (2003) : « Tu faisais partie de ces gens auprès de qui on se tient comme un bon feu de bois[63]. » Rochefort déclarera tout de même beaucoup plus tard : « Depuis qu'il [*Noiret*] n'est plus là, je ne peux m'empêcher de lui demander plusieurs fois par jour : *Qu'aurais-tu fait à ma place*[64] ?» Qu'il s'agisse d'un coffre du treizième siècle ou d'une écharpe de soie grise, les souvenirs qu'il conserve de Noiret prennent à ses yeux une valeur affective d'autant plus considérable qu'il s'en veut de ne jamais lui avoir rendu la pareille. « En cinquante ans d'amitié, dit-il, je ne sais même pas si je lui ai payé un café[65]. »

La disparition de Philippe Noiret, qui était son cadet de cinq mois, mais a souvent tenu à ses côtés le rôle d'un grand frère et, de son aveu même, lui « a fait pas mal lire de grands reportages sur la politique internationale[66] », entraîne chez Jean Rochefort un profond travail sur lui-même qu'encourage sa décision récente de suivre une analyse en bonne et due forme. « J'ai mis longtemps à comprendre que les acteurs comptaient pour les gens, déclare-t-il. Je l'ai réalisé lorsque Philippe Noiret est mort. Au vide qu'il laissait derrière lui. Quand on joue depuis des années devant une caméra, sur des planches, on accompagne les gens dans leur vie. On leur donne des émotions. Quand ils vous voient disparaître, ils sont orphelins de quelque chose de vous[67]. » Comme une épitaphe...

35

Reflets dans un œil d'homme

« On finit par s'habituer au désespoir des autres. Les foyers, les dortoirs où l'on vous met dehors à sept heures du matin ne sont pas une solution. Ce qu'il faut, c'est un toit, une chambre pour chacun[1]. » L'homme qui tient ces propos, en ce mois de décembre 2006, n'est ni un politicien, ni un syndicaliste, ni même la réincarnation de l'abbé Pierre. C'est tout simplement Jean Rochefort qui met une fois de plus sa notoriété au service d'une cause juste, en rendant visite aux SDF, sous leurs tentes plantées quai de Jemmapes, au bord du canal Saint-Martin. « Si j'ai appelé Jean, explique Augustin Legrand, le patron charismatique de l'association des Enfants de Don Quichotte, lui-même comédien de formation, c'est parce que j'ai l'impression de lui ressembler un petit peu dans ce côté humaniste et citoyen : apolitique au sens citoyen du terme et politique au sens défense des droits fondamentaux. Jean a un discours très clair, très touchant[2]. » Au propre comme au figuré, la voix de Jean Rochefort porte. Surtout lorsqu'il déclare d'un ton solennel qu'« il faut que ces gens-là aient le plus vite possible un domicile[3] », car, il en a la conviction, « c'est comme ça que la barbarie peut s'installer insidieusement[4] ».

Si les carrières se façonnent aussi à coups de rendez-vous manqués, certains ne sont parfois que différés. C'est le cas à propos de *La clef* de Guillaume Nicloux, un réalisateur avec lequel Jean Rochefort est en contact depuis ce jour où il l'a abordé au Trocadéro... une trentaine d'années plus tôt : « On a discuté, il m'a envoyé ce qu'il écrivait. Une sorte d'amitié s'est créée entre nous[5]. » Les deux hommes ont même bien failli travailler ensemble, en 1992, quand Jean Rochefort a annoncé qu'il s'apprêtait à jouer dans *Faut pas rire du bonheur*, le troisième film de Nicloux. Mais le tournage a finalement été décalé de deux ans et il n'a pas pu honorer cette proposition. Entre-temps, le réalisateur s'est affirmé dans le créneau du polar psychologique et sur le registre du burlesque désespéré. Lointainement inspiré du *Horla* de Guy de Maupassant, *La clef* constitue le troisième volet d'une trilogie amorcée par son auteur avec *Une affaire privée* (2002) et *Cette femme-là* (2003). Une nouvelle fois confronté à Guillaume Canet, Rochefort y campe le chef de gang Joseph Arp et consent à raser sa moustache pour l'occasion. « Les rôles de méchants sont des rôles formidables à interpréter, commente-t-il. Celui-là doit avoir un compte en Suisse avec des lingots couverts de sang. Il a une vie modeste d'apparence pour mieux cacher son trafic. Je crois que c'est un mafieux puissant[6]. »

Au cours d'une cérémonie organisée dans l'enceinte du Sénat au printemps 2007, Jean Rochefort reçoit le Prix Henri Desgranges en tant que commentateur des sports équestres pour France Télévisions. Doté par le quotidien *L'Équipe*, ce trophée fondé en 1956 est décerné traditionnellement à un journaliste, auteur ou artiste français ayant dans l'exercice de sa profession le mieux servi la cause sportive, soit par son action, soit par la qualité de ses écrits, de ses émissions ou de ses images. Une consécration qui touche d'autant plus le comédien qu'elle couronne sa passion pour le sport en général et l'équitation en particulier, tout en légitimant la diversité de ses activités. Fin mai, on retrouve trois soirs de suite Jean Rochefort sur la scène de l'Olympia, chantant *Félicie* de Fernandel à l'invitation de Vincent Delerm. Cette initiative suggérée par Édouard Baer engendre à la fois chez lui « des joies énormes[7] » et « un trac horrible[8] ». Dans un tout autre registre, il se rend également au Château d'O de Montpellier afin d'y participer à *T'as pas tout dit*, un hommage à Boby Lapointe, chanteur qu'il déclare ranger parmi « ces poètes qui concassaient le monde, qui nous imposaient l'irréalisme à coups de marteau[9] ».

En prenant de l'âge, Jean Rochefort a multiplié les hommages à ses maîtres. C'est même ce qui l'incite à leur consacrer un spectacle tout entier : *Entre autres* au Théâtre de la Madeleine. « Je me suis décidé en quatre jours. Et nous n'avons eu que quatre semaines de répétition[10]. » Explication : le spectacle précédent programmé en ce lieu n'ayant pas rencontré le succès espéré, il a dû quitter l'affiche prématurément. Du coup, Rochefort a frôlé le surmenage, mais ne s'en plaint pas. « J'ai voulu m'exploiter au maximum, déclare-t-il. J'avais peur du filtre d'un metteur en scène qui, potentiellement, aurait apporté son point de vue sur plusieurs décennies d'existence[11]. » Cet autoportrait à peine masqué qui se déroule dans un décor de cuisine moderne un peu décati, le comédien le joue sur la scène même où son ami Philippe Noiret est monté pour la dernière fois afin d'y jouer *Love Letters* avec Anouk Aimée, un an à peine avant sa disparition : « J'essaie d'oublier, de ne pas passer devant sa loge. Mais ici, à chaque fois que je rentre dans les toilettes, je me dis *Il est passé là*[12]. » C'est la lecture de *Si c'est un homme* de Primo Levi qui est à l'origine de ce florilège : « Il nous a redonné confiance en nous, après tout ce que nous vîmes à la Libération notamment[13] », dit-il de l'écrivain italien déporté, lui qui redoute les blessures que pourrait rouvrir la lecture des *Bienveillantes* de Jonathan Littel.

Ce one-man show littéraire, dans lequel le comédien rend hommage à ses maîtres, mais s'en veut d'avoir oublié Boris Vian, est accompagné par Lionel Suarez, un musicien à la carrure de pilier de rugby qui a notamment joué aux côtés de Claude Nougaro et de Bernard Lavilliers et « qui éloigne l'accordéon du musette et du flonflon[14] » en le transformant en « un instrument moderne, strictement contemporain[15] ». Rochefort y réinterprète aussi des riches heures de sa carrière, comme Alceste du *Misanthrope* de Molière et *La collection* d'Harold Pinter, et rend hommage à « des auteurs qui m'ont imprégné en tant qu'homme de théâtre, mais aussi qui m'ont fait naître, moi, adolescent provincial, dans des années austères[16] ». Parmi ces cadavres exquis qu'il enchaîne, figurent des auteurs comme La Fontaine, Victor Hugo, Paul Verlaine, Gustave Apollinaire, Louis Aragon, Henry Miller, Cioran, Jacques Prévert et Michel Audiard, des artistes tels que Fernandel, Charles Trenet, Edwige Feuillère, Fernand Raynaud, Delphine Seyrig, Michel Serrault, Jean Yanne, Boby Lapointe et Jean-Roger Caussimon, mais aussi Raymond Carver que lui a fait découvrir Jean-Pierre Marielle et dont l'écrivain Marc Dugain lui a révélé un poème sur les rivières qui lui « fait sortir les larmes aux yeux tous les soirs[17] ». Rochefort évoque également *L'homme qui tua Don Quichotte* en faisant monter un cheval sur scène, mais s'abstient de lire le moindre extrait du livre de Cervantès, car « c'est trop douloureux[18] ». Et puis, lui qui a mis en bonne place dans sa loge une photo de Franz Kafka dont il aurait rêvé d'écrire *La colonie pénitentiaire*, il caresse aussi un fol espoir de lecteur, « que Modiano m'appelle et me dise : *Mon cher Rochefort, jouez ce monologue*[19] ».

« J'allais de Barthes à l'imitation du chimpanzé avec toucher de testicules et au coït du lion. J'ai beaucoup observé les autres espèces, et comme j'ai un petit talent d'imitateur, je me suis amusé[20]. » Loin de se contenter de célébrer les textes, l'acteur élève le mimétisme au rang des beaux-arts et se targue d'un exploit loufoque : « J'imite aussi le caméléon, je suis le seul en Europe et je n'en suis pas peu fier[21]. » Dans le programme, il déclare au public : « Vous êtes mon seul médicament. » Et avant la représentation, fidèle à un régime éprouvé, il déguste un plat de pâtes, avec un peu de fromage et un soupçon d'huile d'olive, dans sa loge, pour conjurer le trac, mais aussi un danger ô combien plus sournois, « la menace hideuse de la charentaise, du gilet gris et de la maison de retraite qui me regardent en grimaçant, mais je lutte contre cela avec l'énergie de l'espoir. J'ai gardé le désir du désir[22] ». Et si Rochefort consent à se livrer fugitivement à travers les mots des autres dans cette « bio sans stylo[23] » dont il refuse qu'elle puisse être considérée comme « un spectacle testamentaire[24] », c'est, affirme-t-il, parce que « je n'aime pas ce qui est trop humide ou gluant dans les sentiments[25] ». Au sortir de cette expérience au cours de laquelle il dispute une joute artistique quotidienne avec Lionel Suarez, que sa stature de colosse l'incite à qualifier affectueusement « d'agent de sécurité tendre et délicat[26] », Jean Rochefort se présente comme « une sorte de vieil Africain, un homme qui parle, qui raconte des histoires sous l'arbre. J'ai un baobab attaché dans mon dos[27] ». Quant à la phrase qui clôt son spectacle, « chaque jour est un miracle », il affirme l'avoir empruntée à... un médecin, en expliquant qu'« on est toujours poursuivi par le doute, l'inquiétude, et puis on rentre timidement sur une scène et on voit le public dans la pénombre[28] ».

Malgré l'intensité de cette expérience qui a parfois confiné au happening, car, explique Lionel Suarez, « Jean voulait absolument que j'improvise toutes les musiques et, en fait, il réagissait par rapport à ce que je lui proposais musicalement[29] », Rochefort campe sur ses positions : « Ce que je reproche le plus au théâtre, c'est de ronger la vie[30]. » Pourtant il n'en impute la responsabilité qu'à lui-même, en admettant être « devenu un peu frénétique de projets[31] ». Malgré sa misanthropie assumée, il livre aussi cet aveu surprenant : « Au cinéma, rien ne me réjouit plus que de partir sept ou huit semaines avec une équipe, de me faire ami avec tout le groupe, de revoir ces copains le matin, même des partenaires odieux[32]. » Il n'en a sans doute pas le temps sur le plateau de la comédie d'Étienne Chatiliez *Agathe Cléry* où il accepte un second rôle de PDG sans réel enjeu dramatique. Mais, comme il l'affirme lui-même de façon imagée, « la déconnante est le médicament pour éviter d'attraper la grosse tête[33] ».

Les honneurs le disputant aux hommages, le 22 février 2008, Jean Rochefort préside la trente-troisième Nuit des César au Théâtre du Châtelet, succédant à ce poste à Carole Bouquet et Claude Brasseur. Antoine de Caunes, maître de cérémonie pour la cinquième fois depuis 1996, et Jean Rochefort répètent à l'hôtel Fouquet's en s'amusant. « Nous essaierons de mettre un peu de gaieté, d'humour dans ce cérémonial amidonné[34] », déclare le septuagénaire qui joue la provocation. « Entrer en smoking sans mon pantalon sera, me semble-t-il, une action intéressante pour l'humanité[35] », soutient-il. « Tout ce que je prépare m'accable quand je le relis. Je préfère être spontané[36]. » Il vaut sans doute mieux, lorsqu'il s'agit de répondre au compliment de la ministre de la Culture et de la Communication, Christine Albanel, laquelle décrète pompeusement qu'il « incarne à lui seul l'esprit, l'excellence et la liberté de notre septième art[37] ». Mais il y a encore plus convenu dans le catalogue officiel où un texte impersonnel empile les lieux communs : « La moustache la plus élégante du cinéma français balade depuis plus de cinquante ans sa silhouette longiligne dans le paysage français et international[38]. » Qu'importe, c'est au président Rochefort que revient le privilège protocolaire de remettre le César du meilleur film à *La graine et le mulet* d'Abdellatif Kechiche qui clôt la cérémonie.

Sur un registre tout à fait différent, Jean Rochefort siège avec le journaliste Jean-Marc Sylvestre comme président du jury de la quatrième Croisée des Talents. Trois cent dix étudiants venus de la France entière y disputent des épreuves de négociation, de création de publicité et une prise de parole en public. Rochefort assouvit surtout là sa curiosité vis-à-vis d'un univers qui lui est étranger, mais qui revêt parfois des allures de jeu de rôles et répond à sa conviction selon laquelle « quand les jeunes me demandent ce qu'ils doivent faire pour devenir acteur, mon premier conseil, c'est de leur dire d'aller au bistrot, de dialoguer avec ces petites gens qui ont souvent une prodigieuse noblesse d'âme[39] ». Lui-même s'efforce de rester au contact du jeune cinéma français et ne cache pas son admiration pour deux jeunes réalisatrices : Anne Le Ny *(Ceux qui restent)* et Céline Sciamma *(Naissance des pieuvres)*. Dans un ordre d'idée pas si éloigné, le comédien figure parmi la centaine d'invités conviés au quarantième anniversaire de Sandrine Kiberlain, dans son appartement parisien. Parmi ceux-ci : ses camarades du Cours Florent, son ex-mari Vincent Lindon et leur fille Suzanne, Nicole Garcia et Isabelle Nanty.

En cette année olympique, Jean Rochefort est reconduit par France Télévisions dans ses fonctions de commentateur des épreuves de sports équestres, aux côtés du journaliste de France 2 Christian Choupin et de la cavalière Virginie Coupérie. Il a toutefois beaucoup hésité... en raison de l'humidité qui règne à Hong-Kong, aussi néfaste pour les chevaux que pour ses rhumatismes, et de l'éloignement du site principal de Pékin, situé à deux mille kilomètres de là. Après quelques atermoiements, il décide finalement de renoncer en invoquant un contrat signé avec le producteur du festival de Ramatuelle où il doit jouer son spectacle *Entre autres*, seulement trois jours avant le début des épreuves olympiques. Ironie du sort, il devra finalement s'y faire porter pâle au dernier moment pour raisons de santé, remplacé par Fabrice Luchini qui interprète seul en scène son spectacle *Le point sur Robert*. Derrière le forfait de Rochefort, affleurent pourtant d'autres considérations. « Je connais bien ce continent, je l'aime beaucoup, mais il est vrai que les événements, je veux dire les tensions actuelles, ne m'invitent pas au voyage[40] », explique l'acteur, comme si sa bonne foi était en cause. Autre paramètre non négligeable à prendre en compte, « comme on n'a pas été qualifiés pour Pékin, le journal *L'Équipe* a débuté son éditorial en disant *Jean Rochefort ne commentera pas les Jeux de Pékin*. Pour moi, ça valait toutes les critiques de cinéma[41] ». Piqué au vif, il avancera toutefois avec le temps une explication bien différente : à Athènes, « je faisais le journaliste à titre bénévole. Sur le coup, je me suis bien amusé. Mais, plus tard, j'ai appris que mes collègues me détestaient :

je n'avais pas soupçonné une telle animosité[42]. » Aficionados et professionnels déplorent en revanche son absence, à l'instar du cavalier Nicolas Touzaint, champion olympique de concours complet par équipe lors des Jeux d'Athènes, qui soutient que « l'exposition télé grâce aux commentaires de Jean Rochefort nous a considérablement aidés[43] ».

À défaut de donner de la voix en tant que speaker sportif, le comédien accepte de faire parler le personnage principal du *Joueur de citernes* d'Emmanuel Gorinstein, un court métrage d'animation poético-fantastique dans lequel il campe le chef d'un orchestre composé d'instruments de fortune. Une prestation qui lui vaudra à sa plus grande surprise le Prix du meilleur acteur international au festival du court métrage de Fano, au fin fond des Pouilles italiennes. Sa diction si reconnaissable, il la prête également au comédien François Morel, lorsque celui-ci met en scène son spectacle *Bien des choses* au Théâtre du Rond-Point. Et, surtout, il accepte de tourner quatre spots publicitaire de trente secondes chacun pour la compagnie d'assurance en ligne amaguiz.com que réalise sa complice Delphine Gleize. Selon le cahier des charges, « il est ainsi plongé dans des situations absurdes et drôles où il essaie d'obtenir les privilèges les plus insensés[44] », lui qu'une responsable d'Amaguiz décrit comme une « personnalité décalée et transgénérationnelle, connue par tous, avec un important capital de sympathie[45] », mais aussi, en sabir publicitaire, « une star, un booster incontournable qui devient identifiant de la marque[46] ». Par ailleurs, note Delphine Gleize, « il a marqué le tournant du film à chaque fois par un geste qui lui est absolument propre, improvisé[47] », bref, une marque de fabrique.

Qu'on se le dise, Jean Rochefort est désormais un acteur *hype*. La preuve : ces chaussures de sport aux couleurs vives qu'il arbore en permanence, même si c'est sur les conseils de son médecin qu'il porte ces « prothèses festives[48] », dans le but de soulager sa colonne vertébrale. Décidément, il est loin le temps où il déclarait que « jouer dans une pub, pour un comédien, ce n'est pas bon[49] ». Il a même plutôt tendance à pratiquer la surenchère lorsqu'il déclare avoir « apprécié les petits scénarios, je les trouvais délicieusement absurdes, originaux. C'est un univers que j'aime[50] ». Au point de retrouver Delphine Gleize pour *Pourquoi ça marche ?* Dans ce spot de quatre minutes pour IDTGV demeuré quant à lui inédit, il retrouve un de ses partenaires d'*Akoibon*, Nader Boussandel, que parraine Édouard Baer. Cet automne-là, Jean Rochefort part en tournée avec *Entre autres*, mais revient régulièrement au bercail. Que ce soit pour recevoir le Grand Prix du Disque de l'Académie Charles-Cros, que lui vaut le conte musical de Pierre Créac'h *Le silence de l'opéra*, ou pour remplir son devoir de père. Parmi les donzelles qui se pressent au dix-huitième Bal des débutantes, à l'hôtel de Crillon, outre les filles des comédiens américains Demi Moore et Bruce Willis, et du musicien sénégalais Youssou N'Dour, figurent quatre Françaises : Marguerite de Tavernost (fille du PDG de M6), dix-sept ans, Olympia de Dietrich (héritière du groupe électroménager), Anouchka Delon, dix-huit ans, et Clémence Rochefort, seize ans. Ce soir-là, le cœur de son père bat la chamade lorsqu'il la mène au bal.

Au printemps suivant, Rochefort doit annuler plusieurs dates de sa tournée, en raison d'une bronchite. Un repos complet lui est prescrit qui le contraint à renoncer aux galas prévus à Grasse, Sète et Nancy. Un communiqué officiel diffusé par le théâtre de Narbonne mentionne que « trop de villes sont maintenant concernées par son arrêt maladie, et Lionel Suarez, musicien de jazz qui l'accompagnait, est pris par d'autres engagements ». Quelques semaines plus tard, le soir de l'ouverture du festival de Cannes, dont il est le maître de cérémonie, Édouard Baer rend hommage à son vieil ami qu'on dit malade. Rumeur démentie aussitôt par le comédien qui est bel et bien présent dans la salle pour découvrir le film d'animation *Là-haut* en 3D et déclare : « Je nourris pour ce garçon une tendresse paternelle[51]. » Cloué au lit par un mal de dos insupportable, Jean Rochefort va jusqu'à envisager de renoncer à ses vacances estivales en famille à Porquerolles où il ne se déplace plus désormais qu'à bord d'une voiturette électrique qui sied à sa réputation d'excentrique.

En cette rentrée 2009, Jean Rochefort entre officiellement dans le *Petit Larousse* avec Jean-Pierre Marielle. Interrogé sur le nom commun qu'il aimerait voir dans le dictionnaire, il répond : « Ouédu, patois breton. Je l'aime phonétiquement. Son sens : esprit simple. » Devenu désormais une institution, Rochefort sacrifie aux devoirs de sa charge, que ce soit au haras de La Cense, qui organise son dixième Rendez-vous éthologique, ou au premier festival Lumière du cinéma de patrimoine organisé à Lyon par

Thierry Frémaux au cours duquel il assiste à l'hommage solennel rendu à Clint Eastwood. Il figure également parmi les hôtes prestigieux du *Grand restaurant* de Pierre Palmade, un téléfilm dans lequel il dispute une partie d'échecs avec Thierry Lhermitte où les couverts et les plats disposés sur leur table tiennent lieu de pions. Et il ne rechigne jamais non plus à mettre son nom au service d'une cause juste, qu'il s'agisse d'enregistrer un message de soutien au combat d'Al Gore contre la faim, *No Hunger*, de participer à une croisade contre la consommation de viande de cheval initiée par la Fondation Brigitte Bardot, une soirée de bienfaisance au profit de la Ligue contre le cancer voire une campagne de communication baptisée *L'ostéopathie est une spécialité; restons entre 2 bonnes mains*, qui milite pour une réglementation plus stricte de cette profession. C'est aussi son expérience douloureuse d'une dépression mal soignée qui s'exprime quand il déclare : « C'est votre devoir, et aussi le nôtre, à nous, patients *confirmés*, de rappeler qu'on ne peut pas s'improviser dans un art complexe[52]... »

Plus que jamais, Jean Rochefort s'accroche à un dogme qui reflète ses préoccupations : « Il faut botter les fesses au passé, écouter les gens plus jeunes avec passion, et s'immiscer parmi eux sans être encombrant[53]. » En février 2010, à une semaine de distance, il assiste ainsi aux obsèques du comédien Pierre Vaneck, son partenaire dans *Une balle dans le canon* et « *Art* », puis au déjeuner des Espoirs de la trente-cinquième cérémonie des César qui se déroule au Fouquet's. Il y parraine officiellement Reda Kateb, nominé pour sa composition dans *Qu'un seul tienne et les autres suivront*, Prix Louis Delluc du premier film qu'il dit avoir beaucoup apprécié, au point de citer Léa Fehner parmi les cinéastes avec lesquels il aimerait tourner, au même titre que Jacques Audiard qu'il affirme avoir fait sauter naguère sur ses genoux. « Parmi les étrangers, ajoute-t-il, je me verrais bien donner la réplique à Jeff Bridges sous la férule de Tim Burton[54]. » Vaste programme !

36

Les fraises sauvages

À l'approche de son quatre-vingtième anniversaire, comme à chaque cap de décennie, Jean Rochefort observe le terrain parcouru et ces « cinq dépressions ces dix dernières années, couché sept à huit mois à chacune[1] » qu'il impute à diverses causes, autres que le naufrage de *L'homme qui tua Don Quichotte* : « Il y a eu la culpabilité, la vie à la campagne l'hiver, les adolescentes que j'ai eues tardivement[2]. » C'est grâce au soutien de son entourage proche et au conseil judicieux d'un médecin qu'il en réchappe. « Rester à côté des chevaux, sentir leur odeur et ne pas pouvoir m'en approcher, cela devenait trop douloureux. Je ne peux même plus les caresser. C'est comme la fin d'un amour : déchirant[3]. » En effet, il en est convaincu, « ma vie avec les chevaux, mon contact avec les chevaux ont aidé modestement mon art, c'est-à-dire a changé un peu ma façon de jouer et m'a empêché de plonger dans des abysses nocturnes où l'on essaie de se défouler avec du tabac, de l'alcool, des émotions que ce métier nous procure[4] ».

« J'ai été sauvé par un psychiatre qui, à force de travail sans succès avec moi, m'a dit : *Il y a une solution, c'est Paris*[5]. » Alors, explique Rochefort, « pour me protéger, ou peut-être me sauver, j'ai mis de la distance entre moi et cette dévorante passion[6] ». Le comédien se résout donc à s'installer dans un appartement très haut de plafond où Alphonse de Lamartine a vécu pendant une quinzaine d'années. C'est dans cette maison en fond de cour « que le peuple de Paris vint l'acclamer le 25 février 1848 après son discours sur le drapeau tricolore[7] », commente-t-il. Le nouvel occupant garnit ses cimaises d'images de chevaux, de photos encadrées, de dessins à l'encre de chine signés Pierre Besson, mais aussi de l'ultime portrait au fusain de Michel Simon réalisé deux jours avant sa mort par Margarethe Krieger, la dernière compagne de l'acteur, laquelle lui a aussi « donné très étrangement plein de portraits de son Don Quichotte, comme elle le voyait... et c'est exactement moi[8] ! », s'émerveille Rochefort sans rancune : « Sur ma cheminée, j'ai la statue de Don Quichotte. Je lui tourne le dos[9]. » Ses trois César, eux, il les a laissés à la campagne, sous la bonne garde de son épouse et de ses filles, et les qualifie de « nids à poussière[10] ».

Depuis la disparition de Philippe Noiret, Jean Rochefort perpétue leurs longues conversations téléphoniques avec sa veuve, Monique Chaumette, qui réside à deux pas. Et puis, dit-il, « de temps en temps, je vais dans l'église qui est la plus près de chez moi, et je m'y enferme dans la solitude de l'après-midi en pensant à nous et à ce que nous avons fait[11] ». Ce lieu où il va se recueillir ainsi, c'est cette basilique Sainte-Clotilde où il n'a pas eu la force d'assister aux obsèques de son ami. « Je suis parfois allé dans cette église pour y être au calme, penser à lui. J'y restais une dizaine de minutes, de temps en temps, jusqu'au jour où un curé en soutane et deux dames sont venus essayer de récupérer mon âme[12]. » Mais Rochefort est moins croyant qu'attaché viscéralement à la force de certains signes. « La proximité du musée d'Orsay, et le fait que je me sois installé à Paris, ont commencé à me redonner la curiosité d'autre chose, à savoir la lecture pour le seul plaisir et les arts pour le seul plaisir[13]. » Transplanté dans cette capitale qu'il a quittée un demi-siècle plus tôt, l'acteur découvre pourtant d'autres sensations et réalise qu'il a vécu comme dans une bulle, loin des éclats de la ville lumière de ses années d'apprentissage et de ses mutations.

« Je ressens parfois comme un étouffement, affirme-t-il. Tant de choses ont changé ! Les codes des immeubles, par exemple. Et puis il y a tous ces gens qui dorment par terre. Je suis incroyablement frappé par le contraste entre le luxe des vitrines et la misère de ceux qui sont allongés sur le macadam[14]. » Par ailleurs, précise-t-il, « je m'aperçois qu'à cause de mon âge, de cette route que nous avons faite ensemble plusieurs générations et moi, est né chez les gens un genre de désir de me contacter, me parler, me toucher[15] ». Une familiarité toujours empreinte de bienveillance qui lui inspire cette réflexion : « Je suis devenu... patrimonial. C'est embarrassant[16]. »

Lui-même ne rechigne pas à rester au fait de l'actualité. C'est ainsi qu'il va voir en concert la chanteuse Mylène Farmer. «J'ai beaucoup d'affection pour elle. Je suis réellement admiratif devant le *blues commercialisé* que je trouve extraordinaire. C'est une femme... la vie l'étouffe. Elle est très étonnante[17] ! » Parce que, insiste-t-il, « c'est un personnage si douloureux qu'on a envie d'être comme elle[18] ». Et le fait est qu'il se trouve des affinités certaines avec cette chanteuse.

Comme Meg Ryan a converti naguère Rochefort aux baskets, Mylène Farmer lui offre des chaussettes bariolées qu'il prend soin de photographier, afin que sa bienfaitrice puisse vérifier qu'il en fait le meilleur usage, elle qui voit en lui « un acteur unique, un homme d'une classe folle, un charme renversant. Je suis sensible à sa grande délicatesse, c'est un être totalement décalé, si émouvant aussi. Bref... magnifique[19] ». Affleurent les regrets de ne pas s'être rencontrés à l'écran, comme il en a été question quelques années plus tôt. À l'époque où la chanteuse partageait la vie du romancier Marc Levy, celui-ci avait en effet écrit à son attention le scénario d'un road movie intitulé *À deux pas de chez toi* dans lequel elle devait incarner une infirmière qui entraîne son voisin de palier pour une escapade de cinq jours, rôle destiné alternativement à Michel Serrault et Jean Rochefort. Mais le tournage envisagé en septembre 2003 au Québec ne s'est jamais concrétisé. Pas davantage que le souhait qu'avait Delphine Gleize de les réunir dans un autre projet demeuré lui aussi lettre morte.

« Comme tous les mélancolico-nostalgiques, je fleuris au contact des autres, affirme Rochefort. L'action me libère[20]. » Mais avec l'âge affleurent également certaines désillusions. « Mon corps me fait parfois faux bond, avoue le comédien. Comme s'il vous punissait de l'indifférence que vous avez eue pour lui. Je ne peux plus faire aussi facilement les gestes que j'ai faits sans y penser pendant tant d'années. C'est stupéfiant[21]. » Soucieux de se mettre enfin en paix avec ses démons, il exprime aussi ce remords qui l'honore : « Je me reproche de ne pas toujours avoir rendu les gens heureux autour de moi. Je me retrouve devant une montagne de *J'aurais dû, J'aurais pas dû*. Dans une vie, on fait du chagrin, on fait des douleurs. Je voudrais savoir dire plus souvent à mes enfants que je les aime[22]. » Et comme pour se réconcilier avec ce passé qu'il a si longtemps évacué de sa mémoire, c'est le moment qu'il choisit pour adhérer à l'Association des anciens élèves du collège de Cusset. Un geste purement symbolique car il n'assistera pas pour autant à ses assemblées, mais il entrebâille là une porte sur sa jeunesse.

Le cinéma d'animation étant friand de voix identifiables et de phrasés remarquables, Jean Rochefort se voit régulièrement sollicité. Ainsi l'entend-on dans un court métrage étonnant de Patricia Bourdès intitulé *Apeurée* dont le personnage principal est une petite fille qui se déplace en reculant, ce qui a pour conséquence émotionnelle de l'empêcher d'aller vers les autres. Sur un registre beaucoup plus classique, le dessinateur Zep demande au comédien de camper le Pépé de *Titeuf, le film*. Mais il lui arrive aussi de mettre son organe au service d'une cause plus élevée. Tel est le cas lorsqu'il participe au *Marathon des mots* organisé à Toulouse, qui célèbre la littérature sud-africaine en contrepoint à la Coupe du monde de football organisée dans ce pays, Jean Rochefort y lit *Disgrâce* en présence de son auteur, John Maxwell Coetzee, assis au troisième rang. Un roman qu'il a sérieusement envisagé de porter à l'écran avec Delphine Gleize, avant d'y renoncer face à la complexité de la tâche, mais qui a été adapté au cinéma entre-temps avec John Malkovich dans le rôle principal. « Un soir, dans le lit, j'attaque ce livre et au bout de deux heures je l'ai fini et je me dis que j'ai rencontré un des auteurs de ma vie et que je prendrai exemple sur le regard qu'il porte sur nous, homo sapiens, jusqu'à mon dernier souffle[23]. » Noble résolution, même s'il s'astreint à servir le texte sans chercher à le vampiriser. « J'ai tellement envie de faire partager la passion que j'éprouve pour ce livre, que j'ai la trouille de passer à côté[24]. » Pendant cinquante minutes, Jean Rochefort assis derrière une table en bois déclame, une carafe d'eau à portée de main, sur un plateau nu et devant un fond noir. « Je voulais lutter le plus possible contre toute possibilité d'émotivité excessive, explique-t-il. La crainte du pathos. Je voulais rester un technicien sensible[25]. » Il passe effectivement une émotion particulière entre l'orateur et son auditoire. Sans doute parce que, souligne Rochefort, « on ressent un vrai engouement pour le trio auteur-public-comédien. L'œil n'est pas distrait, la concentration est totale sur le texte choisi[26] ». Il renouvellera d'ailleurs l'expérience un an plus tard, lors d'une délocalisation du *Marathon des mots* à Flagey, en Belgique.

Au fil du temps, le visage de Rochefort a commencé à s'effacer des écrans, l'acteur s'étant peu à peu substitué à ses personnages dans les médias qui le sollicitent dès qu'il y a un coup de gueule à pousser ou un hommage à célébrer. Et bien que la population française compte de plus en plus de seniors, les anciens demeurent tout aussi rares au cinéma et à la télévision que dans les grandes villes d'où la société les bannit de notre champ de vision. Du coup, Édouard Baer fait sensation lorsqu'il déclare préparer « une comédie avec Jean Rochefort dans le rôle d'une femme[27] », qu'il écrit avec le scénariste Fabrice-Roger Lacan et dont le personnage principal n'est autre que la richissime propriétaire de l'empire L'Oréal, Liliane Bettencourt, plongée dans une ténébreuse affaire d'abus de faiblesse aux ramifications sordides. « On va faire des essais, pour que Jean Rochefort garde sa moustache, explique-t-il. Pour qu'il soit comme les vieilles milliardaires excentriques qui ne font plus très attention à elles, comme on en trouve en Écosse. On lui mettra un ensemble de tweed, et pour parler, il lui suffira de baisser la voix, ce qui évitera le côté très forcé des voix aiguës que prennent les hommes imitant les femmes[28]. »

Pour convaincre Pathé de financer son *Petit frère des riches*, Baer, qui s'est réservé un rôle rappelant irrésistiblement le photographe François-Marie Banier, envisage d'en tourner préalablement un aperçu de quatre minutes : « J'ai quand même trouvé le seul producteur en France qui finance une bande-annonce avant le film[29] », raconte-t-il, fier d'exhiber le grand morceau de nappe en papier griffonné, signé et daté du 6 octobre 2010 qui l'atteste. Rochefort n'est pas en reste qui s'emballe et loue « des situations extraordinaires que la fiction serait incapable de créer. Donc on s'est bien mis d'accord, avec Édouard, que notre rêve, c'est qu'on nous couvre de crachats en descendant les marches de Cannes[30] ». Impossible, car le tournage est annoncé pour mars 2011, la sortie pour les fêtes de fin d'année, mais, avertit Rochefort, « ce ne sera pas une distraction chansonnière. Nous ne voulons faire ça que si nous faisons un film polémique[31] ». De nobles ambitions pour un projet demeuré lettre morte qui incitera tout de même sa vedette à affirmer : « C'est comme *Les misérables*, c'est la même histoire inversée[32] ». Ce à quoi Baer renchérira que « c'est une histoire inouïe sur les rapports de séduction[33] ».

Au cours de l'été 2011, Rochefort assiste aux obsèques de Laurent Terzieff, puis à celles de Bruno Cremer. Assis côte à côte au premier rang de l'église Saint-Thomas-d'Aquin, où se sont rassemblées plus de sept cents personnes, Claude Rich, Jean-Paul Belmondo, Jean-Pierre Marielle, Pierre Vernier et Jean Rochefort se sont cotisés pour offrir une gerbe pyramidale à leur vieux copain. « Sur la couronne mortuaire de Bruno Cremer, nous ses camarades du Conservatoire, nous avons fait mettre *À bientôt*[34]. » Parce que, explique-t-il, « il faut en rire pour ne pas trop souffrir[35] ». C'est Pierre Vernier qui lit l'hommage rédigé la veille par Jean Rochefort, dans lequel celui-ci célèbre « un rire tonitruant que nous enfermerons dans nos valises à jamais », car, commente-t-il, « il faisait rarement voir l'affection qu'il éprouvait pour certains êtres, ce qui rendait ses témoignages littéralement explosifs. Je pense qu'il était le plus grand de nous tous[36] ».

Bien que l'« on se rassure avec la mort[37] », comme le souligne Rochefort en évoquant ces deuils à répétition, la vie continue. Amaguiz fait en l'occurrence une fois de plus appel à lui pour sa nouvelle campagne publicitaire. L'assureur en ligne annonce avoir renouvelé son association avec le comédien pour une série de quatre spots destinés au petit écran et confiés cette fois à son ex-compagne, Nicole Garcia, qui le dirige pour la première fois. Rochefort dit de son personnage de cette saga décalée qu'« il est à côté de la plaque, borderline en permanence, j'y tiens personnellement beaucoup, il a une délicieuse folie[38] ». Mais cette image, c'est aussi peu ou prou la sienne dans la vie. Celle qui a notamment incité le leader du groupe Dionysos, Mathias Malzieu, à l'associer à Éric Cantona, Olivia Ruiz, Rossy de Palma, Grand Corps Malade, Arthur H et Alain Bashung sur son album *La mécanique du cœur*, sorti fin 2007, expérience qualifiée par l'acteur d'« amusement formidable[39] », avant d'apparaître au printemps suivant dans le clip de *L'homme sans trucage* réalisé par Christophe Acker. Il en incarne le rôle principal, celui emblématique du réalisateur Georges Méliès, prononce quelques paroles entre deux plans de moulins à vent (un hommage à *Don Quichotte*?) et interprète vocalement *Andalucia*. Mais il ne s'agit là que du prélude à un long métrage d'animation intitulé finalement *Jack et la mécanique du cœur* dont Rochefort considère qu'il « tutoie la fantaisie et l'imaginaire avec facilité et générosité, ce dont nous manquons un peu dans notre quotidien, mais aussi dans les fictions qu'on a l'habitude de voir[40] ». En outre, ajoute-t-il à propos de Malzieu, « quand on est en confiance, le mur générationnel s'effondre : je suis très sensible au fait d'avoir des amitiés avec des gens infiniment plus jeunes que moi et j'espère que cela durera le plus longtemps possible[41] ». Autre bain de jouvence, Jean Rochefort est le narrateur du conte musical de prestige *Docteur Tom ou la liberté en cavale* de Tristan Carné que diffuse France 2 pour le réveillon de Noël.

« Je suis en train de guérir de la peur de la mort. Je veux rassurer les générations qui sont après moi. Plus on vieillit, moins on en a la trouille[42]. » Cette confession intime est la preuve que le comédien va mieux, dans son corps comme dans sa tête. Pas question pour lui de se dérober devant ses responsabilités. Même en ce début février 2011, quand il apprend la disparition de l'ingénieur général de deuxième classe de l'armement Pierre Rochefort dans le petit village breton où il s'était retiré. Ce frère aîné austère avec lequel il n'a jamais rien partagé de son vivant, sinon des rancunes mal recuites qui se sont soldées par une incompréhension totale et réciproque. « Nous ne nous entendions pas, concède-t-il. (...) Malgré les différences, je me suis surpris à prendre ma voiture et j'ai fait cinq cents kilomètres pour déposer des fleurs sur la tombe de mon frère. C'est égoïste, mais j'ai éprouvé une admiration considérable pour moi-même et un apaisement en prenant ma voiture, comme si je sentais une réconciliation de par ce geste[43]. »

Instant émotion, cette année-là aussi, au Festival de Cannes où Jean Rochefort retrouve Guy Bedos à l'hôtel Martinez, à l'occasion de l'hommage qui est rendu à Jean-Paul Belmondo, accompagné de sa compagne Barbara Gandolfi et en présence de Claudia Cardinale, Jean-Pierre Marielle, Richard Anconina, Samy Naceri, Cédric Klapisch et Claude Lelouch. Les photographes posent leurs appareils pour applaudir Bébel qui se voit remettre une Palme d'or d'honneur des mains du président Gilles Jacob et remercie l'assistance. Le mois suivant, c'est Rochefort qui est à l'honneur dans le cadre des projections en plein air aux Invalides dont les organisateurs lui proposent de choisir l'un de ses rôles préférés : « J'ai demandé *Le cavaleur*. C'est un joli film[44]. »

Jean Rochefort ne fait que passer sur le plateau d'*Astérix et Obélix : au service de Sa Majesté* de Laurent Tirard, un medley des albums de bande dessinée *Astérix chez les Bretons* et *Astérix chez les*

Normands dans lequel il incarne un certain Lucius Fouinus. Quant à *Collaboration*, téléfilm destiné à France 3 qui met en scène, sous la direction du vétéran Marcel Bluwal (quatre-vingt sept ans) les aventures de quatre retraités, avec Danièle Lebrun, Michel Aumont et Michel Duchaussoy, il doit le décliner en raison d'une opération de la hanche gauche. Le projet sera décalé à l'été suivant et retitré *Les vieux calibres*, Duchaussoy et lui étant finalement remplacés par Jean-Luc Bideau et Roger Dumas. En cet automne 2011, Rochefort aurait également dû retrouver Guillaume Canet dans *Jappeloup* de Christian Dugay, un projet de longue haleine dont le jeune acteur a réécrit intégralement le scénario, mais la production ayant là aussi été repoussée, il renonce à camper l'éleveur finalement incarné par le chanteur Jacques Higelin, et se contente d'une apparition amicale... dans son propre rôle. Il a une bonne raison à cela. Rochefort attend en effet depuis un an le tournage d'un film qui lui tient particulièrement à cœur : *L'artiste et son modèle*, un scénario de Jean-Claude Carrière que doit mettre en scène Fernando Trueba.

Une dizaine d'années plus tôt, ce réalisateur espagnol francophile a déjà pressenti Jean Rochefort pour un second rôle dans *Belle Époque* dont a hérité Michel Galabru. Cette fois, il lui propose d'incarner Marc Cros, un artiste inspiré autant des sculpteurs Aristide Maillol et Manolo Hugué que des peintres Monet, Cézanne, Picasso, Matisse et Hockney. « Il a tout pour ce personnage, affirme le cinéaste : la gravité et l'ironie, la force et la vulnérabilité... Et bien d'autres choses que j'ai découvertes par la suite. Notamment une capacité de risque inouïe. De tous temps, je l'ai vu comme un acteur original, poétique, excentrique, inqualifiable, d'une humanité débordante ; capable de faire éclater de rire comme d'émouvoir[45]. » Rochefort adhère sans réserve à ce « film où l'on voit un type qui fait tout pour que son boulot soit abouti, bien fait[46] » et dont il note « qu'il nous fait regarder notre passage sur la terre d'une autre façon[47] », lui dont Trueba souligne que « sa vulnérabilité est très émouvante[48] ».

Le tournage se déroule dans le petit village pyrénéen de Céret où a vu le jour un siècle plus tôt le cubisme. Rochefort y retrouve Claudia Cardinale, qui incarne son épouse, mais sa partenaire principale est Aida Folch, une actrice catalane que Trueba a fait débuter à l'âge de quatorze ans dans *Le sortilège de Shanghai* (2001), et dont il n'a envoyé la photo à son partenaire que quelques jours avant le début du tournage, afin de ménager son effet d'émerveillement. « En deux secondes, j'ai eu le béguin[49] », avoue Rochefort. « Notre intimité, notre affection réciproque, s'est créée en quarante-huit heures[50]. » Et le comédien d'expliquer : « Elle est off et elle vous regarde – et elle n'est pas dans la caméra – comme une femme ne vous a pratiquement jamais regardé[51]. » Ému parfois jusqu'aux larmes, Rochefort se laisse aller comme jamais et décrète que « si on veut être un acteur convenable, il faut être désespéré. Et ça ne se travaille pas[52] ». En effet, explique-t-il, « ce n'est pas le personnage qui s'est mis à pleurer, c'est moi. C'est Rochefort qui dit adieu à toutes ses copines[53] ».

« Je me sentais très à l'aise et très plausible, donc j'ignorais l'angoisse d'incarner[54] », car « avec le temps, quand les personnages sont passionnants, comme celui-ci, cela devient facile : on est comme les serpents, on mue[55] ». À une nuance près, toutefois : « Ce ne sont pas toujours mes mains qu'on voit dans le film – mon amateurisme m'aurait trahi. Ce sont celles de Michel Brigand, un peintre sculpteur étonnant qui vit seul dans sa maison au flanc d'une montagne avec qui j'étais aussi en affection intense[56] ». Rochefort doit puiser dans ses forces pour faire taire la douleur qui se réveille parfois en lui depuis sa dernière opération. « Mon corps, alors, hurlait encore des conséquences de mes problèmes de dos. À la fin, je ne pouvais même plus marcher, mais j'ai tenu coûte que coûte[57]. » Il en est convaincu, « c'est un rôle immense, le rôle d'une vie[58] » et « s'il devait y avoir un dernier film, ce serait celui-là. Pour partir la tête haute[59] ». *L'artiste et son modèle* répond en effet à une aspiration assez ancienne du comédien qui rêve de quitter l'écran en tenant un rôle comparable au médecin de campagne campé par Victor Sjöström dans *Les fraises sauvages* (1957) d'Ingmar Bergman. « Ce film m'a vraiment crucifié[60] », a-t-il déclaré, affirmant plus tard : « Dans ma maturité, j'ai envie de raconter ça...[61] », car « l'errance d'un beau vieillard serait une belle façon de tirer ma révérence[62] ». Le comédien a même espéré pendant longtemps que Patrice Leconte lui en proposerait l'occasion. Celui-ci a pourtant botté en touche : « Il nous reste à tourner *Les fraises sauvages*, mais je ne le ferai pas[63]. »

« Jean Rochefort incarne de façon troublante un génie au soir de sa vie[64] », lit-on à la sortie du film de Fernando Trueba.

« *L'artiste et son modèle* invite à la plénitude[65] », écrit un critique qui juge son interprète « magistral[66] », là où l'un de ses confrères le qualifie d'« immense[67] » et considère qu'il « apporte toute son intelligence et sa finesse à ce sculpteur[68] », quand un autre évoque « un supplément d'âme[69] ». Un an plus tôt, Rochefort s'est laissé aller à la confession en déclarant : « Mes *Fraises sauvages* sont faites. À tel point que c'est mon dernier et que je ne ferai plus d'autre film. Je veux arrêter sur celui-là. Il y a des moments où il faut arrêter de faire des grimaces dans des salles obscures devant des enfants[70]. » Ce n'est pourtant là qu'un premier au revoir. D'autres suivront, mais, l'acteur avait vu juste, aucun n'aura la puissance de celui-ci.

37

Un trésor national

Parmi les multiples activités auxquelles s'est frotté Jean Rochefort au cours de son existence, s'il en est une qu'il a pratiquée avec modération, c'est bien l'écriture. Pas question pour lui de rédiger ses mémoires ni même de livrer sa vie en pâture sous quelque forme que ce soit. Il a toujours éprouvé une farouche réticence empreinte de pudeur pour cet exercice imposé aux célébrités dans la perspective d'un à-valoir substantiel ou d'un ultime baroud de gloire. En revanche, il a pondu des préfaces, des discours et même quelques éloges funèbres. Jusqu'à ce jour où, raconte-t-il, «Edwart Vignot est venu à moi sans l'ombre d'une vergogne, m'a accablé déjà par son verbe et ensuite m'a dit qu'il rêvait depuis des années de faire un livre sur le cheval avec moi. Stupéfaction... doute... inquiétude[1]...» De leur fructueuse collaboration naîtra un bel ouvrage intitulé *Le Louvre à cheval*, une sorte d'anthologie raisonnée des chefs-d'œuvre équestres du musée qui a nécessité cinq mois d'écriture. «Je me suis intéressé à la peinture sur le tard. J'étais plus sensible à la sculpture[2]», avoue l'interprète de *L'artiste et son modèle* qui n'accepte qu'à la condition expresse «que cette œuvre soit pour toutes les classes sociales et pour tous les âges, car le sectarisme de ceux qui ont la connaissance et qui nous interdisent presque d'y pénétrer doit être renversé violemment pour que tout le monde puisse en profiter, mais toujours avec l'apprivoisement[3]». Gagné par son sujet, il s'est «pris au jeu de l'écriture. Je retournais dans mon bureau écrire la nuit quand j'étais persuadé d'avoir trouvé le bon adjectif[4]».

Par un curieux concours de circonstances, en ce mois de novembre 2011, paraît quinze jours plus tard le livre *Kevin Staut, le cavalier d'acier* de Virginie Coupérie-Eiffel dont Jean Rochefort signe cette fois la préface. « Pour faire court, il est une sorte de compromis entre Brad Pitt et moi-même[5] », écrit le comédien à propos du numéro un mondial de saut d'obstacles, tout en soulignant qu'« il a choisi notre sport célèbre, du moins en France, pour son anonymat[6] ». Rochefort se voit aussi chargé de présider le cinquantième Gala de l'Union des Artistes organisé au cirque Alexis Grüss, en présence de Lambert Wilson, Claudia Cardinale, Shirley et Dino, Nathalie Dessay et Elsa Zylberstein. Il est désormais celui qu'on appelle lorsqu'il s'agit d'organiser une célébration ou d'évoquer un cher disparu. C'est le cas lorsque s'éteint à son tour l'écrivain et cinéaste Pierre Schoendoerffer et que Jean Rochefort, accompagné de Delphine Gleize, assiste à l'hommage solennel qui lui est rendu à titre militaire dans la cour des Invalides. Il est également invité à commenter le jubilé de la reine Elizabeth II, puis donne libre cours à sa passion du cheval en publiant une chronique intitulée *Les juments impavides* dans *Le Monde*, à l'occasion des Jeux olympiques d'été de Londres, en 2012. « Le fait de ne plus monter m'a beaucoup affecté, avoue-t-il. J'ai été un peu secoué psychiquement[7]. » Alors, sa passion pour les équidés, il l'assouvit en assistant au salon du livre équestre du haras de la Cense, organisé dans le cadre du treizième Rendez-vous éthologique, ou en soutenant un spectacle donné au haras national des Bréviaires, où il a filmé *Cavaliers seuls*. « Je voudrais que notre sport et que le monde équestre deviennent populaires dans le bon sens du terme et non pas spécifiquement élitistes[8] », insiste-t-il une fois de plus. Quelque temps plus tard, on le retrouve avec son épouse au jumping international d'équitation Gucci Paris Masters de Villepinte auquel participent Kevin Staut, la fille de Bruce Springsteen, Jessica, et Guillaume Canet, de retour à la compétition, qui est qualifié par Rochefort de « bourreau de travail[9] ». Le vieil acteur s'enorgueillit quant à lui de rester « en contact avec des gens beaucoup plus jeunes que moi. Ils me proposent des choses, me soumettent des projets. Je suis bien avec eux, c'est revivifiant[10]. » C'est dans cet esprit qu'il incarne un ministre des Affaires étrangères dans la version télévisée du spectacle d'Édouard Baer *À la française*.

Autre satisfaction qui a soulagé d'un grand poids Jean Rochefort : « Une de mes filles a repris le flambeau de l'élevage, du côté de Rambouillet[11] », dit-il. « Je passe de temps en temps, j'ai encore un contact, l'odeur, nous parlons beaucoup : ça perdure[12]. » La boucle semble bouclée. À ce point que début 2013, un site croit bon d'annoncer que « c'est de son vivant que l'immense Jean Rochefort a choisi de prendre sa retraite. Cette annonce, il la fera officiellement le 7 mars prochain, à l'occasion d'un numéro spécial de l'émission culturelle *Entrée libre,* sur France 5[13] ». Dans le cadre de la promotion qui accompagne la sortie de *L'artiste et son modèle,* la presse a cru bon de laisser filtrer des éléments avant-coureurs de cette décision. « Il y a un âge où il ne faut plus trop se montrer[14] », a ainsi déclaré l'acteur. « J'ai envie de profiter du temps qu'il me reste[15]... », a-t-on pu lire ailleurs. Après avoir réagi à chaud au micro de RTL, suite à un embrasement des réseaux sociaux devenu viral, le comédien corrige le tir deux jours après la diffusion de l'émission, en déclarant que « ce sont des méchantes personnes de France 5 qui, pour faire la publicité de leur émission, ont coupé une de mes phrases. Ils n'ont gardé que *j'arrête le cinéma,* cet aveu étant séparé de la suite qui était *excepté si je rencontre à nouveau un scénario que je juge utile à nos contemporains.* Si une histoire m'enthousiasme, je suis prêt à jouer deux jours. Les rôles, à mon âge, je m'en fous : c'est l'œuvre qui m'intéresse[16] ».

« En vieillissant, constate Jean Rochefort, le temps se raccourcit inexorablement. C'est construit comme ça, pour vous entraîner vers la fin de plus en plus rapidement[17]. » Le comédien ne baisse pas les bras pour autant. Toujours pugnace, il rallie les rangs des opposants à la tauromachie en devenant membre du comité d'honneur de l'Alliance anti-corrida : « Je tenais à vous dire que je partage votre combat et que je suis à cent pour cent avec vous », écrit l'acteur dans une lettre rendue publique par cette association dont font également partie la romancière Irène Frain, l'astrophysicien Hubert Reeves, le chanteur Renaud, le philosophe Michel Onfray et une vingtaine d'autres personnalités. Parmi les combats qui lui tiennent à cœur, celui qu'il mène « contre le pétrole dans l'Arctique, je serais capable d'aller dans l'Arctique pour faire un rempart de mon corps. Puisqu'on sait maintenant que si on fait ça il n'y aura plus d'Arctique, et s'il n'y a plus d'Arctique, il n'y a plus de globe[18] ». Or, explique-t-il, « je suis toujours gourmand de la beauté de cette planète[19] ».

« Transmettre est un des derniers plaisirs de la vie, soutient Rochefort, le dernier rut des vieillards[20]. » Il ne se prive pas pour autant de dire ce qu'il pense, quitte à faire fi du politiquement correct et à provoquer parfois des esclandres. Comme ce jour où il laisse échapper qu'« au lieu de financer les bons films, les technocrates de la télé ne jurent que par Mimie Mathy, notre grande artiste populaire. Vous avez déjà regardé *Joséphine, ange gardien*? Je m'en suis tapé un en entier. C'est pas possible, elle assassine nos contemporains[21] ». Nouveau tollé. Certains internautes exigent qu'il s'excuse publiquement. Pas touche à l'icône cathodique qui draine les foules ! Le comédien assume pourtant sa différence : « Si, un jour, j'étais classiquement austère, je serais très malheureux. J'ai également un goût prononcé pour l'autodestruction, ce qui me procure une jouissance phénoménale[22]. »

Le 9 avril 2013, Jean Rochefort célèbre le quatre-vingtième anniversaire de son ami Jean-Paul Belmondo dans un restaurant italien, en compagnie de Charles Gérard, Jean-Pierre Marielle, Jean Dujardin, ainsi que Paul et Florence, les enfants de son ami de soixante ans. À l'automne suivant, il est de nouveau aux côtés de Bébel, à Lyon, pour assister à l'hommage que lui rend le festival Lumière en présence de Marielle, Pierre Richard, Claude Lelouch et Jean Becker. Entre-temps, Rochefort est aussi allé applaudir Mylène Farmer, en concert à Bercy devant douze mille personnes. Catherine Deneuve, Florence Foresti, François-Xavier Demaison, Christophe Maé, Kamel Ouali, Thomas Hugues, Billy, Arthur H et Jérôme Commandeur ayant pris place dans la tribune VIP, cette concentration de *people* attire immanquablement les regards et incite Rochefort à une facétie : « Pour déconner, je m'essaie à une ola, m'élançant avec les bras. Juste pour voir. Et là, j'ai vu toute la salle se lever avec moi[23] ! »

L'acteur peut aussi avoir la rancune tenace. Il le prouve lors de la disparition de Georges Descrières dont il n'a jamais oublié certaines réflexions fielleuses : « Un jour, il m'avait fait un reproche sur ma tenue vestimentaire au Conservatoire : il m'avait dit *tu ne réussiras jamais, tu t'habilles trop mal*. Et comme j'étais prêt à tout croire puisque je venais de province, j'étais très angoissé quand il m'a dit ça[24]. » Faussement patelin, Rochefort concède toutefois que « c'était un homme charmant, très agréable, aimant beaucoup son métier d'acteur, vivant pour cela. On courait quand il passait des tragédies, pour prendre des leçons et savoir comment il faisait pour être aussi émouvant dans les rôles qu'il travaillait.

Il avait une voix extraordinaire, tout ce qu'il fallait pour être un grand sociétaire de la Comédie-Française, ce qu'il fut[25] ». Le nom de ce comédien reste aussi associé à un personnage emblématique de la littérature et de la télévision, Arsène Lupin, à propos duquel Descrières a révélé perfidement dans *France-Soir* en 1985 que plus d'une vingtaine de comédiens avaient été sur les rangs pour l'incarner, dont Jean Piat, Jean-Paul Belmondo et... Jean Rochefort.

À l'automne 2013, le moustachu le plus populaire de l'Hexagone est doublement à l'affiche des librairies. D'abord, comme préfacier du recueil *Je veux être futile à la France – Chroniques 2011-2013* de François Morel. Ensuite, comme auteur de *Ce genre de choses* dont il a emprunté le titre à Harold Pinter. « S'il m'arrivait d'écrire, a-t-il prévenu, ce serait pour parler d'une époque, pour parler des autres et peut-être pour échanger avec mes contemporains quelques souvenirs communs, mais ma propre vie professionnelle, je ne pense pas qu'elle puisse intéresser grand monde[26]. » En effet, explique-t-il, « quand on commence à raconter ses souvenirs avec autorité, on est foutu[27] ». Dans ce livre, il se laisse tout de même aller à évoquer des anecdotes qui le concernent en premier lieu, quitte à prendre certaines licences avec la réalité. Au point de s'égarer parfois et d'aller jusqu'à qualifier de « nymphomane » sa première épouse, Babeth, laquelle obtiendra en justice que soient supprimées les pages licencieuses, alors même que le livre s'est déjà vendu à quelques dizaines de milliers d'exemplaires et que Rochefort a enfoncé le clou dans plusieurs interviews, sans qu'aucun de ses interlocuteurs ne s'émeuve de cette acrimonie tardive qui s'apparente à un acharnement irrationnel ou à une vengeance tardive.

C'est la forme qui a le plus préoccupé le comédien et lui a fait envisager à un moment « un livre d'art avec des photos qui pourraient m'inspirer quelques réflexions sur l'époque qui correspondrait à ce que j'ai vu[28]... » Au printemps précédent, Rochefort semblait encore en être à chercher l'expression la mieux adaptée à son projet. « Je ne sais pas encore ce que ce sera, je travaille, j'ai envie de *faire*. Quand on ne fait plus rien, on est foutu : on n'a plus qu'à ranger son plumier[29]. » Il soulignait toutefois qu'« intellectuellement, c'est excellent comme obligation[30] ». C'est, en fait, l'éditeur Jean-Marc Roberts, décédé en mars 2013, qui l'a incité à évoquer des souvenirs, même s'il s'en défend et affirme avoir eu

« envie de faire connaître des choses que j'ai vues et qu'il me semblait important de raconter[31] ». Mais l'accouchement s'est avéré long et douloureux. « Les six premiers mois, j'ai failli renoncer. Finalement, j'ai écrit le livre en treize mois, plutôt le matin, tous les jours sauf samedi et dimanche, avec une femme à qui je dictais l'après-midi. Je voyais à son regard si ça allait. Seul, j'aurais abandonné[32]. » Et l'acteur de revendiquer son humilité d'auteur : « C'est effrayant d'écrire, effrayant de se coucher en ayant une estime phénoménale de soi et de se lever le lendemain en se disant : *mais ce n'est pas possible !* C'est douloureux de recommencer dix-sept, dix-huit fois le même passage[33]. » Sur le plan formel, l'acteur célèbre ses maîtres et se laisse aller à assumer une coquetterie qui lui ressemble : « J'ai lutté en permanence pour ne pas trop pomper Céline que j'ai beaucoup admiré, que je continue à admirer, que j'ai eu la chance d'entrevoir dans son jardin et qui a, je crois, participé à me donner, avec d'autres, le goût de la lecture[34]. »

Comme un écho flatteur, Jean Rochefort se voit proposer d'incarner un écrivain, un vrai, en l'occurrence André Malraux, dans un hommage dadaïste à l'une des figures les plus emblématiques de la Résistance française intitulé *L'œil du tricycle*. Il lui est d'autant plus difficile de refuser ce court métrage qu'il est réalisé par l'historien d'art avec lequel il a collaboré sur *Le Louvre à cheval*, Edwart Vignot. Autre exercice de style auquel se prête bien volontiers le comédien devenu un familier du cinéma d'animation : *Un monde truqué* de Christian Desmares et Franck Ekinci, qui deviendra *Avril et le monde truqué*, une uchronie inspirée de l'univers du dessinateur Jacques Tardi dans laquelle il prête sa voix à Pops, un scientifique en cavale avec lequel il entretient une ressemblance physique saisissante qui n'est pas due au hasard. En effet, explique l'un des deux réalisateurs, Christian Desmares, « nous avons créé un personnage tout longiligne, moustachu, farfelu, et inconsciemment la fantaisie avec laquelle Jean Rochefort a interprété certains de ses rôles nous a donné envie de travailler avec lui[35] ». Sur le plan technique, poursuit-il, « les enregistrements des voix ont été faits avant l'animation. Les comédiens ont vraiment créé leurs personnages. Nous avons réalisé ensuite le story-board, et nous avons utilisé des images vidéo des séances d'enregistrement des acteurs pour guider et définir le style de jeu de l'animation de chaque personnage. Quand Jean Rochefort est arrivé, il a eu une vraie incidence sur la mise en scène[36] ». *Avril et le monde truqué* a obtenu le Cristal du long métrage au trente-neuvième festival du film d'animation d'Annecy, en juin 2015, mais essuyé ensuite un sévère échec public, malgré une critique très louangeuse.

Régulièrement sollicité par des causes qui ne le méritent pas toujours, Jean Rochefort apporte sa caution à des combats où il se sait d'autant plus utile qu'il est crédible et impliqué. On le voit ainsi prendre position contre *l'équitaxe*, en arguant que l'augmentation de la TVA entraînera la faillite des centres équestres qui gagnent le moins d'argent. Mais la cause est déjà entendue et sa prophétie se réalisera. Il apporte aussi son concours à l'opération *Le mal pour le bien* qui mobilise une vingtaine de créateurs autour de leurs souvenirs d'enfance de dessins animés Disney auxquels ils redonnent vie. Leurs œuvres sont vendues aux enchères au profit de La Source, l'association fondée par le peintre Gérard Garouste. Jean Rochefort se fend à cette occasion d'un texte intitulé *À la recherche de Blanche-Neige* écrit dans un petit cahier. Il renouvelle enfin son soutien à Brigitte Bardot et à sa Fondation, à travers une lettre ouverte dans laquelle il dénonce la consommation de viande de cheval et plaide pour que la plus belle conquête de l'homme accède au statut d'animal de compagnie : « Dans certains clubs hippiques, et autres lieux sans doute, les chevaux qui ne sont plus capables de travailler sont vendus à des laboratoires, afin de servir de cobayes. (...) Les survivants sont ensuite vendus aux abattoirs pour la somme de huit euros le cheval. Il est donc indéniable que les consommateurs courent de grands risques en consommant cette viande[37]. »

Dès qu'il en a l'opportunité, Jean Rochefort fait équipe avec Guillaume Canet pour commenter le premier Paris Eiffel Jumping, dans l'organisation duquel il s'implique, ou les Jeux équestres mondiaux pour France 3. Jusqu'au moment où arrive le énième dernier rôle auquel personne ne croyait plus. Dans *Floride*, adaptation par Philippe Le Guay de la pièce de Florian Zeller *Le père*, qui a valu un Molière à Robert Hirsch, Jean Rochefort campe un chef d'entreprise en proie à la maladie d'Alzheimer, qui décide d'aller rendre visite à sa petite-fille installée à Miami, aux États-Unis. Le comédien y a pour partenaire Sandrine Kiberlain, dont il affirmait naguère : « Elle pourrait être ma fille[38]. » Prophétie accomplie pour celui qui soutient que « la perte de mémoire, bien sûr, me terrifie.

C'est d'ailleurs pour ça que je ne fais plus de théâtre, je serais très inquiet. Et puis, un tel film est utile et on développe des envies d'utilité quand on prend de l'arthrose[39] ». Initiative inhabituelle, afin d'encourager l'identification de l'interprète avec son personnage, le réalisateur choisit ses costumes parmi la garde-robe personnelle de l'acteur qui se dit « très conservateur, mes habits ont souvent vingt-cinq ans d'âge[40] ». Il voue une prédilection aux pantalons en velours côtelé et au tweed, achète ses chemises en lin à Porquerolles et, selon les circonstances, alterne les baskets *sneaker bottier* de chez Berluti et les... Nike Air Jordan SC 1.

Avant le début du tournage à Annecy, Rochefort s'offre une petite fantaisie à l'invitation du Coup de Théâtre dont il a accepté de parrainer la troisième édition. La quasi-totalité des spectacles de ce festival de théâtre gratuit se déroulent en extérieur. Rochefort propose une balade à travers ses lectures : Boby Lapointe, Verlaine, Roland Barthes, Fernandel... Une version personnalisée d'*Entre autres* dans laquelle Lionel Suarez est remplacé à l'accordéon par une musicienne du cru, Nataly Bouchoux, qui ne dispose que de... cinq minutes de répétition et se souvient que « ma musique et sa voix se sont tout de suite accordées. C'était magique[41] ». Sur le plateau de *Floride*, en revanche, l'ambiance est tendue sinon électrique. Rochefort s'est assigné une mission périlleuse : « Montrer un type sympathique, supportable, odieux, emmerdant, gentil, arrangeur, toute cette espèce de cuisine qui rend un être humain intéressant et surtout pas une espèce de bête malade[42]. »

Le comédien a parfaitement conscience qu'il ne s'agit pas là d'un film comme les autres et que son personnage est porteur d'un message destiné aux victimes d'Alzheimer et à leur entourage. « J'ai dans mes amis proches des gens atteints de cette ignominie[43] », et « je m'aperçois qu'ils ont des moments de lucidité. Et ça, c'est atroce[44] ». Alors, « j'ai pensé que de jouer un homme atteint de cette maladie pouvait être utile à ceux qui en ont peur[45] ». Il ne s'agit donc pas d'effrayer, mais plutôt de rassurer en évoquant les menus avatars du quotidien, sans pour autant évacuer les questions qui fâchent. Une croisade mue par une conviction sincère : « Montrer cette pathologie qui nous fait peur à tous, à travers ces drôleries, ces égoïsmes, ces enfantillages, ce côté gamin séducteur, fayot, nous permettait de l'apprivoiser[46]. » À travers ce personnage de fiction dont le réalisateur estime qu'il « se réfugie dans une réalité intérieure[47] », le comédien hume aussi quelques bouffées de nostalgie, comme lorsqu'il fredonne avec Sandrine Kiberlain *Puisque vous partez en voyage*, cette chanson de Jean Sablon qui a bercé son adolescence, au point qu'il l'a jadis imité avec un certain succès. « La première fois que j'avais envie d'être heureux et léger, je suis allé à un de ses concerts. Il faisait partie des premiers artistes à chanter avec un micro, ce qui scandalisait mon père[48]. » Malgré l'implication de Rochefort, *Floride* ne rencontre pas le succès. Sans doute le public n'éprouve-t-il aucune envie de voir son trésor national donner une image aussi déprimante du grand âge, lui qui continue à séduire par son dynamisme, ses facéties et sa franchise.

Loin de se laisser embaumer de son vivant, le vieil acteur inspire les jeunes générations dans des circonstances parfois surprenantes. Celles-ci semblent reconnaître désormais derrière son excentricité la légitimité d'un passeur ou d'un porte-parole. C'est le cas en mars 2015 avec la mise en ligne d'une vidéo de Jean Rochefort pitchant *Madame Bovary* en argot à l'initiative des *Boloss des belles lettres*, un blog créé en 2012 par Quentin Leclerc et Michel Pimpant, deux internautes qui ne se connaissaient jusqu'alors qu'à travers leurs bons mots diffusés sur Twitter. Avec en commun un humour corrosif et une passion ardente pour la littérature, l'étudiant en lettres et le traducteur de jeux vidéo décident de se lancer à quatre mains dans le résumé en langage cru d'une centaine de monuments du patrimoine européen. Verlan, argot, et langage osé, tous les procédés leur paraissent légitimes pour résumer les chefs-d'œuvre. *Le tour du monde en 80 jours* de Jules Verne devient ainsi : « Big up à Phileas Fogg, daron parmi les darons qu'avait pas besoin de sponsors pour se calibrer la durite sur des exploits sportifs total faya en mode *Guinness Book des records*, la life sans casque sur son VTT ! » Molière, Flaubert, Camus ou encore Kafka... Les meilleurs y passent. À tel point qu'un recueil est publié en 2013 aux éditions Flammarion, puis en poche chez J'ai Lu.

Galvanisés par le succès du livre, ses auteurs ont rapidement l'idée d'adapter la formule pour l'image et pensent logiquement à Jean Rochefort afin de l'incarner. C'est l'acteur lui-même qui présente les auteurs à la société Magneto Prod en 2014, après avoir participé à une émission de la collection *Un jour un destin* qu'elle lui a consacré. Le numéro zéro est tourné et diffusé sur la chaîne

Youtube de la société où la vidéo de Rochefort racontant *Madame Bovary* suscite plus de deux millions cent mille vues en neuf mois. « C'est l'histoire d'un p'tit puceau tout mou comme les Chocapic au fond de leur bol. Il plane à dix mille et tu sens le malaise en lui... » : ainsi débute le résumé de l'œuvre de Flaubert. Quelques mois plus tard, le 21 janvier 2016 en prime time, France 5 entreprend la diffusion des élucubrations de Rochefort en prélude à son émission littéraire *La grande librairie*. La première émission est consacrée au *Petit Prince* de Saint-Exupéry : « Le bogoss qui s'est crashé dans le Sahara essaie de faire son MacGyver avec trois allumettes et un rouleau de PQ pour réparer sa carlingue, mais ça marche pas du tout ! » Effet garanti, en revanche, sur les téléspectateurs et plus encore chez les internautes qui écument le Net pour savourer ces perles de culture. En revanche, personne ne connaît l'impact réel de cette série sur la lecture des classiques ainsi assaisonnés. Selon Pimpant et Leclerc, avec Rochefort, « on apporte des modifications, on travaille l'oralité et le rythme. Il a une vision que nous n'avons pas, il nous fait des propositions, toujours avec enthousiasme et bienveillance, il est très respectueux de ce que nous faisons[49] ». Le comédien invoque quant à lui une autre mission qui lui tient à cœur : « On montre aussi le fond d'une œuvre, sa morale, ses sens cachés. Si cela peut inciter des jeunes à ouvrir des livres, pourquoi pas[50] ? »

C'est en revanche à l'invitation d'Arte que Jean Rochefort réalise une carte blanche dans le cadre de la nouvelle émission bimensuelle *Square Artiste*. Son film d'une vingtaine de minutes a pour sujet principal un cordonnier de son quartier, Jean Balian, qu'il a pris soin d'observer pendant trois heures avant de le confronter à un amateur d'art contemporain, Antoine de Galbert, afin d'immortaliser l'alchimie qui s'opère entre ces deux hommes que tout semble séparer. Au-delà de cette rencontre improbable qui entremêle intimement réalité et fiction, comme le préconise le principe de l'émission, « un portrait sans commentaire se dessine en creux : celui du réalisateur dont on devine les intentions grâce à son choix de personnages, de scènes et d'interviews. Dire en faisant dire, voilà tout le pari[51] ». Rochefort apprécie cette expérience : « J'aime diriger, contrôler, donner du sens au scénario que j'ai écrit. Et ce fut sportif, une performance pour un bonhomme de mon âge : quatre jours de tournage, dont une nuit, le tout avec des comédiens tous amateurs[52]. » Le charme de Jean Rochefort agit une fois de plus et lui permet d'imposer une conviction qu'a renforcée son installation récente dans ces beaux quartiers dont il est demeuré éloigné pendant un demi-siècle : «J'ai horreur de ce qui se passe aujourd'hui, particulièrement à Paris : ces classes sociales privilégiées qui sont de plus en plus arrogantes et traitent, par exemple, les gardiens d'immeuble comme des chiens : c'est insupportable[53]. » Sa colère éclate pendant la promotion de *Floride*, lorsqu'il s'étonne d'avoir reçu un bristol pour une fête de quartier émanant de la mairesse de son arrondissement, Rachida Dati, mais déplore que sa gardienne n'ait pas elle aussi été conviée à cet événement : « C'est une mère Courage, mais elle n'est pas invitée. Pourquoi ? C'est ignoble, non ? Moi, ça me révolte[54] ! »

Cet été-là, le cœur d'un père s'est mis à battre plus fort. Louise Rochefort participe en effet au deuxième Longines Paris Eiffel Jumping, un concours de saut d'obstacles qui se dispute au pied de la Tour Eiffel, avec son cheval Cartouche, onze ans, en présence de personnalités telles que la princesse Charlotte Casiraghi et Guillaume Canet. Après avoir brillé pendant quelques années chez les amateurs, la cavalière qui s'occupe de l'écurie familiale s'est décidée à prendre une licence professionnelle et ne cache pas ses ambitions : « Aller jusqu'au bout de la compétition[55]. » Elle que ses parents ont mise à cheval dès l'âge de trois ans sait ce qu'elle leur doit, son père l'encourageant depuis les tribunes : « Lorsque j'étais petite, dit-elle, il faisait naturellement figure de coach. Aujourd'hui il vient simplement observer. Il ne s'en mêle pas trop[56]. » Mais, pour lui, l'essentiel, c'est que « la passion perdure[57] ». Et Louise le comble déjà au-delà de ses plus folles espérances en perpétuant son double rêve d'éleveur et de cavalier.

Bien qu'il ne tourne plus pour le cinéma, Jean Rochefort reste très sollicité. Au début de l'automne 2015, il assure la présidence du jury du vingt-sixième festival du film britannique de Dinard et revient ainsi en pèlerinage sur cette Côte d'Émeraude où il a tant de souvenirs. À ses côtés : les comédiens Alexandra Lamy, Emma de Caunes, Mélanie Doutey, Virginie Efira, Natalie Dormer, Amara Karan, Bernard Le Coq, le réalisateur Pierre Salvadori, Noah Taylor, ainsi que la responsable des investissements et du développement de Film London, Helena Mackenzie, et le producteur Bertrand Faivre. Sollicité par les médias, l'acteur n'hésite pas à confier des souvenirs... même s'ils viennent à en contredire parfois d'autres. Évoquant Saint-Lunaire, il déclare ainsi : « La première fois que j'ai honoré une jeune femme, c'était ici d'ailleurs. Elle était monitrice de colonie et portait toujours autour du cou un sifflet à roulette. Ce jour-là, elle l'avait gardé pendant notre coït et j'en garde encore la trace aujourd'hui sur mon torse. Ça marque un homme un truc comme ça[58] ! »

« *La vieillesse est un naufrage*, disait Charlot de Gaulle, citant Chateaubriand. Et il n'avait pas tort[59]. » Ainsi Rochefort exprime-t-il en 2016 son état d'esprit face au temps qui lui reste à vivre. Il n'apparaît plus alors qu'à l'occasion de manifestations équestres auxquelles participe sa fille, d'hommages et de cérémonies tout aussi protocolaires. En août de cette année-là, il doit être hospitalisé d'urgence. Un frisson parcourt les médias. Mais il ne dure que deux jours : le comédien a juste été victime de douleurs abdominales. Cela l'empêchera d'honorer sa promesse en enregistrant une nouvelle série de pépites littéraires à l'usage des *Boloss des belles lettres.* Sa voix constitue décidément désormais son organe le plus fiable mais il s'abstient de le solliciter.

« L'autre jour, me sentant mal, je me suis surpris à avoir très peur pendant trente minutes. Je me suis dit que c'était la fin. J'ai ressenti le chagrin de ne plus voir mes enfants et ma femme. Cela m'a paniqué[60]. » Au fil des ans, Jean Rochefort a souvent évoqué la fin de sa vie, en passant par des sentiments contrastés voire contradictoires d'où affleure une question récurrente : quelle trace pourra-t-il bien laisser ? « Un grand artiste... Hélas, je n'en serai pas un, je vais mourir avant, c'est trop bête, c'est trop de boulot[61]. » Cette résignation exprimée en 2013 résonne en écho à une autre déclaration formulée trois ans plus tôt : « Je ne vois pas ce que je pourrais transmettre. (...) Un acteur a très peu de certitudes, beaucoup de doutes[62]. » Avec le temps, l'homme a acquis une conviction dictée par son expérience. Lui qui déclarait « je voudrais crever le plus tard possible et je ne voudrais pas connaître, comme tous les gens de mon âge, cette déchéance qui enlève la curiosité et le bonheur du matin[63] », il avouera des années plus tard : « J'ai passé ma vie d'homme mûr à penser à autre chose que la mort cinq à six minutes par jour, le reste du temps je ne pensais qu'à la mort, et quand elle approche, on commence à s'en foutre[64]. » Avec toutefois ce doute qui le taraude : « Qu'est-ce que le futur pour moi à présent ?

Dix minutes? Un an[65]?» Et surtout une conviction intime face à la déchéance et à «toutes ces petites joies enlevées *[qui]* font partie du désir de mourir[66]» : «Lorsque la grande faucheuse arrivera, je ne veux être en dépendance de rien. Ni de personne[67].»

Peu à peu, Jean Rochefort s'est forgé une conviction qui lui ressemble : «J'aime mieux mourir en vieillard déraisonnable que dans la fonction sans panache[68]», parce que «ce serait la plus belle revanche que je puisse donner à l'adolescent coincé que j'ai été[69]...» Dès 1982, quinquagénaire au sommet de sa gloire, le comédien s'est même avancé à mettre en scène sa fin idéale... programmée prudemment sept décennies plus tard! «Pour mes cent vingt-trois ans, on aurait fait une fête à tout casser : huîtres de pleine mer, caviar, de vrais champagnes, de vrais vins, sans oublier la vodka bien givrée, des montagnes de sorbets, etc. Le lendemain donc, je tourne un remake du *Fils du Cheik* dont je suis le héros, nous sommes en studio pour la scène du point d'eau dans le désert. Sous le prétexte d'une certaine "distance", nous étions revenus, à mon avis avec excès, dans nos studios depuis quelques années : j'ai, en raison des abus de la veille (...) très mal à la tête, quand je reçois d'une passerelle (Ah, les studios!) un projecteur très lourd, de très haut, sur ma pauvre tête. Cette fois hélas, pas de sursis[70]...»

La réalité s'avérera évidemment moins rocambolesque. Hospitalisé au cours de l'été 2017, qui a vu disparaître Claude Rich, enterré en l'absence de ses camarades du Conservatoire qui ont envoyé collectivement une couronne mortuaire, Jean Rochefort accomplit un ultime pèlerinage à Saint-Lunaire. Comme pour s'imprégner à jamais de cette mer bretonne qu'il a tant aimée. Là, «accompagné de Françoise, sur la digue de la plage de Longchamp, une fin d'après-midi empreinte d'une forte luminosité, à marée haute, il se perd dans la contemplation des vagues qui claquent fort et forment des gerbes d'eau. Assis sur un banc, droit comme un I, le regard acéré, il fixe l'horizon au loin, en s'enivrant du soleil et du grand vent qui souffle dans ses cheveux et sur sa moustache»[71]. Il rend son dernier souffle dans la nuit du 8 au 9 octobre. «Je suis dévasté par sa mort, confiera Jean-Paul Belmondo à *Paris Match*. Je la redoutais chaque jour depuis son troisième coma, à l'hôpital Saint-Joseph. La semaine dernière, je suis allé le voir. Hélas, je n'ai pas pu lui parler. Il avait des crises d'asthme qui le terrassaient.» La nouvelle mobilise les chaînes info et suscite des réactions unanimes. La télévision bouleverse ses programmes afin de diffuser ses films les plus populaires. Sous le coup de l'émotion, Brigitte Bardot écrit sur Twitter : « Avec lui, c'est toute une génération qui disparaît. Jean Rochefort en était un brillant représentant, élégant, dandy, lord, *humour et fantaisie* et surtout amoureux des chevaux et soutien inconditionnel de mon combat contre l'hippophagie. Je l'adorais. Il laisse le souvenir d'un *Jean le Magnifique.* » Au micro de France Inter, Jean-Loup Dabadie affirme qu'« il n'est pas crédible dans le rôle de mort... Jean, c'était la classe, un homme élégant dans sa façon de jouer, d'être, de rire avec vous, de rêver avec vous. C'était un homme qui mettait le monde à distance. S'il montait à cheval, c'était pour prendre de la hauteur ». Bel hommage également de Guillaume Canet sur Twitter : « Tu m'as conseillé, orienté, donné ! Je te considère comme un père. Ton humour décalé, absurde. Ton élégance, ta classe, ton charme, ta bienveillance, ton rire, résonneront toujours en moi... » La chanteuse Mylène Farmer se confie quant à elle au *Point* : « Chaque jour, depuis des années, je monte quelques marches et je croise votre regard : un livre, votre visage sur sa couverture, posé au milieu d'œuvres d'art... Vous êtes assurément une œuvre d'art. (...) Nous avons partagé des gâteaux, des éclats de rire, des effondrements, notre peur de la Grande Faucheuse (qui, elle, se moque bien des œuvres d'art...). »

Parmi ses réalisateurs de prédilection, Patrice Leconte déclare « On avait convenu qu'on s'appellerait l'un l'autre quand on avait une nouvelle histoire drôle. À qui je vais téléphoner maintenant ? » Bertrand Tavernier est quant à lui catégorique : « C'était un grand acteur mais aussi un grand comédien de théâtre, extraordinairement curieux, voulant toujours faire des découvertes. Il a fait débuter de nombreux metteurs en scène et cinéastes pour les aventures les plus audacieuses. Jean adorait les personnages ambigus. Il a été magnifique dans tous ses rôles. » Jusqu'à Terry Gilliam qui a souhaité enterrer la hache de guerre post mortem en affirmant « l'homme qui a tué à petit feu son rêve devenu cauchemar était le seul et unique Don Quichotte, à l'origine de mon long voyage avec ce film. C'était un grand acteur, un comédien brillant, un cavalier élégant, courageux et déterminé à continuer le tournage malgré des douleurs physiques sévères. Il était l'incarnation et l'esprit du Chevalier à la Triste Figure. La dernière fois que je l'ai vu, il avait l'air de rajeunir, pas de vieillir. J'ai imaginé que, comme Quichotte, il était capable de vivre éternellement. Le fait qu'il soit parti est incroyablement triste». La ministre de la Culture Françoise Nyssen évoque quant à elle un «acteur élégant, attachant, populaire. Un grand maître». Hommage de circonstance, sur Twitter : «Le PS salue la mémoire de Jean Rochefort, immense acteur, le plus drôle et le plus élégant des éléphants.» Dans une belle unanimité, le ministère des Armées, la Police nationale et la Marine nationale y vont aussi de leur hommage sur les réseaux sociaux, cette dernière citant une réplique mémorable du *Crabe-Tambour*: «Je voulais seulement vous dire adieu, c'est tout. Je n'ai rien d'autre à dire.»

Quelques jours plus tard, le vendredi 13 octobre 2017, alors que l'été indien joue les prolongations, une messe publique est célébrée en l'église parisienne Saint-Thomas-d'Aquin, dans le septième arrondissement, où se presse une foule impressionnante venue rendre un dernier hommage au gentleman farceur célébré à la une de *20 Minutes*. Égrenant quelques anecdotes, à la demande expresse du défunt, Édouard Baer suscite émotion et sourires parmi l'assemblée en résumant leurs relations d'une formule : «Je restais un piéton quand vous me parliez cheval», évoquant dans l'esprit de ses proches et de ses admirateurs ce rire de gorge irrésistible qui ressemblait parfois à une sorte de hennissement venu d'ailleurs.

L'acteur sera ensuite inhumé dans la plus stricte intimité au cimetière de Grosrouvre. À portée de voix de ses écuries...

Salut l'artiste!

Notes

Avant-propos : À cheval sur sa vie

1. Lettre de Sigmund Freud à Max Schiller, 26 mars 1931.
2. Jean Carmet, *Je suis le badaud de moi-même*, Plon, 1999.
3. Jean Rochefort, *Ce genre de choses*, Stock, 2013.
4. Interview de Jean Rochefort par Denis Cheissoux, *CO2 mon amour*, France-Inter, 8 septembre 2007.
5. «Jean Rochefort, l'explosion et le style de la quarantaine» par Guy Braucourt, *Écran* n° 45, 15 mars 1976.
6. «Jean Rochefort gentil et noble» par Frédéric Mitterrand, *Télé-Poche* n° 1914, 19 octobre 2002.
7. «Jean Rochefort : La vieillesse n'est pas à l'ordre du jour» par Virginie Le Guay, *Paris Match* n° 3181, 6 mai 2010.
8. «Rochefort à toute allure» par François Artigas, *TV Câble Satellite*, 21 août 2004.
9. Interview de Jean Rochefort par Laurent Delahousse, *Un jour, un destin*, France 2, août 2013.
10. Interview de Jean Rochefort par Philippe Chatenay et Alain Saingt, *Question de temps* d'Olga Baidar Poliakoff, Antenne 2, 23 août 1978.
11. «Jean Rochefort : Mon bonheur d'avoir de jeunes enfants est mêlé de tristesse» par Marie-France Adnet, *Ciné Revue*, 23 mai 1996.
12. Interview de Jean Rochefort par Pierre Weil, *Résonance*, France Inter, 24 septembre 2002.
13. Interview de Jean Rochefort par Ludovic Perrin, *Le Journal du Dimanche*, 20 octobre 2013.
14. Interview de Jean Rochefort par Thierry Ardisson, *Tout le monde en parle*, France 2, 14 juin 2003.
15. Interview de Jean Rochefort par Marie-Louise Arsenault, *Plus on est de fous, plus on lit !*, Radio-Canada, 22 janvier 2014.

1. Une enfance en pointillés

1. Interview de Jean Rochefort par Alain Fauritte, *Déclik*, France 3 Rhône-Alpes Auvergne, 2 octobre 2010.

2. « Vous avez combien sur vous ? » par Jean-Yves Katelan et Diastème, *Première* n° 231, juin 1996.
3. Interview de Jean Rochefort par Didier Le Corre, *Bretons* n° 25, octobre 2007.
4. Interview de Jean Rochefort par Denis Cheissoux, *CO2 mon amour*, France-Inter, 8 septembre 2007.
5. « Jean Rochefort, mémoires d'un Breton de l'intérieur » par Frédérique Jourdaa, *Ouest France*, édition Bretagne, 30 août 2014.
6. Jean-Yves Katelan et Diastème, *op. cit.*
7. *Ibid.*
8. « Jean Rochefort : Je suis un authentique amoureux » par Annick Rannou, *Télé Star* n° 989, 11 septembre 1995.
9. Interview de Jean Rochefort par Claude Villers, *Le tribunal des flagrants délires* de Monique Desbarbat, France Inter, 30 mai 1983.
10. *Ibid.*
11. Interview de Jean Rochefort par José Artur, *À l'heure du pop*, France Inter, 22 janvier 1993.
12. Didier Le Corre, *op. cit.*
13. « Jean Rochefort : Je rêve de pantoufles que je ne mettrai jamais » par Jean Vermeil, *Le Pèlerin* n° 5373, 22 novembre 1985.
14. Interview de Jean Rochefort par Michel Drucker, *Champs-Élysées* de Jean-Pierre Spiero, Antenne 2, 25 janvier 1986.
15. Interview de Jean Rochefort par Fabienne Chauvière, *Rendez-vous, vous êtes cerné*, France Inter, 13 février 1993.
16. Didier Le Corre, *op. cit.*
17. Interview de Jean Rochefort par Franz-Olivier Giesbert, *Vous aurez le dernier mot*, France 2, 30 avril 2010.
18. « Le cavaleur » par François-Guillaume Lorrain, *Sport et Vie* n° 80, septembre-octobre 2003.
19. Interview de Jean Rochefort par Philippe Houbart, 27 septembre 1999.
20. « L'homme qui murmurait à l'oreille des chevaux », *Ouest-France*, 12 mai 2014.
21. « Jean Rochefort : Mon amour des chevaux vient de l'enfance » par Jean Poggi, *Télé 7 Jours*, 9 septembre 1989.
22. « Jean Rochefort ou comment se marier et divorcer... pour l'amour des chevaux » par Sabine Cayrol, *Paris Match* n° 2099, 17 août 1989.
23. Jean Poggi, *op. cit.*
24. Interview de Jean Rochefort par Arnaud Laporte, *À voix nue* de Sandrine Treiner, France Culture, 2-6 janvier 2012.
25. François-Guillaume Lorrain, *op. cit.*
26. « Jean Rochefort : Je suis acteur-éleveur » par Anne Ladouce, *L'Équipe* n° 18089, 29 décembre 2003.
27. Sabine Cayrol, *op. cit.*
28. Jean Poggi, *op. cit.*
29. Arnaud Laporte, 2-6 janvier 2012, *op. cit.*
30. *Ibid.*
31. « Jean Rochefort, l'excentrique » par Fabienne Darge, *Le Monde* n° 19516, 23 octobre 2007.
32. Interview de Jean Rochefort par Laurent Delahousse, *Un jour, un destin*, France 2, août 2013.
33. « Les belles-lettres de Monsieur Rochefort » par Yasmine Youssi, *La Tribune*, 30 novembre 2007.

34. « Jean Rochefort : Je resterai un vieillard authentique » par Stéphanie Belpêche, *Le Journal du Dimanche*, 3 avril 2005.
35. Didier Le Corre, *op. cit.*
36. Arnaud Laporte, 2-6 janvier 2012, *op. cit.*
37. « Jean Rochefort, un homme de théâtre avant tout » par Claude Obernai, *Femmes d'aujourd'hui* n° 1428, 13 septembre 1972.
38. Interview de Jean Rochefort par Laurent Ruquier, *Dans tous les sens*, France Inter, 29 octobre 1997.
39. Interview de Jean Rochefort par Pierre Bouteiller, *Quoi qu'il en soit*, France Inter, 20 octobre 1997.
40. « Jean Rochefort : confidences d'un gentleman » par Alain Teulère, *Le Journal du Dimanche*, 26 octobre 1997.
41. « Qui êtes-vous, Jean Rochefort ? » par Yvette Romi, *Le Nouvel Observateur*, 22 février 1967.
42. « Rochefort moustache au vent, humour aux lèvres » par Emmanuèle Frois, *Le Figaro*, 12 février 1992.
43. Interview de Jean Rochefort par Arnaud Laporte, *Le bon plaisir*, France Culture, 12 décembre 1998.
44. *Images et visages du théâtre d'aujourd'hui* de Moussa Abadi, ORTF, 3 avril 1969.
45. « 19h30 : Jean Rochefort » par Gérard Miller, *Libération*, 19 février 1989.
46. Arnaud Laporte, 12 décembre 1998, *op. cit.*
47. Didier Le Corre, *op. cit.*
48. Interview de Jean Rochefort par William Leymergie, *Fréquence mômes*, France Inter, 26 mars 1995.
49. Interview de Jean Rochefort par Bernard Rapp, *Les feux de la rampe* de Philippe Azoulay, StudioCanal, 2002.
50. Didier Le Corre, *op. cit.*
51. Arnaud Laporte, 12 décembre 1998, *op. cit.*
52. Interview de Jean Rochefort par Claude Gauteur *Le Film français* n° 1615, 5 mars 1976.
53. Fabienne Darge, *op. cit.*
54. Interview de Jean Rochefort par Jacques Chancel, *Inforum*, France Inter, 20 mai 1988.
55. « Jean Rochefort heureux et fier » par Isabelle Inglebert, *Télé K7*, 20 décembre 2003.
56. « Jean Rochefort : Mon bonheur d'avoir de jeunes enfants est mêlé de tristesse » par Marie-France Adnet, *Ciné Revue*, 23 mai 1996.
57. Annick Rannou, *op. cit.*
58. « Jean Rochefort : Je suis un truculent coincé » par Simone Bibal, *Madame Figaro* n° 12812, 9 novembre 1985.
59. « Des amis de quarante ans » par Jean-Yves et Alain Kruger, *Première* n° 205, avril 1994.
60. *Ibid.*
61. Interview de Jean Rochefort par Daniel Schick, *À titre provisoire*, France Inter, 2 octobre 1994.
62. Interview de Jean Rochefort par Ghislain Loustalot, *Paris Match* n° 3329, 7 mars 2013.
63. Témoignage de Robert Fontaine, *Sud-Ouest*, 11 juin 2014.
64. *Le journal du Mundial* de Gérard Holtz, Antenne 2, 19 juin 1986.
65. Laurent Delahousse, *op. cit.*

2. La guerre à neuf ans

1. « Rochefort : J'ai de la tendresse pour Pivot... » par Karine Signoret, *France-Soir*, 24 juin 1985.
2. « Touche pas à ma moustache ! » de Richard Gianorio, *France-Soir*, 4 janvier 2001.
3. Interview de Jean Rochefort par Gérard Delorme, *Première* n° 433, mars 2013.
4. Interview de Jean Rochefort par Didier Le Corre, *Bretons* n° 25, octobre 2007.
5. Interview de Jean Rochefort par Bernard Roisin, *Le Journal du médecin*, octobre 2003.
6. Interview de Jean Rochefort par William Leymergie, *Fréquence mômes*, France Inter, 26 mars 1995.
7. *Ibid.*
8. *Ce genre de choses* par Jean Rochefort, Éditions Stock, 2013.
9. William Leymergie, *op. cit.*
10. Interview de Jacqueline Belot par Jean-Louis Maldant, dossier de presse de l'exposition « La cloche a sonné ! », juillet 2011.
11. Interview de Georges Frélastre, *Bulletin des Anciens élèves du collège de Cusset* n° 55, 1989-1990.
12. *La charrette bleue* de René Barjavel, Denoël, 1980.
13. Georges Frélastre, *op. cit.*
14. Interview de Josiane Martinez par l'auteur, 9 janvier 2015.
15. Interview de Paul Chatard par l'auteur, 8 juin 2015.
16. Josiane Martinez, *op. cit.*
17. *Ibid.*
18. Paul Chatard, *op. cit.*
19. *Ibid.*
20. Josiane Martinez, *op. cit.*
21. *Ibid.*
22. *Ibid.*
23. Paul Chatard, *op. cit.*
24. Georges Frélastre, *op. cit.*
25. Paul Chatard, *op. cit.*
26. Josiane Martinez, *op. cit.*
27. *Dix ans avec Marcel Cerdan* de Lucien Rioupp, Éditions du Scorpion, 1948.
28. *Ibid.*
29. *Jean Rochefort* par Christophe Duchiron et Frédéric Bazille, *Envoyé spécial*, France 2, 30 juin 2005.
30. Lucien Rioupp, *op. cit.*
31. *Ibid.*
32. *Ibid.*
33. *L'histoire du sport, l'histoire des sportifs* par Jean-Michel Delaplace, Éditions de L'Harmattan, 1999.
34. « Les premiers pas de Jean Rochefort » par Véronique Groussard, *TéléCiné-Obs* n° 1966, 13 juillet 2002.
35. *Ce genre de choses, op. cit.*
36. Interview de Jean Rochefort par Daniel Schick, *À titre provisoire*, France Inter, 2 octobre 1994.
37. Josiane Martinez, *op. cit.*
38. Jean-Louis Maldant, *op. cit.*
39. Josiane Martinez, *op. cit.*

40. Interview de Jean Rochefort par Nicolas Demorand, *Esprit critique*, France Inter, 4 janvier 2007.
41. *Ibid.*
42. Interview de Jean Rochefort par Arnaud Laporte, *À voix nue* de Sandrine Treiner, France Culture, 2-6 janvier 2012.
43. Interview de Jean Rochefort par Marie-Louise Arsenault, *Plus on est de fous, plus on lit !*, Radio-Canada, 22 janvier 2014.
44. *Dialogues sur le cinéma* de Jean-Luc Godard et Marcel Ophuls, collection Ciné-Politique, Le Bord de l'Eau, 2011.
45. « Rochefort, cœur de rocker » par Éric Angelica, *Sortir-Le Dauphiné*, 18 septembre 2002.
46. Arnaud Laporte, *op. cit.*
47. Éric Angelica, *op. cit.*
48. « Jean Rochefort : L'équitation m'a aidé dans l'art dramatique » par Marie-Noëlle Tranchant, *Le Figaro*, 29 avril 2010.
49. « Jean Rochefort, le bruit du clap au fond des bois » par Loïc Belland, *Cinémascope* n° 4. mai-juin 1995
50. Véronique Groussard, *op. cit.*
51. William Leymergie, *op. cit.*
52. *Ibid.*
53. *Zazous et résistants, nos vingt ans* par Marie-Madeleine Malochet, Éditions du Chemin de Ronde, 1995.
54. Paul Chatard, *op. cit.*
55. Interview de Jean Rochefort par Florence Chédotal, *La Montagne*, 7 novembre 2013.
56. « Jean Rochefort aux antipodes du héros positif » par Françoise Audé et Paul Louis Thirard, *Positif* n° 509-510, juillet-août 2003.
57. *Les zazous* de Jean-Claude Loiseau, Le Sagittaire, 1977.
58. *La mode sous l'Occupation* de Dominique Veillon, Payot, 2001.
59. *L'Allier dans la Guerre 1939-1945* de Jean Débordes, Éditions Gérard Tisserand-de Borée, 2000.
60. « Rochefort heureux en espion » par Monique Pantel, *France-Soir*, 1er novembre 1986.
61. Françoise Audé et Paul Louis Thirard, *op. cit.*
62. Interview de Jean Rochefort par Laure Adler, *Studio Théâtre*, France Inter, 22 décembre 2007.
63. Interview de Jean Rochefort par Fabienne Chauvière, *Rendez-vous, vous êtes cerné*, France Inter, 13 février 1993.
64. Françoise Audé et Paul Louis Thirard, *op. cit.*
65. Laure Adler, *op. cit.*
66. *Les zazous, un phénomène socio-culturel pendant l'Occupation* d'Emmanuelle Rioux, mémoire de maîtrise, Université de Paris X-Nanterre, 1987.
67. « Swing ! » de Jean Monfisse, *Toute la vie*, 11 décembre 1941
68. « Swing ou pas swing » d'Yves Ranc, *L'Œuvre*, 4 mars 1942.
69. *Ibid.*
70. « Nouveaux dandys » par Roger Baschet, *L'Illustration* n° 5168, 28 mars 1942.
71. « Swing qui peut » de Pierre Ducrocq, *La Gerbe*, 11 juin 1942.
72. Françoise Audé et Paul Louis Thirard, *op. cit.*
73. *Des modes et des hommes, Deux siècles d'élégance masculine* de Farid Chenoune, Flammarion, 1993.
74. Interview de Jean Barbier par Jean Débordes, *Vichy Libre* n° 8, 4 septembre 1944.

75. Interview de Jean Rochefort par Patrick Lecoq, *Midi 2*, Antenne 2, 31 août 1981.
76. *Ibid.*
77. Christophe Duchiron et Frédéric Bazille, *op. cit.*
78. Interview de Jean Rochefort par Michel Drucker, *Vivement dimanche*, France 2, 2003.
79. Éditions Les Trois Roses, 2008.
80. Marie-Noëlle Tranchant, *op. cit.*
81. Interview de Jean Rochefort par Édouard Launet, *Libération*, 13 novembre 2013.
82. « Les belles-lettres de Monsieur Rochefort » par Yasmine Youssi, *La Tribune*, 30 novembre 2007.
83. Arnaud Laporte, *op. cit.*
84. Interview de Jean Rochefort par Laurent Delahousse, *Un jour, un destin*, France 2, août 2013.
85. « Jean Rochefort, l'excentrique » par Fabienne Darge, *Le Monde* n° 19516, 23 octobre 2007.
86. *Femmes tondues, la diabolisation de la femme en 1944* de Dominique François, Cheminements, 2007.
87. « Nécessité d'une épuration interne » par M.G., *La Patrie de l'Allier* n° 12, 6 octobre 1944.
88. Interview de Jean Rochefort par Thierry Colby, 2002.
89. « Jean Rochefort : Comme mon personnage, j'ai le goût de l'échec » par Marlène Amar, *Télé Loisirs*, 15 juin 1987.
90. « Jean Rochefort : portrait d'un homme de cheval qui n'est pas un âne » par Éric de Saint-Angel, *Le Matin de Paris*, 17 octobre 1979.
91. Laure Adler, *op. cit.*
92. « Jean Rochefort, morceaux choisis » par Jean-Claude Raspiengeas, *La Croix*, 10 novembre 2007.
93. Gérard Delorme, *op. cit.*
94. Jean Débordes, 4 septembre 1944, *op. cit.*
95. *La Patrie de l'Allier* n° 7, 30 septembre 1944.
96. *Ibid.*
97. « Jean Rochefort a tous les vices et il aime ça » par Alain Riou, *Le Matin de Paris*, 29 septembre 1983.

3. Les trois coups

1. Interview de Jean Rochefort par Bernard Rapp, *Les feux de la rampe* de Philippe Azoulay, StudioCanal, 2002.
2. Discours de Jean Rochefort, remise des prix Henri-Langlois 2008.
3. Interview de Jean Rochefort par Thierry Beccaro, *Atout cœur*, Radio Bleue, 12 juin 1986.
4. *Ce genre de choses* par Jean Rochefort, Éditions Stock, 2013.
5. Interview de Jean Rochefort par Jean-Marie Cavada, *La marche du siècle* de Philippe Lallemant, France 3, 5 décembre 1990.
6. Interview de Jean Rochefort par Claude Villers, *Le tribunal des flagrants délires* de Monique Desbarbat, France Inter, 30 mai 1983.
7. Interview de Jean Rochefort par Patrice Romedenne, *L'asthme piscine*, France 2 Pyrénées, 22 novembre 1992.
8. « Jean Rochefort, joueur de ping-pong » par Arnaud Ramsay, *L'Équipe Mag*, 26 mars 1994.

9. *Ibid.*
10. *Ibid.*
11. «Jean Rochefort : premier rôle à Coubertin» par Bernard Dolet, *L'Équipe*, 16 novembre 1981.
12. Arnaud Ramsay, *op. cit.*
13. «Jean Rochefort : Je mets du renard dans mon loup» par Fabienne Pascaud, *Télérama* n° 1868, 30 octobre 1985.
14. Arnaud Ramsay, *op. cit.*
15. Interview de Jean Rochefort par Marie-Christine Caire, *Top Réalités Jeunesse* n° 259, 3 novembre 1963
16. Interview de Jean Rochefort par Arnaud Laporte, *Le bon plaisir*, France Culture, 12 décembre 1998.
17. Interview de Jean Rochefort par Paul-Louis Mignon, *L'Avant-Scène Théâtre* n° 326, 15 janvier 1965.
18. «Jean Rochefort, l'explosion et le style de la quarantaine» par Guy Braucourt, *Écran* n° 45, 15 mars 1976.
19. « Les grands ducs se mettent à table » par Jean-Pierre Lavoignat et Thierry Valletoux, *Studio* n° 107, février 1996.
20. Interview de Jean Rochefort par William Leymergie, *Fréquence mômes*, France Inter, 26 mars 1995.
21. Bernard Rapp, *op. cit.*
22. «Jean Rochefort : Comment je suis devenu fan de Johnny» de Philippe Durant, *Gala*, 21 septembre 2002.
23. «Jean Rochefort : La vie conjugale n'est pas très aphrodisiaque» par Colombe Pringle, *Elle* n° 1877, 28 décembre 1981.
24. Fabian Gastellier, *op. cit.*
25. « Les belles-lettres de Monsieur Rochefort » par Yasmine Youssi, *La Tribune*, 30 novembre 2007.
26. Interview de Jean Rochefort, *Pour le cinéma* de Pierre Mignot, ORTF, 10 juillet 1974.
27. Interview de Jacques Citroën par l'auteur, 25 octobre 2013.
28. Interview de Jacques Citroën par l'auteur, 23 août 2013.
29. *Ibid.*
30. Interview d'Alain Mensier par l'auteur, 25 octobre 2013.
31. Jacques Citroën, 25 octobre 2013, *op. cit.*
32. Interview de Jean Rochefort par Laurent Delahousse, *Un jour, un destin*, France 2, août 2013.
33. *Ibid.*
34. Jacques Citroën, 23 août 2013, *op. cit.*
35. « Des amis de quarante ans » par Jean-Yves et Alain Kruger, *Première* n° 205, avril 1994.
36. Interview de Jean Rochefort par Jacques Chancel, *Inforum*, France Inter, 20 mai 1988.
37. Interview de Jean Rochefort par Sylvain Augier, *Qu'est-ce qui vous fait courir ?*, France Inter, 20 octobre 1989.
38. Interview de Jean Rochefort par Bernard Roisin, *Le Journal du médecin*, octobre 2003.
39. «Jean Rochefort feuillette son passé» par Marion Thébaud, *Le Figaro*, 18 octobre 2007.
40. Fabienne Pascaud, 23 février 1994, *op. cit.*
41. Thierry Beccaro, *op. cit.*
42. Fabienne Pascaud, 23 février 1994, *op. cit.*

43. « L'hommage des César à Jean Rochefort » par Isabelle Dhombres, *Télé-Poche* n° 1725, 6 mars 1999.
44. « Les premiers pas de Jean Rochefort » par Véronique Groussard, *TéléCiné-Obs* n° 1966, 13 juillet 2002.
45. Interview de Jean Rochefort par Laurent Ruquier, *On a tout essayé*, France 2, 26 février 2003.
46. Interview de Jean Rochefort par Arnaud Laporte, *Le bon plaisir*, France Culture, 12 décembre 1998.
47. Interview de Jean Rochefort par Michel Drucker, *Champs-Élysées* de Jean-Pierre Spiero, Antenne 2, 25 janvier 1986.
48. « Le parcours sans faute de Jean Rochefort » par Fabian Gastellier, *Elle*, 6 février 1989.
49. Interview de Jean Rochefort par Laurent Delmas et Christine Masson, *On aura tout vu*, France Inter, 16 mars 2013.
50. Véronique Groussard, *op. cit.*
51. Interview de Jean Rochefort par Stéphane Bern, *Le fou du roi*, France Inter, 21 avril 2004.
52. « Jean Rochefort, le bruit du clap au fond des bois » par Loïc Belland, *Cinémascope* n° 4. mai-juin 1995.
53. « Jean Rochefort : L'équitation m'a aidé dans l'art dramatique » par Marie-Noëlle Tranchant, *Le Figaro*, 29 avril 2010.
54. « Jean Rochefort a tous les vices et il aime ça » par Alain Riou, *Le Matin de Paris*, 29 septembre 1983.
55. Fabienne Pascaud, 23 février 1994, *op. cit.*
56. *Tous en scène*, *op. cit.*
57. Interview de Jean Rochefort par Rebecca Manzoni, *Éclectik*, France Inter, 4 novembre 2006.
58. Interview de Jean Rochefort par Kathleen Evin, *Éphémérides*, France Inter, 9 mai 2004.
59. Interview de Jean Rochefort par Sylvain Augier, *Qu'est-ce qui vous fait courir ?*, France Inter, 20 octobre 1989.
60. Véronique Groussard, *op. cit.*
61. Fabienne Pascaud, 23 février 1994, *op. cit.*
62. Bernard Rapp, *op. cit.*
63. Interview de Jacques Citroën par l'auteur, 23 août 2013.
64. Interview de Jean Rochefort par Marie-Louise Arsenault, *Plus on est de fous, plus on lit !*, Radio-Canada, 22 janvier 2014.
65. Interview de Jacques Citroën par Ségolène Hanotaux, *Un jour, un destin*, France 2, août 2013.
66. Jacques Citroën, 23 août 2013, *op. cit.*
67. Interview de Jean Rochefort par Anne Andreu, *Ciné Regards*, France 3, 5 avril 1980.
68. *Jean Rochefort* par Christophe Duchiron et Frédéric Bazille, *Envoyé spécial*, France 2, 30 juin 2005.
69. « Jean Rochefort est un paresseux contrarié » par Anne-Christine Condomine, *Le Figaro Magazine*, 29 septembre 1990.
70. Interview de Jean Rochefort par Nicole Cornuz-Langlois, *JA2 20H*, Antenne 2, 4 octobre 1990.
71. « Rochefort : Ma folie éclate au grand jour » par Monique Pantel, *France-Soir*, 1er octobre 1990.
72. Interview de Jean Rochefort, *Les étoiles du cinéma* d'André Asséo, France Inter, 6 octobre 1990.

73. «Rochefort moustache au vent, humour aux lèvres» par Emmanuèle Frois, *Le Figaro*, 12 février 1992.
74. Véronique Groussard, *op. cit.*
75. Interview d'Alain Mensier par l'auteur, 25 octobre 2013.
76. «Jean Rochefort, mémoires d'un Breton de l'intérieur» par Frédérique Jourdaa, *Ouest France*, édition Bretagne, 30 août 2014.
77. Interview de Jean Rochefort par Arnaud Laporte, *À voix nue* de Sandrine Treiner, France Culture, 2-6 janvier 2012.
78. «Jean Rochefort : Mon bonheur d'avoir de jeunes enfants est mêlé de tristesse» par Marie-France Adnet, *Ciné Revue*, 23 mai 1996.
79. *Les dimanches de... Jean Rochefort* par Marie-Anne Kleber et William Smith, jdd.fr, 25 novembre 2011.

4. Naissance d'une passion

1. «Le dada de Rochefort» par Michel Delain, *L'Express*, 2 mai 1986.
2. «Rochefort : le plus anglais des Français types» par Alix de Saint-André, *Le Figaro Magazine*, 3 juillet 1982.
3. Interview de Jean Rochefort par Arlette Vincent, *Cinescope*, RTBF, 12 mai 1988.
4. Interview de Jean Rochefort par José Artur, *À l'heure du pop*, France Inter, 22 janvier 1993.
5. *Ibid.*
6. Interview de Roger Carel par l'auteur, 18 octobre 2013.
7. «Les planches de la liberté» par Laurence Liban, *L'Express*, 24 mai 2004.
8. Interview de Jean Rochefort par Pierre Tchernia, *Le dernier des cinq* de Colette Thiriet, ORTF, 8 avril 1973.
9. Interview de Jean Rochefort par Thierry Beccaro, *Atout cœur*, Radio Bleue, 17 juin 1986.
10. *Images et visages du théâtre d'aujourd'hui* de Moussa Abadi, ORTF, 3 avril 1969
11. Thierry Beccaro, *op. cit.*
12. Pierre Tchernia, *op. cit.*
13. Alix de Saint-André, *op. cit.*
14. Pierre Tchernia, *op. cit.*
15. Interview de Jean Rochefort par Jean-Luc Hees, *Synergie*, France Inter, 7 mai 1992.
16. Jean Chesnay, *Une semaine de Paris* n° 35, 4 juin 1947.
17. Jean-Luc Hees, *op. cit.*
18. Jean Chesnay, *op. cit.*
19. Interview d'Yves Robert par André Heinrich, *Le bon plaisir*, France Culture, 20 juin 1992.
20. Interview de Jean Rochefort par Olivier Barrot, *Volte-face de* Brigitte Bouvier, France-Culture, 25 août 2007.
21. Interview de Jean Rochefort par Cécile Poss, *La Première*, RTBF, 29 avril 2016.
22. Thierry Beccaro, *op. cit.*
23. Moussa Abadi, *op. cit.*
24. Interview de Jean Rochefort par Arnaud Laporte, *Le bon plaisir*, France Culture, 12 décembre 1998.
25. *Le cinéma de Jean Rochefort* de Jérôme Caza, Christophe d'Yvoire et Karine Giraud, Canal +, décembre 2000.
26. Arlette Vincent, *op. cit.*

27. «Jean Rochefort l'enchanteur» par Philippe Séguy, *Point de vue*, 28 novembre 2007.
28. *Ping-Pong* de Jerome Charyn, Éditions Robert Laffont, 2003.
29. «Jean Rochefort, l'excentrique» par Fabienne Darge, *Le Monde* n° 19516, 23 octobre 2007.
30. «Les belles-lettres de Monsieur Rochefort» par Yasmine Youssi, *La Tribune*, 30 novembre 2007.
31. «Jean Rochefort : J'espère intriguer» par Caroline Andrieu, *Le Parisien*, 16 octobre 2007.
32. Interview de Jean Rochefort par William Leymergie, *Fréquence mômes*, France Inter, 26 mars 1995.
33. Interview de Jean Rochefort par Arnaud Laporte, *À voix nue* de Sandrine Treiner, France Culture, 2-6 janvier 2012.
34. Yasmine Youssi, *op. cit.*
35. *Les dimanches de... Jean Rochefort* par Marie-Anne Kleber et William Smith, jdd.fr, 25 novembre 2011.
36. Yasmine Youssi, *op. cit.*
37. José Artur, *op. cit.*
38. «Mon fils et moi sommes pudiques» par Catherine Balle, *Le Parisien*, 20 mars 2007.
39. Interview de Jean Rochefort par Marie Barbier, *L'Humanité Dimanche* n° 52, 15 mars 2007.
40. Interview de Jean Rochefort par David Pujadas, *20 heures*, France 2, 6 mars 2007.
41. Yasmine Youssi, *op. cit.*
42. Interview de Jacques Citroën par l'auteur, 23 août 2013.
43. Arnaud Laporte, 2-6 janvier 2012, *op. cit.*
44. Interview de Jean Rochefort par Michel Drucker, *Champs-Élysées* de Jean-Pierre Spiero, Antenne 2, 25 janvier 1986.
45. «Les premiers pas de Jean Rochefort» par Véronique Groussard, *TéléCinéObs* n° 1966, 13 juillet 2002.
46. Interview de Jean Rochefort par Bernard Rapp, *Les feux de la rampe* de Philippe Azoulay, StudioCanal, 2002.
47. Interview de Jean Rochefort par Thierry Beauvert, *Si j'ose dire*, France Musique, 28 février 2003.
48. Arlette Vincent, *op. cit.*
49. Interview de Jean Rochefort par Didier Le Corre, *Bretons* n° 25, octobre 2007.
50. Alix de Saint-André, *op. cit.*
51. *Ibid.*
52. Interview de Jean Rochefort par Laurent Ruquier, *Dans tous les sens*, France Inter, 29 octobre 1997.
53. «Jean Rochefort : à cheval sur la moustache» par François Forestier, *Le Matin*, 14 avril 1987.
54. *Un après-midi chez Jean Rochefort* de Jean-Luc Perreard, 2007.
55. Interview de Jean Rochefort par Kathleen Evin, *Éphémérides*, France Inter, 9 mai 2004.
56. Philippe Séguy, *op. cit.*
57. «Le plaisir de Rochefort, sexagénaire» par Jean-Pierre Lacomme, *Le Journal du Dimanche*, 20 février 1994.
58. «Jean Rochefort : Plus mes copains meurent plus je reçois de scénarios !» par Éric Bellefond, *France Dimanche*, 21 décembre 2007.
59. Interview d'Élisabeth Bardin par l'auteur, 25 octobre 2013.

60. «Jean Rochefort, mémoires d'un Breton de l'intérieur» par Frédérique Jourdaa, *Ouest France*, édition Bretagne, 30 août 2014.
61. *Ibid.*
62. Arnaud Laporte, 2-6 janvier 2012, *op. cit.*
63. Michel Drucker, 25 janvier 1986, *op. cit.*
64. « Touche pas à ma moustache ! » de Richard Gianorio, *France-Soir*, 4 janvier 2001.
65. *Conservatoire de Nantes, cent-cinquantième anniversaire*, textes réunis par Caroline Leho et Georgina Moscovitch, CNR, Intégrales, 1996.
66. Moussa Abadi, *op. cit.*
67. Interview de Jean Rochefort par Jean-Louis Lechat, *Télé Moustique* n° 2610, 5 février 1976.
68. Interview de Jean Rochefort par Frédéric Beigbeder, *GQ* n° 37, mars 2011.
69. Jean-Louis Lechat, *op. cit.*
70. « Enfin, je ne suis plus un gugusse » par Maurice Tillier, *Le Figaro littéraire*, 24 décembre 1964.
71. Bernard Rapp, *op. cit.*
72. «Jean Rochefort : Enfin je suis un séducteur» par Paule Feuillet, *Chez Nous* n° 34, 23 août 1974.
73. Interview de Jean Rochefort par Michel Drucker, *Première* n° 11, novembre 1977.
74. «Jean Rochefort, le magnifique» par Thierry Klifa, *Studio Magazine* n° 182, octobre 2002.
75. Didier Le Corre, *op. cit.*
76. *Retour sur Jean Rochefort* par Christophe Duchiron et Frédéric Bazille, *Envoyé spécial*, France 2, 30 juin 2005.

5. Les mystères de Paris

1. Interview de Jean Rochefort par Arnaud Laporte, *À voix nue* de Sandrine Treiner, France Culture, 2-6 janvier 2012.
2. Interview de Jean Rochefort par Cécile Poss, *La Première*, RTBF, 29 avril 2016.
3. *Images et visages du théâtre d'aujourd'hui* de Moussa Abadi, ORTF, 3 avril 1969.
4. Interview d'Alain Mensier par l'auteur, 25 octobre 2013.
5. Interview de Jean Rochefort par Olivier Barrot, *Volte-face de* Brigitte Bouvier, France-Culture, 25 août 2007.
6. Moussa Abadi, *op. cit.*
7. Olivier Barrot, *op. cit.*
8. Interview de Jean Rochefort par Paul-Louis Mignon, *L'Avant-Scène Théâtre* n° 326, 15 janvier 1965.
9. Olivier Barrot, *op. cit.*
10. Cécile Poss, *op. cit.*
11. Olivier Barrot, *op. cit.*
12. Paul-Louis Mignon, *op. cit.*
13. Interview de Jean Rochefort par André Asséo et Jean-Claude Loiseau, *Les étoiles du cinéma*, France Inter, 7 mars 1992.
14. Interview de Jean Rochefort par Thierry Ardisson, *Tout le monde en parle*, 14 juin 2003.
15. «J'aime la vie en bande dessinée» par Nelly Bradfer, *Le Soir*, 2 novembre 2013.
16. Interview de Jean Rochefort par Jacques Chancel, *Lignes de mire* de Bernard Gonner, France 3, 22 décembre 1996.

17. « Qui êtes-vous, Jean Rochefort ? » par Yvette Romi, *Le Nouvel Observateur*, 22 février 1967.
18. Moussa Abadi, *op. cit.*
19. Arnaud Laporte, 2-6 janvier 2012, *op. cit.*
20. Moussa Abadi, *op. cit.*
21. « Jean Rochefort, le magnifique » par Thierry Klifa, *Studio* n° 182, octobre 2002.
22. « Les grands ducs se mettent à table » par Jean-Pierre Lavoignat et Thierry Valletoux, *Studio* n° 107, février 1996.
23. Paul-Louis Mignon, *op. cit.*
24. Moussa Abadi, *op. cit.*
25. Paul-Louis Mignon, *op. cit.*
26. Arnaud Laporte, 2-6 janvier 2012, *op. cit.*
27. *Rochefort en baskets* d'Alain Teulère, Canal +, 2015.
28. « Les premiers pas de Jean Rochefort » par Véronique Groussard, *TéléCiné-Obs* n° 1966, 13 juillet 2002.
29. *La nouvelle loi sur les loyers* de Joseph Aussel et Marc Cros, 1948.
30. « Jean Rochefort en haut de l'affiche » par Michel Delain, *L'Express*, 27 septembre 1976.
31. Alain Mensier, *op. cit.*
32. Michel Delain, *op. cit.*
33. « La fringante nostalgie de Jean Rochefort » par Marie-Noëlle Tranchant, *Le Figaro*, 17 août 1993.
34. « Jean Rochefort gentleman acteur » par Laurent Dandrieu, *Valeurs actuelles*, 27 septembre 2002.
35. Interview de Jean Rochefort, *Pour le cinéma* de Pierre Mignot, ORTF, 10 juillet 1974.
36. « Jean Rochefort l'enchanteur » par Philippe Séguy, *Point de vue*, 28 novembre 2007.
37. Interview de Jean Rochefort par Kathleen Evin, *Éphémérides*, France Inter, 9 mai 2004.
38. Véronique Groussard, *op. cit.*
39. « Jean Rochefort : Moi je n'aime pas le tiède » par Alain Morel, *Le Parisien*, 19 août 1993.
40. Interview de Jacques Citroën par l'auteur, 23 août 2013.
41. Interview de Claude Rich par Caroline Tresca, *À vos amours* de Jean-Éric Macherey, France 3, 6 juin 1993.
42. *Règlement intérieur du Conservatoire national d'art dramatique*, arrêté du 13 avril 1947 modifié par l'arrêté du 2 octobre 1947.
43. Interview de Jean Rochefort par Éric Libiot, *L'Express*, 13 mars 2013.
44. Interview de Jean Rochefort par Patrick Cohen, *Le 7-9*, France Inter, 22 février 2013.
45. Interview de Jean Rochefort par Bernard Rapp, *Les feux de la rampe* de Philippe Azoulay, StudioCanal, 2002.
46. « L'âge de déraison » par Jérôme Garcin, *TéléCinéObs*, septembre 2002.
47. « Jean Rochefort : le bonheur à cheval » par Blaise de Chabalier, *Le Figaro*, 17 juillet 1999.
48. Bernard Rapp, *op. cit.*
49. Interview de Jean Rochefort par André Asséo et Jean-Claude Loiseau, *Les étoiles du cinéma*, France Inter, 21 mars 1992.
50. « Jean Rochefort : Un comédien doit toujours avoir sa roulotte dans le garage » par Michel Lengliney, *Télérama* n° 1214, 21 avril 1973.
51. Bernard Rapp, *op. cit.*

52. *Ibid.*
53. *Ibid.*
54. « Jean Rochefort, un homme de théâtre avant tout » par Claude Obernai, *Femmes d'aujourd'hui* n° 1428, 13 septembre 1972.
55. Bernard Rapp, *op. cit.*
56. Moussa Abadi, *op. cit.*
57. Interview de Jean Rochefort par Arlette Vincent, *Cinescope*, RTBF, 12 mai 1988.
58. « La tournée des grands ducs » par Olivier de Bruyn et Élizabeth Gouslan, *L'Événement du Jeudi*, 8 février 1996.
59. « Jean Rochefort séducteur à cinquante ans » par Chantal Van Tri, *Télé Star* n° 278, 26 janvier 1982.
60. Kathleen Evin, *op. cit.*
61. *Jean-Paul Belmondo* de François Guérif et Stéphane Levy-Klein, Éditions Pac, collection Têtes d'affiche, 1976.
62. *L'Aurore*, 6 juillet 1950.
63. *Le Figaro*, 6 juillet 1950.
64. *Libération*, 6 juillet 1950.
65. « Le concours du Conservatoire, victoire des... conservateurs » de Marc Beigbeder, *Le Parisien libéré*, 5 juillet 1949.
66. *Ibid.*
67. André Asséo et Jean-Claude Loiseau, 7 mars 1992, *op. cit.*

6. Le prestige de l'uniforme

1. « Jean Rochefort : confidences d'un gentleman » par Alain Teulère, *Le Journal du Dimanche*, 26 octobre 1997.
2. Interview de Jean Rochefort par Bernard Rapp, *Les feux de la rampe* de Philippe Azoulay, StudioCanal, 2002.
3. *Images et visages du théâtre d'aujourd'hui* de Moussa Abadi, ORTF, 3 avril 1969.
4. *Partir, revenir, les passions vives* d'Annie Girardot, Le Cherche Midi, 2003.
5. Interview de Jean Rochefort par Cécile Poss, *La Première*, RTBF, 29 avril 2016.
6. « Jean Rochefort, le bruit du clap au fond des bois » par Loïc Belland, *Cinémascope* n° 4. mai-juin 1995
7. Interview de Jean Rochefort par Olivier Barrot, *Volte-face de* Brigitte Bouvier, France-Culture, 25 août 2007.
8. *La Lozère nouvelle* n° 287, 2 juillet 1950.
9. *La Lozère nouvelle* n° 289, 16 juillet 1950.
10. *La Lozère nouvelle* n° 290, 23 juillet 1950.
11. *La Lozère nouvelle* n° 291, 30 juillet 1950.
12. *Ibid.*
13. Loïc Belland, *op. cit.*
14. Interview de Jean Rochefort par Éric Libiot, *L'Express*, 13 mars 2013.
15. *Tout et son contraire* de Philippe Vandel, France Info, 2 décembre 2010.
16. Interview d'Élisabeth Bardin par l'auteur, 25 octobre 2013.
17. *Ibid.*
18. Interview de Jean Rochefort par Arnaud Laporte, *Le bon plaisir*, France Culture, 12 décembre 1998.
19. Interview de Jean Rochefort par Fabienne Chauvière, *Rendez-vous, vous êtes cerné*, France Inter, 13 février 1993.
20. Interview de Jacques Citroën par l'auteur, 23 août 2013.
21. Interview de Jacques Citroën par l'auteur, 25 octobre 2013.

22. Interview de Jean Rochefort par José Artur, *À l'heure du pop*, France Inter, 22 janvier 1993.
23. Élisabeth Bardin, 25 octobre 2013, *op. cit.*
24. Jacques Citroën, 25 octobre 2013, *op. cit.*
25. Interview de Michel Galabru par l'auteur, 4 avril 2011.
26. « Le temps des copains » par Dominique Borde, *Le Figaro*, 22 octobre 1988.
27. Interview de Jean Rochefort par Pierre Tchernia, *Mardi cinéma*, Antenne 2, 8 juin 1982.

7. Les enfants terribles

1. « Pourquoi j'aime Pierre Dux » par Armand Salacrou, *Le Conservatoire* n° 20, juillet 1952.
2. *Images et visages du théâtre d'aujourd'hui* de Moussa Abadi, ORTF, 3 avril 1969.
3. Interview de Jean Rochefort par Arnaud Laporte, *Le bon plaisir*, France Culture, 12 décembre 1998.
4. Interview de Jean Rochefort par Bernard Rapp, *Les feux de la rampe* de Philippe Azoulay, StudioCanal, 2002.
5. Interview de Jean Rochefort, *Le bon plaisir de Claude Rich*, France Culture, 25 mars 1995.
6. Interview de Jean Rochefort par Patrick Cohen, *Le 7-9*, France Inter, 22 février 2013.
7. *Ibid.*
8. « Les planches de la liberté » par Laurence Liban, *L'Express*, 24 mai 2004.
9. Interview de Jean Rochefort par André Heinrich, *Le bon plaisir d'Yves Robert*, France Culture, 20 juin 1992.
10. Interview de Jean Rochefort par Claude Villers, *Le tribunal des flagrants délires* de Monique Desbarbat, France Inter, 30 mai 1983.
11. Interview de Jean Rochefort par Michel Drucker, *Vivement dimanche*, France 2, 14 avril 2013.
12. « Jean Rochefort, l'explosion et le style de la quarantaine » par Guy Braucourt, *Écran* n° 45, 15 mars 1976.
13. *Le temps et rien d'autre* de Françoise Fabian, avec la collaboration de Philippe Rège, Fayard, 2006.
14. Interview de Jean Rochefort par Gérard Delorme, *Première* n° 433, mars 2013.
15. « Rochefort, le maître étalon » par Jérôme Garcin, *Le Nouvel Observateur*, 27 juillet 2006.
16. Interview de Jean Rochefort par Édouard Launet, *Libération*, 13 novembre 2013.
17. Interview de Claude Rich par Caroline Tresca, *À vos amours* de Jean-Éric Macherey, France 3, 6 juin 1993.
18. Interview d'Élisabeth Bardin par l'auteur, 25 octobre 2013.
19. Interview de Jean Rochefort par Cécile Poss, *La Première*, RTBF, 29 avril 2016.
20. Élisabeth Bardin, 25 octobre 2013, *op. cit.*
21. « J'aime la vie en bande dessinée » par Nelly Bradfer, *Le Soir*, 2 novembre 2013.
22. *Le bon plaisir de Claude Rich*, *op. cit.*
23. Caroline Tresca, *op. cit.*
24. Interview de Jean-Pierre Marielle par Francis Girod, *Le répertoire des comiques : Jean-Pierre Marielle* d'Éric Ollivier et Robert Mugnerot, ORTF, 1er janvier 1970.

25. Cécile Poss, *op. cit.*
26. « Du cinéma peut-être... mais des copains d'abord ! » par Roger Houzé, *L'Écho de la mode* n° 22, 28 mai 1976.
27. « Touche pas à ma moustache ! » par Richard Gianorio, *France-Soir*, 4 janvier 2001.
28. Interview de Jean Rochefort par Ghislain Loustalot, *Paris Match* n° 3329, 7 mars 2013.
29. Interview de Jean Rochefort par Fabienne Chauvière, *Rendez-vous, vous êtes cerné*, France Inter, 13 février 1993.
30. « Jean Rochefort, le magnifique » par Thierry Klifa, *Studio Magazine* n° 182, octobre 2002.
31. Interview de Jean Rochefort par Arnaud Laporte, *À voix nue* de Sandrine Treiner, France Culture, 2-6 janvier 2012.
32. Cécile Poss, *op. cit.*
33. Arnaud Laporte, *op. cit.*
34. « Dieu ! Que ne suis-je assise à l'ombre des forêts » par Madeleine Jacob, *Libération*, 1er juillet 1952.
35. Élisabeth Bardin, 25 octobre 2013, *op. cit.*
36. *Le grand n'importe quoi* de Jean-Pierre Marielle, avec Baptiste Piégay, Calmann-Lévy, 2010.
37. Interview de Jean Rochefort par Didier Le Corre, *Bretons* n° 25, octobre 2007.
38. Interview d'Alain Mensier par l'auteur, 25 octobre 2013.
39. Élisabeth Bardin, 25 octobre 2013, *op. cit.*
40. *Ibid.*
41. *Ibid.*
42. *Ibid.*
43. *Ibid.*
44. *Ibid.*
45. Interview de Jacques Citroën par l'auteur, 23 août 2013.
46. *La bande du Conservatoire* de Philippe Durant, Sonatine, 2013.
47. Interview de Jean-Pierre Marielle par Michel Drucker, *Vivement dimanche*, France 2, 14 avril 2013.
48. *Rochefort en baskets* d'Alain Teulère, Canal +, 2015.
49. Interview de Jean Rochefort par Éric Libiot, *L'Express*, 13 mars 2013.
50. Cécile Poss, *op. cit.*
51. « Deux jeunes auteurs au Studio des Champs-Élysées et au Théâtre Charles de Rochefort » par Jacques Lemarchand, *Le Figaro Littéraire*, 25 octobre 1952.
52. *La bande du Conservatoire*, *op. cit.*
53. « Des amis de quarante ans » par Jean-Yves et Alain Kruger, *Première* n° 205, avril 1994.
54. Bernard Rapp, *op. cit.*
55. *Jean Rochefort au Conservatoire*, archives Pathé, 26 novembre 1984.
56. « Les premiers pas de Jean Rochefort » par Véronique Groussard, *TéléCiné-Obs* n° 1966, 13 juillet 2002.
57. *Vive le théâtre !* de Pierre Dux, Stock, 1984.
58. *Ibid.*
59. « Jean Rochefort : Enfin je suis un séducteur » par Paule Feuillet, *Chez Nous/L'Écho de la mode* n° 34, 23 août 1974.
60. « Jean Rochefort : Ce qu'il manque à mon bonheur ? Rien ! » par Anne-Caroline Rémond, *Télé Star*, 30 décembre 2000.
61. « Jean Rochefort : La médiocrité m'exalte » par Fabienne Pascaud, *Télérama* n° 2302, 23 février 1994.

62. Interview de Jean Rochefort par Paul-Louis Mignon, *L'Avant-Scène Théâtre* n° 326, 15 janvier 1965.
63. *Un après-midi chez Jean Rochefort* de Jean-Luc Perreard, 2007.
64. « Rochefort : J'aime les coups de pied au c... » par Monique Pantel, *France-Soir*, 4 avril 1987.
65. Interview de Jean Rochefort par Max Favalelli, ORTF, 13 décembre 1964.
66. Interview de Jean Rochefort par Jacques Chancel, *Lignes de mire* de Bernard Gonner, France 3, 22 décembre 1996.
67. « Jean Rochefort : à 43 ans, je suis encore dans l'équipe de réserve » par Claude-Marie Trémois, *Télérama* n° 1253, 19 janvier 1974.
68. *Ibid.*
69. *Jean Rochefort au Conservatoire, op. cit.*
70. Cécile Poss, *op. cit.*
71. Interview de Jean Rochefort par Marie-Louise Arsenault, *Plus on est de fous, plus on lit !*, Radio-Canada, 22 janvier 2014.
72. Interview de Jean Rochefort par Michel Drucker, *Sports en fête* de Rémy Grumbach, 2 décembre 1973
73. Interview de Jean Rochefort par Ève Ruggieri et Patrick Bourrat, *Le regard des femmes* de Michèle Tournier, TF1, 16 octobre 1979.
74. Marie-Louise Arsenault, *op. cit.*
75. Interview de Jean Rochefort par Jean-Marie Cavada, *La marche du siècle*, France 3, 5 décembre 1990.
76. *Tout et son contraire* de Philippe Vandel, France Info, 2 décembre 2010.
77. Interview de Jean Rochefort par Laure Adler, *Studio Théâtre*, France Inter, 22 décembre 2007.
78. Interview de Jean Rochefort par Frédéric Beigbeder, *GQ* n° 37, mars 2011.

8. En bonne compagnie

1. « Les belles-lettres de Monsieur Rochefort » par Yasmine Youssi, *La Tribune*, 30 novembre 2007.
2. *Ibid.*
3. Interview de Jean Rochefort par José Artur, *À l'heure du pop*, France Inter, 22 janvier 1993.
4. « Les premiers pas de Jean Rochefort » par Véronique Groussard, *TéléCinéObs* n° 1966, 13 juillet 2002.
5. « Des amis de quarante ans » par Jean-Yves et Alain Kruger, *Première* n° 205, avril 1994.
6. Interview de Jean Rochefort par Bernard Rapp, *Les feux de la rampe* de Philippe Azoulay, StudioCanal, 2002.
7. Véronique Groussard, *op. cit.*
8. Interview de Jean Rochefort par Arnaud Laporte, *À voix nue* de Sandrine Treiner, France Culture, 2-6 janvier 2012.
9. *Le cinéma de Jean Rochefort* de Jérôme Caza, Christophe d'Yvoire et Karine Giraud, Canal +, décembre 2000.
10. *Théâtres* de Jean-Denis Malclès, dialogues recueillis par Michel Lengliney, Bibliothèque historique de la ville de Paris, 1990.
11. « *Le dîner de têtes* aura pour cadre la Fontaine des Quatre-Saisons », *L'Aurore*, 18 juin 1951.
12. *Le « cabaret théâtre » : 1945-1965* de Geneviève Latour, Bibliothèque historique de la Ville de Paris, 1996.
13. Interview de Roger Carel par l'auteur, 18 octobre 2013.

14. Jean Cocteau, programme des *Trois mousquetaires*, 1951.
15. « Grenier-Hussenot et le théâtre buissonnier » de Jean Denys, *Paris Théâtre* n° 103 : *L'amour des quatre colonels* de Peter Ustinov, décembre 1955.
16. *Les Frères Jacques de* Cécile Philippe et Patrice Tourenne, Balland, 1981.
17. «Jean Rochefort aux antipodes du héros positif» par Françoise Audé et Paul Louis Thirard, *Positif* n° 509-510, juillet 2003.
18. « Le lendemain du *Mariage de Figaro* (Noël 1961), la chance souriait à Jean Rochefort » par Stéphane Epin, *Télé 7 Jours* n° 277, 10 juillet 1965.
19. Jean-Pierre Grenier, *op. cit.*
20. Roger Carel, 18 octobre 2013, *op. cit.*
21. Interview de Jean Rochefort par Rebecca Manzoni, *Éclectik*, France Inter, 20 juin 2005.
22. Véronique Groussard, *op. cit.*
23. Interview de Jean Rochefort par Paul-Louis Mignon, *L'Avant-Scène Théâtre* n° 326, 15 janvier 1965.
24. Interview d'Alain Mensier par l'auteur, 25 octobre 2013.
25. Interview de Jean Rochefort par Olivier Barrot, *Volte-face de* Brigitte Bouvier, France-Culture, 25 août 2007.
26. Michel Lengliney, 1990, *op. cit.*
27. Interview de Jean Rochefort par Thierry Colby, 2002.
28. *Mémoire d'un cabaret* de Marc Chevalier, Éditions La Découverte, 1987.
29. « Les grands ducs se mettent à table » par Jean-Pierre Lavoignat et Thierry Valletoux, *Studio* n° 107, février 1996.
30. Roger Carel, 18 octobre 2013, *op. cit.*
31. *En passant par la scène...* de Jean-Pierre Grenier, Éditions La Manufacture, 1992.
32. Interview de Jean Rochefort par Pierre Tchernia, *Le dernier des cinq* de Colette Thiriet, ORTF, 8 avril 1973.
33. «Jean Rochefort : Un comédien doit toujours avoir sa roulotte dans le garage » par Michel Lengliney, *Télérama* n° 1214, 21 avril 1973.
34. Interview de Jean Rochefort par Vincent Josse, *L'atelier*, France Inter, 15 décembre 2012.
35. Interview de Jean Rochefort par André Asséo et Jean-Claude Loiseau, *Les étoiles du cinéma*, France Inter, 21 mars 1992.
36. R.J.-C., *Une semaine de Paris* n° 367, 2 décembre 1953.
37. Arlequin, *Paris Comœdia*, 25 novembre 1953.
38. *Arts*, 19 novembre 1953.
39. Henri-Pierre, *Dimanche matin*, 29 novembre 1953.
40. « La tournée des grands ducs » par Olivier de Bruyn et Élizabeth Gouslan, *L'Événement du Jeudi*, 8 février 1996.
41. « À propos d'un comédien » par Michel Droit, *Le Film français* n° 625, 18 mai 1956.
42. « Le copain Rochefort » par Cécile Mury, *Télérama* n° 2589, 25 août 1999.
43. Interview de Jean Rochefort, *Unifrance Film* n° 464, juin 1973.
44. *Magic-City* de René Lucot, Pierre Bordas et Fils, 1989.
45. Roger Carel, 18 octobre 2013, *op. cit.*
46. *La nostalge* de Robert Hossein, Michel Lafon, 2001.
47. Interview de Robert Hossein par l'auteur, 13 décembre 2016.
48. *Robert Hossein* par Cécile Barthélémy, Pierre-Marcel Favre, 1987.
49. Robert Hossein, 13 décembre 2016, *op. cit.*
50. *La nostalge*, *op. cit.*
51. Jean-Pierre Grenier, *op. cit.*
52. *Ibid.*

53. *J'avoue que j'ai bien ri* de Roger Carel, Éditions Jean-Claude Lattès, 1986.
54. Olivier Barrot, *op. cit.*
55. *Ibid.*
56. *Ibid.*
57. Interview de Jean Rochefort par Jean-Luc Hees, *Synergie*, France Inter, 7 mai 1992.
58. Interview de Jean Rochefort, *Rendez-vous à cinq heures*, RTF, 5 janvier 1955.
59. Interview de Jean Rochefort par André Asséo et Jean-Claude Loiseau, *Les étoiles du cinéma*, France Inter, 28 mars 1992.
60. « Jean Rochefort : Enfin j'ai rendez-vous avec Alceste » par Léon Zitrone, *Jours de France* n° 820, 8 septembre 1970.
61. Roger Carel, 18 octobre 2013, *op. cit.*
62. *Ibid.*
63. Interview de Jean Rochefort par Marie-Élisabeth Rouchy, *TéléCinéObs*, 13 mars 2013.
64. « Le parcours sans faute de Jean Rochefort » par Fabian Gastellier, *Elle*, 6 février 1989.
65. André Asséo et Jean-Claude Loiseau, 28 mars 1992, *op. cit.*
66. « À trente-neuf ans, Jean Rochefort éclate » par Jean-Claude Mazeran, *Le Journal du Dimanche*, 30 novembre 1969.
67. Léon Zitrone, *op. cit.*
68. Interview de Jean Rochefort par Marie-Christine Caire, *Top Réalités Jeunesse* n° 259, 3 novembre 1963.
69. Roger Carel, 18 octobre 2013, *op. cit.*
70. Interview de Jean Rochefort par François-Régis Bastide, *Le Masque et la Plume*, France Inter, 14 décembre 1969.
71. Interview d'Élisabeth Bardin par l'auteur, 25 octobre 2013.
72. Interview de Jean Rochefort par Sylvain Augier, *Qu'est-ce qui vous fait courir ?*, France Inter, 20 octobre 1989.
73. Interview de Jean Rochefort par Thierry Colby, 2002.
74. *Ibid.*
75. Jérôme Caza, Christophe d'Yvoire et Karine Giraud, *op. cit.*
76. Véronique Groussard, *op. cit.*
77. Arnaud Laporte, *op. cit.*
78. *Ibid.*
79. « Jean Rochefort : J'ai de la tendresse pour l'adolescent que j'étais » par Isabelle Dhombres, *Télé-Poche* n° 1820, 30 décembre 2000.
80. Thierry Colby, *op. cit.*
81. *Cahiers du Cinéma* n° 60, juin 1956.
82. *Ma vie publique en six tableaux* par Olivier Hussenot, Denoël, Coudées franches, 1977.
83. Interview de Jean Rochefort par Patrick Cohen, *Le 7-9*, France Inter, 22 février 2013
84. Arnaud Laporte, *op. cit.*
85. Jean Rochefort repart en croisade pour la télé » par Michèle Lanteri, *Télé Star*, 1er juin 1984.
86. « Jean Rochefort : l'habitude de déconcerter », *Le Parisien*, 30 novembre 1973.
87. Françoise Audé et Paul Louis Thirard, *op. cit.*
88. Jean-Pierre Grenier, *op. cit.*
89. « Jean Rochefort : l'habit fait aussi le comédien » par Alain Riou, *Le Matin de Paris*, 21 juillet 1982.
90. Roger Carel, 18 octobre 2013, *op. cit.*

91. Olivier Barrot, *op. cit.*
92. Interview de Jean Rochefort par Claude Villers, *Le tribunal des flagrants délires* de Monique Desbarbat, France Inter, 30 mai 1983.
93. Arnaud Laporte, *op. cit.*
94. André Asséo et Jean-Claude Loiseau, 28 mars 1992, *op. cit.*
95. Interview de Jean Rochefort par Kathleen Evin, *Éphémérides*, France Inter, 9 mai 2004.
96. Véronique Groussard, *op. cit.*
97. « Le mélo d'Aubervilliers » par Mireille Lespinasse, *Femme d'aujourd'hui* n° 46, 11 novembre 1985.

9. En direct des Buttes-Chaumont

1. « Jean Rochefort se lâche » par David S. Tran, *Le Progrès-Le Républicain lorrain*, 9 mars 2013.
2. Entretien avec Jean-Claude Bringuier, *Jean d'Arcy, une ambition pour la télévision* de Sylvie Pierre, L'Harmattan, 2003.
3. Interview de Marcel Bluwal par l'auteur, 2 décembre 2010.
4. *Ibid.*
5. *Un aller* de Marcel Bluwal, en collaboration avec Marie-Thérèse Guinchard, Stock, 1974.
6. *Histoire de la télévision sous de Gaulle* par Jérôme Bourdon, Anthropos-INA, Économica, 1990.
7. *Jean d'Arcy parle*, propos recueillis par François Cazenave, Ina-La Documentation Française, 1984.
8. Marcel Bluwal, 2 décembre 2010, *op. cit.*
9. *Ibid.*
10. *Magic-City* de René Lucot, Pierre Bordas et Fils, 1989.
11. *Le vrai dossier de la télévision* par Louis Merlin, Hachette, 1964.
12. Marcel Bluwal, 2 décembre 2010, *op. cit.*
13. « Les deux mondes de Rochefort » d'Emmanuel Tellier, *Télérama* n° 2818, 14 janvier 2004.
14. « Jean Rochefort : un film à la TV et plus personne ne fait la vaisselle ! » par Bernard Alès, *Ciné Revue*, 26 février 1976.
15. René Lucot, *op. cit.*
16. Interview de Jean Rochefort par Frédéric Mitterrand, *Jour de Fred*, France Inter, 24 octobre 2013.
17. « Jean Rochefort repart en croisade pour la télé » par Michèle Lanteri, *Télé Star*, 1er juin 1984.
18. Interview de Roger Carel par l'auteur, 18 octobre 2013.
19. Entretien de Stellio Lorenzi avec Michèle de Bussierre, *Dossiers de l'audiovisuel* n° 24, mars-avril 1989.
20. René Lucot, *op. cit.*
21. Michèle Lanteri, *op. cit.*
22. « Jean Rochefort : Des rôles que les vedettes refusaient », *France-Soir*, 30 mars 1973.
23. *Mémoire d'un cabaret* de Marc Chevalier, Éditions La Découverte, 1987.
24. *Ibid.*
25. *Ibid.*
26. *Il était un piano noir... mémoires interrompus* par Barbara, Fayard, 1998.
27. Marc Chevalier, *op. cit.*

28. Interview de Jean Rochefort par Bernard Rapp, *Les feux de la rampe* de Philippe Azoulay, StudioCanal, 2002.
29. Interview de Jean Rochefort par Laurent Ruquier, *On n'est pas couché*, France 2, 17 mars 2007.
30. Interview de Jean Rochefort par Édouard Launet, *Libération*, 13 novembre 2013.
31. Barbara, *op. cit.*
32. Interview de Jean Rochefort par Jean-Luc Caradec, programme *d'Heureux ?* 2003.
33. *Mémoire cavalière* de Philippe Noiret, Robert Laffont, 2007.
34. Interview de Jean Rochefort par Max Favalelli, ORTF, 13 décembre 1964.
35. *La vie... c'est pas toujours du cinéma* de Charles Gérard, Ramsay, 1994.
36. *Ibid.*
37. Entretien avec Michel Deville par Gérard Langlois, *Études cinématographiques* n° 67, Lettres modernes Minard, 2002.
38. *Ibid.*
39. Bernard Rapp, *op. cit.*
40. « L'âge de déraison » par Jérôme Garcin, *TéléCinéObs*, septembre 2002.
41. Bernard Rapp, *op. cit.*
42. Charles Gérard, *op. cit.*
43. « Jean Rochefort : à 43 ans, je suis encore dans l'équipe de réserve » par Claude-Marie Trémois, *Télérama* n° 1253, 19 janvier 1974.
44. Michèle de Bussierre, *op. cit.*
45. *Ibid.*
46. « Jean Rochefort : Des rôles que les vedettes refusaient », *op. cit.*
47. *J'avoue que j'ai bien ri* de Roger Carel, Éditions Jean-Claude Lattès, 1986.
48. Interview de Jean Rochefort par André Asséo et Jean-Claude Loiseau, *Les étoiles du cinéma*, France Inter, 28 mars 1992.
49. Interview de Jean-Pierre Marielle par Yves Alion et Gilles Cèbe, *Écran* n° 62, 15 octobre 1977.
50. « L'homme qui rit » par Marie-Élisabeth Rouchy, *Télérama* n° 2196, 12 février 1992.
51. Claude Sarraute, *Le Monde*, décembre 1959.
52. Georges Lerminier, *Le Parisien libéré*, décembre 1959.
53. Max Favalelli, *Paris-Presse*, décembre 1959.
54. Claude Baignères, *Le Figaro*, décembre 1959.
55. « Jean Rochefort : La vieillesse n'est pas à l'ordre du jour » par Virginie Le Guay, *Paris Match* n° 3181, 6 mai 2010.
56. *Tout et son contraire* de Philippe Vandel, France Info, 2 décembre 2010.
57. Interview de Jean Rochefort par José Artur, *À l'heure du pop*, France Inter, 22 janvier 1993.
58. Interview de Jean Rochefort par Rebecca Manzoni, *Éclectik*, France Inter, 4 novembre 2006.
59. José Artur, *op. cit.*
60. « Jean Rochefort : La vie conjugale n'est pas très aphrodisiaque » par Colombe Pringle, *Elle* n° 1877, 28 décembre 1981
61. Interview de Jean Rochefort par France Roche, *JA2 dernière*, Antenne 2, 27 novembre 1977
62. « Les premiers pas de Jean Rochefort » par Véronique Groussard, *TéléCinéObs* n° 1966, 13 juillet 2002.

10. Salade russe

1. Interview de Jean Rochefort par AndréAsséo et Jean-Claude Loiseau, *Les étoiles du cinéma*, France Inter, 28 mars 1992.
2. « Jean Rochefort, le magnifique » par Thierry Klifa, *Studio Magazine* n° 182, octobre 2002.
3. *Le cinéma de Jean Rochefort* de Jérôme Caza, Christophe d'Yvoire et Karine Giraud, Canal +, décembre 2000.
4. Interview de Jean Rochefort par Claude Villers, *Le tribunal des flagrants délires* de Monique Desbarbat, France Inter, 30 mai 1983.
5. « Moscou c'est une blonde pour Jean Rochefort » par Évelyne Marly, *Vie heureuse* n° 49, 20 novembre 1961.
6. Thierry Klifa, *op. cit.*
7. Interview de Jean Rochefort par Nicolas Ungemuth, *Le Figaro Magazine*, 18 octobre 2013.
8. Interview de Jean Rochefort par Frédéric Taddéi, *Paris dernière*, Paris Première, 28 février 2003.
9. « Les premiers pas de Jean Rochefort » par Véronique Groussard, *TéléCinéObs* n° 1966, 13 juillet 2002.
10. Interview de Michel Cournot par Gilbert Guy, *Le courrier du cinéma*, Actualités françaises, 1er janvier 1961.
11. *Mesdames, messieurs, au revoir !* par Léon Zitrone, Hachette-Carrère, 1995.
12. *Léon Zitrone vous parle de l'U.R.S.S.*, Éditions Del Duca, 1960.
13. *Big Léon* de Léon Zitrone, Hachette-Carrère, 1989.
14. *Léon Zitrone vous parle de l'U.R.S.S.*, *op. cit.*
15. *Big Léon, op. cit.*
16. *Léon Zitrone vous parle de l'U.R.S.S.*, *op. cit.*
17. Interview de Jean Rochefort par Olivier Barrot, *Volte-face de* Brigitte Bouvier, France-Culture, 25 août 2007.
18. André Asséo et Jean-Claude Loiseau, 28 mars 1992, *op. cit.*
19. Interview de Jean Gaven par Gilbert Guy, *Le courrier du cinéma*, Actualités françaises, 1er janvier 1961.
20. André Asséo et Jean-Claude Loiseau, 28 mars 1992, *op. cit.*
21. *Big Léon, op. cit.*
22. Véronique Groussard, *op. cit.*
23. « Rochefort : le plus Anglais des Français types » par Alix de Saint-André, *Le Figaro Magazine*, 3 juillet 1982.
24. *Télé Poche* n° 256, 10 janvier 1971.
25. Alix de Saint-André, *op. cit.*
26. *Mon mari, Léon Zitrone* par Laura Zitrone, Éditions du Rocher, 1972.
27. « Jean Rochefort : Enfin j'ai rendez-vous avec Alceste » par Léon Zitrone, *Jours de France* n° 820, 8 septembre 1970.
28. Évelyne Marly, *op. cit.*
29. Interview de Jean Rochefort par Arnaud Laporte, *À voix nue* de Sandrine Treiner, France Culture, 2-6 janvier 2012.
30. « Rochefort fait banquette » par Monique Pantel, *France-Soir*, 23 février 1994.
31. « Le plaisir de Rochefort, sexagénaire » par Jean-Pierre Lacomme, *Le Journal du Dimanche*, 20 février 1994.
32. Interview de Roger Carel par l'auteur, 18 octobre 2013.
33. Interview d'Élisabeth Bardin par l'auteur, 25 octobre 2013.
34. Interview de Marcel Bluwal par l'auteur, 2 décembre 2010.
35. *Ibid.*

36. «Jean Rochefort : Des rôles que les vedettes refusaient», *France-Soir*, 30 mars 1973.
37. Claude Villers, *op. cit.*
38. Évelyne Marly, *op. cit.*
39. «Jean Rochefort : Enfin j'ai rendez-vous avec Alceste», *op. cit.*
40. *Big Léon*, *op. cit.*
41. *Mesdames, messieurs, au revoir !*, *op. cit.*
42. Interview de Jean Rochefort par Laurent Ruquier, *On n'est pas couché*, France 2, 17 mars 2007.
43. André Asséo et Jean-Claude Loiseau, 28 mars 1992, *op. cit.*
44. *L'U.R.S.S. a bien changé* par Léon Zitrone, Éditions del Duca, 1963.
45. Sébastien Grey, *op. cit.*
46. Évelyne Marly, *op. cit.*
47. *Ibid.*
48. *Ibid.*
49. *Ibid.*
50. Interview de Jean Rochefort par Marcel Jullian, *Écran total*, France Inter, 25 octobre 1989.
51. «Jean Rochefort : On va me prendre pour un vieux réac» par Emmanuèle Frois, *Le Figaro*, 25 février 2013.
52. «J'aime la vie en bande dessinée» par Nelly Bradfer, *Le Soir*, 2 novembre 2013.
53. Interview de Jean Rochefort par Frédéric Taddéi, *Paris dernière*, Paris Première, 28 février 2003.
54. Nelly Bradfer, *op. cit.*
55. Thierry Klifa, *op. cit.*
56. Nicolas Ungemuth, *op. cit.*
57. Interview de Jean Rochefort par Édouard Launet, *Libération*, 13 novembre 2013.
58. *Le Film français* n° 840, 24 juin 1960.
59. *Le Film français* n° 844, 22 juillet 1960.
60. *Le Film français* n° 852, 30 septembre 1960.
61. Monique Pantel, *op. cit.*
62. «Touche pas à ma moustache !» de Richard Gianorio, *France-Soir*, 4 janvier 2001.
63. Interview de Jean Rochefort par Patrick Lecoq, *Midi 2*, Antenne 2, 31 août 1981.

11. Le pied à l'étrier

1. Interview de Jean Rochefort par Arnaud Laporte, *À voix nue* de Sandrine Treiner, France Culture, 2-6 janvier 2012.
2. Interview de Jean Rochefort par Thierry Colby, 2002.
3. «Touche pas à ma moustache !» de Richard Gianorio, *France-Soir*, 4 janvier 2001.
4. «Jean Rochefort : à quarante-trois ans, je suis encore dans l'équipe de réserve» par Claude-Marie Trémois, *Télérama* n° 1253, 19 janvier 1974.
5. «Jean Rochefort : tout un film en chaise roulante» par Monique Pantel, *France-Soir*, 2 avril 1980.
6. «Jean Rochefort : Alain Delon, Jean-Paul Belmondo et Gérard Depardieu sont les super-doués du cinéma français !» par Bernard Alès, *Ciné Revue* n° 31, 29 juillet 1982.

7. Interview de Jean Rochefort par André Asséo et Jean-Claude Loiseau, *Les étoiles du cinéma*, France Inter, 4 avril 1992.
8. « Jean Rochefort gentleman acteur » par Laurent Dandrieu, *Valeurs actuelles*, 27 septembre 2002.
9. « Les premiers pas de Jean Rochefort » par Véronique Groussard, *TéléCiné-Obs* n° 1966, 13 juillet 2002.
10. « Jean Rochefort : Je suis dans la peau de mes personnages quand j'ai le costume » par Claude-Marie Trémois, *Télérama* n° 700, 16 juin 1963.
11. « Jean Rochefort : Moi je n'aime pas le tiède » par Alain Morel, *Le Parisien*, 19 août 1993.
12. « Jean Rochefort, hautain et content » par Marie-Élisabeth Rouchy, *Le Matin de Paris*, 13 février 1981.
13. « Jean Rochefort : Je préfère le regret à l'action » par Yves Alion, *La Revue du cinéma* n° 414, mars 1986.
14. « Jean Rochefort : La perte de mémoire me terrifie » par Jacques Brinaire, *La Nouvelle République*, 5 juillet 2015.
15. Interview de Jean Rochefort par Cécile Poss, *La Première*, RTBF, 29 avril 2016.
16. « Jean Rochefort : Enfin je suis un séducteur » par Paule Feuillet, *Chez Nous/L'Écho de la mode* n° 34, 23 août 1974.
17. *Ibid.*
18. Interview de Jean Rochefort par Claude Villers, *Le tribunal des flagrants délires* de Monique Desbarbat, France Inter, 30 mai 1983.
19. « Jean Rochefort : après le César il est allé soigner ses chevaux » par Virginie Merlin et Jean-Claude Zana, *Paris Match* n° 1499, 17 février 1978.
20. Interview de Roger Carel par l'auteur, 18 octobre 2013.
21. « Jean Rochefort : Enfin j'ai rendez-vous avec Alceste » par Léon Zitrone, *Jours de France* n° 820, 8 septembre 1970.
22. « Le lendemain du *Mariage de Figaro* (Noël 1961), la chance souriait à Jean Rochefort » par Stéphane Epin, *Télé 7 Jours* n° 277, 10 juillet 1965.
23. « René de Obaldia parle de *Genousie* » par Jacques Jaubert, *Bref* n° 39, octobre 1960.
24. *Ibid.*
25. Interview de Roger Mollien par Jacques Jaubert, *Bref* n° 39, octobre 1960.
26. Jean-Jacques Gautier, *Le Figaro*, 1er octobre 1960.
27. Interview de Jean Rochefort par Olivier Barrot, *Volte-face de* Brigitte Bouvier, France-Culture, 25 août 2007.
28. « Jean Rochefort, l'excentrique » par Fabienne Darge, *Le Monde* n° 19516, 23 octobre 2007.
29. « Les deux mondes de Rochefort » d'Emmanuel Tellier, *Télérama* n° 2818, 14 janvier 2004.
30. Interview de Jean Rochefort par Rebecca Manzoni, *Éclectik*, France Inter, 20 juin 2005.
31. Léon Zitrone, *op. cit.*
32. « Jean Rochefort : Je suis dans la peau de mes personnages quand j'ai le costume », *op. cit.*
33. « Jean Rochefort : Notre cinéma a fait son temps » par Éric Leguèbe, *Le Parisien*, 10 mai 1995.
34. *Mémoire cavalière* de Philippe Noiret, Robert Laffont, 2007.
35. *Ibid.*
36. *Ibid.*
37. « Enfin, je ne suis plus un gugusse » par Maurice Tillier, *Le Figaro littéraire*, 24 décembre 1964.

38. *Bref*, octobre 1960, *op. cit.*
39. Interview de Maurice Jarre par Jacques Jaubert, *Bref* n° 44, mars 1961.
40. *Ibid.*
41. Interview de Jean Rochefort, *NocturnAlès*, France 3, 9 octobre 1999.
42. Reportage de Michel Cournot, *L'Express*, 9 novembre 1961.
43. *Du tableau de service au théâtre*, notes de service de Jean Vilar rassemblées par Melly Puaux, Cahiers théâtre Louvain 53, 1985.
44. Interview de Raymond Queneau par Jacques Jaubert, *Bref* n° 44, mars 1961.
45. Interview de Roger Pillaudin par Jacques Jaubert, *Bref* n° 44, mars 1961.
46. Olivier Barrot, *op. cit.*
47. Arnaud Laporte, 2-6 janvier 2012, *op. cit.*
48. Michel Cournot, *op. cit.*
49. *Ibid.*
50. Interview de Jean Rochefort par Bernard Rapp, *Les feux de la rampe* de Philippe Azoulay, StudioCanal, 2002.
51. « Rochefort entre les mains de Piccoli » d'Armelle Héliot, *Le Quotidien* n° 2860, 28 janvier 1989.
52. Maurice Tillier, *op. cit.*
53. Fabienne Darge, *op. cit.*
54. Interview de Jean Rochefort par Marie-Christine Caire, *Top Réalités Jeunesse* n° 259, 3 novembre 1963
55. Fabienne Darge, *op. cit.*
56. Bernard Rapp, *op. cit.*
57. *Ibid.*
58. Cécile Poss, *op. cit.*
59. *Cinéma & histoire / Histoire & cinéma* d'Hervé Dumont, www.hervedumont.ch.
60. *Ibid.*
61. Entretien de Stellio Lorenzi avec Michèle de Bussierre, *Dossiers de l'audiovisuel* n° 24, mars-avril 1989.
62. « Jean Rochefort : Pour jouer *Le Misanthrope* il m'a fallu du courage » par Guy Verdot, *Télé 7 Jours* n° 565, 20 février 1971.
63. Interview de Marcel Bluwal par l'auteur, 2 décembre 2010.
64. *Un aller* de Marcel Bluwal, en collaboration avec Marie-Thérèse Guinchard, Stock, 1974.
65. Marcel Bluwal, 2 décembre 2010, *op. cit.*
66. Léon Zitrone, *op. cit.*
67. Maurice Tillier, *op. cit.*
68. *Un après-midi chez Jean Rochefort* de Jean-Luc Perreard, 2007.
69. Interview de Jean-Pierre Marielle par Yves Alion et Gilles Cèbe, *Écran* n° 62, 15 octobre 1977.
70. *Le Film français* n° 839, 17 juin 1960.
71. « Le temps des copains » par Dominique Borde, *Le Figaro*, 22 octobre 1988.
72. Interview de Jean Rochefort par Jérôme Wybon, bonus des *Tribulations d'un Chinois en Chine*, Studiocanal, 2014.
73. Interview de Claudia Cardinale par l'auteur, 15 décembre 2012.
74. « Jean Rochefort... brigand sympathique et débrouillard », *Le Parisien*, 8 mai 1972.
75. « Jean-Paul Belmondo, Jean Rochefort, les tribulations de deux copains » par Jean-Jacques Jelot-Blanc, *Télé Star*, 16 décembre 1986.
76. « Jean Rochefort ou comment se marier et divorcer... pour l'amour des chevaux » par Sabine Cayrol, *Paris Match* n° 2099, 17 août 1989.

77. Interview de Jean Rochefort par Laetitia Bataille et Nelly Valère, *Cheval savoir* n° 17, janvier 2011.
78. « Rochefort : J'ai de la tendresse pour Pivot... » par Karine Signoret, *France-Soir*, 24 juin 1985.
79. « Jean Rochefort : le bonheur à cheval » par Blaise de Chabalier, *Le Figaro*, 17 juillet 1999.
80. « Le dada de Rochefort » par Michel Delain, *L'Express*, 2 mai 1986.
81. Arnaud Laporte, *À voix nue*, *op. cit.*
82. Interview de Jean Rochefort par Alain Fauritte, *Déclik*, France 3 Rhône-Alpes Auvergne, 2 octobre 2010.
83. « Jean Rochefort : Je suis acteur-éleveur » par Anne Ladouce, *L'Équipe* n° 18089, 29 décembre 2003.
84. « Jean Rochefort : le sport existe, je l'ai rencontré » par Françoise Derblay, *Santé et Sport* n° 106, janvier 1974.
85. Blaise de Chabalier, *op. cit.*
86. Laetitia Bataille et Nelly Valère, *op. cit.*
87. « Jean Rochefort : Transmettre, c'est mourir en douceur » par Benoît Heimermann, *L'Équipe Mag* n° 1450, 30 avril 2010.
88. Laetitia Bataille et Nelly Valère, *op. cit.*
89. Interview de Jean Rochefort par François-Régis Bastide, *Le masque et la plume* de Michel Hermant, France 3, 29 février 1976.
90. « Jean Rochefort : Mon amour des chevaux vient de l'enfance » par Jean Poggi, *Télé 7 Jours*, 9 septembre 1989.
91. « Antoine de Caunes et Jean Rochefort font le lit des César » par Ghislain Loustalot, *Paris Match*, 20 février 2008.
92. Yves Alion et Gilles Cèbe, *op. cit.*
93. *L'Aurore*, 8 mars 1962.
94. Jacqueline Fabre, *Libération*, 17 mars 1962.
95. Ghislain Loustalot, *op. cit.*
96. « Moscou c'est une blonde pour Jean Rochefort » par Évelyne Marly, *Vie heureuse* n° 49, 20 novembre 1961.
97. Melly Puaux, *op. cit.*
98. *Ibid.*
99. Interview de Jean Rochefort par Bernard Roisin, *Le journal du médecin*, octobre 2003.
100. Interview de Jean Rochefort par Hervé Pauchon, *Au fil d'Inter*, France Inter, 6 octobre 2002.
101. Interview de Jean Rochefort par Alain de Sedouy, *Écran Total*, France Inter, 21 février 1990.
102. Bernard Roisin, *op. cit.*
103. *Ibid.*
104. *Ibid.*
105. Alain de Sedouy, *op. cit.*
106. Bernard Roisin, *op. cit.*
107. « Jean Rochefort : Je suis dans la peau de mes personnages quand j'ai le costume », *op. cit.*
108. *Ibid.*
109. *Ibid.*
110. Claude Cobast, *Image et son* n° 157, décembre 1962.
111. Laetitia Bataille et Nelly Valère, *op. cit.*
112. *Philippe Noiret, de père en filles* par Frédérique Noiret et Deborah Grall-Noiret, Michel Lafon, 2010.
113. Anne Ladouce, *op. cit.*

114. « La captivante quarantaine de Jean Rochefort » par Christian-José Gonzalez, *Chez Nous* n° 44, 25 octobre 1979.

12. Une femme et des enfants d'abord

1. « Le lendemain du *Mariage de Figaro* (Noël 1961), la chance souriait à Jean Rochefort » par Stéphane Epin, *Télé 7 Jours* n° 277, 10 juillet 1965.
2. « Les premiers pas de Jean Rochefort » par Véronique Groussard, *TéléCiné-Obs* n° 1966, 13 juillet 2002.
3. « Blanc et noir », *Cinéma* de Frédéric Rossif, 20 avril 1967.
4. M.C. *Les Lettres françaises*, 24 janvier 1963.
5. Claude Garson, *L'Aurore*, 17 janvier 1963.
6. *Le Canard enchaîné*, 23 janvier 1963.
7. Jean de Baroncelli, *Le Monde*, 19 janvier 1963.
8. Claude-Marie Trémois, *Télérama*, 27 janvier 1963.
9. Interview de Jean Rochefort par Marie-Christine Caire, *Top Réalités Jeunesse* n° 259, 3 novembre 1963
10. Interview de Jean Rochefort par François-Régis Bastide, *Le Masque et la Plume*, France Inter, 14 décembre 1969.
11. « À trente-neuf ans, Jean Rochefort éclate » par Jean-Claude Mazeran, *Le Journal du Dimanche*, 30 novembre 1969.
12. Interview de Jean Rochefort par Gilbert Guez, *Ciné Revue* n° 45, 9 novembre 1967.
13. *Mémoires d'un fils à papa* de Marcel Ophuls, Calmann-Lévy, 2014.
14. Interview de Jean Rochefort par Arnaud Laporte, *À voix nue* de Sandrine Treiner, France Culture, 2-6 janvier 2012.
15. *Mémoire cavalière* de Philippe Noiret, Robert Laffont, 2007.
16. *Philippe Noiret* par Dominique Maillet, Henri Veyrier, 1978-1989.
17. « Jean Rochefort : Enfin j'ai rendez-vous avec Alceste » par Léon Zitrone, *Jours de France* n° 820, 8 septembre 1970.
18. *Un homme à la caméra* d'Alain Douarinou, Éditions France-Empire, 1989.
19. *Mémoire cavalière, op. cit.*
20. *Le Figaro*, 5 septembre 1963.
21. Robert Chazal, *Le Figaro*, 9 septembre 1963.
22. Claude-Marie Trémois, *Télérama*, 15 septembre 1963.
23. Interview de Jean Rochefort par Laurent Ruquier, *On n'est pas couché*, France 2, 17 mars 2007.
24. *Mémoire cavalière, op. cit.*
25. Interview de Jean Rochefort par Laetitia Bataille et Nelly Valère, *Cheval savoir* n° 17, janvier 2011.
26. *Ibid.*
27. *Mémoire cavalière, op. cit.*
28. « Les grands ducs se mettent à table » par Jean-Pierre Lavoignat et Thierry Valletoux, *Studio* n° 107, février 1996.
29. *Mémoire cavalière, op. cit.*
30. *Ibid.*
31. Interview de Jean Rochefort par Sylvie Carter, *L'Éperon* n° 263, décembre 1982.
32. « Jean Rochefort : Je suis acteur-éleveur » par Anne Ladouce, *L'Équipe* n° 18089, 29 décembre 2003.
33. Interview de Jean Rochefort par Virginie Coupérie-Eiffel, *Paris Match*, 4 décembre 2011.

34. Sylvie Carter, *op. cit.*
35. Interview de Jean Rochefort par Philippe Bouvard, *Passez donc me voir*, Antenne 2, 30 janvier 1981.
36. « Rochefort à toute allure » par François Artigas, *TV Câble Satellite*, 21 août 2004.
37. « Jean Rochefort dans les services secrets » par Martine de Rabaudy, *Télé 7 Jours*, 11 avril 1987.
38. Interview de Jacques Deray par Claude-Jean Philippe, *Télérama* n° 708, 11 août 1963.
39. *Merci d'être venu*, RTF, 5 octobre 1963.
40. *J'ai connu une belle époque* de Jacques Deray, Christian Pirot, 2003.
41. *Merci d'être venu*, *op. cit.*
42. Interview de Jean Rochefort par José Artur, *À l'heure du pop*, France Inter, 22 janvier 1993.
43. *Merci d'être venu*, *op. cit.*
44. « 25 acteurs français » par Henry Moret, *Cinéma* n° 138, juillet 1969.
45. Interview de Jean Rochefort par Claude Villers, *Le tribunal des flagrants délires* de Monique Desbarbat, France Inter, 30 mai 1983.
46. Interview de Jean Rochefort par Thierry Colby, 2002.
47. Claude Villers, *op. cit.*
48. « Cet étrange Rochefort que le théâtre redécouvre... » par Dominique Mistler, *L'Aurore*, 30 novembre 1964.
49. *Ibid.*
50. Judith Crist, *New York Herald Tribune.*
51. Dominique Mistler, *op. cit.*
52. Claude-Jean Philippe, *Télérama* n° 708, 11 août 1963.
53. « Jean Rochefort : Je suis dans la peau de mes personnages quand j'ai le costume » par Claude-Marie Trémois, *Télérama* n° 700, 16 juin 1963.
54. *Un aller* de Marcel Bluwal, en collaboration avec Marie-Thérèse Guinchard, Stock, 1974.
55. Interview de Marcel Bluwal par l'auteur, 2 décembre 2010.
56. *Ibid.*
57. Interview de Jean Rochefort par Bella Laurence, *L'Humanité*, 10 décembre 1963.
58. Marcel Bluwal, 2 décembre 2010, *op. cit.*
59. *Ibid.*
60. *Ibid.*
61. Bella Laurence, *op. cit.*
62. « Louis Daquin et cent soixante-dix gosses font la foire aux cancres » par Claude-Marie Trémois, *Télérama* n° 708, 11 août 1963.
63. « Le dada de Rochefort » par Michel Delain, *L'Express*, 2 mai 1986.
64. *Mémoire cavalière*, *op. cit.*
65. Bella Laurence, *op. cit.*
66. Véronique Groussard, *op. cit.*
67. Samuel Lachize, *L'Humanité*, 28 avril 1964.
68. *Le Canard enchaîné*, 22 avril 1964.
69. Y.B., *Le Monde*, 22 avril 1964.
70. Claude Villers, *op. cit.*
71. « Les nouveaux Pieds Nickelés » par Claude-Marie Trémois, *Télérama* n° 746, 3 mai 1964.
72. *Ibid.*
73. « Deux jours avec Jean-Claude Chambon, metteur en scène des *Pieds Nickelés* » par Pierre Neurisse, RTF, 12 mai 1964.

74. *Ibid.*
75. Interview de Michel Galabru par l'auteur, 4 avril 2011.
76. «Jean Rochefort : Comme mon personnage, j'ai le goût de l'échec» par Marlène Amar, *Télé Loisirs*, 15 juin 1987.
77. Michel Galabru, 4 avril 2011, *op. cit.*
78. Interview de Michel Galabru par Daniela Lumbroso, *Y'a un début à tout*, France 2, 26 janvier 2003.
79. Interview de Jean Rochefort par Marcel Jullian, *Écran Total*, France Inter, 25 octobre 1989.
80. Véronique Groussard, *op. cit.*
81. Interview de Jean Rochefort par Stéphane Bern, *Le fou du roi*, France Inter, 21 avril 2004.
82. «Jean Rochefort, l'explosion et le style de la quarantaine» par Guy Braucourt, *Écran* n° 45, 15 mars 1976.
83. Dominique Mistler, *op. cit.*
84. «Le cinéma de Totò» par Jean-Louis Comolli, *Ciné Regards*, France 3, 24 juin 1979.
85. «Rochefort on the Rock», *Première* n° 32, octobre 1979.
86. *Ibid.*
87. *J'ai connu une belle époque*, *op. cit.*
88. Interview de Jean Rochefort par Thierry Colby, 2002.
89. «Jean Rochefort séducteur à cinquante ans» par Chantal Van Tri, *Télé Star* n° 278, 26 janvier 1982.
90. Interview de Jean Rochefort par Laurent Ruquier, *Dans tous les sens*, France Inter, 26 mai 1999.
91. Marlène Amar, *op. cit.*
92. Jean-Pierre Lavoignat et Thierry Valletoux, *op. cit.*
93. *Angélique à cœur perdu* de Michèle Mercier, Carrère, 1987.
94. Interview de Jean Rochefort par Didier Le Corre, *Bretons* n° 25, octobre 2007.
95. «Jean Rochefort se lâche» par David S. Tran, *Le Progrès-Le Républicain lorrain*, 9 mars 2013.
96. Véronique Groussard, *op. cit.*
97. Interview de Jean Rochefort par Max Favalelli, ORTF, 13 décembre 1964.
98. Interview de Jean Rochefort par Frédéric Beigbeder, *GQ* n° 37, mars 2011.
99. Thierry Colby, *op. cit.*
100. Léon Zitrone, *op. cit.*
101. *Le Nouveau Candide* n° 189, 10 décembre 1964.
102. *Le Nouveau Candide* n° 190, 17 décembre 1964.
103. «Jean Rochefort : Enfin, je ne suis plus un gugusse» par Maurice Tillier, *Le Figaro littéraire*, 24 décembre 1964.

13. Rencontre avec des gens remarquables

1. Pierre Kyria, *Combat*, novembre 1964.
2. *Espaces perdus* de Claude Régy, Les solitaires intempestifs, 1998.
3. *Claude Régy, le passeur* d'Élisabeth Coronel et Arnaud de Mezamat, La Sept-Arte, 1997.
4. *Espaces perdus*, *op. cit.*
5. Programme de *Cet animal étrange*, novembre 1964.
6. *Un après-midi chez Jean Rochefort* de Jean-Luc Perreard, 2007.
7. *Ibid.*

8. «Jean Rochefort aux antipodes du héros positif» par Françoise Audé et Paul Louis Thirard, *Positif* n° 509-510, juillet-août 2003.
9. Interview de Jean Rochefort par Édouard Launet, *Libération*, 13 novembre 2013.
10. Interview de Jean Rochefort par Arnaud Laporte, *À voix nue* de Sandrine Treiner, France Culture, 2-6 janvier 2012.
11. Interview de Delphine Seyrig par Lucien Patry et André Berruer, *Films et documents* n° 218, janvier 1966.
12. «Jean Rochefort : Je préfère le regret à l'action» par Yves Alion, *La Revue du Cinéma* n° 414, mars 1986
13. «Jean Rochefort : Enfin, je ne suis plus un gugusse» par Maurice Tillier, *Le Figaro littéraire*, 24 décembre 1964.
14. «Cet étrange Rochefort que le théâtre redécouvre...» par Dominique Mistler, *L'Aurore*, 30 novembre 1964.
15. Interview de Jean Rochefort par Max Favalelli, ORTF, 13 décembre 1964.
16. Interview de Jean Rochefort par Rebecca Manzoni, *Éclectik*, France Inter, 10 mars 2013.
17. Interview de Jean Rochefort par Olivier Barrot, *Volte-face de* Brigitte Bouvier, France-Culture, 25 août 2007.
18. «Jean Rochefort ou comment on devient séducteur après 40 ans» par Catherine Breillat, *Vogue Hommes* n° 21, juillet-août 1979.
19. Françoise Audé et Paul Louis Thirard, *op. cit.*
20. «Jean Rochefort : On va me prendre pour un vieux réac» par Emmanuèle Frois, *Le Figaro*, 25 février 2013.
21. Maurice Tillier, *op. cit.*
22. Interview de Jean Rochefort par Bernard Rapp, *Les feux de la rampe* de Philippe Azoulay, StudioCanal, 2002.
23. Interview de Jean Rochefort par Arnaud Laporte, *Le bon plaisir*, France Culture, 12 décembre 1998.
24. Rebecca Manzoni, 10 mars 2013, *op. cit.*
25. «Jean Rochefort : Je mets du renard dans mon loup» par Fabienne Pascaud, *Télérama* n° 1868, 30 octobre 1985.
26. «Jean Rochefort l'enchanteur» par Philippe Séguy, *Point de vue*, 28 novembre 2007.
27. Interview de Jean Rochefort par Cécile Poss, *La Première*, RTBF, 29 avril 2016.
28. Robert Abirached, *Le Nouvel Observateur*, décembre 1964.
29. Jacques Lemarchand, *Le Figaro littéraire*, décembre 1964.
30. Georges Lerminier, *Le Parisien libéré*, décembre 1964.
31. *Réforme*, 28 décembre 1964.
32. Jean Dutourd, *France-Soir*, 4 décembre 1964.
33. Jean Vigneron, *La Croix*, 10 décembre 1964.
34. M. M., *Jours de France*, 19 décembre 1964.
35. Pierre Marcabru, *Paris-Presse-L'Intransigeant*, décembre 1964.
36. *Rivarol*, 17 décembre 1964.
37. Bertrand Poirot-Delpech, *Le Soir*, 11 décembre 1964.
38. Jean-Jacques Gautier, *Le Figaro*, 4 décembre 1964.
39. Michel Cournot, *Le Monde*, 26 février 1974.
40. Interview de Jean Rochefort par Pierre Bouteiller, *Quoi qu'il en soit*, France Inter, 20 octobre 1997.
41. «Jean Rochefort : confidences d'un gentleman» par Alain Teulère, *Le Journal du Dimanche*, 26 octobre 1997.
42. Bernard Rapp, *op. cit.*

43. Cécile Poss, *op. cit.*
44. Interview de Jean Rochefort par Michel Drucker, *Sports en fête* de Rémy Grumbach, 2 décembre 1973.
45. Interview de Jean Rochefort par Sylvie Carter, *L'Éperon* n° 263, décembre 1982.
46. Interview de Jean Rochefort par Gérard Delorme, *Première* n° 433, mars 2013.
47. « Jean-Paul Belmondo, Jean Rochefort, les tribulations de deux copains » par Jean-Jacques Jelot-Blanc, *Télé Star*, 16 décembre 1986.
48. Interview de Jean Rochefort par Jérôme Wybon, bonus des *Tribulations d'un Chinois en Chine*, Studiocanal, 2014.
49. Interview de Jean Rochefort par Jean-Luc Hees, *Synergie*, France Inter, 19 janvier 1999.
50. Jérôme Wybon, *op. cit.*
51. Interview de Jean Rochefort par Laure Adler, *Studio Théâtre*, France Inter, 22 décembre 2007.
52. *Belmondo, l'histoire d'une vie* de Jérôme Strazzula et Stéphane Leduc, Ramsay, 1996.
53. « Le lendemain du *Mariage de Figaro* (Noël 1961), la chance souriait à Jean Rochefort » par Stéphane Epin, *Télé 7 Jours* n° 277, 10 juillet 1965.
54. Jérôme Wybon, *op. cit.*
55. *Jean-Paul Belmondo* de François Guérif et Stéphane Levy-Klein, Éditions Pac, collection Têtes d'affiche, 1976.
56. Jean-Jacques Jelot-Blanc, *op. cit.*
57. Henry Rabine, *La Croix*, 11 décembre 1965.
58. Guy Daussois, *Démocratie 60*, 11 décembre 1965.
59. Robert Monange, *L'Aurore*, 6 décembre 1965.
60. Interview de Jean Rochefort par Hervé Pauchon, *Au fil d'Inter*, France Inter, 6 octobre 2002.
61. Interview de Jean Rochefort par Bernard Roisin, *Le journal du médecin*, octobre 2003.
62. Stéphane Epin, *op. cit.*
63. *Dans le désordre* par Claude Régy et Stéphane Lambert, Le temps du théâtre, Actes Sud, 2011.
64. Interview de Claude Régy par Sylvain Zegel, *Le Figaro littéraire*, 20 février 1964.
65. « Les libertés de Delphine Seyrig », *L'Express* n° 997, 17 août 1970.
66. « Rochefort entre les mains de Piccoli » d'Armelle Héliot, *Le Quotidien* n° 2860, 28 janvier 1989.
67. Arnaud Laporte, 2-6 janvier 2012, *op. cit.*
68. « Un mystère nommé Pinter » par Pierre Kyria, *Combat*, 15 septembre 1965.
69. Bernard Rapp, *op. cit.*
70. Interview de Claude Régy par Jacqueline Veuve, *Delphine Seyrig, portrait d'une comète*, 2000.
71. Interview de Jean Rochefort par André Asséo et Jean-Claude Loiseau, *Les étoiles du cinéma*, France Inter, 4 avril 1992.
72. Arnaud Laporte, 12 décembre 1998, *op. cit.*
73. « Les premiers pas de Jean Rochefort » par Véronique Groussard, *TéléCiné-Obs* n° 1966, 13 juillet 2002.
74. André Asséo et Jean-Claude Loiseau, 4 avril 1992, *op. cit.*
75. « Delphine Seyrig dort tous les soirs avec une chatte persane » par Jacqueline Cartier, *Paris Presse*, 19 septembre 1965.
76. « Au cirque Pinter », *Le Figaro*, 28 septembre 1965.

77. «Jean Rochefort : La médiocrité m'exalte» par Fabienne Pascaud, *Télérama* n° 2302, 23 février 1994.
78. «À 84 ans, Hébertot veut lancer à Paris le dramaturge anglais Harold Pinter» par Odile Grand, *L'Aurore*, 27 septembre 1965.
79. Interview de Jean Rochefort par Matthieu Garrigou-Lagrange, *Une vie, une œuvre*, France Culture, 23 janvier 2011.
80. *Édition spéciale : Pinter à Paris* de Michel Dumoulin, 2e chaîne, 4 février 1968.
81. «En 1967, Labiche s'appelle Pinter, dit Claude Régy, metteur en scène de *L'anniversaire* à Antoine» par Judith Weiner, *France-Soir*, 23 décembre 1967.
82. «Pinter l'ambigu» par Colette Godard, *Les Nouvelles littéraires*, 23 septembre 1965.
83. «Les cent actes divers», *Le Figaro*, 3 août 1965.
84. Interview de Jean Rochefort par Moussa Abadi, *Images et visages du théâtre d'aujourd'hui*, ORTF, 3 avril 1969.
85. «Jean Rochefort, l'excentrique» par Fabienne Darge, *Le Monde* n° 19516, 23 octobre 2007.
86. Matthieu Garrigou-Lagrange, *op. cit.*
87. Fabienne Pascaud, 30 octobre 1985, *op. cit.*
88. *Ibid.*
89. «Jean Rochefort : Mamet, ce fils de Pinter» de Marie-Noëlle Tranchant, *Le Figaro*, 24 janvier 1989.
90. Claude Olivier, *Les Lettres françaises*, 7 octobre 1965.
91. Robert Abirached, *Le Nouvel Observateur*, 6 octobre 1965.
92. Béatrice Sabran, *Aspects de la France*, 7 octobre 1965.
93. Gilles Sandier, *Arts*, 6 octobre 1965.
94. Frank Bridel, *La Tribune de Genève*, 6 novembre 1965.
95. Bertrand Poirot-Delpech, *Le Monde*, 29 septembre 1965.
96. Jean Paget, *Combat* n° 6616, 29 septembre 1965.
97. *Réforme*, 2 octobre 1965.
98. Gilbert Guilleminault, *L'Aurore*, 29 septembre 1965.
99. *Rivarol*, 7 octobre 1965.
100. *Cinéma* de Frédéric Rossif, 26 mars 1966, 1re chaîne.
101. *Ibid.*
102. Patrick Thévenon, *L'Express*, 24 octobre 1966.
103. Frédéric Rossif, *op. cit.*
104. Interview de Jean Rochefort par Marc Voinchet, *Tout arrive*, France Culture, 10 janvier 2006.
105. Frédéric Rossif, *op. cit.*
106. Marc Voinchet, *op. cit.*
107. *Ibid.*
108. Michel Duran, *Le Canard enchaîné*, 26 octobre 1966.

14. Vers sa destinée

1. «Jean Rochefort (35 ans) : jusqu'à 26 ans, il a joué les rôles de vieillard», *France-Soir*, 27 avril 1966.
2. «Héros du *Mariage à la mode*, Jean Rochefort a réussi le sien» par Michèle Mercier, *L'Aurore*, 26 avril 1966.
3. *Ibid.*
4. Interview de Jean Rochefort par Janick Arbois, *Télérama* n° 856, 12 juin 1966.

5. Michèle Mercier, *op. cit.*
6. Interview de Claude Régy par Maurice Tillier, *Le Figaro littéraire*, 29 septembre 1966.
7. Interview de Jean Rochefort par Nicole Brisse, *Inter-Actualités de 13 H*, France Inter, 25 mars 1968.
8. *Combat*, 30 août 1966.
9. Nicole Brisse, *op. cit.*
10. Interview de Claude Régy par Claude Sarraute, *Le Monde*, 9 septembre 1966.
11. *Espaces perdus* de Claude Régy, Les solitaires intempestifs, 1998.
12. « Claude Régy, metteur en scène déraisonnable », *Alternatives théâtrales* n° 43, 1992.
13. Interview de Claude Régy, *Pour le plaisir* de Pierre-André Boutang et Jean-Daniel Simon, RTF, 3 novembre 1966.
14. Jean Dutourd, *France-Soir*, 17 septembre 1966.
15. *Le Canard enchaîné*, 21 septembre 1966.
16. Elsa Triolet, *Les Lettres françaises*, 22 septembre 1966.
17. « Jean Rochefort : Gardons les pissenlits ! » par Fabien Menguy, *À nous Paris* n° 706, 2 novembre 2015.
18. Archives de la Cinémathèque Française, référence CJ3-B1, 19 décembre 1966.
19. « Jean Rochefort : confidences d'un gentleman » par Alain Teulère, *Le Journal du Dimanche*, 26 octobre 1997.
20. Interview de Jean Rochefort par Laurent Ruquier, *Dans tous les sens*, France Inter, 26 mai 1999.
21. Interview de Jean Rochefort par Laurent Ruquier, *Rien à cirer*, France Inter, 22 février 1994.
22. Fabien Menguy, *op. cit.*
23. Laurent Ruquier, 22 février 1994, *op. cit.*
24. Interview de Jean Rochefort par Gilbert Guez, *Ciné Revue* n° 45, 9 novembre 1967.
25. « À trente-neuf ans, Jean Rochefort éclate » par Jean-Claude Mazeran, *Le Journal du Dimanche*, 30 novembre 1969.
26. *Initiales B.B.* de Brigitte Bardot, Grasset, 1996.
27. *Ibid.*
28. « Les distributeurs sont servis », *Le Figaro littéraire*, 6 mai 1968.
29. *Simone est comme ça* de Simone Berriau, Robert Laffont, 1973.
30. *Ibid.*
31. Interview de Henri Lanoë par l'auteur, 2 novembre 2015.
32. *Ibid.*
33. *Ibid.*
34. Interview de Jean Rochefort par Christophe Lemaire, 23 juin 2015.
35. Interview de Jean Rochefort par Laurent Ruquier, *On a tout essayé*, France 2, 16 septembre 2002.
36. Jean-Louis Comolli, *Cahiers du cinéma* n° 203, août 1968.
37. Henri Lanoë, *op. cit.*
38. « Blanc et noir », *Cinéma* de Frédéric Rossif, 20 avril 1967.
39. *Ibid.*
40. « Jean Rochefort feuillette son passé » par Marion Thébaud, *Le Figaro*, 18 octobre 2007.
41. « L'abominable Claude Régy » par Jean Chalon, *Le Figaro littéraire*, 24 décembre 1967.
42. *Espaces perdus*, *op. cit.*

43. « Comment la meilleure troupe ne peut sauver un théâtre » par Pierre Marcabru, *Paris Presse*, 3 janvier 1968.
44. Jean-Luc Perreard, *op. cit.*
45. *Comme une apparition : Delphine Seyrig, portrait* par François Poirié, Actes Sud, 2007.

15. Des plans sur la comète

1. Interview de Jean Rochefort par Sylvie Carter, *L'Éperon* n° 263, décembre 1982.
2. Interview de Jean Rochefort par Laetitia Bataille et Nelly Valère, *Cheval savoir* n° 17, janvier 2011.
3. « Jean Rochefort : premier rôle à Coubertin » par Bernard Dolet, *L'Équipe*, 16 novembre 1981.
4. Laetitia Bataille et Nelly Valère, *op. cit.*
5. « Jean Rochefort : Je suis acteur-éleveur » par Anne Ladouce, *L'Équipe* n° 18089, 29 décembre 2003.
6. Laetitia Bataille et Nelly Valère, *op. cit.*
7. Interview de Jean Rochefort par Rémi Dupré, *Le Monde*, 6 août 2012.
8. Bernard Dolet, *op. cit.*
9. Paul Deglin, *Ciné Revue* n° 33, 15 août 1968.
10. « Ma jument, mon colley, mon perroquet et moi » par Madeleine Loisel, *L'Écho de la mode* n° 13, 31 mars 1973.
11. Laetitia Bataille et Nelly Valère, *op. cit.*
12. Interview de Jean Rochefort par Gilbert Guez, *Ciné Revue* n° 45, 9 novembre 1967.
13. *Ibid.*
14. Jean-Paul Clébert, *Les Nouvelles littéraires*, 14 décembre 1967.
15. « Jean Rochefort, humoriste flegmatique à l'allure d'aristocrate, rêve de tourner un western avec son copain Belmondo » par Claude-Marie Trémois, *Télérama* n° 965, 14 juillet 1968.
16. *Ibid.*
17. Interview de Jean Rochefort par Nicolas Ungemuth, *Le Figaro Magazine*, 18 octobre 2013.
18. Interview de Jean Rochefort par Rebecca Manzoni, *Éclectik*, France Inter, 4 novembre 2006.
19. Interview de Jean Rochefort par Jérôme Wybon, bonus des *Tribulations d'un Chinois en Chine*, Studiocanal, 2014.
20. « Enchanté de vous connaître : Marthe Keller » par Monique Lefebvre, *Télérama*, n° 1151, 5 février 1972.
21. « Marthe Keller a trouvé en France l'amour et le succès » par Pierre Chatenier, *Télé Mag* n° 850, 5 février 1972.
22. « Marthe Keller : Depuis *La demoiselle d'Avignon*, on ne me propose plus rien à la télé » par Thérèse Fournier, *France-Soir*, 16 février 1974.
23. « Jean Rochefort, le bruit du clap au fond des bois » par Loïc Belland, *Cinémascope* n° 4. mai-juin 1995.
24. Interview de Jean Rochefort par Sylvain Augier, *Qu'est-ce qui vous fait courir ?*, France Inter, 20 octobre 1989.
25. Interview d'Élisabeth Bardin par l'auteur, 25 octobre 2013.
26. Interview de Jean Rochefort par Daniel Schick, *À titre provisoire*, France Inter, 2 octobre 1994.

27. « Les rencontres de Jean Rochefort » par Brigitte Baudin, *L'Aurore*, 2 février 1981.
28. Interview de Jean Rochefort par Laurent Delahousse, *Un jour, un destin*, France 2, août 2013.
29. « Jean Rochefort : Je suis dans la peau de mes personnages quand j'ai le costume » par Claude-Marie Trémois, *Télérama*, 16 juin 1963.
30. Interview de Jean Rochefort par Denise Alberti, *Les feux de la rampe*, France Inter, 15 mars 1969.
31. *Ibid.*
32. Interview de Thierry Maulnier par Max Favalelli, *Les trois coups*, ORTF, 19 avril 1969.
33. Denise Alberti, *op. cit.*
34. *Ibid.*
35. Interview de Jean Rochefort par Moussa Abadi, *Images et visages du théâtre d'aujourd'hui*, ORTF, 3 avril 1969.
36. Denise Alberti, *op. cit.*
37. *Ibid.*
38. Moussa Abadi, *op. cit.*
39. *Ibid.*
40. *Ibid.*
41. « 25 acteurs français » par Henry Moret, *Cinéma* n° 138, juillet 1969.
42. Interview de Jean Rochefort par Gérard Delorme, *Première* n° 433, mars 2013.
43. Interview de Jean Rochefort par Sophie Joubert, *L'humeur vagabonde*, France-Inter, 12 novembre 2007.
44. « Jean Rochefort : Enfin j'ai rendez-vous avec Alceste » par Léon Zitrone, *Jours de France* n° 820, 8 septembre 1970.
45. *Ibid.*
46. Interview d'André Farwagi par Robert Cravenne, *Unifrance Film* n° 394, 5 avril 1970.
47. « Jean Rochefort marié au théâtre avec Marthe Keller, sa fille de cinéma », *Paris-Presse*, 31 juillet 1969.
48. *Ibid.*
49. Interview de Jean Rochefort par Christophe Lemaire, 23 juin 2015.
50. Mail de Joël Chapron à l'auteur, 20 janvier 2015.
51. *24 images seconde* de Marina Vlady, Fayard, 2005.
52. Interview de Jean Rochefort par Jean-Claude Loiseau, *Les étoiles du cinéma* d'André Asséo, France Inter, 21 août 1993.
53. « Jean Rochefort : Je mets du renard dans mon loup » par Fabienne Pascaud, *Télérama* n° 1868, 30 octobre 1985.
54. « Jean Rochefort : La médiocrité m'exalte » par Fabienne Pascaud, *Télérama* n° 2302, 23 février 1994.
55. « Rochefort, cœur de rocker » par Éric Angelica, *Sortir-Le Dauphiné*, 18 septembre 2002.
56. Interview de Jean Rochefort par Bernard Rapp, *Les feux de la rampe* de Philippe Azoulay, StudioCanal, 2002.
57. « Quel homme peut-il bien se cacher derrière l'acteur Jean Rochefort ? », *Podium Hit* n° 126, août 1982.
58. Thérèse Fournier, *op. cit.*
59. « Un auteur garçon de café », *Paris Presse*, 21 novembre 1969.
60. *Ibid.*
61. Interview de Jean Rochefort par Michel Drucker, *Sports en fête* de Rémy Grumbach, 1re chaîne, 2 décembre 1973.

62. Interview de Jean Rochefort par François-Régis Bastide, *Le Masque et la Plume*, France Inter, 14 décembre 1969.
63. Interview de Jean Rochefort par Jean-Louis Lechat, *Télé Moustique* n° 2610, 5 février 1976.
64. Interview de Jean Rochefort par Paul-Louis Mignon, *Inter-Actualités de 13H*, France Inter, 6 septembre 1970.
65. Interview de Jean Rochefort par Paul-Louis Mignon, *Inter-Actualités de 13H*, France Inter, 14 novembre 1969.
66. Paul-Louis Mignon, 6 septembre 1970, *op. cit.*
67. François-Régis Bastide, *op. cit.*
68. Bertrand Poirot-Delpech, *Le Masque et la Plume*, France Inter, 14 décembre 1969.
69. Jean-Jacques Gautier, *Elle*, 1969.
70. François-Régis Bastide, *op. cit.*
71. « À trente-neuf ans, Jean Rochefort éclate » par Jean-Claude Mazeran, *Le Journal du Dimanche*, 30 novembre 1969.
72. Interview de Jean Rochefort par Francis Girod, *Le répertoire des comiques : Jean-Pierre Marielle* d'Éric Ollivier et Robert Mugnerot, ORTF, 1er janvier 1970.
73. Interview de Jean Rochefort par Michel Drucker, *Première* n° 11, novembre 1977.
74. *Toujours vif et joyeux !* de Remo Forlani, Denoël, 2003.
75. Léon Zitrone, *op. cit.*
76. *Paris Presse*, 6 juin 1970.

16. Une affaire de moustache

1. *Molière et la comédie classique* de Louis Jouvet, Gallimard, 1965.
2. *Vive le théâtre !* de Pierre Dux, Stock, 1984.
3. Interview de Jean Rochefort, dossier de presse d'*Un dimanche de flics*, mars 1983.
4. « Jean Rochefort : Enfin j'ai rendez-vous avec Alceste » par Léon Zitrone, *Jours de France* n° 820, 8 septembre 1970.
5. Interview de Jean Rochefort par Paul-Louis Mignon, *Inter-Actualités de 13H*, France Inter, 6 septembre 1970.
6. « Jean Rochefort n'avait jamais osé jouer *Le Misanthrope* » par Geneviève Verrier, *Télé Magazine* n° 800, 20 février 1971.
7. Paul-Louis Mignon, 6 septembre 1970, *op. cit.*
8. « Jean Rochefort : Pour jouer *Le Misanthrope* il m'a fallu du courage » par Guy Verdot, *Télé 7 Jours* n° 565, 20 février 1971.
9. Léon Zitrone, 8 septembre 1970, *op. cit.*
10. Geneviève Verrier, *op. cit.*
11. Léon Zitrone, 8 septembre 1970, *op. cit.*
12. Geneviève Verrier, *op. cit.*
13. *Ibid.*
14. Interview de Jean Rochefort par Alain Bedouet, *Le téléphone sonne*, France Inter, 6 janvier 2004.
15. Interview de Jean Rochefort par Rémi Dupré, *Le Monde*, 6 août 2012.
16. Guy Verdot, *op. cit.*
17. Geneviève Verrier, *op. cit.*
18. *Ibid.*
19. « Jean Rochefort : du conventionnel à l'hyperquotidien », *Télé Moustique* n° 2542, 17 octobre 1974.

20. «Jean Rochefort feuillette son passé» par Marion Thébaud, *Le Figaro*, 18 octobre 2007.
21. Guy Verdot, *op. cit.*
22. «Jean Rochefort a retrouvé pour *Le Misanthrope* son professeur du Conservatoire : Pierre Dux» par M.H., *France-Soir*, 20 février 1971.
23. «Jean Rochefort : du conventionnel à l'hyperquotidien», *op. cit.*
24. «Jean Rochefort, un homme de théâtre avant tout» par Claude Obernai, *Femmes d'aujourd'hui* n° 1428, 13 septembre 1972.
25. «Rochefort : le plus Anglais des Français types» par Alix de Saint-André, *Le Figaro Magazine*, 3 juillet 1982.
26. «Jean Rochefort vient à la télé sur la pointe des pieds» par Marie Sauvion, *Le Parisien*, 21 septembre 1995.
27. «Jean Rochefort se lâche» par David S. Tran, *Le Progrès-Le Républicain lorrain*, 9 mars 2013.
28. «La captivante quarantaine de Jean Rochefort» par Christian-José Gonzalez, *Chez Nous* n° 44, 25 octobre 1979.
29. *Intérieur soir* d'Édouard Molinaro, Éditions Anne Carrière, 2009.
30. Interview d'Édouard Molinaro par René Quinson, *Combat*, 8 juillet 1970.
31. *France-Soir*, 31 octobre 1970.
32. Louis Chauvet, *Le Figaro*, 3 novembre 1970.
33. F.B., *Le Film français*, novembre 1970.
34. Interview de Jean Rochefort par Robert Cravenne, *Unifrance Film* n° 405, 30 octobre 1970.
35. *Pour le cinéma* de Pierre Mignot, ORTF, 2 novembre 1970.
36. *Ibid.*
37. Interview de Jean Rochefort par Bernard Rapp, *Les feux de la rampe* de Philippe Azoulay, StudioCanal, 2002.
38. Interview de Jean Rochefort par Jean-Luc Hees, *Synergie*, France Inter, 7 mai 1992.
39. Interview de Jean Rochefort, dossier de presse de *L'artiste et son modèle*, novembre 2012.
40. Robert Cravenne, *op. cit.*
41. Pierre Mignot, *op. cit.*
42. M.D., *Le Canard enchaîné*, 16 décembre 1970.
43. Henry Chapier, *Combat*, 16 décembre 1970.
44. Louis Marcorelles, *Le Monde*, 17 décembre 1970.
45. R.M., *L'Aurore*, 6 janvier 1971.
46. Louis Chauvet, *Le Figaro*, 16 décembre 1970.
47. J. R., *La Croix*, 2 janvier 1971.
48. Pierre Mignot, *op. cit.*
49. *Philippe Noiret, de père en filles* par Frédérique Noiret et Deborah Grall-Noiret, Michel Lafon, 2010.
50. *Mémoire cavalière* de Philippe Noiret, Robert Laffont, 2007.
51. Paul-Louis Mignon, 6 septembre 1970, *op. cit.*
52. *Ibid.*
53. «Enchanté de vous connaître : Marthe Keller» par Monique Lefebvre, *Télérama*, n° 1151, 5 février 1972.
54. «Allô Jean Rochefort ?», *France-Soir*, 8 octobre 1970.
55. Pierre Mignot, *op. cit.*
56. Interview de Pascal Thomas par l'auteur, 22 décembre 2014.
57. «Jean Rochefort : Enfin je suis un séducteur» par Paule Feuillet, *Chez Nous/L'Écho de la mode* n° 34, 23 août 1974.

58. « Marthe Keller a trouvé en France l'amour et le succès » par Pierre Chatenier, *Télé Mag* n° 850, 5 février 1972.
59. Dossier de presse de *La demoiselle d'Avignon*, 1969.
60. « Marthe Keller : Depuis *La demoiselle d'Avignon*, on ne me propose plus rien à la télé » par Thérèse Fournier, *France-Soir*, 16 février 1974.
61. « Jean Rochefort a découvert un poisson... cabot », *France-Soir*, 7 avril 1971.
62. Bernard Rapp, *op. cit.*
63. « Trois personnages de Pinter en quête de leur passé » par François de Santerre, *Le Figaro*, septembre 1971.
64. *Le temps et rien d'autre* de Françoise Fabian, avec la collaboration de Philippe Rège, Fayard, 2006.
65. « Les premiers pas de Jean Rochefort » par Véronique Groussard, *TéléCiné-Obs* n° 1966, 13 juillet 2002.
66. Interview de Jean Rochefort par Paul-Louis Mignon, *Inter-Actualités de 13H*, France Inter, 17 septembre 1971.
67. *Ibid.*
68. *Ibid.*
69. *Ibid.*
70. Françoise Fabian, *op. cit.*
71. « Le théâtre anglais d'Éric Kahane sur deux scènes » par Pierre Julien, *L'Aurore*, 2 septembre 1971.
72. Matthieu Galey, *Combat*, 22 septembre 1971.
73. Yves Navarre, *La Quinzaine littéraire*, 15 octobre 1971.
74. *Ibid.*
75. Gilbert Guilleminault, *L'Aurore*, 22 septembre 1971.
76. Philippe Tesson, *Le Canard enchaîné*, 29 septembre 1971.
77. Bernard Rapp, *op. cit.*
78. Interview de Jean Rochefort par Patricia Martin, *Alter ego*, France Inter, 17 octobre 2002.
79. Interview de Jean Rochefort par Thierry Colby, 2002.
80. David S. Tran, *op. cit.*
81. Louis Chauvet, *Le Figaro*, 11 mars 1972.
82. *Ibid.*
83. *Les Échos*, 10 mars 1972.
84. « Jean Rochefort : une jeune comédienne folle m'a traumatisé ! » par Bernard Alès, *Ciné Revue*, 26 mai 1977.
85. *Pour le cinéma* de Pierre Mignot, ORTF, 13 avril 1972.
86. « Jean Rochefort : J'essaie d'avoir la même fougue qu'à dix-huit ans » par Monique Pantel, *France-Soir*, 6 juin 1972.
87. Interview de Serge Korber par Jean Ollé-Laprune, bonus des *Feux de la chandeleur*, M6 Vidéo, juillet 2007.
88. Interview de Henri Lanoë par l'auteur, 2 novembre 2015.
89. « Jean Rochefort : Il est excitant de n'aimer qu'une seule femme ! » par Bernard Alès, *Ciné Revue* n° 18, 30 avril 1981.
90. M.D., *Le Canard enchaîné*, 31 mai 1972.
91. Michel Lengliney, *Télérama*, 11 juin 1972.
92. Henry Rabine, *La Croix*, 20 mai 1972.
93. « Jean Rochefort : Être comédien c'est mauvais pour la santé » par Jacques Zelde, *Télé Mag* juin 1984.
94. Alain Bedouet, *op. cit.*
95. Interview de Jean Rochefort par Laurent Ruquier, *On a tout essayé*, France 2, 26 février 2003.

17. Tutoyer la caméra

1. Interview de Jean Rochefort, dossier de presse de *Salut l'artiste*, 1973.
2. Interview de Jean Rochefort par Claude Thomas, *Journal Télévisé de 20 h*, 2e chaîne, 7 mai 1972.
3. *Un après-midi chez Jean Rochefort* de Jean-Luc Perreard, 2007.
4. Interview de Jean Rochefort, *Pour le cinéma* de Pierre Mignot, ORTF, 10 juillet 1974.
5. «Jean Rochefort, un homme de théâtre avant tout» par Claude Obernai, *Femmes d'aujourd'hui* n° 1428, 13 septembre 1972.
6. «Le grand brun avec des bottes de cheval : Jean Rochefort» par Odile Grand, *L'Aurore*, 4 décembre 1972.
7. «Jean Rochefort : Des rôles que les vedettes refusaient», *France-Soir*, 30 mars 1973.
8. Odile Grand, *op. cit.*
9. Interview de Jean Rochefort par Michel Drucker, *Sports en fête* de Rémy Grumbach, 2 décembre 1973.
10. Interview de Jean Rochefort par Sylvie Carter, *L'Éperon* n° 263, décembre 1982.
11. Odile Grand, *op. cit.*
12. *Ibid.*
13. Interview de Jean Rochefort par Arnaud Laporte, *À voix nue* de Sandrine Treiner, France Culture, 2-6 janvier 2012.
14. Odile Grand, *op. cit.*
15. «Jean Rochefort : J'essaie d'avoir la même fougue qu'à dix-huit ans» par Monique Pantel, *France-Soir*, 6 juin 1972.
16. Interview de Francis Veber par l'auteur, 4 octobre 2010.
17. *Ibid.*
18. *Un homme de joie* d'Yves Robert, dialogue avec Jérôme Tonnerre, Flammarion, 1996.
19. *Ibid.*
20. Interview de Jean Rochefort par André Heinrich, *Le bon plaisir d'Yves Robert*, France Culture, 20 juin 1992.
21. *Un homme de joie*, *op. cit.*
22. *Jean-Paul Belmondo* de François Guérif et Stéphane Levy-Klein, Éditions Pac, collection Têtes d'affiche, 1976.
23. *Le cinéma des Français : la Ve République (1958-1978)* par Jean-Pierre Jeancolas, Stock Cinéma, 1979.
24. «Jean Rochefort : Je préfère le regret à l'action» par Yves Alion, *La Revue du Cinéma* n° 414, mars 1986.
25. «Jean Rochefort, l'explosion et le style de la quarantaine» par Guy Braucourt, *Écran* n° 45, 15 mars 1976.
26. «Jean Rochefort : Des rôles que les vedettes refusaient», *op. cit.*
27. Philippe Gignoux, *Télérama* n° 1214, 21 avril 1973.
28. Jean-Pierre Jeancolas, *op. cit.*
29. «Jean Rochefort : Un comédien doit toujours avoir sa roulotte dans le garage» par Michel Lengliney, *Télérama* n° 1214, 21 avril 1973.
30. *Ibid.*
31. *Ibid.*
32. Interview de Jean Marbœuf par Danièle Gilbert, *Midi Trente*, ORTF, 4 octobre 1973.
33. *Ibid.*
34. Interview de Claude Brasseur par Danièle Gilbert, *op. cit.*

35. Claude Fléouter, *Le Monde*, 16 mai 1973.
36. *Ibid.*
37. Interview de Jean Rochefort, *Unifrance Film* n° 464, juin 1973.
38. « J'aime la vie en bande dessinée » par Nelly Bradfer, *Le Soir*, 2 novembre 2013.
39. « Les grands ducs se mettent à table » par Jean-Pierre Lavoignat et Thierry Valletoux, *Studio* n° 107, février 1996.
40. Interview de Jean Rochefort par Rebecca Manzoni, *Éclectik*, France Inter, 10 mars 2013.
41. Interview de Jean Rochefort par François-Régis Bastide, *Le Masque et la plume* de Michel Hermant, France 3, 29 février 1976.
42. « Rochefort on the Rock », *Première* n° 32, octobre 1979.
43. Interview de Jean Rochefort par Christophe Lemaire, 23 juin 2015.
44. « Jean Rochefort : Comme mon personnage, j'ai le goût de l'échec » par Marlène Amar, *Télé Loisirs*, 15 juin 1987.
45. Interview de Jean Rochefort par Marie-Élisabeth Rouchy, *TéléCinéObs*, 13 mars 2013.
46. « Ma jument, mon colley, mon perroquet et moi » par Madeleine Loisel, *L'Écho de la mode* n° 13, 31 mars 1973.
47. *Ibid.*
48. « Jean Rochefort : J'ai une passion pour le cheval » par Florence Mirti, *Le Parisien*, 10 juillet 1974.
49. Madeleine Loisel, *op. cit.*
50. *Ibid.*
51. *Unifrance Film*, juin 1973, *op. cit.*
52. *Ibid.*
53. « Jean Rochefort : à 43 ans, je suis encore dans l'équipe de réserve » par Claude-Marie Trémois, *Télérama* n° 1253, 19 janvier 1974.
54. « Jean Rochefort aux antipodes du héros positif » par Françoise Audé et Paul Louis Thirard, *Positif* n° 509-510, juillet-août 2003.
55. Claude-Marie Trémois, 19 janvier 1974, *op. cit.*
56. *Ibid.*
57. Pierre Mignot, *op. cit.*
58. Odile Grand, *op. cit.*
59. *Unifrance Film*, juin 1973, *op. cit.*
60. *Mémoire cavalière* de Philippe Noiret, Robert Laffont, 2007.
61. *Bertrand Tavernier* par Jean-Claude Raspiengeas, Flammarion, 2001.
62. *Ibid.*
63. *Ibid.*
64. Interview de Jean Rochefort par Arnaud Laporte, *Le bon plaisir*, France Culture, 12 décembre 1998.
65. Interview de Jean Rochefort par André Asséo et Jean-Claude Loiseau, *Les étoiles du cinéma*, France Inter, 11 avril 1992.
66. Interview de Jean Rochefort par Jean-Luc Cambier, bonus de *L'horloger de Saint-Paul*, StudioCanal, mars 2001.
67. « Jean Rochefort : repas lyonnais avec un horloger » par Pierre Montaigne, *Le Figaro*, 21 août 1973.
68. « Bertrand Tavernier Prix Louis Delluc : comment réaliser un premier film » par Guy Teisseire, *L'Aurore*, 15 janvier 1974.
69. *Ibid.*
70. « Jean Rochefort : le comique à la française » par Jean-Pierre Robert, *Le Journal du Dimanche*, 19 septembre 1976.
71. Claude-Marie Trémois, 19 janvier 1974, *op. cit.*

72. Interview de Pierre-William Glenn par l'auteur, 9 décembre 2011.
73. Interview de Bertrand Tavernier par Jacques Demeure et Paul-Louis Thirard, *Positif* n° 56, février 1974.
74. Interview de Bertrand Tavernier par José Artur, *Inoxydable*, France Inter, 23 février 2007.
75. *Ibid.*
76. « Les premiers pas de Jean Rochefort » par Véronique Groussard, *TéléCiné-Obs* n° 1966, 13 juillet 2002.
77. Jean-Luc Cambier, *op. cit.*
78. Interview de Jean Rochefort par Claudine Roy, *Rhône-Alpes Actualités*, 24 juillet 1973.
79. Claude-Marie Trémois, 19 janvier 1974, *op. cit.*
80. Interview de Bertrand Tavernier par Laurent Delahousse, *Un jour, un destin*, août 2013.
81. « Jean Rochefort : Être comédien c'est mauvais pour la santé » par Jacques Zelde, *Télé Mag* juin 1984.
82. « Jean Rochefort : La médiocrité m'exalte » par Fabienne Pascaud, *Télérama* n° 2302, 23 février 1994.
83. Françoise Audé et Paul Louis Thirard, *op. cit.*
84. *Ibid.*
85. Jean-Luc Cambier, *op. cit.*
86. « Jean Rochefort : du conventionnel à l'hyperquotidien », *Télé Moustique* n° 2542, 17 octobre 1974.
87. « Jean Rochefort connaît la sérénade » par Monique Pantel, *France-Soir*, 26 septembre 1983.
88. Interview de Jean Rochefort par Gérard Delorme, *Première* n° 433, mars 2013.
89. Interview de Jean Rochefort par Cécile Poss, *La Première*, RTBF, 29 avril 2016.
90. Interview de Jean Rochefort par Thierry Colby, 2002.
91. Jacques Demeure et Paul-Louis Thirard, *op. cit.*
92. Interview de Jean Rochefort par Michel Drucker, *Première* n° 11, novembre 1977.
93. Jean-Luc Cambier, *op. cit.*
94. *Ibid.*
95. Interview de Jean Rochefort par Jean-Luc Hees, *Synergie*, France Inter, 7 mai 1992.
96. *Un après-midi chez Jean Rochefort* de Jean-Luc Perreard, 2007.
97. Jacques Demeure et Paul-Louis Thirard, *op. cit.*
98. *Bertrand Tavernier* par Jean-Claude Raspiengeas, Flammarion, 2001.
99. Pierre-William Glenn, *op. cit.*
100. *Bertrand Tavernier* de Jean-Luc Douin, Ramsay, 1997.
101. Interview de Jean Rochefort par Kathleen Evin, *Éphémérides*, France Inter, 9 mai 2004.
102. Michel Flacon, *Le Point*, 21 janvier 1974.
103. Jean de Baroncelli, *Le Monde*, 19 janvier 1974.
104. Robert Chazal, *France-Soir*, 19 janvier 1974.
105. *Un homme de joie, op. cit.*
106. « Jean Rochefort : confidences d'un gentleman » par Alain Teulère, *Le Journal du Dimanche*, 26 octobre 1997.
107. Interview de Jean Rochefort par Jacques Chancel, *Lignes de mire* de Bernard Gonner, France 3, 22 décembre 1996.
108. Claude-Marie Trémois, 19 janvier 1974, *op. cit.*

109. Pierre Mignot, *op. cit.*
110. Dossier de presse de *Salut l'artiste, op. cit.*
111. Interview d'Yves Robert, *Le Film français* n° 1510, 7 décembre 1973.
112. Pierre Mignot, *op. cit.*
113. Arnaud Laporte, 12 décembre 1998, *op. cit.*
114. Georges Charensol, *La Vie du rail* n° 1425, 13 janvier 1974.
115. Jacqueline Michel, *Télé 7 jours*, 22 décembre 1973.
116. Michel Duran, *Le Canard enchaîné*, 12 décembre 1973.
117. Interview d'Yves Robert par Danièle Gilbert, *Midi Trente*, ORTF, 10 décembre 1973.
118. *Télé Moustique*, 17 octobre 1974, *op. cit.*
119. *Le cinéma de Jean Rochefort* de Jérôme Caza, Christophe d'Yvoire et Karine Giraud, Canal +, décembre 2000.
120. Henry Rabine, *La Croix*, 24 décembre 1973.
121. « Jean Rochefort : l'habitude de déconcerter », *Le Parisien*, 30 novembre 1973.
122. *Ibid.*
123. Interview de Jean Rochefort par Françoise Guérin, *Inter-Actualités de 13H*, France Inter, 19 décembre 1973.
124. « Jean Rochefort : l'habitude de déconcerter », *op. cit.*
125. Interview de Jean Rochefort par Olivier Barrot, *Volte-face de* Brigitte Bouvier, France Culture, 25 août 2007.
126. Françoise Guérin, *op. cit.*
127. Interview de Jean Rochefort par Thierry Colby, 2002.
128. « Jean Rochefort fera tourner les autres pour ne plus jouer le soir » par Nicole Jolivet, *France-Soir*, 7 novembre 1973.
129. Interview de Jean Rochefort par Sylvain Augier, *Qu'est-ce qui vous fait courir ?*, France Inter, 20 octobre 1989.
130. « Jean Rochefort : une forme d'art dramatique », *Le Film français* n° 1537, 14 juin 1974.
131. « Le grand brun avec des bottes de cheval : Jean Rochefort » par Odile Grand, *L'Aurore*, 4 décembre 1972.
132. « Jean Rochefort : une forme d'art dramatique », *op. cit.*
133. « Jean Rochefort : du conservatoire de Nantes à la mise en scène », *Nantes Poche*, 26 décembre 1973.
134. « Jean Rochefort : le sport existe, je l'ai rencontré » par Françoise Derblay, *Santé et Sport* n° 106, janvier 1974.
135. Michel Drucker, 2 décembre 1973, *op. cit.*
136. Françoise Derblay, *op. cit.*
137. « Jean Rochefort : du conservatoire de Nantes à la mise en scène », *op. cit.*
138. Claude-Marie Trémois, 19 janvier 1974, *op. cit.*
139. *Le Film français* n° 1510, 7 décembre 1973
140. *Mon dernier soupir* de Luis Buñuel, Robert Laffont-Opera Mundi, 1982.
141. Interview de Luis Buñuel par Roxane Saint-Jean, *Positif* n° 162, octobre 1974.
142. *Ibid.*
143. Françoise Audé et Paul Louis Thirard, *op. cit.*
144. Kathleen Evin, *op. cit.*
145. Interview de Jean Rochefort par Laurent Ruquier, *Dans tous les sens*, France Inter, 29 octobre 1997.
146. Kathleen Evin, *op. cit.*
147. Marie-Élisabeth Rouchy, *op. cit.*
148. Françoise Audé et Paul Louis Thirard, *op. cit.*

149. « T'es fou, Marcel » par Claude-Marie Trémois, *Télérama* n° 1270, 18 mai 1974.
150. Arnaud Laporte, 2-6 janvier 2012, *op. cit.*
151. Yves Alion, *op. cit.*
152. Pierre Mignot, *op. cit.*
153. Claude-Marie Trémois, 18 mai 1974, *op. cit.*
154. Interview de Jean Rochefort par Roger A. Houzé, *Ciné Revue* n° 42, 17 octobre 1974.
155. *Ibid.*
156. Claude-Marie Trémois, 18 mai 1974, *op. cit.*
157. « Jean Rochefort : Enfin je suis un séducteur » par Paule Feuillet, *Chez Nous/L'Écho de la mode* n° 34, 23 août 1974.
158. Guy Braucourt, *op. cit.*
159. Interview de Jean Rochefort par Jean-Louis Lechat, *Télé Moustique* n° 2610, 5 février 1976.
160. *Ibid.*
161. « Rochefort entre les mains de Piccoli » d'Armelle Héliot, *Le Quotidien* n° 2860, 28 janvier 1989.
162. Guy Braucourt, *op. cit.*

18. La maturité triomphante

1. Interview de Jean Rochefort par Ludovic Perrin, *Le Journal du Dimanche*, 20 octobre 2013.
2. Interview de Jean Rochefort par Paul-Louis Mignon, *Inter-Actualités de 13H*, France Inter, 6 septembre 1970.
3. « Jean Rochefort : Enfin je suis un séducteur » par Paule Feuillet, *Chez Nous* n° 34, 23 août 1974.
4. « Jean Rochefort : une forme d'art dramatique », *Le Film français* n° 1537, 14 juin 1974.
5. *Ibid.*
6. « Jean Rochefort, l'explosion et le style de la quarantaine » par Guy Braucourt, *Écran* n° 45, 15 mars 1976.
7. « Pourquoi *Mon Dieu, comment suis-je tombée si bas ?* » par Luigi Comencini, *Positif* n° 178, février 1976.
8. Interview de Luigi Comencini par Jean A. Gili, *Positif* n° 178, février 1976.
9. Interview de Jean Rochefort, *Pour le cinéma* de Pierre Mignot, ORTF, 19 octobre 1975
10. *Ibid.*
11. Interview de Jean Rochefort par Nicolas Ungemuth, *Le Figaro Magazine*, 18 octobre 2013.
12. Jean de Baroncelli, *Le Monde*, 14 décembre 1975.
13. Paule Feuillet, *op. cit.*
14. Interview de Jean Rochefort par Roger A. Houzé, *Ciné Revue* n° 42, 17 octobre 1974.
15. Paule Feuillet, *op. cit.*
16. *Ibid.*
17. Interview de Jean Rochefort par Sylvie Carter, *L'Éperon* n° 263, décembre 1982.
18. « Ma jument, mon colley, mon perroquet et moi » par Madeleine Loisel, *L'Écho de la mode* n° 13, 31 mars 1973.
19. Paule Feuillet, *op. cit.*

20. *Ibid.*
21. Interview de Jean Rochefort par Françoise Guérin, *Inter-Actualités de 13H*, France Inter, 28 juillet 1974.
22. *Un homme de joie* d'Yves Robert, dialogue avec Jérôme Tonnerre, Flammarion, 1996.
23. *Ibid.*
24. «Jean Rochefort : du conventionnel à l'hyperquotidien», *Télé Moustique* n° 2542, 17 octobre 1974.
25. Interview de Jean Rochefort par Jean-Louis Lechat, *Télé Moustique* n° 2610, 5 février 1976.
26. Interview de Bertrand Tavernier, *Pour le cinéma* de Pierre Mignot, ORTF, 31 mars 1975.
27. *Bertrand Tavernier* par Jean-Claude Raspiengeas, Flammarion, 2001.
28. Interview de Jean Rochefort par Bernard Rapp, *Les feux de la rampe* de Philippe Azoulay, StudioCanal, 2002.
29. «Jean Rochefort aux antipodes du héros positif» par Françoise Audé et Paul Louis Thirard, *Positif* n° 509-510, juillet-août 2003.
30. Guy Braucourt, *op. cit.*
31. Interview de Jean Rochefort par Ève Ruggieri et Patrick Bourrat, *Le regard des femmes* de Michèle Tournier, TF1, 16 octobre 1979.
32. Interview de Jean Rochefort par Kathleen Evin, *Éphémérides*, France Inter, 9 mai 2004.
33. Interview de Jean Rochefort par Jean-Luc Cambier, bonus de *Que la fête commence*, StudioCanal, mars 2001.
34. Interview de Pierre-William Glenn par l'auteur, 9 décembre 2011.
35. Jean-Luc Cambier, *op. cit.*
36. Interview de Jean Rochefort, dossier de presse de *Que la fête commence.*
37. «Jean Rochefort : la tendresse d'un romantique» par Jean-Dominique Bauby, *Le Quotidien de Paris*, 27 mars 1975.
38. «Les premiers pas de Jean Rochefort» par Véronique Groussard, *TéléCiné-Obs* n° 1966, 13 juillet 2002.
39. Jean-Claude Raspiengeas, *op. cit.*
40. Pierre-William Glenn, *op. cit.*
41. Jean-Luc Cambier, *op. cit.*
42. *Philippe Noiret* par Dominique Maillet, Henri Veyrier, 1978-1989.
43. Dossier de presse de *Que la fête commence, op. cit.*
44. Interview de Jean Rochefort par Olivier Barrot, *Volte-face de* Brigitte Bouvier, France Culture, 25 août 2007.
45. «Jean Rochefort : le comique à la française» par Jean-Pierre Robert, *Le Journal du Dimanche*, 19 septembre 1976.
46. *Et pourtant je tourne...* de Claude Chabrol, Éditions Robert Laffont, collection Un homme et son métier, 1976.
47. *Un jardin bien à moi, conversations avec... Claude Chabrol* par François Guérif, Denoël, 1999.
48. Sophie Dumoulin, *Inter-Actualités de 19H*, France-Inter, 24 mars 1975.
49. François Guérif, *op. cit.*
50. H. R., *La Croix*, 5 avril 1975.
51. Odile Grand, *L'Aurore*, 3 avril 1975.
52. Guy Braucourt, *op. cit.*
53. «Jean Rochefort a eu peur de ses partenaires sangliers» par Michèle Dokan, *France-Soir*, 22 juillet 1977.
54. Interview d'Henning Carlsen par Claude Gauteur, *Le Film français* n° 1579, quotidien n° 1, 9 mai 1975.

55. *Ibid.*
56. Michèle Dokan, *op. cit.*
57. *Ibid.*
58. Interview de Jean Rochefort par Sophie Dumoulin, *Inter-Actualités de 19H*, France-Inter, 5 mai 1975
59. Michel Duran, *Le Canard enchaîné*, 15 mai 1975.
60. Pierre Billard, *Le Journal du dimanche*, 11 mai 1975.
61. Guy Teisseire, *L'Aurore*, 11 mai 1975.
62. Interview de Jean Rochefort par Corinne Audouin, *Journal de 7H30*, France Inter, 14 mai 2003.
63. « Rochefort entre les mains de Piccoli » d'Armelle Héliot, *Le Quotidien* n° 2860, 28 janvier 1989.
64. Guy Braucourt, *op. cit.*
65. « Jean Rochefort se donne six mois pour devenir metteur en scène » par Nicole Jolivet, *France-Soir*, 8 février 1975.
66. « La captivante quarantaine de Jean Rochefort » par Christian-José Gonzalez, *Chez Nous* n° 44, 25 octobre 1979.
67. « Jean Rochefort : Je refuse de jouer les pépés » par Uriell Ceillier, *Télé 7 Jours*, 8 mai 2010.
68. Interview de Jean Rochefort par André Asséo et Jean-Claude Loiseau, *Les étoiles du cinéma*, France Inter, 11 avril 1992.
69. Interview de Jean Rochefort par Pierre Bouteiller, *Quoi qu'il en soit*, France Inter, 27 janvier 1997.
70. Interview de Jean Rochefort par Arnaud Laporte, *Le bon plaisir*, France Culture, 12 décembre 1998.
71. « L'homme qui rit » par Marie-Élisabeth Rouchy, *Télérama* n° 2196, 12 février 1992.
72. André Asséo et Jean-Claude Loiseau, 11 avril 1992, *op. cit.*
73. « La fête commence pour Jean Rochefort » par Christine Gauthey, *Le Journal du Dimanche*, 30 mars 1975.
74. Guy Braucourt, *op. cit.*
75. « Les plus belles conquêtes de Jean Rochefort » de Fabienne Strouvé, *Trente millions d'amis*, 20 novembre 1976.
76. Guy Braucourt, *op. cit.*
77. « Jean Rochefort fait sérieusement le pitre » par Alice Hubel, *France-Soir*, 16 janvier 1976.
78. Guy Braucourt, *op. cit.*
79. *Et pourtant je tourne...*, *op. cit.*
80. *Ibid.*
81. *Ibid.*
82. François Guérif, *op. cit.*
83. *Claude Chabrol, la traversée des apparences* de Wilfrid Alexandre, Le Félin-Kiron, juillet 2000.
84. *Et pourtant je tourne...*, *op. cit.*
85. Interview de Jean Rochefort par Christophe Lemaire, 23 juin 2015.
86. Gilbert Salachas, *Télérama*, 19 mai 1976.
87. Annie Coppermann, *Les Échos*, 14 mai 1976.
88. Alice Hubel, *op. cit.*
89. *Je suis un imposteur* de Patrice Leconte, Flammarion, 2000.
90. Interview de Jean Rochefort par Steno Coccoluto, *Les cinémas étaient fermés de l'intérieur* de Pierre-Henri Gibert, Gaumont Vidéo, 2007.
91. Guy Braucourt, *op. cit.*
92. Alice Hubel, *op. cit.*

93. Nicole Jolivet, *op. cit.*
94. Interview de Patrice Leconte par Ségolène Hanotaux, *Un jour, un destin*, août 2013.
95. Interview de Patrice Leconte par l'auteur, 30 novembre 2010.
96. *Ibid.*
97. Interview de Jean Rochefort par Yves Bruneau, *Journal télévisé* de France Régions 3 Paris, 31 mai 1975.
98. Interview de Jean Rochefort par André Halimi, *Allons au cinéma* de Claude Mourthé, TF1, 8 janvier 1976.
99. Interview de Jean Rochefort, *Coluche homme de cœur* d'André Flédérick, France 3, 20 janvier 1998.
100. Interview de Luc Béraud par l'auteur, 12 décembre 2014.
101. Patrice Leconte, 30 novembre 2010, *op. cit.*
102. Interview de Jean Rochefort par Bernard Génin, *Télérama* n° 2479, 16 juillet 1997.
103. Luc Béraud, *op. cit.*
104. « Jean Rochefort : Je suis dans la peau de mes personnages quand j'ai le costume » par Claude-Marie Trémois, *Télérama*, 16 juin 1963.
105. Ségolène Hanotaux, *op. cit.*
106. *Je suis un imposteur*, *op. cit.*
107. Interview de Jean Rochefort par Marcel Jullian, *Écran total*, France Inter, 25 octobre 1989.
108. Steno Coccoluto, *op. cit.*
109. Patrice Leconte, 30 novembre 2010, *op. cit.*
110. *Ibid.*
111. Luc Béraud, *op. cit.*
112. *Je suis un imposteur*, *op. cit.*
113. *Ibid.*
114. *200 films au soleil* d'Alain Poiré, Ramsay, 1988.
115. Interview de Jean Rochefort, *Inter-Actualités*, France-Inter du 7 janvier 1976.
116. Interview de Jean Rochefort par Laurent Ruquier, *Rien à cirer*, France Inter, 22 février 1994.
117. Patrice Leconte, 30 novembre 2010, *op. cit.*
118. Interview de Jean Rochefort par Claude Gauteur *Le Film français* n° 1615, 5 mars 1976.
119. Interview de Patrice Leconte par Michel Ciment, *Projection privée*, France Culture, 28 octobre 1990.
120. Patrice Leconte, 30 novembre 2010, *op. cit.*
121. Luc Béraud, *op. cit.*
122. Interview de Bertrand Blier par l'auteur, 20 novembre 2015.
123. Interview de Jean Rochefort par Michel Drucker, *Les rendez-vous du dimanche* de Rémy Grumbach, TF1, 11 janvier 1976.
124. « Avec Bertrand Blier, les mâles disent non à l'amour » par Monique Pantel, *France-Soir*, 19 septembre 1975.
125. Interview de Jean Rochefort par Jean-Marie Cavada, *La marche du siècle* de Philippe Lallemant, France 3, 5 décembre 1990.
126. Interview de Jean Rochefort par Thierry Colby, 2002.
127. Guy Braucourt, *op. cit.*
128. Arnaud Laporte, 12 décembre 1998, *op. cit.*
129. Alice Hubel, *op. cit.*
130. Interview de Jean Rochefort par Jean-Luc Hees, *Synergie*, France Inter, 7 mai 1992.

131. «Jean Rochefort au débotté» par Virginie Jacoberger-Lavoué, *Valeurs actuelles*, 12 janvier 2012.
132. «Jean Rochefort : Je suis acteur-éleveur» par Anne Ladouce, *L'Équipe* n° 18089, 29 décembre 2003.
133. «Jean Rochefort : le bonheur à cheval» par Blaise de Chabalier, *Le Figaro*, 17 juillet 1999.
134. Anne Ladouce, *op. cit.*
135. «Jean Rochefort : le bonheur à cheval» de Michel Radenac, *Télé 7 Jours* n° 1332, 7 décembre 1985.
136. Interview de Bertrand Blier par l'auteur, 20 novembre 2015.
137. Arnaud Laporte, 12 décembre 1998, *op. cit.*
138. *Ibid.*
139. Interview de Jean Rochefort par Thierry Beccaro, *Atout cœur*, Radio Bleue, 17 juin 1986.
140. Bernard Rapp, *op. cit.*
141. «Jean Rochefort pense toujours à Don Quichotte» par Hélène Merrick, *Télé Câble Satellite*, 6 janvier 2001.
142. Thierry Colby, *op. cit.*
143. «Quel homme peut-il bien se cacher derrière l'acteur Jean Rochefort ?», *Podium Hit* n° 126, août 1982.
144. Thierry Beccaro, *op. cit.*
145. *Ibid.*

19. Les démons de midi

1. «L'homme qui rit» par Marie-Élisabeth Rouchy, *Télérama* n° 2196, 12 février 1992.
2. Interview de Jean Rochefort par Jean-Louis Lechat, *Télé Moustique* n° 2610, 5 février 1976.
3. Interview de Jean Rochefort par Claude Gauteur *Le Film français* n° 1615, 5 mars 1976.
4. Interview de Jean Rochefort, *Inter-Actualités*, France Inter du 7 janvier 1976.
5. «Jean Rochefort : un film à la TV et plus personne ne fait la vaisselle !» par Bernard Alès, *Ciné Revue*, 26 février 1976.
6. Jean-Louis Lechat, *op. cit.*
7. «Jean Rochefort : J'approche de mes soixante-cinq ans avec une stupéfaction sans borne» par Gisèle Galante, *Paris Match* n° 2390, 16 mars 1995.
8. «Elle a une histoire, sa moustache !», *Ciné Revue*, 15 juin 1995.
9. «Petit lexique des acteurs français d'aujourd'hui», *Cinématographe* n° 17, février-mars 1976.
10. «À l'école de la patience», *Nous Deux* n° 1497, février 1976.
11. *Ibid.*
12. *Inter-Actualités*, 7 janvier 1976, *op. cit.*
13. Claude Gauteur, *op. cit.*
14. Jean-Louis Lechat, *op. cit.*
15. *Ibid.*
16. Claude Gauteur, *op. cit.*
17. *Ibid.*
18. «Jean Rochefort, l'explosion et le style de la quarantaine» par Guy Braucourt, *Écran* n° 45, 15 mars 1976.
19. «Jean Rochefort : La passion est le moteur de ma libido» par Emmanuelle Pavon-Dufaure, *Gala*, février 2008.

20. «Jean Rochefort : Moi, un séducteur?» par Nathalie Vigneau, *Télé Star*, 6 mars 1999.
21. Interview de Jean Rochefort par Jean-Luc Cambier, supplément au DVD de *Que la fête commence* de Bertrand Tavernier, Studiocanal Vidéo, 2001.
22. *Bertrand Tavernier* par Jean-Claude Raspiengeas, Flammarion, 2001.
23. « Du cinéma peut-être... mais des copains d'abord ! » par Roger A. Houzé, *L'Écho de la mode* n° 22, 28 mai 1976.
24. *Un homme de joie* d'Yves Robert, dialogue avec Jérôme Tonnerre, Flammarion, 1996.
25. *Ibid.*
26. Interview de Jean Rochefort par Nicolas Ungemuth, *Le Figaro Magazine*, 18 octobre 2013.
27. Claude Gauteur, *op. cit.*
28. Interview de Jean Rochefort, *Les copains d'abord*, La Guéville Vidéo, 2004.
29. Interview d'Yves Robert par Pierre Bouteiller, *Clap*, Antenne 2, 5 juin 1976.
30. *Un homme de joie*, *op. cit.*
31. *Deux heures à tuer au bord de la piscine* de Victor Lanoux, Le Cherche Midi, 2014.
32. «Jean Rochefort en haut de l'affiche» par Michel Delain, *L'Express*, 27 septembre 1976.
33. Interview de Jean Rochefort par Laurence Verger, *Le journal Rhône-Alpes*, France Régions 3 Lyon, 5 octobre 1976.
34. *Ibid.*
35. «J'aime la vie en bande dessinée» par Nelly Bradfer, *Le Soir*, 2 novembre 2013.
36. Interview de Jean Rochefort par Arnaud Laporte, *Le bon plaisir*, France Culture, 12 décembre 1998.
37. « Le copain Rochefort » par Cécile Mury, *Télérama* n° 2589, 25 août 1999.
38. Michel Delain, *op. cit.*
39. Arnaud Laporte, 12 décembre 1998, *op. cit.*
40. « Le cavaleur » par François-Guillaume Lorrain, *Sport et Vie* n° 80, septembre-octobre 2003.
41. «Jean Rochefort : Transmettre, c'est mourir en douceur» par Benoît Heimermann, *L'Équipe Mag* n° 1450, 30 avril 2010.
42. Interview de Jean Rochefort par Rémi Dupré, *Le Monde*, 6 août 2012.
43. Interview de Jean Rochefort par Stéphane Bern, *Le fou du roi*, France Inter, 21 avril 2004.
44. Interview d'Yves Robert par Ève Ruggieri, *Les nouveaux rendez-vous*, TF1, 1er février 1981.
45. « Les plus belles conquêtes de Jean Rochefort » de Fabienne Strouvé, *Trente millions d'amis*, 20 novembre 1976.
46. « Rire sans rougir » par Jean-Louis Bory, *Le Nouvel Observateur*, 4 octobre 1976.
47. *Les copains d'abord*, *op. cit.*
48. Interview de Jean Rochefort par Bernard Rapp, *Les feux de la rampe* de Philippe Azoulay, StudioCanal, 2002.
49. «Jean Rochefort : le comique à la française» par Jean-Pierre Robert, *Le Journal du Dimanche*, 19 septembre 1976.
50. «Jean Rochefort : La perte de mémoire me terrifie» par Jacques Brinaire, *La Nouvelle République*, 5 juillet 2015.
51. « Un diable à la Défense : Rochefort » par Alice Hubel, *France-Soir*, 31 juillet 1976.
52. *Ibid.*

53. Interview de Jean Rochefort par Michel Drucker, *Les rendez-vous du dimanche* de Rémy Grumbach et Michel Minaud, TF1, 17 avril 1977.
54. « Quand ce diable de Rochefort sort amaigri de sa boîte » par Odile Grand, *L'Aurore*, 8 avril 1977.
55. Interview de Jean Rochefort, *Le journal Provence-Alpes-Côte d'Azur-Corse*, France Régions 3 Marseille, 30 septembre 1976.
56. Interview de Jean Rochefort par Alain Bévérini, *Journal télévisé*, TF1, 17 juillet 1976.
57. Fabienne Strouvé, *op. cit.*
58. *Ibid.*
59. Interview de Jean Rochefort, *Normandie Actualités*, France Régions 3 Rouen, 20 septembre 1976.
60. Michel Delain, *op. cit.*
61. *Ibid.*

20. Jean qui pleure et Jean qui rit

1. Interview de Pierre Schoendoerffer par l'auteur, 15 novembre 2010.
2. *Télé Poche* n° 711, 26 septembre 1979.
3. Interview de Jean Rochefort par France Roche, *JA2 dernière*, Antenne 2, 27 novembre 1977.
4. « Jean Rochefort, un comédien ça trompe énormément » par Claude-Marie Trémois, *Télérama* n° 1453, 16 novembre 1977.
5. « Jean Rochefort, une âme de marin » par Michèle Lanteri, *Télé Star*, 14 mars 1992.
6. Interview de Jean Rochefort par Bernard Rapp, *Les feux de la rampe* de Philippe Azoulay, StudioCanal, 2002.
7. Pierre Schoendoerffer, 15 novembre 2010, *op. cit.*
8. « Jean Rochefort ne veut plus jouer à l'acteur » par Maurice Fabre, *France-Soir*, 12 novembre 1977.
9. *Ibid.*
10. Claude-Marie Trémois, 16 novembre 1977, *op. cit.*
11. Interview de Jean Rochefort par Guillaume Durand, *Esprits libres*, France 2, 3 novembre 2006.
12. Pierre Schoendoerffer, 15 novembre 2010, *op. cit.*
13. *Ibid.*
14. Interview de Jean Rochefort par Olivier Barrot, *Volte-face de* Brigitte Bouvier, France-Culture, 25 août 2007.
15. Interview de Jean Rochefort par Michel Drucker, *Première* n° 11, novembre 1977.
16. Michèle Lanteri, *op. cit.*
17. Pierre Schoendoerffer, 15 novembre 2010, *op. cit.*
18. *Ibid.*
19. *L'impériale de Van Su* de Raoul Coutard, Ramsay Cinéma, 2007.
20. Interview de Jean Rochefort par Didier Lecat et Sophie Dumoulin, *Inter-Actualités de 13H*, France-Inter, 13 novembre 1977.
21. Interview de Jean Rochefort par Marcel Jullian, *Écran total*, France Inter, 25 octobre 1989.
22. Interview de Jean Rochefort par Sélim Sasson, *Le monde du cinéma* de Paul Krellstein, RTBF, 16 décembre 1978.
23. Olivier Barrot, *op. cit.*

24. « Jean Rochefort à l'heure de la Révolution Française » par Jacqueline Cartier, *Ciné Revue*, 14 juillet 1988.
25. Bernard Rapp, *op. cit.*
26. *Ibid.*
27. Pierre Schoendoerffer, 15 novembre 2010, *op. cit.*
28. *Ibid.*
29. *Ibid.*
30. Bernard Rapp, *op. cit.*
31. Pierre Schoendoerffer, 15 novembre 2010, *op. cit.*
32. France Roche, 27 novembre 1977, *op. cit.*
33. Interview de Jean Rochefort par Tony de Cock, *Amis du Film et de la Télévision* n° 262, mars 1978.
34. Raoul Coutard, *op. cit.*
35. « Rochefort tourne avec Signoret *Je t'écrirai des lettres d'amour* » par Maurice Fabre, *France-Soir*, 24 octobre 1979.
36. Claude-Marie Trémois, 16 novembre 1977, *op. cit.*
37. « Éloge de l'échec » par Brigitte Baudin, *Le Figaro*, 8 avril 1987.
38. « Jean Rochefort : le bel âge » par Dominique Maillet, *Première* n° 54, septembre 1981.
39. Didier Lecat et Sophie Dumoulin, *op. cit.*
40. Pierre Schoendoerffer, 15 novembre 2010, *op. cit.*
41. Marcel Jullian, *op. cit.*
42. Claude-Marie Trémois, 16 novembre 1977, *op. cit.*
43. Pierre Schoendoerffer, 15 novembre 2010, *op. cit.*
44. « Jean Rochefort : Je préfère le regret à l'action » par Yves Alion, *La Revue du cinéma* n° 414, mars 1986.
45. Interview de Jean Rochefort par Frédéric Mitterrand, *Jour de Fred*, France Inter, 24 octobre 2013.
46. Bernard Rapp, *op. cit.*
47. Interview de Jean Rochefort par Arnaud Laporte, *À voix nue* de Sandrine Treiner, France Culture, 2-6 janvier 2012.
48. Raoul Coutard, *op. cit.*
49. « Jean Rochefort : Plus mes copains meurent plus je reçois de scénarios ! » par Éric Bellefond, *France Dimanche*, 21 décembre 2007.
50. Interview de Jean Rochefort par André Asséo, *Les étoiles de France Inter*, France Inter, 20 janvier 1979.
51. « Jean Rochefort aux antipodes du héros positif » par Françoise Audé et Paul Louis Thirard, *Positif* n° 509-510, juillet-août 2003.
52. *Le cinéma de Jean Rochefort* de Jérôme Caza, Christophe d'Yvoire et Karine Giraud, Canal +, décembre 2000.
53. Sélim Sasson, *op. cit.*
54. Marcel Jullian, *op. cit.*
55. Interview de Jean-Roger Caussimon par Jean-Louis Foulquier, *Studio de nuit*, France Inter, 10 août 1978.
56. Interview de Jean Rochefort, *Les copains d'abord*, La Guéville Vidéo, 2004.
57. *Un homme de joie* d'Yves Robert, dialogue avec Jérôme Tonnerre, Flammarion, 1996.
58. Claude-Marie Trémois, 16 novembre 1977, *op. cit.*
59. France Roche, 27 novembre 1977, *op. cit.*
60. « Rochefort tourne dans le métro : *Nous irons tous au paradis* » par Élisabeth Cadot, *France-Soir*, 18-19 septembre 1977.
61. *Ibid.*
62. *Un homme de joie*, *op. cit.*

63. Interview de Jean Rochefort par Thierry Colby, 2002.
64. «Jean Rochefort : Je suis un truculent coincé» par Simone Bibal, *Madame Figaro* n° 12812, 9 novembre 1985.
65. Claude-Marie Trémois, 16 novembre 1977, *op. cit.*
66. Jérôme Caza, Christophe d'Yvoire et Karine Giraud, *op. cit.*
67. Maurice Fabre, 12 novembre 1977, *op. cit.*
68. Interview de Jean Rochefort par Didier Le Corre, *Bretons* n° 25, octobre 2007.
69. «Jean Rochefort : La médiocrité m'exalte» par Fabienne Pascaud, *Télérama* n° 2302, 23 février 1994.
70. Didier Le Corre, *op. cit.*
71. Interview de Jean Rochefort par Jacques Chancel, *Inforum*, France Inter, 20 mai 1988.
72. Claude-Marie Trémois, 16 novembre 1977, *op. cit.*
73. «Brassée de Césars pour Alain Resnais», *Le Journal du Dimanche* n° 1627, 5 février 1978.
74. Thierry Colby, *op. cit.*
75. Interview de Jean Rochefort par Alain Fauritte, *Déclik*, France 3 Rhône-Alpes Auvergne, 2 octobre 2010.
76. Interview de Jean Rochefort par Michel Drucker, *Les rendez-vous du dimanche* de Rémy Grumbach, TF1, 5 février 1978.
77. «Jean Rochefort : après le César il est allé soigner ses chevaux» par Virginie Merlin et Jean-Claude Zana, *Paris Match* n° 1499, 17 février 1978.
78. Interview de Jean Rochefort par José Artur, *À l'heure du pop*, France Inter, 22 janvier 1993.
79. Interview de Jean Rochefort par Gérard Holtz, *Journal de 20h*, Antenne 2, 5 février 1978.
80. *Télé Poche* n° 628, 25 février 1978.
81. «Jean Rochefort : une jeune comédienne folle m'a traumatisé !» par Bernard Alès, *Ciné Revue*, 26 mai 1977.

21. Une nouvelle vie

1. «Jean Rochefort, voleur de grands chemins» par Pierre Montaigne, *Le Figaro*, 10 février 1978.
2. «Jean Rochefort : le bonheur est dans le pré» par Juliette Demey, *Paris Match*, 26 septembre 2002.
3. «Rochefort à toute allure» par François Artigas, *TV Câble Satellite*, 21 août 2004.
4. Interview de Jean Rochefort par Michel Drucker, *Première* n° 11, novembre 1977.
5. «Le cavaleur» par François-Guillaume Lorrain, *Sport et Vie* n° 80, septembre-octobre 2003.
6. Interview de Jean Rochefort par Francis Bianconi, *Clin d'œil*, Drill Prod, 2001.
7. Interview de Jean Rochefort par Rémi Dupré, *Le Monde*, 6 août 2012.
8. Interview de Jean Rochefort, *Carré vert*, France 3, 19 octobre 1990.
9. «Les premiers pas de Jean Rochefort» par Véronique Groussard, *TéléCinéObs* n° 1966, 13 juillet 2002.
10. Michel Drucker, novembre 1977, *op. cit.*
11. Interview de Jean Rochefort par Arnaud Laporte, *À voix nue* de Sandrine Treiner, France Culture, 2-6 janvier 2012.

12. « Jean Rochefort, un comédien ça trompe énormément » par Claude-Marie Trémois, *Télérama* n° 1453, 16 novembre 1977.
13. Pierre Montaigne, *op. cit.*
14. « Jean Rochefort va devenir *Cher Édouard* » par Maurice Fabre, *France-Soir*, 18 août 1978.
15. « La captivante quarantaine de Jean Rochefort » par Christian-José Gonzalez, *Chez Nous* n° 44, 25 octobre 1979.
16. Maurice Fabre, *op. cit.*
17. *Ibid.*
18. Interview de Jean Rochefort par François Gonnet, *Inter-Actualités*, France-Inter, 3 juin 1978.
19. François Artigas, *op. cit.*
20. Interview de Jean Rochefort par Philippe Chatenay et Alain Saingt, *Question de temps* d'Olga Baidar Poliakoff, Antenne 2, 23 août 1978.
21. François Artigas, *op. cit.*
22. « Jean Rochefort : le bonheur à cheval » de Michel Radenac, *Télé 7 Jours* n° 1332, 7 décembre 1985.
23. « Les dadas de Jean Rochefort » par Véronique Prat, *Le Figaro*, 19 novembre 2011.
24. François-Guillaume Lorrain, *op. cit.*
25. « Jean Rochefort séducteur à cinquante ans » par Chantal Van Tri, *Télé Star* n° 278, 26 janvier 1982.
26. « Jean Rochefort : premier rôle à Coubertin » par Bernard Dolet, *L'Équipe*, 16 novembre 1981.
27. Michel Radenac, *op. cit.*
28. Philippe Chatenay et Alain Saingt, *op. cit.*
29. Interview de Jean Rochefort par Sylvie Carter, *L'Éperon* n° 263, décembre 1982.
30. « Jean Rochefort repart en croisade pour la télé » par Michèle Lanteri, *Télé Star*, 1er juin 1984.
31. « Jean Rochefort : Je suis acteur-éleveur » par Anne Ladouce, *L'Équipe* n° 18089, 29 décembre 2003.
32. François-Guillaume Lorrain, *op. cit.*
33. Sylvie Carter, *op. cit.*
34. « Jean Rochefort : Il est excitant de n'aimer qu'une seule femme ! » par Bernard Alès, *Ciné Revue* n° 18, 30 avril 1981.
35. Lettre d'Yves Montand à Philippe de Broca, non datée, Bifi, Broca 52-B12.
36. « Jean Rochefort : Je préfère le regret à l'action » par Yves Alion, *La Revue du Cinéma* n° 414, mars 1986.
37. Interview de Jean Rochefort par Jérôme Wybon, *L'art de la fugue*, 2014.
38. Arnaud Laporte, 2-6 janvier 2012, *op. cit.*
39. Interview de Philippe de Broca par Michel Drucker, *Les rendez-vous du dimanche* de Rémy Grumbach, TF1, 14 janvier 1979.
40. Yves Alion, *op. cit.*
41. Interview de Jean Rochefort par Jacqueline Diverres, FR3 Radio Provence, 23 décembre 1978.
42. « La fringante nostalgie de Jean Rochefort » par Marie-Noëlle Tranchant, *Le Figaro*, 17 août 1993.
43. Interview de Jean Rochefort par Arlette Vincent, *Cinescope*, RTBF, 12 mai 1988.
44. Bernard Alès, 30 avril 1981, *op. cit.*
45. *Ibid.*
46. Arnaud Laporte, 2-6 janvier 2012, *op. cit.*

47. Interview de Jean Rochefort par France Roche, *Midi 2*, Antenne 2, 10 janvier 1979.

48. Interview de Jean Rochefort, *Ciné Regards* de Jim Hodgetts, France 3, 22 octobre 1978.

49. Interview de Philippe de Broca par Yonnick Flot, *Les étoiles de France Inter*, France Inter, 4 novembre 1978.

50. Interview de Henri Lanoë par l'auteur, 2 novembre 2015.

51. *Ibid.*

52. Interview de Jean Rochefort par Kathleen Evin, *Éphémérides*, France Inter, 9 mai 2004.

53. Interview de Jean Rochefort par Michel Drucker, *Champs-Élysées* de Jean-Pierre Spiero, Antenne 2, 25 janvier 1986.

54. « Rochefort : J'ai de la tendresse pour Pivot... » par Karine Signoret, *France-Soir*, 24 juin 1985.

55. Interview de Jean Rochefort par Pierre Tchernia, *Monsieur Cinéma* d'Alexandre Tarta, Antenne 2, 21 janvier 1979.

56. Bernard Alès, 30 avril 1981, *op. cit.*

57. *Philippe Noiret, de père en filles* par Frédérique Noiret et Deborah Grall-Noiret, Michel Lafon, 2010.

58. « Nicole Garcia : La passion, c'est la guerre. Jean Rochefort et moi étions de très grands guerriers » par Madeleine Chapsal, *Paris Match* n° 1959, 12 décembre 1986.

59. Madeleine Chapsal, *op. cit.*

60. Interview de Jean Rochefort par Jean-Luc Cambier, bonus de *Que la fête commence*, StudioCanal, mars 2001.

61. « Jean Rochefort : La vie conjugale n'est pas très aphrodisiaque » par Colombe Pringle, *Elle* n° 1877, 28 décembre 1981.

62. Jim Hodgetts, *op. cit.*

63. Interview de Jean Rochefort, *Cinéma français* n° 24, octobre 1978.

64. *Ibid.*

65. *Ibid.*

66. Interview de Jean Rochefort par André Asséo, *Les étoiles de France Inter*, France Inter, 20 janvier 1979.

67. « Nicole Garcia : Le mariage n'est pas toujours une histoire d'amour... » par Bernard Alès, *Ciné Revue*, 16 avril 1981.

68. Yves Alion, *op. cit.*

69. André Asséo, 20 janvier 1979, *op. cit.*

70. Interview de Jean Rochefort par Pierre Montaigne, *Le Figaro*, 12 janvier 1979.

71. José-Maria Bescos, *Pariscope*, 17 janvier 1979.

72. Interview de Jean Rochefort par André Asséo et Jean-Claude Loiseau, *Les étoiles du cinéma*, France Inter, 11 avril 1992.

73. « Jean Rochefort : un gentilhomme piqué de cinéma » par Henri Quiquéré, *Le Matin de Paris*, 7 février 1979.

74. *The Nation*, 14 juin 1980.

75. Richard Freedman, *Jersey Journal*, 9 juin 1980.

76. Tom Allen, *Voice* du 16 juin 1980.

77. Interview de Jean Rochefort par Bernard Rapp, *Les feux de la rampe* de Philippe Azoulay, StudioCanal, 2002.

78. Interview de Jean Rochefort par France Roche, *Midi 2*, Antenne 2, 10 janvier 1979.

79. Interview de Jean Rochefort par Virginie Coupérie-Eiffel, *Paris Match*, 4 décembre 2011.

80. Interview de Jean Rochefort par Laetitia Bataille et Nelly Valère, *Cheval savoir* n° 17, janvier 2011.
81. Virginie Coupérie-Eiffel, *op. cit.*
82. Rémi Dupré, *op. cit.*
83. Interview de Jean Rochefort par Frédéric Beigbeder, *GQ* n° 37, mars 2011.
84. Henri Quiqueré, *op. cit.*
85. *Ibid.*
86. *Un homme de joie* d'Yves Robert, dialogue avec Jérôme Tonnerre, Flammarion, 1996.
87. Interview d'Yves Robert, *Cinémas* de Bernard Gesbert et Georges Ferraro, Antenne 2, 18 juillet 1979.
88. Interview d'Yves Robert par Chantal de Béchade, *Paris arts et lettres*, Radio France Internationale, 14 janvier 1980.
89. Interview d'Yves Robert par Pierre-Henri Gibert, *Mémoires de scènes*, Gaumont Vidéo, 2009.
90. Interview de Jean-Loup Dabadie par Pierre-Henri Gibert, *Mémoires de scènes*, Gaumont Vidéo, 2009.
91. Interview de Jean Rochefort, *Cinémas* de Bernard Gesbert et Georges Ferraro, Antenne 2, 18 juillet 1979.
92. «Jean Rochefort : à cheval sur la moustache» par François Forestier, *Le Matin*, 14 avril 1987.
93. Interview de Jean Rochefort, *Salle des Fêtes*, Antenne 2, 22 octobre 1979.
94. «Jean Rochefort aux antipodes du héros positif» par Françoise Audé et Paul Louis Thirard, *Positif* n° 509-510, juillet-août 2003.
95. Chantal de Béchade, *op. cit.*
96. « Nouveau couple du cinéma : Catherine et Jean » de Paul Giannoli, *Jours de France* n° 1296, 3 novembre 1979.
97. Interview de Jean Rochefort par Philippe Poiraud, *Rennes Soir*, France Régions 3 Rennes, 20 octobre 1979.
98. Chantal de Béchade, *op. cit.*
99. «Jean Rochefort : portrait d'un homme de cheval qui n'est pas un âne» par Éric de Saint-Angel, *Le Matin de Paris*, 17 octobre 1979.
100. Chantal de Béchade, *op. cit.*
101. «Jean Rochefort : Il faut être gonflé pour jouer les dégonflés» par Patrice de Nussac, *Le Journal du Dimanche*, 14 octobre 1979.
102. Interview de Jean Rochefort par Bernard Alès, *Ciné Revue* n° 37, 13 septembre 1979.
103. Philippe Poiraud, *op. cit.*
104. «Jean Rochefort, joueur de ping-pong» par Arnaud Ramsay, *L'Équipe Mag*, 26 mars 1994.
105. «Jean Rochefort : tout un film en chaise roulante» par Monique Pantel, *France-Soir*, 2 avril 1980.
106. *La belle histoire de Sébastien* par Mehdi, avec la complicité de Jean-Marc Longval, Michel Lafon, 2013.
107. *Ibid.*
108. Bernard Alès, 13 septembre 1979, *op. cit.*
109. Claude-Marie Trémois, *Télérama* n° 1553, 17 octobre 1979.
110. Interview de Jean Rochefort par Ève Ruggieri et Patrick Bourrat, *Le regard des femmes* de Michèle Tournier, TF1, 16 octobre 1979.
111. «Jean Rochefort : Et pourquoi les hommes n'auraient-ils pas le droit d'être lâches ? », *Elle* n° 1770, 10 décembre 1979.
112. *Ibid.*
113. *Ibid.*

114. Colombe Pringle, *op. cit.*
115. Bernard Alès, 13 septembre 1979, *op. cit.*
116. « Jean Rochefort : La vieillesse n'est pas à l'ordre du jour » par Virginie Le Guay, *Paris Match* n° 3181, 6 mai 2010.
117. Ève Ruggieri et Patrick Bourrat, *op. cit.*
118. « Majesté, je me suis laissé dire que vous ferrez toujours à froid ? » par Jean Rochefort, *Le Monde*, 27 juillet 2012.
119. Arnaud Laporte, 2-6 janvier 2012, *op. cit.*
120. Interview de Jean Rochefort par Marie-Louise Arsenault, *Plus on est de fous, plus on lit !*, Radio-Canada, 22 janvier 2014.
121. Arnaud Laporte, 2-6 janvier 2012, *op. cit.*
122. « Majesté, je me suis laissé dire que vous ferrez toujours à froid ? », *op. cit.*
123. Éric de Saint-Angel, *op. cit.*
124. *Ibid.*
125. « La captivante quarantaine de Jean Rochefort » par Christian-José Gonzalez, *Chez Nous* n° 44, 25 octobre 1979.
126. Bernard Alès, 13 septembre 1979, *op. cit.*
127. « Trois stars pour une *Chère inconnue* » par François Cohendy.
128. Interview de Jean Rochefort par Pierre Bouteiller, *Quoi qu'il en soit*, France Inter, 20 octobre 1997.
129. Interview de Moshé Mizrahi par Guy Braucourt, dossier de presse de *Chère inconnue*, 1980.
130. Monique Pantel, 2 avril 1980, *op. cit.*
131. *Ibid.*
132. « Un tournage en extérieur » par Anne Andreu, *Ciné Regards*, France 3, 5 avril 1980.
133. « Rochefort tourne avec Signoret *Je t'écrirai des lettres d'amour* » par Maurice Fabre, *France-Soir*, 24 octobre 1979.
134. Anne Andreu, *op. cit.*
135. « Jean Rochefort : Plus mes copains meurent plus je reçois de scénarios ! » par Éric Bellefond, *France Dimanche*, 21 décembre 2007.
136. Interview de Christian Gasc par l'auteur, 12 décembre 2009.
137. Jean de Baroncelli, *Le Monde*, 12 avril 1980.
138. Kathleen Carroll, *New York Daily News*, 4 mai 1981.
139. Andrew Sarris, *Village Voice*, 6 mai 1981.
140. Vincent Canby, *The New York Times*, 3 mai 1981.

22. Doutes et certitudes

1. « Jean Rochefort n'a jamais sacrifié sa moustache pour un film » par G. L., *Télé Star* n° 476, 11 novembre 1985.
2. *Elle court elle court la nuit* de Jean-Michel Gravier, Écriture, 2014.
3. « Jean Rochefort : une forme d'art dramatique », *Le Film français* n° 1537, 14 juin 1974.
4. Interview de Jean Rochefort par Frédéric Beigbeder, *GQ* n° 37, mars 2011.
5. Interview de Jean Rochefort par Philippe Bouvard, *Passez donc me voir* de Nino Monti, Antenne 2, 30 janvier 1981.
6. « Jean Rochefort : premier rôle à Coubertin » par Bernard Dolet, *L'Équipe*, 16 novembre 1981.
7. « Rochefort : le plus Anglais des Français types » par Alix de Saint-André, *Le Figaro Magazine*, 3 juillet 1982.

8. « Jean Rochefort : le bel âge » par Dominique Maillet, *Première* n° 54, septembre 1981.
9. « Jean Rochefort : Alain Delon, Jean-Paul Belmondo et Gérard Depardieu sont les super-doués du cinéma français ! » par Bernard Alès, *Ciné Revue* n° 31, 29 juillet 1982.
10. *Ibid.*
11. Giovanni Grazzini, *Corriere della Sera*, 8 novembre 1980.
12. M.T., *L'Aurore*, 18 juin 1982.
13. Anne de Gaspéri, *Le Quotidien de Paris*, 9 juin 1982.
14. « Jean Rochefort, un séducteur solitaire » par Catherine Couty, *Paris-Matin*, 5-6 avril 1980.
15. « Nicole Garcia et Jean Rochefort : Voici Pierre, notre fils » par Michèle Fitoussi, *Elle*, juillet 1981.
16. Catherine Couty, *op. cit.*
17. « Jean Rochefort aux antipodes du héros positif » par Françoise Audé et Paul Louis Thirard, *Positif* n° 509-510, juillet-août 2003.
18. *Un homme de joie* d'Yves Robert, dialogue avec Jérôme Tonnerre, Flammarion, 1996.
19. *Le pâtissier japonais* d'Alain Cavalier, 2011.
20. Françoise Audé et Paul Louis Thirard, *op. cit.*
21. « Les rencontres de Jean Rochefort » par Brigitte Baudin, *L'Aurore*, 2 février 1981.
22. Interview d'Alain Cavalier par Roger Régent, *Les arts du spectacle*, France Culture, 30 janvier 1981.
23. *Le cinéma de Jean Rochefort* de Jérôme Caza, Christophe d'Yvoire et Karine Giraud, Canal +, décembre 2000.
24. Interview de Jean Rochefort par Valérie Marin La Meslée, *France-Soir*, 21 novembre 1985.
25. « Jean Rochefort fait *Un étrange voyage* pour retrouver sa mère » par Monique Pantel, *France-Soir*, 31 janvier 1981.
26. Interview de Jean Rochefort par Rebecca Manzoni, *Éclectik*, France Inter, 20 juin 2005.
27. Entretien d'Alain Cavalier avec Gérard Pangon, *Études cinématographiques* n° 223-231, Lettres modernes, 24 mai 1996.
28. Roger Régent, *op. cit.*
29. « Le copain Rochefort » par Cécile Mury, *Télérama* n° 2589, 25 août 1999.
30. Interview de Jean Rochefort par Dominique Rabourdin, « Entrez les artistes », *Dimanche Martin* de Jacques Martin, Antenne 2, 25 janvier 1981.
31. Brigitte Baudin, 2 février 1981, *op. cit.*
32. Interview de Jean Rochefort par Ève Ruggieri, *Les nouveaux rendez-vous*, TF1, 1er février 1981.
33. Gérard Pangon, *op. cit.*
34. Interview d'Alain Cavalier par Françoise Audé, Jean-Pierre Jeancolas et François Ramasse, *Positif* n° 240, mars 1981.
35. Interview de Jean Rochefort par Thierry Colby, 2002.
36. Interview de Jean Rochefort par Bernard Rapp, *Les feux de la rampe* de Philippe Azoulay, StudioCanal, 2002.
37. Françoise Audé et Paul Louis Thirard, *op. cit.*
38. Interview de Camille de Casabianca par Dominique Rabourdin, « Entrez les artistes », *Dimanche Martin* de Jacques Martin, Antenne 2, 25 janvier 1981.
39. Interview de Jean Rochefort par André Asséo et René Quinson, *Les étoiles de France Inter* d'André Asséo, France Inter, 7 février 1981.

40. Interview de Jean Rochefort par Gérard Delorme, *Première* n° 433, mars 2013.
41. Interview de Jean Rochefort par Arnaud Laporte, *Le bon plaisir*, France Culture, 12 décembre 1998.
42. Claude Roy, Dossier de presse d'*Un étrange voyage*.
43. Françoise Audé et Paul Louis Thirard, *op. cit.*
44. Cécile Mury, *op. cit.*
45. Valérie Marin La Meslée, *op. cit.*
46. Annie Coppermann, *Les Échos* n° 13304, 4 février 1981.
47. Pierre Bouteiller, *Le Quotidien de Paris*, 10 février 1981.
48. «Jean Rochefort : Il est excitant de n'aimer qu'une seule femme ! » par Bernard Alès, *Ciné Revue* n° 18, 30 avril 1981.
49. Interview de Jean Rochefort par Marie-Christine Lux, *Normandie actualités*, France Régions 3 Rouen, 30 octobre 1981.
50. « Nicole Garcia : La passion, c'est la guerre. Jean Rochefort et moi étions de très grands guerriers » par Madeleine Chapsal, *Paris Match* n° 1959, 12 décembre 1986.
51. « Les instants magiques » par Jean Rochefort, préface du *Livre d'or des sports équestres, édition 1981* de Jean Marquet, Solar, 1981.
52. *Les trophées des sports* de Gérard Van Der Gucht, Antenne 2, 3 janvier 1981.
53. Bernard Alès, 30 avril 1981, *op. cit.*
54. «Jean Rochefort : l'habitude de déconcerter», *Le Parisien*, 30 novembre 1973.
55. *Le Monde de la Musique*, février 1981.
56. « Silvia Monfort-Jean Rochefort pour la première fois ensemble », *Ouest-France*, 24 janvier 1981.
57. *Lettres à Pierre 1965-1991* de Silvia Monfort, réunies par Danielle Netter, Éditions du Rocher, 2003.
58. Interview de Silvia Monfort, *6-8*, France Musique, 23 janvier 1981.
59. Philippe Bouvard, *op. cit.*
60. *Ibid.*
61. *Lettres à Pierre 1965-1991* de Silvia Monfort, *op. cit.*
62. « Two Benda Works Revived » par David Stevens, *International Herald Tribune*, 5 février 1981.
63. « Résurrection de Georg Benda à Rennes » par Jacques Lonchampt, *Le Monde*, 30 janvier 1981.
64. Ève Ruggieri, 1er février 1981, *op. cit.*
65. Bernard Alès, 30 avril 1981, *op. cit.*
66. *Ibid.*
67. *La belle histoire de Sébastien* par Mehdi, avec la complicité de Jean-Marc Longval, Michel Lafon, 2013.
68. «Jean Rochefort, hautain et content» par Marie-Élisabeth Rouchy, *Le Matin de Paris*, 13 février 1981.
69. Bernard Alès, 30 avril 1981, *op. cit.*
70. « Laurent Heynemann : le chauffeur et le pigeon » par Brigitte Baudin, *L'Aurore*, 24 mars 1981.
71. Dominique Maillet, septembre 1981, *op. cit.*
72. «Jean Rochefort met tout son charme à devenir minable » par Monique Pantel, *France-Soir*, 3 septembre 1981.
73. *Ibid.*
74. Interview de Jean Rochefort par Arnaud Laporte, *À voix nue* de Sandrine Treiner, France Culture, 2-6 janvier 2012.

75. *Philippe Noiret, de père en filles* par Frédérique Noiret et Deborah Grall-Noiret, Michel Lafon, 2010.
76. Interview de Jean Rochefort par Robert Clarke, *L'avenir du futur* de Jean Archimbaud, TF1, 22 juin 1981.
77. Claude Baignères, *Le Figaro,* 2 septembre 1981.
78. Jacques Siclier, *Le Monde,* 9 septembre 1981.
79. Robert Chazal, *France-Soir,* 2 septembre 1981.
80. Interview de Jean Rochefort par Patrick Lecoq, *Midi 2,* Antenne 2, 31 août 1981.
81. Dominique Maillet, septembre 1981, *op. cit.*
82. « Nicole Garcia : Le mariage n'est pas toujours une histoire d'amour... » par Bernard Alès, *Ciné Revue,* 16 avril 1981.
83. Michèle Fitoussi, *op. cit.*
84. *Ibid.*
85. *Ibid.*
86. « Jean Rochefort : La vie conjugale n'est pas très aphrodisiaque » par Colombe Pringle, *Elle* n° 1877, 28 décembre 1981.
87. Bernard Alès, 30 avril 1981, *op. cit.*
88. Monique Pantel, 3 septembre 1981, *op. cit.*
89. Dominique Maillet, septembre 1981, *op. cit.*
90. *Ibid.*
91. *Ibid.*
92. *Ibid.*
93. Marie-Christine Lux, *op. cit.*
94. Colombe Pringle, *op. cit.*
95. *Ibid.*
96. Bernard Dolet, *op. cit.*
97. Colombe Pringle, *op. cit.*
98. Interview de Francis Girod par Jean-Luc Douin, dossier de presse du *Grand frère,* 1982.
99. Bernard Alès, 29 juillet 1982, *op. cit.*
100. Interview de Francis Girod par Alexandre Moix, Studiocanal Video, juin 2002.

23. La confusion des sentiments

1. « La captivante quarantaine de Jean Rochefort » par Christian-José Gonzalez, *Chez Nous* n° 44, 25 octobre 1979.
2. « Rochefort dirige Marielle » par Marion Thébaud, *Le Figaro,* 14 janvier 1982.
3. « Jean Rochefort séducteur à cinquante ans » par Chantal Van Tri, *Télé Star* n° 278, 26 janvier 1982.
4. *Ibid.*
5. « Rochefort dirige Marielle », *Télé 7 Jours* n° 1131, 27 janvier 1982.
6. « Jean Rochefort, un homme de théâtre avant tout » par Claude Obernai, *Femmes d'aujourd'hui* n° 1428, 13 septembre 1972.
7. *Ibid.*
8. « Jean Rochefort : Il est excitant de n'aimer qu'une seule femme ! » par Bernard Alès, *Ciné Revue* n° 18, 30 avril 1981.
9. « Une soirée avec Jean Rochefort » par Alain Grasset, *Le Parisien,* 4 janvier 2001.

10. Interview de Jean Rochefort par Marie-Claire Gautier, *Page 3 Spectacles*, France 3, 30 janvier 1982.
11. Interview de Jean Rochefort par Claude Guillaumin, *Inter-Actualités de 13H*, France-Inter, 17 octobre 1988.
12. « Jean Rochefort : Le café-théâtre est un creuset de talents neufs » par V.R., *France-Soir*, 14 juin 1982.
13. Marie-Claire Gautier, *op. cit.*
14. Interview de Jean Rochefort par José Artur, *Pleins feux*, TF1, 17 janvier 1982.
15. Marion Thébaud, *op. cit.*
16. Interview de Jean Rochefort par Frédéric Mitterrand, *Du côté de chez Fred* de Michel Hermant, Antenne 2, 6 octobre 1988.
17. Interview de Jean Rochefort par Pierre Bouteiller, *Inter-Actualités de 12H*, France-Inter, 30 janvier 1982.
18. Interview de Jean Rochefort par Bernard Rapp, *Les feux de la rampe* de Philippe Azoulay, StudioCanal, 2002.
19. Marion Thébaud, *op. cit.*
20. V.R., 14 juin 1982, *op. cit.*
21. Interview de Jean-Pierre Marielle par Marie-Claire Gautier, *Page 3 Spectacles*, France 3, 30 janvier 1982.
22. Interview de Jean Rochefort, *Emmenez-moi au théâtre* de Pierre Badel, 11 janvier 1982.
23. Bernard Rapp, *op. cit.*
24. *Télé-Poche* n° 852, 10 juin 1982.
25. *Ibid.*
26. « Rochefort : le plus anglais des Français types » par Alix de Saint-André, *Le Figaro Magazine*, 3 juillet 1982.
27. « Rochefort : J'ai de la tendresse pour Pivot... » par Karine Signoret, *France-Soir*, 24 juin 1985.
28. « Jean Rochefort : Alain Delon, Jean-Paul Belmondo et Gérard Depardieu sont les super-doués du cinéma français ! » par Bernard Alès, *Ciné Revue* n° 31, 29 juillet 1982.
29. Interview de Jean Rochefort, *Inter-Actualités de 13H*, France-Inter, 16 juillet 1982.
30. « Rochefort : l'oreille dans l'engrenage » par Brigitte Baudin, *Le Figaro*, 20 juillet 1982.
31. Karine Signoret, 24 juin 1985, *op. cit.*
32. Brigitte Baudin, 20 juillet 1982, *op. cit.*
33. *Ibid.*
34. « Jean Rochefort : espion par ennui » par Karine Signoret, *France-Soir*, 20 juillet 1982.
35. *Ibid.*
36. Bernard Alès, 29 juillet 1982, *op. cit.*
37. « Les bonheurs partagés de Jean Rochefort » par Martine de Rabaudy, *Télé 7 Jours* n° 1158, 4 août 1982.
38. Alix de Saint-André, *op. cit.*
39. « Quel homme peut-il bien se cacher derrière l'acteur Jean Rochefort ? », *Podium Hit* n° 126, août 1982.
40. Alix de Saint-André, *op. cit.*
41. Interview de Michel Vianey par René Quinson, *Les étoiles de France Inter* d'André Asséo, France Inter, 26 mars 1983.
42. Interview de Jean Rochefort par Arlette Vincent, *Cinescope*, RTBF, 12 mai 1988.

43. Brigitte Baudin, 20 juillet 1982, *op. cit.*
44. Interview de Jean Rochefort, dossier de presse d'*Un dimanche de flics*, mars 1983.
45. Karine Signoret, 20 juillet 1982, *op. cit.*
46. Claude Baignères, *Le Figaro*, 5 avril 1983.
47. Robert Chazal, *France-Soir*, 5 avril 1983.
48. « La distinction selon Rochefort » par Sylvie Barbier, *Vogue Hommes* n° 62, septembre 1983.
49. *Ibid.*
50. Interview de Jean Rochefort par Sylvain Augier, *Qu'est-ce qui vous fait courir ?*, France Inter, 20 octobre 1989.
51. « Jean-Maurice Bonneau revient sur son parcours », *Ouest France*, 28 août 2014.
52. Interview de Jean Rochefort par Sylvie Carter, *L'Éperon* n° 263, décembre 1982.
53. *Ibid.*
54. Interview de Jean-Pierre Zannier par l'auteur, 7 mai 2014.
55. *Ibid.*
56. *Ibid.*
57. Interview de Jean Rochefort par Pierre Tchernia, *Mardi cinéma*, Antenne 2, 28 juin 1983.
58. Interview de Pierre Granier-Deferre par André Asséo, René Quinson et Yonnick Flot, *Les étoiles de France Inter* d'André Asséo, France Inter, 26 septembre 1983.
59. « Jean Rochefort aime les chevaux et les gens pas bien » par Nicolas Hélias, *Le Parisien*, 24 août 1989.
60. Interview de Jean-Marc Roberts par Jacques Chancel, *Radioscopie*, France Inter, 12 novembre 1975.
61. Interview de Jean-Marc Roberts par Anne Kieffer, *Les scénaristes français*, CinémAction, 1991.
62. Nicolas Hélias, *op. cit.*
63. « Rochefort le flegmatique » par Dominique Borde, *Le Figaro*, 22 octobre 1985.
64. *Mémoire cavalière* de Philippe Noiret, Robert Laffont, 2007.
65. Nicolas Hélias, *op. cit.*
66. Dominique Borde, *op. cit.*
67. « Jean Rochefort a tous les vices et il aime ça » par Alain Riou, *Le Matin de Paris*, 29 septembre 1983.
68. *Ibid.*
69. Dominique Borde, *op. cit.*
70. Interview de Pierre Granier-Deferre par Sophie Dumoulin, *Inter-Actualités de 13H*, France-Inter, 1er octobre 1983.
71. Interview de Philippe Noiret par Pierre Tchernia, *Mardi cinéma*, Antenne 2, 28 juin 1983.
72. *Ibid.*
73. Gilles Colpart, *La Revue du cinéma* n° 388, novembre 1983.
74. Interview de Jean Rochefort par Claude Villers, *Le tribunal des flagrants délires* de Monique Desbarbat, France Inter, 30 mai 1983.
75. *Ibid.*
76. « Jean Rochefort... brigand sympathique et débrouillard », *Le Parisien*, 8 mai 1972.
77. *Ibid.*

78. «Jean Rochefort connaît la sérénade» par Monique Pantel, *France-Soir*, 26 septembre 1983.
79. Jean Rochefort : J'approche de mes soixante-cinq ans avec une stupéfaction sans borne» par Gisèle Galante, *Paris Match* n° 2390, 16 mars 1995.
80. *Ibid.*
81. «J'aime la vie en bande dessinée» par Nelly Bradfer, *Le Soir*, 2 novembre 2013.
82. Gisèle Galante, *op. cit.*
83. Claude Roy, dossier de presse de *L'ami de Vincent*, août 1983.
84. Interview de Bertrand Tavernier par l'auteur, 16 septembre 2016.
85. Monique Pantel, 26 septembre 1983, *op. cit.*
86. Jean Rochefort repart en croisade pour la télé» par Michèle Lanteri, *Télé Star*, 1er juin 1984.
87. «La croisade de Jean Rochefort» par Bernard Heitz, *Télérama* n° 1795, 6 juin 1984.
88. Michèle Lanteri, *op. cit.*
89. Interview de Jean Rochefort par Nicole Cornuz-Langlois, *Midi 2*, Antenne 2, 2 juin 1984.
90. Michèle Lanteri, *op. cit.*
91. «Jean Rochefort : À la TV, on censure immédiatement nos idées!» par Bernard Alès, *Ciné-Revue* n° 23, 7 juin 1984.
92. *Ibid.*
93. Bernard Heitz, *op. cit.*
94. *Ibid.*
95. Bernard Alès, 7 juin 1984, *op. cit.*
96. «Jean Rochefort : le comique à la française» par Jean-Pierre Robert, *Le Journal du Dimanche*, 19 septembre 1976.
97. «Jean Rochefort : Je suis un truculent coincé» par Simone Bibal, *Madame Figaro* n° 12812, 9 novembre 1985.
98. Interview de Julien Rochefort par Laurent Ruquier, *On a tout essayé*, France 2, 8 février 2007.
99. Interview de Jean Rochefort par René Quinson et Yonnick Flot, *Les étoiles de France Inter* d'André Asséo, France Inter, 13 avril 1984.
100. Interview d'Alain Jessua par André Asséo et René Quinson, *Les étoiles de France Inter* d'André Asséo, France Inter, 24 août 1984.
101. Dossier de presse de *Frankenstein 90*, *op. cit.*
102. Interview de Jean Rochefort, dossier de presse de *Frankenstein 90.*
103. René Quinson et Yonnick Flot, 13 avril 1984, *op. cit.*
104. Interview de Jean Rochefort par José Artur, *À l'heure du pop*, France Inter, 22 janvier 1993.
105. Interview de Jean Rochefort par Jacques Chancel, *Inforum*, France Inter, 20 mai 1988.
106. «Jean Rochefort pleure sur l'exode de nos étalons» par Philippe Bouvard *France-Soir*, 14 avril 1984.
107. Jean-Pierre Zannier, *op. cit.*
108. «Rochefort : un quarante-cinq tours pour sauver les chiens abandonnés...» par Valérie Meslin La Meslée, *France-Soir*, 31 mai 1984.
109. Interview de Jean Rochefort par Alain Bougrain-Dubourg, *Terre des bêtes*, France 2, 26 mai 1984.
110. Nicole Cornuz-Langlois, *op. cit.*
111. Alain Bougrain-Dubourg, *op. cit.*
112. Michèle Lanteri, *op. cit.*
113. *Ibid.*

114. Interview de Jean Rochefort par Sophie Dumoulin, *Inter-Actualités de 13H*, France-Inter, 12 décembre 1984.
115. *Ibid.*
116. Arlette Vincent, *op. cit.*
117. « Jean Rochefort : Être comédien c'est mauvais pour la santé » par Jacques Zelde, *Télé Mag*, juin 1984.
118. Michèle Lanteri, *op. cit.*
119. Fabian Gastellier, *Les Échos* n° 14422, 12 juillet 1985.
120. Louis Gaffory, *L'Humanité*, 18 juillet 1985.
121. Interview d'Élisabeth Bardin par l'auteur, 25 octobre 2013.
122. « Jean Rochefort : La vieillesse n'est pas à l'ordre du jour » par Virginie Le Guay, *Paris Match* n° 3181, 6 mai 2010.
123. « Jean Rochefort : Je conseille à tous les hommes d'avoir des enfants assez tard » par Catherine Tabouis, *Paris Match* n° 2318, 28 octobre 1993.
124. Interview de Jean Rochefort par Béatrice Schönberg, *Prise directe*, France 2, 15 février 2011.
125. « Rochefort : Je vais m'améliorer » par Karine Signoret, *France-Soir*, 2 février 1985.
126. « Jean Rochefort n'a jamais sacrifié sa moustache pour un film » par G. L., *Télé Star* n° 476, 11 novembre 1985.
127. Karine Signoret, 2 février 1985, *op. cit.*
128. « Jean Rochefort : Je rêve de pantoufles que je ne mettrai jamais » par Jean Vermeil, *Le Pèlerin* n° 5373, 22 novembre 1985.
129. G. L., 11 novembre 1985, *op. cit.*
130. Sylvain Augier, *op. cit.*
131. « Jean Rochefort : confidences d'un gentleman » par Alain Teulère, *Le Journal du Dimanche*, 26 octobre 1997.
132. Michèle Lanteri, *op. cit.*
133. Karine Signoret, 2 février 1985, *op. cit.*
134. Interview de Jean Rochefort, *JT FR3 Rhône-Alpes*, 26 décembre 1985.
135. Karine Signoret, 24 juin 1985, *op. cit.*
136. Michèle Lanteri, *op. cit.*
137. Bernard Alès, 7 juin 1984, *op. cit.*
138. Jean Vermeil, *op. cit.*
139. « Jean Rochefort en roi d'opérette : Vive la gaieté » par Monique Pantel, *France-Soir*, 27 janvier 1986.
140. « Jean Rochefort : le bel âge » par Dominique Maillet, *Première* n° 54, septembre 1981.
141. « Vous avez combien sur vous ? » par Jean-Yves Katelan et Diastème, *Première* n° 231, juin 1996.
142. Virginie Le Guay, *op. cit.*
143. Interview de Jean Rochefort par Rebecca Manzoni, *Éclectik*, France Inter, 4 novembre 2006.
144. « Les premiers pas de Jean Rochefort » par Véronique Groussard, *TéléCinéObs* n° 1966, 13 juillet 2002.
145. Interview de Jean Rochefort par Thierry Beccaro, *Atout cœur*, Radio Bleue, 17 juin 1986.
146. « Jean Rochefort : Je suis un père très conventionnel » par Sylvia de Abreu, *Télé Star*, 5 octobre 1996.
147. Jean-Yves Katelan et Diastème, *op. cit.*
148. « Jean Rochefort : L'équitation m'a aidé dans l'art dramatique » par Marie-Noëlle Tranchant, *Le Figaro*, 29 avril 2010.

149. «Jean Rochefort : L'emmerdeur, c'est toujours l'autre» par Alain Grasset, *Le Parisien*, 12 février 1992.
150. Interview de Jean Rochefort par Laurent Ruquier, *Dans tous les sens*, France Inter, 29 octobre 1997.

24. Le miracle de la vie

1. «Jean Rochefort : On va me prendre pour un vieux réac» par Emmanuèle Frois, *Le Figaro*, 25 février 2013.
2. «Rochefort : J'ai de la tendresse pour Pivot...» par Karine Signoret, *France-Soir*, 24 juin 1985.
3. Interview de Jean Rochefort par Cécile Poss, *La Première*, RTBF, 29 avril 2016.
4. *C'est encore mieux l'après-midi*, Antenne 2, 8 mai 1987.
5. Michel Radenac, *op. cit.*
6. Interview de Daniel Lagneaux par l'auteur, 31 août 2010.
7. *Ibid.*
8. *Ibid.*
9. Karine Signoret, 24 juin 1985, *op. cit.*
10. «Le dada de Rochefort» par Michel Delain, *L'Express*, 2 mai 1986.
11. Daniel Lagneaux, *op. cit.*
12. *Ibid.*
13. *Ibid.*
14. *C'est encore mieux l'après-midi*, *op. cit.*
15. *Ibid.*
16. Daniel Lagneaux, *op. cit.*
17. «Jean Rochefort dans les services secrets» par Martine de Rabaudy, *Télé 7 Jours*, 11 avril 1987.
18. Interview de Jean Rochefort par Arlette Vincent, *Cinescope*, RTBF, 12 mai 1988.
19. «Nicole Garcia : La passion, c'est la guerre. Jean Rochefort et moi étions de très grands guerriers» par Madeleine Chapsal, *Paris Match* n° 1959, 12 décembre 1986.
20. *Ibid.*
21. *Ibid.*
22. Interview de Jean Rochefort par Thierry Beccaro, *Atout cœur*, Radio Bleue, 12 juin 1986.
23. Madeleine Chapsal, *op. cit.*
24. «Nicole Garcia en compagnie des ombres» par Laurent Rigoulet et Guillemette Odicino, *Télérama*, 21 décembre 2010.
25. *Ibid.*
26. «Jean Rochefort en roi d'opérette : Vive la gaieté» par Monique Pantel, *France-Soir*, 27 janvier 1986.
27. «Jean Rochefort : Je préfère le regret à l'action» par Yves Alion, *La Revue du cinéma* n° 414, mars 1986.
28. «Rochefort le flegmatique» par Dominique Borde, *Le Figaro*, 22 octobre 1985.
29. «Rochefort : Je vais m'améliorer» par Karine Signoret, *France-Soir*, 2 février 1985.
30. «Jean Rochefort n'a jamais sacrifié sa moustache pour un film» par G. L., *Télé Star* n° 476, 11 novembre 1985.
31. «Rochefort quinze ans après» par Denis Parent, *Première* n° 104, novembre 1985.

32. Interview de Jean Rochefort par Yves Mourousi et Dominique Darzacq, *Journal de 13H*, TF1, 8 novembre 1985.
33. « Jean Rochefort : enfin du théâtre dégagé ! » par Chafika Kadem, *Le Quotidien de Paris* n° 1854, 7 novembre 1985.
34. Denis Parent, *op. cit.*
35. « Le mélo d'Aubervilliers » par Mireille Lespinasse, *Femme d'aujourd'hui* n° 46, 11 novembre 1985.
36. Denis Parent, *op. cit.*
37. Chafika Kadem, *op. cit.*
38. *Ibid.*
39. *Ibid.*
40. « Jean Rochefort : Je mets du renard dans mon loup » par Fabienne Pascaud, *Télérama* n° 1868, 30 octobre 1985.
41. Chafika Kadem, *op. cit.*
42. Interview de Jean Rochefort par Thierry Ardisson, *Scoop à la une*, TF1, 3 novembre 1985.
43. Interview de Jean Rochefort, *Tous en scène*, FR3, 25 novembre 1985.
44. « Jean Rochefort, l'excentrique » par Fabienne Darge, *Le Monde* n° 19516, 23 octobre 2007.
45. « Les deux mondes de Rochefort » d'Emmanuel Tellier, *Télérama* n° 2818, 14 janvier 2004.
46. Fabienne Pascaud, *op. cit.*
47. « Méli-mélo à Aubervilliers » par Marion Scali, *Libération*, 13 novembre 1985.
48. *Ibid.*
49. Fabienne Pascaud, 30 octobre 1985, *op. cit.*
50. « Jean Rochefort : Je rêve de pantoufles que je ne mettrai jamais » par Jean Vermeil, *Le Pèlerin* n° 5373, 22 novembre 1985.
51. Denis Parent, *op. cit.*
52. Jean Vermeil, *op. cit.*
53. Fabienne Pascaud, *op. cit.*
54. Michel Radenac, *op. cit.*
55. « Jean Rochefort : Les animaux ont un mérite : ils ne déçoivent jamais » par Danièle Georget, *Paris Match* n° 1913, 24 janvier 1986.
56. Dominique Borde, *op. cit.*
57. Interview de Jean Rochefort par Jacques Chancel, *Inforum*, France Inter, 20 mai 1988.
58. « Jean Rochefort en roi d'opérette : Vive la gaieté » par Monique Pantel, *France-Soir*, 27 janvier 1986.
59. « Jean Rochefort : Je suis un truculent coincé » par Simone Bibal, *Madame Figaro* n° 12812, 9 novembre 1985.
60. « Julien Rochefort : Je rêve de jouer avec mon père » par Isabella Zanolino, *Télé 7 Jours* n° 2046, 14 août 1999.
61. Thierry Beccaro, *op. cit.*
62. *Ibid.*
63. *Ibid.*
64. Interview de Julien Rochefort par Laurent Ruquier, *On a tout essayé*, France 2, 8 février 2007.
65. *Ibid.*
66. Danièle Georget, *op. cit.*
67. Simone Bibal, *op. cit.*
68. G. L., *op. cit.*
69. Michel Radenac, *op. cit.*

70. Michel Delain, *op. cit.*
71. Danièle Georget, *op. cit.*
72. Interview de Jean Rochefort par Valérie Marin La Meslée, *France-Soir*, 21 novembre 1985.
73. Chafika Kadem, *op. cit.*
74. *Médias* n° 147, 6 juin 1986
75. Interview de Jean Rochefort par Marcel Jullian, *Écran total*, France Inter, 25 octobre 1989.
76. Interview de Jean Rochefort par Gérard Holtz, *Championnat du monde de boxe à Coubertin* de Françoise Boulain, Antenne 2, 15 mai 1986.
77. Cécile Poss, *op. cit.*
78. «Jean Rochefort : voici ma mère porteuse» par Cédric Philibert, *VSD* n° 464, 24 juillet 1986.
79. Interview de Jean Rochefort par Sylvie Carter, *L'Éperon* n° 263, décembre 1982.
80. «Plus cavalier que Rochefort...», *Le Parisien*, 27 juillet 1987.
81. Interview de Jean Rochefort par Anne Rousselet-Blanc, *Le jardin des bêtes*, France 3, 25 décembre 1993.
82. Interview de Jean Rochefort par Pierre Weil, *Résonance*, France Inter, 24 septembre 2002.
83. Anne Rousselet-Blanc, *op. cit.*
84. Pierre Weil, *op. cit.*
85. Cédric Philibert, *op. cit.*
86. Thierry Beccaro, *op. cit.*
87. Daniel Lagneaux, *op. cit.*

25. Avoine-foin et pot-au-feu

1. «Jean Rochefort : come-back au grand écran» par Alain Grasset, *Le Parisien*, 4 août 1986.
2. *Ibid.*
3. «Jean Rochefort : à cheval sur la moustache» par François Forestier, *Le Matin*, 14 avril 1987.
4. Interview de Jean Rochefort par Sylvain Augier, *Qu'est-ce qui vous fait courir ?*, France Inter, 20 octobre 1989.
5. «Jean Rochefort : confidences d'un gentleman» par Alain Teulère, *Le Journal du Dimanche*, 26 octobre 1997.
6. «Sans moustache, j'ai l'air asexué» par Adrienne Nizet, *Le Soir*, 9 octobre 2010.
7. «Jean Rochefort : Les aventures du *Moustachu* l'ont réconcilié avec le cinéma» par Geneviève Schurer, *Télé Loisirs*, 22 octobre 1989.
8. «Brialy et Trintignant piégés» par Pierre Montaigne, *Le Figaro*, 23 octobre 1986.
9. Interview de Jean Rochefort par Christophe Dechavanne, *C'est encore mieux l'après-midi*, Antenne 2, 8 mai 1987.
10. «Éloge de l'échec» par Brigitte Baudin, *Le Figaro*, 8 avril 1987.
11. Interview de Jean Rochefort par Yves Mourousi, *Journal de 13h*, TF1, 8 avril 1987.
12. Interview de Jean Rochefort par Marie-Claire Gautier, *Actualités régionales*, France 3 Île-de-France, 7 avril 1987.
13. «Jean Rochefort : Le clap ne m'excitait plus» par Alain Grasset, *Le Parisien*, 8 avril 1987.

14. « Le nouveau Rochefort : une barbouze moustachue » par Christian Gonzalez, *France-Soir TV*, 4 avril 1987.
15. *Centre Actualités*, France 3 Île-de-France, 24 septembre 1986.
16. « Jean Rochefort dans les services secrets » par Martine de Rabaudy, *Télé 7 Jours*, 11 avril 1987.
17. Alain Grasset, 8 avril 1987, *op. cit.*
18. « Jean Rochefort ne rasera jamais sa moustache » par Claire Clouzot, *Télé Star*, 6 août 1994.
19. Martine de Rabaudy, *op. cit.*
20. Christian Gonzalez, *op. cit.*
21. « Rochefort : J'aime les coups de pied au c... » par Monique Pantel, *France-Soir*, 4 avril 1987.
22. Martine de Rabaudy, *op. cit.*
23. Claire Clouzot, *op. cit.*
24. Martine de Rabaudy, *op. cit.*
25. « Rochefort heureux en espion » par Monique Pantel, *France-Soir*, 1er novembre 1986.
26. Interview de Patrice Leconte par l'auteur, 30 novembre 2010.
27. *Ibid.*
28. Interview de Jean Rochefort par Thierry Beccaro, *Atout cœur*, Radio Bleue, 12 juin 1986.
29. *Je suis un imposteur* de Patrice Leconte, Flammarion, 2000.
30. Interview de Jean Rochefort par Arlette Vincent, *Cinescope*, RTBF, 12 mai 1988.
31. Monique Pantel, 1er novembre 1986, *op. cit.*
32. Interview de Jean Rochefort par Brigitte Bacheley, *Grand Écran*, FR3 Dijon, 19 juin 1987.
33. Interview de Patrice Leconte par Ségolène Hanotaux, *Un jour, un destin*, France 2, août 2013.
34. « Jean Rochefort : Comme mon personnage, j'ai le goût de l'échec » par Marlène Amar, *Télé Loisirs*, 15 juin 1987.
35. « Les deux mondes de Rochefort » d'Emmanuel Tellier, *Télérama* n° 2818, 14 janvier 2004.
36. Christian Gonzalez, *op. cit.*
37. « Jean Rochefort : 22, v'là les chevaux ! » par Anne Andreu, *L'Événement du jeudi*, 23 février 1989.
38. *Le cinéma de Jean Rochefort* de Jérôme Caza, Christophe d'Yvoire et Karine Giraud, Canal +, décembre 2000.
39. *Ibid.*
40. *Ibid.*
41. Interview de Jean Rochefort par Laurent Ruquier, *Dans tous les sens*, France Inter, 26 mai 1999.
42. Interview de Jean Rochefort par Thierry Colby, 2002.
43. *Ibid.*
44. *Ibid.*
45. *Ibid.*
46. Patrice Leconte, 30 novembre 2010, *op. cit.*
47. *Ibid.*
48. Interview de Jean Rochefort, *Patrice, Leconte et les autres* de Pascal Chantier et Jean-Charles Lemeunier, Séguier, Paris, 2001.
49. « Mon fils et moi sommes pudiques » par Catherine Balle, *Le Parisien*, 20 mars 2007.
50. « Rochefort père et fils » par Charline Vanhoenacker, *Le Soir*, 14 mars 2007.

51. Interview de Gérard Jugnot par Alain de Sedouy, *Écran Total*, France Inter, 21 février 1990.
52. Interview de Patrice Leconte par Alain de Sedouy, 21 février 1990, *op. cit.*
53. Interview de Lucien Jeunesse par Alain de Sedouy, 21 février 1990, *op. cit.*
54. *Ibid.*
55. *Ibid.*
56. Interview de Jean Rochefort par Claude Guillaumin, *Inter-Actualités de 13H*, France-Inter, 19 juin 1987.
57. Interview de Jean Rochefort par Bernard Rapp, *Les feux de la rampe* de Philippe Azoulay, StudioCanal, 2002.
58. Interview de Jean Rochefort par Alain de Sedouy, 21 février 1990, *op. cit.*
59. Interview de Jean Rochefort par Philippe Bertrand, *Carnets de campagne*, France Inter, 5 mai 2008.
60. Anne Andreu, *op. cit.*
61. Marlène Amar, *op. cit.*
62. Alain de Sedouy, *Écran Total*, France Inter, 21 février 1990.
63. Anne Andreu, *op. cit.*
64. Interview de Jean Rochefort par Thierry Beauvert, *Si j'ose dire*, France Musique, 28 février 2003.
65. « Jean Rochefort : Il faut résister à la facilité de l'intelligence » par Simone Dupuis, *L'Express*, 30 septembre 1988.
66. Christian Gonzalez, *op. cit.*
67. Martine de Rabaudy, *op. cit.*
68. Christophe Dechavanne, *op. cit.*
69. « Le Noah du jumping » par Jean Rochefort, « Champ libre », *L'Équipe*, 13 mai 1987.
70. Yves Mourousi, 8 avril 1987, *op. cit.*
71. Christian Gonzalez, *op. cit.*
72. Marlène Amar, *op. cit.*
73. Brigitte Baudin, *op. cit.*
74. Interview de Jean Rochefort par Sophie Dacbert, *Le Film français*, 13 septembre 2002.
75. Anne Andreu, *op. cit.*
76. « Jean Rochefort aussi jeune que Johnny Depp » par Marie-Claude Chane-Tune, *Télé 7 Jours*, 6 mars 1999.
77. « Jean Rochefort : La vieillesse n'est pas à l'ordre du jour » par Virginie Le Guay, *Paris Match* n° 3181, 6 mai 2010.
78. Anne Andreu, *op. cit.*
79. Alain Teulère, *op. cit.*
80. Marlène Amar, *op. cit.*
81. Interview de Jean Rochefort par Jacques Chancel, *Inforum*, France Inter, 20 mai 1988.
82. Interview de Jean Rochefort par Sylvain Augier, *Qu'est-ce qui vous fait courir ?*, France Inter, 20 octobre 1989.
83. « Jean Rochefort : l'élégance pur tweed » de Charles Dorian, *Le Figaro*, 27 août 1988.
84. « L'espion Jean Rochefort : À moi l'Amérique ! » par Élisabeth Perrin, *France-Soir Magazine*, 16 mars 1988.
85. *Ibid.*
86. Martine de Rabaudy, *op. cit.*
87. « Jean Rochefort, le magnifique » par Thierry Klifa, *Studio Magazine* n° 182, octobre 2002.

88. « Rochefort : Sans les animaux, nous serions orphelins » par Karine Signoret, *France-Soir*, 18 mars 1988.
89. *Ibid.*
90. « Le temps des copains » par Dominique Borde, *Le Figaro*, 22 octobre 1988.
91. Patrice Leconte au Festival Musique et Cinéma d'Auxerre, 21 janvier 2009.
92. Interview de Jean Rochefort par Pierre Bouteiller, *Carnets de notes*, France Musique, 14 mai 1988.
93. Jacques Chancel, *op. cit.*
94. « Jean Rochefort : Mon amour des chevaux vient de l'enfance » par Jean Poggi, *Télé 7 Jours*, 9 septembre 1989.
95. Sylvain Augier, *op. cit.*
96. Interview d'Yves Mourousi, *Inter-Actualités de 13H*, France-Inter, 13 juillet 1988.
97. Interview de Régis Wargnier, dossier de presse de *Je suis le seigneur du château*, 1988.
98. « Jean Rochefort : Mamet, ce fils de Pinter » de Marie-Noëlle Tranchant, *Le Figaro*, 24 janvier 1989.
99. Anne Andreu, *op. cit.*
100. Jacques Chancel, *op. cit.*
101. « Le tandem Rochefort-Marielle », *Le Journal du Dimanche*, 11 septembre 1988.
102. « Le beau joujou de Jean Rochefort : un théâtre » par Viviane Rebeix, *France-Soir*, 22 septembre 1988.
103. Marie-Noëlle Tranchant, *op. cit.*
104. Viviane Rebeix, *op. cit.*
105. *Ibid.*
106. Bernard Rapp, *op. cit.*
107. Interview de Jean Rochefort par Fabienne Pascaud, *L'œil en coulisses* de Georges Paumier, Antenne 2, 10 octobre 1988.
108. Simone Dupuis, *op. cit.*
109. Interview de Jean Rochefort par Claude Guillaumin, *Inter-Actualités de 13H*, France-Inter, 17 octobre 1988.
110. Interview de Ludmilla Mikaël par Fabienne Pascaud, 10 octobre 1988, *op. cit.*
111. Interview de Ludmilla Mikaël par Jean-Marc Stricker, *Inter-Actualités de 13H*, France-Inter, 17 octobre 1988.
112. Interview de Maxime Leroux par Fabienne Pascaud, 10 octobre 1988, *op. cit.*
113. Claude Guillaumin, 17 octobre 1988, *op. cit.*
114. *Du côté de chez Fred* de Michel Hermant, Antenne 2, 6 octobre 1988.
115. Philippe Tesson, *L'Express*, 30 septembre 1988.
116. Marie-Noëlle Tranchant, *op. cit.*
117. Jacques Chancel, *op. cit.*
118. Arlette Vincent, *op. cit.*
119. *Ibid.*
120. Interview de Jean Rochefort par Jean-Marc Stricker, *Inter-Actualités de 13H*, France-Inter, 7 février 1989.
121. Martine de Rabaudy, *op. cit.*
122. Interview de Jean-Pierre Zannier par l'auteur, 7 mai 2014.
123. Interview de Jean Rochefort par Virginie Coupérie-Eiffel, *Paris Match* n° 3266, 4 décembre 2011.
124. Virginie Le Guay, *op. cit.*

125. «Jean Rochefort : Je suis un authentique amoureux» par Annick Rannou, *Télé Star* n° 989, 11 septembre 1995.
126. Interview de Michel Galabru par l'auteur, 4 avril 2011.
127. Interview de Michel Piccoli par Jean-Jacques Dufour, *Midi 2*, Antenne 2, 31 janvier 1989.
128. Simone Dupuis, *op. cit.*
129. «Rochefort entre les mains de Piccoli» d'Armelle Héliot, *Le Quotidien* n° 2860, 28 janvier 1989.
130. Marie-Noëlle Tranchant, *op. cit.*
131. Armelle Héliot, 28 janvier 1989, *op. cit.*
132. Anne Andreu, *op. cit.*
133. Bernard Rapp, *op. cit.*
134. Interview de Jean Rochefort par Jean-Luc Hees, *Synergie*, France Inter, 7 mai 1992.
135. «19h30 : Jean Rochefort» par Gérard Miller, *Libération*, 19 février 1989.
136. «Le parcours sans faute de Jean Rochefort» par Fabian Gastellier, *Elle*, 6 février 1989.
137. Anne Andreu, *op. cit.*
138. Karine Signoret, *op. cit.*
139. Interview de Jean Rochefort par Jean-Pierre Milovanoff, *Le bon plaisir de Jean Dorst*, France Culture, 1er novembre 1986.
140. Interview de Jean Rochefort par Allain Bougrain-Dubourg, *Animalia*, France 2, 8 avril 1989.
141. Jean Poggi, *op. cit.*
142. «Jean Rochefort veut battre *Supercopter*» par Philippe Bourbeillon, *France-Soir*, 8 août 1989.
143. *Souvenirs d'enfance, tome 3 : Le temps des secrets* de Marcel Pagnol, Pastorelly, 1960.
144. Philippe Bourbeillon, *op. cit.*
145. Jean Poggi, *op. cit.*
146. Interview de Jean Rochefort par Philippe Abitboul, *Inter-Actualités de 13H*, France-Inter, 20 août 1989.
147. Interview de Jean Rochefort par Dominique Duforest, *19/20*, France 3, 19 août 1989.
148. Sylvain Augier, *op. cit.*
149. «Jean Rochefort : Mon bonheur d'avoir de jeunes enfants est mêlé de tristesse» par Marie-France Adnet, *Ciné Revue*, 23 mai 1996.
150. Annick Rannou, *op. cit.*
151. Patrice Leconte, 30 novembre 2010, *op. cit.*

26. Cavalcade

1. «Le non de l'amiral» par François de Santerre, *Le Figaro*, 18 janvier 1990.
2. *Ibid.*
3. «Les surprises de Rochefort», *Le Figaro*, 23 janvier 1990.
4. Interview de Jean Rochefort, *Cap à l'Ouest*, FR3 Pays-de-la-Loire, 17 février 1990.
5. Interview de Jean Rochefort par Arnaud Laporte, *À voix nue* de Sandrine Treiner, France Culture, 2-6 janvier 2012.
6. Interview de Jean Rochefort, *Les étoiles du cinéma* d'André Asséo, France Inter, 6 octobre 1990.

7. Interview de Patrice Leconte par Michel Ciment, *Projection privée*, France Culture, 28 octobre 1990.
8. «Jean Rochefort : Ça n'a tenu qu'à un cheveu !» par J.R., *Le Parisien*, 3 octobre 1990.
9. «Jean Rochefort, le bruit du clap au fond des bois» par Loïc Belland, *Cinémascope* n° 4. mai-juin 1995.
10. Interview de Patrice Leconte par l'auteur, 30 novembre 2010.
11. Interview de Claude Klotz, *Patrice, Leconte et les autres* de Pascal Chantier et Jean-Charles Lemeunier, Séguier, Paris, 2001.
12. Patrice Leconte, 30 novembre 2010, *op. cit.*
13. *Ibid.*
14. Interview de Jean Rochefort par Arnaud Laporte, *Le bon plaisir*, France Culture, 12 décembre 1998.
15. Interview de Patrice Leconte par Kriss Graffiti, *Dimanche en roue libre*, France Inter, 14 septembre 1997.
16. André Asséo, 6 octobre 1990, *op. cit.*
17. «Jean Rochefort est un paresseux contrarié» par Anne-Christine Condomine, *Le Figaro Magazine*, 29 septembre 1990.
18. Patrice Leconte, 30 novembre 2010, *op. cit.*
19. Michel Ciment, *op. cit.*
20. Arnaud Laporte, 12 décembre 1998, *op. cit.*
21. *Mémoire cavalière* de Philippe Noiret, Robert Laffont, 2007.
22. Patrice Leconte, 30 novembre 2010, *op. cit.*
23. *Rémy Girard – Entretiens* par Jean Faucher, Québec Amérique, 2005.
24. «J'aime la vie en bande dessinée» par Nelly Bradfer, *Le Soir*, 2 novembre 2013.
25. Interview de Pierre Schoendoerffer par l'auteur, 15 novembre 2010.
26. «Jean Rochefort très nature» par Alain Grasset, *Le Parisien*, 19 mars 1992.
27. Interview de François Margolin par l'auteur, 12 avril 2016.
28. *Ibid.*
29. *Ibid.*
30. Interview de Jean Rochefort, *Giga*, France 2, 8 mars 1991.
31. Patrice Leconte au Festival Musique et Cinéma d'Auxerre, 21 janvier 2009.
32. «L'homme qui rit» par Marie-Élisabeth Rouchy, *Télérama* n° 2196, 12 février 1992.
33. Interview d'Yves Robert, *Synergie* de Jean-Luc Hees, France Inter, 12 février 1992.
34. «Rochefort moustache au vent, humour aux lèvres» par Emmanuèle Frois, *Le Figaro*, 12 février 1992.
35. «Yves Robert et les casse-pieds» par Marie-Noëlle Tranchant, *Le Figaro*, 17 août 1991.
36. Jean-Luc Hees, *op. cit.*
37. «Jean Rochefort ou la force calme» par Richard Gianorio, *France-Soir*, 12 février 1992.
38. «Rochefort au pays des casse-pieds» par Monique Pantel, *France-Soir*, 27 août 1991.
39. Interview de Jean Rochefort par Claire Chazal, *JT de 20H*, TF1, 9 février 1992.
40. *Ibid.*
41. Richard Gianorio, *op. cit.*
42. *Ibid.*
43. «Jean Rochefort : Moi, un séducteur ?» par Nathalie Vigneau, *Télé Star*, 6 mars 1999.

44. Interview d'Édouard Garcin par Michèle Buhr, *Premier service*, France 3 Strasbourg, 17 mars 1992.
45. Interview de Jean Rochefort par Jacques Martin, *Ainsi font font font*, Antenne 2, 1er décembre 1991.
46. Interview de Jean Rochefort par Claude Cordier, *Inter-Actualités de 8H*, France-Inter, 3 décembre 1991.
47. Interview de Jean Rochefort par Jean-François Bataille, *Vent Sud*, France 3 Pyrénées, 1er avril 1992.
48. «Jean Rochefort : retrousser ses manches et s'entraider» par Marion Thébaud, *Le Figaro*, 9 décembre 1991.
49. Claude Cordier, *op. cit.*
50. Michèle Buhr, *op. cit.*
51. *Ibid.*
52. Marie-Élisabeth Rouchy, 12 février 1992, *op. cit.*
53. Interview de Jean Rochefort par José Artur, *À l'heure du pop*, France Inter, 22 janvier 1993.
54. «Jean Rochefort aux antipodes du héros positif» par Françoise Audé et Paul Louis Thirard, *Positif* n° 509-510, juillet-août 2003.
55. José Artur, *op. cit.*
56. Interview de Jean Rochefort par Jean-Luc Hees, *Synergie*, France Inter, 7 mai 1992.
57. Alain Grasset, 19 mars 1992, *op. cit.*
58. *Je suis un imposteur* de Patrice Leconte, Flammarion, 2000.
59. Patrice Leconte, 30 novembre 2010, *op. cit.*
60. *Ibid.*
61. Françoise Audé et Paul Louis Thirard, *op. cit.*
62. *Un après-midi chez Jean Rochefort* de Jean-Luc Perreard, 2007.
63. «Dans le Rochefort, tout est bon» par Christophe Carrière, *L'Express*, 26 septembre 2002.
64. Françoise Audé et Paul Louis Thirard, *op. cit.*
65. «La fringante nostalgie de Jean Rochefort» par Marie-Noëlle Tranchant, *Le Figaro*, 17 août 1993.
66. «Elle a une histoire, sa moustache!», *Ciné Revue*, 15 juin 1995.
67. Jean-Luc Perreard, *op. cit.*
68. Interview de Jean Rochefort par Marie-Élisabeth Rouchy, *TéléCinéObs*, 13 mars 2013.
69. «Jean Rochefort : J'ai le goût du gag absurde» par Jean-Pierre Lacomme, *Le Journal du Dimanche*, 15 août 1993.
70. Jean-Luc Perreard, *op. cit.*
71. Interview de Jean Rochefort par Vincent Josse, *Inter-Actualités de 13H*, France-Inter, 17 août 1993.
72. Jean-Pierre Lacomme, *op. cit.*
73. Interview de Jean Rochefort, *Grand écran*, RTBF, 22 décembre 1993.
74. «Jean Rochefort : Priorité au plaisir» par Emmanuel de Brantes, *Gala* n° 10, 19 août 1993.
75. Interview de Jean Rochefort par Jean-Claude Loiseau, *Les étoiles du cinéma* d'André Asséo, France Inter, 21 août 1993.
76. Interview de Jean Rochefort par Hervé Claude, *JA2 20H*, France 2, 15 août 1993.
77. «Rochefort, le bisexuel» par Monique Pantel, *France-Soir*, 19 août 1993.
78. «Jean Rochefort : Moi je n'aime pas le tiède» par Alain Morel, *Le Parisien*, 19 août 1993.
79. *Grand écran, op. cit.*

80. Jean-Pierre Lacomme, *op. cit.*
81. « Vous n'en avez pas marre, messieurs Marielle, Noiret, Rochefort ? » par Jean-Yves Katelan et Diastème, *Première* n° 228, mars 1996.
82. Interview de Jean Rochefort par Florence Chédotal, *La Montagne*, 7 novembre 2013.
83. Jean-Luc Perreard, *op. cit.*
84. Christophe Carrière, *op. cit.*
85. José Artur, *op. cit.*
86. Alain Morel, *op. cit.*
87. Interview de Jean Rochefort par Denis Cheissoux, *CO2 mon amour*, France-Inter, 8 septembre 2007.
88. Interview de Jean Rochefort par Fabienne Chauvière, *Rendez-vous, vous êtes cerné*, France Inter, 13 février 1993.
89. *Ibid.*

27. La solitude de l'acteur de fond

1. Interview de Jean Rochefort par Fabienne Chauvière, *Rendez-vous, vous êtes cerné*, France Inter, 13 février 1993.
2. « Jean Rochefort : Priorité au plaisir » par Emmanuel de Brantes, *Gala* n° 10, 19 août 1993.
3. Interview de Jean Rochefort, *Grand écran*, RTBF, 22 décembre 1993.
4. « Jean Rochefort : J'ai eu une vie sentimentale houleuse, mais je ne suis pas un coureur » par Alain Houstraete-Morel, *Ciné-Revue*, 9 septembre 1993.
5. *Grand écran, op. cit.*
6. *Ibid.*
7. Annie Coppermann, *Les Échos*, 26 mai 1994.
8. Interview de Jean Rochefort par Bernard Pivot, *Bouillon de culture*, Antenne 2, 18 février 1994.
9. Interview de Jean Rochefort par Claire Chazal, *JT de 20H*, TF1, 19 février 1994.
10. Bernard Pivot, *op. cit.*
11. « Jean Rochefort : J'aime apprivoiser l'étrange » par Emmanuèle Frois, *Le Figaro*, 23 février 1994.
12. « Jean Rochefort : La médiocrité m'exalte » par Fabienne Pascaud, *Télérama* n° 2302, 23 février 1994.
13. Interview de Jean Rochefort par Sabine Gorny, *Actualités 12h30*, France 3, 23 février 1994.
14. « Le plaisir de Rochefort, sexagénaire » par Jean-Pierre Lacomme, *Le Journal du Dimanche*, 20 février 1994.
15. « Rochefort fait banquette » par Monique Pantel, *France-Soir*, 23 février 1994.
16. Interview de Philippe Lioret par Bernard Pivot, *Bouillon de culture*, Antenne 2, 18 février 1994.
17. Fabienne Pascaud, *op. cit.*
18. Monique Pantel, 23 février 1994, *op. cit.*
19. Fabienne Pascaud, *op. cit.*
20. *Grand écran, op. cit.*
21. Fabienne Pascaud, *op. cit.*
22. Emmanuèle Frois, *op. cit.*
23. Interview de Jean Rochefort par Jean-Claude Loiseau, *Les étoiles du cinéma* d'André Asséo, France Inter, 21 août 1993.

24. Claude Baignères, *Le Figaro*, 24 février 1994.
25. Daniel Toscan du Plantier, *Le Figaro Magazine*, 26 février 1994.
26. Monique Pantel, 23 février 1994, *op. cit.*
27. Interview de Jean Rochefort, dossier de presse de *Tombés du ciel*, 1993.
28. Alain Houstraete-Morel, *op. cit.*
29. «Jean Rochefort : Je conseille à tous les hommes d'avoir des enfants assez tard» par Catherine Tabouis, *Paris Match* n° 2318, 28 octobre 1993.
30. Alain Houstraete-Morel, *op. cit.*
31. *Grand écran*, *op. cit.*
32. Emmanuèle Frois, *op. cit.*
33. Jean-Pierre Lacomme, *op. cit.*
34. Interview de Jean Rochefort par Daniel Schick, *À titre provisoire*, France Inter, 2 octobre 1994.
35. *Ibid.*
36. Interview de Jean Rochefort par Didier Le Corre, *Bretons* n° 25, octobre 2007.
37. Interview de Jean Rochefort par Gérard Delorme, *Première* n° 433, mars 2013.
38. «Jean Rochefort : Je suis dans la peau de mes personnages quand j'ai le costume» par Claude-Marie Trémois, *Télérama*, 16 juin 1963.
39. Interview de Jean Rochefort par François-Régis Bastide, *Le masque et la plume* de Michel Hermant, France 3, 29 février 1976.
40. Interview de Jean Rochefort par Jacques Chancel, *Inforum*, France Inter, 20 mai 1988.
41. Interview de Bertrand Tavernier par José Artur, *Inoxydable*, France Inter, 23 février 2007.
42. «Jean Rochefort : cinéma, chevaux et fantaisie» par Olivier Calon, *Notre Temps*, mars 1994.
43. Interview de Fabien Onteniente par l'auteur, 19 mai 2017.
44. *Grand écran*, *op. cit.*
45. Fabien Onteniente, *op. cit.*
46. *Ibid.*
47. Richard Gianorio, *France-Soir*, 25 janvier 1995.
48. «Jean Rochefort, le bruit du clap au fond des bois» par Loïc Belland, *Cinémascope* n° 4. mai-juin 1995.
49. *Grand écran*, *op. cit.*
50. Interview de Jean Rochefort par Catherine Ceylac, *JA2 Dernière*, France 2, 10 mai 1995.
51. Interview de Jean Rochefort par Jean-Claude Narcy, TF1 20 heures, TF1, 30 avril 1995.
52. Catherine Ceylac, *op. cit.*
53. «Jean Rochefort et l'éternelle jeunesse» par Brigitte Baudin, *Le Figaro*, 10 mai 1995.
54. Catherine Ceylac, *op. cit.*
55. «Rochefort toujours en selle» par Monique Pantel, *France-Soir*, 10 mai 1995.
56. Annie Coppermann, *Les Échos*, 12 mai 1995.
57. Claude Baignères, *Le Figaro*, 11 mai 1995.
58. Interview de Jean Rochefort par Laetitia Bataille et Nelly Valère, *Cheval savoir* n° 17, janvier 2011.
59. Interview de Jean Rochefort par Didier Rykner, *La Tribune de l'art*, 19 décembre 2011.
60. «Jean Rochefort, le cavalier solitaire» par S. Fox, *Télé Star*, 26 janvier 1994.

61. «Jean Rochefort, joueur de ping-pong» par Arnaud Ramsay, *L'Équipe Mag*, 26 mars 1994.
62. Emmanuèle Frois, *op. cit.*
63. Arnaud Ramsay, *op. cit.*
64. *Ibid.*
65. Fabienne Pascaud, *op. cit.*
66. Interview de Jean Rochefort, *L'échappée belle*, France Culture, 24 juin 1994.
67. *Ibid.*
68. Interview de Didier Pourcel, *L'échappée belle*, *op. cit.*
69. Interview de Jean Rochefort par Pierre Bouteiller, *Quoi qu'il en soit*, France Inter, 20 octobre 1997.
70. Monique Pantel, 23 février 1994, *op. cit.*
71. Jean-Pierre Lacomme, *op. cit.*
72. *Mode et cinéma*, archives Pathé, 1994.
73. «Jean Rochefort aux antipodes du héros positif» par Françoise Audé et Paul Louis Thirard, *Positif* n° 509-510, juillet-août 2003.
74. Loïc Belland, *op. cit.*
75. Interview de Jean Rochefort par Jean-Luc Hees et Eva Bettan, *Inter 13-14*, France Inter, 28 juin 1994.
76. Jean Rochefort : J'approche de mes soixante-cinq ans avec une stupéfaction sans borne» par Gisèle Galante, *Paris Match* n° 2390, 16 mars 1995
77. Interview de Jean Rochefort par Laurent Delahousse, *Un jour, un destin*, France 2, août 2013.
78. *Mode et cinéma*, *op. cit.*
79. Jean-Luc Hees et Eva Bettan, *op. cit.*
80. Daniel Schick, *op. cit.*
81. Pierre Bouteiller, *op. cit.*
82. Interview de Jean Rochefort par Laurent Ruquier, *Dans tous les sens*, France Inter, 26 mai 1999.
83. Interview de Jean Rochefort par Emmanuel Kherad, *La librairie francophone*, France Inter, 12 novembre 2011.
84. Daniel Schick, *op. cit.*
85. *Le cinéma de Jean Rochefort* de Jérôme Caza, Christophe d'Yvoire et Karine Giraud, Canal +, décembre 2000.
86. *Un après-midi chez Jean Rochefort* de Jean-Luc Perreard, 2007.
87. «Jean Rochefort : non au régime sans selle ! » par Isabelle Dhombres, *Télé Poche* n° 1507, 31 décembre 1994.
88. Laurent Ruquier, *op. cit.*
89. Interview de Jean Rochefort par Bernard Rapp, *Les feux de la rampe* de Philippe Azoulay, StudioCanal, 2002.
90. Laurent Ruquier, *op. cit.*
91. Brigitte Baudin, 10 mai 1995, *op. cit.*
92. Laurent Ruquier, *op. cit.*
93. Interview de Jean Rochefort par Brigitte Baudin, *Le Figaro*, 13 décembre 1994.
94. Jean-Michel Frodon, *Le Monde*, 30 mai 1999.
95. Laurent Ruquier, *op. cit.*
96. *Ibid.*
97. «Jean Rochefort nous fit un effet bœuf» par Pascal Hernandez, *Télé-Poche* n° 1544, 16 septembre 1995.
98. Pierre Bouteiller, *op. cit.*
99. Monique Pantel, 10 mai 1995, *op. cit.*

100. « L'hommage des César à Jean Rochefort » par Isabelle Dhombres, *Télé-Poche* n° 1725, 6 mars 1999.
101. « Jean Rochefort vient à la télé sur la pointe des pieds » par Marie Sauvion, *Le Parisien*, 21 septembre 1995.
102. Interview de Jean Rochefort par Jacques Chancel, *Lignes de mire* de Bernard Gonner, France 3, 22 décembre 1996.
103. « Cuisine de flics » par Olivier Delcroix, *Le Figaro*, octobre 1996.
104. « Jean Rochefort : Mon bonheur d'avoir de jeunes enfants est mêlé de tristesse » par Marie-France Adnet, *Ciné Revue*, 23 mai 1996.
105. « Deux bœufs carottes à la mode de chez nous » par Laure Lescar, *Pèlerin Magazine* n° 5933, 16 août 1996.
106. « Jean Rochefort flic des flics » par Isabelle Cauchois, *Télé 7 Jours*, 16 septembre 1995.
107. « De demoiselles en fleurs » par Vincent Huet, *TF1 Magazine* n° 37, septembre 1995.
108. *Ibid.*
109. Pascal Hernandez, *op. cit.*
110. Marie Sauvion, *op. cit.*
111. « Le copain Rochefort » par Cécile Mury, *Télérama* n° 2589, 25 août 1999.
112. Didier Rykner, *op. cit.*
113. Daniel Schick, *op. cit.*
114. « Jean Rochefort : La télé fait du bien à ma popularité » par Bruno Courtois, *Le Parisien*, 20 février 1997.
115. Didier Le Corre, *op. cit.*
116. Monique Pantel, 10 mai 1995, *op. cit.*
117. « *Les bœufs carottes* manquent de sel » par Sylvie Metzelard, *Le Parisien*, 21 septembre 1995.

28. Les affinités sélectives

1. « Rochefort toujours en selle » par Monique Pantel, *France-Soir*, 10 mai 1995.
2. « Elle a une histoire, sa moustache ! », *Ciné Revue*, 15 juin 1995.
3. Jean Rochefort : J'approche de mes soixante-cinq ans avec une stupéfaction sans borne » par Gisèle Galante, *Paris Match* n° 2390, 16 mars 1995.
4. *Ibid.*
5. *Ibid.*
6. Interview de Patrice Leconte par l'auteur, 30 novembre 2010.
7. *Ibid.*
8. Interview de Jean Rochefort, *Le Figaro*, 8 mai 1995.
9. « Jean Rochefort, le bruit du clap au fond des bois » par Loïc Belland, *Cinémascope* n° 4. mai-juin 1995.
10. Interview de Jean Rochefort par Marie-Martine Chambard, *JT Rhône Alpes soir*, France 3 Centre Est, 21 février 1996.
11. Interview de Jean-Pierre Marielle par Alain Fauritte, *Déclik*, France 3 Rhône-Alpes Auvergne, 2 octobre 2010.
12. *Mémoire cavalière* de Philippe Noiret, Robert Laffont, 2007.
13. « Jean Rochefort vient à la télé sur la pointe des pieds » par Marie Sauvion, *Le Parisien*, 21 septembre 1995.
14. « Vous n'en avez pas marre, messieurs Marielle, Noiret, Rochefort ? » par Jean-Yves Katelan et Diastème, *Première* n° 228, mars 1996.
15. « Quand trois parrains du cinéma français parlent boutique » par Catherine Tabouis, *Paris Match*, 22 février 1996.

16. « Les grands ducs se mettent à table » par Jean-Pierre Lavoignat et Thierry Valletoux, *Studio* n° 107, février 1996.
17. *Ibid.*
18. Interview de Jean-Pierre Marielle par Christian Nève, *Cinéma étoiles*, France 3, 20 février 1996.
19. Interview de Jean Rochefort par Eva Bettan, *Inter 13-14*, France Inter, 21 février 1996.
20. Jean-Pierre Lavoignat et Thierry Valletoux, *op. cit.*
21. Jean-Yves Katelan et Diastème, *op. cit.*
22. Interview de Patrice Leconte par Kathleen Evin, *Éphémérides*, France Inter, 30 mai 2004.
23. Patrice Leconte, 30 novembre 2010, *op. cit.*
24. Jean-Pierre Lavoignat et Thierry Valletoux, *op. cit.*
25. Patrice Leconte, 30 novembre 2010, *op. cit.*
26. Interview de Jean Rochefort par Alain Fauritte, 2 octobre 2010, *op. cit.*
27. « Jean Rochefort : confidences d'un gentleman » par Alain Teulère, *Le Journal du Dimanche*, 26 octobre 1997.
28. « De demoiselles en fleurs » par Vincent Huet, *TF1 Magazine* n° 37, septembre 1995.
29. Interview de Jean Rochefort par Jacques Chancel, *Lignes de mire* de Bernard Gonner, France 3, 22 décembre 1996.
30. Interview de Jean Rochefort par Pascale Deschamps, *Midi 2*, Antenne 2, 20 septembre 1995.
31. « Jean Rochefort flic des flics » par Isabelle Cauchois, *Télé 7 Jours* n° 1842, 16 septembre 1995.
32. Marie Sauvion, *op. cit.*
33. Interview de Patrice Leconte par Yann Tobin, *Positif* n° 423, mai 1996.
34. Monique Pantel, 10 mai 1995, *op. cit.*
35. Patrice Leconte, 30 novembre 2010, *op. cit.*
36. Isabelle Cauchois, *op. cit.*
37. Patrice Leconte, 30 novembre 2010, *op. cit.*
38. Interview de Jean Rochefort par Pierre Bouteiller, *Quoi qu'il en soit*, France Inter, 27 janvier 1997.
39. Interview de Patrice Leconte, *L'Humanité*, 9 mai 1996.
40. Interview de Jean Rochefort par Rebecca Manzoni, *Éclectik*, France Inter, 20 juin 2005.
41. *Ibid.*
42. Pierre Bouteiller, *op. cit.*
43. Interview de Jean Rochefort par Michel Drucker, *Studio Gabriel*, Antenne 2, 19 février 1996.
44. « Rochefort au coin du feu » par I.N., *Le Figaro*, 21 décembre 1996.
45. « Un père traditionnel et attentif », *Ciné Revue*, 9 janvier 1997.
46. I.N., *op. cit.*
47. *Télé Poche* n° 1622, 15 mars 1997.
48. « Sandrine Kiberlain, la belle nature » par Véronique Jacob, *L'Express*, 10 octobre 1996.
49. Interview de Sandrine Kiberlain par Pauline Conseil, *Closer*, 5 octobre 2013.
50. « Jean Rochefort : Je suis un père très conventionnel » par Sylvia de Abreu, *Télé Star*, 5 octobre 1996.
51. Alain Teulère, *op. cit.*
52. Sylvia de Abreu, *op. cit.*

53. « Quatre questions à Jean Rochefort » par Gilles Gressard, *Télé K7*, 1er novembre 1997.
54. Interview de Jean Rochefort par Laurence Bobillier, *19/20*, France 3, 26 octobre 1997.
55. Interview de Philippe Haïm par Anne-Elisabeth Lemoine, *On ne peut pas plaire à tout le monde*, France 3, 10 avril 2005.
56. Sylvia de Abreu, *op. cit.*
57. Laurence Bobillier, *op. cit.*
58. Interview de Jean Rochefort par Laurent Ruquier, *Dans tous les sens*, France Inter, 29 octobre 1997.
59. « Le baratin de Jean Rochefort » par Monique Pantel, *France-Soir*, 29 octobre 1997.
60. Laurent Ruquier, *op. cit.*
61. Alain Teulère, *op. cit.*
62. Monique Pantel, 29 octobre 1997, *op. cit.*
63. Interview de Philippe Haïm par Jean-Pierre Lacomme, *Le Journal du dimanche*, 26 octobre 1997.
64. Monique Pantel, 29 octobre 1997, *op. cit.*
65. Interview de Guillaume Canet par Alain Fauritte, *Déclik*, France 3 Rhône-Alpes Auvergne, 30 octobre 2010.
66. Pierre Bouteiller, 20 octobre 1997, *op. cit.*
67. « Jean Rochefort, le gentleman du cinéma français » par Romain Clergeat, *Paris Match*, 6 novembre 1997.
68. Jacques Chancel, *op. cit.*
69. Interview de Jean Rochefort par Christian Nève, *Cinéma étoiles*, France 3, 29 octobre 1997.
70. *Ibid.*
71. Laurent Ruquier, *op. cit.*
72. « Jean Rochefort : Je recherche l'inconfort des rôles baroques » par Élisabeth Perrin, *TV Magazine*, 8 novembre 1997.
73. Pierre Bouteiller, *op. cit.*
74. *France Soir*, 29 octobre 1997.
75. Louis Guichard, *Télérama*, 5 novembre 1997.
76. Véronique Jacob, *lexpress.fr*, 28 novembre 1996.
77. I.N., *op. cit.*
78. « Jean Rochefort en pince pour les bêtes » par Jean-François Richard, *Le Parisien*, 21 décembre 1996.
79. *Ciné Revue*, 9 janvier 1997, *op. cit.*
80. Gisèle Galante, *op. cit.*
81. Interview de Jean Rochefort par Michel Perrier, *Journal télévisé*, France 3, 20 mars 1996.
82. « Jean Rochefort : Opération Perce-Neige » par Corinne Calmet-Denis, *France-Soir*, 16 mai 1997.
83. Interview de Jean Rochefort par José Artur, *Le Pop Club*, France Inter, 13 mai 1997.
84. Jean Rochefort : Incarner un méchant, c'est l'apothéose » par Emmanuelle Touraine, *Télé 7 Jours* n° 2000, 26 septembre 1998.
85. « Le copain Rochefort » par Cécile Mury, *Télérama* n° 2589, 25 août 1999.
86. « Jean Rochefort : L'humour ? Une manière élégante de vivre » par Caroline Bonacossa, *Télé Star*, 19 septembre 1998.
87. Interview de Jean Rochefort par Alain Bévérini, *TF1 20 heures*, TF1, 27 décembre 1997.
88. Emmanuelle Touraine, *op. cit.*

89. Romain Clergeat, *op. cit.*
90. Alain Teulère, *op. cit.*
91. Interview de Jean Rochefort par Karine Cevaer, *JT Haute Normandie soir*, France 3 Rouen, 21 novembre 1997.
92. Gilles Gressard, *op. cit.*
93. Romain Clergeat, *op. cit.*
94. Élisabeth Perrin, *op. cit.*
95. Romain Clergeat, *op. cit.*
96. Cécile Mury, *op. cit.*

29. Horizons lointains

1. Jean Rochefort : Incarner un méchant, c'est l'apothéose » par Emmanuelle Touraine, *Télé 7 Jours* n° 2000, 26 septembre 1998.
2. Interview de Jean Rochefort par André Asséo, *Cinéfilms*, France Inter, 16 janvier 1999.
3. Emmanuelle Touraine, *op. cit.*
4. André Asséo, *op. cit.*
5. « Jean Rochefort en Patagonie à la recherche de l'incongru », par Tristan de Bourbon, *L'Humanité* n° 16930, 20 janvier 1999.
6. André Asséo, *op. cit.*
7. « Jean Rochefort : J'ai le goût de l'inconnu » par Alain Morel, *Le Parisien*, 20 janvier 1999.
8. *Ibid.*
9. Interview de Jean Rochefort par Jean-Luc Hees, *Synergie*, France Inter, 19 janvier 1999.
10. Tristan de Bourbon, *op. cit.*
11. André Asséo, *op. cit.*
12. Tristan de Bourbon, *op. cit.*
13. Jean-Luc Hees, *op. cit.*
14. André Asséo, *op. cit.*
15. « Jean Rochefort, mémoires d'un Breton de l'intérieur » par Frédérique Jourdaa, *Ouest France*, édition Bretagne, 30 août 2014.
16. « Jean Rochefort : Je suis un baroque coincé » par Brigitte Baudin, *Le Figaro*, 21 janvier 1999.
17. André Asséo, *op. cit.*
18. Jean-Luc Hees, *op. cit.*
19. Tristan de Bourbon, *op. cit.*
20. *Ibid.*
21. Pascal Mérigeau, *Le Nouvel Observateur*, 21 janvier 1999.
22. Interview de Jean Rochefort par Laurence Bobillier, *19/20*, France 3, 26 octobre 1997.
23. « Jean Rochefort : confidences d'un gentleman » par Alain Teulère, *Le Journal du Dimanche*, 26 octobre 1997.
24. « Jean Rochefort et ses drôles d'amis » par Marie-Laure Prouvost, *Marie-Claire*, janvier 1998.
25. Interview de Jean Rochefort par José Artur, *C'est pas dramatique*, France Inter, 24 janvier 1998.
26. « Jean Rochefort : Je recherche l'inconfort des rôles baroques » par Élisabeth Perrin, *TV Magazine*, 8 novembre 1997.
27. Interview de Jean Rochefort par Pierre Bouteiller, *Quoi qu'il en soit*, France Inter, 20 octobre 1997.

28. Interview de Jean Rochefort par Arnaud Laporte, *À voix nue* de Sandrine Treiner, France Culture, 2-6 janvier 2012.
29. Interview de Jean Rochefort par Vincent Josse, *Journal de 8H*, France Inter, 2 février 1998.
30. *Ibid.*
31. *Ibid.*
32. Interview de Jean Rochefort par Cyril Auffret, *TF1 20 heures*, TF1, 12 août 1998.
33. «Jean Rochefort dans la peau d'un tigre» par Brigitte Baudin, *Le Figaro*, 14 août 1998.
34. Brigitte Baudin, 21 janvier 1999, *op. cit.*
35. Jean-Luc Hees, *op. cit.*
36. «J'aime la vie en bande dessinée» par Nelly Bradfer, *Le Soir*, 2 novembre 2013.
37. «L'ami de la famille» par Alexandre Simon, *France-Soir*, 23 janvier 2004.
38. «Jean Rochefort, le bruit du clap au fond des bois» par Loïc Belland, *Cinémascope* n° 4. mai-juin 1995.
39. «L'hommage des César à Jean Rochefort» par Isabelle Dhombres, *Télé-Poche* n° 1725, 6 mars 1999.
40. «Jean Rochefort aussi jeune que Johnny Depp» par Marie-Claude Chane-Tune, *Télé 7 Jours*, 6 mars 1999.
41. «Jean Rochefort : Moi, un séducteur?» par Nathalie Vigneau, *Télé Star*, 6 mars 1999.
42. Interview de Jean Rochefort par Lionel Esparza, *Musique matin*, France Musique, 3 juin 1999.
43. *Ibid.*
44. *Ibid.*
45. *Ibid.*
46. Interview de Jean Rochefort par Philippe Houbart, 27 septembre 1999.
47. Interview de Jean Rochefort par Laurent Cheval, *D'un village à l'autre*, Radio Bleue, 24 octobre 1999.
48. Interview de Jean Rochefort par Nicole Zimermann, *JT Toulouse soir*, France 3 Sud, 16 octobre 1999.
49. Interview de Pierre Schoendoerffer par l'auteur, 15 novembre 2010.
50. Interview de Maurizio Nichetti par l'auteur, 16 septembre 2012.
51. *Ibid.*
52. *Ibid.*
53. «Jean Rochefort : La passion est le moteur de ma libido» par Emmanuelle Pavon-Dufaure, *Gala*, février 2008.
54. Maurizio Nichetti, *op. cit.*
55. *Ibid.*
56. *Ibid.*
57. Interview de Jean Rochefort par Fabienne Chauvière, *Rendez-vous, vous êtes cerné*, France Inter, 13 février 1993.
58. «Jean Rochefort : le bonheur est dans le pré» par Juliette Demey, *Paris Match*, 26 septembre 2002.
59. «Touche pas à ma moustache!» par Richard Gianorio, *France-Soir*, 4 janvier 2001.
60. *Le cinéma de Jean Rochefort* de Jérôme Caza, Christophe d'Yvoire et Karine Giraud, Canal +, décembre 2000.
61. Interview de Francis Veber par l'auteur, 4 octobre 2010.
62. Jérôme Caza, Christophe d'Yvoire et Karine Giraud, *op. cit.*
63. Francis Veber, *op. cit.*

64. «Jean Rochefort pense toujours à Don Quichotte» par Hélène Merrick, *Télé Câble Satellite*, 6 janvier 2001.
65. «Jean Rochefort : J'ai de la tendresse pour l'adolescent que j'étais» par Isabelle Dhombres, *Télé-Poche* n° 1820, 30 décembre 2000.
66. «Jean Rochefort : Je suis amoureux du statut d'amateur» par Gwénola Trouillard, *Télé-Loisirs*, 6 janvier 2001.
67. Hélène Merrick, *op. cit.*
68. Francis Veber, *op. cit.*
69. *Ibid.*
70. Jérôme Caza, Christophe d'Yvoire et Karine Giraud, *op. cit.*
71. Isabelle Dhombres, 30 décembre 2000, *op. cit.*

30. Les moulins de son cœur

1. «Jean Rochefort : Ce qu'il manque à mon bonheur? Rien!» par Anne-Caroline Rémond, *Télé Star*, 30 décembre 2000.
2. *Ibid.*
3. *Le cinéma de Jean Rochefort* de Jérôme Caza, Christophe d'Yvoire et Karine Giraud, Canal +, décembre 2000.
4. «Jean Rochefort : Je suis amoureux du statut d'amateur» par Gwénola Trouillard, *Télé-Loisirs*, 6 janvier 2001.
5. « Le cavaleur » par François-Guillaume Lorrain, *Sport et Vie* n° 80, septembre-octobre 2003.
6. *Ibid.*
7. «Jean Rochefort, l'excentrique» par Fabienne Darge, *Le Monde* n° 19516, 23 octobre 2007.
8. «Jean Rochefort : Don Quichotte fait triste figure» par Catherine Tabouis, *Paris Match* n° 2694, 11 janvier 2001.
9. Interview de Jean Rochefort par Rémi Dupré, *Le Monde*, 6 août 2012.
10. Interview de Jean Rochefort par Francis Bianconi, *Clin d'œil*, Drill Prod, 2001.
11. Fabienne Darge, *op. cit.*
12. Interview de Jean Rochefort, *Tout arrive*, France Culture, 21 juillet 2003.
13. Interview de René Cleitman par Elizabeth Conter, *Le Film français* n° 2828, 12 mai 2000.
14. Jérôme Caza, Christophe d'Yvoire et Karine Giraud, *op. cit.*
15. François-Guillaume Lorrain, *op. cit.*
16. *Ibid.*
17. «Jean Rochefort : La vieillesse n'est pas à l'ordre du jour» par Virginie Le Guay, *Paris Match* n° 3181, 6 mai 2010.
18. Jérôme Caza, Christophe d'Yvoire et Karine Giraud, *op. cit.*
19. Elizabeth Conter, *op. cit.*
20. Fabienne Darge, *op. cit.*
21. «Jean Rochefort aux antipodes du héros positif» par Françoise Audé et Paul Louis Thirard, *Positif* n° 509-510, juillet-août 2003.
22. « Les belles-lettres de Monsieur Rochefort » par Yasmine Youssi, *La Tribune*, 30 novembre 2007.
23. Interview de Jean Rochefort par André Asséo et Jean-Claude Loiseau, *Ciné-films*, France Inter, 21 juin 2003.
24. Interview à l'AFP citée dans «Jean Rochefort : Il a cru qu'il ne pourrait jamais plus remarcher!» par Céline Knittel, *France Dimanche* n° 2924, 13 septembre 2002.

25. François-Guillaume Lorrain, *op. cit.*
26. « Rencontre avec Jean Rochefort », *Cinémas* de Serge Moati, France 5, 1er mai 2010.
27. François-Guillaume Lorrain, *op. cit.*
28. Interview de Jean Rochefort par Ludovic Perrin, *Le Journal du Dimanche*, 20 octobre 2013.
29. Catherine Tabouis, *op. cit.*
30. « Jean Rochefort et le chevalier fantôme » par Marie-Noëlle Tranchant, *Le Figaro*, 16 juillet 2003.
31. « Il ne veut plus tenter le diable » par Bérengère Adda, *Le Parisien*, 20 juillet 2003.
32. « Antoine de Caunes et Jean Rochefort font le lit des César » par Ghislain Loustalot, *Paris Match* n° 3066, 20 février 2008.
33. Interview de Jean Rochefort par Marie-Élisabeth Rouchy, *TéléCinéObs*, 13 mars 2013.
34. Interview de Jean Rochefort par Éric Libiot, *L'Express*, 13 mars 2013.
35. « Jean Rochefort : La passion est le moteur de ma libido » par Emmanuelle Pavon-Dufaure, *Gala*, février 2008.
36. François-Guillaume Lorrain, *op. cit.*
37. « Jean Rochefort : le bonheur est dans le pré » par Juliette Demey, *Paris Match* n° 2783, 26 septembre 2002.
38. Woody Allen cité par Thierry Ardisson, *Tout le monde en parle*, 14 juin 2003.
39. François-Guillaume Lorrain, *op. cit.*
40. Interview de Jean Rochefort par Laurent Delahousse, *Un jour, un destin*, France 2, août 2013.
41. Serge Moati, *op. cit.*
42. Yasmine Youssi, *op. cit.*
43. « Jean Rochefort : Je suis acteur-éleveur » par Anne Ladouce, *L'Équipe* n° 18089, 29 décembre 2003.
44. *Ibid.*
45. Ghislain Loustalot, *op. cit.*
46. Françoise Audé et Paul Louis Thirard, *op. cit.*
47. Céline Knittel, *op. cit.*
48. Emmanuelle Pavon-Dufaure, *op. cit.*
49. Catherine Tabouis, *op. cit.*
50. Bérengère Adda, *op. cit.*
51. « Jean Rochefort de la selle à l'écran » par Annie Gomez, *Femina*, 18 janvier 2004.
52. Interview de Jean Rochefort par Thierry Ardisson, *op. cit.*
53. « Une douleur mal diagnostiquée », *Le Dauphiné libéré*, 18 juillet 2006.
54. Interview de Jean Rochefort, *Tout arrive*, France Culture, 21 juillet 2003.
55. Bérengère Adda, *op. cit.*
56. Thierry Ardisson, *op. cit.*
57. *Ibid.*
58. « Jean Rochefort gentleman acteur » par Laurent Dandrieu, *Valeurs actuelles*, 27 septembre 2002.
59. Catherine Tabouis, *op. cit.*
60. Juliette Demey, *op. cit.*
61. « Jean Rochefort : J'ai de la tendresse pour l'adolescent que j'étais » par Isabelle Dhombres, *Télé-Poche* n° 1820, 30 décembre 2000.
62. Catherine Tabouis, *op. cit.*
63. Céline Knittel, *op. cit.*
64. Catherine Tabouis, *op. cit.*

65. «Jean Rochefort : Chaque jour est un trésor» par Pierre Vavasseur, *Le Parisien*, 14 avril 2005.
66. Juliette Demey, *op. cit.*
67. Interview de Jean Rochefort par Frédéric Taddéi, *Paris dernière*, Paris Première, 28 février 2003.
68. Interview de Patrice Leconte par l'auteur, 30 novembre 2010.
69. «Jean Rochefort se lâche» par David S. Tran, *Le Républicain lorrain*, 10 mars 2013.
70. Laurent Delahousse, *op. cit.*
71. *Tout arrive, op. cit.*
72. Interview de Jean Rochefort par Alain Bedouet, *Le téléphone sonne*, France Inter, 6 janvier 2004.

31. Après la chute

1. Interview de Jean Rochefort par Didier Le Corre, *Bretons* n° 25, octobre 2007.
2. «Jean Rochefort : Don Quichotte fait triste figure» par Catherine Tabouis, *Paris Match* n° 2694, 11 janvier 2001.
3. «Jean Rochefort gentleman acteur» par Laurent Dandrieu, *Valeurs actuelles*, 27 septembre 2002.
4. Catherine Tabouis, *op. cit.*
5. «L'acteur qui monte» par Jérôme Garcin, *Le Nouvel Observateur*, 3 octobre 2002.
6. Interview de Jean Rochefort par Francis Bianconi, *Clin d'œil*, Drill Prod, 2001.
7. *Ibid.*
8. Interview de Jean Rochefort par Didier Rykner, *La Tribune de l'art*, 19 décembre 2011.
9. «Jean Rochefort : Je suis acteur-éleveur» par Anne Ladouce, *L'Équipe* n° 18089, 29 décembre 2003.
10. «Le cavaleur» par François-Guillaume Lorrain, *Sport et Vie* n° 80, septembre-octobre 2003.
11. Anne Ladouce, *op. cit.*
12. *Ibid.*
13. Interview de Jean Rochefort par Sylvie Carter, *L'Éperon* n° 263, décembre 1982.
14. «Jean Rochefort : le bonheur est dans le pré» par Juliette Demey, *Paris Match* n° 2783, 26 septembre 2002.
15. «L'âge de déraison» par Jérôme Garcin, *TéléCinéObs*, septembre 2002.
16. Interview de Jean Rochefort par Sophie Dacbert, *Le Film français*, 13 septembre 2002.
17. Juliette Demey, *op. cit.*
18. «Dans le Rochefort, tout est bon» par Christophe Carrière, *L'Express*, 26 septembre 2002.
19. Interview de Jean Rochefort par Thierry Colby, 2002.
20. «Jean Rochefort aux antipodes du héros positif» par Françoise Audé et Paul Louis Thirard, *Positif* n° 509-510, juillet-août 2003.
21. Interview de Jean Rochefort par Pascale Clark, *Tam tam, etc*, France Inter, 26 février 2003.
22. Interview de Jean Rochefort par Patrick Knaff, *Stade 2*, Antenne 2, 2 décembre 2001.

23. *Ibid.*
24. Interview de Patrice Leconte, dossier de presse de *L'homme du train*, septembre 2002.
25. Interview de Patrice Leconte par l'auteur, 30 novembre 2010.
26. Patrice Leconte, dossier de presse de *L'homme du train*, *op. cit.*
27. « Jean Rochefort : Comment je suis devenu fan de Johnny » par Philippe Durant, *Gala*, 21 septembre 2002.
28. Patrice Leconte, dossier de presse de *L'homme du train*, *op. cit.*
29. *Quelques jours avec eux* d'Arnaud Deschamps.
30. Laurent Dandrieu, *op. cit.*
31. Interview de Jean Rochefort par Kathleen Evin, *Éphémérides*, France Inter, 9 mai 2004.
32. Interview de Jean Rochefort par André Asséo et Jean-Claude Loiseau, *Ciné-films*, France Inter, 28 septembre 2002.
33. Patrice Leconte, 30 novembre 2010, *op. cit.*
34. *Ibid.*
35. Interview de Jean Rochefort par Pierre Weil, *Résonance*, France Inter, 24 septembre 2002.
36. Patrice Leconte, 30 novembre 2010, *op. cit.*
37. « Où vas-tu Johnny ? » par Régine Magné, *Sortir-Le Dauphiné*, 22 septembre 2002.
38. Interview de Johnny Hallyday par Marie-Jo Jouan, *Journal de 20 h* de France 2, 4 septembre 2002.
39. Interview de Johnny Hallyday par Charles Tesson, *Cahiers du cinéma* n° 572, 2002.
40. Patrice Leconte, dossier de presse de *L'homme du train*, *op. cit.*
41. Christophe Carrière, *op. cit.*
42. Interview de Jean Rochefort par Thierry Ardisson, *Tout le monde en parle*, 14 juin 2003.
43. Jérôme Garcin, septembre 2002, *op. cit.*
44. Interview de Jean Rochefort par Paul Germain, *Kiosque*, TV5, 16 février 2003.
45. Patrice Leconte, 30 novembre 2010, *op. cit.*
46. « Jean Rochefort, le magnifique » par Thierry Klifa, *Studio Magazine* n° 182, octobre 2002.
47. Pierre Weil, *op. cit.*
48. André Asséo et Jean-Claude Loiseau, 28 septembre 2002, *op. cit.*
49. Thierry Colby, *op. cit.*
50. « Rochefort, cœur de rocker » par Éric Angelica, *Sortir-Le Dauphiné*, 18 septembre 2002.
51. Thierry Ardisson, *op. cit.*
52. Charles Tesson, *op. cit.*
53. Patrice Leconte, dossier de presse de *L'homme du train*, *op. cit.*
54. Sophie Dacbert, *op. cit.*
55. Thierry Klifa, *op. cit.*
56. Christophe Carrière, *op. cit.*
57. Sophie Dacbert, *op. cit.*
58. Christophe Carrière, *op. cit.*
59. Interview de Jean Rochefort par Bernard Rapp, *Les feux de la rampe* de Philippe Azoulay, StudioCanal, 2002.
60. « Antoine de Caunes et Jean Rochefort font le lit des César » par Ghislain Loustalot, *Paris Match*, 20 février 2008.

61. Interview de Jean Rochefort par Laure Adler, *Studio Théâtre*, France Inter, 22 décembre 2007.
62. François-Guillaume Lorrain, *op. cit.*
63. Bernard Rapp, *op. cit.*
64. Interview de Jean Rochefort par Arnaud Laporte, *Le bon plaisir*, France Culture, 12 décembre 1998.
65. « Le long chemin de Jean Rochefort » par Jean-Louis Mingalon, *Le Monde*, 28 août 1988.
66. Interview de Jean Rochefort, *20 heures le journal*, France 2, 10 mai 2002
67. Sophie Dacbert, *op. cit.*
68. Juliette Demey, *op. cit.*
69. *Ibid.*
70. Bernard Rapp, *op. cit.*
71. Sophie Dacbert, *op. cit.*
72. « Jean Rochefort : Mentir, ça soulage tellement » par Alain Szèle, *Télé-Poche* n° 1975, 20 décembre 2003.
73. Pascale Clark, *op. cit.*
74. *Cavalier seul. Journal équestre* par Jérôme Garcin, Gallimard, janvier 2006.
75. Jérôme Garcin, septembre 2002, *op. cit.*
76. « Rochefort, le maître étalon » par Jérôme Garcin, *Le Nouvel Observateur*, 27 juillet 2006.
77. Interview de Jean Rochefort par Laetitia Bataille et Nelly Valère, *Cheval savoir* n° 17, janvier 2011.
78. Jérôme Garcin, septembre 2002, *op. cit.*
79. Sophie Dacbert, *op. cit.*
80. *www.lematin.ch*, 8 septembre 2002.
81. Interview de Pascal Thomas par l'auteur, 22 décembre 2014.
82. *Ibid.*

32. Le passé pour témoin

1. Interview de Jean Rochefort par André Asséo et Jean-Claude Loiseau, *Ciné-films*, France Inter, 28 septembre 2002.
2. Interview de Gérard Corbiau par Jean-Michel Vlaeminckx, www.cinergie.be, 1er janvier 2004.
3. « L'âge de déraison » par Jérôme Garcin, *TéléCinéObs*, septembre 2002.
4. Interview de Jean Rochefort par Louis Laforge, *19/20*, France 3, 20 décembre 2003.
5. « Jean Rochefort : Mentir, ça soulage tellement » par Alain Szèle, *Télé-Poche* n° 1975, 20 décembre 2003.
6. « Jean Rochefort heureux et fier » par Isabelle Inglebert, *Télé K7*, 20 décembre 2003.
7. Anne Feuillère, www.cinergie.be, 1er janvier 2006.
8. Alain Szèle, *op. cit.*
9. « Jean Rochefort : Bougonner, ça me fait du bien » par Anne-Caroline Rémond, *Télé Star*, 20 décembre 2003.
10. Isabelle Inglebert, *op. cit.*
11. « La diplomatie selon Jean Rochefort » par Mireille Parailloux, *Le Parisien*, 20 décembre 2003.
12. B.B., *La Croix*, 21 décembre 2003.
13. Interview de Jean Rochefort par Marie Barbier, *L'Humanité Dimanche* n° 52, 15 mars 2007.

14. Interview de Laurent Baffie par Patricia Gandin, *Elle*, 8 décembre 2003.
15. Alain Szèle, *op. cit.*
16. Interview de Jean Rochefort par Thierry Ardisson, *Rive Droite Rive Gauche*, Paris Première, 26 février 2003.
17. Interview de Jean Rochefort par Pascale Clark, *Tam tam, etc.*, France Inter, 26 février 2003.
18. Interview de Jean Rochefort par Claude Crespo, *13 heures le journal*, France 2, 4 mars 2003.
19. Interview de Jean Rochefort par Frédéric Taddéi, *Paris dernière*, Paris Première, 28 février 2003.
20. « Jean Rochefort de la selle à l'écran » par Annie Gomez, *Femina*, 18 janvier 2004.
21. Interview de Jean Rochefort par Fabrice Drouelle, *Inter treize quatorze*, France Inter, 6 janvier 2004.
22. Interview de Jean Rochefort par Thierry Colby, *Comme au cinéma*, France 2, 27 janvier 2004.
23. Fabrice Drouelle, *op. cit.*
24. « Jean Rochefort, le grand Breton » par Laurence Bertels, *La Libre Belgique*, 4 janvier 2005.
25. Interview de Jean Rochefort par Corinne Audouin, *Journal de 7H30*, France Inter, 14 mai 2003.
26. Interview de Jean Rochefort par Thierry Ardisson, *Tout le monde en parle*, 14 juin 2003.
27. Interview de Jean Rochefort par Benoît Colombat, *Journal de 7H*, France Inter, 26 mai 2003.
28. Interview de Gilles Jacob par l'auteur, 16 juin 2015.
29. *Ibid.*
30. Interview de Marie-Josée Croze par l'auteur, 18 avril 2015.
31. Thierry Ardisson, 14 juin 2003, *op. cit.*
32. « Jean Rochefort : Don Quichotte fait triste figure » par Catherine Tabouis, *Paris Match* n° 2694, 11 janvier 2001.
33. Interview de Jean Rochefort par Bernard Roisin, *Le journal du médecin*, octobre 2003.
34. « Jean Rochefort aux antipodes du héros positif » par Françoise Audé et Paul Louis Thirard, *Positif* n° 509-510, juillet-août 2003.
35. « Le cavaleur » par François-Guillaume Lorrain, *Sport et Vie* n° 80, septembre-octobre 2003.
36. « Il ne veut plus tenter le diable » par Bérengère Adda, *Le Parisien*, 20 juillet 2003.
37. Interview de Jean Rochefort par Gérard Grizbec, *20 heures le journal*, France 2, 25 septembre 2003.
38. Interview de Jean Rochefort par Valli Timbert, *Système disque*, France Inter, 10 mai 2003.
39. Bernard Roisin, *op. cit.*
40. Interview de Jean Rochefort par Laurent Ruquier, *Dans tous les sens*, France Inter, 26 mai 1999.
41. Anne-Caroline Rémond, 20 décembre 2003, *op. cit.*
42. Interview de Jean Rochefort par Didier Le Corre, *Bretons* n° 25, octobre 2007.
43. Interview de Jean Rochefort par Laurent Delahousse, *Un jour, un destin*, France 2, août 2013.
44. « Jean Rochefort : Je suis acteur-éleveur » par Anne Ladouce, *L'Équipe* n° 18089, 29 décembre 2003.

45. *Ibid.*
46. Interview de Jean Rochefort par Alain Bedouet, *Le téléphone sonne*, France Inter, 6 janvier 2004.
47. « Les deux mondes de Rochefort » d'Emmanuel Tellier, *Télérama* n° 2818, 14 janvier 2004.
48. Interview de Jean Rochefort par Jean-Luc Caradec, programme *d'Heureux ?*, 2003.
49. « Jean rêve de Fernand » par Pierre Marcabru, *Le Figaro*, 31 janvier 2004.
50. Interview de Jean Rochefort par Sophie Jouve, *20 heures le journal*, France 2, 15 janvier 2004.
51. Interview de Jean Rochefort par Geneviève de Cazaux, *TF1 20 heures*, TF1, 23 janvier 2004.
52. Interview de Bruno Fontaine par Geneviève de Cazaux, 23 janvier 2004, *op. cit.*
53. *Jean Rochefort* par Christophe Duchiron et Frédéric Bazille, *Envoyé spécial*, France 2, 30 juin 2005.
54. Interview de Jean Rochefort par Thierry Beauvert, *Si j'ose dire*, France Musique, 28 février 2003.
55. « Jean Rochefort, acteur d'abord » par Olga Bibiloni, *La Provence*, 23 janvier 2005.
56. *Ibid.*
57. « L'ami de la famille » par Alexandre Simon, *France-Soir*, 23 janvier 2004.
58. Jean-Luc Caradec, *op. cit.*
59. Laurence Bertels, *op. cit.*
60. Interview de Jean Rochefort par Pierre Weill, *Radio com, c'est vous*, France Inter, 6 janvier 2004.
61. « L'année des mille Fontaine » par Philip de La Croix, *Musiques*, 14 janvier 2004.
62. Interview de Jean Rochefort par Jean-Louis Pinte, *FigaroScope*, 21 janvier 2004.
63. Interview de Jean Rochefort par Olivier Barrot, *Volte-face de* Brigitte Bouvier, France-Culture, 25 août 2007.
64. « Jean Rochefort, acteur de l'année pour la presse internationale » par Brigitte Baudin, *Le Figaro*, 12 février 2003.
65. Anne-Caroline Rémond, 20 décembre 2003, *op. cit.*
66. « Jean Rochefort salue le "génie" de Fernand Raynaud » par Agnès Dalbard, *Le Parisien*, 14 janvier 2004.
67. *Ibid.*
68. Thierry Beauvert, *op. cit.*
69. Laurence Bertels, *op. cit.*
70. Christophe Duchiron et Frédéric Bazille, *op. cit.*
71. Interview de Jean Rochefort par Arnaud Doublet, *Ubik*, France 5, 12 mars 2005.
72. « Jean Rochefort commentateur aux JO » par Anne-Caroline Rémond, *Télé Star*, 21 février 2004.
73. « Rochefort, le maître étalon » par Jérôme Garcin, *Le Nouvel Observateur*, 27 juillet 2006.
74. « La sonate à trois personnages de Rochefort, Raynaud et Satie » par Michel Cournot, *Le Monde*, 16 février 2004.
75. « Jean rêve de Fernand » par Pierre Marcabru, *Le Figaro*, 31 janvier 2004.
76. « Un vrai récital » par Frédéric Ferney, *Le Point*, 4 mars 2004
77. Laurence Bertels, *op. cit.*
78. Anne-Caroline Rémond, 20 décembre 2003, *op. cit.*

79. Interview de Jean Rochefort par Stéphane Bern, *Le fou du roi*, France Inter, 21 avril 2004.
80. *Ibid.*
81. *Ibid.*

33. L'absolue nécessité des autres

1. « Jean Rochefort : Je resterai un vieillard authentique » par Stéphanie Belpêche, *Le Journal du Dimanche*, 3 avril 2005.
2. Interview de Jean Rochefort par Sabine Gorny, *12/14*, France 3, 5 avril 2005.
3. Stéphanie Belpêche, *op. cit.*
4. Interview d'Édouard Baer par Arnaud Laporte, *Radio libre*, France Culture, 4 septembre 2010.
5. Interview d'Édouard Baer par Pascale Deschamps, *20 heures le journal*, France 2, 12 avril 2005.
6. Interview d'Édouard Baer par Raphaël Julien, *abusdecine.com*, avril 2005.
7. « Jean Rochefort : Chaque jour est un trésor » par Pierre Vavasseur, *Le Parisien*, 14 avril 2005.
8. Interview de Jean Rochefort par Pascale Deschamps, 12 avril 2005, *op. cit.*
9. Aurélie Maulard, *op. cit.*
10. Interview de Jean Rochefort par Marc-Olivier Fogiel, *ONPP vu du bocal*, France 3, 10 avril 2005.
11. Aurélie Maulard, *op. cit.*
12. « Jean Rochefort en direct d'Athènes » par Marjorie Moly, *La Provence*, 13 août 2004.
13. Interview de Jean Rochefort par Guillaume Cordeaux, *Journal de 8H*, France Inter, 10 août 2004.
14. Interview de Jean Rochefort, *Tout le sport*, France 3, 10 mai 2004.
15. Marjorie Moly, *op. cit.*
16. « Jean Rochefort cravache au micro des JO » par Isabelle Nataf, *Le Figaro*, 18 août 2004.
17. Interview de Jean Rochefort par Marc-Olivier Fogiel, *Vous écoutez la télé*, France Inter, 15 mai 2004.
18. « Jean Rochefort, consultant pour France Télévisions aux JO d'Athènes ! » par Laurent Chignaguet, *TV Magazine*, 15 février 2004.
19. Marc-Olivier Fogiel, 15 mai 2004, *op. cit.*
20. Isabelle Nataf, *op. cit.*
21. « Il a consacré sa vie au cheval », *Ciné Télé Revue*, 14 août 2004.
22. « Le festival de Jean Rochefort » par Christophe Blaivie, *La Libre Belgique*, 28 août 2004.
23. « Il a consacré sa vie au cheval », *op. cit.*
24. *Ibid.*
25. « Guide des Jeux olympiques 2004 », *L'Équipe*, 12 août 2004.
26. « Rochefort, un cavalier qui surgit hors de l'écran » par Éric Bruna, *Le Parisien*, 29 août 2004.
27. Isabelle Nataf, *op. cit.*
28. « Jean Rochefort, la plus belle conquête du cheval » par Irène Frain, *Paris Match*, 26 août 2004.
29. Interview de Jean Rochefort par Didier Le Corre, *Bretons* n° 25, octobre 2007.
30. Éric Bruna, *op. cit.*

31. « Rochefort à toute allure » par François Artigas, *TV Câble Satellite*, 21 août 2004.
32. Laurent Chignaguet, *op. cit.*
33. Isabelle Nataf, *op. cit.*
34. Interview de Michel Galabru par l'auteur, 4 avril 2011.
35. Interview de Jean Rochefort par Laetitia Bataille et Nelly Valère, *Cheval savoir* n° 17, janvier 2011.
36. « Jean Rochefort : la médaille de l'amitié », *Télé Star*, 25 septembre 2004.
37. « Jean Rochefort propriétaire de la première jument porteuse » par Philippe Lecardonnel, François Marot et Arlette Nachbaur, *France-Soir*, 20 décembre 1985.
38. Interview de Jean Rochefort par André Heinrich, *Le bon plaisir d'Yves Robert*, France Culture, 20 juin 1992.
39. Interview de Jean Rochefort par Jean-Luc Hees, *Synergie*, France Inter, 7 mai 1992.
40. Isabelle Nataf, *op. cit.*
41. Pierre Vavasseur, *op. cit.*
42. Interview de Jean Rochefort par Pascale Clark, *Tam tam, etc.*, France Inter, 26 février 2003.
43. Interview de Delphine Gleize par Arnaud Laporte, *Tout arrive*, France Culture, 5 mai 2010.
44. Interview de Jean Rochefort par Franz-Olivier Giesbert, *Vous aurez le dernier mot*, France 2, 30 avril 2010.
45. « Rencontre avec Jean Rochefort », *Cinémas* de Serge Moati, France 5, 1er mai 2010.
46. Arnaud Laporte, 5 mai 2010, *op. cit.*
47. Interview de Delphine Gleize, dossier de presse de *Cavaliers seuls*, mars 2010.
48. Arnaud Laporte, 5 mai 2010, *op. cit.*
49. Interview de Jean Rochefort par Élise Lucet, *13 heures*, France 2, 7 mai 2010.
50. Arnaud Laporte, 5 mai 2010, *op. cit.*
51. « Jean Rochefort, le grand Breton » par Laurence Bertels, *La Libre Belgique*, 4 janvier 2005.
52. Arnaud Laporte, 5 mai 2010, *op. cit.*
53. « Jean Rochefort : L'équitation m'a aidé dans l'art dramatique » par Marie-Noëlle Tranchant, *Le Figaro*, 29 avril 2010.
54. « Le vieux cheval » par Jérôme Garcin, *Le Nouvel Observateur*, 29 avril 2010.
55. « Jean Rochefort : Transmettre, c'est mourir en douceur » par Benoît Heimermann, *L'Équipe Mag* n° 1450, 30 avril 2010.
56. Jérôme Garcin, 29 avril 2010, *op. cit.*
57. Interview de Delphine Gleize par Élise Lucet, 7 mai 2010, *op. cit.*
58. *Ibid.*
59. « Antoine de Caunes et Jean Rochefort font le lit des César » par Ghislain Loustalot, *Paris Match*, 20 février 2008.
60. *Ibid.*
61. Jean A. Gili, *Positif* n° 591, mai 2010.
62. Interview de Delphine Gleize, *cineart.be.*
63. Serge Moati, *op. cit.*
64. Élise Lucet, *op. cit.*
65. *Philippe Noiret, de père en filles* par Frédérique Noiret et Deborah Grall-Noiret, Michel Lafon, 2010.

34. Devoirs de mémoire

1. Interview de Danis Tanovic par Fabienne Bradfer, *Le Soir*, 2 février 2005.
2. « Jean Rochefort : Chaque jour est un trésor » par Pierre Vavasseur, *Le Parisien*, 14 avril 2005.
3. Interview de Jean Rochefort par Rebecca Manzoni, *Éclectik*, France Inter, 20 juin 2005.
4. *Ibid.*
5. Interview de Jean Rochefort par Arnaud Doublet, *Ubik*, France 5, 12 mars 2005.
6. Interview de Jean Rochefort par Catherine Bazille, *JT Rennes soir*, France 3 Saint-Brieuc, 14 avril 2005.
7. Interview de Jean Rochefort par Olivier Barrot, *Volte-face de* Brigitte Bouvier, France-Culture, 25 août 2007.
8. « Raynaud à la sauce Rochefort » par S.D., *Libération*, 13 juillet 2005.
9. « Sur la route avec Jean Rochefort » par Hubert Lizé, *Le Parisien*, 30 juin 2005.
10. *Le cul entre deux chaises* n° 1, Amap, 2e semestre 2005.
11. Interview de Jean Rochefort par Béatrice Berge, *Thalassa* France 3, 16 septembre 2005.
12. *La Libre Belgique*, 13 juillet 2005.
13. Interview d'Antoine de Caunes par Isabelle Giordano, *Jour de fête*, France 2, 24 octobre 2006.
14. Interview de Jean Rochefort par Christian de Dadelsen, *TF1 20 heures*, TF1, 5 novembre 2006.
15. « Antoine de Caunes et la bizarrerie anglaise » par Marie-Noëlle Tranchant, *Le Figaro*, 8 novembre 2006.
16. « Rochefort, le maître étalon » par Jérôme Garcin, *Le Nouvel Observateur*, 27 juillet 2006.
17. « Jean Rochefort, le grand Breton » par Laurence Bertels, *La Libre Belgique*, 4 janvier 2005.
18. Interview de Jean Rochefort par Isabelle Giordano, 24 octobre 2006, *op. cit.*
19. Interview de Jean Rochefort par Rebecca Manzoni, *Éclectik*, France Inter, 4 novembre 2006.
20. « De Caunes réunit Rochefort et Rampling » par Alain Grasset, *Le Parisien*, 5 décembre 2005.
21. « Entente cordiale » par Marie-Noëlle Tranchant, *Le Figaroscope*, 8 novembre 2006.
22. Interview de Guillaume Canet par Alain Fauritte, *Déclik*, France 3 Rhône-Alpes Auvergne, 30 octobre 2010.
23. « Telle est ma télé : Jean Rochefort », *Ciné Télé Revue*, 24 juin 2006.
24. Rebecca Manzoni, 4 novembre 2006, *op. cit.*
25. Interview de Jean Rochefort par Sophie Jouve, *20 heures le journal*, France 2, 3 mars 2006.
26. « Jean Rochefort, le magnifique », *La vie est un je* de Daphné Roulier, France Inter, 30 août 2014.
27. Jérôme Garcin, *op. cit.*
28. « Antoine de Caunes et Jean Rochefort font le lit des César » par Ghislain Loustalot, *Paris Match*, 20 février 2008.
29. *Ibid.*
30. Interview de Samuel Benchetrit, *commeaucinema.com*, 2008.
31. *Ibid.*

32. Interview de Jean Rochefort par Jean-Jacques Peyraud, *19/20*, France 3, 26 mars 2008.
33. Jérôme Garcin, *op. cit.*
34. « Telle est ma télé : Jean Rochefort », *op. cit.*
35. Interview de Jean Rochefort par Laurent Ruquier, *Dans tous les sens*, France Inter, 29 octobre 1997.
36. « Jean Rochefort : Je suis un spleenesque enthousiaste » par Fabien Menguy, *À nous Paris*, 19 novembre 2007.
37. « Jean Rochefort : L'équitation m'a aidé dans l'art dramatique » par Marie-Noëlle Tranchant, *Le Figaro*, 29 avril 2010.
38. « Jean Rochefort : La vieillesse n'est pas à l'ordre du jour » par Virginie Le Guay, *Paris Match* n° 3181, 6 mai 2010.
39. « Jean Rochefort : Je refuse de jouer les pépés » par Uriell Ceillier, *Télé 7 Jours*, 8 mai 2010.
40. Marie-Noëlle Tranchant, 29 avril 2010, *op. cit.*
41. Uriell Ceillier, *op. cit.*
42. « Rochefort à toute allure » par François Artigas, *TV Câble Satellite*, 21 août 2004.
43. « Jean Rochefort : Mon amour des chevaux vient de l'enfance » par Jean Poggi, *Télé 7 Jours*, 9 septembre 1989.
44. Interview de Julien Rochefort par Laurent Ruquier, *On n'est pas couché*, France 2, 17 mars 2007.
45. « Mon fils et moi sommes pudiques » par Catherine Balle, *Le Parisien*, 20 mars 2007.
46. « Julien Rochefort : Je rêve de jouer avec mon père » par Isabella Zanolino, *Télé 7 Jours* n° 2046, 14 août 1999.
47. « Julien Rochefort assume », *Le Parisien*, 19 septembre 2010.
48. *Ibid.*
49. « Jean Rochefort meurt sous les yeux de son fils » par Martine Touhet, *TV Mag*, 17 mars 2007.
50. Catherine Balle, *op. cit.*
51. Isabella Zanolino, *op. cit.*
52. Interview de Jean Rochefort par Marie Barbier, *L'Humanité Dimanche* n° 52, 15 mars 2007.
53. « Rochefort père et fils » par Charline Vanhoenacker, *Le Soir*, 14 mars 2007.
54. Martine Touhet, *op. cit.*
55. « Jean Rochefort : La passion est le moteur de ma libido » par Emmanuelle Pavon-Dufaure, *Gala*, février 2008.
56. *Ibid.*
57. Catherine Balle, *op. cit.*
58. Interview de Jean Rochefort par David Pujadas, *20 heures*, France 2, 6 mars 2007.
59. Martine Touhet, *op. cit.*
60. Interview de Jean Rochefort par Nicolas Ungemuth, *Le Figaro Magazine*, 18 octobre 2013.
61. *Je me suis régalé*, conversations entre Philippe Noiret et Bruno Putzulu, Flammarion, 2007.
62. *Philippe Noiret, de père en filles* par Frédérique Noiret et Deborah Grall-Noiret, Michel Lafon, 2010.
63. « Émouvants adieux à Philippe Noiret », Dépêche AFP, 27 novembre 2006.
64. Virginie Le Guay, *op. cit.*
65. « Jean Rochefort : C'est drôle, je réalise que plus mes copains meurent et plus je reçois de scénarios ! » par Éric Bellefond, *Entrevue*, janvier 2008.

66. « Les belles-lettres de Monsieur Rochefort » par Yasmine Youssi, *La Tribune*, 30 novembre 2007.
67. Virginie Le Guay, *op. cit.*

35. Reflets dans un œil d'homme

1. « Jean Rochefort soutient les SDF », *Le Parisien*, 16 décembre 2006.
2. Interview d'Augustin Legrand par Nicolas Demorand, *Esprit critique*, France Inter, 4 janvier 2007.
3. Interview de Jean Rochefort par Sophie Calmel, *Journal de 8H*, France Inter, 18 décembre 2006.
4. Interview de Jean Rochefort par Nicolas Demorand, 4 janvier 2007, *op. cit.*
5. « Jean Rochefort : Plus mes copains meurent plus je reçois de scénarios ! » par Éric Bellefond, *France Dimanche*, 21 décembre 2007.
6. *Ibid.*
7. Interview de Jean Rochefort par Didier Le Corre, *Bretons* n° 25, octobre 2007.
8. « Ça dépote dans ce spectacle ! » par Delphine de Malherbe, *Le Journal du Dimanche*, 14 octobre 2007.
9. Interview de Jean Rochefort par Laure Adler, *Studio Théâtre*, France Inter, 22 décembre 2007.
10. « Jean Rochefort l'enchanteur » par Philippe Séguy, *Point de vue*, 28 novembre 2007.
11. Interview de Jean Rochefort par Francis Letellier, *12/13*, France 3, 31 octobre 2007.
12. « Jean Rochefort : J'espère intriguer » par Caroline Andrieu, *Le Parisien*, 16 octobre 2007.
13. *Ibid.*
14. « Jean Rochefort feuillette son passé » par Marion Thébaud, *Le Figaro*, 18 octobre 2007.
15. Interview de Jean Rochefort par Élise Lucet, *13 heures le journal*, France 2, 23 novembre 2007.
16. Caroline Andrieu, *op. cit.*
17. Interview de Jean Rochefort par Sophie Joubert, *L'humeur vagabonde*, France-Inter, 12 novembre 2007.
18. Marion Thébaud, *op. cit.*
19. Delphine de Malherbe, *op. cit.*
20. Interview de Jean Rochefort par Arnaud Laporte, *À voix nue* de Sandrine Treiner, France Culture, 2-6 janvier 2012.
21. Élise Lucet, *op. cit.*
22. Interview de Jean Rochefort par Hélène Purdom, *TF1 20 heures*, TF1, 17 novembre 2007.
23. Laure Adler, *op. cit.*
24. Caroline Andrieu, *op. cit.*
25. « Jean Rochefort, l'excentrique » par Fabienne Darge, *Le Monde* n° 19516, 23 octobre 2007.
26. Laure Adler, *op. cit.*
27. Philippe Séguy, *op. cit.*
28. Laure Adler, *op. cit.*
29. Interview de Lionel Suarez par Patrick Cohen, *Le 7-9*, France Inter, 22 février 2013.
30. Élise Lucet, *op. cit.*

31. *Un après-midi chez Jean Rochefort* de Jean-Luc Perreard, 2007.
32. Laure Adler, *op. cit.*
33. Éric Bellefond, *op. cit.*
34. « Jean Rochefort : Il faut mettre un peu de gaieté aux César ! » par Gwénola Trouillard, *Télé-Loisirs* n° 1146, 11 février 2008.
35. *Ibid.*
36. « Jean Rochefort : Nous éviterons le cérémonieux » par Caroline Bonacossa, *Télé Star*, 16 février 2008.
37. Christine Albanel, éditorial du *Catalogue officiel des César*, 22 février 2008.
38. « Jean Rochefort, la cible émouvante », *Catalogue officiel des César*, 22 février 2008.
39. « Jean Rochefort : La passion est le moteur de ma libido » par Emmanuelle Pavon-Dufaure, *Gala*, février 2008.
40. Xavier Libbrecht, *cavadeos.com*, 22 avril 2008.
41. Didier Le Corre, *op. cit.*
42. « Jean Rochefort : Je refuse de jouer les pépés » par Uriell Ceillier, *Télé 7 Jours*, 8 mai 2010.
43. Interview de Nicolas Touzaint par Éric Bruna, *Le Parisien*, 8 mars 2008.
44. Communiqué de presse d'amaguiz.com
45. Interview de Nelly Brossard par François Laurent, *marketingisdead.blogspirit.com*, 20 février 2012.
46. *Ibid.*
47. Interview de Delphine Gleize par Dimitri, making-of des spots amaguiz.com.
48. « Rencontre avec Jean Rochefort », *Cinémas* de Serge Moati, France 5, 1er mai 2010.
49. « Jean Rochefort : confidences d'un gentleman » par Alain Teulère, *Le Journal du Dimanche*, 26 octobre 1997.
50. Dimitri, *op. cit.*
51. Interview de Jean Rochefort par Wendy Bouchard, *Europe 1*, 14 mai 2009.
52. « Jean Rochefort : On ne peut pas s'improviser dans un art complexe », *Registre des Ostéopathes de France*, janvier 2010.
53. « Jean Rochefort : Je suis un spleenesque enthousiaste » par Fabien Menguy, *À nous Paris*, 19 novembre 2007.
54. « Jean Rochefort à bride abattue » par Valérie Lejeune, *Le Figaro Magazine*, 30 avril 2010.

36. Les fraises sauvages

1. Interview de Jean Rochefort par Édouard Launet, *Libération*, 13 novembre 2013.
2. Interview de Jean Rochefort par Frédéric Beigbeder, *GQ* n° 37, mars 2011.
3. « Jean Rochefort : La vieillesse n'est pas à l'ordre du jour » par Virginie Le Guay, *Paris Match* n° 3181, 6 mai 2010.
4. Interview de Jean Rochefort par Alain Fauritte, *Déclik*, France 3 Rhône-Alpes Auvergne, 2 octobre 2010.
5. Édouard Launet, *op. cit.*
6. « Le vieux cheval » par Jérôme Garcin, *Le Nouvel Observateur*, 29 avril 2010.
7. « Jean Rochefort à bride abattue » par Valérie Lejeune, *Le Figaro Magazine*, 30 avril 2010.
8. Interview de Jean Rochefort par Rebecca Manzoni, *Éclectik*, France Inter, 4 novembre 2006.

9. Interview de Jean Rochefort par Rémi Dupré, *Le Monde*, 6 août 2012.
10. « J'aime la vie en bande dessinée » par Nelly Bradfer, *Le Soir*, 2 novembre 2013.
11. Interview de Jean Rochefort par Arnaud Laporte, *À voix nue* de Sandrine Treiner, France Culture, 2-6 janvier 2012.
12. Édouard Launet, *op. cit.*
13. Interview de Jean Rochefort par Didier Rykner, *La Tribune de l'art*, 19 décembre 2011.
14. Virginie Le Guay, *op. cit.*
15. Édouard Launet, *op. cit.*
16. Virginie Le Guay, *op. cit.*
17. Interview de Jean Rochefort par Rebecca Manzoni, *Éclectik*, France Inter, 10 mars 2013.
18. Interview de Jean Rochefort par Florence Chédotal, *La Montagne*, 7 novembre 2013.
19. « Mylène Farmer, l'important c'est d'aimer » de Clément Mathieu, *Paris Match* n° 3211, 2 décembre 2010.
20. Valérie Lejeune, *op. cit.*
21. Virginie Le Guay, *op. cit.*
22. *Ibid.*
23. Interview de Jean Rochefort par Arnaud Laporte, *Tout arrive*, France Culture, 4 juin 2010.
24. *19-20*, France 3 Midi-Pyrénées, 5 juin 2010.
25. Arnaud Laporte, 4 juin 2010, *op. cit.*
26. « Sans moustache, j'ai l'air asexué » par Adrienne Nizet, *Le Soir*, 9 octobre 2010.
27. Interview d'Édouard Baer, Europe 1, 17 juin 2010.
28. « Édouard Baer : Je n'aime pas la haine déguisée en rire » par Emmanuel Cirodde, *Studio-Ciné-Live*, 1er décembre 2010.
29. *Ibid.*
30. *Tout et son contraire* de Philippe Vandel, France Info, 2 décembre 2010.
31. Interview de Jean Rochefort par Marc-Olivier Fogiel, *Europe 1*, 2 décembre 2010.
32. Frédéric Beigbeder, *op. cit.*
33. Interview d'Édouard Baer par Nathalie Dupuis, *Elle*, 8 février 2013.
34. Arnaud Laporte, 2-6 janvier 2012, *op. cit.*
35. Adrienne Nizet, *op. cit.*
36. « Adieu Bruno, on t'aimait tant » par Pierre Vavasseur, *Le Parisien*, 14 août 2010.
37. Arnaud Laporte, 2-6 janvier 2012, *op. cit.*
38. Interview de Jean Rochefort, making-of de la campagne Amaguiz.
39. Interview de Jean Rochefort par Laetitia Fernandez, *12/13*, France 3, 5 novembre 2007.
40. Interview de Jean Rochefort par Nolwenn Nedelec, *Aficia Info*, 5 février 2014.
41. *Ibid.*
42. Philippe Vandel, *op. cit.*
43. Arnaud Laporte, 2-6 janvier 2012, *op. cit.*
44. Frédéric Beigbeder, *op. cit.*
45. Interview de Fernando Trueba, dossier de presse de *L'artiste et son modèle*, novembre 2012.
46. Interview de Jean Rochefort, dossier de presse de *L'artiste et son modèle*, *op. cit.*

47. Interview de Jean Rochefort par Marie-Josée Jouan, *13 heures*, France 2, 10 mars 2013.
48. Interview de Fernando Trueba par Gisèle Breteau Skira, *Jeune Cinéma* n° 350-351, printemps 2013.
49. Jean Rochefort, novembre 2012, *op. cit.*
50. Interview de Jean Rochefort par Dominique Poncet, *12/13*, France 3, 12 mars 2013.
51. Interview de Jean Rochefort par Laurent Delmas et Christine Masson, *On aura tout vu*, France Inter, 16 mars 2013.
52. Jean Rochefort, novembre 2012, *op. cit.*
53. Interview de Jean Rochefort par Marie-Élisabeth Rouchy, *TéléCinéObs*, 13 mars 2013.
54. Laurent Delmas et Christine Masson, *op. cit.*
55. Jean Rochefort, novembre 2012, *op. cit.*
56. Marie-Élisabeth Rouchy, *op. cit.*
57. Interview de Jean Rochefort par Ghislain Loustalot, *Paris Match* n° 3329, 7 mars 2013.
58. Virginie Le Guay, *op. cit.*
59. « Jean Rochefort : On va me prendre pour un vieux réac » par Emmanuèle Frois, *Le Figaro*, 25 février 2013.
60. « Jean Rochefort, le bruit du clap au fond des bois » par Loïc Belland, *Cinémascope* n° 4. mai-juin 1995
61. Interview de Jean Rochefort par Arnaud Laporte, *Le bon plaisir*, France Culture, 12 décembre 1998.
62. « Jean Rochefort : Moi, un séducteur ? » par Nathalie Vigneau, *Télé Star*, 6 mars 1999.
63. Interview de Patrice Leconte par l'auteur, 30 novembre 2010.
64. *Le Parisien*, 13 mars 2013.
65. *Le Nouvel Observateur*, 14 mars 2013.
66. *Ibid.*
67. *Le Journal du Dimanche*, 10 mars 2013.
68. *Ibid.*
69. *Le Figaro*, 13 mars 2013.
70. Arnaud Laporte, 2-6 janvier 2012, *op. cit.*

37. Un trésor national

1. Interview de Jean Rochefort par Didier Rykner, *La Tribune de l'art*, 19 décembre 2011
2. Interview de Jean Rochefort par Ghislain Loustalot, *Paris Match* n° 3329, 7 mars 2013.
3. Interview de Jean Rochefort par Arnaud Laporte, *À voix nue* de Sandrine Treiner, France Culture, 2-6 janvier 2012.
4. « Jean Rochefort au débotté » par Virginie Jacoberger-Lavoué, *Valeurs actuelles*, 12 janvier 2012.
5. *Kevin Staut, le cavalier d'acier* de Virginie Coupérie-Eiffel, Éditions Lavauzelle, collection Rois et reines, 2011.
6. *Ibid.*
7. Interview de Jean Rochefort par Rémi Dupré, *Le Monde*, 6 août 2012.
8. Interview de Jean Rochefort, *Catalogue du spectacle équestre Lucien Grüss*, haras national des Bréviaires, octobre 2012.

9. Interview de Jean Rochefort par Marie-Christelle Maury, *Stade 2*, France 2, 3 mars 2013.

10. Interview de Jean Rochefort, dossier de presse de *L'artiste et son modèle*, novembre 2012.

11. «Jean Rochefort se lâche» par David S. Tran, *Le Progrès-Le Républicain lorrain*, 9 mars 2013.

12. «Jean Rochefort : La perte de mémoire me terrifie» par Jacques Brinaire, *La Nouvelle République*, 5 juillet 2015.

13. «Jean Rochefort prend sa retraite» par Raphaël Bosse-Platière, *lefigaro.fr*, 19 février 2013.

14. «Pour Jean Rochefort, il y a un âge où il ne faut plus se montrer» par Jérôme Vermelin, *Metro France*, 18 février 2013.

15. «Jean Rochefort : On va me prendre pour un vieux réac» par Emmanuèle Frois, *Le Figaro*, 25 février 2013.

16. David S. Tran, *op. cit.*

17. Ghislain Loustalot, *op. cit.*

18. Interview de Jean Rochefort par Vincent Josse, *Square*, Arte, 10 mars 2013.

19. Interview de Jean Rochefort par Dominique Poncet, *12/13*, France 3, 12 mars 2013.

20. Interview de Jean Rochefort par Marie-Élisabeth Rouchy, *TéléCinéObs*, 13 mars 2013.

21. David S. Tran, *op. cit.*

22. Interview de Jean Rochefort par Éric Libiot, *L'Express*, 13 mars 2013.

23. Interview de Jean Rochefort par Ludovic Perrin, *Le Journal du Dimanche*, 20 octobre 2013.

24. Interview de Jean Rochefort, Europe 1, 19 octobre 2013.

25. *Ibid.*

26. Interview de Jean Rochefort par Élise Lucet, *13 heures*, France 2, 23 novembre 2007.

27. «Jean Rochefort : le bonheur est dans le pré» par Juliette Demey, *Paris Match* n° 2783, 26 septembre 2002.

28. Didier Rykner, *op. cit.*

29. Marie-Élisabeth Rouchy, *op. cit.*

30. Interview de Jean Rochefort par Gérard Delorme, *Première* n° 433, mars 2013.

31. Interview de Jean Rochefort par Marie-Louise Arsenault, *Plus on est de fous, plus on lit !*, Radio-Canada, 22 janvier 2014.

32. Interview de Jean Rochefort par Édouard Launet, *Libération*, 13 novembre 2013

33. «J'aime la vie en bande dessinée» par Nelly Bradfer, *Le Soir*, 2 novembre 2013.

34. Interview de Jean Rochefort par Frédéric Mitterrand, *Jour de Fred*, France Inter, 24 octobre 2013.

35. Interview de Christian Desmares, dossier de presse d'*Avril et le monde truqué*, septembre 2015.

36. *Ibid.*

37. *L'Info-Journal* n° 89, deuxième trimestre 2014.

38. «Le copain Rochefort» par Cécile Mury, *Télérama* n° 2589, 25 août 1999.

39. Jacques Brinaire, *op. cit.*

40. «Jean Rochefort à bride abattue» par Valérie Lejeune, *Le Figaro Magazine*, 30 avril 2010.

41. Interview de Nataly Bouchoux, www.agitateursdereves.org, 4 avril 2015.

42. Interview de Jean Rochefort par Geneviève Cheval, *Paris Normandie*, 10 août 2015.
43. Interview de Jean Rochefort par Pascal Bodéré, *Le Télégramme*, 3 octobre 2015.
44. Interview de Jean Rochefort par Christophe Lemaire, 23 juin 2015.
45. Pascal Bodéré, *op. cit.*
46. Geneviève Cheval, *op. cit.*
47. Interview de Philippe Le Guay, « Dans les coulisses de *Floride* » de Nicolas Brossette.
48. Geneviève Cheval, *op. cit.*
49. Interview de Quentin Leclerc et Michel Pimpant, dossier de presse des *Boloss des belles-lettres*, France 5, décembre 2015.
50. Interview de Jean Rochefort par Éric Mandel, *Le Journal du Dimanche*, 24 janvier 2016.
51. Communiqué de presse de *Square artiste*, Arte, 21 décembre 2015.
52. Éric Mandel, *op. cit.*
53. Jacques Brinaire, *op. cit.*
54. Interview de Jean Rochefort par Julie Malaure, *Le Point*, 6 août 2015.
55. « Louise Rochefort. Les JO ? J'y pense, oui » par William Smith et Sarah Legouef, Parismatch.com, 4 juillet 2015.
56. *Ibid.*
57. Geneviève Cheval, *op. cit.*
58. Jacques Brinaire, *op. cit.*
59. Éric Mandel, *op. cit.*
60. Emmanuèle Frois, *op. cit.*
61. David S. Tran, *op. cit.*
62. « Jean Rochefort : L'équitation m'a aidé dans l'art dramatique » par Marie-Noëlle Tranchant, *Le Figaro*, 29 avril 2010.
63. Interview de Jean Rochefort par Daniel Schick, *À titre provisoire*, France Inter, 2 octobre 1994.
64. Arnaud Laporte, 2-6 janvier 2012, *op. cit.*
65. Jacques Brinaire, *op. cit.*
66. *Ibid.*
67. « Jean Rochefort : La vieillesse n'est pas à l'ordre du jour » par Virginie Le Guay, *Paris Match* n° 3181, 6 mai 2010.
68. « Les deux mondes de Rochefort » d'Emmanuel Tellier, *Télérama* n° 2818, 14 janvier 2004.
69. « Jean Rochefort, le magnifique » par Thierry Klifa, *Studio Magazine* n° 182, octobre 2002.
70. « Questionnaire de Proust », *Première* n° 62, mai 1982.
71. Témoignage de Brigitte Lannaud-Levy, 12 octobre 2017.

Cinéma & Cie

FILMOGRAPHIE

1954 – *Philippe et Jonas* de René Lucot (TV)

1955 – *Rencontre à Paris* de Georges Lampin
Rivière précieuse (TV)

1957 – *Madame Maxence a disparu* de Bernard Hecht (TV)
Les fiancés du paradis de Roger Iglesis (TV)
L'extravagant capitaine Smith de Philippe Ducrest (TV)

1958 – *Monsieur de Saint-Germain* de Philippe Ducrest (TV)
La dame de pique de Stellio Lorenzi (TV)
L'affaire Fualdès de Claude Barma (TV)
Une balle dans le canon de Michel Deville et Charles Gérard
La mort de Marie Antoinette de Stellio Lorenzi (TV)

1959 – *Une grande fille toute simple* de Philippe Ducrest (TV)
Vingt mille lieues sur la terre (Leon Garros ishchet druga) de Marcello Pagliero

1960 – *Le sire de Vergy* de Claude Loursais (TV)
Le loup de Pierre Cardinal (TV)
Arden de Faversham de Marcel Bluwal (TV)
Lazarillo de Claude Loursais (TV)
Le capitaine Fracasse de Pierre Gaspard-Huit

1961 – *Cartouche* de Philippe de Broca
Les Templiers de Stellio Lorenzi (TV)
Le masque de fer d'Henri Decoin
Loin de Rueil de Claude Barma (TV)
Fort-du-fou de Léo Joannon
Le mariage de Figaro ou la folle journée de Marcel Bluwal (TV)

1962 – *Le lâche qui bat les femmes* de François Gir (TV)
Le soleil dans l'œil de Jacques Bourdon

La lettre dans un taxi de François Chatel (TV)
La nuit des rois de Claude Barma (TV)

1963 – *La porteuse de pain* de Maurice Cloche
Symphonie pour un massacre de Jacques Deray
Climats de Stellio Lorenzi
Les noces de papier de Jacques Letellier (TV)
Le scieur de long de Marcel Bluwal (TV)
La foire aux cancres (Chronique d'une année scolaire) de Louis Daquin
Aventures singulières de Francis Bouchet (TV)

1964 – *Du grabuge chez les veuves* de Jacques Poitrenaud
Les Pieds Nickelés de Jean-Claude Chambon
L'enlèvement d'Europe de Monique Lepeuve (court métrage)
Jeux de l'image et du hasard de Jacques Brissot (TV)
Angélique, marquise des Anges de Bernard Borderie
Merveilleuse Angélique de Bernard Borderie
Le naïf amoureux de Philippe Ducrest (TV)
Ah! Les belles familles (Le belle famiglie) d'Ugo Gregoretti (sketch *Amare è un po' morire)*
L'homme de paix (TV)

1965 – *Genousie* de Claude Loursais (TV)
Les tribulations d'un Chinois en Chine de Philippe de Broca
Le jongleur de Notre-Dame de Stefano Lonati et Italo Belliol (court métrage)
Angélique et le Roy de Bernard Borderie
Le dimanche de la vie de Jean Herman
Qui êtes-vous, Polly Maggoo ? de William Klein

1966 – *Mariage à la mode* de Jean-Paul Roux (TV)
Plateforme zéro d'André Voisin (TV)
Johnny Banco (Geliebter Taugenichts) d'Yves Allégret

1967 – *Ne jouez pas avec les Martiens* d'Henri Lanoë
À cœur joie de Serge Bourguignon
Pour un amour lointain d'Edmond Séchan
Le lapin de Noël de Georges Dumoulin (court métrage TV)
La plaie et le couteau Charles Baudelaire de Yannick Bellon (TV).

1968 – *Le diable par la queue* de Philippe de Broca
Don Juan revient de guerre de Marcel Cravenne (TV)
Le pain de ménage de Marcel Cravenne (TV)

1969 – *Pour les pieds nus d'Hélène* de Pierre Fabre (documentaire TV)
Lika, le grand amour de Tchekhov/Un amour de Tchekhov (Syuzhet dlya nebolshogo rasskaza) de Sergueï Youtkevitch
La hache d'Alain Boudet (TV)
Le peintre et son modèle de Pierre Boursaus (court métrage TV)
Le temps de mourir d'André Farwagi

1970 – *La liberté en croupe* d'Edouard Molinaro
Céleste de Michel Gast

1971 – *Le Misanthrope* de Pierre Dux (TV)
L'œuf de Jean Herman

1972 – *Les malheurs d'Alfred* de Pierre Richard
Les feux de la chandeleur de Serge Korber
Le grand blond avec une chaussure noire d'Yves Robert

1973 – *L'homme aux nerfs d'acier (Dio, sei proprio un padreterno !/Il suo nome faceva tremare... Interpol in allarme)* de Michele Lupo
L'héritier de Philippe Labro
Bel ordure de Jean Marbœuf
Le complot de René Gainville
L'horloger de Saint-Paul de Bertrand Tavernier
Salut l'artiste d'Yves Robert

1974 – *Comment réussir... quand on est con et pleurnichard* de Michel Audiard
Le fantôme de la liberté de Luis Buñuel
Mon Dieu, comment suis-je tombée si bas ? (Mio Dio come sono caduta in basso !) de Luigi Comencini
Le retour du grand blond d'Yves Robert

1975 – *Isabelle devant le désir* de Jean-Pierre Berckmans
Que la fête commence ! de Bertrand Tavernier
Les innocents aux mains sales de Claude Chabrol
Un divorce heureux d'Henning Carlsen

1976 – *Les vécés étaient fermés de l'intérieur* de Patrice Leconte
Calmos de Bertrand Blier
Les magiciens de Claude Chabrol
Un éléphant ça trompe énormément d'Yves Robert

1977 – *Le diable dans la boîte* de Pierre Lary
Le Crabe-Tambour de Pierre Schoendoerffer
Nous irons tous au paradis d'Yves Robert
La grande cuisine (Who Is Killing the Great Chefs of Europe ?) de Ted Kotcheff

1978 – *Encyclopédie audiovisuelle du cinéma : le cinéma français* de Claude-Jean Philippe (TV)
French Postcards de Willard Huyck

1979 – *Le cavaleur* de Philippe de Broca
Sardar de Georges-Alain Baudry (TV)
Les Grandison d'Achim Kurz
Courage fuyons ! d'Yves Robert

1980 – *Je hais les blondes (Odio le bionde)* de Giorgio Capitani
Chère inconnue de Moshé Mizrahi
Un étrange voyage d'Alain Cavalier

1981 – *Le petit Mitchell illustré* de Gérard Jourd'hui (TV)
Il faut tuer Birgit Haas de Laurent Heynemann

1982 – *Le grand frère* de Francis Girod

L'indiscrétion de Pierre Lary
Un dimanche de flics de Michel Vianey

1983 – *L'ami de Vincent* de Pierre Granier-Deferre
Ciné Citron de Bertrand Tavernier (court métrage)
Le scénario défendu de Michel Mitrani (TV)
Les chiens de Jérusalem (I cani di Gerusalemme) de Fabio Carpi (TV)

1984 – *Oedipus Rex* de Hans Hulscher (TV)
Frankenstein 90 d'Alain Jessua
David, Thomas et les autres (Sortüz egy fekete bivalyért) de László Szabó
Réveillon chez Bob de Denys Granier-Deferre

1985 – *Les aventures de Winnie l'ourson : Vive l'école, Winnie et ses amis* et *Winnie apprend à voler* (TV)
L'énigme blanche de Peter Kassovitz (TV)
La galette du roi de Jean-Michel Ribes

1986 – *Le moustachu* de Dominique Chaussois
Tandem de Patrice Leconte

1987 – *Mes quarante premières années (I miei primi quarant'anni)* de Carlo Vanzina
Le train de Vienne (Guerra di spie) de Duccio Tessari (TV)

1988 – *Un cœur de pierre* d'Alain Bonnot (TV)
Je suis le seigneur du château de Régis Wargnier

1989 – *La seconde* de Christopher Frank (TV)
Magiciens (TV)
Le château de ma mère d'Yves Robert

1990 – *Le mari de la coiffeuse* de Patrice Leconte
Amoureux fou de Robert Ménard

1991 – *L'Atlantide* de Bob Swaim
Le bal des casse-pieds d'Yves Robert
Le visionarium (From Time to Time) de Jeff Blyth (court métrage)

1992 – *Le long hiver (El largo invierno)* de Jaime Camino
Tango de Patrice Leconte
Cible émouvante de Pierre Salvadori

1993 – *Et ensuite, le feu (La prossima volta il fuoco)* de Fabio Carpi
Tombés du ciel de Philippe Lioret
Même heure, l'année prochaine (Tutti gli anni una volta l'anno) de Gianfrancesco Lazotti
Tom est tout seul de Fabien Onteniente

1994 – *Prêt-à-Porter (Ready to Wear)* de Robert Altman
Pierre et le loup (TV)

1995 – *Palace* de Joan Gràcia, Paco Mir et Carles Sans (Tricicle)
Les grands ducs de Patrice Leconte

Ridicule de Patrice Leconte
Les affinités électives (Le affinita' elettive) de Paolo et Vittorio Taviani

1995-2005 – *Les bœuf-carottes* (TV) :
Les enfants d'abord de Denis Amar
Sonia de Peter Kassovitz
Émotions fortes de Pierre Lary
La manière forte de Michel Vianey et Pierre Roitfeld
Haute voltige de Claude-Michel Rome
Soupçons de Josée Dayan
La fée du logis de Christian Faure
Pour l'amour d'un flic de Christian Faure
Parmi l'élite de Josée Dayan

1996 – Les *immortels du cinéma* (TV)
Never Ever (The Circle of Passion) de Charles Finch
Clara et son juge de Joël Santoni (TV)
Barracuda de Philippe Haïm

1997 – *Le serpent a mangé la grenouille* d'Alain Guesnier
Le vent en emporte autant (El viento se llevó lo qué) d'Alejandro Agresti

1998 – *Le comte de Monte Cristo* de Josée Dayan (TV)
Docteur Dolittle de Betty Thomas
Rembrandt de Charles Matton

1999 – *Soul From Hell's Kitchen* de Louis Nader

2000 – *Honolulu Baby* de Maurizio Nichetti
La vie sans secret de Walter Nions d'Hugo Gélin (court métrage)
Le placard de Francis Veber
L'homme qui tua Don Quichotte (The Man Who Killed Don Quixote) de Terry Gilliam (inachevé)

2001 – *Blanche* de Bernie Bonvoisin
L'homme du train de Patrice Leconte
Paroles d'éleveurs de L2V Productions (TV)

2002 – *Nosferatu* de Philippe Druillet (TV)
Fanfan la tulipe de Gérard Krawczyk
Il était une fois Jean-Sébastien Bach de Jean-Louis Guillermou
Les mystérieuses cités d'Asie de Pierre Combroux (TV)

2003 – *Saint-Germain ou La négociation* de Gérard Corbiau (TV)
Les clefs de bagnole de Laurent Baffie

2004 – *RRRrrrr!!!* d'Alain Chabat
Les bottes de Renaud Bertrand (TV)
La dernière minute de Nicolas Salis
Le clan des rois (Pride) de John Downer (TV)
Akoibon d'Edouard Baer
Dr Philippe Grenier, le bey de Pontarlier de Jean-Luc Robert et Jean-Michel Gerber (TV)
Gladiateurs de Tilman Remme (TV)

Le lion du Colisée de Marie-Noëlle Humbert (TV)
La perle fendue de Frank Ternier et Charles-Éric Petit (court métrage)
La vie et l'art de Charlie Chaplin de Richard Schickel (documentaire TV)
Frankenstein de Kevin Connor (TV)
Les Dalton de Philippe Haïm
L'enfer de Danis Tanovic
Robots de Chris Wedge et Carlos Saldanha

2005 – *De Gaulle intime* de René-Jean Bouyer, (TV)
Désaccord parfait d'Antoine de Caunes

2006 – *Ne le dis à personne* de Guillaume Canet
J'ai toujours rêvé d'être un gangster de Samuel Benchetrit
Hautot père et fils de Marc Rivière (TV)
Les vacances de Mr. Bean (Mr. Bean's Holiday) de Steve Bendelack
La clef de Guillaume Nicloux

2007 – *Heureux ?* de Karl More (TV)
Agathe Cléry d'Étienne Chatiliez

2008 – *Le joueur de citernes* d'Emmanuel Gorinstein (court métrage)

2009 – *Le grand restaurant* de Pierre Palmade (TV)

2010 – *Titeuf, le film* de Zep
Jack et la mécanique du cœur de Mathias Malzieu
Apeurée de Patricia Bourdès (court métrage)
Mystère Trannoy, enquête sur un réalisateur maudit d'Avril Tembouret et Vladimir Rodionov (TV)
Docteur Tom ou la liberté en cavale de Tristan Carné (TV)

2011 – *Astérix et Obélix : au service de Sa Majesté* de Laurent Tirard
Jappeloup de Christian Duguay.
L'artiste et son modèle (El artista y la modelo) de Fernando Trueba.

2013 – *À la française* d'Édouard Baer (TV).
L'œil du tricycle d'Edwart Vignot (court métrage)

2014 – *Avril et le monde truqué* de Christian Desmares et Franck Ekinci
Floride de Philippe Le Guay

2015 – *Les Rats* d'Émile Dumas (court métrage)
Les Boloss des belles-lettres de Quentin Leclerc et Michel Pimpant (18 spots)

Réalisateur

1972 – *Rosine* (court métrage)

1973 – *Facile, très facile* (court métrage)

1974 – Spots publicitaires pour le café Maxwell et un yaourt
T'es fou Marcel (court métrage)

2004 – *Cavaliers seuls* coréalisé avec Delphine Gleize (documentaire)

2015 – *Square artiste* (TV)

RADIO

1955 – *Oumpahpa*

1956 – *Le massacre des innocents*
Le guignol au gourdin

1957 – *Périclès*

1958 – *Lotus-Bar*
La vie d'un homme
Leonard de Vinci
Le crime de Lord Arthur Saville

1959 – *Les trois amours de Thérésa, reine de la République*
Benvenuto Cellini
Si Jeanne d'Arc avait été sauvée
Conversations surprises

1962 – *Les misérables.*
Tout le diable et son train
Pauvre Jérusalem
Le piège diabolique

1963 – *Le prince travesti*
L'étrange mission de Rudolph Hess
Le nez d'un notaire

1964 – *Lola Montès*
Bordeaux
La tête à l'ombre
L'île de Noël

1965 – *Le royaume des mots enfuis*
Dracula
Contrastes
Le désert à deux faces et *Fahe*
Noële aux quatre vents

1966 – *Les polypes musiciens*
Monsieur Gogo
Pigeon voyageur
Le verre de l'amitié
Pour cause d'alibi

1967 – *Le baron de Batz*
À petit feu
Un crétin et sa harpe et *Le diamant de l'herbe*

1968 – *Supplément au voyage de Bougainville*
Entretien sur des faits divers
Entretiens sur la pluralité des mondes
Les cailloux
Amants
En direct d'Olympie
Le diable en Champagne
Cordélia

1969 – *Ardèle ou la marguerite*
Histoire d'amour
Eugénie Kopronime ou La vie en jaune
Claire

1971 – *Mascarets*
Les possédés
Le diamant
L'énigme de l'antéméridian

1972 – *Molière et Armande Béjart*
La montre magique
La cage et *La sainte*
La fin d'un homme
Trois feuilles mortes
Jean Racine et la Champmeslé
Le général joue avec la mort
Poèmes érotiques

1973 – *La fille* et *Les obsèques*
Chanson de bal
Comme les autres
Un roi prisonnier de Fantômas
Le vénérable Veneranda et *Scènes de chasse*
La revanche du pauvre et *Scènes de chasse*
Maximes et *Pour en finir une bonne fois pour toutes avec la culture*
Les pompiers
L'eunuque de Zanzibar
Petit guide de la photo et du cinéma
L'architecte et *Panique à la banque*
La fille, Rêve et *L'employé*
L'évasion du maréchal Bazaine
Une vie
Le policier apache
La récréation
Le petit Poucet
Les grandes heures de France
Jehovah
Le nègre prudent et *Romance du gendarme*
Les beaux mensonges
Le pendu de Londres
Pyrotechnie, Pour en avoir le cœur net et *Clara, ou le bon accueil princièrement récompensé*
Martine – Conjugaison
Gobe crâne et *Le lion, le loup et le chacal*

Mikhail Boulgakov
Le départ de monsieur Le comte
Anonyme vénitien
La fiche
Conversation à dix mille mètres
La maîtresse que je prendrai

1974 – *La fille de Fantômas*
Zoologie
L'après-midi d'un saxophone et *Cannibalisme*
L'agent de police et le bandit et *Homard à la Coppée*
Le mariage de l'hermaphrodite
Le cheval domestique et le cheval sauvage
Benjamin
Le procès de Napoléon III
Le désenglandé de la forêt vierge
Le fiacre de nuit
Conte de Noël
Pastiche du Cid
Téléphokinésie

1976 – *Le pendu bienveillant*
Le départ de monsieur le comte et *Pompe de vélo et patin de frein*
Compte à rebours
Un vrai flair de limier
D'une prison
Un rusé compère

1977 – *L'amour au clocher*
Comédie express
Architecte conte et *Zoologie*
L'incendie
Pensées
Pastiche du Cid, selon Giraudoux

1978 – *Questions en vrac*
Les obsèques et *La fille*
Comme les autres
L'architecte
La malchance

1980 – *Tête à tête*
L'homme cerf-volant
Histoire de Tranchelard et *Histoire de Lesglandes*

1981 – *Fêtes*
Roue et *Ménagerie*
Globe trotter
Le paysan du tendre
Gabriel Ernest et *Sredni Vashtar*

1982 – *Les plaisirs du roi*
Un monde miné
L'emberlificoteur

1983 – *Louis Aragon*
Jean Allemane

1984 – *Le regretté Féronde*
Boccaccio ou l'art de la fresque
L'Eliotropie

1985 – *L'effacement*

1986 – *Chienne d'infidélité*
Louis Jouvet et "Tripes d'or"
Pretoria
Café Panique

1987 – *Fables fraîches pour lire à jeun*
Diloy le chemineau
Maurice Ravel
L'acteur célèbre

1988 – *La maison Tellier*
Les plaisirs du roi

1989 – *Comme les autres*

1990 – *Le petit chaperon rouge, partout*
Le retard

1993 – *Les petites dames de Raymond Queneau* : *Zazie, Sally, Yvonne, Helena* et *Julia*
La machine punition
Les années Simenon

1994 – *Le destin des arbres*

1995 – *Le savetier et le financier*

1997 – *Le commissaire est bon enfant*

2006 – *Les deux pigeons*

Discographie

1958 – *Qui veut noyer son chien*

1959 – *Oumpah-Pah le Peau Rouge* et *Oumpah-Pah sur le chantier de la guerre*

1960 – *Les enfants du capitaine Grant*

1961 – *Les aventures de Zig et Puce (L'armure qui marche)*
Peau d'Âne

1973-1974 – *Léon Tolstoï, Aragon* et *Jules Romains,* collection *L'encyclopédie sonore*

Cinéma & Cie

1972 – *Cendrillon*

1976 – *Une heure passée avec Boris Vian*

1977 – *Paris jadis*

1978 – *La belle et le clochard*
Voyages extraordinaires

1981 – *Rox et Rouky*

1984 – *Le chien abandonné*

1985 – *Cendrillon*
L'enlèvement de la bibliothécaire
Les aventures de Winnie l'ourson : *Vive l'école, Winnie apprend à voler* et *Winnie et ses amis*

1987 – *Le crime de Lord Arthur Saville*
Contes de Perrault : Cendrillon et *Le chat botté*
Pierre et le loup et *2 Contes du chat perché* de Marcel Aymé.
Jean Rochefort raconte des histoires pour les 4-5 ans
Jean Rochefort raconte des histoires pour les 6-7 ans
Le pont de la rivière Kwaï

1991 – *Les dents du crocodile*
Strauss, père et fils, les enchanteurs de Vienne

1993 – *La belle et le clochard*

1994 – *La boîte à musique*

1997 – *La chauve-souris* et *Le crocodile*

1998 – *Le masque de Zorro*

2001 – *Un roi prisonnier de Fantômas*

2002 – *Histoires de voyages*

2003 – *Le roman de Renart*

2004 – *Les Fables de La Fontaine*

2007 – *Le silence de l'opéra*

2008 – *La mécanique du cœur*

2011 – *N'importe où, hors du monde*
Léonard a une sensibilité de gauche

Divers

1980 – *Café Legal* de François Leterrier (*Le chien* et *Le nouveau Legal*)

1983 – *L'ordre et le désordre* ou *Le siècle de Louis XV* de Jean-Marc Leuwen et *Du royaume de Dieu au royaume des hommes* de Carlos Vilardebo (TV)

1985 – Campagne contre la lèpre.
Concours *Mot de passe pour l'oxygène*
Avec cinq millions de familles de Jean-Michel Girones.
Film pour la Caisse nationale des allocations familiales

1987 – *Tube* n° 51 : *Salon du livre*
Lire, lire, lire (52 clips)

1988 – *Citroën Activa Prototype.*
Jean Chouan l'insoumis de Francis Morane (son et lumière)

1990 – *Victor* de Victor Ebner (méthode d'apprentissage du français)

1991 – Air France (spot radio)
Leader Épargne

1992 – *L'écurie* et *Le bureau* (France Telecom)

1994 – *Souvenirs à venir* de Didier Pourcel

1998 – *L'Euro mode d'emploi* (30 spots)

1999 – *Le lièvre et la tortue* (spot)

2001 – *Histoires de voyages*

2003 – *Journées du handicap mental*

2005 – *Planète équitation* de Karine Cante et Michel Robert

2006 – *Sous les avalanches* de Bruno Sevaistre (clip de Vincent Delerm)

2008 – *Amaguiz* de Delphine Gleize (4 spots)
Pourquoi ça marche ? de Delphine Gleize (spot)
L'homme sans trucage de Christophe Acker (clip de Dionysos)

2009 – *Une nature d'avance*

2010 – *Les obstacles* de Frédéric Berthe
Amaguiz de Nicole Garcia (4 spots)

2015 – Île flottante Senoble (spot)
H pour Homme – Splash cologne Barocco (spot radio)

Scènes

1949 – *Saint-Parapin d'Malakoff* et *Pygmalion* d'Albert Vidalie.

1950 – *La lépreuse*, ou *Le mystère de Sainte-Énimie* d'Henri Baud

1952 – *Délivrez-nous du bien* de Jean Prieur

1953 – *Les images d'Épinal* d'Albert Vidalie
Azouk d'Alexandre Rivemale
L'huître et la perle de William Saroyan
Les petites filles modèles d'Albert Vidalie et Louis Sapin.

1954 – *Philippe et Jonas* d'Irwin Shaw
Responsabilité limitée de Robert Hossein
L'amour des quatre colonels de Peter Ustinov

1957 – *La réalité dépasse la fiction* de Jacqueline Franck et Albert Aycard
Romanoff et Juliette de Peter Ustinov

1958 – *Tessa, la nymphe au cœur fidèle* de Jean Giraudoux
L'étonnant Pennypacker de Liam O'Brien

1959 – *Champignol malgré lui* de Georges Feydeau et Maurice Desvallières

1960 – *Genousie* de René de Obaldia.
Le comportement des époux Bredburry de François Billetdoux

1961 – *Loin de Rueil* de Raymond Queneau

1962 – *Frank V* de Friedrich Dürrenmatt

1964 – *Cet animal étrange* de Gabriel Arout

1965 – *La collection* et *L'amant* d'Harold Pinter

1966 – *La prochaine fois, je vous le chanterai* de James Saunders
Se trouver de Luigi Pirandello

1969 – *Le prix* d'Arthur Miller
Le jardin des délices de Fernando Arrabal
Un jour dans la mort de Joe Egg de Peter Nichols

1971 – *C'était hier* d'Harold Pinter

1981 – *Ariane à Naxos* de Georg Anton Benda

1982 – *L'étrangleur s'excite* d'Erik Naggar

1985 – *Boulevard du mélodrame* de Juan Pineiro et Alfredo Arias

1988 – *Le carnaval des animaux* de Camille Saint-Saëns
Histoire du soldat de Ferdinand Ramuz et Igor Stravinsky
Un an avant d'Yves Mourousi (son et lumière)
La femme à contre-jour d'Erik Naggar

1989 – *Une vie de théâtre* de David Mamet

1995 – *Oraison funèbre sur la mort de Condé* de Jacques-Bénigne Bossuet

1996 – *Le petit tailleur* de Tibor Harsanyi

1998 – *« Art »* de Yasmina Reza

2003 – *Notes de lecture : Fernand Raynaud.*

2004 – *Heureux ?* de Fernand Raynaud.

2006 – *Mousquetaire de Richelieu* (spectacle du Puy du Fou)

2007 – *T'as pas tout dit*
Entre autres

2008 – *Bien des choses* de François Morel

Sources

Livres

Règlement intérieur du Conservatoire national d'art dramatique, 1947.
Claude Chabrol, la traversée des apparences de Wilfrid Alexandre
Histoire du sport féminin de Pierre Arnaud et Thierry Terret, Éd. L'Harmattan, 1996.
À Saint-Maur-des-Fossés, en passant par le lycée Marcelin-Berthelot de 1938 à 1988, Association des anciens élèves du lycée Marcelin-Berthelot, 1994.
Il était un piano noir... mémoires interrompus par Barbara, Fayard, 1998.
Initiales B.B. de Brigitte Bardot, Grasset, 1996.
Robert Hossein par Cécile Barthélémy, Pierre-Marcel Favre, 1987.
Je craque... de Guy Bedos, Calmann-Lévy, 1976.
Simone est comme ça de Simone Berriau, Robert Laffont, 1973.
Fernand Raynaud, le rire... le public... les copains par Évelyne Bonnet, Éditions Dujarric, 1979.
Histoire de la télévision sous de Gaulle par Jérôme Bourdon, Anthropos-INA, Économica, 1990.
Mon dernier soupir de Luis Buñuel, Robert Laffont-Opera Mundi, 1982.
J'avoue que j'ai bien ri de Roger Carel, Éditions Jean-Claude Lattès, 1986.
Alain Cavalier, Études cinématographiques n° 223-231, Lettres modernes, 24 mai 1996.
Jean d'Arcy parle, propos recueillis par François Cazenave, Ina-La Documentation Française, 1984.
Et pourtant je tourne... de Claude Chabrol, Éditions Robert Laffont, collection Un homme et son métier, 1976.
Patrice, Leconte et les autres de Pascal Chantier et Jean-Charles Lemeunier, Séguier, Paris, 2001.
Ping-Pong de Jerome Charyn, Éditions Robert Laffont, 2003.
Jean-Paul Belmondo de Robert Chazal, Denoël, collection Étoiles, 1971.
Des modes et des hommes, Deux siècles d'élégance masculine de Farid Chenoune, Flammarion, 1993.
Mémoire d'un cabaret de Marc Chevalier, Éditions La Découverte, 1987.
Les Années Flambeau de Frédéric Cottier et Anne-Marie Crété de Chambine, Éditions Sévigny, 1990.

Kevin Staut, le cavalier d'acier de Virginie Coupérie-Eiffel, Éditions Lavauzelle, collection *Rois et reines*, préface de Jean Rochefort, 2011.
L'Impériale de Van Su de Raoul Coutard, Ramsay Cinéma, 2007.
L'Allier dans la Guerre 1939-1945 de Jean Débordes, Éditions Gérard Tisserand-de Borée, 2000.
L'Allier dans la Guerre : paroles de résistants de Jean Débordes, Éditions Gérard Tisserand-de Borée, 2003.
L'Art de la télévision : histoire et esthétique de la dramatique télévisée (1950-1965) de Gilles Delavaud, Ina-De Boeck, 2005.
J'ai connu une belle époque de Jacques Deray, Christian Pirot, 2003.
Henri Decoin, un artisan du cinéma populaire d'Yves Desrichard, BiFi-Durante, collection Ciné-Regards, 2003.
Les Fictions françaises à la télévision, 1945-1990 de Jean-Marc Doniak, Dixit-SACD, *1998.*
Un homme à la caméra d'Alain Douarinou, Éditions France-Empire, 1989.
Bertrand Tavernier de Jean-Luc Douin, Ramsay, 1997.
La Bande du Conservatoire de Philippe Durant, Sonatine, 2013.
Vive le théâtre! de Pierre Dux, Stock, 1984.
Le Temps et rien d'autre de Françoise Fabian, avec la collaboration de Philippe Rège, Fayard, 2006.
Rémy Girard – Entretiens par Jean Faucher, Québec Amérique, 2005.
Toujours vif et joyeux! de Remo Forlani, Denoël, 2003.
Tout est comédie de Michel Galabru, propos recueillis par Sophie Galabru, Le Cherche-Midi, 2013.
Les Traditions bretonnes de Guy Ganachaud, Éditions Ouest-France, 1995.
La vie... c'est pas toujours du cinéma de Charles Gérard, Ramsay, 1994.
Partir, revenir, les passions vives d'Annie Girardot, Le Cherche Midi, 2003.
Dialogues sur le cinéma de Jean-Luc Godard et Marcel Ophuls, Collection Ciné-Politique, Le Bord de l'Eau, 2011.
Elle court elle court la nuit de Jean-Michel Gravier, Écriture, 2014.
Jean-Paul Belmondo d'Alexandre Grenier, Éditions Henri Veyrier, 1985.
En passant par la scène... de Jean-Pierre Grenier, Éditions La Manufacture, 1992.
Un jardin bien à moi, conversations avec... Claude Chabrol par François Guérif, Denoël, 1999.
Jean-Paul Belmondo de François Guérif et Stéphane Levy-Klein, Éditions Pac, collection Têtes d'affiche, 1976.
La Nostalge de Robert Hossein, Michel Lafon, 2001.
Ma vie publique en six tableaux par Olivier Hussenot, Denoël, collection Coudées franches, 1977.
Le Cinéma des Français : la Vᵉ République (1958-1978) par Jean-Pierre Jeancolas, Stock Cinéma, 1979.
Molière et la comédie classique de Louis Jouvet, Gallimard, 1965.
Prévert, les frères amis de Jean-Claude Lamy, Robert Laffont, 1997.
Deux heures à tuer au bord de la piscine de Victor Lanoux, Le Cherche Midi, 2014.
Le « Cabaret théâtre » : 1945-1965 de Geneviève Latour, Bibliothèque historique de la Ville de Paris, 1996.
Je suis un imposteur de Patrice Leconte, Flammarion, 2000.
Conservatoire de Nantes, cent-cinquantième anniversaire, textes réunis par Caroline Leho et Georgina Moscovitch, CNR, Intégrales, 1996.
Jean d'Arcy, penser la communication au XXᵉ siècle, sous la direction de Marie-Françoise Lévy, Publications de la Sorbonne, 2013.
Les Zazous de Jean-Claude Loiseau, Le Sagittaire, 1977.
Magic-City de René Lucot, Pierre Bordas et Fils, 1989.

Philippe Noiret par Dominique Maillet, Henri Veyrier, 1978-1989.
Théâtres de Jean-Denis Malclès, dialogues recueillis par Michel Lengliney, Bibliothèque historique de la ville de Paris, 1990.
Zazous et résistants, nos vingt ans par Marie-Madeleine Malochet, Éditions du Chemin de Ronde, 1995.
Le Grand n'importe quoi de Jean-Pierre Marielle, avec Baptiste Piégay, Calmann-Lévy, 2010.
Le Livre d'or des sports équestres, édition 1981 de Jean Marquet, préface de Jean Rochefort, Solar, 1981.
La Belle Histoire de Sébastien par Mehdi, avec la complicité de Jean-Marc Longval, Michel Lafon, 2013.
Angélique à cœur perdu de Michèle Mercier, Carrère, 1987.
Le Vrai Dossier de la télévision par Louis Merlin, Hachette, 1964.
Intérieur soir d'Édouard Molinaro, Éditions Anne Carrière, 2009.
Lettres à Pierre 1965-1991 de Silvia Monfort, réunies par Danielle Netter, Éditions du Rocher, 2003.
Philippe Noiret, de père en filles par Frédérique Noiret et Deborah Grall-Noiret, Michel Lafon, 2010.
Mémoire cavalière de Philippe Noiret, Robert Laffont, 2007.
Je me suis régalé, conversations entre Philippe Noiret et Bruno Putzulu, Flammarion, 2007.
Mémoires d'un fils à papa de Marcel Ophuls, Calmann-Lévy, 2014.
L'École théâtre : ENSATT, École nationale supérieure des arts et techniques du théâtre de Thierry Pariente et Véronique Bisciglia, avec Simone Amouyal, Brigitte Auber, Dominique Besnehard..., les Solitaires intempestifs, 2011
Les Frères Jacques de Cécile Philippe et Patrice Tourenne, Balland, 1981.
Jean d'Arcy, une ambition pour la télévision de Sylvie Pierre, L'Harmattan, 2003.
Comme une apparition : Delphine Seyrig, portrait par François Poirié, Actes Sud, 2007.
200 films au soleil d'Alain Poiré, Ramsay, 1988.
Du tableau de service au théâtre, notes de service de Jean Vilar rassemblées par Melly Puaux, Cahiers théâtre Louvain 53, 1985.
Bertrand Tavernier par Jean-Claude Raspiengeas, Flammarion, 2001.
Les Décombres de Lucien Rebatet, Denoël, 1942.
Espaces perdus de Claude Régy, Les solitaires intempestifs, 1998.
Dans le désordre par Claude Régy et Stéphane Lambert, Le temps du théâtre, Actes Sud, 2011.
Les zazous, un phénomène socio-culturel pendant l'Occupation d'Emmanuelle Rioux, mémoire de maîtrise, Université de Paris X-Nanterre, 1987.
Un homme de joie d'Yves Robert, dialogue avec Jérôme Tonnerre, Flammarion, 1996.
Une année à cheval : 87, présenté par Jean Rochefort, Compagnie 12, janvier 1987
Ce genre de choses par Jean Rochefort, Éditions Stock, 2013.
Le Centre dramatique de la rue Blanche par Pierre Roudy, Éditions du Club Zéro, 2001.
Le Cabaret « rive gauche », de la Rose rouge au Bateau ivre (1946-1974) de Gilles Schlesser, l'Archipel, 2006.
Belmondo, l'histoire d'une vie de Jérôme Strazzula et Stéphane Leduc, Ramsay, 1996.
Une télévision pour tous les Français par Jacques Thibau, Seuil, 1970.
La Mode sous l'Occupation de Dominique Veillon, Payot, 1990 et 2001.
Vercoquin et le plancton de Boris Vian, 1943.
Le Louvre à cheval d'Edwart Vignot, Place des Victoires, Musée du Louvre, 2011.
La France « virile », des femmes tondues à la Libération de Fabrice Virgili, Payot, 2000.

24 images seconde de Marina Vlady, Fayard, 2005.
L'Homme et le Cheval de Zsuzsanna Wagenhoffer et Haras de la Cense, Delachaux, 2017.
Hier à Vichy 1940-1944 de Thierry Wirth, Éditions Les Trois Roses, 2008.
Mon mari, Léon Zitrone par Laura Zitrone, Éditions du Rocher, 1972.
Léon Zitrone vous parle de l'U.R.S.S. par Léon Zitrone, Éditions Del Duca, 1960.
L'U.R.S.S. a bien changé par Léon Zitrone, Éditions del Duca, 1963.
Big Léon de Léon Zitrone, Hachette-Carrère, 1989.
Mesdames, messieurs, au revoir ! par Léon Zitrone, Hachette-Carrère, 1995.

ÉMISSIONS ET DOCUMENTAIRES

Les feux de la rampe : Jean Rochefort de Philippe Azoulay, StudioCanal.
Claude Régy, le passeur d'Élisabeth Coronel et Arnaud de Mezamat, La Sept-Arte, 1997.
Le cinéma de Jean Rochefort de Jérôme Caza, Christophe d'Yvoire et Karine Giraud, Canal +, décembre 2000.
Lost in La Mancha de Keith Fulton et Louis Pepe, Éditions Montparnasse, avril 2004.
Un après-midi chez Jean Rochefort de Jean-Luc Perreard, 2007.
Philippe Noiret : gentleman saltimbanque d'Antoine de Meaux, Arte France et Cinétévé, 2008.
Il est minuit, Paris s'éveille d'Yves Jeuland, Arte, 2012.
Rochefort en baskets d'Alain Teulère, Canal +, 2015.

Remerciements

Françoise Delivet, « épousitrice » devenue une spécialiste malgré elle de l'accouchement sans douleur qui sait mieux que personne écouter mes silences et les rendre fertiles.

Mes enfants, Marion, Charles et Simon, qui ont marché par intermittence sur les traces de Jean Rochefort, de Dinan à Saint-Lunaire, comme ils avaient pu entendre résonner au fil du temps les noms de James Dean, Jacques Tati ou Bernard Blier.

Juliette Duchemin et toute l'équipe des Éditions Robert Laffont pour leur célérité.

Yves Alion, Babeth Bardin, Luc Béraud, Jacqueline Bisset, Bertrand Blier, Marcel Bluwal, Gérard Camy, Claudia Cardinale, Roger Carel, Alain Carteret, Paul Chatard, Jacques Citroën, Céline Colassin, Thierry Colby, Marie-Josée Croze, Annick David, Olivia Delhostal, Michel Drucker, Mehdi El Glaoui, Ivan Faucheux, Jehanne Faucheux, Aurélie Ferrier, Michel Galabru, Nicole Garcia, Christian Gasc, Stéphanie Gatignol, Claude Gauteur, Fabienne Gelin, Bernard Génin, Pierre-William Glenn, Valérie Goutaudier, Ségolène Hanotaux, Guillaume Ivernel, Gilles Jacob, Reda Kateb, Daniel Lagneaux, Philippe Lagouche, Brigitte Lannaud Levy, Henri Lanoë, Nicole Lattès, Patrice Leconte, Christophe Lemaire, Gérard Lenne, François-Guillaume Lorrain, Dominique Maillet, Jean-Louis Maldant, Josiane Martinez-Simon,

René Marsc, Alain Mensier, Gaby Mensier, Patrick Nebout, Maurizio Nichetti, Fabien Onteniente, François-Pier Pélinard-Lambert, Jean-François Pian, Pierre Rochefort, Pierre Schoendoerffer, Bertrand Tavernier, Pascal Thomas, Denis Tranchard, Francis Veber, Thierry Wirth, Jérôme Wybon.

Archives départementales de l'Allier
Archives Gaumont-Pathé
Archives municipales de Vichy
Bibliothèque musée de la Comédie-Française
Bibliothèque Nationale de France
Cinémathèque Française
Cinémathèque de Toulouse
Institut National de l'Audiovisuel
Médiathèque Valery-Larbaud (Vichy)

Table

Imprimé en France par CPI
en décembre 2017

La photocomposition de cet ouvrage
a été réalisée par
GRAPHIC HAINAUT
30, rue Pierre Mathieu
59410 Anzin

N° d'édition : 56936/02 – N° d'impression : 3026601